高等学校食品学科研究生卓越人才培养计划教材
中国轻工业"十四五"规划教材

食品酶学
(第二版)

杨瑞金
倪　莉
吕小妹 ◎ 主编

Food Enzymology
(Second Edition)

中国轻工业出版社

图书在版编目（CIP）数据

食品酶学 / 杨瑞金，倪莉，吕小妹主编. -- 2版. -- 北京：中国轻工业出版社，2025.9. -- ISBN 978-7-5184-5192-0

I. TS201.2

中国国家版本馆CIP数据核字第2024UW3470号

责任编辑：刘逸飞　　责任终审：白　洁
文字编辑：赵晓鑫　　责任校对：刘小透　晋　洁　　封面设计：锋尚设计
策划编辑：张　靓　　版式设计：砚祥志远　　　　　　责任监印：张　可

出版发行：中国轻工业出版社（北京鲁谷东街5号，邮编：100040）
印　　刷：三河市万龙印装有限公司
经　　销：各地新华书店
版　　次：2025年9月第2版第1次印刷
开　　本：787×1092　1/16　印张：27.5
字　　数：700千字
书　　号：ISBN 978-7-5184-5192-0　定价：78.00元
邮购电话：010-85119873
发行电话：010-85119832　010-85119912
网　　址：http://www.chlip.com.cn
Email：club@chlip.com.cn
版权所有　侵权必究
如发现图书残缺请与我社邮购联系调换
221531J1X201ZBW

高等学校食品学科研究生卓越人才培养计划教材

总序 | Series Preface

国以民为本，民以食为天。食品，维系着个体生命的存续，承载着民族健康的根基，更深刻影响着国家繁荣的命脉。食品学科以其不可替代的战略地位，肩负着保障国家食品安全、提升国民营养健康水平、推动产业转型升级与可持续发展的时代重任。现阶段，食品产业正处于由"吃得饱"向"吃得好、吃得营养健康"跃迁的关键阶段；同时，人工智能、感知科学、生物合成等前沿科技的发展正重塑食品的全产业链条。在科技革命与产业变革风起云涌的今天，在保障粮食安全、满足人民对美好生活向往的迫切要求面前，食品学科的发展比以往任何时候都更需要具有扎实的专业基础、开阔的前沿视野并拥有全球竞争力、能够引领未来食品科技和产业变革的卓越人才。

研究生教育是培养高层次创新人才的主渠道，是国家科技竞争力和未来发展的关键支撑。江南大学食品学科作为我国食品科学与工程领域的重要发源地之一，在人才培养、科学研究和社会服务方面始终秉承"敢为天下先"的开拓精神。作为食品领域近三十年的教育工作者，我很欣喜地看到江南大学联合多所高校共同打造的，汇集众多学者智慧并面向未来挑战的高等学校食品学科研究生卓越人才培养计划教材正式付梓。这套教材，力图破解当前研究生培养中知识体系更新滞后、前沿引领不足、跨学科融合不够等痛点，其鲜明特色在于：

（一）立足学科前沿，紧扣国家战略：《肠道微生物与健康》《现代食品微生物毒素学》《食品物性学研究方法》《食品3D打印》《乳品科学与技术》等教材内容紧密追踪全球食品科技发展脉搏，深度融入"大食物观"、食品安全、营养健康、智能制造、绿色低碳等国家重大需求，确保学子所学即为时代所需、国家所急。

（二）夯实理论根基，突出交叉融合：《碳水化合物化学》《食品酶学》《食品分子与合成生物学》《食品数据机器学习基础》《食品代谢组学》《食品脂质化学》《淀粉化学》《高级谷物化学》《食品工程伦理》《食品加工中的传递现象》等教材在夯实食品化学、微生物学、工程原理等核心基础的同时，大胆引入人工智能、合成生物学、组学分析等前沿交叉学科知识，着力培养学生的复合型知识结构和系统性思维能力。

（三）注重能力锻造，激发创新潜能：《食品研究生实验技能综合训练》《食品仪器分析技术应用实践》《学术规范与论文写作指导》《食品分子生物学实验技术》《食品酶学实验》等教材编写强调批判性思维、科学方法与实践能力培养，引入大量案例分析、前沿进展和实践项目设计，引导学生从"学习者"向"探索者"和"创造者"转变。

这套教材突出"厚基础、强交叉、重创新、促卓越",以"科教融汇、产教融合、国际融通"为主线,系统整合基础理论、核心技术、研究方法、产业案例与伦理法规,配套数字课程、虚拟仿真实验、国际课堂等资源,力求实现"知识体系—创新能力—产业价值"贯通,打造具有中国特色、世界水平的新时代研究生教材标杆。这套教材是众多专家学者心血的结晶,是他们多年教学科研实践的升华和对未来人才培养的深切期许,同时,希望通过这套教材,能够激发研究生的学习热情与创新潜能,培养出一批具有全球视野、创新能力和社会责任感的食品学科卓越人才,为食品行业的可持续发展贡献力量。

谨以此序,与广大师生、学界同仁和产业伙伴共勉!

中国工程院院士、江南大学校长

2025 年 8 月于江南大学

前言 | Preface

食品酶学是食品类专业的一门重要的专业基础课，主要介绍酶学基础理论，酶学研究方法，食品中重要酶的结构、性质、催化反应及作用机制，食品原料中的内源酶对食品品质的影响及调控方法，应用外源酶开创食品加工与保藏的新技术等。

《食品酶学》（第二版）是在无锡轻工业学院（现江南大学）王璋教授1990年编写的高等学校轻工专业试用教材《食品酶学》的基础上修订的。王璋教授编写的《食品酶学》自出版以来一直是江南大学等高校食品类专业研究生培养的主要教材，深受老师和学生的喜爱，获得很高的评价，为食品类专业人才培养做出了重要贡献。王璋教授一生专注于食品酶学、食品化学等食品科学核心课程的建设与教学，生前一直督促和指导《食品酶学》（第二版）的编写，并亲自拟定了大纲和目录。

在过去的30多年里，食品酶学在基础理论、研究方法、工程技术及应用方面都有很大的发展。应用酶学理论解释食品加工与保藏过程中食品品质的变化，进而研究开发新型食品加工技术，提高生产效率和食品质量与安全水平的实例越来越多。食品酶学理论和技术正在加速推动食品科学技术向前发展。

为适应食品酶学理论、技术和应用的发展，第二版在原来的基础上不仅更新了内容，而且增加了一些章节，并进行了新的编排。全书内容包括酶学基础理论、酶学研究方法、酶工程技术、重要的食品酶及其应用和食品复杂体系中内源酶对食品加工与保藏的影响。新增加的酶学研究方法一章旨在让学生系统掌握酶的提取与分离纯化、结构研究、催化机制、酶发掘与分子改造的研究方法，提高学生开展酶学理论和应用研究的能力。酶工程技术部分，不仅更新了固定化酶部分，还增加了固定化细胞和酶非水相催化的内容。重要的食品酶分类单独成章，从来源或在自然界中的分布、结构、性质、催化的反应、作用机制和在食品工业中的应用方面进行深入论述。近几十年来，转谷氨酰胺酶的研究、生产和在食品加工中的应用得到快速发展，为此作为单独一章进行论述。风味是食品的重要感官特性，与食品风味相关的酶和涉及的底物种类繁多、催化的反应和对食品风味的影响极其复杂，而且应用酶技术制备食品调味料的产业越来越大，因此也单列一章进行讨论。增加了内源酶对食品的影响一章，并且编排在了最后，目的是引导读者利用前面所学的酶学知识了解和掌握不同食品原料中的关键酶、催化的关键反应、对食品质量特性的影响和调控方法，提高学以致用解决实际问题的能力。

本书可供高等院校食品类专业研究生和本科生（根据需要节选）教学用，也可供相关专业的教师、科学研究和工程技术人员参考。

　　本书由江南大学食品学院杨瑞金、吕小妹和福州大学生物科学与工程学院倪莉三位老师担任主编。杨瑞金和倪莉两位老师20世纪90年代师承王璋教授，毕业后一直从事食品酶学的教学和研究工作。其他几位作者，江南大学仝艳军、中国海洋大学汪明明和闽江师范高等专科学校林瑾，都已从事食品酶学教学和科学研究多年，不仅有丰富的教学经验，而且在酶的分离与鉴定、结构与功能、新酶构建及应用等领域有丰富的实践经验和成果。编者力图赓续王璋教授严谨、创新、务实的精神，在书中融入最新酶学研究和酶在食品加工与保藏中的应用成果。本书编写分工如下：杨瑞金编写绪论、第一、第二、第七、第十和第十六章；倪莉编写第三、第六（与吕小妹合作）、第十一、第十四和第十五章；吕小妹编写第五（与汪明明合作）、第六（与倪莉合作）、第八和第十二章；汪明明编写第四和第五（与吕小妹合作）章；林瑾编写第九章；仝艳军编写第十三章。

　　编写水平有限，书中错误和不妥之处，衷心欢迎读者批评指正。

编者

目录 Contents

绪 论 ·· 1
　　第一节　酶学的发展历史 ·· 1
　　第二节　酶工程及其发展概况 ·· 3
　　第三节　酶学对食品科学与工程的重要性 ·· 4
　　思考题 ·· 8

第一章　酶的化学本质、结构与存在形式 ·· 9
　　第一节　酶的化学本质、分类与命名 ··· 9
　　　　一、酶的化学本质 ·· 9
　　　　二、酶的分类与命名 ··· 10
　　第二节　酶的结构 ·· 12
　　　　一、酶的活性中心 ··· 12
　　　　二、酶的一级结构与催化功能的关系 ··· 17
　　　　三、酶的二级和三级结构与催化功能的关系 ·· 18
　　　　四、酶的四级结构与催化功能的关系 ··· 18
　　　　五、酶的变性与失活 ··· 18
　　第三节　酶在生物体内存在的形式 ·· 19
　　　　一、单体酶、寡聚酶和多酶复合体 ··· 19
　　　　二、同工酶 ·· 21
　　　　三、别构酶与修饰酶 ··· 22
　　　　四、结构酶与诱导酶 ··· 23
　　　　五、胞内酶与胞外酶 ··· 24
　　思考题 ··· 24

第二章　酶的催化作用机制 ·· 25
　　第一节　酶催化作用的本质 ··· 25
　　　　一、降低反应活化能 ··· 25
　　　　二、形成酶-底物复合物 ·· 26
　　　　三、酶催化专一性机制 ·· 27
　　第二节　酶催化高效性作用机制 ·· 29
　　　　一、邻近效应和定向效应 ·· 29

二、通过构象改变实现催化作用 ... 29
三、酸碱催化 ... 30
四、共价催化 ... 31
五、金属离子催化 ... 32
六、多元催化 ... 32
七、活性中心微环境 ... 33
思考题 ... 33

第三章 酶反应动力学 ... 35
第一节 酶活力定义及测定方法 ... 35
一、与酶活力有关的定义 ... 35
二、酶活力的测定方法 ... 36
第二节 底物浓度对酶催化反应速度的影响 ... 37
一、酶-底物结合的一般概念 ... 37
二、一底物反应 ... 38
三、二底物反应 ... 41
四、底物诱导"反常"性质 ... 43
第三节 酶浓度对酶催化反应速度的影响 ... 45
一、酶浓度-速度关系 ... 45
二、酶浓度-速度关系中的干扰因子 ... 46
三、活性酶浓度的概念 ... 47
第四节 酶抑制动力学 ... 48
一、不可逆抑制 ... 48
二、可逆抑制 ... 48
三、常用的抑制剂 ... 51
第五节 影响酶催化反应的其他因素 ... 55
一、pH ... 55
二、温度 ... 60
思考题 ... 67

第四章 固定化酶与固定化细胞 ... 69
第一节 引言 ... 69
第二节 酶和细胞的固定化方法 ... 70
一、酶的固定化方法 ... 71
二、细胞的固定化方法 ... 74
三、辅基与辅酶的固定化方法 ... 79
第三节 固定化酶的性质 ... 80
一、固定化酶活力 ... 80
二、固定化酶的稳定性 ... 80

三、固定化对酶反应系统的影响 ·· 80
　第四节　固定化酶动力学 ·· 81
　第五节　固定化多酶体系 ·· 84
　第六节　固定化酶在食品工业中的应用 ·· 85
　思考题 ··· 88

第五章　酶非水相催化 ·· 89
　第一节　酶非水相催化的概念及反应介质 ····································· 89
　　一、酶非水相催化的概念 ·· 89
　　二、酶非水相催化反应的介质 ·· 90
　第二节　有机介质反应体系 ··· 92
　　一、单相共溶剂体系 ··· 92
　　二、两相或多相体系 ··· 93
　　三、微水介质体系 ·· 93
　　四、胶束体系 ··· 94
　　五、反胶束体系 ··· 94
　第三节　酶在有机介质中的催化特性 ·· 95
　　一、底物专一性 ··· 95
　　二、立体选择性 ··· 96
　　三、区域选择性 ··· 96
　　四、键选择性 ··· 96
　　五、热稳定性 ··· 97
　第四节　有机介质中酶催化反应的条件及控制 ······························· 98
　　一、酶的选择 ··· 98
　　二、底物种类和浓度的选择 ··· 98
　　三、有机溶剂的选择 ··· 99
　　四、水含量的控制 ·· 99
　　五、温度的控制 ··· 99
　　六、pH 的控制 ·· 100
　第五节　酶非水相催化的应用 ·· 100
　　一、手性药物的拆分 ··· 101
　　二、手性高分子聚合物的制备 ·· 102
　　三、酚树脂的合成 ·· 103
　　四、导电有机聚合物的合成 ··· 104
　　五、发光有机聚合物的合成 ··· 104
　　六、食品添加剂的生产 ··· 104
　　七、生物柴油的生产 ··· 104
　　八、多肽的合成 ··· 105
　　九、甾体转化 ··· 105

思考题 ··· 106

第六章 酶学研究方法 ·· 107
第一节 酶的提取 ··· 107
一、材料的选择 ··· 107
二、细胞的破碎 ··· 109
三、提取过程优化 ·· 113
第二节 酶的分离纯化 ··· 113
一、根据大小和质量不同进行分离的方法 ··· 114
二、根据电荷不同进行分离的方法 ·· 115
三、根据溶解度变化进行分离的方法 ··· 116
四、根据特异性结合进行分离的方法 ··· 117
五、其他分离方法 ·· 118
六、分离方法的选择与优化 ··· 119
七、酶纯度的鉴定 ·· 124
八、纯化步骤的定量评价 ·· 125
第三节 酶结构研究 ·· 126
一、酶结晶 ··· 126
二、酶结构解析 ··· 129
第四节 酶催化机制研究 ·· 132
一、研究方法 ·· 133
二、计算方法 ·· 136
三、多重方法联用实例 ·· 137
第五节 食品酶的发掘及分子改造 ·· 138
一、酶的发掘 ·· 139
二、酶分子改造 ··· 144
三、工程菌的构建 ·· 151
思考题 ··· 160

第七章 碳水化合物酶 ·· 161
第一节 引言 ··· 161
第二节 淀粉酶 ·· 164
一、α-淀粉酶 ··· 164
二、β-淀粉酶 ··· 171
三、葡萄糖淀粉酶 ·· 175
四、脱支酶 ··· 178
五、环麦芽糊精葡聚糖转移酶 ·· 182
六、生麦芽糖 α-淀粉酶 ··· 182
七、淀粉酶在食品工业中的应用 ··· 183

第三节　糖转化酶 ··· 185
一、木糖异构酶 ··· 185
二、转化酶 ··· 186
三、乳糖酶 ··· 186
四、糖基转移酶 ··· 191

第四节　纤维素酶 ··· 195
一、纤维素酶的分类和作用方式 ··· 195
二、纤维素酶的结构和作用机制 ··· 196
三、纤维素酶作用的影响因素 ·· 197
四、纤维素酶在食品工业中的应用 ·· 197

第五节　半纤维素酶 ··· 198
一、半纤维素酶的种类 ··· 198
二、半纤维素酶在食品工业中的应用 ······································· 200

第六节　果胶酶 ··· 202
一、果胶物质 ·· 202
二、果胶酶的分类 ··· 202
三、果胶酶催化的反应 ··· 203
四、果胶酶的分布 ··· 203
五、聚半乳糖醛酸酶 ·· 204
六、聚甲基半乳糖醛酸裂解酶和聚半乳糖醛酸裂解酶 ··················· 205
七、果胶酯酶 ·· 205
八、果胶酶在食品工业中的应用 ··· 206

第七节　葡聚糖酶 ·· 209
一、α-葡聚糖酶 ··· 209
二、β-葡聚糖酶 ··· 210

思考题 ·· 213

第八章　蛋白酶 ·· 215
第一节　引言 ·· 215
第二节　丝氨酸蛋白酶 ·· 217
一、胰凝乳蛋白酶 ··· 218
二、胰蛋白酶 ·· 222
三、弹性蛋白酶 ··· 226
四、凝血因子 X ··· 230
五、纤溶蛋白酶 ··· 232

第三节　巯基蛋白酶 ··· 236
一、木瓜蛋白酶 ··· 236
二、菠萝蛋白酶 ··· 240

第四节　金属蛋白酶 ··· 241

一、金属羧肽酶 242
　　二、金属氨肽酶 245
　　三、基质金属蛋白酶 247
　第五节　天冬氨酸蛋白酶 252
　　一、胃蛋白酶 252
　　二、凝乳酶 255
　第六节　蛋白酶在食品工业中的应用 259
　　一、蛋白质水解对蛋白质功能性质的影响及水解过程控制 259
　　二、蛋白酶的应用 263
　思考题 267

第九章　酯酶 269
　第一节　引言 269
　第二节　羧酸酯水解酶 271
　　一、非特异性羧酸酯水解酶 271
　　二、特异性羧酸酯水解酶 273
　第三节　磷酸酯水解酶 277
　　一、磷酸一酯水解酶 277
　　二、磷酸二酯水解酶 278
　第四节　脂肪酶 281
　　一、脂肪酶作用底物的物理状态 281
　　二、脂肪酶底物的特异性 283
　　三、脂肪酶活力的影响因素及测定 284
　　四、微生物脂肪酶 285
　第五节　酯酶在食品工业中的应用 287
　　一、脂肪酶对食品风味的影响 287
　　二、脂肪酶在工业中的应用 288
　　三、酯酶在酯类物质合成中的应用 290
　　四、脂肪酶在三酰甘油改性中的应用 291
　　五、脂肪酶在提取维生素 E 方面的应用 293
　　六、脂肪酶在食用油脂精炼方面的应用 293
　思考题 293

第十章　过氧化物酶 295
　第一节　引言 295
　第二节　过氧化物酶的催化反应 296
　　一、底物 296
　　二、反应类型 297
　　三、催化反应机制 298

第三节　pH 和温度对过氧化物酶活力的影响 ······················· 300
　　一、pH ······················· 300
　　二、温度 ······················· 301
　　三、过氧化物酶活力的测定方法 ······················· 307
第四节　过氧化物酶在食品工业中的应用 ······················· 308
　　一、食品加工处理的指标 ······················· 308
　　二、作为食品添加剂 ······················· 309
　　三、作为检测试剂 ······················· 309
思考题 ······················· 310

第十一章　多酚氧化酶 ······················· 311
第一节　引言 ······················· 311
第二节　多酚氧化酶催化的反应及其作用底物 ······················· 313
　　一、多酚氧化酶催化的反应 ······················· 313
　　二、多酚氧化酶作用底物 ······················· 315
第三节　多酚氧化酶酶活力的影响因素 ······················· 320
　　一、pH ······················· 320
　　二、温度 ······················· 321
　　三、激活剂 ······················· 322
　　四、抑制剂 ······················· 322
　　五、多酚氧化酶活力的测定方法 ······················· 322
第四节　多酚氧化酶在食品工业中的应用 ······················· 324
　　一、在果蔬加工中的应用 ······················· 324
　　二、在茶叶加工中的应用 ······················· 326
　　三、在咖啡加工中的应用 ······················· 327
思考题 ······················· 327

第十二章　脂肪氧合酶 ······················· 329
第一节　引言 ······················· 329
第二节　脂肪氧合酶的结构及性质 ······················· 330
第三节　脂肪氧合酶催化的反应 ······················· 332
第四节　脂肪氧合酶作用的初期产物的进一步变化 ······················· 334
第五节　脂肪氧合酶作用的影响因素及活力测定 ······················· 335
　　一、pH ······················· 335
　　二、温度 ······················· 336
　　三、金属离子 ······················· 337
　　四、底物促溶剂 ······················· 338
　　五、酶浓度 ······················· 338
　　六、底物浓度 ······················· 338

七、脂肪氧合酶活力的测定方法 ·········· 339
　第六节　脂肪氧合酶的作用对食品质量的影响 ·········· 341
　　一、脂肪氧合酶的作用对焙烤食品质量的影响 ·········· 341
　　二、脂肪氧合酶的作用对食品颜色、风味和营养的影响 ·········· 342
　　三、脂肪氧合酶的抑制 ·········· 342
　思考题 ·········· 343

第十三章　葡萄糖氧化酶 ·········· 345
　第一节　引言 ·········· 345
　第二节　葡萄糖氧化酶的结构及化学性质 ·········· 346
　第三节　葡萄糖氧化酶催化的反应及机制 ·········· 347
　　一、葡萄糖氧化酶的催化特异性 ·········· 348
　　二、葡萄糖氧化酶的作用机制 ·········· 349
　第四节　影响葡萄糖氧化酶活力的因素 ·········· 351
　　一、温度 ·········· 351
　　二、pH ·········· 351
　　三、抑制剂 ·········· 351
　　四、葡萄糖氧化酶活力的测定方法 ·········· 352
　第五节　葡萄糖氧化酶在食品中的应用 ·········· 353
　　一、食品体系的脱糖保鲜 ·········· 354
　　二、食品体系的除氧保鲜 ·········· 354
　　三、面粉改良 ·········· 355
　　四、杀菌 ·········· 355
　　五、葡萄糖的定量分析 ·········· 356
　　六、生产葡萄糖酸及其衍生盐类 ·········· 356
　思考题 ·········· 356

第十四章　转谷氨酰胺酶 ·········· 357
　第一节　引言 ·········· 357
　第二节　转谷氨酰胺酶的结构和性质 ·········· 359
　　一、转谷氨酰胺酶的结构 ·········· 359
　　二、转谷氨酰胺酶的多源性特征 ·········· 360
　　三、转谷氨酰胺酶的稳定性 ·········· 360
　第三节　转谷氨酰胺酶催化的反应 ·········· 362
　　一、转谷氨酰胺酶的酰基转移反应机制 ·········· 362
　　二、转谷氨酰胺酶活力的测定方法 ·········· 363
　第四节　转谷氨酰胺酶在食品工业中的应用 ·········· 364
　　一、在肉制品加工中的应用 ·········· 364
　　二、在乳制品加工中的应用 ·········· 365

三、在面制品加工中的应用 ……………………………………………………………… 367
　　四、在植物蛋白加工中的应用 …………………………………………………………… 368
　　五、在水产品加工中的应用 ……………………………………………………………… 369
　　六、在蛋白质糖基化中的应用 …………………………………………………………… 370
　思考题 ………………………………………………………………………………………… 370

第十五章　与风味促进有关的酶 ……………………………………………………………… 371
　第一节　引言 ………………………………………………………………………………… 371
　第二节　糖苷酶 ……………………………………………………………………………… 372
　　一、糖苷酶的简介 ………………………………………………………………………… 372
　　二、糖苷酶的结构 ………………………………………………………………………… 373
　　三、糖苷酶催化的反应 …………………………………………………………………… 374
　　四、影响糖苷酶活力的因素 ……………………………………………………………… 375
　　五、糖苷酶在食品加工中的应用 ………………………………………………………… 379
　第三节　核酸酶 ……………………………………………………………………………… 379
　　一、核酸酶的简介 ………………………………………………………………………… 379
　　二、核酸酶的作用机制 …………………………………………………………………… 380
　　三、核酸酶在食品加工中的应用 ………………………………………………………… 381
　第四节　核苷酸酶 …………………………………………………………………………… 381
　　一、核苷酸酶的简介 ……………………………………………………………………… 382
　　二、核苷酸酶的作用机制 ………………………………………………………………… 383
　　三、核苷酸酶在食品加工中的应用 ……………………………………………………… 384
　第五节　酶在风味物质制备中的应用 ……………………………………………………… 385
　　一、制备酵母提取物 ……………………………………………………………………… 385
　　二、制备水解植物蛋白 …………………………………………………………………… 387
　　三、制备水解动物蛋白 …………………………………………………………………… 388
　思考题 ………………………………………………………………………………………… 390

第十六章　内源酶对食品的影响 ……………………………………………………………… 391
　第一节　引言 ………………………………………………………………………………… 391
　第二节　酶在食品材料中的分布 …………………………………………………………… 392
　第三节　果蔬中的内源酶及其对果蔬品质的影响 ………………………………………… 394
　　一、果蔬中的重要酶类 …………………………………………………………………… 394
　　二、果蔬褐变与酶的作用 ………………………………………………………………… 395
　　三、果蔬质构弱化与酶的作用 …………………………………………………………… 396
　　四、果蔬风味变化与酶的作用 …………………………………………………………… 396
　　五、果蔬营养变化与酶的作用 …………………………………………………………… 396
　　六、果蔬内源酶作用的控制 ……………………………………………………………… 396
　第四节　谷物、豆类中的内源酶及其对制品品质的影响 ………………………………… 397

一、谷物、豆类中的重要酶类 …………………………………………………… 397
　　二、谷物陈化与酶的作用 ………………………………………………………… 400
　　三、谷物发芽与酶的作用 ………………………………………………………… 401
　　四、内源酶对面制品品质的影响 ………………………………………………… 402
　第五节　动物源食品原料中的内源酶及其对制品品质的影响 …………………… 402
　　一、畜禽肉中的内源酶及其对制品品质的影响 ………………………………… 402
　　二、水产品中的内源酶及其对制品品质的影响 ………………………………… 407
　　三、乳中的内源酶及其对制品品质的影响 ……………………………………… 409
　思考题 ……………………………………………………………………………… 412

参考文献 ……………………………………………………………………………… 413

绪论

> **学习目标**
>
> 1. 了解酶的发现和酶学的发展历史,并从中领悟从0到1的发现和从实践认知到理论认知的认识过程,学习和掌握创新研究的思路与方法。
> 2. 了解酶学对食品科学与工程的重要性,增强自觉学习和应用食品酶学知识解决实际问题的能动性。

人们与酶"打交道"或者说在生产与生活实践中利用酶的历史很悠久,但对酶的认识却要晚得多,而且经历了很长的过程。本章将介绍酶学的发展历史,包括古代酶的应用、早期的酶学实验、酶及酶催化反应本质的认识过程和酶工程的发展过程及酶在食品保藏和加工中的重要作用。学习时需从酶学发展历程中进一步明晰实践与认识的辩证关系,从酶学早期的研究活动和成果中学习科学精神和探索自然规律的方法,从酶学对食品科学与工程的重要性中激发学习热情。

第一节 酶学的发展历史

早在4000多年前的夏禹时代,酿酒就已经流行。在公元前12世纪的周朝,中国人就会用麦芽来制作饴糖和酱。2500多年前的春秋战国时期,人们已经用麹(曲)来治疗肠胃疾病,用鸡内金来治疗消化不良,用动物胃液来制作干酪,用胰脏来软化皮革等。《齐民要术》记载了麦酱的原料配比以及酿制方法。古希腊、古埃及也有制造麦酒和葡萄酒的历史。然而,这些古老的实践虽然是在利用酶,也反映了人们的智慧,但不表明人们已经认识酶。

近代自然科学是建立在科学实验基础之上的实验科学,酶学也不例外。目前普遍认为,酶学实验始于1783年,那一年意大利科学家斯帕兰札尼(Spallanzani)发现鸟的胃液能将肉类分解消化。1810年,药物学家帕朗奇(Planche)在植物根中发现了一种能使愈创木脂氧化变蓝的物质,并分离出了这种耐热且水溶性的物质。因此,他被认为是酶的最早发现者。德国的柯切霍夫(Kirchhoff)在1814年发现,种子发芽时的水提取物加到泡在水里的谷物中,也能发生水解反应。德国化学家米切利希(Mitscherlich)在1826年提出:活的种子或麦芽为生物酵素,谷物种子提取液中的可溶性物质为非生物酵素。酵素作为酶的最早名称也是由此开始的。日本、德国和我国台湾地区现在还一直沿用酵素一词。

1833年，法国的佩恩（Payen）和帕索兹（Persoz）用酒精处理麦芽提取液，分离得到了一种能溶于水和稀酒精，不溶于浓酒精，且对热不稳定的白色无定形粉末，取名为 diastase（淀粉酶）。它能使淀粉转化为糖，不久后被用于棉布退浆。最早的酶制剂就此出现。

19世纪中叶，德国农业化学家利比格（Liebig）和法国微生物学家巴斯德（Pastetur）就发酵的机制问题进行了数十年的争论。前者强调发酵是纯化学反应，后者则坚持发酵是活酵母参与的结果。1877年，德国化学家毕希纳（Buchner）用石英砂磨碎酵母细胞，并制备了不含酵母细胞的抽提液，用它能使蔗糖发酵，从而阐明了发酵是酶作用的化学本质。毕希纳因此获得了1907年的诺贝尔化学奖，这也是授予酶学研究的第一个诺贝尔奖。

"diastase"来源于希腊文"分离"一词，在很长一段时期作为酶的术语使用。1878年，德国生理学家库恩（Kühne）首先给酶起了一个统一的名词，叫 enzyme。enzyme 是希腊文"en（在）"和"zyme（酵母）"二字的组合。

1894年，德国的埃米尔·费歇尔（Emil Fischer）发展了酶的特异性（即专一性）概念，提出了著名的酶与底物的相互作用类似于锁和钥匙的观点。这个观点影响到后人对酶–底物复合物本质的研究。研究酶的特异性需要有纯酶和已知结构的底物。伯格曼（Bergman）等在1930—1940年期间合成许多肽用来研究蛋白酶的作用。他们证明了一种蛋白酶仅能水解肽链中一些特定的氨基酸残基形成的肽键，并进一步将蛋白酶分成肽链内切酶和肽链端解酶。前者从肽链的中间水解肽键，后者从肽链的末端水解肽键。

在20世纪上半叶，用定量方法描述酶的作用和酶的纯化工作得到了发展。1902年布朗（Brown）和1903年维克多·亨利（Victor Henry）各自独立提出，酶与底物的作用是通过酶与底物生成复合物而进行的。1913年，莱诺尔·迈克利斯（Leonor Michaelis）和加拿大物理学家莫德·雷诺拉·门特（Maud Lenora Menten）推导出了描述酶催化反应动力学的米氏（Michaelis–Menten）方程。

1920年以后，酶的纯化工作取得重大突破。1926年，美国化学家詹姆斯·巴彻勒·萨姆纳（James B. Sumner）从刀豆种子中分离提取得到脲酶结晶。这是生物化学史上首次得到酶的结晶，也是首次直接证明酶是蛋白质，推动了酶学的发展。1930年，诺斯罗普（John H. Northrop）得到了胃蛋白酶结晶。随后，库尼茨（Kunitz）、赫里奥特（Herriott）和安森（Anson）先后获得了胰蛋白酶、胰凝乳蛋白酶和羧肽酶A的结晶。萨姆纳因其在脲酶和过氧化氢酶、脂肪氧化酶、辅酶、蔗糖酶等酶中的卓越研究工作，诺斯罗普因其在酶和病毒蛋白质中的研究工作，一起获得了1946年的诺贝尔化学奖。萨姆纳对酶学发展的贡献不止于此，他还进一步验证了生物体内普遍存在各种酶以及酶在生理代谢过程中的功能和作用，发明了一种蛋白质分离方法，编著了《生物化学教本》《酶的化学和方法》（与G.F.萨默斯合著）、《酶化学及其作用机制》（与K.迈尔巴克共同主编）等著作。目前，已有数以百计的酶被纯化到结晶形式。

1940年以后，酶学研究进展越来越快，特别是离子交换纤维素技术和聚丙烯酰胺凝胶技术应用于酶的分离纯化与鉴定以后，发现许多酶具有多种分子形式（同工酶），从而表明结晶还不能作为衡量酶纯度的充分依据。另一个重要的成就是1959年考斯兰德（Koshland）提出了酶–底物结合的诱导契合概念。他保留了酶和底物形成立体有机复合物的概念，但摒弃了酶活性部位是僵硬的、在结构上同底物互补的概念。

1955年英国生物化学家弗雷德里克·桑格（Frederick Sanger）等报道了胰岛素中氨基酸排列的次序，这是在测定蛋白质一级结构上的第一次突破。1960年美国生物学家克里斯蒂安·安

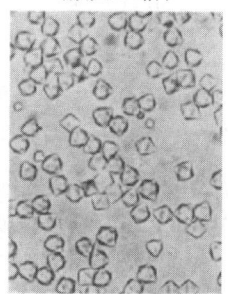

脲酶晶体
（放大728倍）

James B. Sumner (1926)
"The isolation and crystallization of the enzyme urease" J.Biol. Chem.69:435–441.

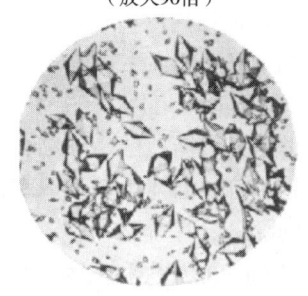

胃蛋白酶晶体
（放大90倍）

John H. Northrop (1930)
"Crystallin pepsin,1: Isolation and tests of purity" J.Gen.Physiol. 13:739–766.

芬森（christian B. Anfinsen）等测定了核糖核酸酶的一级结构。接着，多个研究团队陆续报道了胰凝乳蛋白酶、溶菌酶、胰蛋白酶、木瓜蛋白酶和羧肽酶 A 等酶的一级结构。

1969 年布鲁斯·梅里菲尔德（Bruce Merrifield）完成了核糖核苷酸的完全化学合成，从此科学家有可能以全新的方法确定酶的结构和功能之间的关系，也有可能采用合成的酶来完成无数的催化功能。

在对酶的物理化学性质的认识不断深化的同时，酶反应动力学的定量处理也得到了实质性的进展。在 1960 年以后，多底物和多步反应酶体系的动力学研究取得进展，发现许多调节酶的动力学并不遵循 Michaelis-Menten 方程式。1965 年莫诺（Monod）等认为结合到酶的非活性部位的配位体也能影响酶的催化过程。这个认识对于了解调节酶的动力学非常重要。

1982 年，托马斯·切赫（Thomas R. Cech）等发现四膜虫细胞的 26S rRNA 前体具有自我剪接功能，并将这种具有催化活性的天然 RNA 称为核酶（ribozyme）。1983 年，美国科学家西德尼·奥尔特曼（Sidney Altman）等发现核糖核酸酶 P（RNase P）的 RNA 组分具有加工 tRNA 前体的催化功能。而 RNase P 中的蛋白组分没有催化功能，只是起稳定构象的作用。这一发现打破了酶是蛋白质的传统观念，开辟了酶学研究的新领域。

第二节 酶工程及其发展概况

酶工程是研究酶生产和应用的一门技术性学科，是在酶的生产和应用过程中逐步形成并发展起来的，其经历了从植物、动物、微生物中提取酶，微生物发酵大量生产酶，酶的改性和分子酶工程四个发展过程。

1894 年，日本应用化学家高峰让吉（Takamine Jokichi）用米曲霉固体培养法生产"他卡"淀粉酶，用作消化剂，这是世界上第一个商品酶制剂。1908 年，德国的罗姆（Rohm）制得胰酶，用于皮革软化。1908 年，法国的波伊登（Boidin）制备了细菌淀粉酶，应用于纺织品的退浆。1911 年，美国的华勒斯坦（Wallestein）制得木瓜蛋白酶，用于除去啤酒中的蛋白质混浊。

20 世纪 50 年代前，酶的生产和应用停留在从微生物、动物或植物中提取，难以大规模工业化生产。1949 年，采用液体深层培养法进行细菌淀粉酶的发酵生产，揭开了近代酶工业的序幕。之后，大多数酶制剂已转向微生物流体深层发酵法生产。

20 世纪 50 年代开始了酶固定化研究。1953 年，德国科学家首先将聚氨基苯乙烯树脂与淀粉酶、胃蛋白酶、羧肽酶和核糖核酸酶等结合，制成了固定化酶。20 世纪 60 年代是固定化酶技术迅速发展时期。1969 年，日本的千畑一郎首次在工业上应用固定化氨基酰化酶从 DL-氨基酸生产 L-氨基酸，从此出现了"酶工程"这个名词。1971 年，第一届国际酶工程学术会议在美国召开。1973 年，千畑一郎首次利用固定化的大肠杆菌细胞生产 L-天冬氨酸。1978 年，日本的铃木等用固定化细胞生产 α-淀粉酶的研究取得成功。20 世纪 70 年代是固定化细胞技术取得进展的时期，至 80 年代，固定化细胞已能用于生产胞外酶。随后，又发展了固定化原生质体技术，跨过了细胞壁这一障碍。

在酶的固定化技术发展的同时，酶分子修饰技术也取得了进展。20 世纪 60 年代，用小分子化合物修饰酶分子侧链基团，使酶的性质发生改变。随后，酶的修饰剂、修饰方法不断发展。

近几十年来，抗体酶（具有酶活性的抗体）、人工酶、模拟酶等研究也不断取得进展，使酶工程不断向广度和深度发展。

第三节　酶学对食品科学与工程的重要性

如前叙述酶的发现历史时提到的，在很久以前，人类在制作食品时就利用了酶，而且将利用酶制作食品的技术一代一代地传下来。例如，在酿造中利用发芽的大麦来转化淀粉和用破碎的木瓜树叶包裹肉以使肉嫩化。早期有关消化、发酵和水解反应中的酶的研究也都涉及食品。食品科学家早期更多关注的是能导致食品品质劣变的酶的作用，例如果胶酶和多酚氧化酶的作用，而对在食品加工中应用酶的研究相对较少。

酶在食品保藏和加工中具有重要作用。许多重要的酶反应在植物、动物和微生物生长过程的开始就存在，当生物材料被收集起来作为食品时这些酶的反应仍然继续，导致食品加工原料不断变化，影响食品加工过程、产品质量和保藏性能。当然酶的活动也可以在食品保藏和加工中加以利用，使它朝着人们需要的方向发展，实现提高产品品质等作用。

动物被宰杀后，三羧酸循环（Krebs cycle）和电子传递体系将停止，而糖酵解反应会继续进行至糖原和葡萄糖转变成乳酸、底物耗尽和不适合酶作用的 pH 出现。水解酶，如蛋白酶、脂酶、磷酸酶和糖苷水解酶在动物死后很长时间还作用于细胞的组分。合成代谢反应的停止及分解代谢的继续和加速，导致组织损坏，这有助于肉食用品质的提升，如风味和质构改善等。

在成熟的植物组织中出现酶的活动和数量增加，会导致淀粉转变成糖，叶绿素降解和细胞尺寸的快速增加。在没有气调的条件下水果会变得过熟和软化。因此，了解影响酶活力的因素对于控制果蔬采收后酶的活力是极为重要的。

温度和底物是相对比较容易控制的影响酶活力的因素。把产品贮存在较低的温度下有更长的保质期。然而，并非把原料的贮存温度控制得越低，它们的贮存期就越长。例如，当马铃薯的贮存温度过高时，淀粉水解成糊精、麦芽糖甚至是葡萄糖，并进一步氧化，导致马铃薯软化。但当贮存温度过低时，糖氧化速度比起淀粉转化为糖的速度降低得更多，这就导致马铃薯变得过甜。某些食品，如果贮存在0℃或比0℃稍低的环境中，实际上会导致酶活力的提高，其原因将会在后面相关章节中进行论述。

控制食品中酶活力的主要方法是热处理和冷冻。热处理能使微生物产生的所有酶失去活力，但一般也会损害食品的质量。因此，适当的热处理应控制在恰好能使食品中全部酶失活的条件内，不要过分的热处理。所有植物组织中均已发现过氧化物酶，当过氧化物酶完全失活时可以保证其他所有酶失活，因此可以采用过氧化物酶的残余活力作为指标，确定果蔬最佳热处理条件。冷冻并不会破坏酶，它仅仅是降低酶的活力从而延长食品的保质期。如果食品在冷冻前没有经过热烫处理，那么当它解冻时酶的活力会恢复。

1960年，埃米尔·马克（Emil Mark）在俄勒冈州立大学举办的食品酶研讨会上呼吁食品科学家对酶进行更为基础的研究。食品学家与生物化学家研究酶的角度可能不同，但对发现酶、认识酶、控制酶等酶学基础工作同样感兴趣。通过认识有关酶催化的反应及其机理，可以在原料处理、食品加工和保藏中更好地利用和控制酶，达到人们希望达到的目的。下表列出了一些食品和食品加工中常见的酶及其用途。

食品和食品加工中常见的酶及其用途

酶	食品	用途
淀粉酶	烘焙食品	为酵母提供可发酵的糖
	酿造食品	去除淀粉浊度，把较低糖度的淀粉转变成为高度可发酵的糖浆等
	谷物	淀粉转化为麦芽糖和糊精，增加吸水率
	巧克力/可可	增加流动性
淀粉酶	糖果	从糖果残渣中回收糖
	果汁	去除淀粉以增加起泡性能
	果冻	去除淀粉以增加起泡性能
	果胶	从苹果渣中制备果胶
	糖和糖浆	将淀粉转化为低相对分子质量的糊精（玉米糖浆）
	蔬菜	淀粉水解，如豌豆的嫩化过程
纤维素酶	酿造食品	提高酿造原料的利用率，缩短发酵时间，加快植物细胞壁的分解
	咖啡	加快咖啡豆类干燥过程中的纤维素水解
	水果	去除梨的颗粒感，去除杏子和番茄表皮
葡聚糖蔗糖酶	糖浆	增稠作用
	冰淇淋	增稠作用

续表

酶	食品	用途
蔗糖酶	人造蜂蜜	增加甜味，催化蔗糖转化果糖和葡萄糖
	糖果	制造巧克力中的胶糖心
乳糖酶	冰淇淋	改善口感，减少乳糖结晶析出
	饲料	去除乳糖，制备低乳糖乳、无乳糖乳产品，满足肠道乳糖酶缺乏的成年人和先天性乳糖酶缺乏婴儿的需求
	乳制品	去除乳糖，制备低乳糖乳、无乳糖乳产品，满足肠道乳糖酶缺乏的成年人和先天性乳糖酶缺乏婴儿的需求
单宁酶	酿造食品	改善口感，分解咖啡、茶叶等食品中单宁酸
戊聚糖酶	粉类	改善粉类流变学特性
柚皮苷酶	橘汁	改善风味，增加橘汁中的葡萄糖苷和柚皮苷
果胶酶	巧克力/可可	软化可可鲜果皮，加速果胶的分解，提高果皮和果胶的脱净率
	咖啡	软化咖啡鲜果皮，加速果胶的分解，提高果皮和果胶的脱净率
	水果	软化鲜果
	果汁	降低果蔬汁黏度，提高压榨汁的产量，防止混浊，改善浓缩过程
	橄榄	提高出油率
	果酒	改善果酒混浊、沉淀等问题；改善酒的色泽与风味
	柑橘汁	破坏和分离果胶物质（弊端）
	水果	过度软化（弊端）
蛋白酶	烘焙产品	降低面粉筋度，缩短面团成形时间，增加面团延展性，改善面包体积及质地；释放 β-淀粉酶
	酿造食品	改善发酵过程中的质地、风味和营养；有助于过滤和澄清，防止冷却混浊
	谷物	提高干燥速率，改善产品的加工性能；味噌及豆腐的制备
	干酪	加快干酪的生产和成熟
	可可	加快发酵过程
	蛋类产品	改善干燥性能

续表

酶	食品	用途
蛋白酶	饲料	处理残渣以转化为饲料
	肉类及鱼类	有利于肉类及鱼类产品嫩化，回收蛋白质，提取油脂
	调味品及特殊膳食	调味品的制备，如酱油和玉米酱；特殊膳食的制备，如肉汤、脱水汤、酱粉、加工肉类
	葡萄酒	改善果酒混浊、沉淀等问题
	蛋类	影响全蛋保质期（弊端）
	螃蟹、虾类	过度嫩化（弊端）
	面粉	影响面点质地（弊端）
脂氧合酶	干酪类	改善老化、成熟和风味
	油脂类	将脂质转化为甘油、脂肪酸和单甘油酯
	乳制品	用于巧克力风味牛乳的生产
	谷物	燕麦饼过度褐变，麦麸的褐色变色（弊端）
	牛乳和乳制品	水解酸败（弊端）
	油脂类	水解酸败（弊端）
	蔬菜	破坏必需脂肪酸和维生素 A，产生异味（弊端）
磷酸酶	婴幼儿产品	增加可用磷酸盐
	酿造食品	磷酸盐化合物的水解
	乳制品	监测巴氏杀菌工艺
核酸酶	增味剂	增加核苷酸和核苷
过氧化物酶	果蔬	漂白
	面团	利于蛋白质网络形成
	水果	产生褐变（弊端）
过氧化氢酶	乳制品	破坏低温巴氏灭菌中的过氧化氢
	大部分食品产品	移除葡萄糖和/或氧气以防止褐变和/或氧化；通常与葡萄糖氧化酶一起使用
	蔬菜	监测漂白工艺
葡萄糖氧化酶	大部分食品产品	移除葡萄糖和/或氧气以防止褐变和/或氧化，例如啤酒、乳酪、碳酸饮料、干鸡蛋、果汁、肉类和鱼类、乳粉、葡萄酒；通常与过氧化氢酶一起使用

续表

酶	食品	用途
多酚氧化酶	茶、咖啡、梅干、未漂白的葡萄干	加速成熟、发酵和/或老化过程中褐变
	蔬菜，水果	产生褐变，失去风味，维生素流失（弊端）
抗坏血酸氧化酶	蔬菜，水果	破坏维生素 C（弊端）
硫胺酶	肉类，鱼类	破坏维生素 B_1（弊端）

思考题

1. 为什么对酶的认识远远晚于酶的实践应用？
2. 简述酶的发现和酶学发展历程对开展创新研究的启发。
3. 什么是原始创新和高水平的研究？如何开展？
4. 如何从酶学的发展看理论和实践的辩证关系？
5. 酶学对食品科学与工程的重要性体现在哪些方面？

第一章
酶的化学本质、结构与存在形式

> **学习目标**
>
> 1. 学习和掌握酶的化学本质、结构、催化特性及作用机制，养成探究事物本质规律的习惯。
> 2. 学习和掌握酶结构与功能的关系，充分理解酶作用的高效性机制，并深刻领悟事物的结构和功能互相依存、互相促进的辩证关系。

酶的结构与催化功能密切相关。本章将介绍酶的化学本质、结构、催化特性和作用机制、分类与命名以及酶在生物体内的存在形式等内容。学习时需关注和明确酶的一级结构、高级结构与催化功能的关系和酶催化与化学催化机制的区别，理解和掌握酶催化反应专一性和高效性的机制，了解和掌握酶在生物体中的存在形式及其在生物生长、在食品原料贮藏、加工中的变化和作用，对食品品质的影响。从大食物观角度理解在食品原料生产、贮运、加工中控制酶作用的重要性。

第一节 酶的化学本质、分类与命名

一、酶的化学本质

1926 年 James B. Sumner 首次从刀豆种子中提取出脲酶结晶，证明其为蛋白质，并提出酶的本质就是蛋白质的观点。1930 年以后，酶是蛋白质这个观点被普遍接受。支持这一观点的主要依据如下。

（1）酶的相对分子质量很大 如胃蛋白酶的相对分子质量为 3.6 万，L-谷氨酸脱氢酶为 100 万等，属于典型的蛋白质相对分子质量的数量级，且酶的水溶液具有亲水胶体的性质。

(2) 酶由氨基酸组成　酶经酸碱水解后最终产物为氨基酸。

(3) 酶具有两性性质　酶同蛋白质一样，在不同的 pH 下可解离成不同的离子状态，每种酶都有其特定的等电点。

(4) 酶易变性失活　一切可使蛋白质变性的因素均可使酶变性失活。

凡是蛋白质所具有的性质酶也同样具有，由此可见，酶的化学本质是蛋白质。

20 世纪 80 年代初期，Thomas R. Cech 和 Sidney Altman 各自独立地发现 RNA 具有生物催化功能。例如，有一种称为 RNase P 的酶，这种酶是由 20% 的蛋白质和 80% 的 RNA 组成的。将这种酶中的蛋白质除去，并提高 Mg^{2+} 的浓度，发现留下来的 RNA 仍然具有与该种酶相同的催化活性。后来的科学实验进一步证实某些 RNA 分子同那些构成酶的蛋白质分子一样，都是效率非常高的生物催化剂。这些发现改变了生物体内所有酶都是蛋白质的传统观念。

从目前的发现来看，绝大多数的酶是蛋白质，只有少数的酶是 RNA。一些酶为简单的蛋白质，只由氨基酸组成，不含其他成分。而另一些酶，例如氧化还原酶类和转移酶类等，属于结合蛋白质。这类酶除了蛋白质组分（酶蛋白）之外，还含有非蛋白的小分子物质，即辅因子（cofactor）。对于那些需要辅因子的酶，酶蛋白单独存在时一般无催化活性，只有当酶蛋白与辅因子结合时才具有活力，此完整的酶分子称为全酶。辅因子可能是金属离子，如 Ca^{2+}、Mg^{2+} 等，称为无机辅因子；也可能是小分子有机物质，如磷酸吡哆醛、焦磷酸硫胺素等，称为有机辅因子。辅因子或松或紧地与酶蛋白结合。与酶蛋白结合松弛，可以通过透析除去的辅因子称为辅酶（coenzyme）；而与酶蛋白结合紧密，不能通过透析除去的辅因子称为辅基（prosthetic group）。

二、酶的分类与命名

（一）总的分类与命名

1961 年国际生物化学协会酶学委员会提出了一套系统命名方案，称为国际系统命名法，即以酶所催化的整体反应为基础，明确标明酶作用的底物（或作用物）及催化反应的性质。当酶作用的底物有两个时，要同时列出，并用"："分开；若其中一种底物为水，则底物"水"略去。

国际系统命名比较冗长，使用不方便，为此 1978 年国际生物化学协会酶学委员会又将自然界发现的 3000 多种酶重新进行了分类，主要根据酶催化反应的性质来进行分类。国际生物化学协会酶学委员会将酶的催化反应分为六大类，相应将酶分为六大类，分别用阿拉伯数字 1、2、3、4、5、6 表示；再根据底物中被作用的基团或化学键等特点，将每一大类分为亚类、亚亚类；最后，再排列各个具体的酶，前面冠以"EC"标志（"Enzyme Commission"的缩写）。每种酶都有一个四位数字的号码，其中第一位数字表示大类，第二位数字表示亚类，第三位数字表示亚亚类，第四位数字表示酶在亚亚类中的编号。酶的国际系统分类原则见表 1-1。

表 1-1　　　　　　　　　　酶的国际系统分类原则

第一位数字（大类）	反应的本质	第二位数字（亚类）	第三位数字（亚亚类）
1. 氧化还原酶类	电子、氢转移	供体中被氧化的基团	被还原的受体
2. 转移酶类	基团转移	被转移的基团	被转移的基团的描述
3. 水解酶类	水解	被水解的键：酯键、肽键等	底物类型：糖苷、肽等

续表

第一位数字（大类）	反应的本质	第二位数字（亚类）	第三位数字（亚亚类）
4. 裂合酶类	键裂开*	被裂开的键：C—S、C—N 等	被消去的基团
5. 异构酶类	异构化	反应的类型	底物的类别、反应的类型和手性位置
6. 连接酶类	键形成并使 ATP 裂解	被合成的键：C—C、C—O 等	底物 S_1、底物 S_2、第三底物（共底物）几乎总是核苷三磷酸

注：* 键裂开指的是非水解地转移底物上的一个基团而形成双键及其逆反应。

酶学委员会提出的系统命名，不仅反映了酶催化反应的类型，而且指出了酶作用的底物和其他有关的重要信息。

第一大类以乳酸脱氢酶为例。它的系统命名为 L-乳酸：NAD^+ 氧化还原酶，编号为 EC1.1.1.27。命名指出了 L-乳酸在反应中作为电子供体，而 NAD^+ 作为电子受体。酶的催化反应如下：

$$L\text{-乳酸} + NAD^+ \rightleftharpoons \text{丙酮酸} + NADH + H^+$$

第二大类以己糖激酶为例。它的系统命名为 ATP：D-己糖-6-磷酸转移酶，编号为 EC2.7.1.1。命名指出了 ATP 是磷酸供体，而 D-己糖是磷酸受体，磷酸转移到己糖的第六位碳的羟基上。酶的催化反应如下：

$$ATP + D\text{-己糖} \rightleftharpoons ADP + D\text{-己糖-6-磷酸}$$

第三大类以腺苷三磷酸酶为例。它的系统命名为 ATP 磷酸水解酶，编号为 EC3.6.1.3。命名指出了底物 ATP 被水解释出原磷酸。酶的催化反应如下：

$$ATP + H_2O \rightleftharpoons ADP + \text{原磷酸}$$

第四大类以果糖-二磷酸醛缩酶为例。它的系统命名为 D-果糖-1,6-二磷酸 D-甘油醛-3-磷酸裂合酶，编号为 EC4.1.2.13。命名指出了底物 D-果糖-1,6-二磷酸被裂解产生 D-甘油醛-3-磷酸。酶的催化反应如下：

$$D\text{-果糖-1,6-二磷酸} \rightleftharpoons D\text{-甘油醛-3-磷酸} + \text{二羟基丙酮磷酸}$$

第五大类以三糖磷酸异构酶为例。它的系统命名为 D-甘油醛-3-磷酸酮醇异构酶，编号为 EC5.3.1.1。命名指出了醛糖 D-甘油醛-3-磷酸被异构成酮糖二羟基丙酮磷酸。酶的催化反应如下：

$$D\text{-甘油醛-3-磷酸} \rightleftharpoons \text{二羟基丙酮磷酸}$$

第六大类以异亮氨酰转移核糖核酸合成酶为例。它的系统命名为 L-异亮氨酸：转移核糖核酸连接酶（生成 AMP），编号为 EC6.1.1.5。命名指出了 L-异亮氨酸结合到一个特殊的受体转移核糖核酸上去，在此过程中 ATP 分裂成 AMP 和焦磷酸。酶的催化反应如下：

$$ATP + L\text{-异亮氨酸} + \text{转移核糖核酸} \rightleftharpoons AMP + \text{焦磷酸} + L\text{-异亮氨酰转移核糖核酸}$$

许多酶在系统命名没有确定之前具有习惯名称。习惯命名法有以下几种方式。

（1）根据酶的作用底物命名，如蛋白酶、淀粉酶等。

（2）根据酶催化的反应性质命名，如氧化还原酶类、转移酶类、水解酶类、裂合酶类、异构酶类、合成酶类。

(3) 结合酶作用底物和酶催化的反应性质命名，如乳酸脱氢酶。

(4) 在以上命名原则基础上加上酶的来源或某些特性命名，如木瓜蛋白酶等。

（二）核酸类酶（R 酶）的分类

自 1982 年以来，被发现的核酸类酶越来越多，对它们的研究也越来越广泛和深入。但是对于分类和命名还没有统一的原则和规定。

根据酶催化反应的类型，将 R 酶分为剪切酶、剪接酶和多功能酶三类。

根据 R 酶的结构特点，可将 R 酶分为锤头形 R 酶、发夹形 R 酶、含 I 型 IVS 的 R 酶和含 II 型 IVS 的 R 酶等。

根据酶催化的底物是其本身 RNA 分子还是其他分子，可以将 R 酶分为分子内催化（也称自我催化）和分子间催化两类。

到目前为止，尚有极少数酶还没有酶学委员会给予的编号，原因在于这些酶所催化的反应还没有被确定。

酶学委员会所提出的酶的分类和命名规则的依据是酶所催化的反应的性质，没有考虑到酶的来源。从不同的生物品种或组织中分离得到的酶可以催化相同的反应，但是它们可能会有不同的氨基酸序列以及不同的催化机制，而目前酶学委员会提出的分类和命名规则还不能反映这些差别。此外，许多酶的系统命名使用起来仍然不太方便，因此酶的习惯名称仍然具有存在的价值，目前还被广泛使用。

第二节 酶的结构

如前所述，尽管已经鉴定出少数有催化活性的 RNA 分子，但几乎所有的酶都是蛋白质。有些酶完全由蛋白质构成，属于简单蛋白，称为单纯酶；有些酶除蛋白质外还含有非蛋白成分，属于结合蛋白，称为结合酶。其中的非蛋白成分称为辅因子，蛋白部分称为酶蛋白（apoenzyme），此复合物称为全酶。

辅因子一般起携带及转移电子、氢或功能基团的作用，其中与酶蛋白紧密结合的小分子有机物称为辅基，松散结合的小分子有机物称为辅酶。还有一些金属离子可作为辅因子，称为金属激活剂。在催化过程中，辅基不与酶蛋白分离，只作为酶内载体起作用。辅酶则常作为酶间载体将两个酶促反应连接起来，如烟酰胺腺嘌呤二核苷酸（NAD^+）在一个反应中被还原成 NADH，在另一个反应中又被氧化回 NAD^+。它在反应中像底物一样，有时也称为辅底物。

由一条肽链构成的酶称为单体酶，由多条肽链以非共价键结合而成的酶称为寡聚酶，属于寡聚蛋白。

酶的分子结构是酶功能的物质基础，各种酶的生物学活性都是由其分子结构的特殊性决定的。酶分子结构的改变会引起酶催化作用的改变或者丧失。研究酶分子结构与功能的关系是酶学的核心课题。

一、酶的活性中心

酶的催化活性不仅与酶蛋白的一级结构有关，而且与其高级结构的构象以及酶活性部位的形成有关。

(一) 活性中心和必需基团

1. 活性中心

酶蛋白上只有少数氨基酸残基参与酶对底物的结合和催化，这些相关氨基酸残基在空间上比较靠近，形成一个与酶显示活性直接有关的区域（在酶分子表面上具有三维结构的特定区域），称为酶的活性中心，又称活性部位（active site）。

构成活性中心的化学基团实际上就是酶蛋白氨基酸残基的侧链。对单纯酶来说，活性中心就是由酶由分子中在三维结构上比较靠近的少数几个氨基酸残基或是这些残基上某些基团组成的。它们在一级结构中可能相差甚远，但由于肽链的盘曲折叠使它们在空间结构中相互靠近。对结合酶来说，它们在肽链上的某些氨基酸以及辅酶或辅酶分子上的某一部分结构往往就是其活性中心的组成部分。

胰凝乳蛋白酶活性中心含有 Ile_{16}、His_{57}、Asp_{102}、Asp_{194}、Ser_{195}。在酶原形式时它们分散在一条肽链上，但酶原经激活后，形成 A、B、C 三条肽链。前 3 个残基在 B 链，后 2 个在 C 链。肽链的折叠以及肽链间的二硫键，使这些互相远离的基团靠近。

2. 必需基团

酶活性中心的一些化学基团为酶发挥催化作用所必需，故称为必需基团。在酶活性中心以外的区域，也有不和底物直接作用的必需基团，称为活性中心外的必需基团。这些基团与维持整个酶分子的空间构象有关，间接地对酶的催化活性发挥作用。

Koshland 将酶分子中的氨基酸残基或其侧链基团（图 1-1）分成以下四类。

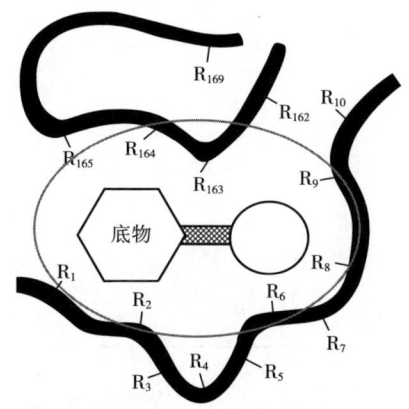

粗黑线—主肽链；R_1，R_2，…，R_{169}—氨基酸残基侧链；网纹线—可被裂解的键

图 1-1 酶分子中各种残基的作用

（1）接触残基（contact residues） 和底物直接接触，参与底物的化学转变，是活性中心的主要组成部分，如 R_1、R_2、R_6、R_8、R_9、R_{163}、R_{164} 和 R_{165}。这些残基中的一个或几个原子与底物分子的一个或多个原子接触的距离都是一键距离（即 0.15~0.2nm）。

（2）辅助残基（auxiliary residues） 只能参与辅助催化基团的作用，如质子的供给或接受等，不与底物接触，如 R_4。辅助残基虽未直接与底物接触，但在使酶与底物相互结合以及在辅助接触残基发挥作用上起着一定的作用。辅助残基也是活性中心一个不可缺少的组成部分。

接触残基和辅助残基组成酶的活性中心。接触残基的侧链中，有的可能担负和底物结合的作用，称为结合基团；有的可能参与使底物转变成产物的催化作用，称为催化基团。结合基团也可参与催化作用。

(3) 结构残基（structural residues） 在维持酶蛋白形成一种有规则的空间构象方面起着重要作用，对酶活性的显示也有一定贡献，但离底物分子较远，不能列入活性中心的范围，属于活性中心以外的必需基团，如 R_{10}、R_{162}、R_{169} 等。

(4) 非贡献残基（non-contributing residues） 在酶的活性中心外，不参与酶的催化功能，对酶活性的显示不起作用。如图 1-1 中的 R_3、R_5、R_7 以及图中未列入的一些残基。这些残基可以被取代，甚至把它们去掉也不会对酶的构象和功能产生重大影响。

(二) 组成活性中心的重要化学基团

在大多数酶的活性中心上出现频率最高的 8 种氨基酸为丝氨酸、组氨酸、半胱氨酸、酪氨酸、色氨酸、天冬氨酸、谷氨酸和赖氨酸。表 1-2 所示为一些酶的活性中心中与催化作用有关的主要氨基酸残基或基团。

表 1-2　　一些酶的活性中心中与催化作用有关的主要氨基酸残基或基团

酶	参与活性中心的残基或基团
胰蛋白酶	His_{42}，Asp_{87}，Ser_{180}
α-胰凝乳蛋白酶	His_{57}，Asp_{102}，Ser_{195}
弹性蛋白酶	His_{42}，Asp_{87}，Ser_{180}
羧肽酶 A	Arg_{145}，Tyr_{248}，$Glu_{270}Zn^+$
核糖核酸酶	His_{12}，Lys_{41}，His_{119}
溶菌酶	Glu_{35}，Asp_{52}
乳酸脱氢酶	Cys，His，Tyr
α-半乳糖苷酶	Tyr，His，—COOH
谷胱甘肽 S-转移酶（胎盘）	Cys，Lys，Arg，His，—COOH，Try

金属酶类的活性中心中还有一些和金属离子络合的基团也属于必需基团，如羧肽酶 A 中与锌离子络合的 His69、Glu72 和 His156。

蛋白酶和酯酶的活性中心一般含有丝氨酸和组氨酸残基。活性中心的丝氨酸残基对胰蛋白酶、胰凝乳蛋白酶、弹性蛋白酶等是必需的，因此这些蛋白酶也称为丝氨酸蛋白酶。同样，活性中心的半胱氨酸残基是胃蛋白酶和木瓜蛋白酶必需的，它们被称为半胱氨酸蛋白酶。半胱氨酸的巯基参与很多酶的活性中心的构成，特别是氧化还原酶和转移酶类。不同酶活性中心的巯基数不同，巯基在酶分子中所在位置也不同，有的和巯基试剂（共价修饰剂）反应迅速，其活性快速被抑制，有的则反应缓慢，其活性被抑制得较慢或不被抑制。有些酶的巯基经修饰后反而被激活。不同酶中，不同位置的巯基作用不同。例如，心肌苹果酸脱氢酶共有 15 个巯基，其中 3~4 个被修饰后表现激活作用，8 个被修饰后表现抑制作用。兔肌磷酸果糖激酶含 68 个巯基，修饰其中 4 个使酶激活，修饰 12 个酶被抑制。巯基在酶中具有如下功能。

(1) 亲核催化作用　3-磷酸甘油醛脱氢酶通过 Cys_{149} 巯基的亲核催化作用形成磷酸甘油酰化酶共价中间物。

(2) 底物结合作用　氨酰脯氨酸二肽酶（prolidase）的巯基与 Mn^{2+} 形成硫醇盐桥，再和底物结合。

(3) 辅基结合作用　细胞色素 C 通过 Cys_{14}、Cys_{17} 和血红素乙烯侧链形成硫醚键连接。

(4) 维持构象作用　巯基被修饰后使酶蛋白构象改变，可解释修饰后的激活作用。

(三) 酶活性中心化学基团的鉴别

除了用 X 射线衍射法直接检测底物或抑制剂在酶分子上的结合位点外，大多采用化学修饰（chemical modification）方法来研究组成酶活性中心的各个化学基团。这些能与酶分子上某种活性基团共价结合的化学修饰剂大多是酶的不可逆抑制剂。

1. 非特异性共价修饰法

修饰基与蛋白质中的氨基酸残基侧链基团反应引起共价结合、氧化或还原修饰反应，使基团结构和性质发生变化。

基团修饰后不引起酶活力的变化，可初步认为此基团可能是非必需基团；反之，如果修饰后引起酶活力的降低或丧失，则此基团可能是酶的必需基团。

解释修饰反应的结果必须考虑以下因素。

(1) 任何一种修饰剂都不是绝对专一的（表 1-3），如主要修饰氨基的顺丁烯二酸酐和三硝基苯磺酸也可修饰巯基，修饰巯基的碘代乙酰胺也可修饰咪唑基等。

表 1-3　　一些重要基团的非专一性共价修饰剂

氨基酸类型	被修饰的基团*	修饰剂名称
赖氨酸	氨基	三硝基苯磺酸（TNBS），顺丁烯二酸酐（马来酸酐），O-甲基异脲，苯基异氰酸
胱氨酸	巯基	对氯汞苯甲酸（PCMB），碘代乙酸（IA），碘代酰胺（IAA），N-乙基顺丁烯二酰亚胺（NEM），5,5′-二硫双（α-硝基苯甲酸）（DTNB）
丝氨酸	羟基	二异丙基氟磷酸（DFP），苯甲黄酰氟（PMSF）
酪氨酸	酚基	N-乙酰咪唑（NAI），四硝基甲烷（TNM）
组氨酸	咪唑基	二乙基焦碳酸（DEPC），溴丙酮
	胍基	苯乙酮醛，2,3-丁二酮（二乙酰），1,2-环己酮
天冬氨酸、谷氨酸	羧基	碳二亚胺（EDC）
色氨酸	吲哚基	2-羟-5-硝基苄溴（HNBB），N-溴代琥珀酰亚胺（NBS）

注：*被修饰的基团指主要基团，不包括副反应基团。

(2) 有些修饰剂在较高浓度下可引起酶蛋白的变性，故酶活力的丧失不一定是必需基团被修饰的结果。

(3) 位于分子内部或处于某些特殊微环境中的必需基团可不被修饰，以致酶活力并不丧失。

下列两点可作为化学修饰剂和必需基团结合的证据。

(1) 修饰剂的浓度和酶活力丧失的速度常数成正比。

(2) 底物或与活性中心结合的可逆抑制剂可保护共价修饰剂的抑制作用，即将底物或可逆抑制剂与酶结合，再用修饰剂处理，然后透析去除保护的底物或可逆抑制剂，可使酶活力不致丧失。此法不但可以肯定某种基团是必需基团，还可以确定此基团位于酶的活性中心。

2. 亲和标记法

亲和修饰剂是底物的类似物，可专一性地引入酶的活性中心，并具有活泼的化学基团（如卤素），可与活性中心的基团形成稳定的共价键。

标记后将酶蛋白水解，分离出带有标记剂的氨基酸，则可鉴定出被标记的基团；如能分出带标记的肽段，测定氨基酸顺序，还可确定被修饰残基的位置。

3. 差别标记法

在过量底物或可逆抑制剂遮蔽活性中心的情况下，加入共价修饰剂，使后者只修饰活性中心以外的有关基团，然后去除底物或可逆抑制剂，暴露活性中心，再用同位素标记的同一修饰剂作用于活性中心的同类基团，将酶水解后分离带有同位素的氨基酸，即可确定该氨基酸参与活性中心。分离带同位素的肽段，可了解标记残基在一级结构中的顺序。

目前，尚无法修饰表 1-3 所列 8 种基团以外的氨基酸侧链，也无法区分被修饰的羧基来自天冬氨酸或谷氨酸、氨基是 ε-氨基还是 α-末端氨基、羟基来自丝氨酸或苏氨酸。如不知该酶的一级结构，活性中心基团的定位也很困难。

4. 蛋白质工程法

将酶蛋白相应的互补 DNA（cDNA）定点突变，使突变的 cDNA 只有一个或几个氨基酸被置换，再测定其活性，这样可知道被置换的氨基酸是否为酶活力所必需。蛋白质工程法具有如下优点。

(1) 可改变酶蛋白中任一氨基酸而不影响其他同类残基。

(2) 可改变疏水残基，使其转变成亲水或另一疏水残基。

(3) 可同时改变活性中心内外的几个氨基酸，研究这些氨基酸之间的相互影响。

(4) 可人工地造成一个或多个氨基酸的缺乏或插入，了解肽链的缩短或延长对酶活力的影响。

(5) 可定点改变酶蛋白的磷酸化位点或糖化位点，研究磷酸化或糖化对酶结构和功能的影响。

(6) 化学修饰使被修饰的氨基酸残基变大，可能导致底物和活性中心结合的立体障碍而被误认为是必需氨基酸，但蛋白质工程可用分子大小相当的氨基酸互相置换，不致引起立体障碍。

大肠杆菌甘氨酰-tDNA 合成酶的 β 亚基受 N-乙基顺丁烯二酰亚胺（NEM）修饰后活力丧失，且与 NEM 浓度有计量关系，曾误认为 93，395 和 456 位的半胱氨酸巯基是活力所必需的。但后来通过蛋白质工程法用相对分子质量相当的丙氨酸取代这三个半胱氨酸，酶并不失活，可见 NEM 的修饰失活是修饰后的半胱氨酸残基阻碍了底物和酶的结合所致。

蛋白质工程法是目前研究酶的必需基团和活性中心的先进方法之一，在国际上已被普遍应用。

二、酶的一级结构与催化功能的关系

一级结构是酶的基本化学结构，是催化功能的基础。功能类似的酶在一级结构上有相似性。例如，一些丝氨酸蛋白酶在活性丝氨酸附近的氨基酸几乎完全一样，从微生物到哺乳动物都一样，说明蛋白质活性中心在种系进化上有严格的保守性（表1-4）。

表1-4 　　　　　　　　　　一些丝氨酸蛋白酶的一级结构片段

酶	氨基酸顺序
牛胰蛋白酶	⋯Ser. Cys. Gly. Gly. Asp. Ser. Gly. Gly. Pro. Val⋯
牛胰凝乳蛋白酶	⋯Ser. Cys. Met. Gly. Asp. Ser. Gly. Gly. Pro. Leu⋯
猪弹性蛋白酶	⋯Gly. Cys. Gln. Gly. Asp. Ser. Gly. Gly. Pro. Leu⋯
猪凝血酶	⋯Asp. Ala. Cys. Gln. Gly. Asp. Ser. Gly. Gly. Pro⋯

有时只要酶的活性中心各基团的相对位置维持不变，即使一级结构发生变化也不会影响酶的活性。例如，核糖核酸酶在其C末端用羧肽酶去掉3个氨基酸时，对酶的活性几乎没有影响，而若用胃蛋白酶去掉C末端的4个氨基酸时，则酶活性全部丧失。

酶原是活性酶的前体，需经激活才能显示出酶的活性。由酶原转变为活性酶，可通过酶或氢离子的催化而实现。图1-2是胰蛋白酶原在胰蛋白酶或肠激酶的作用下变为活性酶的过程。胰蛋白酶原变为活性酶的过程中一级结构发生了微小的变化，在碳链的N末端失去了一个六肽，从而使隐蔽的活性基团解放出来，形成了活性部位。

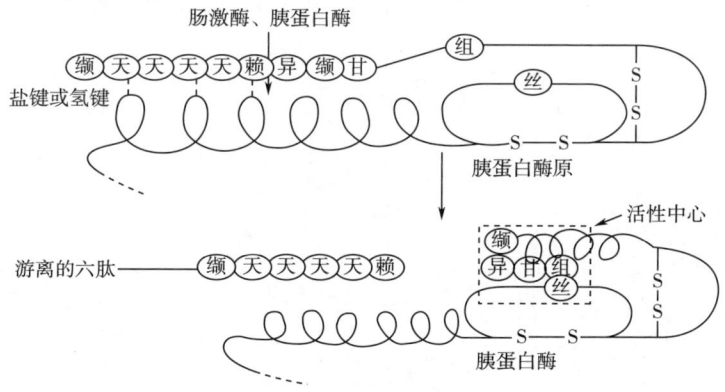

图1-2　胰蛋白酶原在胰蛋白酶或肠激酶的作用下变为活性酶的过程

如前所述，许多酶都存在着二硫键。一般二硫键的断裂将使酶变性而丧失其催化功能。但是某些情况下，二硫键断开，而酶的空间构象不受破坏时，酶的活性并不完全丧失。如果使二硫键复原，酶又重新恢复其原有的生物活性。

三、酶的二级和三级结构与催化功能的关系

二级、三级结构是所有酶都必须具有的空间结构，是维持酶的活性部位所必需的构型。当酶蛋白的二级和三级结构彻底改变，就可使酶遭受破坏而丧失其催化功能。

二级和三级结构的改变，也可以使酶形成正确的催化部位而发挥其催化功能。由于底物的诱导作用引起酶蛋白空间结构发生某些精细的改变，使其更好地与底物发生相互作用，形成正确的催化部位，使酶发挥其催化功能。这是诱导契合学说的基础。

四、酶的四级结构与催化功能的关系

具有四级结构的酶，按其功能可分为两类：一类与催化作用有关，另一类与代谢调节关系密切。

只与催化作用有关的具有四级结构的酶由数个相同的亚基组成，每个亚基都有一个活性中心。四级结构完整时，酶的催化功能才会充分发挥出来。当四级结构被破坏时，亚基被分离，若采用的分离方法适当，被分离的亚基仍保留着各自的催化功能。天冬氨酸转氨酶用温和的琥珀酸使其四级结构解离时，分离得到的亚基仍然保持催化功能。当用强烈的试剂，例如酸、碱、表面活性剂等，破坏其四级结构时，得到的亚基没有催化活性。

与代谢调节有关的具有四级结构的酶的亚基中，有的具有调节中心（激活中心和/或抑制中心），使酶的活性受到激活或者抑制，调节酶反应的速度。

五、酶的变性与失活

酶受到变性因素的作用，空间结构遭到破坏，其活性中心的构象也随之改变，酶失去活性。有时只要酶活性中心各基团的相对位置能维持基本不变，即使酶的一级结构受到轻微破坏，酶活性也不会改变。如图1-3所示，牛胰核糖核酸酶在枯草芽孢杆菌蛋白酶的作用下，末端水解出一个20肽，如果水解出这个肽远离母体蛋白，则酶失活；如果水解出这个肽仍然靠近母体蛋白，而且继续参与构成酶的活性中心，则酶仍然有活性。

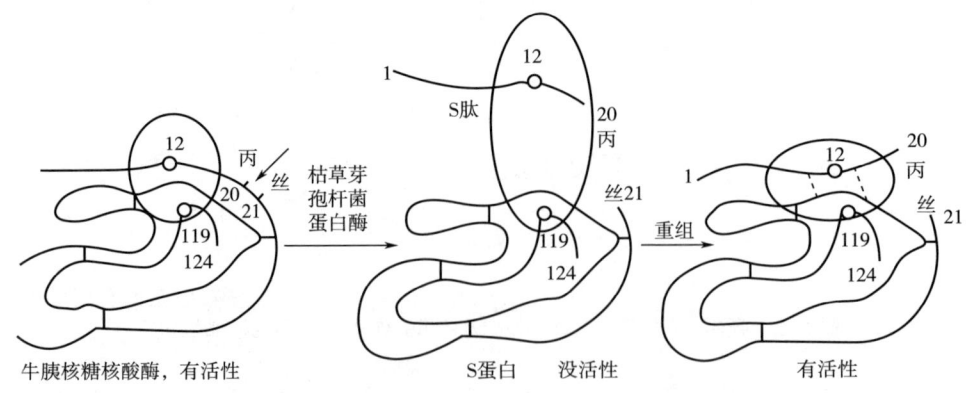

○—活性中心的组氨酸残基；｜—二硫键；┈┈—氢键或疏水键

图1-3　牛胰核糖核酸酶分子的切断和重组

(一) 活性中心的挠性

酶蛋白活力的变化和变性时空间构象的改变在速度和程度上并不是同步的。用紫外光谱、荧光光谱、圆二色光谱、光散射和内埋巯基暴露等手段研究肌酸激酶、核糖核酸酶、乳酸脱氢酶及 3-磷酸甘油醛脱氢酶等在盐酸胍和尿素溶液中不同时间的构象变化（即肽链去折叠的过程），同时测定酶活力的下降，发现酶活力的丧失往往先于上述常规手段所测出的酶分子整体构象变化。热变性实验同样证明，酶活性丧失在前，整体构象变化在后。

进一步用探测活性中心构象的方法来研究酶的活性中心构象变化（例如，先将 3-磷酸甘油醛脱氢酶活性中心的巯基羧甲基化，然后用激发光照射，在活性中心会生成具有荧光的 NAD^+ 共价结合物，这样就可通过荧光改变来探测活性中心构象的变化）与酶活变化的关系，结果发现，活性中心构象的改变先于酶分子整体的构象改变，而且与活力丧失几乎同步。

挠性是指物体受力变形，作用力失去之后不能恢复原状的性质。研究表明酶活性中心的空间结构相对酶分子整体而言，处于分子中一个挠性的局部区域，由较弱的化学键维持其空间结构，对各种变性因素较为敏感。

有时低浓度的变性剂在一定条件下反而使酶激活，这也可证明酶活性中心的可塑性。

(二) 酶分子的结构域

结构域（domain）是指蛋白质肽链中一段较独立的具有完整、致密立体结构的区域，一般由 40~400 个氨基酸残基组成。大多数酶都有一个以上的结构域，如弹性蛋白酶有两个十分类似的结构域，而木瓜蛋白酶则有两个很不一样的结构域。结构域在蛋白质肽链的折叠和变构调节中具有重要作用。

不同的结构域通常有不同的功能。在大多数蛋白激酶中，两个不同功能的结构域一般都存在于一条肽链中，形成催化结构域和调节结构域。一些多功能酶，其不同酶活力来自不同的结构域，如大肠杆菌亮氨酰-tRNA 合成酶的 C 端切去相对分子质量为 6000 的片段后丧失了 tRNA 氨酰化的活性，但保留氨基酸活化和 ATP-焦磷酸交换的活性。

不同蛋白酶中的相同结构域往往有相同或类似的功能。可以把结构域看成是酶蛋白中的一个功能单位。

第三节 酶在生物体内存在的形式

一、单体酶、寡聚酶和多酶复合体

根据酶蛋白分子结构可将酶分为三类：单体酶、寡聚酶和多酶复合体。

(一) 单体酶

单体酶是指只有一条具有三级结构的多肽链，相对分子质量在 13000~35000 的酶类。这些酶不能再解离成更小的组成单位。其中多是催化水解反应的酶类，一般不需要辅因子。绝大多数单体酶只表现一种酶活性。

在单体酶中有一些是蛋白水解酶，它们多以无活性的酶原形式合成，在需要时再水解除去部分肽链转变为有活性的酶。常见的单体酶见表 1-5。

表 1-5　　　　　　　　　　　常见的单体酶

酶	相对分子质量	氨基酸残基数
溶菌酶	14600	129
核糖核酸酶	13700	124
木瓜蛋白酶	23000	203
胰蛋白酶	23800	223
羧肽酶 A	34600	307

（二）寡聚酶

已知的绝大多数酶是寡聚酶。寡聚酶具有四级结构，至少有 2 个亚基，多的可达 60 个以上，相对分子质量在 3.5 万至百万以上。组成寡聚酶的亚基可以相同，也可以不同。有的亚基上有结合基团，称结合亚基，有的亚基上有催化基团，称催化亚基。寡酶的亚基彼此分离时没有活性。

在含有相同亚基的寡聚酶中，有的是多催化部位酶。每个亚基上都有一个催化部位，一个亚基结合一个底物后对其他亚基与底物的结合没有影响，对已经结合了底物的亚基解离也没有影响。从这一点来看，一个带有 n 个催化部位的酶和 n 个只有一个催化部位的酶是相等的。但是，多催化部位酶的游离亚基没有活性，必须聚合成寡聚酶后才有活性，也就是说，多催化部位酶并不是多个分子的聚合体，而仅仅是一个功能分子。常见的寡聚酶见表 1-6。

表 1-6　　　　　　　　　　　常见的寡聚酶

酶	亚基		相对分子质量
	数目	相对分子质量	
磷酸化酶 a	4	92500	370000
果糖磷酸激酶	4	27500	102000
	2	73000	190000

（三）多酶复合体

多酶复合体又称多酶体系，是由几种酶彼此嵌合而形成的复合物，相对分子质量大，一般在几百万。多酶复合体通常由 2~6 个功能相关的酶组成，每一种酶分别催化一个反应，所有反应依次连接，构成一个代谢途径或代谢途径的一部分。由于这一连串的反应是在高度有序的多酶复合体内完成的，效率非常高。多酶复合体集不同催化活性于一身，有两个方面的意义：一是调节功能，即能在不同的条件下表现不同的催化作用；二是能使催化连续反应的活性中心邻近化，从而提高催化效率。

如图 1-4 所示，大肠杆菌（E. coli）丙酮酸脱氢酶系是由丙酮酸脱氢酶（E_I）、硫辛酰转乙酰酶（E_{II}）和二氢硫辛酰脱氢酶（E_{III}）三种酶彼此嵌合而成的。这三种酶的辅因子都牢固地连接在酶分子上，生成的中间产物也在复合体内传递，并不扩散到介质中去。大肠杆菌丙酮酸脱氢酶复合体是以非共价键维系的，复合体解离后，除去解离因素，又能自动装配成天然复合体形式并恢复功能。

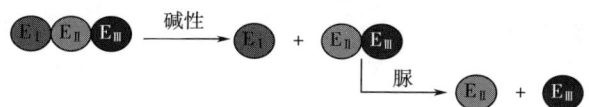

图 1-4 大肠杆菌丙酮酸脱氢酶系

二、同工酶

自从 1959 年 Market 等用电泳法从动物血清中发现了乳酸脱氢酶同工酶以来，由于蛋白质分离技术的发展，人们从动物界、植物界、微生物界发现了数百种各种各样的同工酶。

同工酶是指能催化相同的化学反应，但蛋白质分子结构不同的一组酶。由于蛋白质分子结构不同，各同工酶的理化性质、免疫学性质都存在很多差异。同工酶不仅存在于同一机体的不同组织中，也存在于同一组织细胞的不同亚细胞结构中。

在已经发现的同工酶中，研究得最多的是催化乳酸脱氢生成丙酮酸的乳酸脱氢酶（LDH）。哺乳动物中有 5 种乳酸脱氢酶同工酶。用电泳法分离 LDH 可得到 5 种同工酶区带，如图 1-5 所示，都是由 H（心肌型）和 M（骨骼肌型）两种不同类型的亚基组成的四聚体。

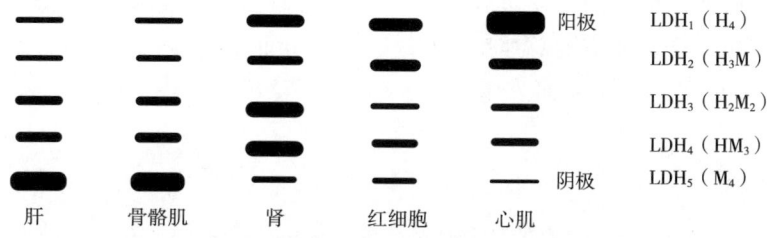

图 1-5 乳酸脱氢酶同工酶电泳图谱

同工酶在机体内虽然催化相同反应，做相同的工作，但由于其结构和性质不同，它们在生命活动中发挥的作用、具有的功能就可能有所差别。因此，同工酶的测定可作为某些疾病的诊断指标。如正常人血清 LDH 主要来自红细胞渗出，活力很低，当某一组织病变时，血清 LDH 同工酶电泳图谱会发生变化。如肝细胞受损早期，LDH 总活性在正常范围内，但 LDH_5 升高；急性心肌病变时，LDH_1 可升高。

同工酶的测定也在食品检测和鉴别中得到日益广泛的应用，如食用菌菌种纯度的同工酶电泳鉴定。利用同工酶对食用菌进行分类研究旨在探求不同菌种的酶谱差异，从而界定其亲缘关系，以改善目前市场上食用菌菌种管理混乱、分类不清甚至同种异名的现状。选取目前销售、应用较为广泛，代表性强的平菇和香菇菌种，测定其液培菌丝的过氧化物酶和酯酶谱带，结果如图 1-6 和图 1-7 所示。

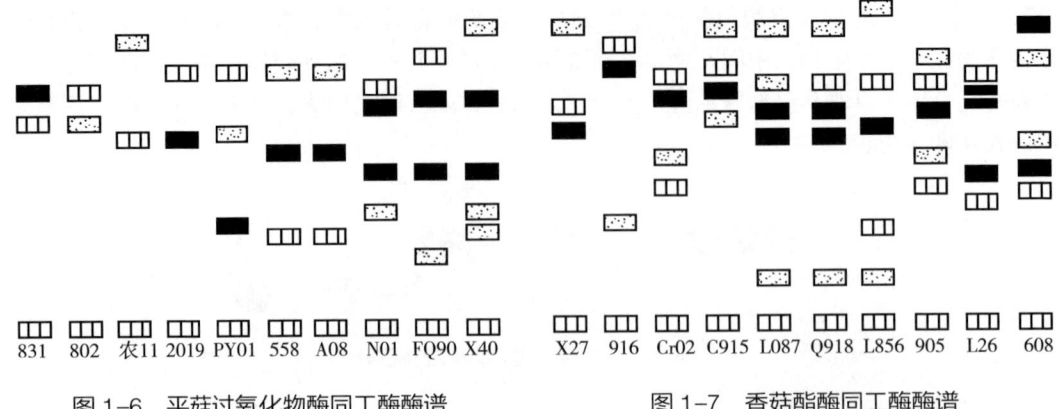

图 1-6 平菇过氧化物酶同工酶酶谱　　图 1-7 香菇酯酶同工酶酶谱

同工酶的测定同样可以用于蜂蜜品质的检测和鉴别。通过比较两种天然蜂蜜与掺假所用的工业淀粉酶的同工酶电泳，发现天然蜂蜜的淀粉酶同工酶酶谱和工业淀粉酶同工酶酶谱存在差异，如图 1-8 所示。

三、别构酶与修饰酶

别构酶（变构酶）与修饰酶统称为调节酶。调节酶通常在一连串的反应中催化单向反应，或催化反应速度最慢的反应步骤。其活性的改变可以决定全部反应的总速度，甚至可以改变代谢的方向，故又称为限速酶（或关键酶）。

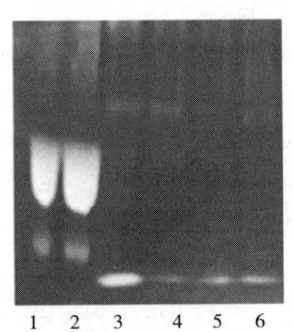

1,2—α-淀粉酶；3,4—龙眼蜂蜜；5,6—巨桉蜂蜜

图 1-8 天然蜂蜜淀粉酶同工酶与工业淀粉酶同工酶电泳图谱比较

（一）别构酶

别构酶（allosteric enzyme）又称为变构酶，是较复杂的寡聚酶，除具有活性中心外，还具有别构中心。活性中心负责对底物结合和催化，别构中心则与调节催化速度有关。别构酶通常由多个亚基组成，活性中心和别构中心可分布在不同的亚基，也可分布在同一亚基的不同部位。能结合别构效应剂的亚基为别构亚基。

当某些代谢物以非共价方式结合于别构中心后，可使酶蛋白的构象发生改变，从而改变酶活性，这种效应称为别构效应。可发生别构效应的酶称为别构酶，可引发别构效应的代谢物称为别构效应剂。别构效应剂一般为小分子代谢物，可以是别构酶的底物，也可以是代谢通路上的产物。根据别构效应剂与酶结合后的效果，可将其分为两类，使酶活性升高者称为别构激活剂，使酶活性降低者称为别构抑制剂。例如，异柠檬酸脱氢酶是别构酶，NAD^+、ADP 和柠檬酸是该酶的别构激活剂，而 NADH 和 ATP 是别构抑制剂。

（二）修饰酶

某些酶能在其他酶的催化下，通过共价键可逆结合某种化学基团，从而改变其活性。这种作用称为共价修饰调节，这类酶称为共价修饰酶或化学修饰酶。

修饰酶的共价修饰有磷酸化/脱磷酸化、乙酰化/去乙酰化、腺苷化/去腺苷化、甲基化/去甲基化、—SH/—S—S—等。其中磷酸化/脱磷酸化最为常见。通过蛋白激酶的催化，被修饰酶分子中丝氨酸或酪氨酸侧链上的羟基进行磷酸化，也可通过各种磷酸酶使此类磷酸基团去除，从而形成可逆的共价修饰。磷酸化修饰是体内重要的快速调节酶活性的方式之一。

修饰酶具有以下特点。

（1）绝大多数修饰酶具有无活性/有活性（或低活性/高活性）两种形式。

（2）耗能少。磷酸化/脱磷酸化是最常见的共价修饰。每个亚基磷酸化仅仅需1分子ATP，比生物合成多肽链消耗的ATP少得多，速度也快得多。

（3）效率高。化学修饰反应一般是酶促反应，且受体内调节因子控制，因此对调节信号有快速、放大的效应。如图1-9所示，体内酶促化学修饰反应往往是连锁反应，即一种酶经化学修饰后，被修饰的酶又可催化另一种酶分子进行化学修饰，每修饰一次就产生一次放大效应。因此，极少量的调节因子经化学修饰酶的逐级放大，可产生显著的生理效应。

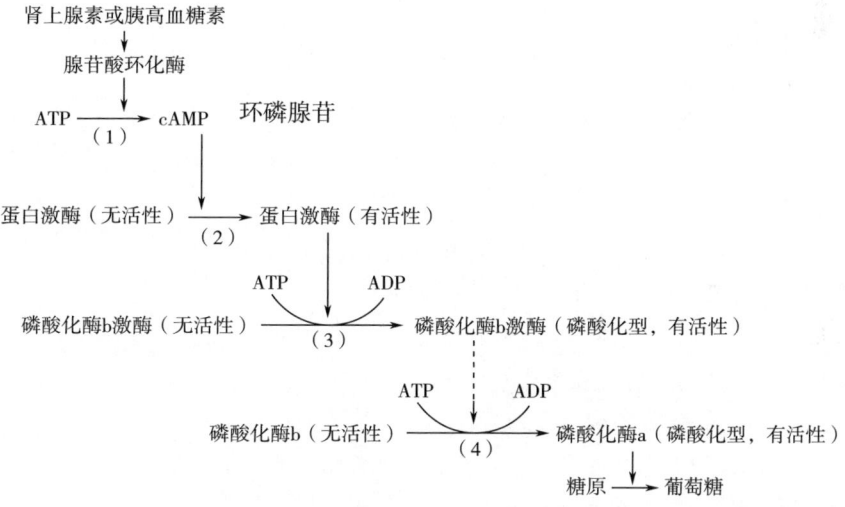

图1-9　修饰酶的逐级放大效应

四、结构酶与诱导酶

根据合成与代谢的关系，可以将酶分为结构酶和诱导酶。结构酶（structural enzyme）是细胞以恒定速率和恒定数量生成的酶类，亦称组成酶。结构酶在细胞中天然存在，含量较稳定，一般不受外界条件的影响。诱导酶（induced enzyme）是指细胞中进入特定的诱导物后，被诱导生成的酶，其有无及含量的多少受外界条件的影响。诱导酶的诱导物往往是该酶的底物或底物类似物。催化淀粉分解为糊精、麦芽糖等的α-淀粉酶是一种诱导酶。如果将能合成α-淀粉酶的菌种在不含淀粉的葡萄糖溶液中进行培养，它就直接利用葡萄糖而不产生α-淀粉酶；如果将它在含淀粉的培养基中进行培养，它就会产生α-淀粉酶。

在某些种类的细菌细胞中，正常时只存在痕量的诱导酶，但当培养基中有特定的诱导物时，酶的数量能迅速增加上千倍，尤其当这种底物是细胞唯一的碳源时。

五、胞内酶与胞外酶

按酶合成后分布和存在的位置,可将酶分为胞内酶与胞外酶。胞内酶(intracellular enzyme)是指在合成后仍留在细胞内的酶;胞外酶(extracellular enzyme)是指在合成后分泌到细胞外而游离在发酵液中的酶。

有的胞内酶不与细胞中任何特定结构组分连接,在细胞内处于溶解状态;有的胞内酶与细胞膜或细胞器结合在一起,在细胞内处于不溶解状态。根据不同细胞部位及细胞器的不同生物功能,酶在细胞内的存在部位是不同的。

在中文文献中常将"ectoenzyme"译为胞外酶,但它和通常所说的胞外酶(extracellular enzyme)不同。"ectoenzyme"是一种和细胞膜结合的酶,其活性中心位于细胞的外表面,指向细胞外空间。

思考题

1. 酶的化学本质是什么?
2. 判断酶是蛋白质的依据是什么?
3. 酶的分类与命名及其原则是什么?
4. 酶的活性中心结构和必需基团的种类与作用是什么?
5. 酶活性中心化学基团如何鉴别?
6. 酶的一级、二级、三级和四级结构与催化功能的关系是什么?
7. 酶的变性与失活机制是什么?
8. 什么是活性中心的挠性?
9. 酶在生物体内有几种存在形式?
10. 什么是单体酶、寡聚酶和多酶复合体?说明它们的结构和作用。
11. 什么是同工酶?同工酶在疾病诊断和食品检测中有哪些应用?
12. 别构酶与修饰酶的异同是什么?

第二章
酶的催化作用机制

学习目标

1. 学习和掌握酶催化作用的本质和高效性的作用机制,从根本上认识酶与化学催化剂的异同。

2. 进一步养成深入挖掘和探究事物的本质、内在的规律和本质关系的习惯,并学习其方法,夯实基础理论,提高原始创新意识和能力。

酶催化的专一性、高效性与酶的催化作用机制密切相关。本章将从掌握酶催化作用的本质和高效性作用机制的目的出发,介绍酶与底物的结合、酶-底物复合物的形成与变化、产物的形成与释放、酶的复原等过程与机制。学习时需重点关注酶-底物复合物的形成与反应活化能降低的理论和证据、解释酶催化专一性机制的学说和解释酶催化高效性的作用机制。在学习掌握理论知识的同时,理解基础研究的重要性,并掌握一定的思路和方法。

第一节 酶催化作用的本质

一、降低反应活化能

在任何化学反应中,反应物必须超过一定的能域,成为活化状态才能发生反应,其提高低能分子达到活化状态的能量,称为活化能。酶作为生物催化剂,同其他催化剂一样,其催化反应的本质在于降低化学反应的活化能,如图2-1所示。

酶催化降低反应活化能的方式有两种:一是中间态的稳定化作用,使中间态能量降低,反应初态分子进入中间态更为容易;二是反应物的去稳定化作用,酶诱导底物分子形变,提高反应初态的能量,加快初态分子进入过渡态。在催化反应过程中,只需较少的能量就能使反应物

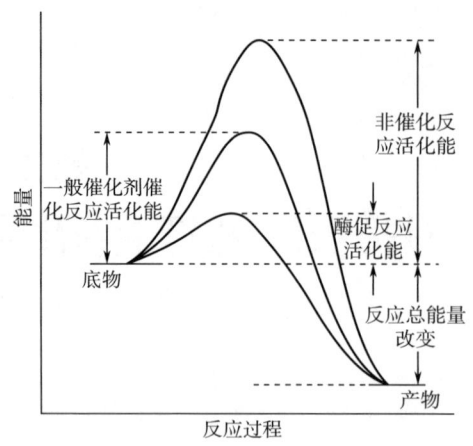

图 2-1 酶促反应的活化能变化

进入活化态，使活化分子的数量大大增加，以加快反应速度。在活化态的分子不太稳定，易于形成或打破一些化学键，以形成新的物质即产物（P）。和一般催化剂一样，酶只能改变化学反应速度而不改变化学的平衡点，参加一次化学反应之后，酶分子立即恢复到原来的状态，继续参加反应。所以一定量的酶在短时间内能催化大量的底物发生反应。例如过氧化氢的分解反应，在无催化剂时，活化能为 75kJ/mol，当有过氧化氢酶催化时，活化能下降到 8kJ/mol。研究发现，能量每降低 5.71kJ/mol，反应速率就能提升 10 倍。

二、形成酶-底物复合物

（一）酶-底物复合物存在的证据

酶催化反应的开始阶段是酶与底物结合形成中间复合物（或称中间络合物，通常用 ES 表示）。由于中间复合物的形成，酶和底物的结构都发生了有利于催化反应进行的变化。

通过光谱技术证明了 ES 的存在。例如，醇脱氢酶（ADH）的底物 NADH 在游离状态下其吸收峰在 340nm 处，但加入 ADH 后，吸收峰移向 328nm，再加入巯基试剂对氯汞苯甲酸又使吸收峰回到 340nm。NADH 吸收峰从 340nm 移向 328nm 表明 NADH 与 ADH 结合形成了复合物，加入氯汞苯甲酸后 ADH 失活，NADH 重新游离出来，吸收峰重新回到 NADH 游离状态下的吸收峰 340nm。以上实验也证明 NADH 和 ADH 的结合是通过 ADH 的巯基介导的。催化丝氨酸和吲哚合成色氨酸的色氨酸合成酶含有磷酸吡哆醛辅基，磷酸吡哆醛能在激发下发出荧光。在色氨酸合成酶中只加入丝氨酸时，其荧光强度显著增加，再加入吲哚，荧光淬灭，低于单独酶的荧光。这就证明了酶-丝氨酸复合物和酶-丝氨酸-吲哚复合物的存在。应用电子显微镜可以直接观察到大分子底物和酶的复合物的存在，应用 X 射线衍射法可以获得 DNA 聚合酶与 DNA 复合物的信息。

有些双底物的酶可在只有一种底物的情况下加以提纯或结晶，如 3-磷酸甘油醛脱氢酶需要加入一定量的 NAD^+ 才能结晶。这也是酶-底物复合物存在的直接证据。

现已充分证明，底物是通过酶的活性中心与酶结合的。

（二）酶与底物形成复合物的作用力

酶与底物的结合与稳定酶分子的三维结构的力是相同的。

（1）离子键　底物分子上的电荷和酶分子上相反电荷之间的作用。离子键受溶剂、盐浓度、酶活性部位的微环境以及酶活性部位的侧链基团等因素的影响。

（2）氢键　底物和酶结合的一种重要的相互作用力。氢键在水中仍然可以保持，但强度减弱。在酸、碱液中氢键不存在。在高温或各种变性剂的作用下，氢键会被破坏。

（3）范德华力　酶与底物之间的有效范德华引力作用只有在它们的结构处于立体互补的情况下才能发生。在酶和底物的结合过程中，许多原子基团间范德华引力的总和能产生相当大的作用。

三、酶催化专一性机制

酶的专一性机制有很多学说,主要有锁钥学说、诱导契合学说和过渡态学说。其共同点是酶的催化专一性由酶的活性中心与底物结合后方能体现出来。

(一) 锁钥学说

1894年,德国化学家E. Fisher就根据酶作用的高度专一性,对酶作用机制提出了锁钥学说(lock and key theory),又称为"模版"(template)理论,来解释酶与底物(substrate)结合的机制。该理论认为底物和酶在结构上有严密的互补关系,两者的结合方式正如一把钥匙只能开一把锁一样,底物分子或底物分子的一部分专一地嵌入酶的活性中心部位,使得底物分子与酶分子上有催化效能的必需基团间具有紧密互补的关系,从而实现酶与底物的专一性结合,如图2-2所示。

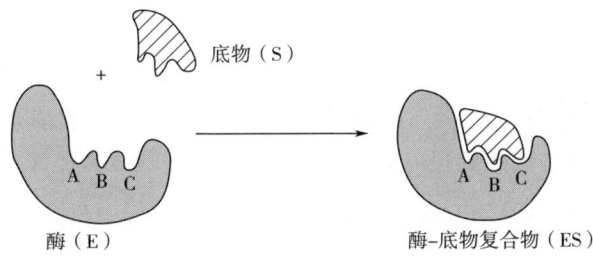

图2-2 锁钥学说

锁钥学说的前提是酶分子具有确定的构象,并具有一定的刚性,只有固定的底物才能嵌入与它互补的酶表面,两者的特异结合是酶进行催化作用的基础。但这一学说不能解释所有的酶催化反应,比如可逆反应中的底物和产物共同被一种酶同时结合,若按照锁钥学说则难以成立。

(二) 诱导契合学说

1958年,Koshland提出了著名的诱导契合学说(induced-fit hypothesis),指出底物的存在可以诱导酶活性部位发生一定的结构变化,并认为在酶分子与底物相互接近的过程中,酶蛋白受底物分子的诱导,构象发生了有利于底物结合的变化,酶与底物进一步靠拢,从而达到互补契合,此时酶与底物专一性地结合在一起。

该学说意味着:①酶分子具有一定的柔顺性;②酶作用的专一性不仅取决于酶与底物的结合,也取决于酶对底物的催化和催化基团的正确取位。如图2-3所示,当酶接近专一性底物时,底物诱导酶活性部位构象发生变化,使得催化部位各基团a、b、c正确排布,使催化基团位于

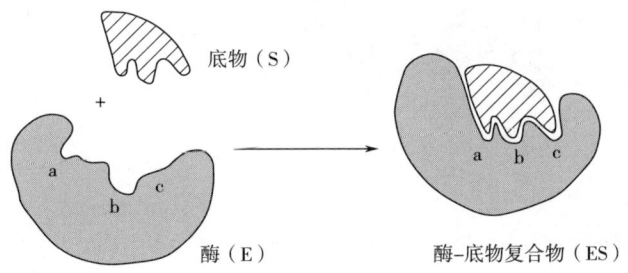

图2-3 诱导契合学说

底物敏感键附近正确的位置,二者互相契合,形成酶-底物复合物,进一步进行催化反应。

诱导契合学说不仅可以解释锁钥学说不能解释的实验事实,而且已经通过 X 射线衍射方法获得了溶菌酶、弹性蛋白酶等酶与底物结合后结构改变的数据信息,证实了诱导契合学说的合理性。

(三) 过渡态学说

20 世纪 40 年代,Pauling 把过渡态的概念从化学动力学引入酶催化反应,由此产生了酶催化中间产物过渡态学说。在酶促反应中,酶(E)先与底物(S)形成不稳定的酶-底物复合物(ES),然后分解为酶(E)和产物(P)。ES 中底物在酶的活性中心的定位极大地增加了酶促反应速度,ES 转化为 $ES^‡$ 所需要的能量低于非酶反应中 S 转变为 $S^‡$ 所需要的能量。所以底物和酶必须弱结合,否则 ES 所需要的能量几乎相当于 $S^‡$ 所需的能量。换言之,酶和底物过强的结合力使酶催化活性大大降低。

酶与底物有两种结合方式:酶与基态底物的结合;酶与过渡态底物的结合。一个所谓进化完全的酶必须具备与基态底物弱结合而与过渡态底物强结合的性质。只有当底物处于过渡态时,酶的活性部位与其形状完全匹配,相互作用力达到最强,$ES^‡$ 才能稳定,反应活化能大大降低(图 2-4)。甚至某些酶学家认为过渡态的稳定化作用是酶加速反应的基本因素,过渡态类似物是酶蛋白的强抑制剂,抗体酶的出现也证明了这一观点。进化压力使 K_m 值(酶和底物的解离常数)得到优化:低的 K_m 值使 ES 能够形成但又不太稳定,使其容易转变为 $ES^‡$。

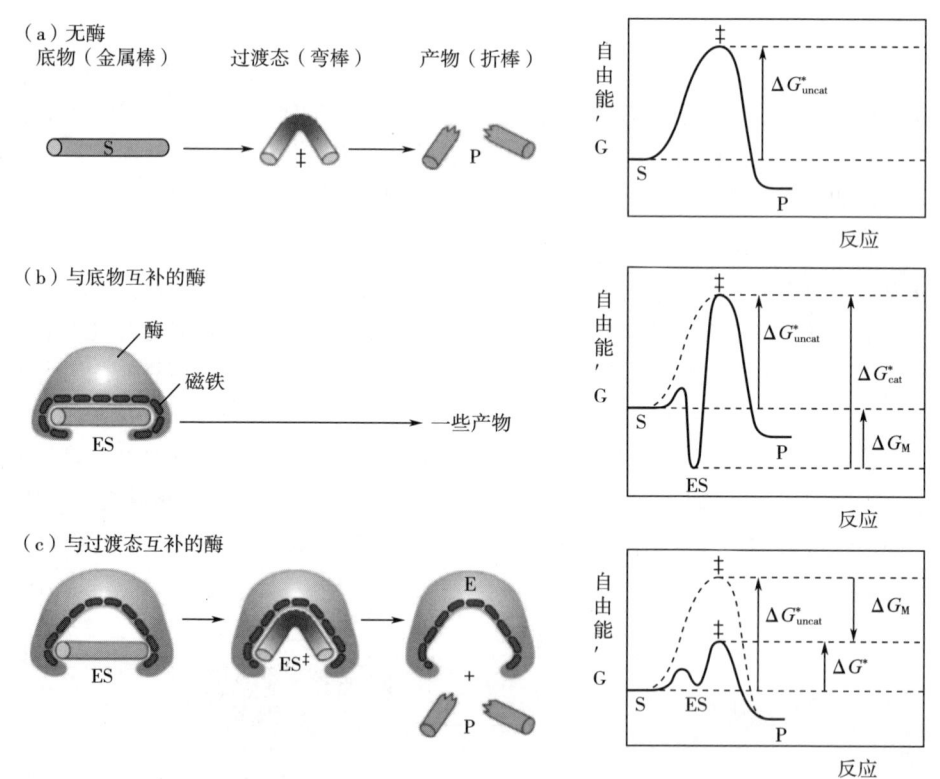

S—反应物;E—酶;ES—酶-底物复合物;P—产物;‡—过渡态;ΔG^*_{cat} 和 ΔG^*_{uncat}—酶反应和无酶反应的活化能

图 2-4 酶催化的过渡态反应过程及能量变化示意图

(资料来源:Lehninger Principles of Biochemistry, Sixth Edition)

第二节 酶催化高效性作用机制

酶是一种高效的生物催化剂，其催化效率比一般化学催化剂要高 7~13 个数量级。从酶催化反应的实质可以看出，在催化过程中降低活化能和形成过渡态中间复合物是反应进行的前提，有助于过渡态形成和稳定的因素将有利于酶发挥高效催化作用。酶催化的化学机制需要对底物转化为产物每一步过程的中间复合物及其基元反应次序、中间复合物之间相互转化的速率常数、复合物的结构等多方面进行论证。过程中需要结合分子生物学、X 射线衍射技术、晶体学、质谱学、模拟计算等技术，对催化过程中的各个参数进行检测。至今，许多酶的催化机制仍未得到清晰的阐释。这里，简要介绍几种常见的酶催化反应机制，主要包括酸碱催化、共价催化、金属离子催化、多元催化等。

一、邻近效应和定向效应

酶-底物复合物的形成既是专一性的识别过程，也是分子间反应转变为分子内反应的过程。这一过程具体包括两种效应：邻近效应（approximation）与定向效应（orientation）。

邻近效应是指酶与底物结合形成中间复合物以后，使底物和底物（如双分子反应）之间，酶的催化基团与底物之间结合于同一分子而使有效浓度得以极大的升高，从而使反应速率大大增加的一种效应。化学反应速度与反应物浓度成正比，反应系统的局部底物浓度增加，则反应速度也相应加快。

定向效应是指反应物的反应基团之间以及酶的催化基团与底物的反应基团之间的正确取位产生的效应。酶与底物的定向效应在酶催化作用中非常重要。实际上，参与反应的反应分子或反应基团不仅要相互靠近，而且要采取正确的空间定向，以便参与反应的基团以正确的轨道交叉，降低反应的活化能。普通有机化学反应中分子间常常是随机碰撞，难以产生高效率和专一性作用。而在酶促反应中，由于活性中心的特定空间构象和相关基团的诱导，使底物分子结合到酶的活性中心部位，同时使作用基团互相靠近和定向，大大提高了酶的催化效率。

总的来说，要使邻近效应达到提高反应速率的效果，必须既靠近又定向，即酶与底物的结合达到最有利于形成过渡态，使反应高效进行。邻近效应和定向效应主要通过以下方式影响酶催化反应速率：①酶对底物分子起电子轨道导向作用；②酶使分子间反应内化成分子内反应；③酶具有固定底物的作用。

二、通过构象改变实现催化作用

当酶遇到其专一性底物时，酶中某些基团或离子可以使底物分子内敏感键中的某些基团的电子云密度增高或降低，产生"电子张力"，使敏感键的一端更加敏感，底物分子发生形变，更接近其过渡态，降低反应的活化能，使反应更易于发生，这种效应称为底物形变。同样，当酶分子与底物结合时，酶分子的构象也受到底物的诱导而发生改变，使酶活性中心的结构与底物的结构相互契合，更有利于酶与底物的结合，有利于反应的发生，这种效应称为诱导契合。

底物形变与诱导契合使酶与底物结合时都发生了构象的改变，更易形成过渡态中间复合物，更容易发生反应，提高了酶催化时的效率。总体上，底物形变和诱导契合加速催化反应的主要原因包括以下三个方面：①当酶与底物结合时，酶蛋白的三维结构发生改变，使酶从低活性形式转变为高活性形式；②在酶的诱导下，底物产生各种类型的形变和去稳定作用；③酶与底物结合时，底物构象发生改变，更接近过渡态结构，使反应活化能大大降低。

三、酸碱催化

酸碱催化是通过瞬时地向反应物提供质子或从反应物接受质子以稳定过渡态，加速反应的一类催化机制。在水溶液中通过高反应性的质子和氢氧离子进行的催化称为专一的酸碱催化（specific acid-base catalysis）或狭义的酸碱催化；而通过 H^+ 和 OH^- 以及能提供 H^+ 及 OH^- 的供体进行的催化称为总酸碱催化（general acid-base catalysis）或广义的酸碱催化。这两种酸碱催化类型通过图2-5（a）和图2-5（b）来区分，专一的酸碱催化的表观速率（K_{obs}）仅依赖于溶液的pH而不受缓冲液的浓度影响；总酸碱催化的表观速率（K'_{obs}）除了依赖于pH外，还与缓冲液浓度成正比。

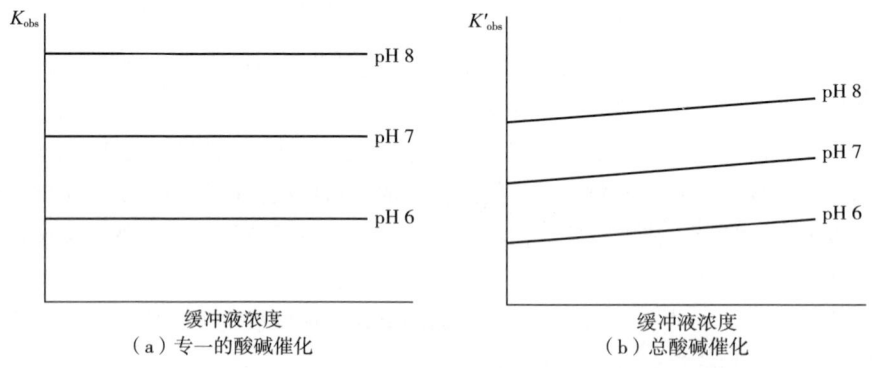

图2-5　pH与缓冲液浓度对酸碱催化表观速率的影响

酶分子中可以作为广义酸碱起催化作用的功能团有氨基、羧基、巯基、酚羟基、咪唑基等，它们可以在接近中性的pH范围内，作为质子供体或质子受体而参与催化作用。有些酶分子可以同时利用广义酸、广义碱催化反应，即酸碱共同催化以进一步提高催化效率。如溶菌酶在催化反应时，依靠活性中心的 Glu_{35} 和 Asp_{52} 进行酸碱共同催化。其中 Glu_{35} 位于非极性的微环境中，侧链羧基不解离，以—COOH的形式存在，作为质子供体（广义酸）催化反应（图2-6）；Asp_{52} 位于极性的微环境中，侧链羧基解离，以—COO⁻的形式存在，作为质子受体（广义碱）催化反应。催化时，Glu_{35} 提供一个质子给糖苷键中的氧原子，使 C_1—O 断裂，C_1 带正电荷，变成正碳离子 C^+；Asp_{52} 的—COO⁻可以稳定 C^+，直到来自环境中水分子的 OH^- 与 C^+ 结合为止。OH^- 与 C^+ 结合，H^+ 与 Glu_{35} 结合，使之恢复非离子化状态，完成反应。

影响酸碱催化反应速率的因素有两个，即酸或碱的强度（pK值）及质子传递速率。如组氨酸咪唑基的解离常数约为6.0，因此在接近于生物体液pH的条件下，即在中性条件下，有一半以酸形式存在，另一半以碱形式存在，既可作为质子供体，又可作为质子受体在酶反应中发挥催化作用。同时咪唑基接收质子和供出质子的速率十分迅速，其半衰期小于 10^{-10} s。由于咪唑基的特殊

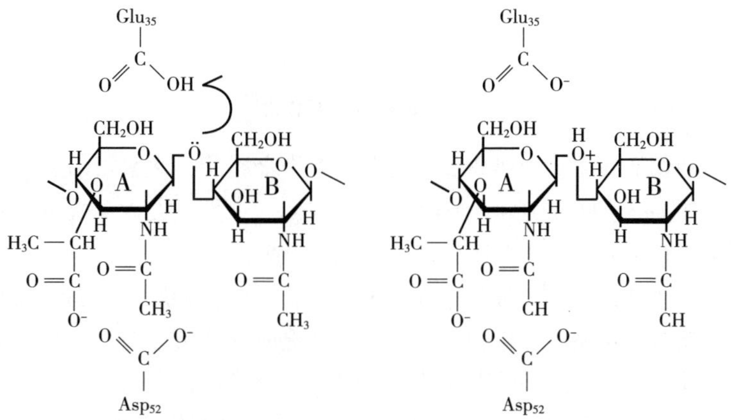

图 2-6　溶菌酶利用 Glu_{35} 进行广义酸催化

作用，即使在很多蛋白质中组氨酸含量很少，但却占据了重要地位。推测组氨酸很可能在进化过程中，不是作为一半的结构蛋白成分，而是被选择作为酶分子中的催化结构而保留下来。

四、共价催化

共价催化又称亲核催化（nucleophilic catalysis）或亲电子催化（electrophilic catalysis），在催化时，亲核催化剂或亲电子催化剂能分别放出电子或汲取电子并作用于底物的缺电子中心或负电中心，迅速形成不稳定的共价中间复合物，降低反应活化能，使反应加速。

酶分子中可以进行亲核进攻的基团有：三种羟基氨基酸残基的羟基、半胱氨酸残基的巯基、赖氨酸残基的 ε-氨基、两种酸性氨基酸残基的侧链羧基等。有些酶分子的辅酶部分也可以提供亲核基团，如作为辅酶的焦磷酸硫胺素等。这些基团进攻底物的缺电子中心，形成各种共价中间物，如表 2-1 所示。

表 2-1　形成共价中间物的几种酶

酶	反应基团	共价中间物
胰凝乳蛋白酶 弹性蛋白酶 凝血酶 胰蛋白酶	丝氨酸羟基	酯酰化酶
甘油醛-3-磷酸脱氢酶 木瓜酶	半胱氨酸巯基	酯酰化酶
Na^+/K^+-APT 酶	天冬氨酸侧链羧基	磷酸化酶
磷酸甘油酸变位酶 琥珀酰-CoA 合成酶	组氨酸咪唑基	磷酸化酶
醛缩酶 乙酰乙酸脱羧酶	赖氨酸侧链氨基	Schiff 碱

亲核进攻的速率取决于亲核基团的亲核性（供电子能力）和底物对进攻基团的敏感性（亲电性）。

五、金属离子催化

几乎 1/3 的酶催化活性需要金属离子，其中一类为金属酶，含紧密结合的金属离子，多属于过渡金属离子，如 Fe^{2+}、Fe^{3+}、Cu^{2+}、Zn^{2+}、Mn^{2+} 或 Co^{3+}；另一类为金属激活酶，含松散结合的金属离子，通常为碱和碱土离子，如 Na^+、K^+、Mg^{2+} 或 Ca^{2+}。

金属离子以三种主要途径参加催化过程：①通过结合底物为反应定向；②通过可逆地改变金属离子的氧化态调节氧化还原反应；③通过静电稳定或屏蔽负电荷。比如，金属离子通过水的离子化促进亲核催化。金属离子的电荷使它的结合水分子比游离水更具有酸性，因此甚至在低于中性 pH 下为 OH^- 的来源。例如，$(NH_3)_5Co^{3+}(H_2O)$ 的水分子根据离子化产生的金属离子结合羟基是一种有力的亲核体。

六、多元催化

在酶催化反应中，常常是几个基元催化反应配合在一起共同作用。例如胰凝乳蛋白酶是通过 Asp_{102}、His_{57}、Ser_{195} 组成的"电荷中继网"催化肽键水解，包括亲核催化和碱催化共同作用。再如核糖核酸酶在水解其底物时，His_{12} 起着广义碱催化作用，从核糖 2′—OH 上接受一个质子，而 His_{119} 却起着广义酸的作用，和磷酸的氧原子形成氢键（图 2-7）。这种多元催化协同作用的结果，是使酶反应加速的一个因素。

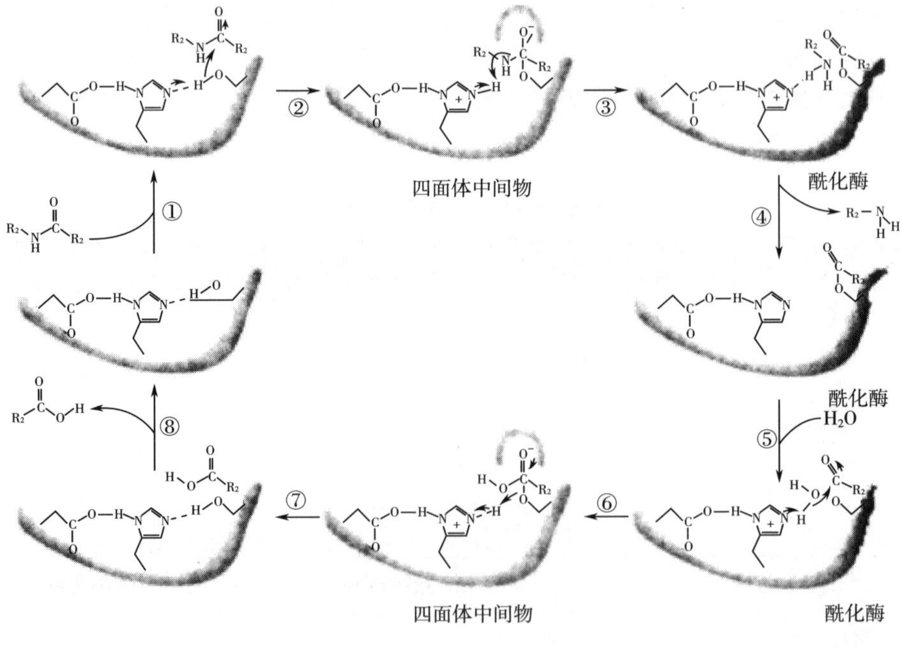

①—结合底物；②—过渡态四面体的形成；③—His_{57} 质子供体、肽键断裂；④—氨基产物释放；
⑤—水亲核攻击；⑥—形成四面体中间体；⑦—His_{57} 提供质子结合 Ser_{195}；⑧—羧基产物释放

图 2-7 胰凝乳蛋白酶催化机制

七、活性中心微环境

酶的活性中心一般位于由非极性氨基酸组成的凹穴部位，呈现非极性环境。化学基团的反应活性和化学反应的速率在非极性介质与水性介质中有显著差别。这是由于在非极性环境中的介电常数较水性介质的介电常数低。在非极性环境中两个带电基团之间的静电作用比在极性环境中显著增高。底物与酶的活性中心结合后就处在这样一个非极性环境中，大大增强了底物与催化基团之间的静电作用，有利于酶的催化作用。

思考题

1. 酶-底物复合物存在的证据是什么？
2. 酶与底物形成复合物的作用力有哪些？
3. 酶催化专一性及解释酶催化重要性的学说有哪些？
4. 描述酶催化的过渡态反应过程及能量变化。
5. 酶催化的高效性作用机制是什么？
6. 什么是邻近效应和定向效应？
7. 广义酸碱催化反应机制是什么？
8. 共价催化机制是什么？
9. 微环境对酶的催化有什么影响？

第三章 酶反应动力学

学习目标

1. 掌握酶活力的测定方法，了解影响酶促反应速率的各种因素，领会酶促反应速率对生命活动的重要影响，树立积极的生命健康观。

2. 了解酶抑制剂在毒理、药理和食品科学领域中的重要意义，培养理论联系实际的能力。

酶反应动力学是研究酶促反应速率及其影响因素的科学，在实际生产中要充分发挥酶的催化作用，提高生产效率和产品质量，就必须准确把握酶促反应的条件。本章主要介绍酶活力的定义和测定方法、不同因素对酶催化反应速度的影响等。学习时需要对不同影响因素进行分析比较，能根据产物或底物的物化特性合理选择测定方法，培养理论联系实际的能力。在此基础上，从酶反应动力学角度理解生命活动的复杂性，树立积极的生命健康观。了解酶抑制剂在毒理、药理和食品科学领域中的重要意义，并能应用酶反应动力学基础知识指导生活实践，培养理论联系实际的能力。

第一节 酶活力定义及测定方法

一、与酶活力有关的定义

1. 酶活力

酶活力是指酶催化某一化学反应的能力，酶活力的大小可以用在一定条件下催化某一化学反应的反应速率（reaction velocity 或 reaction rate）来表示，两者呈线性关系。酶催化的反应速率越大，酶的活力越高；反应速率越小，酶的活力就越低，所以测定酶的活力就是测定酶促反应的速率。

2. 酶活力单位

酶活力的高低即酶含量的多少，用酶活力单位或酶单位（U）来表示。酶活力单位是指在一定条件下，一定时间内将一定量的底物转化为产物所需要的酶量。酶的含量就可以用每克酶制剂或每毫升酶制剂含有多少酶单位来表示（U/g 或 U/mL）。

为使各种酶活力单位标准化，1961 年国际生物化学协会酶学委员会提出采用统一的"国际单位"（IU）来表示，规定在标准条件下，每分钟内催化 1μmol 底物转化为产物所需的酶量定义为一个酶活力单位，即 $1IU = 1\mu mol/min$。如果底物有一个以上可被作用的键，则一个酶活力单位是指每分钟内使 1μmol 有关基团转化的酶量。上述标准条件是指温度 25℃，以及被测酶的最适条件，特别是最适 pH 和最适底物浓度。

1972 年国际生物化学协会酶学委员会又推出一种新的活力国际单位，即 Katal（简称 Kat）单位。在最适条件下，每秒能催化 1mol 底物转化为产物所需的酶量，定为 1Kat 单位，即 $1Kat = 1mol/s$。Kat 单位与 IU 单位之间的换算关系如下：

$$1Kat = 60 \times 10^6 IU$$

$$1IU = \frac{1}{60}\mu Kat = 16.7 nKat$$

3. 酶的比活力

酶的比活力（specific activity）代表酶的纯度，根据国际生物化学协会酶学委员会的规定，比活力用每毫克蛋白质所含的酶活力单位数表示，对同一种酶来说，比活力越大，表示酶的纯度越高。

$$比活力（U/mg 蛋白质）= \frac{总酶活力单位（U）}{总蛋白质质量（mg）}$$

二、酶活力的测定方法

酶活力测定可以通过两种方式进行，一是测定完成一定量反应所需的时间，二是测定单位时间内酶催化的化学反应量。测定酶活力就是测定产物增量或底物减少量，根据产物或底物的物理或化学特性来决定具体酶促反应的测定方法。

（一）分光光度法

分光光度法（spectrophotometry）是利用底物和产物在紫外或可见光部分的光吸收不同，选择一适当的波长，测定反应过程中反应进行的情况。这一方法的优点是迅速、简便和特异性强，可检测到 nmol/L 水平的变化。该方法可以连续地读出反应过程中光吸收的变化，已成为酶活力测定中最重要的方法之一。对于一些原来没有光吸收变化的酶反应，可以通过与能引起光吸收变化的酶反应偶联，使第一个酶反应的产物转变成为第二个酶的具有光吸收变化的产物来进行测量。

（二）荧光法

荧光法（fluorometry）主要是根据底物或产物荧光性质的差别来进行测定。由于荧光法的灵敏度往往比分光光度法要高若干个数量级，而且荧光强度和激发光的光源有关，因此在酶学研究中，荧光法越来越多地被采用，特别是一些快速反应的测定方法。荧光测定方法的一个缺点是易受其他物质干扰。有些物质如蛋白质能吸收和发射荧光，这种干扰在紫外区尤为显著，故用荧光法测定酶活力时，尽可能选择可见光范围的荧光进行测定。

（三）电化学方法

pH 测定法是常见的电化学方法之一，其最常用的是玻璃电极，配合高灵敏度的 pH 计，跟踪反应过程中 pH 的变化情况，用 pH 的变化来测定酶的反应速率。也可以用恒定 pH 测定法（pH-stat 法），在酶反应过程中，所引起的 H^+ 的变化，用不断加入碱或酸来保持其 pH 恒定，用加入的碱或酸的速率来表示反应速率，此法可以测定许多酯酶的活力。此外，还可以用离子选择电极法测定某些酶的酶活力，用氧电极可以测定一些耗氧的酶反应，如葡萄糖氧化酶的活力就可用这个方法很方便地测定。

（四）同位素测定方法

同位素测定方法（isotope determination method）用放射性同位素的底物，经酶作用后所得到的产物，通过适当的分离，测定产物的脉冲数即可换算出酶的活力单位。该方法的优点是灵敏度极高，可达 fmol 或更高水平。已知六大类酶几乎都可以用此方法测定。通常用于底物标记的同位素有 ^3H、^{14}C、^{32}P、^{35}S 和 ^{131}I 等。

此外还有一些测定酶活力的方法，例如旋光法、量气法、量热法和层析法等，但这些方法使用范围有限，只是应用于个别酶活力的测定。

第二节　底物浓度对酶催化反应速度的影响

一、酶-底物结合的一般概念

如果所有其他参数，包括酶的浓度，在实验中保持不变，而底物的初始浓度在一个宽广范围内变化，那么酶催化反应初速度的变化如图 3-1 所示。如果参与反应的底物不止一个，当其他底物浓度不变时，第一个底物变化符合图 3-1。

1902 年 Henri 和 Brown 独立地研究了转化酶催化蔗糖水解，首先得到了图 3-1 中具有双相特征的曲线。

$$C_{12}H_{22}O_{11} \xrightarrow{\text{转化酶}} C_6H_{12}O_6 + C_6H_{12}O_6$$
　　蔗糖　　　　　　　葡萄糖　果糖

Henri 对曲线的双相特征做了解释，在反应中底物先与酶相结合，然后再转变成产物。

蔗糖+转化酶 $\underset{k_{-1}}{\overset{k_1}{\rightleftharpoons}}$ 蔗糖·转化酶 $\xrightarrow[H_2O]{k_2}$ 转化酶+葡萄糖+果糖

上式可以写成更为一般的形式：

$$E+S \underset{k_{-1}}{\overset{k_1}{\rightleftharpoons}} ES \xrightarrow[H_2O]{k_2} E+P_1+P_2$$

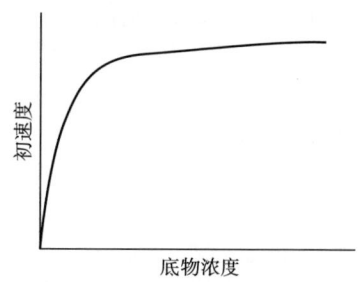

图 3-1　酶催化反应初速度随底物浓度而变化

根据 Henri 解释，在低底物浓度时，并非所有的酶分子能与底物相结合。随着底物浓度增加，越来越多的酶分子与底物相结合。最后，在高底物浓度时，所有的酶分子都能与底物相结合。一旦所有的酶分子与底物相结合时（酶被底物饱和），进一步增加底物浓度也不能提高反应速度，这时的反应速度被称为最高速度（v_{max}）。在研究核糖核酸酶、胰凝乳蛋白酶、溶菌酶和羧肽酶A时，采用X射线结晶学方法获得了在酶催化反应中存在酶-底物复合物的直接证据。

二、一底物反应

一底物反应包括水解酶（如果将水看作是过量的）、异构酶和大多数裂解酶催化的反应，在这类反应中酶仅作用于一个底物。

假定在酶催化反应中，酶（E）和底物（S）之间快速而可逆地形成一个复合物（ES），然后这个复合物以较慢的速度分解成产物（P），同时酶（E）再生。整个反应可用下式表示，其中 k_1、k_{-1}、k_2 和 k_{-2} 分别代表各步反应的速度常数。

$$E + S \underset{k_{-1}}{\overset{k_1}{\rightleftharpoons}} ES \underset{k_{-2}}{\overset{k_2}{\rightleftharpoons}} E + P$$

常采用初始速度法来测定酶催化反应的速度。这个方法是在尽可能接近零反应时间条件下测定反应的速度。其优点在于：①酶的不稳定性不会对酶催化反应速度带来显著的影响（反应是在酶加入后开始进行，并且酶活力损失的速度低于反应的速度）；②反应的产物对酶催化反应速度不会有显著的影响，或者说，反应式中 $ES \underset{k_{-2}}{\leftarrow} E + P$ 这一步反应可以不予考虑；③可以将底物浓度看作是最初加入反应体系中的浓度。因此，在以后讨论酶催化反应动力学和推导速度方程时，我们都限于研究反应的初始速度。

（一）平衡假设

假设ES分解成产物和酶这一步仅轻微地扰动 $E + S \rightleftharpoons ES$ 平衡。如果 k_2 值相对于 k_{-1} 值越低，那么这个假设就越正确。

平衡常数 K 可用式（3-1）定义：

$$K = \frac{[E][S]}{[ES]} \tag{3-1}$$

式中 [E] 和 [S]——游离状态的酶和底物的浓度。

因为底物的总浓度总是远远高于酶的总浓度，因此，可以认为所有的底物基本上是游离的，即 $[S]_{游离} = [S]_{总}$。

可以用式（3-2）来计算在任何底物浓度下，以ES存在的酶所占的分数 F。

$$F = \frac{[ES]}{[E] + [ES]} \tag{3-2}$$

从式（3-1）得到：

$$[ES] = \frac{[E][S]}{K}$$

所以

$$F = \frac{[E][S]}{K} \bigg/ \left([E] + \frac{[E][S]}{K}\right) = \frac{[S]}{K + [S]} \tag{3-3}$$

设酶的总浓度为 $[E]_{总}$，$[ES] = F[E]_{总}$；从式（3-3）得到：

$$[ES] = \frac{[E]_{总}[S]}{K + [S]}$$

产物生成的速度可用式（3-4）表示：

$$v = k_2[\text{ES}] \tag{3-4}$$

所以

$$v = \frac{k_2[\text{E}]_\text{总}[\text{S}]}{K + \text{S}} \tag{3-5}$$

有时将式（3-5）写成：

$$v = \frac{k_{催化}[\text{E}]_\text{总}[\text{S}]}{K + [\text{S}]} \tag{3-6}$$

式中 $k_{催化}$ 等于 k_2，它是一级速度常数，也称为酶的周转数。

当所有的酶都以 ES 复合物形式存在时，酶催化反应速度达到最高值，用 $v_{\max}$ 表示。显然，$v_{\max} = k_2[\text{E}]_\text{总}$。式（3-5）可以改写成：

$$v = \frac{v_{\max}[\text{S}]}{K + [\text{S}]} \tag{3-7}$$

根据式（3-7），酶催化反应速度（v）和底物浓度 [S] 的关系可用图 3-2 表示。

必须指出，当 [S] 比 K 小得多时，$v = v_{\max}\dfrac{[\text{S}]}{K}$，反应对 [S] 来说是一级反应。当 [S] 比 K 大得多时，$v = v_{\max}$，反应对 [S] 来说是零级反应。[S] 处于中间时，反应对 [S] 来说是分数级反应。当 $v = \dfrac{1}{2}v_{\max}$ 时，$K = [\text{S}]$，即 K 相当于反应速度达到最高速度一半时的底物浓度，此时 K 又称为米氏（Michaelis）常数，用 K_m 表示，这是因为 Michaelis 和 Menten 首先发展了酶动力学的数学分析。式（3-7）也常称为米氏（Michaelis-Menten）方程。

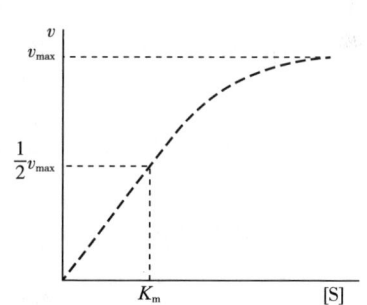

图 3-2　酶催化反应速度（v）和底物浓度 [S] 的关系

（二）稳定态假设

假设 ES 在反应过程中处于一个稳定态，这意味着 ES 生成的速度等于分解的速度，因而它的浓度保持不变。如果一个典型的酶催化实验中观察 [ES] 随时间而变化，那么就可以达到如图 3-3 所示的关系。

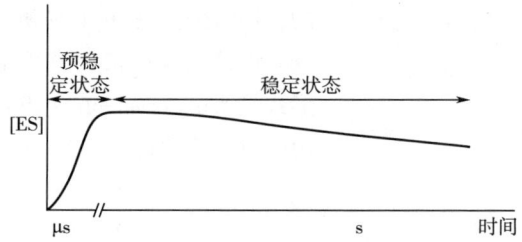

图 3-3　ES 复合物的浓度随反应时间而变化

从图 3-3 中可以看到，在最初状态（预稳定状态）后，[ES] 大致地保持不变。如果稳定状态假设是正确的，那么 [ES] 变化的速度与 [S] 或 [P] 变化的速度相比，必须小得多。在酶催化反应中，底物浓度总是远远高于酶的浓度，因此 [ES] 的最大值以及 [ES] 的速度也是最小的。

根据稳定状态假设，ES 生成的速度（$k_1[E][S]$）必须等于它分解的速度（$k_{-1}[ES]+k_2[ES]$），因此，从 $k_1[E][S] = k_{-1}[ES] + k_2[ES]$ 可得到式（3-8）：

$$[ES] = \frac{k_1[E][S]}{k_{-1} + k_2} \tag{3-8}$$

将此式代入式（3-2）后得到式（3-9）：

$$F = \frac{[ES]}{[E] + [ES]} = \frac{[S]}{\left(\dfrac{k_{-1} + k_2}{k_1}\right) + [S]} \tag{3-9}$$

将 $[E]_总 = [E] + [ES]$ 代入后得到式（3-10）：

$$[ES] = F[E]_总 = \frac{[E]_总[S]}{\left(\dfrac{k_{-1} + k_2}{k_1}\right) + [S]} \tag{3-10}$$

将酶催化反应的最高反应速度 $v_{max} = k_2[E]_总$ 代入式（3-10），再根据 $v = k_2[ES]$ 可以得到：

$$v = \frac{v_{max}[S]}{\left(\dfrac{k_{-1} + k_2}{k_1}\right) + [S]} \tag{3-11}$$

采用稳定状态假设推导出的式（3-11）与式（3-7）形式是相同的，但是分母中的常数 $K = \dfrac{k_{-1} + k_2}{k_1}$ 而不是 $\dfrac{[E][S]}{[ES]}$。如果 $k_2 \ll k_{-1}$，平衡状态假设就成为稳定状态假设的一种极限状况，K 就等于 ES 复合物的解离常数 k_{-1}/k_1。然而必须指出，Michaelis 常数即反应速度等于最高速度一半时的底物浓度，一般并不等于 ES 复合物的解离常数。

根据上述任意一种假设，都可以推导出描述酶反应动力学的基本方程式，但是式中常数 K_m 的意义是不同的。

$$v = \frac{v_{max}[S]}{K_m + [S]} \tag{3-12}$$

从 $v-[S]$ 图直接测定 v 的极限值是非常困难的，用这个方法也不易测定 K_m。为了克服这个困难，可将式（3-12）进行重排，其中最有名的重排形式是 Lineweaver-Burk 方程，即将式（3-12）的两边同时取倒数得式（3-13）。

$$\frac{1}{v} = \frac{K_m}{[S]} \cdot \frac{1}{v_{max}} + \frac{1}{v_{max}} \tag{3-13}$$

如果作 $\dfrac{1}{v} - \dfrac{1}{[S]}$ 图，那么可以得到一条直线，直线的斜率为 K_m/v_{max}，直线在横轴和纵轴上的截距分别为 $-\dfrac{1}{K_m}$ 和 $\dfrac{1}{v_{max}}$（图 3-4）。

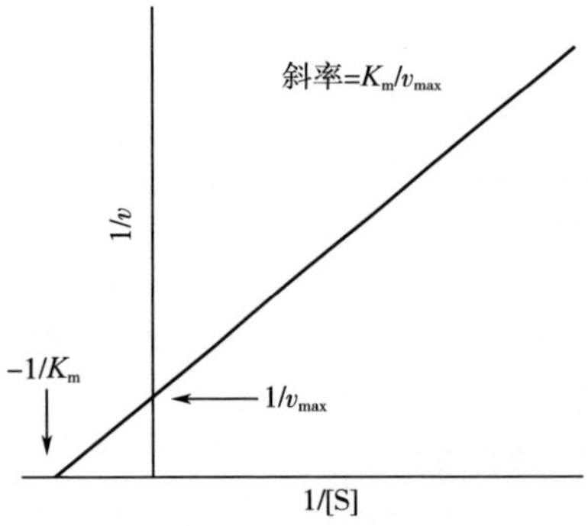

图 3-4 酶动力学数据的作图表示
（根据 Lineweaver-Burk 方程）

其他较有名的 Michaelis-Menten 方程的重排形式还有 Eadie-Hofstee 方程和 Hanes 方程，简述如下：

（1）Eadie-Hofstee 方程　将式（3-12）交叉相乘得到：

$$vK_m + v[S] = v_{max}[S]$$

移项得到：

$$vK_m = v_{max}[S] - v[S]$$

等式两边除以 $[S]K_m$ 得到 Eadie-Hofstee 方程：

$$\frac{v}{[S]} = \frac{v_{max}}{K_m} - \frac{v}{K_m} \tag{3-14}$$

如果作 $\frac{v}{[S]}-v$ 图，那么可以得到一条直线，直线斜率为 $-\frac{1}{K_m}$，直线在横轴和纵轴的截距分别为 v_{max} 和 v_{max}/K_m（图 3-5）。

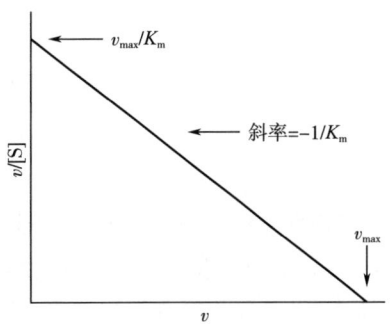

图 3-5　酶动力学数据的作图表示
（根据 Eadie-Hofstee 方程）

（2）Hanes 方程　将式（3-12）重排后得到 Hanes 方程：

$$\frac{[S]}{v} = \frac{[S]}{v_{max}} + \frac{K_m}{v_{max}} \tag{3-15}$$

如果作 $\frac{[S]}{v}-[S]$ 图，那么就可以得到一条直线，直线的斜率为 $1/v_{max}$，直线在横轴和纵轴上的截距分别为 $-\frac{1}{K_m}$ 和 K_m/v_{max}（图 3-6）。

根据上述三个方程来处理酶动力学数据各有优缺点。在决定选择哪一个方程来处理一组特定的数据时，必须考虑下面这些因素：①数据点较为均匀地沿着直线分布；②在 Eadie-Hofstee 方程中，精确度最小的试验参数 V 同时出现在横轴和纵轴，因此根据这个方程来确定 K_m 和 v_{max} 时，整体精确度可能会降低。

三、二底物反应

如果酶属于水解酶类，那么可以运用根据一底物反应推导的方程式处理酶动力学数据。然而许多酶催化反应包括两个或两个以上的底物，同

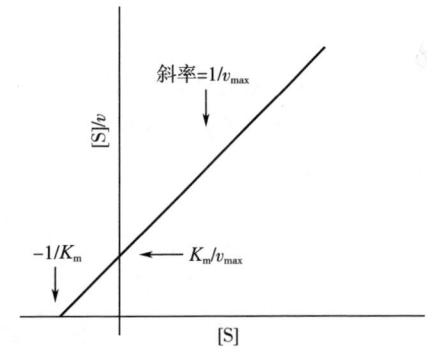

图 3-6　酶动力学数据的作图表示
（根据 Hanes 方程）

时生成多种产物。许多在食品科学领域中有价值的酶都需要两个或两个以上的底物。在大多数情况下，对于酶催化反应中的辅因子，可以将它看作反应的一个底物或产物。

用下式表示二底物酶催化反应的总反应式，A 和 B 为反应的底物，P 和 Q 为反应产物：

$$A+B \rightleftharpoons P+Q$$

下面将讨论三类二底物反应的一般机制和相应的速度方程式。

(一)有序机制

在有序反应机制中,底物 A 和 B 与酶的结合以及产物 P 和 Q 的释放按照一定的顺序,并且产物不能在底物完全与酶结合之前释放。

$$E+A \underset{k_{-1}}{\overset{k_1}{\rightleftharpoons}} EA \underset{k_{-2}}{\overset{k_2 B}{\rightleftharpoons}} EAB \underset{k_{-3}}{\overset{k_3}{\rightleftharpoons}} EPQ \underset{k_{-4} P}{\overset{k_4}{\rightleftharpoons}} EQ \underset{k_{-5}}{\overset{k_5}{\rightleftharpoons}} E+Q$$

在反应中生成两个二元酶-底物复合物(EA 和 EQ)和两个三元复合物(EAB 和 EPQ)。EAB ⇌ EPQ 这一步包含着共价键的生成和断裂,然而没有说明在这一步中包含多少中间物。

这类反应机制也被称作为 Ordered Bi Bi 机制,前一个 Bi 表示二底物有序反应,后一个 Bi 表示两个产物有序生成。整个反应如图 3-7 所示。

```
        A     B        P     Q
        ↓     ↓        ↑     ↑
━━━━━━━━━━━━━━━━━━━━━━━━━━━━━━━━━━━
  E     EA   (EAB)    EQ     E
              (EPQ)
```

图 3-7 有序反应机制示意图

(二)随机机制

在随机反应机制中,底物 A 和 B 与酶结合以及产物 P 和 Q 的释放按照随机的方式。

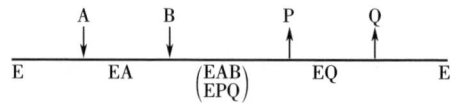

这类反应机制也被称为 Random Bi Bi 机制。在反应中生成四个二元复合物(EA、EB、EP、EQ)和两个三元复合物(EAB 和 EPQ)。EAB ⇌ EPQ 这一步包含着共价键的生成和断裂。整个反应如图 3-8 所示。

```
         A  B         P  Q
         ↓  ↓         ↓  ↓
           EA           EQ
        ╱      ╲    ╱      ╲
       E        (EAB)        E
        ╲      ╱  (EPQ)  ╲  ╱
           EB           EP
         ↑  ↑         ↑  ↑
         B  A         Q  P
```

图 3-8 随机反应机制示意图

(三)PingPong 机制

在 PingPong 反应机制中,一次仅一个底物(或一个产物)与酶相结合。

$$E+A \underset{k_{-1}}{\overset{k_1}{\rightleftharpoons}} EA \underset{k_{-2}}{\overset{k_2}{\rightleftharpoons}} FP \underset{k_{-3}P}{\overset{k_3}{\rightleftharpoons}} F \underset{k_{-4}}{\overset{k_4 B}{\rightleftharpoons}} FB \underset{k_{-5}}{\overset{k_5}{\rightleftharpoons}} EQ \underset{k_{-6}}{\overset{k_6}{\rightleftharpoons}} E+Q$$

这类反应机制也被称为 PingPong Bi Bi 机制。在反应中生成四个二元复合物(EA、FP、FB、EQ)。EA ⇌ FP 和 FB ⇌ EQ 这两步包含着共价键的生成和断裂。反应式中用 F 表示酶的性质在反应中有瞬时的改变。F 和 E 的差别可能是金属或其他辅助因素的氧化状态不同,也可能是酶蛋白的构象不同。整个反应如图 3-9 所示。

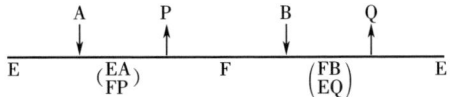

图 3-9　PingPong 反应机制示意图

在 Ordered Bi Bi 和 Random Bi Bi 反应机制中，任何产物释放出之前，所有的底物必须与酶结合，这类反应机制也称为序列机制。遵循二底物反应的速度方程式为：

$$v = \frac{v_{max}[A][B]}{K'_A K_B + K_B[A] + K_A[B] + [A][B]} \tag{3-16}$$

式中　v——反应的初始速度；

v_{max}——底物 A 和 B 的浓度达到饱和水平时，反应的最高速度；

K_A——当底物 B 的浓度达到饱和水平和反应速度达到 $\frac{1}{2}v_{max}$ 时，底物 A 的 Michaelis 常数；

K'_A——反应 EA $\rightleftharpoons$ E+A 的解离常数；

K_B——当底物 A 的浓度达到饱和水平和反应速度达到 $\frac{1}{2}v_{max}$ 时，底物 B 的浓度，即对底物 B 的 Michaelis 常数。

如果式（3-16）右边的分子和分母均除以 [B]，那么得到：

$$v = \frac{v_{max}[A]}{\frac{K'_A K_B}{[B]} + \frac{K_B[A]}{[B]} + K_A + [A]}$$

当 $[B] \to \infty$，$\frac{1}{[B]} \to 0$，上式转变为：

$$v = \frac{v_{max}[A]}{K_A + [A]} \tag{3-17}$$

式（3-17）和式（3-7）在形式上完全相同，因此，K_A 的意义就很容易理解了，对式（3-16）做类似的处理也可以说明 K_B 的意义。

遵循 PingPong 机制的二底物反应的速度方程式为：

$$v = \frac{v_{max}[A][B]}{K_B[A] + K_A[B] + [A][B]} \tag{3-18}$$

式（3-18）中各项的意义类同于式（3-16）。

四、底物诱导"反常"性质

在前面的讨论中，曾按照经典的 Michaelis-Menten 模型处理酶体系，酶催化反应的速度和底物浓度呈双曲线关系。下面将简单地讨论因底物的诱导作用而导致酶体系的"反常"性质。

（一）单活性部位-单多肽链酶

有证据表明，在许多单活性部位酶（例如胰蛋白酶和羧肽酶 A）中，第二个底物分子（第一个底物分子和第二个底物分子是相同的化合物）结合在靠近活性部位的位置，它并没有转变成产物，却影响了活性部位的性质，包括改变第一个底物分子结合的能力或（和）转变成产物的能力。如果第二个底物分子的结合导致反应速度下降，称之为抑制剂；如果导致反应速度增加，称之为激活剂。图 3-10 所示为第二个底物分子对酶催化反应起抑制作用，图 3-11 所示为第二个底物分子对酶催化反应起激活作用。

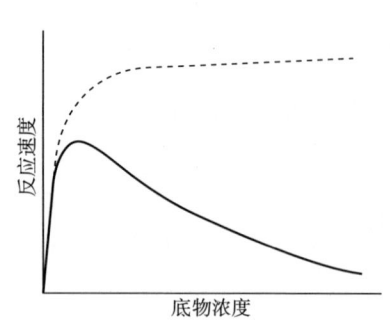

虚线—不存在抑制作用时的正常反应；
实线—存在第二个底物分子的抑制作用时的反应

图 3-10　底物对酶催化反应的抑制作用

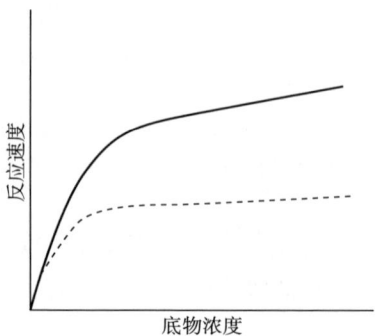

虚线—不存在激活作用时的正常反应；
实线—存在激活作用时的反应

图 3-11　底物对酶催化反应的激活作用

（二）多活性部位-多链酶

一般来说，多活性部位酶由一条以上多肽链所构成，如果活性部位之间不存在相互作用，那么反应速度和底物浓度之间的关系符合正常的 Michaelis-Menten 模型。然而考虑到当一个底物分子与酶的一个活性部位相结合时，它可能会影响到酶其余的一个或几个活性部位，因此第二个底物分子与酶相结合时就会具有不同的亲和力，这种影响会进一步改变底物转变成产物的速度。可以将此类相互作用的结果看作为活性部位间的协同效应，酶体系的动力学性质也不同于经典的 Michaelis-Menten 动力学。反应速度达到 $0.9v_{max}$ 和 $0.1v_{max}$ 时所需底物浓度的比值用 R_s 表示，所有遵循 Michaelis-Menten 动力学的酶，不管它们的 K_m 和 v_{max} 如何变化，R_s 都等于 81。如果第一个底物分子与酶结合能促进第二个底物分子同酶其余活性部位的结合，那么这类酶的 $R_s<81$，表现为正协同效应；如果第二个底物分子与酶结合能减少第二个底物分子与酶其余活性部位的结合，那么这类酶的 $R_s>81$，表现为负协同效应。图 3-12 比较了遵循 Michaelis-Menten 动力学和具有正协同效应的两类酶的底物浓度对反应速度的影响，后者的 R_s 为 3.5 左右。

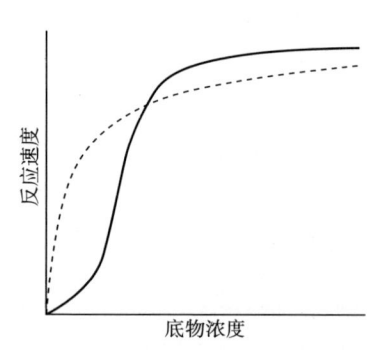

虚线—酶具有 Michaelis-Menten 动力学性质；
实线—酶具有正协同效应

图 3-12　底物浓度对两类酶催化反应速度不同影响的比较

从图 3-12 中可以看出，当酶具有正协同效应时，反应速度-底物浓度关系呈 S 形。它有两个显著的特点：①在反应速度达到最高速度的一半附近，底物浓度对反应速度的影响是很显著的；②与遵循 Michaelis-Menten 动力学的酶相比，它在底物浓度很低的条件下，增加底物浓度对酶活性的影响较小。

第三节　酶浓度对酶催化反应速度的影响

酶的浓度直接影响酶催化反应的速度。一般来说，反应中酶浓度范围在 $1\times 10^{-8} \sim 1\times 10^{-5}$ mol/L，而底物浓度范围在 $1\times 10^{-5} \sim 1\times 10^{-2}$ mol/L，酶的浓度低于底物浓度。酶的总浓度（包括所有含酶形式）在整个反应中通常保持不变，即 $d[E]_总/dt = 0$。

酶测定的目的主要是了解酶样品中酶的数量或酶的活力。在临床应用、食品热烫及巴氏杀菌之后、酶制剂的标准化和酶纯化步骤中，都需要进行酶测定。这类测定的依据是一定的反应时间内产物的数量与酶浓度呈线性关系。这一节将描述影响此线性关系的一些因素。

一、酶浓度-速度关系

（一）底物浓度的影响

在讨论酶的浓度对速度的影响时，必须注意到底物浓度与酶催化反应速度的关系。如果没有干扰因素存在，只要 $[S] \gg K_m$，那么酶反应的初速度和酶浓度能保持线性关系（图3-13）。

在大多数实验室中进行酶测定时，总是在反应过程中每隔一定时间取一定量的反应液，测定生成产物的量。正如前面已经提到的，尽可能地在反应的初始阶段进行这样的测定。如果作产物量-反应时间图，那么可以得到一条直线，直线的斜率 $k[E]_总^i$ 等于 dp/dt（图3-14），即酶反应的速度。

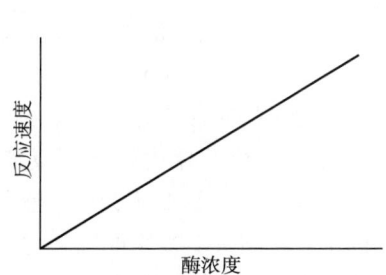

图 3-13　酶浓度和反应速度的关系
[底物浓度远大于 K_m，其他条件（如底物浓度、pH、温度和缓冲液）保持不变]

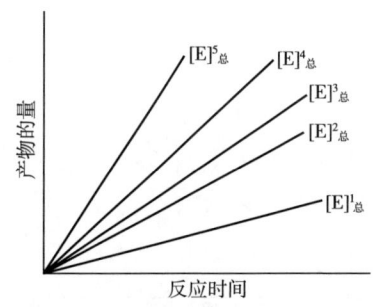

图 3-14　在不同的酶浓度时，反应产物的量和反应时间的关系
（底物浓度远大于 K_m）

（二）K_m 的测定

如果不知道酶催化反应的 K_m 数值，那么就难以确定使酶达到饱和时的底物水平。因此，在确定酶测定步骤前必须先测定酶反应的 K_m 值（大致的数值）。具体的方法是，在反应初始阶段，测定不同底物浓度下的反应速度，通过计算得出 K_m 值。在两次测定中所采用的底物浓度 $[S]_1$ 和 $[S]_2$ 相差越大（一般相差 5~20 倍），测得的 K_m 值就越精确。但是测定中所采用的最

高底物浓度不应达到使酶完全饱和的水平。

对第一次测定：

$$v_1 = \frac{v_{\max}[S]_1}{K_m + [S]_1}$$

对第二次测定：

$$v_2 = \frac{v_{\max}[S]_2}{K_m + [S]_2}$$

从上述两式可计算 K_m：

$$K_m = \frac{[S]_1[S]_2(v_1 - v_2)}{v_2[S]_1 - v_1[S]_2} \tag{3-19}$$

二、酶浓度-速度关系中的干扰因子

前面讨论了反应速度和酶浓度之间的关系，然而，在一些复杂的反应中，因为酶催化反应速度受到多种因素的影响，因此反应速度和酶浓度并不总是保持如图 3-10 所示的线性关系。

（一）底物浓度的限制

酶浓度与反应速度呈直线关系的前提条件是底物浓度远远大于酶的浓度。而当底物浓度降低时，反应速度和酶浓度之间不再保持线性关系。

以一个二底物反应为例，其中一个底物是气体：

$$AH_2 + E\text{-}FAD \xrightarrow{k_1} A + E\text{-}FADH_2 \xrightarrow{k_2 O_2} E\text{-}FAD + H_2O_2$$

式中，AH_2 代表底物 A 的还原形式，E-FAD 代表需要黄素腺嘌呤二核苷酸（FAD）作为辅因子的酶。为了使反应不断地进行下去，E-FAD 必须连续地从 E-FADH$_2$ 再生，第二个底物 O$_2$ 参与了这一步反应。

$E\text{-}FADH_2$ 生成的速度 $d[E-FADH_2]/dt = k_1[AH_2][E-FAD]$，而它消失的速度 $-d[E-FADH_2]/dt = k_2[O_2][E-FADH_2]$。为了使反应速度和酶浓度保持线性关系，氧气浓度必须足够高，才能以很快的速度扩散到反应溶液中，使 $-d[E-FADH_2]/dt$ 不会成为整个酶反应的限制因子。否则，当酶浓度较高时，反应速度和酶浓度之间不再保持线性关系，如图 3-15 所示。

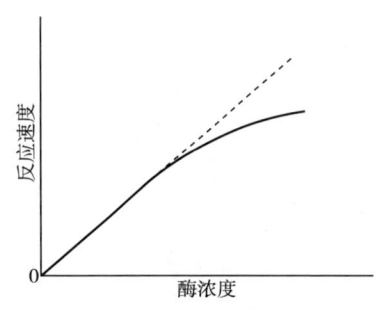

实线—存在限制因子时的关系；
虚线—不存在限制因子时的关系

图 3-15 当酶浓度较高而底物浓度不足时反应速度和酶浓度之间的关系

（二）辅因子浓度的限制

在部分反应中，只有当酶和它的辅因子结合成 E·CoE 时，酶才具有活性，其反应式可表示为：

$$E\cdot CoE + S \underset{k_{-1}}{\overset{k_1}{\rightleftharpoons}} E\cdot CoE\cdot S \xrightarrow{k_2} E\cdot CoE + P$$

$$E\cdot CoE \underset{k_{-3}}{\overset{k_3}{\rightleftharpoons}} E + CoE$$

$$K_d = \frac{[E][CoE]}{[E \cdot CoE]}$$

如果辅因子和酶结合得很牢固，即解离常数（K_d）很小，只要辅因子的浓度大于酶的浓度（$[CoE] > [E]_总$），在所有酶浓度下，酶都能被辅因子所饱和。当K_d较大时，辅因子浓度对反应速度-酶浓度曲线就会产生影响。

下面以两种情况为例说明这类影响。

1. $[E]_总$和$[CoE]_总$相等

假设酶制剂中$[E]_总$和$[CoE]_总$相等或近乎相等，取少量酶制剂加入到底物-缓冲液体系中使反应开始。在$[E]_总$浓度较低时，酶不能充分地被辅因子饱和，在这样的条件下，酶浓度越低，反应速度随酶浓度增加的增长率就越低（图3-16），这种现象被称为稀释效应。如果在反应体系中加入足够数量的辅因子，使得酶在每个浓度范围都处于被辅因子饱和的状态，那么就可以消除稀释效应。

2. $[CoE]_总$保持不变

如果在整个酶浓度范围内保持辅因子的浓度不变，但是它低于使酶被辅因子饱和所需要的浓度，那么就会出现与前述不同的情况，即随着酶浓度的增加，反应速度的增长率逐渐下降（图3-17）。

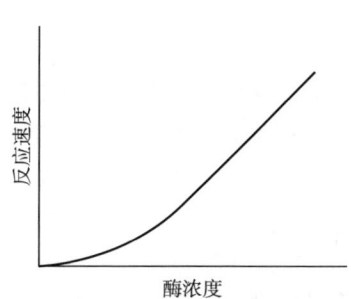

图3-16　反应速度-酶浓度关系
（K_d较大，$[E]_总$和$[CoE]_总$保持相等）

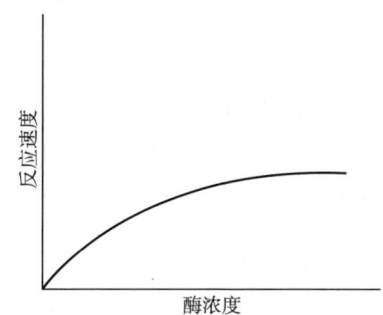

图3-17　反应速度-酶浓度关系
（K_d较大，在整个酶浓度范围酶辅因子的浓度保持不变，并且不足以使酶被它的辅因子所饱和）

三、活性酶浓度的概念

测定酶活力的主要目的是确定一个体系中存在着多少酶。图3-13中直线的斜率代表酶的比活力。比活力仅仅是酶制剂中酶的相对浓度而不是绝对浓度，如果有了酶的比活力数据，就有了比较的绝对标准。但是确定怎样的酶制剂才算100%纯是相当困难的。即使采用适当的方法（如凝胶电泳）将一个酶样品纯化，证明酶样品已达到均一，也不能肯定样品中所有的酶蛋白分子都具有活性或者都具有相同的活性。

如果要真正地确定一个酶分子是否有催化活性，那么只有在反应过程中对它进行观察。然而在通常的酶测定方法中，酶在反应过程中重复地循环，以致每个具有活性的酶分子在测定期间催化数以百计或更多的底物分子转化变成产物分子，因此，我们观察到的仅仅是反应体系中酶分子的平均活性。如果设法使每个活性酶分子仅参与一次反应，而所有失活的酶分子不能参与反应，那么就有可能真正地确定活性酶分子的浓度或绝对酶浓度。

在进行这样的测定时，需要有一个化合物，它必须具备以下特点：①满足酶对底物全部特异性要求，能立体有择地结合到酶的活性部位，从而能鉴定活性部位中结合部位的特殊构象；②一旦和酶相结合，它能和酶的催化部位中的一个基团形成共价结合，从而能鉴定酶的活性部位中催化部位的特殊构象；③和酶形成的共价结合必须是稳定的。为了便于测定此化合物和酶结合形成的产物，它必须有特征的吸光度和较高的摩尔消光系数。测定绝对酶浓度的原理可清楚地用下式表示：

$$E+A \underset{k_{-1}}{\overset{k_1}{\rightleftharpoons}} EA \xrightarrow{k_2} EA'+P_1 \xrightarrow{k_3} E+P_2$$

式中 EA 包含了酶的活性部位的一个催化基团和化合物 A 的一部分之间的共价键。如果 $k_3 = 0$ 或 $k_3 \ll k_2$ 并且 $[A]_总 \gg [E]_总$，那么所有的酶将成为 EA′。通过测定 EA′ 或 P_1 的浓度，就可以确定酶制剂中活性酶的数量即绝对酶的浓度。

第四节　酶抑制动力学

任何能降低酶催化反应速度的物质，不管机制如何，都可以将它看作是酶的抑制剂。酶抑制剂在毒理、药理和食品科学领域中具有重要的实际意义。酶抑制剂在解释酶催化反应机制上也有很大价值。

一、不可逆抑制

能与酶反应形成稳定共价键的抑制剂都被称为不可逆抑制剂。虽然在一些情况下，通过化学处理方法能打破酶的抑制剂之间形成的共价键，但从动力学观点来看，形成这类共价键的反应是不可逆的：

$$E + I \xrightarrow{k_1} EI$$

式中 I 为抑制剂。抑制的速度取决于 k_1、$[E]$ 和 $[I]$，即 $d[EI]/dt = k_1[E][I]$。

可以采用适合于不可逆过程的动力学方程来分析不可逆抑制剂和酶反应的速度。不可逆抑制剂在确定酶的活性部位或靠近酶的活性部位的反应基团时是有价值的，它在食品加工、药理和毒理中对控制酶的活力起重要作用。

二、可逆抑制

能以可逆的方式和酶相作用的抑制剂被称为可逆抑制剂。

$$E+I \rightleftharpoons EI$$

如果将存在抑制剂和不存在抑制剂时同一反应的 $\dfrac{1}{v} - \dfrac{1}{[S]}$ 图中的斜率和截距进行比较，就可以将可逆抑制剂分为三种不同的类型：竞争性抑制剂、非竞争性抑制剂和反竞争性抑制剂。

$$\frac{1}{v} = 斜率\frac{1}{[S]} + 截距 \quad (3-20)$$

在研究抑制剂的作用机制时，除了必须测定抑制剂是否改变式（3-20）中的斜率和（或）截距，确定斜率和（或）截距与抑制剂浓度之间的关系是否呈线性是非常重要的。如果抑制剂仅和一种酶形式结合而导致酶活力下降，那么上述关系总是表现为线性（图3-18）。以下有关可逆抑制的讨论中，仅限于线性抑制模式。

可以采用一个综合反应式来表示酶催化反应的可逆抑制作用。

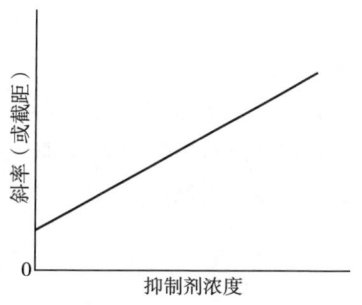

图 3-18 线性抑制模式

$$E \underset{}{\overset{K_{ES}}{\rightleftharpoons}} ES \xrightarrow{k_2} E+P$$

$$K_{EI} \updownarrow \quad \quad \updownarrow K_{ESI}$$

$$EI \rightleftharpoons ESI$$

假设在含酶复合物之间存在平衡，ES 转变成酶和产物并不显著地影响此平衡。相应于这个反应式的总速度方程式如下：

$$v = v_{max} \frac{\frac{[S]}{K_{ES}}}{1 + \frac{[S]}{K_{ES}} + \frac{[I]}{K_{EI}} + \frac{[S][I]}{K_{ESI}K_{ES}}} \quad (3-21)$$

式中 K_{ES}、K_{ESI} 和 K_{EI}——解离常数，ESI 是没有活性的。

式（3-21）的倒数形式如下：

$$\frac{1}{v} = \frac{1}{v_{max}}\left(1 + \frac{[I]}{K_{ESI}}\right) + \frac{K_{ES}}{v_{max}}\left(1 + \frac{[I]}{K_{EI}}\right)\frac{1}{[S]} \quad (3-22)$$

（一）竞争性抑制

竞争性抑制剂仅影响式（3-20）中的斜率（图3-19）。

假设 $K_{ESI} = \infty$，即 ES 复合物不能同抑制剂（I）相结合，式（3-22）则简化成：

$$\frac{1}{v} = \frac{1}{v_{max}} + \frac{K_{ES}}{v_{max}}\left(1 + \frac{[I]}{K_{EI}}\right)\frac{1}{[S]} \quad (3-23)$$

竞争性抑制剂对 $\frac{1}{v} - \frac{1}{[S]}$ 图的影响见图 3-20。

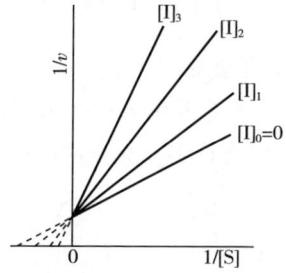

图 3-19 竞争性抑制剂在三种不同浓度下对 $\frac{1}{v} - \frac{1}{[S]}$ 图的影响（$[I]_3 > [I]_2 > [I]_1$）

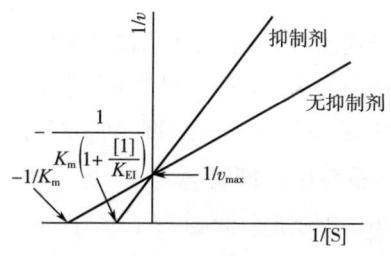

图 3-20 竞争性抑制剂对酶动力学数据的 $\frac{1}{v} - \frac{1}{[S]}$ 图的影响

从图 3-20 中可以看出，v_{max} 不受抑制剂的影响，而 K_m 增加到 $(1 + [I]/K_{EI})$ 倍。抑制剂和一些酶分子结合形成 EI 复合物。

然而当底物的浓度增加到足够高的水平时，抑制剂对酶反应速度的影响能被克服。在一底物反应中有许多竞争性抑制的例子，如在牛红细胞中乙酰胆碱酯酶催化乙酰胆碱水解时，氨甲酰胆碱是竞争性抑制剂。

$$(CH_3)_3 \overset{+}{N}-CH_2-CH_2-O-\overset{O}{\underset{\|}{C}}-NH_2 \quad 氨甲酰胆碱$$

$$(CH_3)_3 \overset{+}{N}-CH_2-CH_2-O-\overset{O}{\underset{\|}{C}}-CH_3 \quad 乙酰胆碱$$

在上述例子中，抑制剂和底物在结构上是类似的，它们很可能结合在酶的同一部位。

（二）非竞争性抑制

非竞争性抑制剂同时影响式（3-20）中的截距和斜率（图 3-21）。

假设 $K_{ESI} = K_{EI}$，即 S 和 E 结合不影响 I 和 E 结合，式（3-22）则简化成：

$$\frac{1}{v} = \frac{1}{v_{max}}\left(1 + \frac{[I]}{K_{EI}}\right) + \frac{K_{ES}}{v_{max}}\left(1 + \frac{[I]}{K_{EI}}\right)\frac{1}{[S]} \tag{3-24}$$

非竞争性抑制剂对 $\frac{1}{v} - \frac{1}{[S]}$ 图的影响见图 3-22。

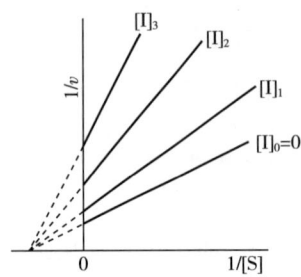
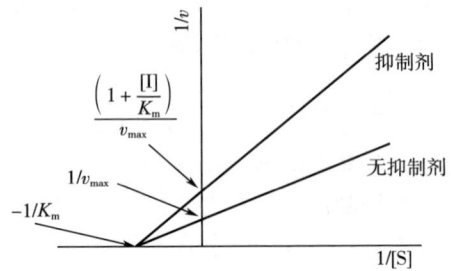

图 3-21 非竞争性抑制剂在三种不同浓度下对 $\frac{1}{v} - \frac{1}{[S]}$ 图的影响（$[I]_3 > [I]_2 > [I]_1$）

图 3-22 非竞争性抑制剂对酶动力学数据的 $\frac{1}{v} - \frac{1}{[S]}$ 图的影响

从图中可以看出，K_m 不受影响，而 v_{max} 降低到 $1/\left(1 + \frac{[I]}{K_{EI}}\right)$ 倍。抑制剂同时和 E、ES 结合成失活形式或 ESI。增加底物浓度不能克服抑制剂对酶反应速度的影响。在一底物反应中，非竞争性抑制剂比竞争性抑制剂更为常见。例如，在果糖二磷酸酶催化 1,6-二磷酸果糖水解反应中，AMP 是一个非竞争性抑制剂。然而在多底物反应中，也有许多非竞争性抑制剂的例子。

（三）反竞争性抑制

反竞争性抑制剂仅影响式（3-20）中的截距（图 3-23）。

假设 $K_{EI} = \infty$，即 I 不能和 E 结合，仅和 ES 复合物结合，式（3-22）则简化成：

$$\frac{1}{v} = \frac{1}{v_{max}}\left(1 + \frac{[I]}{K_{ESI}}\right) + \frac{K_{ES}}{v_{max}}\frac{1}{[S]} \tag{3-25}$$

反竞争性抑制剂对 $\frac{1}{v}-\frac{1}{[S]}$ 图的影响见图 3-24。

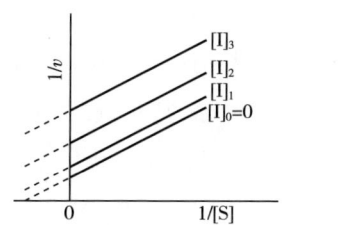

图 3-23　反竞争性抑制剂在三种不同浓度下对 $\frac{1}{v}-\frac{1}{[S]}$ 的影响（$[I]_3>[I]_2>[I]_1$）

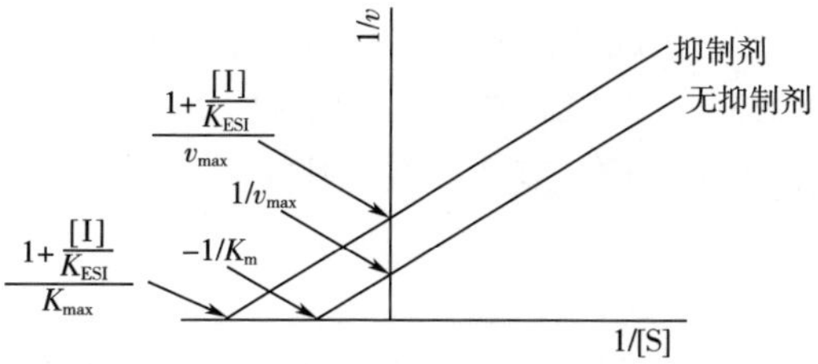

图 3-24　反竞争性抑制剂对酶动力学数据的 $\frac{1}{v}-\frac{1}{[S]}$ 图的影响

从图中可以看出，抑制剂同时影响 K_m 和 v_{max}，从而得到一组平行线。在一底物反应中，反竞争性抑制的例子是很少的，在多底物反应中这类抑制的例子较多。

三、常用的抑制剂

（一）不可逆抑制剂

按照不可逆抑制作用的选择性不同，可将不可逆抑制剂分为两类：非专一性不可逆抑制剂和专一性不可逆抑制剂。前者作用于酶的一类或几类基团，这些基团中包含了必需基团，作用后引起酶的失活；后者专一地作用于某一种酶活性部位的必需基团导致酶的失活，它是研究酶活性部位的重要试剂。

1. 非专一性不可逆抑制剂

（1）有机磷化合物　常见的有二异丙基氟磷酸（DFP）、敌敌畏、敌百虫、对硫磷、萨林等，它们的通式和结构式如下。

或

DFP

敌敌畏

敌百虫

对硫磷（parathion）

萨林（sarin）

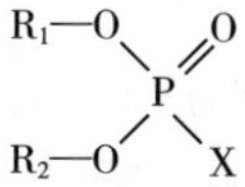

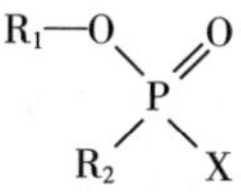

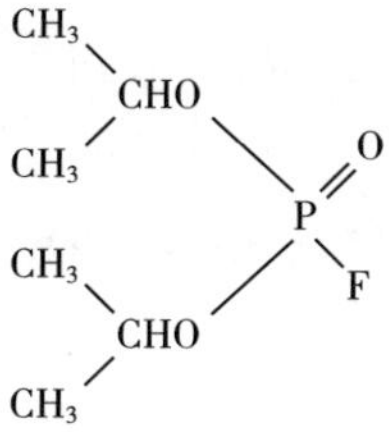

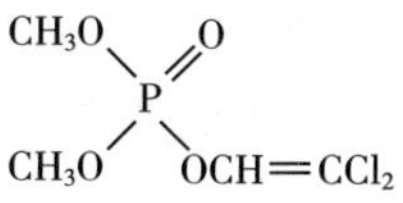

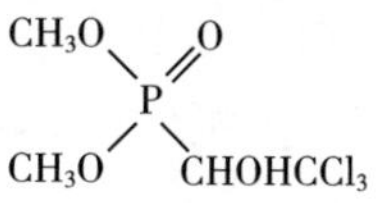

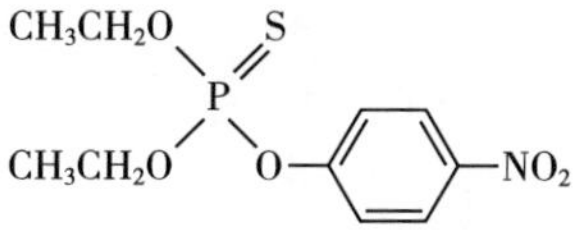

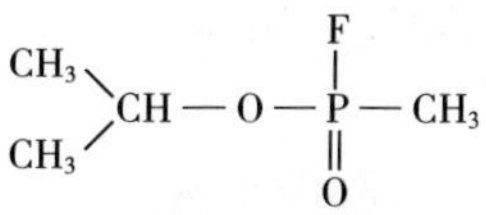

这些有机磷化合物能抑制某些蛋白酶及酯酶活力，与酶分子活性部位的丝氨酸羟基共价结合，从而使酶失活。这类化合物强烈地抑制对神经传导有关的胆碱酯酶活力，使乙酰胆碱不能分解为乙酸和胆碱，引起乙酰胆碱的积累，使一些以乙酰胆碱为传导介质的神经系统处于过度兴奋状态，引起神经中毒症状，因此这类有机磷化合物又称为神经毒剂。有机磷制剂与酶结合后虽不解离，但用解磷定（碘化醛肟甲基吡啶）或氯磷定（氯化醛肟甲基吡啶）能把酶上的磷酸根除去，使酶复活。在临床上它们作为有机磷中毒后的解毒药物。解磷定作用过程见图3-25。

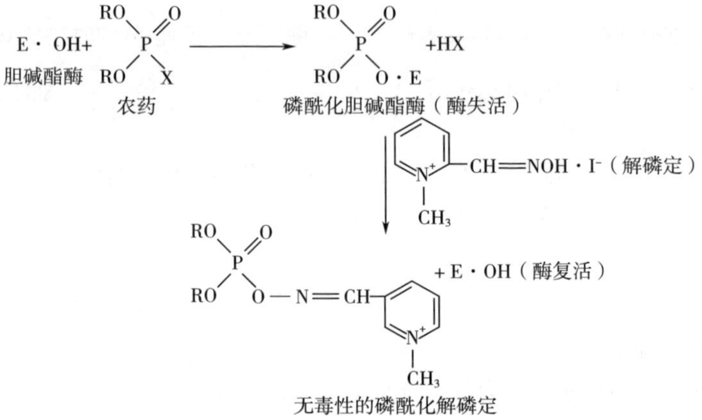

$$E \cdot OH + \underset{\text{农药}}{\overset{RO}{\underset{RO}{\vphantom{O}}}\!\!\!\!P\!\!\overset{O}{\underset{X}{\vphantom{O}}}} \longrightarrow \underset{\text{磷酰化胆碱酯酶（酶失活）}}{\overset{RO}{\underset{RO}{\vphantom{O}}}\!\!\!\!P\!\!\overset{O}{\underset{O \cdot E}{\vphantom{O}}}} + HX$$

解磷定作用后生成无毒性的磷酰化解磷定，同时使酶复活（E·OH）。

图3-25 解磷定的作用过程图

（2）有机汞、有机砷化合物　这类化合物与酶分子中半胱氨酸残基的巯基作用，抑制含巯基的酶，如对氯汞苯甲酸（PCMB），其作用如下。

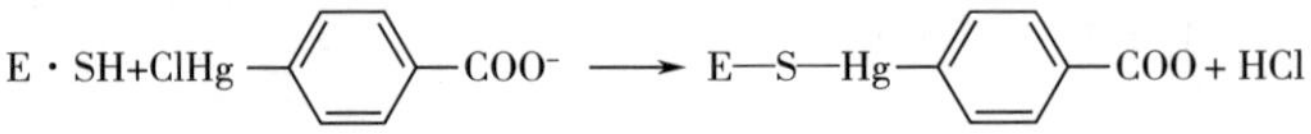

$$E \cdot SH + ClHg\text{—}C_6H_4\text{—}COO^- \longrightarrow E\text{—}S\text{—}Hg\text{—}C_6H_4\text{—}COO + HCl$$

这类抑制可通过加入过量的巯基化合物，如半胱氨酸或还原型谷胱甘肽（GSH）而解除。有机砷化合物如路易斯毒气（Lewisite, $CHCl=CHAsCl_2$）与酶的巯基结合而使人畜中毒。

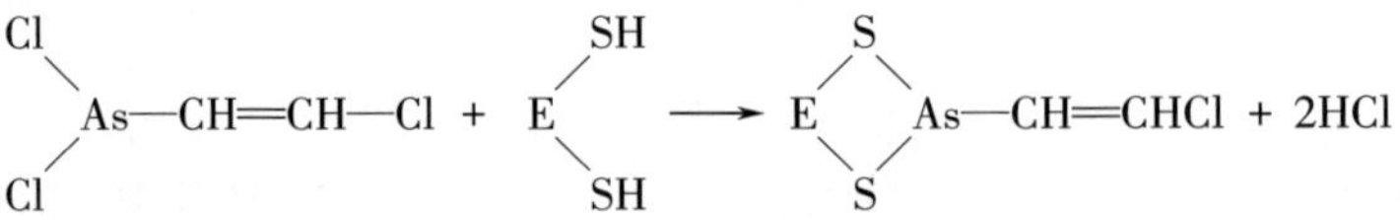

$$\underset{Cl}{\overset{Cl}{\vphantom{O}}}\!\!As\text{—}CH=CH\text{—}Cl + E\!\!\underset{SH}{\overset{SH}{\vphantom{O}}} \longrightarrow E\!\!\underset{S}{\overset{S}{\vphantom{O}}}\!\!As\text{—}CH=CHCl + 2HCl$$

英国发明了一种能与Lewisite有更大亲和力的解毒剂，称BAL（British Anti-Lewisite），可重新使酶恢复活性。

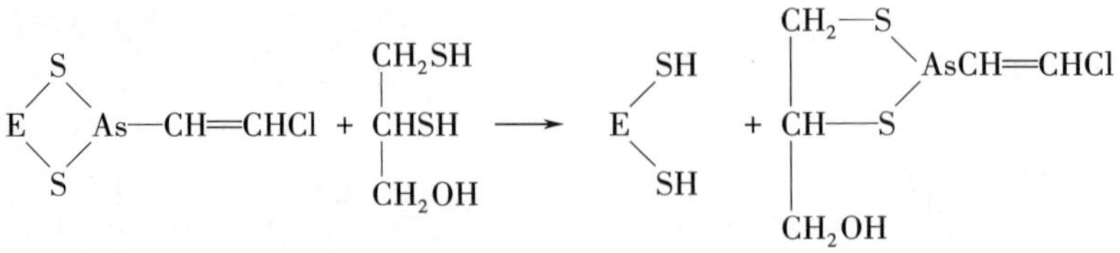

$$E\!\!\underset{S}{\overset{S}{\vphantom{O}}}\!\!As\text{—}CH=CHCl + \underset{CH_2OH}{\overset{CH_2SH}{\underset{|}{CHSH}}} \longrightarrow E\!\!\underset{SH}{\overset{SH}{\vphantom{O}}} + \underset{CH_2OH}{\overset{CH_2\text{—}S}{\underset{|}{CH\text{—}S}}}\!\!\!\!AsCH=CHCl$$

（失活的酶）　　　BAL　　　（复活的酶）

（3）重金属盐　含Ag^+、Cu^{2+}、Hg^{2+}、Pb^{2+}、Fe^{3+}的重金属盐在高浓度时，能使酶蛋白变性

失活。在低浓度时对某些酶的活性产生抑制作用，一般可以使用金属螯合剂如 EDTA、半胱氨酸等螯合除去有害的重金属离子，恢复酶的活力。

（4）烷化试剂　这一类试剂往往含有一个活泼的卤素原子，如碘乙酸、碘乙酰胺和 2,4-二硝基氟苯等，被作用的基团有巯基、氨基、羧基、咪唑基和硫醚基等。例如与巯基酶的作用。

$$E \cdot SH + ICH_2CONH_2 \longrightarrow E—S—CH_2—CONH_2 + HI$$

（5）氰化物、硫化物和 CO　这类物质能与酶中金属离子形成较为稳定的复合物，使酶的活性受到抑制。如氰化物作为剧毒物质与含铁卟啉的酶（如细胞色素氧化酶）中的 Fe^{2+} 络合，使酶失活而阻止细胞呼吸。

（6）青霉素（penicillin）　抗生素青霉素是一种不可逆抑制剂，与糖肽转肽酶（glycopeptide transpeptidase）活性部位丝氨酸羟基共价结合，使酶失活。而该酶在细菌细胞壁合成中使肽聚糖链交联。一旦酶失活，细菌细胞壁合成受阻，细菌生长被损害。因此青霉素起到抗菌作用，是临床上常用的抗菌药。反应过程如图 3-26 所示。

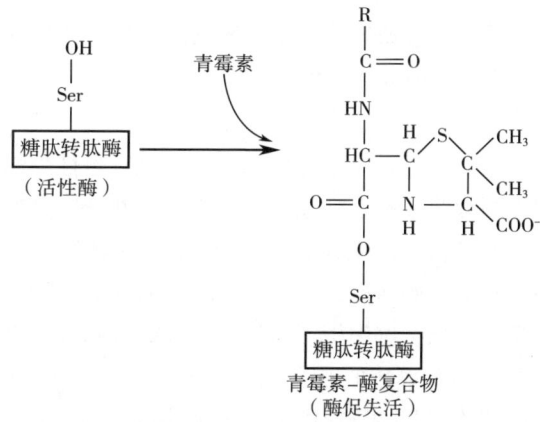

图 3-26　青霉素是糖肽转肽酶的不可逆抑制剂

2. 专一性不可逆抑制剂

专一性的不可逆抑制剂可分为 K_s 型和 K_{cat} 型两大类。

（1）K_s 型不可逆抑制剂　这类抑制剂是根据底物的化学结构设计的，具有与底物类似的结构，可以和相应的酶结合，同时还带有一个活泼的化学基团，能与酶分子中的必需基团反应进行化学修饰，从而抑制酶活性。因抑制是通过对酶的亲和力来对酶进行修饰标记的，故称为亲和标记试剂（affinity labeling reagent）。这种抑制剂虽然主要"攻击"酶活性部位的必需基团，但由于它的活泼基团也可以修饰酶分子其他部位的同一基团，因此其专一性有一定的限度。这取决于抑制剂与活性部位必需基团在反应前形成非共价复合物的解离常数以及非活性部位同类基团形成非共价复合物的解离常数之比，即 K_s 的比值，故这类抑制剂称为 K_s 型不可逆抑制剂。例如：胰蛋白酶要求催化的底物具有一个带正电荷的侧链，如 Lys、Arg 侧链。对甲苯磺酰-L-赖氨酰氯甲酮（TLCK）和胰蛋白酶的底物对甲苯磺酰-L-赖氨酰甲酯（TLME）有相似的结构，因此前者可以与胰蛋白酶活性部位必需基团 His_{57} 共价结合，引起不可逆地失活。失活作用是以化学计量进行,伴随着活性100%丧失。所以TLCK是胰蛋白酶的K_s型不可逆抑制剂。

$$CH_3-\text{C}_6H_4-SO_2-NH-CH(-(CH_2)_4-NH_2)-CO-OCH_3 \quad 对甲苯磺酰-L-赖氨酰甲酯(TLME)$$

$$CH_3-\text{C}_6H_4-SO_2-NH-CH(-(CH_2)_4-NH_2)-CO-CH_2Cl \quad 对甲苯磺酰-L-赖氨酰氯甲酮(TLCK)$$

(2) K_{cat}型不可逆抑制剂　K_{cat}型不可逆抑制剂是根据酶催化过程设计的,设计此类抑制剂,要求对酶的作用机制预先有一定的了解。K_{cat}抑制剂不但具有天然底物的类似结构,且本身也是酶的底物,能与酶结合发生类似于底物的变化。但抑制剂还有一个潜伏的反应基团(latent group),当酶对它进行催化反应时,这个潜伏反应基团被暴露或活化,并作用于酶活性部位的必需基团或酶的辅基,使酶不可逆失活。这类抑制剂是专一性极高的不可逆抑制剂。有人把这种抑制剂称为自杀性底物(suicide substrate)。

(二) 可逆抑制剂

可逆抑制剂中最重要和最常见的是竞争性抑制剂,一些竞争性抑制剂与天然代谢物在结构上十分相似,能选择性地抑制病菌或癌细胞代谢过程中的某些酶,具有抗菌和抗癌作用。这类抑制剂可称为抗代谢物或代谢类似物。例如5′-氟尿嘧啶是一种抗癌药物,它的结构与尿嘧啶十分相似,能抑制胸腺嘧啶合成酶的活性,阻碍胸腺嘧啶的合成代谢,导致体内核酸不能正常合成,使癌细胞的增殖受阻,起到抗癌作用。磺胺药,以对氨基苯磺酰胺为例,它的结构与对氨基苯甲酸十分相似,是对氨基苯甲酸的竞争性抑制剂。对氨基苯甲酸是叶酸结构的一部分,叶酸和二氢叶酸则是核酸的嘌呤核苷酸合成中的重要辅酶——四氢叶酸的前身,如果缺少四氢叶酸,细菌生长繁殖便会受到影响。人体能直接利用食物中的叶酸,某些细菌则不能直接利用外源的叶酸,只能在二氢叶酸合成酶的作用下,利用对氨基苯甲酸为原料合成二氢叶酸。而磺胺药物可与对氨基苯甲酸相互竞争,抑制二氢叶酸合成酶的活性,影响二氢叶酸的合成,导致细菌的生长繁殖受抑制,从而达到治病的效果。

可利用竞争性抑制的原理来设计药物,如抗癌药物阿拉伯糖胞苷、氨基叶酸等都是利用这一原理而设计出来的。

$$H_2N-\text{C}_6H_4-COO^- \quad 对氨基苯甲酸 \qquad H_2N-\text{C}_6H_4-SO_2\cdot NH_2 \quad 对氨基苯磺酰胺$$

蝶呤　对氨基苯甲酸　谷氨酸
叶酸

过渡态底物类似物可作为竞争性抑制剂,所谓过渡态(transition state)底物是指底物和酶结合成中间复合物后被活化的过渡形式,由于能障小,和酶结合就紧密得多,这是酶具有高度催化效力的原因之一。可以设想,如抑制剂的化学结构能类似过渡态底物,则其对酶的亲和力就会远大于底物,可达到 $10^2 \sim 10^6$ 倍,从而引起酶的强烈抑制。目前已报道了各种酶反应的几百种过渡态底物类似物,它们都属于竞争性抑制剂,抑制效率比其基态底物类似物高得多。

过渡态底物类似物抑制剂的研究,具有很大的理论和实践意义,不但有利于对酶催化机制的了解,还可据此合成高效而特异的新药物。

第五节　影响酶催化反应的其他因素

大多数酶是蛋白质,活性部位三维结构的完整性对保持酶的活力是必要的,因此,任何影响蛋白质二级、三级、四级结构的因素都能够影响酶的稳定性。

一、pH

一般地说,一种酶仅在一个狭窄的 pH 范围内才具有最高的活力,这就是酶的最适 pH。酶的最适 pH 取决于许多试验参数,包括:反应时间、温度、底物的性质及浓度、缓冲液的性质及浓度、介质的离子强度和酶制剂的纯度等。酶的最适 pH 应该被看作为一个操作参数,因此,在测定时,必须规定非常严格的条件。表 3-1 列出了一些和食品科学关系较密切的酶的最适 pH。

表 3-1　　　　　　　　　　食品科学相关常见酶的最适 pH

酶	最适 pH	酶	最适 pH
酸性磷酸酶（前列腺）	5	葡萄糖氧化酶（点青霉）	5.6
碱性磷酸酶（乳）	10	乳酸脱氢酶（肝）	8
α-淀粉酶（人唾液）	7	脂酶（胰）	7
β-淀粉酶（甜马铃薯）	5	脂肪氧合酶（大豆）	7
羧肽酶 A（牛）	7.5	果胶脂酶（高等植物）	7
过氧化氢酶（牛肝）	3~10	胃蛋白酶（牛）	2
组织蛋白酶（肝）	3.5~5	过氧化物酶（无花果酶）	6
纤维素酶（蜗牛）	5	聚半乳糖醛酸酶（番茄）	4
α-胰凝乳蛋白酶（牛）	8	多酚氧化酶（桃）	6
胰蛋白酶（牛）	8	凝乳酶（小牛）	3.5
无花果蛋白酶（无花果）	8.5	核糖核酸酶	7.7

pH 对酶催化反应的影响包括两方面:①影响酶的稳定性;②影响酶与底物的结合以及酶

催化底物转变成产物。

（一）pH 对酶稳定性的影响

大多数酶在酸、碱度很大的溶液中都会发生不可逆的变性，导致这种变化的 pH 因酶的种类而异。例如，胃蛋白酶在 pH 7 时很快失活，而它在 pH 1 时十分稳定；乳碱性磷酸酶在 pH 7~9 时很稳定，而在 pH 超过 9.5 时很快失活。

1. 影响酶的 pH 稳定性的因素

许多因素会影响酶的 pH 稳定性。图 3-27 所示为不同条件下胰蛋白酶 pH 稳定性的变化，可以看出 pH 稳定曲线的形状是保温条件的函数。在 30℃保温 24h 条件下，pH 2.5 时酶具有最高稳定性，而在 pH 1 和 pH 8 下残余酶活力很低；当酶在 0℃下保持 15min 时，直到 pH 10 还能保留全部活力，pH 超过 10 时，酶的稳定性下降，pH 12 时酶的稳定性最低，pH 13 附近酶的稳定性提高，pH 超过 13 时酶的稳定性又显著下降。

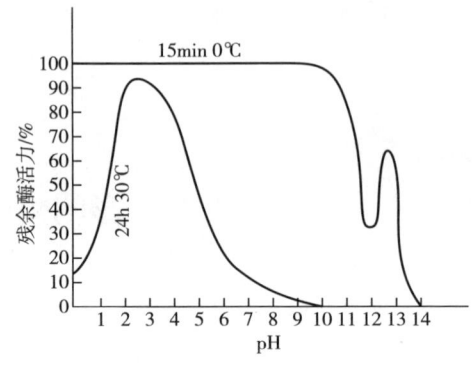

图 3-27 两组条件下胰蛋白酶的 pH 稳定性

胰蛋白酶 pH 稳定性是两个过程作用的结果，pH 低于 2.5（24h，30℃）时的不稳定性是蛋白质不可逆变性的结果。在 pH 2.5~8.5 时，酶活力的丧失是由于自动消化，即胰蛋白酶自我水解，也可以解释为天然的酶分子和可逆变性的酶分子处于平衡。而前者能利用后者作为底物，当 pH 提高到 13 时，大多数酶是处在可逆变性形式（15min，0℃），很少或没有天然酶去执行自动消化，因而酶在 pH 13 时较 pH 12 时要稳定。pH 超过 13 时，酶的不可逆变性变得很快，因而在 0℃下保持 15min，全部酶的活力丧失。

酶的 pH 稳定性和是否存在辅因子或其他小分子有关，可以用猪的胰 α-淀粉酶作为例子来证明（图 3-28）。每分子的 α-淀粉酶含有一个 Ca^{2+}，Ca^{2+} 并没有参与底物同酶的结合或底物转变成产物，它起着稳定酶蛋白质结构的作用。不含 Ca^{2+} 的酶和含有 Ca^{2+} 的酶相比较其稳定性较低，特别是在 pH 7~11 的范围内。

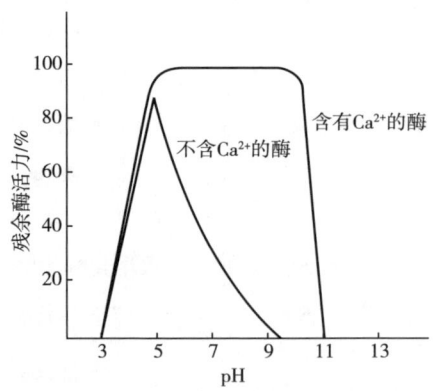

图 3-28 猪胰 α-淀粉酶（含 Ca^{2+} 和不含 Ca^{2+}）的 pH 稳定性

（酶在 25℃不同 pH 下保温 20h，然后在最适 pH 和 Ca^{2+} 条件下测定活力）

在测定酶的 pH 稳定性时，温度是极为重要的参数，在某一个温度下测定酶的 pH 稳定性所得到的结果不能随意外延到较高的温度。酶的 pH 稳定性还受其他因素影响，即缓冲剂的种类和浓度、底物存在与否、介质的离子强度和介电常数以及 pH 对酶的辅因子或活化剂稳定性的影响。

2. 酶的 pH 稳定性的测定

在解释 pH 对酶的活力影响之前，有必要准确地测定酶的 pH 稳定性。测定的步骤如下：①在不同的试管中加入同一种缓冲液，它们具有相同体积但不同 pH；②将试管置于恒温水浴中平衡；③在各个试管中加入相同体积的待测定的酶液；④在不同的时间间隔分别从各个试管中取出一定数量的酶液，在同一个 pH 和温度下测定残余酶活力，这个 pH 不一定是酶的最适 pH，但是酶在此 pH 下必须是稳定的。

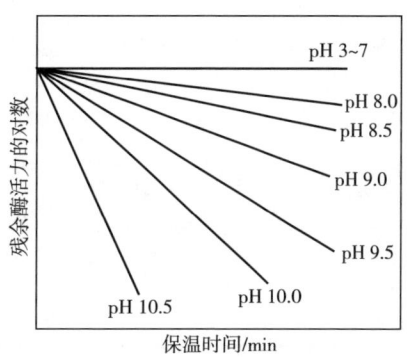

图 3-29　酶在不同 pH 下保温时的失活速度

根据上述实验步骤所得的数据，可以作残余酶活力的对数-保温时间图（图 3-29）。

如果 pH 仅影响酶的变性，那么这个关系表现为线性，直线的斜率是酶失活的一级速度常数。图 3-29 还表明，该酶在 pH 3~7 下是十分稳定的。然而并非所有酶的失活都遵循一级反应动力学，这是由于除了变性以外，还有其他因素影响酶活力的损失。

如果仅测定一个保温时间后的残余酶活力，那么可以作残余酶活力-pH 图。图 3-27 和图 3-28 就属于这一类。

（二）pH 对酶催化反应速度的影响

pH 除了影响酶的稳定性外，还可能影响底物的离子状态和反应的平衡位置（如果反应式中含有 H^+）。在讨论 pH 对酶催化活力的影响时，最关注的是 pH 对酶的活性部位中质子移变基团的离子化状态的影响，这些基团对于酶的催化活力来说是必不可少的。

1. 活性部位中质子移变基团的性质和功能

酶活性部位中的质子移变基团可能参与：①保持活性部位正确的构象；②酶与底物的结合；③底物转变成产物。

质子移变基团位于酸和碱性氨基酸残基的侧链上，这些基团的性质和近似 pK 值如表 3-2 所示。质子移变基团的离子化对环境是敏感的，如 25℃ 时，醋酸在水中的 $pK=4.71$，而在 80% 丙酮中的 $pK≈7$。如果质子移变基团的周围分布着较多的中性和芳香氨基酸，那么所形成的环境对它的 pK 值会有不同的影响。因此，根据 pK 值来确定酶催化部位中的质子移变基团的类型，也只是合理推测而已。

表 3-2　　　　　　　　　参与酶催化的质子移变基团

基团	离子化	pK
羧基	$-COOH \rightleftharpoons -COO^- + H^+$	α^*, 3.0~3.2 β, γ, 3.0~4.7

续表

基团	离子化	pK
咪唑基	$\underset{H}{HN} \overset{+}{\underset{C}{\rightleftharpoons}} NH \rightleftharpoons \underset{H}{HN} \underset{C}{=} N + H^+$	5.6~7.0
巯基	$-SH \rightleftharpoons -S^- + H^+$	8.0~8.5
铵	$-NH_3^+ \rightleftharpoons -NH_3 + H^+$	α^*,7.6~8.4
酚羟基	$^+H + {^-O}-\!\!\!\!\bigcirc\!\!\!- \rightleftharpoons HO-\!\!\!\!\bigcirc\!\!\!-$	ε_p,9.4~10.6 9.8~10.4
胍基	$-NHCNH_3^{+NH_3} \rightleftharpoons -NHCNH_3^{NH} + H^+$	11.6~12.6

注：* 位于肽链的末端。

2. pH 对酶催化反应速度影响的一般性讨论

pH 对酶催化反应速度的影响是复杂的，它可以同时影响反应的 K_m 和 v_{max}，v_{max} 一般反映单个速度常数的大小，而 K_m 是几个速度常数的函数，因此，讨论仅限于 pH 对 v_{max} 的影响。换句话说，在每一个 pH 下，酶反应都是在底物浓度达到使酶饱和的水平下进行的。最简单的情况是酶的活性部位中仅含有一个质子移变基团，假设 EH^+ 是酶的失活形式，而 E 是酶的活性形式。

$$EH^+ \rightleftharpoons E + H^+$$

酶的解离常数 K_a 由式（3-26）和式（3-27）决定。

$$K_a = \frac{[E][H^+]}{[EH^+]} \tag{3-26}$$

$$[EH^+] = \frac{[E][H^+]}{K_a} \tag{3-27}$$

酶的活性（未加质子）形式所占的分数 F 由式（3-28）决定。

$$F = \frac{[E]}{[E]+[EH^+]} = \frac{K_a}{K_a+[H^+]} \tag{3-28}$$

当所有的酶都处于活性（未加质子）形式时的反应速度为 $(v_{max})_m$。在任何 pH 所测得的 v_{max} 由式（3-29）确定。

$$v_{max} = (v_{max})_m \cdot F \tag{3-29}$$

于是

$$v_{max} = (v_{max})_m \cdot \frac{K_a}{K_a+[H^+]} \tag{3-30}$$

假设 E 是酶的失活形式而 EH^+ 是酶的活性形式，类似的可以推导出式（3-31）。

$$v_{max} = (v_{max})_m \cdot \frac{[H^+]}{K_a+[H^+]} \tag{3-31}$$

如果酶的活性部位含有第二质子移变基因，并且存在下列关系。

$$\begin{array}{ccccc} \underset{E}{HX \quad YH} & \underset{+H^+}{\overset{-H^+}{\rightleftharpoons}} & \underset{E}{HX \quad Y^-} & \underset{+H^+}{\overset{-H^+}{\rightleftharpoons}} & \underset{E}{X^- \quad Y^-} \\ 失活 & pK_{a_1} & 活性 & pK_{a_2} & 失活 \end{array}$$

那么在任何 pH 下所测得的 v_{max} 由式 (3-32) 确定。

$$v_{max} = \frac{(v_{max})_m}{1 + \dfrac{[H^+]}{K_{a_1}} + \dfrac{K_{a_2}}{[H^+]}} \tag{3-32}$$

当 pH 显著低于 $pK_a([H^+] \gg K_a)$ 时,式 (3-30) 转变为下列形式:

$$v_{max} = (v_{max})_m \cdot \frac{K_a}{[H^+]} \tag{3-33}$$

取对数 $\lg v_{max} = \lg(v_{max})_m - pK_a + pH$

$$\tag{3-34}$$

如果作 $\lg v_{max}$-pH 图,将得到一条斜率为 1 的直线 (图 3-30)。实际上,在 pH 低于 $pK_a 1.5$ 以上单位的 pH 范围内,较好地存在此关系。

当 pH 显著高于 $pK_a([H^+] \ll K_a)$ 时式 (3-30) 转变为下列形式:

$$v_{max} = (v_{max})_m \tag{3-35}$$

即 v_{max} 不再随 pH 而改变。如果外延图 3-30 中曲线的直线部分,相交点所对应的 pH 即为质子移变基团的 pK_a。

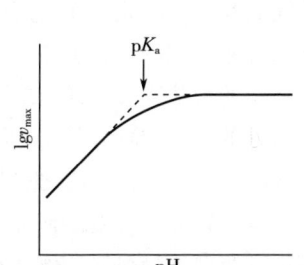

图 3-30 pH 对酶催化反应的 v_{max} 的影响

(活性部位中仅含有一个质子移变基团,酶的未加质子形式为活性形式,实线代表实验数据)

当 pH 显著高于 $pK_a([H^+] \ll K_a)$ 时式 (3-31) 转变为下列形式:

$$v_{max} = (v_{max})_m \cdot \frac{[H^+]}{K_a} \tag{3-36}$$

取双数即为:

$$\lg v_{max} = \lg(v_{max})_m + pK_a - pH \tag{3-37}$$

如果作 $\lg v_{max}$ - pH 图,那么将得到一条斜率为-1 的直线 (图 3-31)。

当 pH 显著低于 $pK_a([H^+] \gg K_a)$ 时式 (3-31) 转变为式 (3-35)。

即 v_{max} 不再随 pH 而改变,如外延图 3-31 中曲线的直线部分,相交点所对应的 pH 即为质子移变基团的 pK_a。如果采用类似的方法分析式 (3-32),那么 $\lg v_{max}$ - pH 图具有三个显著不同的区域:斜率 = +1($[H^+] > K_{a_1}$),斜率 = 0($K_{a_1} > [H^+] > K_{a_2}$) 和斜率 = -1($K_{a_2} > [H^+]$) (图 3-32)。

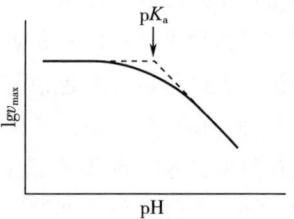

图 3-31 pH 对酶催化反应的 v_{max} 的影响

(活性部位中仅含有一个质子移变基团,酶的加质子形式为活性形式,实线代表实验数据)

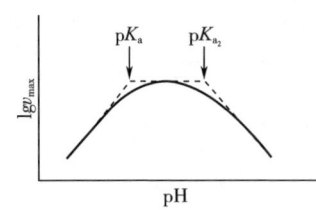

图 3-32　pH 对酶催化反应的 v_{max} 的影响

（活性部位中仅含有两个质子移变基团，实线代表实验数据）

如果延长图 3-32 中的直线部分，相交点所对应的两个 pH 为两个质子移变基团的 pK_a。如果两个 pK_a 之差小于 1.5 pH 单位，那么它们的离子化过程会相互影响，用上述方法推导出的质子移变基团的 pK_a 就需要进一步校正。

研究 pH 对酶催化反应速度的影响一般会得出结论：反应具有一个最适 pH。然而上述讨论说明，pH 对酶催化反应速度的影响包括了不同的类型，因此，在使用最适 pH 这个术语时还是应该谨慎的。

在很多研究中，试图比较测得的 pK_a（图 3-30~图 3-32）和游离氨基酸的 pK_a，从而确定构成酶活性部位的特殊氨基酸残基的侧链。然而，正如前述，这个方法具有很大的缺陷：一个氨基酸侧链所处的环境在酶分子中和游离氨基酸中是显著不同的。例如，在胃蛋白酶中，天冬氨酸侧链的 pK_a 为 1.0 左右，这比它在游离氨基酸中时低约 2 个 pH 单位。然而在一些情况下，还是有可能根据 pH-反应速度的研究，推测酶作用机制中涉及的特殊氨基酸侧链，例如胰核糖核酸酶和胰凝乳蛋白酶的组氨酸侧链和溶菌酶的羧酸侧链。

二、温度

采用温度来控制酶催化反应的速度是非常重要的。一方面，在低温下保藏食品能减少酶对软化、不良风味的产生和成熟等的影响；另一方面，在食品加工中采用高温处理能破坏所有酶的活力。此外，在酶测定中准确地控制温度是得到可靠和重复数据的先决条件。

温度对酶催化反应的影响是多方面的，下面就温度对酶的稳定性和酶反应速度的影响做一般性讨论。

（一）温度对酶稳定性的影响

1. 温度对酶稳定性影响的概述

酶的稳定性不仅是温度的函数，而且也是 pH、缓冲液的离子强度和性质、是否存在底物、酶和体系中蛋白质的浓度、保温时间以及是否存在活化剂的抑制剂函数。酶的温度稳定性数据仅仅是当所有其他因素已被控制和明确地指出时，才具有意义。

一般地说，温度越低，酶越稳定。然而少数酶在 0~10℃ 时比 20~30℃ 时更不稳定，这是由保持酶的亚基缔合在一起的键的类型所决定的。各种酶对于温度的敏感性存在很大差别。例如，牛肝的过氧化氢酶在 35℃ 时即不稳定，而核糖核酸酶在 100℃ 下保持几分钟仍有活力；尿苷酸酶在长时间煮沸的条件下仍然不失活；乳碱性磷酸酶和植物过氧化物酶在接近中性的条件下在高温时具有热稳定性，而其他酶和微生物在这两种酶失活前都已被破坏，因此，在乳品工业和果蔬加工中常根据这两种酶衡量巴氏杀菌和热烫是否充分。

酶分子的大小、结构的复杂性同它们对热的敏感性之间存在一定关系。如果酶分子是由相对分子质量为 12000~50000 的单条多肽链构成，并且含有二硫键，那么它们就能耐受热处理。酶的分子越大、结构越复杂，对高温就越敏感。

一般地说，存于完整组织或匀浆中的酶，由于它的结构被其他胶体物质（蛋白质、碳水化合物和果胶等）所保护，因此比起它以纯化的形式存在时更为耐热。有些酶的粗制剂溶液在

pH 5 时具有最高稳定性，并且溶液中蛋白质浓度越高越稳定，但是当温度超过 70℃，这些酶不可逆地失去全部活力。而结晶的胰蛋白酶制剂溶液在 pH 2~3 时最稳定，在此 pH 下加热到沸腾时，酶活力也不会永久性地损失。

2. 温度对酶稳定性影响的测定

当不存在能导致蛋白质水解的干扰因子时，酶的变性速度通常遵循一级动力学。因此，测定使所有的酶活力遭到破坏所必需的时间就变得十分方便，只要测定酶的半衰期或酶失活过程的速度常数就可以了。例如，反应 10min 时 50% 酶活力被破坏（$t_{1/2}=10$min），那么，在 20，40，60，80 和 100min 时，残余酶活力分别为 25%，6.2%，1.6%，0.4% 和 0.1%。

一种酶的"最适温度"实际上是一个操作参数，而不是一个可靠的特征。在较低的温度下，产物生成的速度是不变的；而在较高的温度，随着反应时间的增加，产物生成的速度将下降（图 3-33）。这显然是因为酶蛋白的变性是时间和温度的函数，当温度提高和时间增加时，样品中具有活力的酶的数量将减少。

温度对酶反应的初速度和酶反应进行到时间 t 时的速度（dp/dt）的影响是不同的。在较高温度时，酶反应速度的下降是温度对酶的稳定性影响的结果；而在较低温度时，酶反应速度的提高是由于温度影响底物转变成产物的速度。当测定初速度时，酶显示最高活力的温度超过 60℃；当测定反应进行到 t_1 和 t_2 时的速度，此温度分别为 56℃ 和 50℃（图 3-34）。

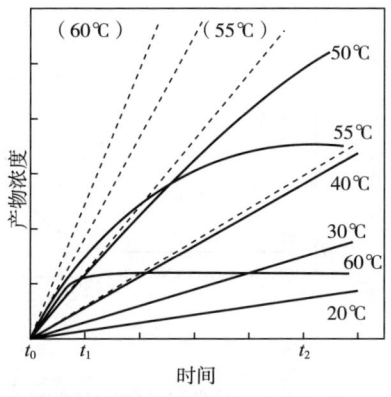

实线—实验数据；虚线—根据初速度作图
图 3-33 温度对产物生成速度的影响

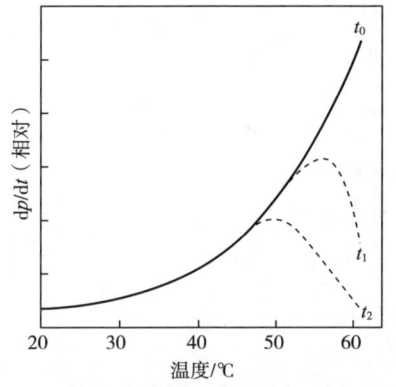

图 3-34 产物生成速度是温度的函数
（在不同温度下反应时间达到 t_0、t_1 和 t_2 时的反应速度数据，$t_2>t_1>t_0$）

一般地说，在酶催化反应中反应物转变成产物（催化）的活化能为 25~63kJ/mol，而酶变性活化能为 210~630kJ/mol。从实际观点考虑，这意味着酶在较低温度时比较稳定。在较高温度时，由于较多数目的分子具有足够的能量以达到变性状态，因此，酶变性速度会变得很快。反应物转变成产物和酶变性的活化能分别为 25kJ/mol 和 250kJ/mol，不同温度下相对速度数据如表 3-3 所示。

反应物转变成产物的速度在 60℃ 时是 -10℃ 时的 3.16×10^{10} 倍，这是根据 Arrhenius 方程式计算得到的。

表 3-3　温度对反应物转变的温度和变性速度的相对影响

温度/℃	相对速度	
	$E_a = 25\text{kJ/mol}$	$E_a = 250\text{kJ/mol}$
-10	1.0	1.0
0	1.55	7.94×10
20	3.24	1.26×10^{10}
40	6.31	1.0×10^{10}
60	11.4	3.16×10^{10}

测定温度对酶稳定性的影响并不困难。可将酶液（不含底物）在各个不同的温度下保温，其他条件保持相同。在不同的时间间隔，一次取出一定量的酶液置于冰浴中保存，或直接加入到含有底物的反应混合物中。在相同的 pH 和温度下（酶在此条件下是稳定的）测定残存酶活力。图 3-35 和图 3-36 是根据上述步骤所得的实验数据作出的图。酶在 20~35℃ 下是完全稳定的，超过此温度酶的活力开始丧失，温度越高，活力丧失的速度越快。

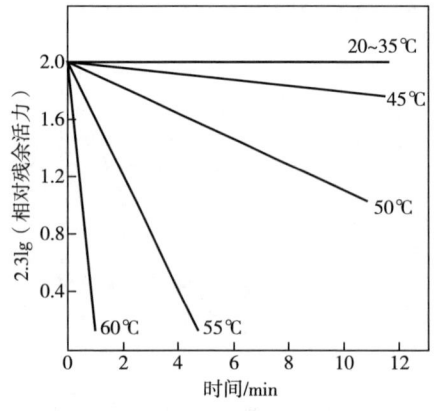

图 3-35　不同温度时酶失活的速度

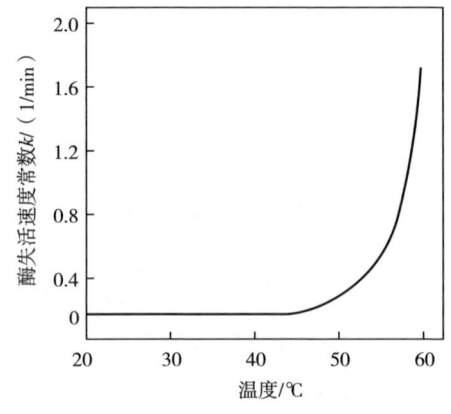

图 3-36　温度对酶稳定性的影响

前面介绍的方法只能测定酶的不可逆失活（不可逆变性）。在许多实例中（例如胰蛋白酶和过氧化物酶），酶能以可逆变性的形式存在。当温度降低以测定酶的残存活力时，可逆变性的酶有可能再恢复到活性形式。前述的方法也没考虑底物可能对酶稳定性的任何影响。

活性胰蛋白酶和可逆变性胰蛋白酶在 0.5mol/L NaCl 溶液中（pH 2.0）的溶解度有显著的差别。活性酶是完全溶解的，而失活的酶是完全不溶解的。其中可逆变性的酶在 20℃ 下保藏时能恢复活力和溶解度。

可逆失活酶的概念对于食品科学家来说不是一个陌生的概念。水果中的过氧化物酶和乳中的碱性磷酸酶，在食品材料热处理后的放置过程中可以部分地再生，许多食品科学家在这方面做了很多研究工作。在热处理时，酶可逆失活是通过几种方式实现的，它们包括酶的二级结构和三级结构的变化、多肽链酶中亚基的解离和必需的辅因子的解离。可以设想，酶在可逆失活过程中可能出现的几种构象（图 3-37），当温度提高时，较多的酶转变成可逆和不可逆失活的构象状态。处在不可逆变性状态的酶的数量是温度和它在高温下保持的时间的函数。如果温度足够高,那么所有的酶转变成不可逆变性形式,再将酶液保藏在较低温度时,酶也不会再生。

温度	活性	失活 (可逆)	失活 (不可逆)
1	90%	10%	0%
2	20%	70%	10%
3	0%	30%	70%
4	0%	0%	100%

图 3-37 酶的可逆和不可逆热失活

[较高的温度 (4>3>2>1) 有利于酶分子以可逆和不可逆形式存在,百分数代表了每种形式在各个不同温度下所占的比例,圆环中包含着酶活性所必需的基团]

在解释温度对底物转变成产物的影响时,如果存在酶的可逆变性形式,那么情况就变得复杂化。克服这个困难的办法是在低于酶的最适温度条件下研究温度对底物转变成产物的影响。如果在低于酶的最适温度测定酶反应的最初速度,那么即使有酶的可逆变性现象也是很轻微的。

(二) 温度对酶催化反应速度的影响

1. 温度对反应速度影响的定量表示

有很多方法可以定量地表达温度对底物转变成产物的速度影响,下面对这些方法做简单地讨论。

(1) 温度提高 10℃ 时反应的速度和原有的速度之比值定义为 Q_{10},可用式 (3-38) 表示:

$$Q_{10} = \frac{v_{t+10}}{v_t} \tag{3-38}$$

在相隔 10℃ 的两个不同温度下测定反应的速度,就可以确定反应的 Q_{10}。对于大多数化学反应和酶催化反应,Q_{10} 的范围为 2~3。

(2) Arrhenius 方程式 Arrhenius 提出能定量地表示反应速度和温度关系的方程式:

$$k = Ae^{-E_a/RT} \tag{3-39}$$

式中 k 和 E_a——反应速度常数和活化能;

　　　A——频率因子或 Arrhenius 因子;

　　　R——理想气体常数;

　　　T——绝对温度。

方程两边取对数:

$$\lg k = \lg A - \frac{E_a}{2.303RT} \tag{3-40}$$

如 k_1 和 k_2 分别代表 T_1 和 T_2 时的速度常数,那么式 (3-40) 可变为:

$$\lg \frac{k_2}{k_1} = \frac{E_a}{2.303R}\left(\frac{T_2 - T_1}{T_2 T_1}\right) \tag{3-41}$$

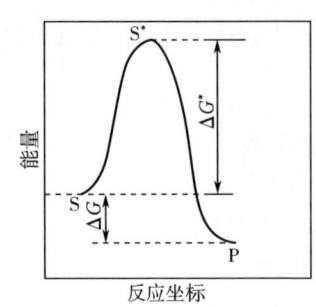

图3-38 在底物S转变成产物P过程中能量的变化（S^*代表活化分子）

从式（3-41）可以看出，$\lg \dfrac{k_2}{k_1}$ 与温度和活化能相关，而 $Q_{10} = \dfrac{v_{t+10}}{v_t} = \dfrac{k_2}{k_1}$，因此，取决于温度和活化能 E_a。

（3）绝对反应速度理论 反应物转变成产物的过程见图3-38。S和P能量之差取决于S和P的性质，它和由S转变成P的机制无关。

根据绝对反应速度理论（过渡状态理论），S转变成P之前，它的能量必须达到足够高的水平，使它能成为 S^*（过渡状态或活化状态），即达到峰顶的位置。如果一个分子的能量较低，它就会沿着山坡滑回来，这意味着在爬到峰顶和滑回来的分子之间存在平衡。

$$S \underset{}{\overset{k^*}{\rightleftharpoons}} S^* \rightarrow P$$

S消失的速度由下式决定：

$$\dfrac{-d[S]}{dt} = B[S^*] \tag{3-42}$$

式中 B 是一个系数。反应物分子的减少取决于化合物分子通过能峰的速度。

设

$$k^* = \dfrac{[S^*]}{[S]}$$

则

$$\dfrac{-d[S]}{dt} = Bk^*[S] \tag{3-43}$$

$$k = BK^* \tag{3-44}$$

式中 k——反应的速度常数；

B——系数，$B = k_b T/h$。

$$K^* = e^{-\Delta G^*/RT} \tag{3-45}$$

$$k = \dfrac{k_b T}{h} e^{-\Delta G^*/RT} \tag{3-46}$$

式中 k_b——玻尔兹曼常数；

h——普朗克常数。

必须指出，式中频率因子（$k_b T/h$）包含温度项，然而在Arrhenius方程式中并没有包含温度项。

根据热力学定律，有如下的关系式：

$$\Delta G^* = \Delta H^* - T \Delta S^* \tag{3-47}$$

将此式和上式合并后取对数：

$$\lg \dfrac{k}{T} = \lg \dfrac{k_b}{h} + \dfrac{\Delta S^*}{2.3R} - \dfrac{\Delta H^*}{2.3RT} \tag{3-48}$$

作 $\lg \dfrac{k}{T} - \dfrac{1}{T}$ 图，从所得直线斜率可以计算 ΔH^*。活化能 E_a 和 ΔH^* 有如下的关系：

$$E_a = \Delta H^* + RT \tag{3-49}$$

2. 将绝对反应速度理论应用到酶催化反应

描述一个最简单的酶催化反应（假设反应是可逆的）的反应式如下：

$$E+S \rightleftharpoons ES \rightleftharpoons EP \rightleftharpoons E+P$$

此反应式仅包含未活化的分子和中间物。如果考虑到活化状态的中间物，那么反应如下：

$$E+S \rightleftharpoons (E\cdots S)^* \rightleftharpoons ES \rightleftharpoons (ES\cdots EP)^* \rightleftharpoons EP \rightleftharpoons (E\cdots P)^* \rightleftharpoons E+P$$

能量和反应坐标的关系见图 3-39。图 3-39 中，数字①指出了反应前后体系能量的变化。数字②、③和④分别指出了反应过程中达到三个活化状态（过渡状态）能量的变化。从 ES 达到活化状态（ES⋯EP）* 所需要的能量比起 E+S 和 EP 达到相应的活化状态要高得多，因此，ES 转变成 EP 这一步就决定整个酶反应的速度。酶反应的 ΔG^*、ΔH^*、ΔS^* 可以由动力学常数计算。这动力学常数显然和决定整个反应速度的第二步的速度常数有关。这一步的 ΔH^* 通常落在 25~63kJ/mol 这个范围内。如果反应中有几步同时决定整个反应的速度，那么由实验观察到温度对各步反应的一个"平均"效应。

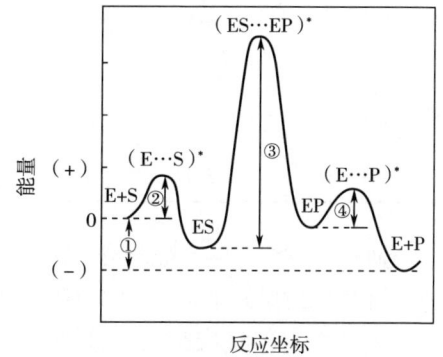

图 3-39 酶催化反应中 S 转变 P 过程的能量变化

从 $E_a = \Delta H^* + RT$ 可以看出，Arrhenius 方程式中活化能并非是一个和温度无关的常数。如果在一个温度变化无关的范围内研究温度对酶催化反应速度的影响，可以得到 $\lg k - \dfrac{1}{T}$ 的直线关系。此外，RT 和 ΔH^* 相比也是可以忽略的项。

3. 酶的热变性的定量表示

前面已定性地表述了温度对酶稳定性的影响，下面将对这个过程做定量描述（图 3-40）。

图 3-40 指出了在给定宽广的温度范围内温度对酶催化的影响，同时表明了温度对酶的变性和底物转变成产物的影响。图中正的斜率是温度对酶变性速度的影响的定量表示，这段直线很陡，表明影响是非常显著的。表 3-4 中同时列出了 ΔS^*，ΔG^* 可根据 ΔH^* 和 ΔS^* 计算。

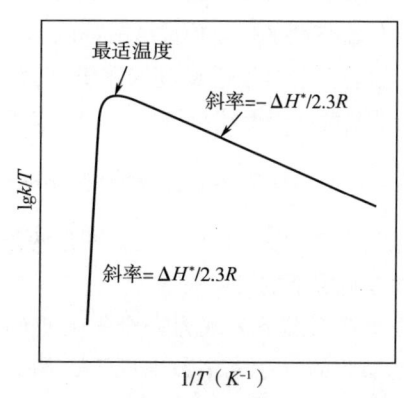

图 3-40 温度对酶催化反应速度的影响

表 3-4　　　　　　　　　　一些酶蛋白变性的过渡状态参数

酶		ΔH^*/(kJ/mol)	ΔS^*/[J/(mol·K)]	断裂键数	ΔG^*/(kJ/mol)
胰脂肪酶		191	285	9	105
麦芽淀粉酶		174	219	8	109
胃蛋白酶		232	474	11	91
乳过氧化物酶		773	1948	37	194
凝乳酶		373	869	18	114
胰蛋白酶		168	187	8	112
酵母转化酶	pH 5.7	219			114
	pH 5.2	361			131
	pH 4.0	461			135
	pH 3.0	311			121

当酶变性时，许多非共价键断裂。这些键包括静电相互作用、疏水相互作用、氢键和范德华力。在酶变性中断裂的非共价键的确切数目是难以计算的，然而每一个键的能量的平均值约 21kJ/mol。从表 3-4 中可以看出，在酶变性中断裂的非共价键数目随介质的 pH 而改变，ΔH^* 也是介质 pH 的函数，这也说明静电相互作用在维持蛋白质的构象上是十分重要的。

（三）温度对酶-底物复合物转变成产物的影响

如果酶-底物复合物转变成产物是整个酶催化反应的速度决定步骤，那么研究温度对这一反应的速度的影响，对于了解温度对整个酶催化反应速度的影响就具有决定性的意义。酶-底物复合物转变成产物的过程可能包括共价键的形成、共价键的断裂、产物从酶解离或酶构象的转变。酶催化反应的速度决定步骤可能因底物不同而改变，还可能因 pH 和温度的变化而改变。如果在酶催化反应中几步反应对测得的反应速度都有显著的影响，那么从实验观察到的影响是温度对各步反应影响的综合结果。

（四）在冻结状态下酶反应动力学

1. 在低温下酶的性质偏离 Arrhenius 关系

大多数酶在它的最适温度和稍低于最适温度（0℃以上）的温度范围内遵守 Arrhenius 关系。然而当温度低于上述范围时，它们的活力低于将 Arrhenius 方程外推至低温时所得到的数值。一般可将酶的性质在低温下偏离 Arrhenius 方程分为两种情况：①Arrhenius 图（$\lg k - \dfrac{1}{T}$）以凸形曲线继续下去；②Arrhenius 图是两条相交的直线。

2. 酶在低温下的可逆失活

有些酶在低温下表现为完全失去它的活力，至少在解除它们的低温状态后立即测定酶活力时是如此的。在大多数情况下，酶失活的原因可能是酶蛋白构象在某种程度上的改变和亚基的解聚。在低温下失活的酶，原来都具有四级结构，并且具有变构的性质。在低温下，首先是酶蛋白构象的改变，然后是四级结构解聚。

3. 在冻结状态酶的作用

在冻结时，体系中一部分水由液相转变成固相，这提高了溶质在未冻结的液相中的浓度。在通常的冻结食品的温度下，总还有足够的液体水分子使酶能继续作用。因此"冻结"或者"固体状态"是指整个体系的外形，而并不意味着酶本身处在这种状态。

思考题

1. 简述酶反应动力学研究的内容。
2. 酶活力、酶活力单位、比活力的概念是什么？
3. 简述酶活力的测定方法、原理。
4. 简述酶反应速率的表示方法。
5. 简述米氏方程的概念和所表征反应的级别。
6. 简述米氏常数 K_m 的概念、意义和对酶促反应特性的表征。
7. 温度和 pH 对酶反应速率有哪些影响？
8. 简述酶促反应的最适温度、最适 pH 的测定方法。
9. 简述酶的抑制剂与激活剂的概念和类型。
10. 简述可逆抑制、不可逆抑制的概念、类型、原理。
11. 为什么酶抑制剂在毒理、药理和食品科学领域中有重要意义？

第四章
固定化酶与固定化细胞

> **学习目标**
>
> 1. 学习酶和细胞的固定化方法、固定化酶性质、固定化酶动力学和固定化酶及细胞在食品工业中的应用，养成理论联系实践、科技服务产业、资源循环利用和可持续发展的思维习惯。
> 2. 增强学习借鉴其他学科知识与技术的意识和能力，自觉地将化学、材料学等学科知识应用于研究和生产实践中，敢于创新，不断提升。

固定化酶与固定化细胞可重复多次使用，极大提高酶利用率和酶反应效率。本章将介绍酶和细胞的固定化载体、固定化方法、固定化酶性质、固定化酶与固定化细胞催化的反应动力学、固定化酶多酶体系、固定化酶与固定化细胞在食品工业中的应用。学习时需关注固定化的原理、方法和载体的合理选择与应用，酶与载体的相互作用及其对酶的结构与功能的影响，固定化酶与游离酶性质的差异，固定化酶与固定化细胞反应在食品加工和食品分析中的应用，从资源高效循环利用、绿色制造、生态保护等角度理解研究开发固定化酶与固定化细胞技术的重要性。

第一节 引言

酶的固定化技术发展迅速，越来越多的固定化酶在各个领域，特别是食品工业领域得到应用。酶的固定化是指通过某种方式将酶和载体相结合，使酶被集中或限制，从而在使用时不再扩散。由于固定化酶易于从底物和产物中分离出来，因此，它能在生产过程中被反复使用。

早在1916年，Nelson和Griffin就曾发现在氧化铝和焦炭上结合的蔗糖酶即固定化酶仍具有蔗糖酶的催化活性，但是这一重要发现长期以来都没有得到酶学研究人员的重视。直到20世纪后半叶，这一发现才被接受，并成为近代酶固定化技术的基石。进入20世纪60年代后期，酶的固定化技术有了长足的发展。1969年，日本的千畑一郎等将固定化氨基酰化酶应用于氨基酸的D、L-光学异构体的拆分，开创了固定化酶在连续工业化生产中的应用。1971年在美国召开的第一届国际酶工程会议上正式提出了"固定化酶（immobilized enzyme）"的概念，即经物理或化学方法处理，酶被定位在限定的区域，并保持其催化活性，可重复利用的酶。此后，固定化酶和固定化细胞的应用研究进入飞跃发展期。

固定化酶之所以能获得科学家们和产业界的重视，得到快速的发展，其原因在于固定化酶与游离酶相比具有以下显著的优点。

（1）同一批固定化酶能重复多次地使用，并且可以预测其衰变速度。此外，固定化酶还可作为酶动力学研究的良好模型。

（2）固定化酶易与底物和产物分离，从而能更精确地控制生产反应过程。

（3）游离酶经固定化后，其三级结构得到稳定，再加上抗干扰因素的存在，固定化酶的稳定性一般会得到显著提高，如对热、pH等稳定性提高，对抑制剂、蛋白酶等敏感性降低，从而可较长时间地使用和贮藏。

（4）固定化酶应用于生产后，其产物中不含游离酶，省去了热处理使酶失活的步骤，有利于食品质量的提高。

（5）固定化酶具有一定的机械强度，可以在搅拌反应罐中使用或进行装柱使用，便于酶催化反应实现连续化和自动化操作。

（6）固定化酶比游离酶更适用于多酶体系，不仅可利用多酶体系的协同效应使酶催化反应速率大大提高，而且还可以控制反应按一定顺序进行。

固定化酶的上述优点增加了其在各个领域的应用范围和应用方式，但在实际生产应用中存在以下问题。

（1）酶的固定化过程会导致部分酶的失活，引起酶活损失。

（2）固定化酶催化的微环境发生改变，往往会导致酶与底物的亲和性降低，反应动力学和专一性也有可能会发生改变。

（3）酶固定化的初始成本较高，尤其是对胞内酶而言，必须先进行酶的分离纯化。

（4）固定化酶一般只适用于水溶性的小分子底物，并且与完整的菌体细胞相比，不适用于多酶反应，特别是需要辅因子参与的反应等。

鉴于固定化酶所能产生的巨大经济效益及其存在的缺陷，研究新型的固定化方法、设法提高固定化酶的酶活回收率、增强固定化酶的稳定性和催化效率、降低固定化技术的成本等相关研究也已成为目前酶工程领域的研究热点。

第二节　酶和细胞的固定化方法

酶的固定化最初是通过可逆的非共价物理吸附作用将酶吸附在无机载体，如玻璃、矾土或表面包裹疏水化合物的玻璃上。20世纪50年代后，酶的固定化由简单的物理吸附向专一性的离子吸附和共价固定化方向发展，除了使用活性炭、玻璃、高岭土等无机材料作为吸附载体外，天然高分子、CM-纤维素、DEAE-纤维素、交联葡聚糖、琼脂糖以及活性单体聚合制备的高聚物（如氨基聚苯乙烯、聚异氰酸盐）等也可被用作制备固定化酶的载体。从 20 世纪 90 年代开始，固定化酶的设计方法变得理性化，通过不同的固定化技术的结合以及使用各种固定化后处理技术提高固定化酶的性能，包括提高比活力、增强固定化酶与底物亲和力以及提高固定化酶的温度和 pH 稳定性等。

酶的种类多种多样，可供选择的固定化方法也多种多样。通常需要根据酶的性质、应用目的和应用环境来选择固定化方法。但是无论选择哪种方法，一般都要符合以下几点要求。

（1）尽可能地保持自然酶的催化活性。这就要求酶的固定化不能破坏酶活性中心的结构。因此，在酶的固定化过程中，要注意酶与载体的结合部位不能是酶的活性部位，以防止活性部位的氨基酸残基发生变化。另外，还要采取温和的条件，尽可能避免酶蛋白高级结构被破坏，以保持酶的活性。

（2）载体应与酶结合牢固，使固定化酶在使用时不容易泄漏，并易于回收及反复使用。另外，载体必须有一定的机械强度，否则固定化酶在连续的自动化生产中会因机械搅拌而破碎。

（3）固定化酶应尽量减小空间位阻作用，避免妨碍酶与底物的接近，以提高催化效率和产物的产量。

（4）固定化酶应有较高的稳定性。在实际生产过程中，所选用的固定化载体不能与反应液、产物或溶剂等发生化学反应。

（5）酶固定化的成本要尽可能低。

一、酶的固定化方法

固定化酶的制备方法可分为物理法和化学法两大类，其中物理法包括吸附法和包埋法等，而化学法则包括共价结合法和交联法等，此外还有酶固定化新技术。

（一）吸附法

吸附法（adsorption）是最早出现的酶固定化方法，也是最早应用于工业化过程的方法之一。该方法是通过载体与酶分子表面次级键的相互作用而达到固定酶蛋白的目的。所用载体包括氧化铝、皂土、纤维素、阴离子（或阳离子）交换树脂、玻璃、羟基磷灰石和高岭土等。

吸附法又可以分为物理吸附法（physical adsorption）和离子吸附法（ion adsorption）。物理吸附法是指通过氢键、疏水键等物理作用力直接将酶蛋白吸附固定在不溶性载体上；离子吸附法则是将酶与含有离子交换基团的水不溶性载体通过静电作用力结合的固定化方法。

吸附法固定酶一般不需要添加特殊的化学试剂，方法既省钱又简便，而且酶的构象变化较小或基本不变，对酶的催化活性影响小。然而，酶与载体之间的结合力（例如范德华力、氢键和带相反电荷基团之间的静电引力等）较弱，结合强度不高。当温度、pH 和离子强度改变或当底物存在时，已结合的酶可能会发生解吸脱落进而污染反应产物等。

吸附法中酶与载体间的相互作用可分为以下类型：

(1) 非特异性物理吸附　范德华力，氢键，亲水作用。
(2) 生物特异性吸附　提供配基的生物吸附。
(3) 亲和吸附　对染料或金属的离子吸附。
(4) 静电作用　载体与酶电荷之间的相互作用。
(5) 疏水作用　载体与酶疏水区域间的作用。

(二) 包埋法

包埋法（entrapment）是指通过物理、化学的方法将酶蛋白包埋在高聚物的细微凝胶结构中或者高分子半透膜内的固定化方法。前者又称为凝胶包埋法，后者又称为微胶囊包埋法（或半透膜包埋法）。

1. 凝胶包埋法

凝胶包埋法采用凝胶（如聚丙烯酰胺凝胶）将酶分子截留。酶通常会被包埋成网格型。凝胶包埋法常用的载体有海藻酸钠凝胶、角叉菜胶、明胶、琼脂凝胶、卡拉胶等天然凝胶，以及聚丙烯酰胺、聚乙烯醇和光交联树脂等合成高分子。采用凝胶包埋法所制备得到的固定化酶，其能允许低相对分子质量的底物通过扩散自由进入细小的凝胶颗粒，而酶和相对分子质量较大的终产物不能从凝胶颗粒中渗漏出去。因为酶和载体之间并未形成化学键，因此凝胶包埋法不涉及酶的构象及酶分子的化学变化，反应条件温和，从而使得酶活回收率较高。

通过凝胶包埋法制备的固定化酶易泄漏，常存在扩散限制、催化反应受传质阻力的影响等问题，而且不宜用于催化大分子和不溶性底物的反应，在食品工业中的使用也受到相当大的限制。

2. 微胶囊包埋法

微胶囊包埋法类似于凝胶包埋法，但是它不是形成凝胶，而是形成很小的颗粒或胶囊。常用于制造微胶囊的材料有聚酰胺、火棉胶、醋酸纤维素等，其制备方法主要包括界面沉积法、界面聚合法、二级乳化法以及液膜法（脂质体法）等。

用微胶囊包埋法制得的微囊型固定化酶的直径通常为几微米到几百微米，胶囊孔径为几埃至几百埃，适合于以小分子为底物和产物的酶的固定化，如：脲酶、天冬酰胺酶、尿酸酶、过氧化氢酶等。需要指出的是，微胶囊包埋法能使酶蛋白存在于类似细胞内的微环境中，可有效防止酶的脱落以及与微胶囊外的环境直接接触，从而增加酶的稳定性。

(三) 共价结合法

酶的共价结合固定化方法（covalent binding）是指酶蛋白分子上游离的羧基或氨基等活性非必需氨基酸的侧链基团与载体的功能基团之间发生化学反应，以化学共价键连接，制备固定化酶的方法。

共价结合法所采用的载体材料包括聚丙烯酰胺、尼龙、纤维素、葡聚糖、交联葡聚糖、硅胶和玻璃珠等。这些载体必须在温和条件下和酶蛋白分子发生化学反应，并且还要具备一定的机械强度和较大的表面积。

载体在使用前必须先进行活化。所谓载体活化，是指在载体上引入一些活泼基团，然后此活泼基团再与酶蛋白分子上的某一基团发生反应，形成共价键。载体活化的方法主要有重氮法、叠氮法、溴化氰法和烷基化法等。

除游离的羧基和氨基外，酶蛋白分子上酪氨酸残基的酚环、半胱氨酸残基的巯基、丝氨酸和苏氨酸残基的羟基、组氨酸残基的咪唑基及色氨酸残基的吲哚基也可以作为官能团参与共价结合。与载体发生化学反应的氨基酸残基不能构成酶的催化活性中心，且不能为维持酶分子空间结构所必需的氨基酸残基，否则采用共价结合法固定化后的酶往往会失去活性。

(四) 交联法

交联法（cross-linking）是采用各种双功能试剂或多功能试剂，如戊二醛等将酶分子连接起来。酶分子通过双官能试剂或多功能试剂彼此相连接，在连接过程中形成了共价键，同时酶的一部分起着载体的作用。除戊二醛外，1,5-二氟-2,4-二硝基苯和二甲基己二酰胺也可以作为共价连接的双官能试剂。

现在更多的是采用双重固定化的吸附交联法，即将吸附作用和交联反应结合起来，首先将酶蛋白吸附到载体上，然后加入交联剂戊二醛，使酶蛋白分子形成网格结构，牢固地附着在载体上。共价键是比较牢固的化学键，因此采用共价连接的方法固定的酶一般不会再泄漏。然而，在操作过程中如何使酶的分子结构，尤其是酶的活性部位经受最低限度的改变是至关紧要的，否则将会导致用此法固定的酶具有较低的活力。

不同固定化方法的比较见表4-1。

表4-1 不同固定化方法的比较

固定化方法	优势	缺点
物理吸附	便宜、简单、快速 无须功能化载体 无须添加有毒溶剂 蛋白构象不会发生明显变化 酶蛋白活性位点不会被破坏	催化过程中环境的变化（pH、温度）或物理剪切力等会导致酶蛋白从载体上脱落或泄漏
化学交联（共价连接）	酶蛋白结合牢固，不易脱落 化学交联剂的选择广泛 载体的修饰/活化方法多样	固定化方法复杂且昂贵 需要载体的修饰/活化 戊二醛等有毒交联剂的使用 酶蛋白构象的改变 酶的催化活性损失大
截留 无载体固定化 胶囊化	pH、温度稳定性强 无须纯酶 酶蛋白不易泄漏 适合多酶体系共固定化 酶蛋白构象不变化或变化较小 固定化酶尺寸可调	固定化操作较烦琐 戊二醛等有毒交联剂的使用 传质速率降低

（五）酶固定化新技术

除了上述四种传统的酶固定化方法，近年来，新型固定化方法不断出现。概括起来主要包括：新型载体固定化酶技术、无载体固定化酶技术以及定向固定化酶技术等，以无载体固定化酶技术为例进行介绍。

无载体固定化酶具有催化剂比表面积较大、酶催化活性较高、受底物扩散限制的影响较小、成本低等优点。另外，一些无载体固定化酶技术还可提高酶在极端条件下以及在有机溶剂和蛋白酶中的操作稳定性。目前无载体固定化酶技术主要有如下几种，见图4-1。

1. 交联溶解酶（CLDEs）技术

交联溶解酶是通过交联剂对酶分子直接交联而获得的。到目前为止，已有20多种酶通过交联直接形成交联溶解酶或先吸附在惰性膜载体上再经交联形成有载体的交联溶解酶。

2. 交联酶晶体（CLECs）技术

交联酶晶体是近年发展起来的新型酶晶体催化剂，是酶结晶技术和化学交联技术的结合。目前，已经有10余种CLECs实现了商品化。

3. 交联酶聚集体（CLEAs）技术

交联酶聚集体是酶分子经沉淀形成不溶性酶聚集体再经交联反应得到的。大量研究表明，各种酶的交联酶聚集体在适当的反应条件下都会显示出较好的催化活性和反应稳定性。

4. 交联喷雾干燥酶（CLSDs）技术

喷雾干燥酶颗粒尽管可以获得较好的酶活，但直到今天还未开发出理想的交联喷雾干燥酶。主要原因是喷雾干燥容易导致酶失活。另外，与交联酶晶体、交联酶聚集体或有载体固定化酶相比，交联喷雾干燥酶的操作性相对较差，故而其工业应用受到限制。

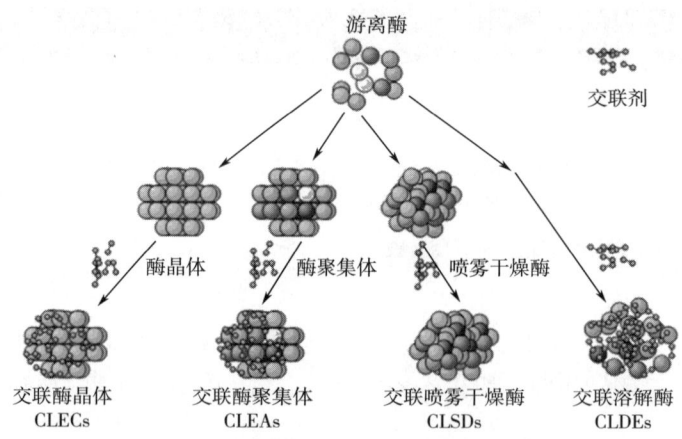

图4-1 无载体固定化酶技术的四种形式

二、细胞的固定化方法

固定化细胞（immobilized cell）技术是指利用物理或化学手段，将游离细胞定位于限定空间区域，使其保持活性，并可反复使用的一种技术。

固定化细胞是在固定化酶技术的基础上发展起来的。早在1973年，日本首次在工业上成功利用固定化微生物细胞连续生产L-天冬氨酸。随后，固定化细胞技术得到快速发展。

根据细胞的类型，固定化细胞可分为固定化微生物细胞、固定化植物细胞和固定化动物细胞，如表4-2所示。

表4-2　三种细胞特性的比较

项目	微生物细胞	植物细胞	动物细胞
细胞大小/μm	1~10	20~300	10~100
倍增时间/h	0.3~6	>12	>15
营养要求	简单	简单	复杂
光照要求	不要求	大多数要光照	不要求

续表

项目	微生物细胞	植物细胞	动物细胞
对剪切力	大多数不敏感	敏感	敏感
主要产物	酸、有机酸、氨基酸、核苷酸、抗生素、酶等	色素、药物、香料以及酶等	疫苗、激素、抗体以及酶等

(一) 微生物细胞的固定化方法

微生物细胞的固定化方法基本上沿用酶固定化方法，主要有包埋法、吸附法和无载体固定化法等。

1. 包埋法

包埋法是微生物细胞固定化的最常用方法，是指将产酶菌株细胞用包埋剂，如聚丙烯酰胺凝胶、琼脂糖凝胶、琼脂、海藻酸钙、卡拉胶、壳聚糖、胶原和明胶等包埋起来的方法。部分包埋法固定化载体的性能如表4-3所示。包埋法固定化细胞有凝胶包埋法和微胶囊包埋法。

表4-3　　部分包埋法固定化载体的性能

性能	海藻酸钙	卡拉胶	聚乙烯醇	明胶	聚丙烯酰胺	琼脂
强度	较好	一般	好	差	好	差
传质性能	好	较好	较好	差	差	较好
耐生物分解性	较好	一般	好	差	好	好
对细胞毒性	无	无	适中	无	高	无
固定难易程度	易	易	易	易	较难	易
价格	较贵	较贵	便宜	较贵	贵	较贵

2. 吸附法

吸附法是利用各种吸附剂将微生物细胞吸附在其表面而使其固定的方法，通常包括物理吸附法（非特异性吸附）和离子交换吸附法。

物理吸附法是微生物细胞通过非特异性作用力（范德华力、氢键、亲水或疏水相互作用等）被固体载体所吸附，从而实现固定的。物理吸附法载体与微生物细胞间不起反应，吸附量大，但细胞极容易脱落而流失。常用的固体载体包括多孔陶瓷、氧化铝、活性炭、木屑、蔗渣、聚氯乙烯、硅藻土、玻璃纤维等。例如，将酵母用聚氯乙烯或多孔陶瓷固定化，每克载体可以固定80mg酵母。将固定化的酿酒酵母，装入反应柱用以生产乙醇，乙醇产量可达120g/L。此外，在环境保护中可用木片、石砾等固定微生物细胞作为污水处理的过滤器。

离子交换吸附法主要是以离子交换树脂为载体，通过载体上的带电基团与微生物细胞表面上的基团相互作用，进而发生吸附效应的方法。例如，可利用阴离子交换树脂吸附含葡萄糖异构酶的放线菌菌株；用Dowea吸附敏捷固氮菌（含多酶）菌株；用离子交换纤维素吸附无色杆菌菌株（含头孢霉素酰化酶）以及用离子交换纤维素吸附米曲霉菌株（含转化酶）等均获得成功。但是采用离子交换吸附法固定化微生物细胞，细胞容易发生脱落，需要不断补充新细胞。

3. 无载体固定化法

无载体固定化法无须使用载体，是通过选择适当的条件，通过一定的处理将酶蛋白固定在细胞体内的方法。

例如，葡萄糖异构酶是一种胞内酶，将生物细胞加热至60℃保温10min，这样杂蛋白失活，而葡萄糖异构酶则被固定在细胞内，所以又可被称为加热固定化。在此基础上，若再用壳聚糖进行处理，使之凝聚干燥即为固定化细胞。商业大批量固定化葡萄糖异构酶操作流程如图4-2所示。

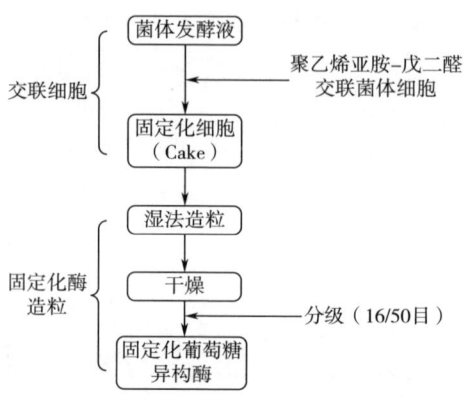

图4-2　商业大批量固定化葡萄糖异构酶操作流程

（二）植物细胞的固定化方法

植物是各种天然色素、香料、药物和酶的重要来源。20世纪80年代发展起来的植物细胞培养、发酵以及固定化技术，为上述天然产物的工业化生产开辟了新途径。

植物细胞比微生物细胞体积较大，更为娇嫩，对剪切力比较敏感，因此需要采用温和的固定化方法。植物细胞固定化方法主要包括吸附法和包埋法两种。

1. 吸附法

吸附法是将植物细胞吸附在塑料泡沫的孔洞或裂缝内，或者将植物细胞吸附在中空纤维的外壁上。例如，将洗净、灭菌后的泡沫塑料颗粒放入辣椒细胞的培养液中，振荡培养一段时间，辣椒细胞则吸附在泡沫塑料的孔洞内，并在其中进行生长繁殖和新陈代谢。利用中空纤维为载体进行植物细胞固定化的方法具有较好的应用前景。该方法是将植物细胞定置在中空纤维的外壁与容器内壁之间，细胞吸附在中空纤维的外壁，培养液及氧气在中空纤维管内流动，透过中空纤维管壁（具有半透膜特性），传递给附着于外壁的细胞，细胞代谢产物亦透过外壁随管内培养液流出。据报道，在实验室开展的利用此法固定豌豆细胞和胡萝卜细胞进行多酚化合物的生产试验，可连续进行一个多月，效果显著。

2. 包埋法

包埋法是将植物细胞包埋在琼脂、角叉菜胶、海藻酸钙凝胶、聚丙烯酰胺凝胶、明胶等多孔凝胶之中，其方法与微生物细胞包埋基本相同。

1979年，Brodelius等首次采用海藻酸钙凝胶包埋法制备固定化长春花细胞、毛地黄细胞和海巴戟细胞，开创了植物细胞固定化的研究方法。此后，植物细胞固定化技术迅速发展，表4-4所示为部分植物细胞的固定化方法及其相关产物。

表 4-4　　部分植物细胞固定化方法及其相关产物

植物细胞	固定化方法	产物
长春花	琼脂糖	Cathenamine→阿吗碱异构物
	藻酸盐	色氨酸→阿吗碱
	琼脂或明胶	色氨酸→阿吗碱
罂粟	藻酸盐	可待因酮→可待因
毛地黄	藻酸盐	毛地黄毒苷→地高辛
		甲基毛地黄毒苷→甲基地高辛
胡萝卜	藻酸盐	毛地黄毒苷配基→杠柳毒苷配基
		芰毒配质→5β-羟基芰毒配基
薄荷	聚丙烯酰胺	薄荷酮→新薄荷酮
		长叶薄荷酮→异薄荷酮
澳洲茄	聚苯氧化物	甾类糖苷生物碱
海巴戟	藻酸盐	蒽醌
辣椒	泡沫	辣椒素
长春花	藻酸盐/聚丙烯酰胺	蛇根碱
	藻酸盐/聚丙烯酰胺	阿吗碱
	黄原胶/聚丙烯酰胺	蛇根碱
薰衣草	藻酸盐	蓝色素
甜菜	尼龙布	β-花青苷
烟草	Xanthan/聚丙烯酰胺	生物碱
	藻酸盐	烟碱
大豆	中空纤维	酚类
唐松草	藻酸盐	小檗碱
甘草	藻酸盐	反查耳酮

(三) 动物细胞的固定化方法

动物细胞可生产激素、酶和免疫物质等动物功能蛋白，但是由于动物细胞体积大（10~100μm）且没有细胞壁的保护作用，在培养过程中极易受到剪切力等外界因素的影响。同时，动物细胞生长缓慢、培养基组分复杂且昂贵、产率不高等因素使得游离动物细胞在生产上的应用受到限制。因此，需要选择温和适宜的固定化方法。动物细胞的固定化方法主要包括吸附法和包埋法。

1. 吸附法

大多数动物细胞属于附着细胞，在培养过程中趋向于附着在固体表面，因此吸附法特别适合于动物细胞的固定化。吸附法操作简便、条件温和，是动物细胞固定化中最早研究和使用的方法。常用于动物细胞吸附固定化的载体有转瓶、微载体和中空纤维等。

(1) 转瓶法　转瓶由玻璃或塑料制成，表面经一定处理带有电荷。例如，用高锰酸钾等氧化剂、强酸、强碱或紫外辐射等处理转瓶表面，可使动物细胞附着于转瓶表面生长。培养时，转瓶以一定的速度旋转。转瓶培养具有设备简单、操作容易等优点，但也存在比表面积较小、细胞的生长繁殖受到限制等缺点。若在转瓶内增加进列管或多层平板组成列管式转瓶或多层平板式转瓶，则可使其比表面积增加，从而提高生产力。

(2) 微载体法　微载体是指直径为 100~200μm，相对密度接近于 1.0 的颗粒固定化载体。它是由表面带有电荷的葡聚糖、明胶、纤维素、聚丙烯酰胺、聚苯乙烯或玻璃等材料制成的。自 1967 年，Wezel 首先以 DEAE-Sephadex 制成微载体以来，微载体固定化动物细胞的研究和应用迅速发展。目前国际上已有多种商品微载体进行出售，例如瑞典的 Cytodex、美国的 Super-beads 等。

微载体具有很大的比表面积，每 $1cm^3$ 的微载体表面积可达 $150cm^2$，比转瓶的比表面积大几百倍，对细胞的生长和物质的传递非常有利，目前已成功用于多种动物细胞的固定化并应用于生产，包括用于生产 β-干扰素、人组织纤溶酶原活化剂、白细胞介素以及各种疫苗等。但它也有缺点，主要是固定化细胞的强度不够，容易破碎，使用时间较短。

(3) 中空纤维法　中空纤维是由聚丙烯、硅化聚碳酸酯等高分子聚合物制成，其管壁具有半透性。使用时，将动物细胞置于纤维管外壁和外壳容器的内壁之间，细胞附着于中空纤维外壁上，培养液从管内流动，能透过管壁进行质热传递。中空纤维起着相当于体内微血管的作用，适宜于动物细胞的生长及其新陈代谢。目前已有多种中空纤维固定化细胞应用于各种单克隆抗体和疫苗的生产等。

2. 包埋法

包埋法一般适用于悬浮细胞，目前已成功地用于动物细胞固定化。根据载体和方法的不同，包埋法可分为凝胶包埋法和半透膜包埋法两种。

(1) 凝胶包埋法　凝胶包埋法是指利用各种多孔凝胶为载体将动物细胞固定化。细胞被固定在凝胶的微孔中生长繁殖和新陈代谢。由于有载体的保护，动物细胞有较好的稳定性，可显著提高其存活率。目前用于动物细胞固定化的凝胶载体主要有琼脂糖凝胶、海藻酸钙凝胶和血纤维蛋白等。

琼脂糖凝胶包埋法是将 1%~2% 的琼脂糖加热溶解，冷却至 37~38℃ 与一定量动物细胞混合，再分散在石蜡油中，然后将温度从 37℃ 降至 10℃ 左右，即得到直径为 0.1~0.3mm 的微球状固定化细胞，分离洗涤后可用于单克隆抗体、白细胞介素等的生产。

海藻酸钙凝胶包埋法是将动物细胞与一定浓度的海藻酸钠溶液混合均匀，然后用注射器将混合液滴入一定浓度的氯化钙溶液中，形成直径 1mm 的固定化细胞。

血纤维蛋白包埋法是将动物细胞与血纤维蛋白原混合，然后加入凝血酶。该酶可将血纤维蛋白原转化成不溶性的血纤维蛋白，从而将动物细胞固定在其中。

(2) 半透膜包埋法　半透膜包埋法是利用高分子聚合物形成的半透膜将动物细胞包埋形成微囊的方式来固定动物细胞。半透膜的孔径可以根据需要加以控制和改变。操作时，动物细胞先用海藻酸钙凝胶包埋，制成直径 1~2mm 的胶粒，再用聚赖氨酸处理，使胶粒外包上一层聚赖氨酸薄膜，然后将其泡在柠檬酸钠溶液中，使海藻酸钙凝胶溶解，这样便获得了由聚赖氨酸膜包埋的近乎透明的微囊型固定化动物细胞。

目前固定化动物细胞已经可用于生产各种单克隆抗体、疫苗、激素和酶等功能蛋白质。

固定化细胞技术作为固定化酶技术的延伸，其相关技术和应用不断发展。目前，固定化细胞的应用范围已遍及食品、医药、化学分析、环保、化工、能源开发等多个领域。随着固定化技术的不断发展，固定化细胞必将在众多领域取得更多的实际应用。

三、辅基与辅酶的固定化方法

如前所述，一些酶除了含有酶蛋白之外，还有辅因子，而且只有当酶蛋白与辅因子结合时才具有活性。

辅因子往往是小分子有机物，价格高，如不能连续使用或回收，则会导致成本升高。另外，辅因子参与反应后，结构改变，很多辅因子不能自行再生，而人工再生处理技术复杂。这导致需要辅因子的酶类较难在工业生产中应用，而辅酶的固定化能很好地解决这一难题。

（一）辅基的固定化方法

辅基与酶蛋白结合紧密，一般可以考虑在固定化酶时将辅基同时固定。例如，可以用超滤膜截留等物理方法回收酶蛋白，同时也将辅基予以回收，在对酶进行固定化的同时，辅基也被固定化。

当酶蛋白与辅基结合相对弱而导致辅基容易泄漏，或者辅基用于亲和层析来分离纯化相应的酶时，必须将辅基予以固定。

辅基固定化过程是将载体与连接臂连接，再以适当反应与辅基连接。载体应符合以下条件：没有非特异性吸附，具有多孔性，具有适合与臂或辅基结合的功能基团，具有化学和生物学稳定性等，此外还应具有一定的机械强度。载体包括琼脂糖、纤维素、多孔玻璃珠或合成高分子材料等。连接臂的选择也很重要，需要考虑疏水性、亲水性、离子性和体积等多种因素。

一般要将辅基共价偶联到载体上，必须先在不影响辅基活性的条件下，引入适当的功能基团，如羧基或氨基等容易与载体偶联的基团。如果辅基分子本身具有不参与催化活性的功能基团，则无须再引入功能基团，如磷酸吡哆醛（胺）、FAD、FMN、TPP、生物素、硫辛酸、卟啉等，大多可以直接利用分子本身原有的功能基团。

（二）辅酶的固定化方法

辅酶分子较小，与酶蛋白的结合较为松弛，直接用超滤膜截留效果不理想。固定化是有效回收辅酶的技术手段之一。固定化后的辅酶必须保持其在酶促反应中仍能自由移动的特性。辅酶的固定化方法与酶相似，一般采用溴化氰法、碳二亚胺法或者重氮偶联法。辅酶固定化包括引入功能基团，生成辅酶衍生物，再将辅酶衍生物与不溶性载体或水溶性高分子聚合物结合。

（1）引入功能基团，将辅酶固定化到不溶性载体　在辅酶与不溶性载体之间连接一段可以自由摆动的长链接壁基团，减少空间效应，增加辅酶的可移动性。常用的接壁分子（基团）包括1,6-己二胺、6-氨基己酸、2-羟基-3-羧基丁胺、琥珀酸等。常用的不溶性载体包括琼脂糖、纤维素、多孔玻璃等。

（2）将辅酶高分子化　将辅酶键合到水溶性大分子载体上（高分子化），高分子化后的辅酶仍能溶于水，正常发挥作用，参与反应后可用超滤膜回收、再生，可实现辅酶的连续利用。可溶性大分子载体的扩散限制相对较小，用这种方法固定化的辅酶往往活力较高。常用的可溶性大分子载体包括可溶性葡聚糖、右旋糖酐、聚赖氨酸、聚乙烯亚胺、聚乙二醇、聚丙烯酰胺、聚丙烯酸等。

可溶性大分子固定化辅酶的方法与不溶性载体的方法相似，均可采用溴化氰法、碳二亚胺法或者重氮偶联法等。可溶性大分子要求溶解度大，相对分子质量大小适宜。相对分子质量过大，溶液黏度太大，影响操作；相对分子质量过小，容易从半透膜中漏出。此外还需要考虑其结构及解离情况以及辅酶的量等参数。

第三节 固定化酶的性质

游离酶经固定化后，一般酶的活性中心和空间立体结构基本保持不变，但由于固定化载体、固定化方法的影响，以及催化反应由均相变为多相等，固定化酶的酶学性质与游离酶相比，会发生一些改变。

一、固定化酶活力

固定化操作一般会造成酶活的损失，从而导致固定化酶的酶活降低，原因可能在于：①固定化过程多为无序反应，游离酶活性中心参与催化反应的氨基酸残基可能会与载体相结合，造成酶活的损失；②固定化酶的催化环境发生变化，由游离酶的均相催化反应体系变成非均相（固相-液相）催化体系；③游离酶与载体的结合可能会造成酶的高级构象发生变化，尤其是游离酶的柔性，从而导致酶结合或催化底物的能力发生改变；④载体的引入会增加固定化酶的空间位阻，往往会使得固定化酶的表观米氏常数增大，影响酶蛋白与底物的接触等。

二、固定化酶的稳定性

固定化酶的稳定性包括对热、酸、碱的稳定性；操作及贮藏稳定性和对蛋白酶降解的稳定性及对变性剂的耐受性等。一般而言，游离酶经固定化后，其稳定性往往会有显著提高。

固定化酶的热稳定性在食品工业生产中有着重要的意义：一方面，热稳定性提高有助于固定化酶的贮藏；另一方面，热稳定性提高，有利于酶的多次重复使用。固定化酶的热稳定性越高，半衰期就越长，可重复使用的次数就越多，生产成本就越低。这在实际生产应用中意义重大。

除此以外，游离酶经固定化后，酶蛋白的聚集程度进一步变大，并且得益于固定化载体的保护作用，类似于蛋白酶的大分子物质无法进入到固定化酶内部，从而使得固定化酶表现出较强的抗蛋白酶酶解的能力。同时固定化酶对尿素、有机溶剂和盐酸胍等酶蛋白变性剂也表现出较强的抗变性和耐受性等。

三、固定化对酶反应系统的影响

游离酶经固定化后，固定化酶的最适反应温度、最适作用pH、底物特异性、动力学性质等均与游离酶存在差异。

1. 最适反应温度

固定化酶的最适反应温度会受到固定化方法和固定化酶载体的影响。固定化酶的最适反应温度一般会较游离酶高，但也有不变甚至最适反应温度降低的情况出现。此外，固定化酶最适反应温度的提高往往与酶的热稳定性提高有关。

2. 最适作用 pH

固定化酶载体的电荷性质对固定化酶的最适作用 pH 有显著影响。一般情况下，带负电荷的载体所制备的固定化酶，其最适作用 pH 会向碱性发生偏移；而带正电荷的载体，其制备的固定化酶最适作用 pH 正好相反，会向酸性发生偏移。原因在于载体表面电荷的不同所造成的 H^+ 和 OH^- 在固定化酶表面和整体相溶液中不均匀的分布。

酶催化反应生成的产物同样会对固定化酶最适作用 pH 产生一定的影响。当催化生成的产物为酸性时，与游离酶相比，固定化酶的最适作用 pH 会升高；而产物为碱性时，固定化酶的最适作用 pH 会降低；而当产物为中性时，其最适作用 pH 一般不会改变。固定化酶的扩散限制是造成这一现象的原因。当产物为酸性时，由于扩散限制，使得固定化酶内部所处的微环境 pH 较周围环境低，需要提高周围环境溶液的 pH 才能使得酶蛋白分子所处的微环境中的 pH 达到酶催化反应的最适作用 pH。反之亦然。

3. 底物特异性

固定化酶底物特异性的改变是由固定化酶载体和酶蛋白聚集所产生的空间位阻作用引起的。底物特异性的变化与催化反应的底物分子大小密切相关。大分子底物由于空间位阻作用而难以接近酶分子，从而使得催化效率大大降低；而小分子作用底物受空间位阻作用的影响较小，因而其底物特异性不会发生明显改变。

4. 动力学性质

游离酶经固定化后，酶蛋白分子的高级结构往往会发生改变，此外，载体电荷的影响以及固定化颗粒的大小等因素都会改变固定化酶的动力学性质。具体在本章第四节固定化酶动力学中进行详细叙述。

第四节　固定化酶动力学

当酶蛋白被固定时，一些额外的因素能影响酶-底物复合物的形成和酶-底物复合物转变成产物的过程。这些因素包括：

（1）酶被固定，仅底物能自由扩散。

（2）酶的载体被能斯特（Nernst）扩散层所包围，后者的作用像一个边界，使得靠近酶的底物浓度低于体相的底物浓度。

（3）由于酶、底物和载体都可能带有电荷，因此产生静电因子，它可能增强底物与酶的结合（底物与载体带有相反的电荷），也可能削弱底物与酶的结合（底物与载体带有相同的电荷）。

（4）当期望达到最高的底物转变成产物的速度时，反应初速度 v_0 已不再适用。

Hornby 等考虑到上述因素，推出了一个适用于固定化酶反应的动力学方程式。采用流动柱状反应器时，固定化酶的反应速度按式（4-1）进行计算。

$$v = \frac{v_{\max}[S]}{K_m^* + [S]} \tag{4-1}$$

式中 K_m^* ——表观米氏常数，由式（4-2）确定：

$$K_m^* = \left[K_m + \frac{Xv_{\max}}{D}\right]\frac{RT}{RT - XZFV} \tag{4-2}$$

式中 K_m ——米氏常数；

X ——Nernst 扩散层厚度；

D ——底物的扩散系数；

T ——温度；

Z ——底物的价数；

F ——法拉第（Faraday）常数；

R ——通用气体常数；

V ——载体附近的电位梯度。

$K_m + Xv_{\max}/D$ 被称为扩散项。严格地说，K_m 和 $v_{\max}$ 不是扩散参数，而 X 和 D 是扩散参数。$RT/(RT - XZFV)$ 被称为静电项，因为此项中含有 Z、F 和 V。

由扩散项可以看出，K_m^* 随 X/D 减小而降低，并且逼近 K_m。采用较小的载体或提高流动速度（或搅拌速度）可使 X（扩散层厚度）减小。D 与反应体系的组成有关。

由静电项可以看出，如果 Z 和 V 具有相同符号，即底物和载体具有相同的电荷，那么 $RT/(RT - XZFV)$ 这一项大于1，使 K_m^* 增大；如果 Z 和 V 具有相反的符号，那么静电项小于1，使 K_m^* 减小；如果 Z 或 $V=0$，那么静电项等于1，K_m^* 仅受扩散因素影响。

在反应器中反应可以遵循0级、混合级或一级速度动力学，这取决于反应的时间。因此，可参照游离酶的米氏方程积分形式用式（4-3）描述柱状反应器中的动力学过程：

$$k_2[E]_0 t = K_m^* \ln([S]_0/[S]_t) + ([S]_0 - [S]_t) \tag{4-3}$$

式中 k_2 ——速度常数；

$[E]_0$ ——酶的总浓度；

t ——底物在反应器中停留的时间；

$[S]_0$ ——底物初始浓度；

$[S]_t$ ——时间 t 时底物的浓度。

在时间 t 时底物 S 转变成产物 P 的分数由式（4-4）表示：

$$F = \frac{[S]_0 - [S]_t}{[S]_0} \tag{4-4}$$

底物 S 通过反应器所需时间 $t = V_0/Q$，V_0 是柱状反应器的空体积，Q 是底物通过反应器时的流速。将底物在反应器中停留的时间 t 和底物转变成产物的分数 F 的表达式代入式（4-3）并经变换得到式（4-5）：

$$[S]_0 F = K_m^* \ln(1 - F) + \frac{k_2[E]_0 V_0}{Q} \tag{4-5}$$

式中 $k_2[E]_0 V_0$ ——容量 C。

因此式（4-5）可进一步改写为式（4-6）：

$$[S]_0 F = K_m^* \ln(1 - F) + \frac{C}{Q} \tag{4-6}$$

如果 Q 保持不变，则 C/Q 是一个常数，式（4-6）则是个线性方程，根据实验数据作 $[S]_0 F - \ln(1-F)$ 图，所得直线的斜率 $= K_m^*$。

Lilly 和 Sharp 进一步推导出一个能适用于连续进料搅拌式反应器的固定化酶反应动力学方程：

$$[S]_0 F = \frac{-F}{1-F} K_m^* + \frac{C}{Q} \tag{4-7}$$

同样地，用实验数据 $[S]_0 F$ 对 $F/(1-F)$ 作图，所得直线的斜率 $= -K_m^*$，即可测定搅拌式反应器的 K_m^*。

游离酶经固定化后，除了会影响表观米氏常数 K_m^* 外，还会改变其他的操作参数，其中最重要的是酶作用的最适 pH。

在酶的固定化方法一节中已经提到带电的载体可以被用来吸附酶蛋白。例如，某些蛋白酶被固定在聚阴离子或聚阳离子载体上。如果用低相对分子质量底物来测定上述固定化酶的活力和 pH 的关系，就会发现：当离子强度 = 0.01 时，聚阴离子固定化蛋白酶作用的最适 pH 会向碱性方向偏移 1~2.5 单位，而聚阳离子固定化蛋白酶作用的最适 pH 则会向酸性方向偏移相类似的 pH 单位。然而，当离子强度增加到 1.0 时，就无法再观察到酶作用最适 pH 偏移的现象。如果载体本身高度带电，则固定化酶作用的最适 pH 偏移现象就更为显著。造成上述这种现象的原因可以归结为 H^+ 和 OH^- 在固定化酶表面和整体相溶液中不均匀的分布。

半衰期（$t_{1/2}$）是固定化酶另一个重要的参数。半衰期是指固定化酶初始酶活力减少一半所需要的时间。半衰期对于在食品加工中使用的游离酶是没有价值的，因为当酶催化底物转化成产物达到所需要的程度后，会立即采用一定的方法使酶失活。然而对于固定化酶，人们总是希望它能长时间反复使用，因此半衰期是非常有用的参数。为了测定固定化酶的半衰期，可将一定数量的固定化酶填充在一根酶反应柱中，然后在底物以恒定的流速通过酶反应柱的条件下，测定单位时间底物转化成产物的数量，即固定化酶的活力。如果酶失活遵循一级反应动力学，则酶活力的对数-反应时间图应为一条直线，直线的斜率为 $-k/2.303$，其中的 k 是酶失活的速度常数。因而固定化酶的半衰期 $t_{1/2}$ 可根据式（4-8）计算：

$$k = \frac{0.698}{t_{1/2}} \tag{4-8}$$

表 4-5 所示为部分固定化酶的半衰期。

表 4-5　　　　　　　　　　几种以多孔玻璃为载体的固定化酶半衰期

酶	温度/℃	底物	半衰期/d
碱性磷酸酶	23	对硝基苯磷酸	55
乳糖酶（酵母）	50	乳糖	20
葡萄糖淀粉酶	50	淀粉	100
木瓜蛋白酶	45	酪蛋白	35
胃蛋白酶	—	牛乳	>30

由于固定化酶的半衰期和温度有关，因此，测定固定化酶的热稳定性是有必要的。测定固定化酶热稳定性有两种方法，一种是在保持温度不变的情况下测定固定化酶活力随时间的变化，

另一种是在保持时间不变的情况下测定固定化酶活力随温度的变化。一般来说，固定化酶会提高酶的热稳定性，然而当温度逐渐升高时，也会造成载体的膨胀，从而可能会导致酶蛋白的变性。固定化葡萄糖淀粉酶以淀粉为底物，在45℃时的半衰期为645d，40℃时的半衰期增加到900d，而当温度提高到60℃时，半衰期减少到15d。如果将固定化葡萄糖淀粉酶在60℃时的活力取作100%，那么在40℃时的活力则为25%。在较低温度下固定化酶半衰期的大幅度增加可以弥补其活性较低的缺陷。除了热稳定性外，pH稳定性也是十分重要的参数，它可以帮助确定固定化酶的保藏条件。

第五节　固定化多酶体系

将几种酶固定在同一种载体上就形成了固定化多酶体系。在固定化多酶体系中形成的酶聚集物，有可能催化连续反应，即前一个酶反应的产物可作为后一个酶反应的底物。在整个反应过程中，由于底物和产物的扩散而产生的效应显著减少。Mosbach和Mattiasson试图从多酶体系研究出模拟生物体内酶的作用条件。他们将己糖激酶和葡萄糖-6-磷酸（G-6-P）脱氢酶同时固定在琼脂糖或丙烯酰胺和丙烯酸的交联共聚物上。己糖激酶催化下列反应：

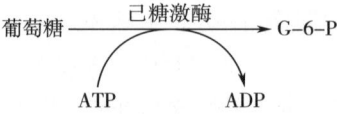

G-6-P脱氢酶继续催化G-6-P氧化生成葡萄糖酸内酯-6-磷酸，反应式如下：

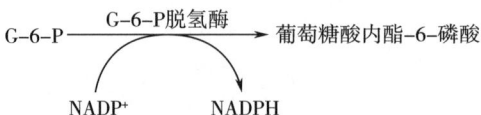

即第一个反应的产物是第二个反应的底物。为了测定己糖激酶的活力，采用葡萄糖和ATP作为底物，同时将过量的溶解态G-6-P脱氢酶和$NADP^+$加入反应混合物中，使形成一个偶联酶体系，用分光光度法测定NADPH生成的速度。为了测定固定化二酶体系的活力，底物溶液含有葡萄糖、ATP和$NADP^+$，用同样的方法测定NADPH生成的速度。如果以溶解态酶系催化NADPH生成的速度为100%，那么固定化二酶体系催化NADPH生成的速度会增加40%~100%。上述结果说明，第一个反应生成的G-6-P在它可能和周围介质形成平衡之前已转变成葡萄糖酸内酯。也可以推断，在固定化二酶体系中，邻近G-6-P脱氢酶分子处的G-6-P的局部浓度高于在相应的溶解态酶体系中的浓度。如果作NADPH浓度-反应时间图，可以发现，当固定化酶体系达到最高活力时，相应的溶解态酶体系仍然处在滞后期。

Mattiasson和Mosbach还将β-乳糖苷酶、己糖激酶和G-6-P脱氢酶同时固定在Sephadex G-50上。β-乳糖苷酶催化乳糖水解成单糖，即葡萄糖和半乳糖。半乳糖在己糖激酶和G-6-P脱氢酶的催化作用下，相继生成G-6-P和葡萄糖酸内酯-6-磷酸。该结果表明，由固定化三酶体系催化的偶联反应的速度,在达到稳定态前明显地高于由相应溶解态酶催化的反应速度。

从工业或商业角度来看,目前有关固定化多酶体系的研究工作是远远不够的,还需要做大量的研究工作。

第六节　固定化酶在食品工业中的应用

固定化酶应用于食品工业,必须考虑以下因素:①酶固定化过程的经济性;②固定化酶的活力;③催化反应底物的特性;④固定化酶的稳定性;⑤连续使用过程中微生物污染的可能性;⑥酶固定化过程中所采用的化学试剂的毒性或潜在的毒性等。其中最关键的因素在于经济性。载体、酶蛋白和酶固定化过程中所使用的化学试剂及所需设备的价格等都直接影响固定化酶使用的经济性。从经济学角度考虑,固定化酶应用的前提条件在于其应用于产品生产的成本应低于应用游离酶生产的成本。

在食品工业中使用的酶主要是水解酶、氧化还原酶和异构酶,固定化酶体系有可能代替目前已使用的上述酶类。从安全角度考虑,固定化酶体系不应在化学和微生物方面污染食品体系。一方面,如果在酶的固定化操作过程中使用有毒化学试剂,那么这些试剂在最终的食品产品中出现的可能性是存在的;另一方面,固定化酶和游离酶不同,固定化酶必须能够长时间连续地使用,因而当其用于食品加工领域时,有可能会出现微生物污染食品的现象,尤其当污染微生物为病原菌时,往往会带来严重的公共安全卫生隐患。

除了经济和卫生安全方面的因素外,将固定化酶应用于食品工业领域还有一个限制性因素,即底物的特性。通常来讲,固定化酶只能应用于具有流体特征或液体的底物,并不适用于固体底物的加工,在悬浮体系中的应用也困难,其原因是酶制剂与固体底物分离存在困难。即便对于一些流体体系,例如,用固定化蛋白酶或乳糖酶处理牛乳,由于蛋白质之间的相互作用也会对酶的活力产生不利的影响或堵塞填充固定化酶的柱子。

鉴于固定化酶的诸多优点,国内外研究者一直在为固定化酶技术的发展和工业化应用而努力。然而,到目前为止仅有少数几种固定化酶[包括固定化葡萄糖异构酶(IGI)、固定化青霉素酰化酶、固定化氨基酰化酶等]被用于大规模工业生产,如表4-6所示。

表4-6　　　　　　　　　　应用于工业化生产的固定化酶制剂

酶种类	作用形式	工业应用	规模/(t/年)
葡萄糖异构酶	CWC, IME, CIE	制备高果糖浆(HFCS)	$\geqslant 10^7$
乳糖酶	IME	乳糖水解、低聚糖制备	$\geqslant 10^6$
腈水合酶	CWC	制备丙烯酰胺	$\geqslant 10^5$
脂肪酶	IME	催化酯交换、转移、水解反应等	$\geqslant 10^5$
青霉素酰化酶	CIE	合成6-氨基青霉烷酸(6-APA)	$\geqslant 10^4$

续表

酶种类	作用形式	工业应用	规模/（t/年）
天冬氨酸酶	CWC，IME	转化生成 L-天冬氨酸	≥10^4
嗜热菌蛋白酶	IME	合成阿斯巴甜	≥10^4
氨基酰化酶	IME	L-甲硫氨酸制备	≥10^3
β-酪氨酸酶	CWC	L-DOPA 左旋多巴的制备	≥10^2

注：CWC—交联固定化细胞；IME—固定化酶；CIE—共价固定化酶。

固定化葡萄糖异构酶（IGI）是目前世界上生产规模最大、商业应用最成功的固定化酶。1957 年 Marshall 和 Kooi 从 *Pseudomonas hydrophila* 中首次发现 GI 后，日本参松公司于 1966 年首次实现酶法制备果糖。此后，1967 年美国 Clinton Corn Processing 公司首次实现 GI 的工业化应用。Novo-Nordisk 公司于 1974 年推出了商业化的 IGI（Sweetzyme™），随后 IGI 成功应用于高果糖玉米糖浆的工业化生产。1980 年后，大型淀粉企业几乎都使用 IGI 来生产高果糖浆。

从淀粉生产高果糖玉米糖浆包括以下几个酶作用阶段：

玉米淀粉 $\xrightarrow{\alpha\text{-淀粉酶}}$ 糊精（DP≈10）$\xrightarrow{\text{葡萄糖淀粉酶}}$ 葡萄糖 $\xrightarrow{\text{固定化葡萄糖异构酶}}$ 高果糖玉米糖浆

生产葡萄糖异构酶的菌种主要有链霉菌（*Streptomyces* sp.）、凝结芽孢杆菌（*Bacillus coagulans*）、放线菌（*Actinoplanes missouriensis*）和节杆菌（*Arthrobacter* sp.）。葡萄糖异构酶被固定在 DEAE-纤维素或多孔的陶瓷载体上，得到的固定化葡萄糖异构酶具有不可压缩的特性，它已被应用在大规模的柱状反应器中连续催化异构葡萄糖生产高果糖玉米糖浆。当操作温度为 50℃ 时，葡萄糖异构酶催化葡萄糖异构成果糖反应的平衡常数接近 1，因此，在产品中果糖和葡萄糖的浓度大致相等。

表 4-7 是目前商业化的 IGI 及其固定化方法。商业化的 IGI 主要包括固定化产 GI 细胞和固定化 GI 两大类。

表 4-7　　　　　　　　　　商业化的 IGI 及其固定化方法

微生物	商品	固定化方法	企业代表
橄榄产色链霉菌	G-zyme G-994	阴离子交换树脂吸附固定	美国 CPC
锈棕色链霉菌	Spezyme	DEAE-纤维素吸附固定	美国 Genencor
锈棕色链霉菌	Optisweetw Ⅱ	SiO_2 颗粒吸附，戊二醛交联	比利时 Solvay
橄榄产色链霉菌	Ketomax 100	聚乙烯亚胺聚集，戊二醛交联	美国 UOP
密苏里放线菌	Maxazyme	明胶包埋产酶细胞，戊二醛交联，造粒	荷兰 IBIS
树木黄杆菌	Takasweet	聚胺、戊二醛交联产酶细胞，挤压造粒	比利时 Solvay
灰褐链霉菌	AGIS-600	壳聚糖包埋细胞，戊二醛交联	日本 Godo-Shusei
凝结芽孢杆菌	Sweetzyme ABS	聚丙烯酰胺凝胶包埋产酶细胞	丹麦 Novozymes
鼠灰链霉菌	Sweetzyme IT，Q	戊二醛交联溶壁细胞并造粒	丹麦 Novozymes

除此以外，固定化酶在食品添加剂和食品配料生产中的应用也越来越多，例如，应用在低聚果糖、L-天冬氨酸、L-苹果酸、阿斯巴甜、酪蛋白磷酸肽等的生产。

以 L-甲硫氨酸生产为例，1969 年日本 Tanabe Seiyaku 公司从米曲霉中提取分离得到氨基酰化酶，用 DEAE-葡聚糖凝胶为载体通过离子键合法固定该酶，得到固定化氨基酰化酶，这也是世界上第一种工业化生产的固定化酶。D,L-氨基酸先经过乙酸酐酰化处理，生成乙酰-D,L-甲硫氨酸，然后用上述具有立体选择性的固定化氨基酰化酶进行拆分，从拆分液中分离得到 L-甲硫氨酸和乙酰-D-甲硫氨酸。乙酰-D-甲硫氨酸再经过消旋处理后重新拆分，不断得到 L-甲硫氨酸，使 L-甲硫氨酸的总收率得到很大提高。使用固定化氨基酰化酶的生产成本仅为使用游离氨基酰化酶的生产成本的 60% 左右。

L-天冬氨酸和 L-苹果酸都可以采用固定化酶以富马酸为原料制备得到。固定化延胡索酸酶可将富马酸转化为 L-苹果酸。由大肠杆菌发酵得到的天冬氨酸酶可催化富马酸与氨作用，得到 L-天冬氨酸。1974 年，用聚丙烯酰胺凝胶包埋含有延胡索酸酶的产氨短杆菌菌体，得到固定化延胡索酸酶在工业上用于转化延胡索酸生产 L-苹果酸。1977 年以后，改用角叉菜胶包埋具有高活力延胡索酸酶的黄色短杆菌菌体，其 L-苹果酸的产率比前者提高了 5 倍左右。现如今，一个 $10m^3$ 的固定化细胞柱每月可生产数吨 L-天冬氨酸和 L-苹果酸。

在食品工业中固定化酶成功应用的实例还在不断增加。例如，固定化木瓜蛋白酶用于改善啤酒的品质；固定化乳糖酶用于水解牛乳中的乳糖。意大利米兰乳粉厂将酵母 β-半乳糖苷酶包埋在醋酸纤维系中，用于水解脱脂牛乳中的乳糖，酶可循环使用 50 多次；日本将葡酒色被孢霉等霉菌的 α-半乳糖苷酶制成固定化菌体酶，用于处理甜菜糖蜜，使其中的棉子糖水解成为半乳糖和蔗糖，消除了棉子糖阻碍蔗糖结晶的作用，收糖率提高了 4%~5%，构建了"无废糖蜜"制糖新工艺；固定化柚皮苷酶已被用于柑橘类果汁，水解柑橘类果汁中的柚皮苷，从而达到果汁脱苦味的效果；1995 年，魏远安等用 $CaCl_2$ 和戊二醛作为交联剂固定果糖基转移酶，发现 1kg 固定化果糖基转移酶可生产 11330kg 的低聚果糖浆，得到的糖浆产品中果糖含量达 58%。

固定化酶技术研究还处于发展阶段，新的载体、新的固定化技术尚在开发，新的应用领域还在不断地拓宽。例如，在医药工业上，采用固定化酶技术生产 6-氨基青霉烷酸（6-APA）。现在，应用固定化青霉素酰化酶合成 6-氨基青霉烷酸的工艺已完全取代了以前的化学法。目前全世界每年约生产 8000t 6-APA，耗费 1~30t 固定化酶。β-内酰胺类抗生素，如半合成青霉素、半合成头孢菌素，是目前广泛使用的抗生素。采用固定化酶进行抗生素的半合成改性，工艺比以前的化学法大大简化，且产品质量优于化学法，成本也得到降低。以 7-氨基头孢烷酸（7ACA）为例，目前采用两步固定化酶的方法生产，第一步，用 D-氨基酸氧化酶（D-AOD 酶）将头孢烷酸（CPC）转化为戊二酰-7ACA。这一步实际上由两步组成，首先 CPC 被酶促转化为酮基-7ACA，然后，在过氧化氢存在的条件下，通过氧化脱羧转化为戊二酰-7ACA。反应时间为 60~90min，酶半衰期为 138 个反应批次，这一步的收率为 88%。第二步，由戊二酰-酰化酶将戊二酰-7ACA 转化为 7ACA，收率为 97.5%，反应时间为 60min，酶半衰期为 172 个反应批次。一个 400L 的反应器可年产 20t 7ACA。

随着固定化酶技术的不断发展进步，固定化酶技术必将进一步促进食品工业和其他工业的发展。

思考题

1. 研究开发固定化酶和固定化细胞的思路是什么?
2. 简述固定化酶和固定化细胞相较于游离酶的优势。
3. 简述酶和细胞的固定化方法、原理及特点。
4. 简述辅基与辅酶的固定方法。
5. 简述固定化酶的最适反应条件及稳定性等性质与游离酶的异同并解释原因。
6. 写出固定化酶反应动力学方程式,并对各项进行分析。
7. 简述固定化酶半衰期的概念及应用。
8. 什么是固定化多酶体系?
9. 简述固定化酶和固定化细胞在食品工业中的应用实例和发展前景。

第五章 酶非水相催化

> **学习目标**
>
> 1. 学习和掌握酶非水相催化反应的设计思路、反应介质、有机介质反应体系、酶在有机介质中的催化特性以及酶非水相催化在手性分子拆分、高分子聚合物制备和在食品添加剂生产中的应用等，不断拓展酶的应用领域和提高酶的使用效率。
>
> 2. 提高创新意识和能力，敢于突破思维定式，应用酶工程技术替代传统的化学合成和物质分离方法，实现高效、绿色和安全生产，助推可持续发展。

人们对酶在水介质中催化反应的研究和应用相对成熟，而对酶在非水介质中催化反应的研究和应用较少。本章将介绍酶催化反应的介质，有机介质反应体系种类及其特点，酶在有机介质中的底物专一性、立体选择性、热稳定性等催化特性，有机介质中酶催化反应的条件及控制，酶非水相催化在手性药物拆分、生物能源开发、手性高分子聚合物制备、导电有机聚合物合成、食品添加剂生产和甾体转化等领域的应用。学习时需关注非水相催化反应的设计思路、反应介质及反应介质对酶的活力、底物专一性、反应方向、稳定性等催化特性的影响，培养利用这些知识构建应用于食品加工的酶非水相催化反应体系的能力，推动食品产业创新发展。

第一节 酶非水相催化的概念及反应介质

一、酶非水相催化的概念

酶已经在食品、医药、能源、化工等领域被广泛应用，其中水是酶催化反应最常用的介质。但由于大多数有机化合物在介质水中难溶或不溶，因此，水对于这些化合物来讲并不是一种适宜的溶剂。此外，水的存在通常更有利于如水解、聚合、分解、消旋化等副反应的发生。

因此人们开始探索酶在非水介质中是否能进行催化作用这一问题。在非水介质中进行的酶催化过程称为酶的非水相催化。

1984年,克利巴诺夫(Klibanov)等在有机介质中进行了酶催化反应的研究,他们成功地利用酶在有机介质中的催化作用,获得了酯类、肽类、手性醇等多种有机化合物,明确指出酶可以在水与有机溶剂的互溶体系中进行催化反应。此后,研究者对酶的非水相催化展开了许多研究。

二、酶非水相催化反应的介质

1. 有机介质中的酶催化

有机介质中的酶催化是指酶在含有一定量水的有机溶剂中进行的催化反应,适用于底物、产物两者或其中之一为疏水性物质的酶催化作用。酶在有机介质中能够基本保持其完整的结构和活性中心的空间构象,因此能够发挥其催化功能。在本章后续章节中会详细介绍。

2. 气相介质中的酶催化

气相介质中的酶催化是指酶在气相介质中进行的催化反应,适用于底物是气体或者能够转化为气体的物质的酶催化反应。由于气体介质的密度低,扩散容易,因此酶在气相中的催化作用与在水溶液中的催化作用有明显的不同特点。首先,由于气体介质的密度低,扩散容易,酶在气相中的催化作用能够更有效地进行。此外,气相介质中的酶催化反应适用于底物、产物两者或其中之一为疏水性物质的酶催化作用。总的来说,气相中的催化作用因其独特的物理和化学性质,与在水溶液中的催化作用相比,展现出不同的反应机制和效率。这种差异主要源于气体介质的低密度和高扩散性,使得酶在气相中的催化作用更加高效和在特定条件下更具优势。

3. 超临界介质中的酶催化

超临界介质中的酶催化是指酶在超临界流体中进行的催化反应。超临界流体是指温度和压力超过某物质超临界点的流体,处于超临界状态时,气液界面消失,体系性质均一,既不是气体也不是液体,呈流体状态,故称为超临界流体。纯物质的相图如图5-1所示。

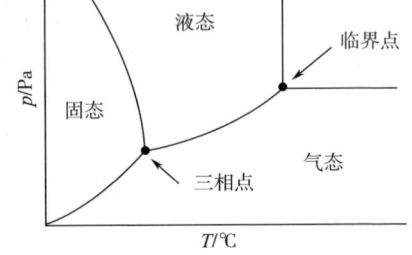

图5-1 纯物质相图

超临界流体的性质如下:

(1)密度类似液体,因而溶剂化能力很强,密度越大溶解性能越好。

(2)黏度接近于气体,具有很好的传递性能和运动速度。

(3)扩散系数比气体小,但比液体高一到两个数量级,具有很强的渗透能力。

因此,超临界流体具有液体的溶解能力,又具有气体的扩散和传质能力。常用超临界流体的临界温度、临界压力和临界密度参数见表5-1。

用于酶促反应的超临界流体应当对酶的结构没有破坏作用,且对催化作用没有明显不良影响。超临界流体作为催化介质除具有传统液体溶剂的优点外,还具有气体的高扩散系数、低黏度和低表面张力的优势,而且能够改变酶的底物专一性、区域选择性和对映体选择性,能增强酶的稳定性,还可以克服有机介质酶促反应中产物残留有机溶剂的缺陷。

表 5-1　　　　　　　　　　常用超临界流体的主要参数

试剂	临界温度/℃	临界压力/MPa	临界密度/(g/mL)
CO_2	31.06	7.38	0.448
甲烷	-83.0	4.6	0.16
丙烷	97.0	4.26	0.220
二氯二氟甲烷	111.7	3.99	0.558
甲醇	240.5	7.99	0.272
乙醚	193.6	3.68	0.267

4. 离子液介质中的酶催化

离子液（ionic liquids）是由有机阳离子与有机（无机）阴离子构成的在室温条件下呈液态的低熔点盐类，低毒性、不氧化、挥发性低、稳定性好。离子液在低温下（<100℃）为液体，不易挥发，不造成环境污染，被誉为绿色溶剂。20 种阳离子（cation）和 26 种阴离子（anion）组成 520 种离子液体，仅有 11% 应用在生物催化中（图 5-2）。

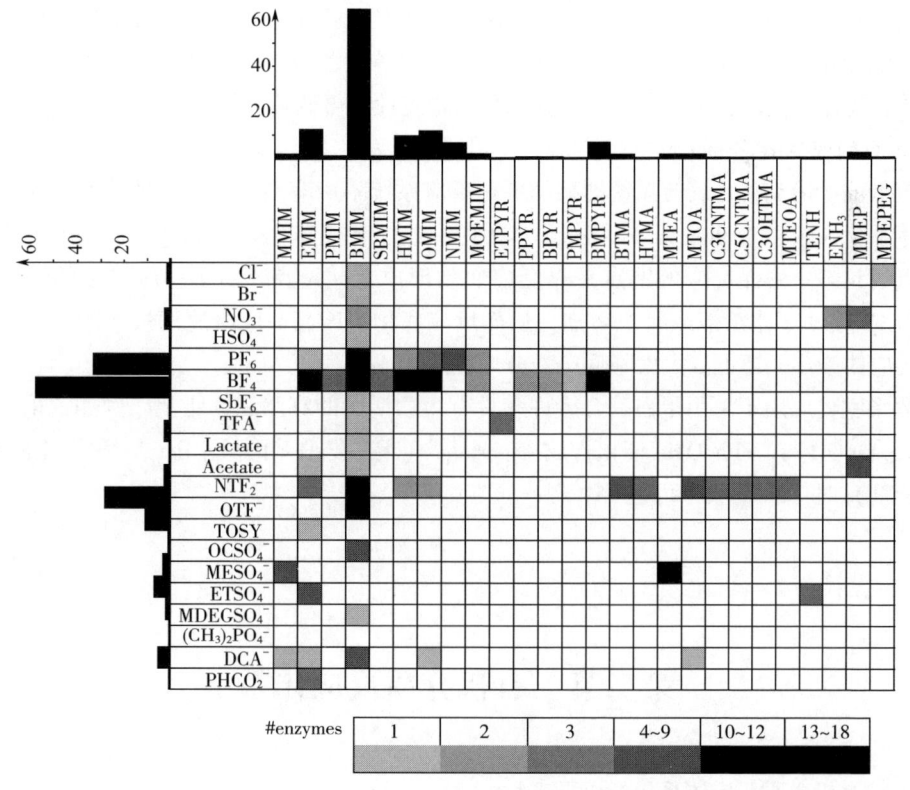

图 5-2　离子液阴阳离子组成

使用较多的主要有：[BMIM][PF6]：1-丁基-3-甲基咪唑六氟磷酸盐（图 5-3）；[BMIM][BF4]：1-丁基-3-甲基咪唑四氟硼酸盐；[BMIM][NTF2]：1-丁基-3-甲基咪唑双三氟甲基磺

酰亚胺盐；[BMIM][OTF]：1-丁基-3-甲基咪唑三氟甲磺酸盐。

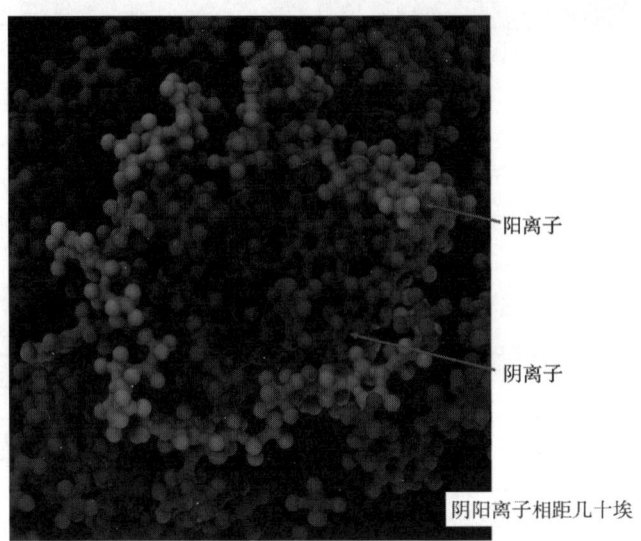

图5-3　[BMIM][PF6]微观结构图

离子液介质中的酶催化是指酶在离子液中进行的催化作用。酶在离子液中的催化作用具有良好的稳定性和区域选择性、立体选择性、键选择性等显著特点。此外，用于酶催化反应具有制备简单、易循环使用、耐强酸性、优异的化学稳定性、可调节性等优势。

5. 无溶剂或少溶剂催化反应系统

无溶剂或少溶剂催化反应系统即酶的催化反应系统不用溶剂或用少量的溶剂。例如，低共熔混合体系（eutectic molten salt system）是由两种或多种固体化合物混合而得到的具有一个最低共熔点的状态。酶促反应的特点是靠反应底物形成低共熔点，由于反应体系的液固体积比（或质量比）远小于水溶液或有机溶剂，从而反应底物浓度高、反应速度快、产物浓度和收率也高，反应体积小，还可以大大降低产物分离提纯的成本。

该体系主要应用于采用蛋白酶合成许多具有生物活性的寡肽和糖脂上。例如，采用嗜热蛋白酶对 L-AspOH 与 L-PheOMe 催化合成 Aspartame（天冬氨酰苯丙酸甲酯，一种约比蔗糖甜200倍的甜味剂）时，2h 的收率可达95%。

第二节　有机介质反应体系

常见的有机介质反应体系包括以下五种。

一、单相共溶剂体系

单相共溶剂体系是有机溶剂与水形成的均匀单相溶液体系。酶、底物和产物都是以溶解状态存在于均一体系中。不存在传质阻碍,但由于极性大的有机溶剂对一般酶的催化活性影响较大,所以能在该反应体系进行催化反应的酶较少。对于特定的酶来说,特定有机溶剂的含量有特定的上限值,当该体系中有机溶剂的比例超过限值后,溶剂将会夺去酶分子表面的催化反应所必需的水,使酶失活。因此该体系只适合于少数稳定性很高、有极少量的水就能保持催化活性的酶,如枯草杆菌蛋白酶和某些脂肪酶等。

二、两相或多相体系

两相或多相体系是由含有溶解酶的水相和一个非极性的有机溶剂相所组成的两相或多相反应体系。游离酶、亲水性底物或产物溶解于水相,疏水性底物或产物溶解于有机溶剂相。一般适用于底物和产物两者或其中一种是属于疏水化合物的催化反应,如甾体类、脂类和烯烃类生物转化。由于两相体系中的酶催化反应是在水相中进行,必须保证反应底物和产物在酶与两相之间有良好的质量传递条件,因此振荡和搅拌将是该生物催化反应体系中极其重要的参数。

以 S-GPE 手性拆分合成为例(图 5-4),采用异辛烷-水(体积比 1:5)两相系统,可防止环氧自发水解,且浓度可达 90g/L,对应选择率从 40% 提高到 94%,生产效率提高近 3 倍。

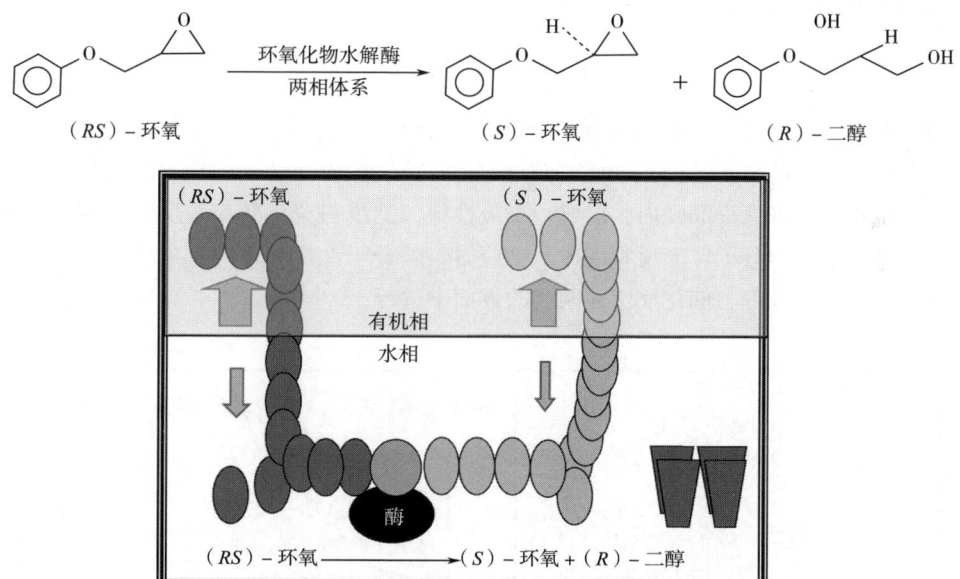

图 5-4 S-GPE 在两相催化中的手性拆分

三、微水介质体系

微水介质体系(microaqueous media)是由有机溶剂和微量的水组成的反应体系,有机溶剂含量通常>98%,有机溶剂中含有微量水<2%,微量的水主要是酶分子的结合水,它对维持酶分子的空间构象和催化活性至关重要(图 5-5)。另外有一部分水分配在有机溶剂中。由于酶分子不能溶解于疏水的有机溶剂,所以酶分子以结晶态、冻干状态、沉淀状态或固定化酶的形式存在于有机介质中。水不互溶,有机溶剂通常是烷烃类、芳香族化合物、卤代烃等。

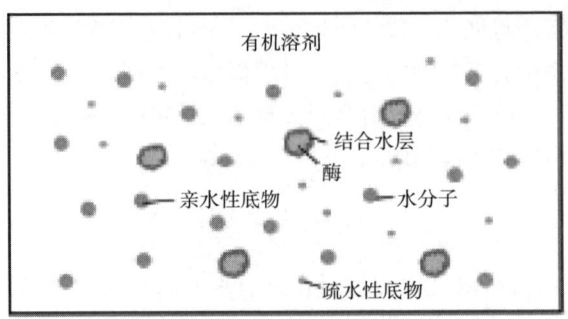

图 5-5 微水介质中酶、底物、水的分布

四、胶束体系

胶束又称为正胶束或正胶团，是在大量水溶液中含有少量与水不相混溶的有机溶剂，加入表面活性剂后形成的水包油的微小液滴。表面活性剂的极性端朝外，非极性端朝内，有机溶剂包在液滴内部。反应时，酶在胶束外面的水溶液中，疏水性的底物或产物在胶束内部，反应在胶束的两相界面中进行［图5-6（a）］。

五、反胶束体系

反胶束又称为反胶团，是指在大量与水不相混溶的有机溶剂中含有少量水的体系，加入表面活性剂后形成的油包水的微小液滴［图5-6（b）］。表面活性剂的疏水尾部朝外，与非极性的有机溶剂接触，极性头部朝内，形成一个极性核，围成一个反胶束。反胶束内可溶解少量水而形成微型水囊，酶分子位于反胶束内。反应时，酶分子在反胶束内部的水溶液中，疏水性底物或产物在反胶束外部，催化反应在两相的界面中进行。

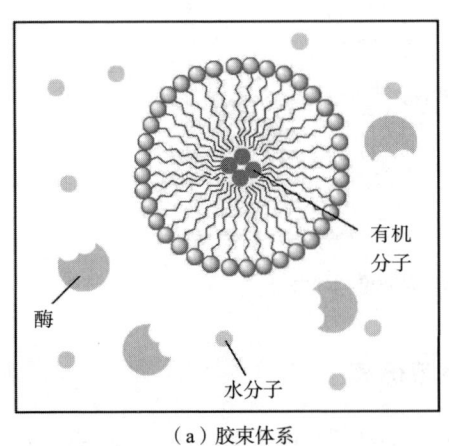
（a）胶束体系

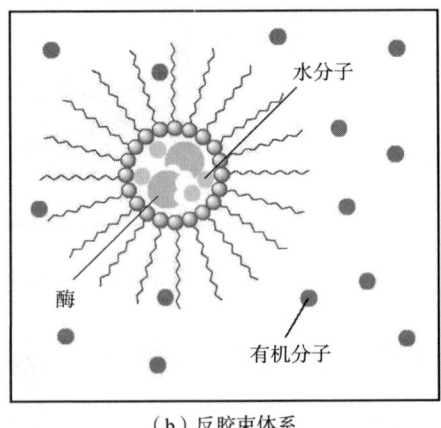
（b）反胶束体系

图 5-6 胶束（micelles system）与反胶束体系（reverse micelles system）

第三节 酶在有机介质中的催化特性

酶在有机介质中起催化作用时，由于有机溶剂的极性与水有很大差别，对酶的表面结构、活性中心的结合部位和底物性质都会产生一定的影响，酶的底物专一性、立体选择性、区域选择性、键选择性和热稳定性等都会有所改变，从而显示出与水相介质中不同的催化特性。

一、底物专一性

在水溶液介质中，酶进行催化反应时，具有高度的底物专一性（或称为底物特异性），这是酶催化反应的一大显著特点。

在有机介质中，由于酶分子活性中心的结合部位与底物之间的结合状态发生某些变化，致使酶的底物特异性会发生改变。例如，胰凝乳蛋白酶在催化 N-乙酰-L-丝氨酸乙酯和 N-乙酰-L-苯丙氨酸乙酯的水解反应时，由于苯丙氨酸的疏水性比丝氨酸强，所以，酶在水溶液中催化苯丙氨酸乙酯水解的速度，比在同等条件下催化丝氨酸乙酯水解的速度快；而在辛烷介质中，催化丝氨酸乙酯水解的速度却比催化苯丙氨酸乙酯水解的速度快（图5-7）。这是由于在水溶液中，底物与酶分子活性中心的结合主要依靠疏水作用，所以疏水性较强的底物，容易与活性中心部位结合，催化反应的速度较高；而在有机介质中，有机溶剂与底物之间的疏水作用比底物与酶之间的疏水作用更强。结果疏水性较强的底物容易受有机溶剂的作用，反而影响其与酶分子活性中心的结合。

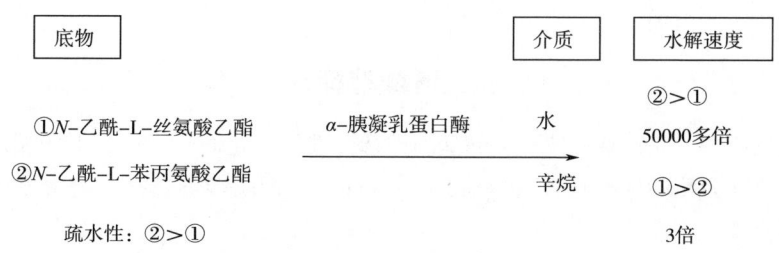

图5-7 胰凝乳蛋白酶在不同介质中催化 N-乙酰-L-丝氨酸乙酯和 N-乙酰-L-苯丙氨酸乙酯反应的水解速度差异

酶促反应底物专一性的本质是由于酶能够利用它与底物之间的结合能和与水分子之间的结合能的差值。酶和底物之间的结合能是酶催化反应的主要推动力，底物必须从反应介质中解析出来与酶活性中心结合。很多酶的活性中心都是疏水性的，疏水性底物更容易从水中解析到达活性中心。然而以有机溶剂替代水后，疏水性底物与有机溶剂间的相互作用增强，底物从溶剂到达活性中心就比在水中困难，从而减慢了酶催化反应的速度。而亲水性底物在疏水性较强的溶剂中则容易进入酶的活性中心，从而加快酶催化反应速度。

不同的有机溶剂具有不同的极性，所以在不同的有机介质中，酶的底物专一性也不一样。一般说来，在极性较强的有机溶剂中，疏水性较强的底物容易反应；而在极性较弱的有机溶剂中，疏水性较弱的底物容易反应。

二、立体选择性

酶的对映体选择性（enantioselectivity）又称为立体选择性或立体异构专一性，是酶在对称的外消旋化合物中识别一种异构体的能力大小的指标。酶的立体选择性随溶剂疏水性增加而降低。

酶在有机介质中催化与在水溶液中催化比较，由于介质的特性发生改变，引起酶的对映体选择性也发生改变。有机溶剂中酶的对映体选择性降低，主要原因有两个：一是由于在水和有机溶剂中，底物的两种对映体将水从酶分子的疏水性结合位点上置换出来的能力有所不同；二是在疏水性差的溶剂里，疏水性的基团进入酶的疏水袋中比暴露在溶剂中热力学平衡更为有利，因此，酶分子中的亲核基团易于进攻位置合适的底物分子的羟基，得到某个构型的产物。而在疏水性强的溶剂中，疏水性的基团更倾向于暴露在溶剂中，而不易进入酶的疏水带，从而失去了酶对底物的立体选择性。

酶立体选择性的强弱可以用立体选择系数（K_{LD}）的大小来衡量。这一系数与酶对 L-型和 D-型两种异构体的酶转换数（K_{cat}）和米氏常数（K_m）有关，即：

$$K_{LD} = (K_{cat}/K_m)_L / (K_{cat}/K_m)_D \tag{5-1}$$

式中　K_{LD}——立体选择系数；

　　　K_m——米氏常数，即酶催化反应速度达到最大反应速度一半时的底物浓度；

　　　K_{cat}——酶的转换数，是酶催化效率的一个指标，指每个酶分子每分钟催化底物转化的分子数；

　　　L——L-型异构体；

　　　D——D-型异构体。

三、区域选择性

在酶催化反应中，底物某一位置上的基团被选择性地转化而另一位置上的相同基团没有被转化，这种现象称为酶的区域选择性（regioselectivity），即酶能够选择底物分子中某一区域的基团优先进行反应。

酶的区域选择性随溶剂的改变而发生了变化（溶剂的疏水性改变，引起区域基团与酶活性中心的改变类似于立体选择性），如图 5-8 所示，在环己烷和异丙醚两种介质中，底物不同区域酯键水解。

酶区域选择性的强弱可以用区域选择系数 K_{rs} 的大小来衡量，K_{rs} 与 K_{LD} 相似，只是以底物分子的区域位置 1、2，代替异构体构型 L、D。即：

$$K_{1,2} = (K_{cat}/K_m)_1 / (K_{cat}/K_m)_2 \tag{5-2}$$

四、键选择性

酶在有机介质中进行催化的另一个显著特点是具有化学键选择性，即在同一个底物分子中

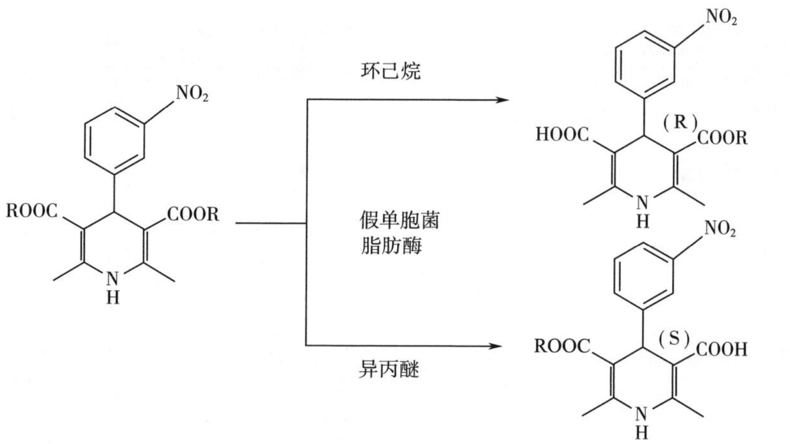

图 5-8 吡啶二羧酸基脂类衍生物在不同介质中的脂肪酶催化水解反应

有 2 种以上的化学键都可以与酶反应时,酶对其中一种化学键优先进行反应。键选择性与酶的来源和有机介质的种类有关(与氢键参数有关,易于形成氢键的基团不易进行反应;不易形成氢键的基团易于反应。)。

五、热稳定性

许多酶在有机介质中的热稳定性比在水溶液中的热稳定性更好。酶在有机介质中的热稳定性与介质中的水含量有关,通常情况下,介质中水含量增加,其热稳定性降低。在有机介质中,酶的热稳定性之所以增强可能是由于有机介质中缺少引起酶分子变性失活的水分子。因为水分子会引起酶分子中的肽键水解、二硫键被破坏和脱氨基作用等,所以酶在水溶液中热稳定性较差,而在水含量低的有机介质中热稳定性提高(表 5-2)。

表 5-2　　某些酶在有机介质与水溶液中的热稳定性

酶	介质条件	热稳定性
核糖核酸酶	壬烷,110℃,6h 水,pH 8.0,90℃	活力剩余 95% $t_{1/2}<10$min
限制性核酸内切酶(HindⅢ)	正庚烷,55℃,30d	活力不降低
胰凝乳蛋白酶	正辛烷,100℃ 水,pH 8.0,55℃	$t_{1/2}=80$min $t_{1/2}=15$min
枯草杆菌蛋白酶	正辛烷,110℃	$t_{1/2}=80$min
溶菌酶	环己烷,110℃,水	$t_{1/2}=140$min $t_{1/2}=10$min
酸性磷酸酶	正十六烷,80℃水,70℃	$t_{1/2}=8$min $t_{1/2}=1$min

续表

酶	介质条件	热稳定性
β-葡萄糖苷酶	2-丙醇，50℃，30h	活力剩余80%
脂蛋白脂肪酶	甲苯，90℃，400h	活力剩余40%
腺苷三磷酸酶（Fl-ATPase）	甲苯，70℃ 水，60℃	$t_{1/2}>24h$ $t_{1/2}<10min$
酵母脂肪酶	三丁酸甘油酯/庚醇水，pH 7.0	$t_{1/2}=1.5h$ $t_{1/2}<2min$
猪胰脂肪酶	三丁酸甘油酯水，pH 7.0	$t_{1/2}<26h$ $t_{1/2}<2min$

第四节　有机介质中酶催化反应的条件及控制

酶在有机介质中可以催化多种反应，主要包括：合成反应、转移反应、醇解反应、氨解反应、异构反应、氧化还原反应、裂合反应等。这些催化反应受到各种因素的影响，主要包括酶的种类和浓度、底物的种类和浓度、有机溶剂的种类、水含量、温度、pH 和离子强度等。为了提高酶在有机介质中的催化效率和选择性，需要控制好各种条件并根据实际情况加以调节控制。

一、酶的选择

在有机介质中进行酶的催化反应，首先要选择合适的酶。不同的酶具有不同的结构和特性，同一种酶由于来源的不同和处理方法（如纯度、冻干条件、固定化载体和固定化方法、修饰方法和修饰剂等）的不同，其特性也有所差别，所以需要通过试验进行选择。

通常酶所作用的底物浓度远远高于酶浓度，所以酶催化反应速度随着酶浓度的升高而升高，两者成正比。除了看催化反应速度的大小，还要特别注意酶的稳定性、底物专一性、立体选择性、区域选择性、键选择性等。

二、底物种类和浓度的选择

由于酶在有机介质中的底物专一性与在水溶液中有所差别，所以要根据酶在所使用的有机介质中的专一性选择适宜的底物。

底物的浓度对酶催化反应速度有显著影响，一般说来，在底物浓度较低的情况下，酶催化反应速度随底物浓度的升高而增大。当底物达到一定浓度以后，再增加底物浓度，反应速度的增大幅度逐渐减少，最后趋于平衡，逐步接近最大反应速度。

酶在有机介质中进行催化，要考虑底物在有机溶剂和必需水层中的分配情况。疏水性强的底物虽然在有机溶剂中溶解度大，浓度高，但难于从有机溶剂中进入必需水层，与酶分子活性中心结合的底物浓度较低，而降低酶的催化速度；如果底物亲水性强，在有机溶剂中的溶解度低，催化速度也会减慢。所以应该根据底物的极性，结合有机溶剂的选择，控制好底物的浓度。

此外，有些底物在高浓度时，会对反应产生不利影响，即高浓度底物对酶的催化反应产生抑制作用。这种情况要采用适宜的方法，使底物浓度持续维持在一定的浓度范围内。

三、有机溶剂的选择

有机溶剂主要是通过对体系中水、酶及底物和产物的作用直接和间接地影响酶的催化作用，因此要选择适当。酶在低极性溶剂中具有较高的活性和稳定性。有机溶剂极性的强弱可以用疏水参数 $\lg P$ 表示，P 是指溶剂在正辛烷与水两相中的分配系数。疏水参数越大，表明其疏水性越强；反之疏水参数越小，则极性越强。

极性过强（$\lg P<2$）的溶剂，会夺取较多的酶分子表面结合水，影响酶分子的结构，并使疏水性底物的溶解度降低，从而降低酶的反应速度，在一般情况下不选用；极性过弱（$\lg P \geqslant 5$）的溶剂，虽然对酶分子必需水的夺取较少，疏水性底物在有机溶剂中的溶解度也较高，但是底物难以进入酶分子的必需水层，催化反应速度也不高。通常选用 $2 \leqslant \lg P \leqslant 5$ 的溶剂作为催化反应介质。水溶性有机溶剂有：甲醇、乙醇、丙醇、正丁醇、甘油、丙酮、乙腈等。水不溶性的有：石油醚、己烷、庚烷、苯、甲苯、四氯化碳、氯仿、乙醚等。

四、水含量的控制

有机介质中水含量与酶分子的空间构象、酶的催化活性、酶催化反应的反应平衡等都有直接的关系。

水在酶的催化反应中起到双重作用。一方面水可以作为溶剂，保持底物或产物的溶解与扩散，它们与酶分子结合比较松散，称大量水或溶剂水；另一方面水分子通过氢键、疏水作用、范德华力等作用来维持酶分子催化活力所需要的构象。这些对于维持酶活性所必需的最低水量称结合水或必需水（essential water），酶分子需要一层水化层，以维持其完整的空间构象。必需水与酶分子的结构和性质有密切关系，不同的酶，所要求的必需水的量差别很大。

绝对无水的条件下，酶没有催化活性。必需水对酶活的影响如下：必需水维持酶的催化活性，无水条件下，酶分子表面的带电基团和极性基团会因相互作用而形成"锁定"的失活构象，即有机溶剂的低介电常数往往会导致蛋白质带电基团之间更强的静电作用，使酶的"刚性"更强。通常在有机溶剂中对于酶的催化活性存在一最佳水含量。水含量低于最佳值时，酶构象过于"刚性"而影响或失去催化活性。水含量高于最佳值时，酶结构的柔韧性过大，会引起酶结构改变而失活。只有在最佳水含量时蛋白质结构的动力学刚性和热力学稳定性之间达到最佳平衡点，酶才表现出最大活力。但不同溶剂达到最大反应速率时水活度变化不大，一般在 0.5~0.6。

五、温度的控制

温度是影响酶催化作用的主要因素之一：一方面，随着温度的升高，化学反应速度加快；另一方面，酶是生物大分子，过高的温度会引起酶的变性失活。两种因素综合，在某一特定的温度下，酶催化的反应速度达到最大，这个温度称为酶反应的最适温度。

在微水有机介质中，由于水含量低，酶的热稳定性增强，所以其最适温度高于在水溶液中催化的最适温度。但是温度过高，同样会使酶的催化活性降低，甚至引起酶的变性失活。因此，需要通过试验确定酶反应的最适温度。

要注意的是酶与其他非酶催化剂一样，温度升高时，其立体选择性降低。这一点在有机介质的酶催化过程中尤为重要，因为手性化合物的拆分是有机介质酶催化的主要应用领域，必须通过试验，控制适宜的反应温度，使酶催化反应在较高的反应速度以及较强的立体选择性条件下进行。

六、pH 的控制

在酶的催化过程中，pH 影响酶活性中心基团和底物的解离状态，从而影响酶的催化反应。但在某一特定的 pH 下，酶的催化反应速度达到最大，这个 pH 称为酶催化反应的最适 pH。

研究结果表明，酶在有机介质中催化的最适 pH 通常与在水溶液中催化的最适 pH 相同或者接近。因为在有机介质中，与酶分子基团结合的必需水维持酶分子的空间构象，而且只有在特定的 pH 和离子强度条件下，酶活性中心上的基团才能达到最佳的解离状态，从而保持其催化活性。

在有机介质中，酶的催化活性与酶所在缓冲溶液的 pH 和离子强度有密切关系。研究表明，酶分子从缓冲溶液转到有机介质后，酶分子保留了原有的 pH 印记。也就是说，酶分子在有机介质中保持了原有 pH 状态下的解离状态。因此可以通过调节缓冲溶液 pH 和离子强度的方法对有机介质中酶催化的 pH 和离子强度进行调节控制。

第五节 酶非水相催化的应用

酶在非水介质中可以催化多种反应发生，从而生成一些具有特殊功能的产物。酶非水相催化主要应用于以下方面：手性药物的拆分、生物能源、手性高分子聚合物的制备、酚树脂的合成、导电有机聚合物的合成、食品添加剂的生产、甾体转化等领域（表5-3）。

表 5-3　　　　　　　　　　酶非水相催化部分应用

酶	催化反应	应用
脂肪酶	酯合成	醇与有机酸合成酯类
	转酯	各种酯类生产
	聚合	二酯的选择性聚合
	酰基化	甘醇的酰基化
蛋白酶	肽合成	合成多肽
	酰基化	糖类酰基化

续表

酶	催化反应	应用
羟基化酶	氧化	甾体转化
过氧化物酶	聚合	酚类、胺类化合物的聚合
多酚氧化酶	氧化	芳香化合物的羟基化
胆固醇氧化酶	氧化	胆固醇测定
醇脱氢酶	酯化	有机硅醇的酯化

一、手性药物的拆分

手性（chirality）化合物是指化学组成相同，而其立体结构互为对映体的两种异构体化合物。自然界中组成生物体的基本物质，例如蛋白质、氨基酸、糖类等都属于手性化合物。有很多手性药物，其两种对映体的化学组成相同，但是其药理作用却不同，药效也存在很大差别。

（一）手性药物两种对映体的药效差异

根据两种对映体之间的药理、药效差异，手性药物可以分为 5 种类型：①一种对映体有显著疗效，另一种对映体疗效很弱或者没有疗效；②一种对映体有疗效，另一种却有不良反应；③两种对映体的药效相反；④两种对映体具有各自不同的药效；⑤两种消旋体的作用具有互补性。

对于上述①~④类的手性药物，两种对映体的药理、药效都有很大的不同，所以有必要进行对映体的拆分。只有在⑤类的情况下，才是使用消旋体为好。可见手性药物的拆分具有重要意义和应用价值（表5-4）。故此，许多国家和地区都制定了有关手性药物的政策和法规，这大大推动了手性药物拆分的研究和生产应用。有机介质中酶催化反应在手性药物拆分的研究、开发方面，具有广阔的应用前景。

表5-4　　　　　　　　　　手性药物两种对映体的药理应用

药物名称	有效对映体的作用	另一种对映体的作用
普萘洛尔（propranolol）	S 构型，治疗心脏病，β-受体阻断剂	R 构型，钠通道阻滞剂
萘普生（naproxen）	S 构型，消炎、解热、镇痛	R 构型，疗效很弱
青霉素胺（penicillamine）	S 构型，抗关节炎	R 构型，突变剂
羟基苯哌嗪（dropropizine）	S 构型，镇咳	R 构型，有神经毒性
酮基布洛芬（ketoprofen）	S 构型，消炎	R 构型，防治牙周病
乙胺丁醇（ethambutol）	S 构型，抗结核病	R 构型，致失明
奈必洛尔（nebivolol）	右旋体，治疗高血压，β-受体阻断剂	左旋体，舒张血管

（二）酶在手性化合物拆分方面的应用

1. 环氧丙醇衍生物的拆分

2,3-环氧丙醇单一对映体的衍生物是一种多功能手性中间体。它可以用于合成 β-受体阻断剂、人类免疫缺陷病毒（HIV）蛋白酶抑制剂、抗病毒药物等多种手性药物。其消旋体可以在有机介质体系中用酶法进行拆分，获得单一对映体。

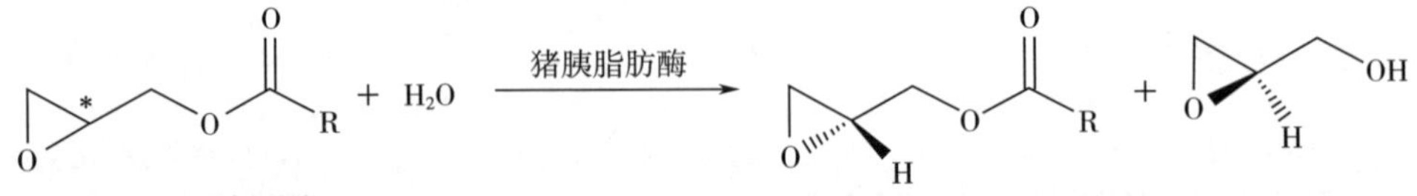

丁酸-2,3-环氧丙酯

2. 芳基丙酸衍生物的拆分

2-芳基丙酸是手性化合物，其单一对映体衍生物是治疗关节炎、风湿病的消炎镇痛药物（如布洛芬、萘普生等）的活性成分。用脂肪酶在有机介质体系中进行消旋体的拆分，可以得到 S 构型的活性成分。

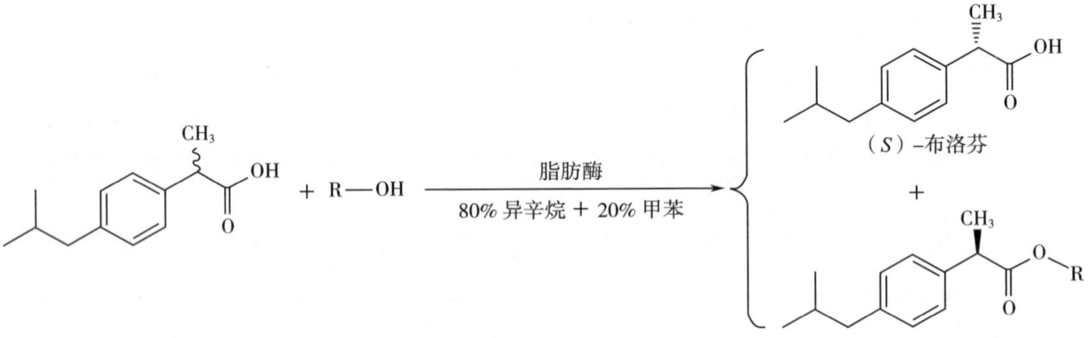

（S）-布洛芬

（R）-布洛芬乙酯

3. 苯甘氨酸甲酯的拆分

苯甘氨酸的单一对映体及其衍生物是半合成 β-内酰胺类抗生素，如氨卡青霉素等的重要侧链。脂肪酶在有机介质中通过不对称氨解反应，可以拆分得到单一对映体。

二、手性高分子聚合物的制备

蛋白质、核酸、多糖等生物大分子都属于手性高分子聚合物，手性对于生物体的新陈代谢有重要意义。研究表明，手性对于人工合成的高分子有机化合物的物理特性和加工特性都有明显影响，所以手性有机材料的研究开发越来越受到重视。

利用脂肪酶等水解酶在有机介质中的催化作用，可以合成多种具有手性的聚合物，可用作生物降解的高分子材料、手性物质吸附剂等。

（一）可生物降解的聚酯的合成

利用脂肪酶在甲苯、乙醚、四氢呋喃、乙腈等有机介质中的催化作用，将选定的有机酸和醇的单体聚合，可以得到可生物降解的聚酯。例如，猪胰脂肪酶在乙醚介质中，催化3,4-环氧己二酸-2-三氯乙酯与1,4-丁二醇的反应，聚合生成可生物降解的聚酯。

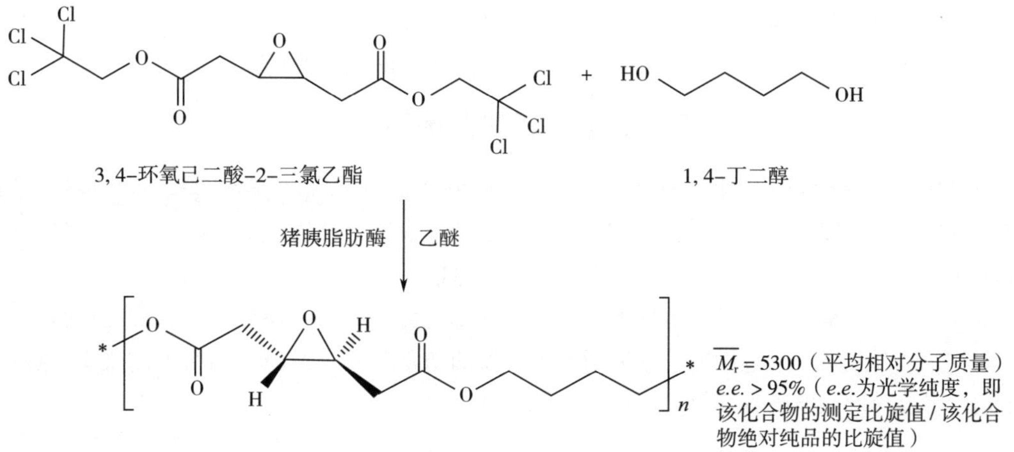

3,4-环氧己二酸-2-三氯乙酯 + 1,4-丁二醇

猪胰脂肪酶 / 乙醚

$\overline{M_r}$ = 5300（平均相对分子质量）
e.e. > 95%（e.e.为光学纯度，即该化合物的测定比旋值/该化合物绝对纯品的比旋值）

（二）糖脂的合成

糖脂是一类由糖和酯类聚合而成的有重要应用价值的可生物降解的聚合物。例如，高级脂肪酸的糖脂是一种高效无毒的表面活性剂，在医药、食品等领域广泛应用。

1986 年，克利巴诺夫（Klibanov）首次进行有机介质中酶催化合成糖脂的研究，利用枯草杆菌蛋白酶在吡啶介质中将糖和酯类聚合，得到 6-O-酰基葡萄糖脂。此后，采用不同的糖为羟基供体，以各种有机酸酯为酰基供体，以蛋白酶、脂肪酶等为催化剂，在有机介质中反应，获得各种糖脂。

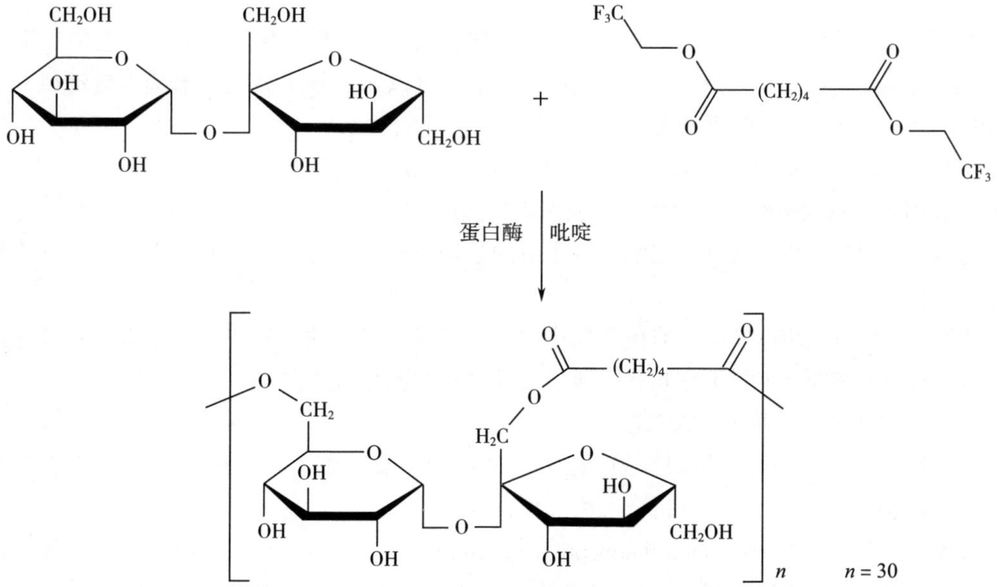

蛋白酶 / 吡啶

n = 30

三、酚树脂的合成

酚树脂是一种广泛应用的酚类聚合物，通常在甲醛存在的条件下通过酚类物质聚合而成，可以用作黏合剂、化学定影剂等，由于在生产和使用过程中甲醛会引起环境污染，需要寻求一

种无甲醛污染的树脂。

辣根过氧化物酶（horseradish peroxidase，HRP）在二氧六环与水混溶的均一介质体系中，可以催化苯酚等酚类物质聚合，生成酚类聚合物，有望实现酚树脂的绿色生产。

四、导电有机聚合物的合成

有机聚合物通常是绝缘体。1977年，麦迪阿米德（Macdiarmid）制备得到碘掺杂的聚乙炔，其导电率达到了金属的水平，打破了有机聚合物都是绝缘体的传统观念。此后人们又相继研究出聚吡咯、聚苯胺等导电聚合物，具有良好的应用前景。

辣根过氧化物酶可以在与水混溶的有机介质（如乙醇、二氧六环等）中，催化苯胺聚合生成聚苯胺。聚苯胺具有导电性能，可以用于飞行器的防雷装置，以免受到雷电的袭击，也可用作雷达、屏幕等的微波吸收剂等。

五、发光有机聚合物的合成

新型光学材料在激光技术、光电计算机等方面都有重要应用，是当今材料科学与工程领域的研究热点之一。

非线性光学材料是激光技术的物质基础之一。研究表明，有机非线性光学材料的倍频效应比无机材料高几百倍，激发响应时间比无机材料快上千倍。在有机介质中，通过酶的催化作用聚合而成的聚酚类物质具有较高的三阶非线性光学系数，是一类具有重要应用前景的非线性光学材料。

六、食品添加剂的生产

食品添加剂是指为改善食品品质和色、香、味，以及为防腐、保鲜和加工工艺需要而加入食品中的人工合成或者天然物质。食品添加剂的生产可以通过分离提取技术从天然动植物或微生物中获得，也可以通过微生物发酵、酶法转化或化学合成法生产。

利用酶在有机介质中的催化作用，可以获得人们所需的食品添加剂。

1. 利用脂肪酶或酯酶的催化作用生成所需的酯类

利用脂肪酶的作用，将甘油三酯水解生成的甘油单酯，简称为单甘酯，是一种广泛应用的食品乳化剂。

此外，还可以利用脂肪酶在有机介质中的转酯反应，将甘油三酯转化为具有特殊风味的可可脂等；利用酯酶催化小分子醇和有机酸合成具有各种香型的酯类等。

2. 利用嗜热菌蛋白酶生产天苯肽

天苯肽是由天冬氨酸和苯丙氨酸甲酯缩合而成的二肽甲酯，是一种用途广泛的食品甜味剂，可以通过嗜热菌蛋白酶在有机介质中催化合成。

嗜热菌蛋白酶（thermolysin，thermophilic-bacterial proteinase）是由嗜热细菌生产得到的一种蛋白酶。它在有机介质中催化L-天冬氨酸（L-Asp）与L-苯丙氨酸甲酯（L-Phe-Ome）反应生成天苯肽（L-Asp- L-Phe-Ome）。

七、生物柴油的生产

柴油是石油化工产品，由于石油属于不可再生能源，石油资源的短缺是世界面临的危机之一，寻求新的可再生能源已经成为世界性的重大课题。

生物柴油是由动物、植物或微生物油脂与小分子醇类经过酯交换反应而得到的脂肪酸酯类物质，可以代替柴油作为柴油发动机的燃料使用。由于动植物和微生物油脂属于可再生资源，因此，生物柴油的生产具有重大意义。

生物柴油可以采用酸、碱催化油脂与甲醇之间的转酯反应，生成脂肪酸甲酯。但在反应过程中使用过量的甲醇，使后处理过程变得较为繁杂，同时废酸（碱）会造成二次污染。

在有机介质中，脂肪酶可以催化油脂与小分子醇类的酯交换反应，生成小分子的酯类混合物，不仅反应条件温和、工艺简单，而且不会造成二次污染。

八、多肽的合成

1. α-胰蛋白酶合成多肽

α-胰蛋白酶可以催化 N-乙酰色氨酸与亮氨酸合成二肽。

$$N-乙酰色氨酸 + 亮氨酸 \rightleftharpoons N-乙酰色氨酰-亮氨酸 + 水$$

该反应在水溶液中进行时，合成率仅为 0.1% 以下，而在乙酸乙酯和微量水组成的系统中，合成率可达近乎 100%。

2. 嗜热菌蛋白酶合成多肽

嗜热菌蛋白酶除了催化天冬氨酸和苯丙氨酸甲酯缩合生成天苯肽以外，还可以在有机介质中催化 L-天冬氨酸与 D-丙氨酸缩合生成天丙二肽等。

3. 脂肪酶合成多肽

脂肪酶在有机介质中可以催化青霉素前体肽等多肽的合成。

九、甾体转化

许多微生物和植物的细胞、组织中含有催化各种甾体转化的酶，如 5β-羟化酶、17-羟基化酶等。在酶催化甾体转化过程中，由于甾体在水中的溶解度低，反应受到限制，转化率很低。而在由有机溶剂和水组成的两相系统中，可大大提高甾体转化率。例如，可的松转为氢化可的松的酶促反应，在水-乙酸丁酯或水-乙酸乙酯组成的系统中，转化率可分别达到 100% 和 30%。

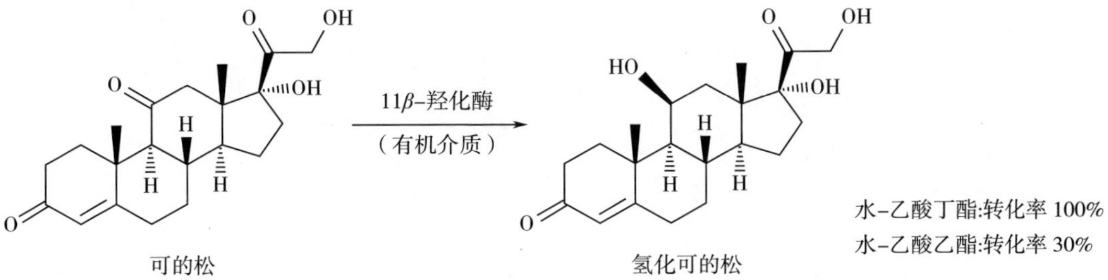

可的松 $\xrightarrow[\text{（有机介质）}]{11\beta\text{-羟化酶}}$ 氢化可的松

水-乙酸丁酯:转化率 100%
水-乙酸乙酯:转化率 30%

酶的非水相催化技术的研究，不但在理论上提高了对酶催化的认识，而且在实际应用中具有重要的意义。它将有力地促进酶在有机合成方面的应用，推动酶工程的进一步发展。

> **思考题**
>
> 1. 什么是酶的非水相催化？其特点是什么？
> 2. 根据介质的差异，酶的非水相催化可分成哪几种类型？它们各自如何构建？各自有哪些特点？
> 3. 有机介质中的酶催化反应体系有哪几种？它们各自如何构建？各自有哪些特点？
> 4. 简述酶在有机介质中的催化特性。
> 5. 简述有机介质中酶催化反应体系的构建，包括酶的选择、底物的种类和浓度、介质的选择、水含量的控制和温度、pH等反应条件控制。
> 6. 简述酶非水相催化反应在手性分子拆分、生物能源、手性高分子聚合物制备、食品添加剂生产和甾体转化等领域的应用原理、方法及效果。

第六章 酶学研究方法

学习目标

1. 掌握酶的提取、分离纯化原理及主要研究方法，深入认识不同研究方法的选择依据、优化次序、鉴定手段，提升基础研究能力。
2. 掌握酶的结构解析及催化机制的主要研究手段，结合实例理解研究过程中的关键影响因素和方法联用原理，增强解析新酶酶学性质的科学思维和创新意识。
3. 学习自然界新酶源的筛选策略和分子改造手段，掌握工程菌的构建方法和发酵优化重要参数，深入认识工业化制备优良酶制剂的研究思路，不断提高在方法学、技术手段和工程化方面的持续开拓精神和创新能力。

酶在食品体系中具有广泛分布和应用，食品酶学研究的首要核心是从自然界中获取具有不同催化性能的酶原并对其结构和催化机制进行深入解析，进而指导酶的进一步分子改造以实现在食品工业体系中的应用。本章将介绍酶的提取材料选择及主要提取方法，不同分离纯化方法的选择依据、次序、纯度鉴定及定量评价，酶的结晶制备及结构解析方法，结合实验及模拟计算的酶催化机制解析。学习过程中应关注食品酶提取、分离纯化的目的差异、原理差异、组合优化原则，充分利用这些基础研究方法在自然界中挖掘新酶并规模化制备纯酶，树立可持续发展观，培养严谨踏实的治学态度和探索精神；解析新酶基础酶学结构及催化机制，增强食品绿色制造的源头创新能力，开发具有自主知识产权的酶制剂，推动中国食品绿色制造的科技创新及产业高质量发展。

第一节 酶的提取

一、材料的选择

（一）目标

选择什么起始材料来纯化一种酶，取决于研究工作的类型。如果需要研究一种特定的酶，而不必顾及它的来源，那么可以选择一种含有大量此种酶，而且又能大量供应的材料作为起始材料。例如，和其他植物相比较，辣根含有很高浓度的过氧化物酶；在均质化的肌肉渗出液中，20%的总蛋白质是磷酸丙糖脱氢酶。表6-1中所示为几种酶在不同来源中的相对数量。如果需要研究特殊来源中的一种特殊的酶，那么在起始材料上就没有选择余地，尽管在此种特殊的材料中酶的浓度不一定很高。

表6-1　　　　　　　　　　　几种酶在不同来源中的相对数量

酶	来源	相对数量
聚半乳糖醛酸酶	番茄	100
	菠萝	2.4
	梨	1.6
	胡萝卜	0
脂肪氧合酶	大豆	100
	绿豆	47
	豌豆	35
	小麦	2
	花生	1
过氧化物酶	豌豆	100
	青刀豆	62
	菠菜	32
	菜豆	18

（二）用微生物培养的方法富集

对于微生物，通过改变生长介质的成分能够增加酶的浓度。在某种程度上，动物也是如此。许多微生物酶是可以诱导的：细菌生长在蛋白质或碳水化合物含量高的培养基中，能分别诱导产生蛋白酶和糖酶，这类诱导是十分特异的；细菌生长在以麦芽糖为唯一碳源的介质中，能诱导产生高浓度的麦芽糖酶。因此，当没有诱导作用时，一种酶的含量仅占生长介质中总蛋白质的0.1%以下，而当有诱导作用存在时，能占到1%～20%。

（三）酶浓度随生物体或组织器官的年龄而变动

某种酶含量在一种生物体整个生活循环中的各个阶段是不同的。在早期阶段，它可能基本不存在，然后逐渐增加到最高水平，再开始下降。图6-1所示为用枯草芽孢杆菌生产聚半乳糖醛酸转移酶的情况。在24h时细胞的数量达到最高值，但是直到48h都没有形成可检出的酶，而这时已有相当数量的细胞死亡。

有些酶存在于未成熟的水果中，而不存在于成熟的水果中，或相反。当测定存在于未成熟水果中的酶活力时，会碰到一个问题，那就是当细胞由于均质化而破裂时，体内存在的高含量酚类化合物将与酶结合，从而导致酶的失活。因此，有必要指出，在绿色水果中可能一些酶的含量较高，但测定的结果会得到酶活力低的结论。

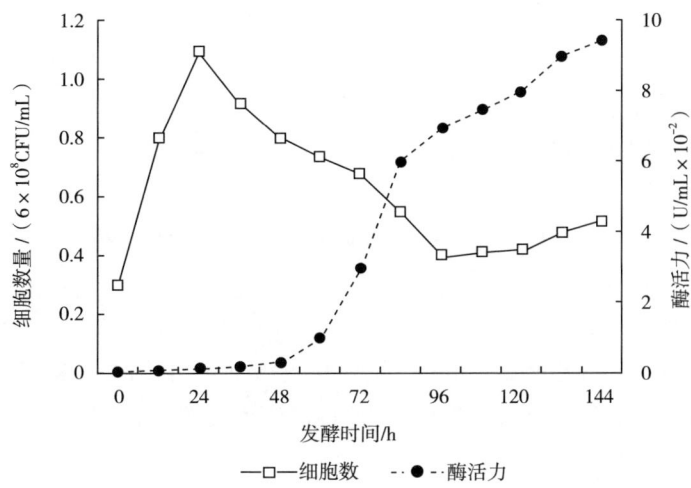

图 6-1 枯草芽孢杆菌生产聚半乳糖醛酸转移酶的情况

(四) 酶的集中分布

酶在生物体内是集中分布的。在水果中，酶富集在靠近皮和核的部位，而在主体部分酶的浓度较低。在测定酶在生物体各个部位的浓度之后，有可能采用生物体的某一部位作为酶的最主要的来源。这样的筛选，比起采用整个生物体作为起始材料可使酶富集 10~100 倍。

即使在生物体某一器官中，酶的浓度也不是均匀的。例如，在种子中，一种酶可能富集在糊粉层、胚乳或种子的其他部分；在叶子中，酶可能存在于色素粒、叶绿体和线粒体等部分。酶几乎存在于所有细胞中，例如细胞膜上有转移酶、细胞质中有脱氢酶，酶亦存在于各种细胞器中。用差速离心法可以将细胞的不同细胞器分离，在亚细胞水平上的分级能使酶富集 10~20 倍。

二、细胞的破碎

当所需的酶为胞内酶时，便需要对细胞进行破碎。按照是否存在外加作用力，破碎的方法可分为机械法和非机械法两大类，图 6-2 所示为一些主要方法。机械法中的高速珠磨法和高压均质法不仅在实验室被广泛采用，而且已经应用于工业生产中，超声破碎法则普遍用于实验室规模。非机械法中的酶溶法和化学渗透法目前在实验室中的研究开发也相当活跃。虽然压榨法

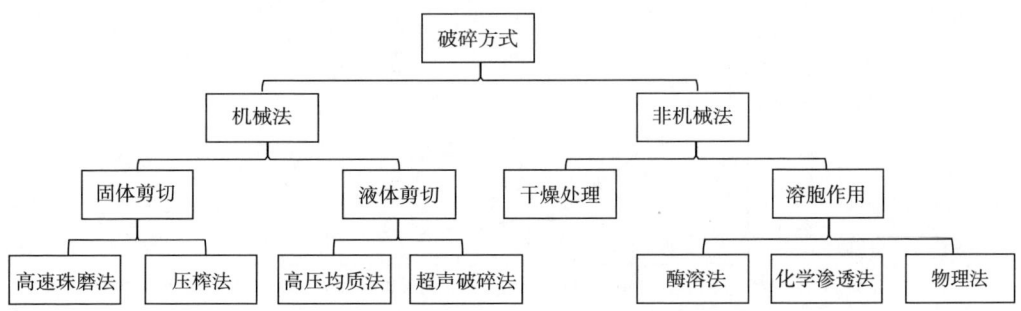

图 6-2 细胞破碎方法分类及主要方法

和冷冻融化法等细胞破碎的原理相对简单,且在实验室范围也经常使用,但其工业化应用受到诸多因素的限制,尤其是大量处理时的能耗问题,因此这里不再赘述。目前人们仍在探寻新的细胞破碎方法,如超临界 CO_2 破碎法、高压脉冲电场破碎法、激光破碎法、冷冻-喷射法、高速相向流撞击法等,细胞破碎技术的研究有待不断深入和完善。

(一) 高压均质法

同所有的机械破碎方式一样,高压均质法破碎细胞实质上是将细胞壁和细胞膜撕裂,靠胞内的渗透压将其内含物全部释放出来。破碎的难易程度无疑由细胞壁的机械强度决定,而细胞壁的机械强度则由微生物的形态(morphology)和生理状态(physiology)决定,因此细胞的培养条件,包括培养基(限制型或复合型)、生长期(对数期、静止期)、稀释率等,都对细胞破碎有影响。胞内物质释放的快慢则由内含物在胞内的位置决定,胞间质的释出先于胞内质,而膜结合酶最难释放。

人们普遍关心的是活性物质在破碎过程中的失活问题。研究表明,蛋白质和酶的失活主要是由匀浆过程中产生的热导致的,如果能将温度控制在35℃以下,那么酶活损失可以忽略。对于温度敏感性物质,低温操作是必须的。高压均质一般需多级操作,每次循环前往往进行级间冷却。尽管提高压力有利于细胞破碎,但是提高压力需增加能耗,同时为移走产生的热量也会增加额外的能源消耗。机械破碎的能耗主要包括提供动力(如压力)消耗的能量以及低温操作消耗的能量。

(二) 高速珠磨法

高速珠磨法是一种有效的细胞破碎方法,常用的设备是珠磨机。微生物细胞悬浮液与极细的研磨剂(通常是直径<1mm 的无铅玻璃珠)在搅拌桨作用下充分混合,珠子之间以及珠子和细胞之间的互相剪切、碰撞,促进细胞壁破裂,释出内含物。在珠液分离器的协助下,珠子被滞留在破碎室内,浆液流出,从而实现连续操作。破碎中产生的热量由夹套中的冷却液带走。

影响珠磨破碎的因素很多,在珠磨机硬件确定条件下,转速、进料速度、珠子直径与用量、细胞浓度、冷却温度等参数对细胞破碎有不同的影响,同时这些因素也有内在的联系。进料速度与微生物浓度、细胞破碎率、能耗之间的关系如图6-3所示。

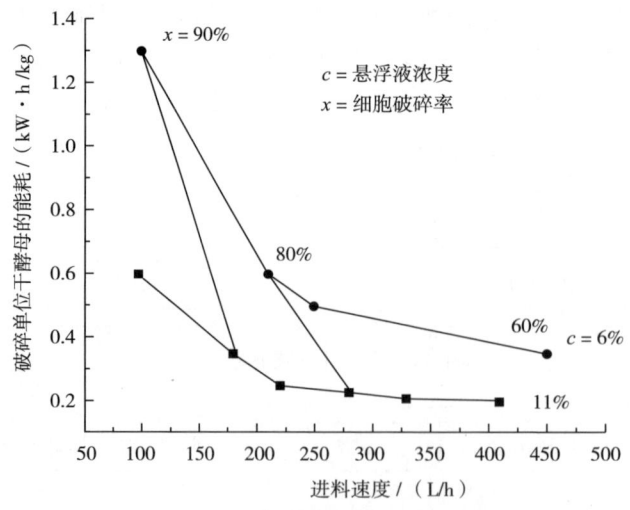

图6-3 酵母细胞珠磨破碎的实验结果

珠磨机是采用夹套冷却的方式实现温度控制的，一般情况下能够将温度控制在要求的范围内。珠磨破碎的能耗跟细胞破碎率成正比。提高破碎率，需要增加装珠量、延长破碎时间或提高转速，这些措施不仅使电能消耗增加，而且会产生较多热量，引起浆液温度升高，增加制冷费，导致总能量消耗增加。实验表明，破碎率>80%时，能耗大大提高（图6-3）。不仅如此，高破碎率还会给后分离带来麻烦。对于可溶性胞内产物的提取，细胞破碎后必须进行固-液分离，将细胞碎片除去。尽管采用高速离心、微孔膜过滤或双水相萃取等技术可以除去碎片，但是破碎率越高、碎片越细小，清除碎片越困难，并且必须考虑可能因此增加的产物活性的损失。总之，不管是高压匀浆，还是珠磨破碎，都不能一味追求高破碎率，细胞破碎必须兼顾上下游过程。

（三）超声破碎法

声频高于15~20kHz的超声波在高强度声能输入下可以进行细胞破碎，其破碎机制可能与空化现象（cavitation phenomena）引起的冲击波和剪切力有关。空化现象是在强超声波作用下，气泡形成、长大和破碎的现象。超声破碎与声频、声能、处理时间、细胞浓度、菌种类型等因素有关。

超声破碎在实验室规模应用较普遍，处理少量样品时操作简便、液量损失少，但是超声波产生的化学自由基团能使某些敏感活性物质变性失活，噪声令人难以忍受，而且大容量装置的声能传递、散热均有困难，因而超声破碎的工业应用潜力有限。

（四）化学渗透法

某些有机溶剂（如苯、甲苯）、抗生素、表面活性剂（SDS、TritonX-100）、螯合剂（EDTA）、变性剂（盐酸胍、脲）等化学试剂都可以改变细胞壁或膜的通透性，从而使内含物有选择地渗透出来，这种处理方式称为化学渗透法。

化学渗透取决于化学试剂的类型以及细胞壁和膜的结构与组成，各种化学试剂对不同种类细胞作用的情况见表6-2。不同试剂对各种微生物细胞作用的部位和方式有所差异。

表6-2　　　　　　　　　针对不同细胞的化学渗透处理方式

细胞类别	变性剂	清洁剂	溶剂	酶	抗生素	生物试剂	螯合剂
革兰氏阴性	×	×	×	×			×
革兰氏阳性		×		×			
酵母	×	×		×	×	×	
植物细胞		×			×	×	
巨噬细胞		×	×			×	

（1）EDTA作为螯合剂，可用于处理革兰氏阴性菌（如 *E. coil*），对细胞的外层膜有破坏作用。革兰氏阴性菌的外层膜结构通常是靠二价阳离子 Ca^{2+} 或 Mg^{2+} 结合脂多糖和蛋白质来维持的，一旦EDTA将 Ca^{2+} 或 Mg^{2+} 螯合，大量脂多糖分子将脱落，使外层膜出现孔洞。这些区域由内层膜的磷脂来填补，致使该区域通透性增强。

（2）有机溶剂常用的是甲苯，它能溶解细胞膜的磷脂层。

(3) TritonX-100 是非离子型清洁剂，对疏水性物质具有很强的亲和力，能结合并溶解磷脂，因此其作用部位主要是内膜的双磷脂层。TritonX-100 常与其他试剂混合使用。

(4) 盐酸胍（guanidine hydrochloride）和脲（urea）是常用的变性剂。一般认为胍能与水中氢键作用，削弱了溶质分子间的疏水作用，从而使疏水性化合物溶于水溶液，如胍能从大肠杆菌膜碎片中溶解蛋白。

（五）酶溶法

酶溶法就是用生物酶将细胞壁和细胞膜消化溶解的方法。常用的溶酶有溶菌酶、β-1,3-葡聚糖酶、β-1,6-葡聚糖酶、蛋白酶、甘露糖酶、糖苷酶、肽链内切酶、壳多糖酶等，细胞壁溶解酶是几种酶的复合物。溶菌酶主要对细菌类起作用，其他酶对酵母作用显著。

自溶（autolysis）是一种特殊的酶溶方式，控制条件（温度、pH、添加激活剂等）可以增强系统自身的溶酶活性，使细胞壁自发地溶解。

溶酶同其他酶一样具有高度的专一性，蛋白酶只能水解蛋白质，葡聚糖酶只对葡聚糖起作用，因此，利用溶酶系统处理细胞必须根据细胞的结构和化学组成选择适当的酶，并确定相应的使用顺序。

用酶溶法剥离细胞壁，将原生质体进行融合，是细胞工程常用的方法。除此之外酶溶法还应用于：①释出克隆的胞内蛋白；②制取特殊的壁葡聚糖聚合物；③与机械细胞破碎法协同作用；④从细胞内不同位置选择性地释放产物。使用溶酶系统时需注意控制温度、pH、酶用量及使用次序等。

（六）超临界 CO_2 破碎法

近年来，超临界 CO_2 流体技术除了用于物质萃取，也用于破碎细胞，其原理如下：将原料投入高压容器，加压至设定值后，保持一定时间使 CO_2 充分渗透到细胞内，再打开容器的气体出口阀，使得压力骤然下降，由于细胞内外的巨大压力差，能够撑破细胞壁与细胞膜，达到破碎细胞的目的。该方法能够较容易地击碎植物和微生物细胞壁，使细胞内大量物质溶出。由于超临界 CO_2 具有黏度小、溶解性大等特点，破碎和萃取往往可以一体化进行，但对设备要求较高。

（七）高压脉冲电场破碎法

高压脉冲电场是一种通过在处理室两电极上施加高压脉冲电场来对处理室内的样品进行处理的加工破碎技术（图 6-4）。其原理在于施加于细胞膜上的电场强度达到一定的阈值后，细胞膜产生电穿孔，细胞膜的通透性增加，使细胞的内含物更容易通过渗透而释放出来。当施加的电场强度长时间超过细胞膜穿孔电场强度阈值时，细胞膜出现大面积穿孔，直至最后发生细胞破碎。其穿孔破碎特性（如可逆与否、穿孔破碎程度等）可

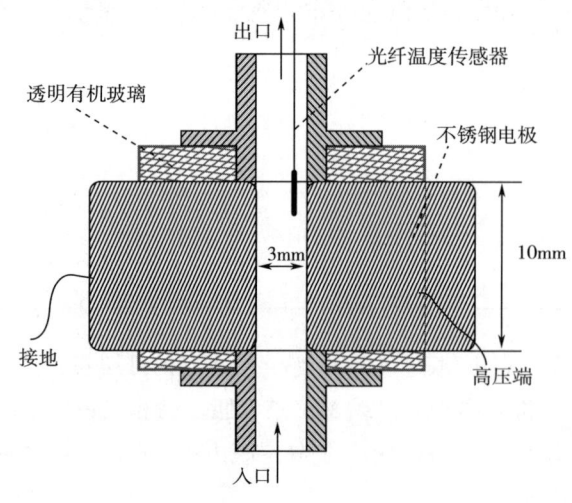

图 6-4　高压脉冲电场处理室简易图

通过电场强度和处理时间等参数来调控。

(八) 机械法与非机械法的比较

以高压均质法和珠磨法为代表的机械法与以化学渗透法和酶溶法为代表的非机械法相比各有特点，表6-3对二者进行了比较。

表6-3　　　　　　　　　　机械破碎法与非机械破碎法比较

比较项目	机械破碎法	非机械破碎法
破碎机制	切碎细胞	溶解局部壁膜
碎片大小	碎片较小	细胞外形较为完整
内含物释放	全部	部分
黏度	高（核酸多）	低（核酸少）
时间、效率	时间短、效率高	时间长、效率低
设备	需专用设备	不需专用设备
通用性	强	差
经济性	成本低	成本高
应用范围	实验室、工业范围	实验室范围

三、提取过程优化

酶的提取既要考虑获取大量酶，又要保证酶的活性，因此需要对提取工艺进行优化。工艺优化的内容主要包括细胞破碎方法的选择、溶剂的选取和相关参数的优化。具体的流程是先对主要工艺进行方法确定，如选择细胞破碎方式、提取溶剂等；再对提取工艺参数进行范围测定，如提取温度、提取时间、提取溶剂的pH、料液比等；最后对所选取的参数范围进行更细致的优化，确定最终的工艺条件。常用的优化方法有：单因素试验法、正交试验法、响应面法，有计算机基础的可采用更为高级的优化方法，如人工神经网络算法优化、遗传算法优化、粒子群算法优化等。在优化过程中，对粗酶的测定，除了需要测定总酶量以外，酶活也是一项重要的参考指标，因为极端提取条件有可能获得大量的酶，但酶在此条件下可能已失活，如高温、强酸强碱、强破坏力的超声条件等。

第二节　酶的分离纯化

一种物质能否成功地同另一种物质分离，取决于它是否具有特殊的性质。能在分离方法中利用的酶的主要性质是大小、电荷、溶解度和特异性结合位置。以这些性质的差别为基础的分离纯化方法如表6-4所示。

表6-4　　　　　　　　　　　　　分离纯化酶的主要方法

性质	方法	规模
大小和质量	离心	大或小
	凝胶过滤	小
	透析、超过滤	小
电荷	离子交换色谱	大或小
	电泳	小
	等电聚焦	小
溶解度	改变pH	大
	改变离子强度	大或小
	降低介电常数	大
特异性结合位置	亲和色谱	小
	亲和洗脱	大或小

一、根据大小和质量不同进行分离的方法

（一）离心

离心法所产生的高离心力场（达到 $300g$）能将酶这样的大分子沉降下来。虽然特定酶的沉降速度取决于各种因素，包括分子的大小、形状以及溶液的黏度等，但是，一般来说，相对分子质量越大，沉降的速度越快。由于在高离心力场条件下使用超离心方法只能处理小体积（几毫升）的试样，因此，在纯化步骤中不能广泛地使用这个方法。在分离过程中通常使用离心法除去沉淀或不溶物质，如在均质化后除去细胞碎片或在加入硫酸铵后收集沉淀下来的酶，此时仅需要较低的离心力场（$500\sim5000g$），因此可处理几升的试样。

（二）凝胶过滤

在凝胶过滤中，将不同大小的分子分开是依据它们进入颗粒状凝胶内微孔的能力不同这一性质。最广泛使用的凝胶类型是 Sephadex（交联葡聚糖）和 Bio-Gel（交联聚丙烯酰胺）。当试样通过凝胶时，能进入颗粒状凝胶微孔的小分子被阻滞，不能进入微孔的大分子未被阻滞。改变颗粒状凝胶微孔的大小（微孔的大小是被颗粒状凝胶制备时的交联度所控制的），有可能改变凝胶的相对分子质量分级分离范围。例如，Sephadex G-100 对球蛋白分级分离的相对分子质量范围是 4000~150000。如果酶分子形状和球形差得很远，那么它们从凝胶柱洗脱出来的位置就会和预期不同。凝胶过滤可以分离大量的样品，但是使用大柱很耗费时间，而且填充大柱所要的大量凝胶是昂贵的。在大多数情况下，此方法仅在酶纯化的后期（小量试样）采用。

（三）透析和超过滤

透析膜，例如赛璐玢，它的作用像带有微孔的筛子，微孔能使相对分子质量达到 20000 的大分子通过，但更大的分子则不能通过。当然，通过各种不同的机械和化学处理可以改变微孔的大小。虽然透析一般不能将试样中不同的酶彼此分离，但是它在纯化过程中被广泛地用来将

酶液中的盐、有机溶剂或低相对分子质量的抑制剂除去。

在超过滤中，小分子和离子在施加压力（一般采用压力约 0.39MPa 的氮气，此压力约为 4atm）的情况下通过透析膜，使酶液浓缩，这个步骤能减少纯化过程中试样的体积。

二、根据电荷不同进行分离的方法

（一）离子交换色谱

离子交换色谱取决于带相反电荷基团的静电吸引。离子交换剂通常由一些载体（如纤维素和 Sephadex 等）经过改性后的衍生物所组成，DEAE-纤维素和 CM-纤维素就是其中的例子。

$$\text{纤维素}-O-CH_2-CH_2-HN^+\begin{array}{l}CH_2CH_3\\CH_2CH_3\end{array} \qquad \text{纤维素}-O-CH_2-CO_2^-$$

DEAE-纤维素 　　　　　　　　　　　CM-纤维素
（二乙基氨基乙基纤维素）　　　　　　（羧甲基纤维素）
$pK_a \approx 10$ 　　　　　　　　　　　$pK_a \approx 4$
结合带负电荷的基团　　　　　　　　　结合带正电荷的基团
阴离子交换剂　　　　　　　　　　　　阳离子交换剂

在纯化步骤中，酶液通常在低离子强度和与离子交换剂具有适当相互作用的 pH 条件下（酶和离子交换剂具有相反电荷）加入离子交换剂中。改变 pH 以改变结合基团的电荷，或者提高溶液的离子强度以增加与酶竞争离子交换剂结合位置的阳离子或阴离子，都可以导致解吸。采用逐渐增加离子强度的梯度洗脱，能根据酶（蛋白质）结合到离子交换剂上去的能力将混合物中的蛋白质分开。如采用改性形式的 Sephadex，能同时根据电荷和分子大小（在有限的程度上）完成分离。

离子交换色谱既可以在大规模，也可以在小规模水平上使用。在大规模水平上，采用分批处理的方式是较方便的，即将离子交换剂加到溶液中去吸附酶，然后将离子交换剂注入一个柱子，再采用离子强度梯度控制解吸。在小规模水平上，吸附和解吸都在柱子中进行。

离子交换这一步骤能达到的纯化倍数为 10 左右（根据比活力判断），也有报道更好结果的实例。在目前酶纯化的工作中，离子交换色谱得到了广泛的应用。

（二）电泳

电泳分离的依据是在外加电场的影响下，带电分子具有不同的运动速度。一种分子的运动速度取决于它们所带的电荷、分子大小和分子形状。可作为电泳支持介质的材料包括纸、纤维素粉末、淀粉和聚丙烯酰胺。用考马斯蓝与蛋白质结合使之染色的方法可以检定酶（蛋白质）在支持介质上的位置。虽然该技术通常在小规模或分析水平上（几毫克或更少）使用，但是也有可能在大规模的制备水平上应用此方法。

（三）等电聚焦

等电聚焦的依据不是带电基团在电场中的运动速度，而是它们在 pH 梯度中的平衡位置。如果凝胶中含有具有不同电荷性质和不同等电点的两性电解质构成的混合物，那么在外加电场的影响下，沿着凝胶能建立 pH 梯度。其机制可简述为：当电流流动时，带负电荷的分子向阳极运动，直至它遇到酸为止，酸中和电荷使分子停止运动。反过来，也可以解释带正电荷的分子在凝胶中运动的情况。根据此方式，两性电解质在凝胶中的分布将形成一个从阳极至阴极的

pH 逐渐增加的梯度（图 6-5）。

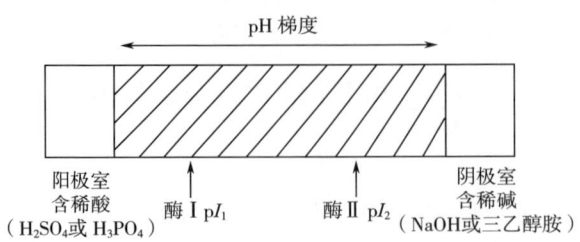

图 6-5　等电聚焦分布酶

一种酶在加入凝胶中后将移动到相当于其等电点的位置。例如，酶处在 pH 超过它的等电点的位置，它所带的净负电荷使之能继续向阳极移动到相当于它的 pI 处为止。这个方法有可能分离等电点稍有差别（0.01pH）的分子，因此，它是纯化步骤中非常有力的手段。

三、根据溶解度变化进行分离的方法

化合物在指定溶剂中的溶解度取决于溶质-溶质与溶质-溶剂之间作用力的平衡。如果前者占优势，化合物将不能溶解；如果后者占优势，化合物将溶解。在酶纯化过程中，有可能改变两种力之间的平衡，因而将有价值的酶沉淀下来，或者除去污染的酶。三个最重要的改变酶溶解度的方法是改变 pH、改变离子强度和降低介电常数。这些方法能在大规模的水平上应用，因此常在酶纯化的最初阶段采用。

（一）改变 pH

在等电点时，酶分子之间没有推斥力，溶解度最小，因此，将 pH 调节到适当的数值能将一种酶沉淀下来，改变 pH 也能用于沉淀不需要回收的酶和蛋白质。必须指出，检查需要回收的酶在 pH 改变时是否失活是非常重要的。

（二）改变离子强度

带电大分子一般微溶于纯水（无离子水），如加入离子，有助于分散大分子上所带的电荷使溶解度提高，这个现象称为盐溶效应。如果离子强度提高到超过某一数值，带电分子将会沉淀下来（盐析），这一现象的理论依据还不十分清楚，主要因素或许是在很高的盐浓度下，水的浓度显著下降，导致溶质溶剂相互作用减弱，从而使溶解度下降。在酶纯化过程中所选用的盐类是硫酸铵，其优点是价格低廉，在水中的溶解度高（在 25℃ 时，饱和溶液的浓度约为 4mol/L）且对大多数酶没有影响。通常，每种酶在某一特定的 $(NH_4)_2SO_4$ 浓度下开始沉淀，这就是改变离子强度使酶达到初步纯化的依据。例如，从初步试验中已知 $X_{酶}$ 在 50%$(NH_4)_2SO_4$ 饱和度沉淀，可以将 $(NH_4)_2SO_4$ 加入酶液中达到 45%饱和度，离心，除去不需要的蛋白质沉淀，然后在上层清液中加入更多 $(NH_4)_2SO_4$，使饱和度达到 55%，用离心的方法除去含有 $X_{酶}$ 的沉淀。

用 $(NH_4)_2SO_4$ 分级分离法能达到的纯化倍数通常小于 10，然而至少在两个实例中通过硫酸铵分级分离有可能得到纯酶，即兔肌肉中的甘油醛-磷酸脱氢酶和果糖-二磷酸醛缩酶。此法常在酶纯化的最初阶段用来减少需要处理的溶液的体积，这是因为沉淀的酶可以再溶解于少量的缓冲液中。

（NH_4）$_2SO_4$ 也常用来使酶形成结晶。将酶液中硫酸铵的浓度增加到产生轻微的混浊，在放置的过程中会生成酶的结晶。一些较大的结晶（1mm 数量级）适合于 X 射线结晶学研究。

（三）降低介电常数

加入能与水混溶的有机溶剂（例如乙醇或丙酮）可以降低溶液的介电常数，从而提高静电引力。虽然加入有机溶剂对溶质-溶质和溶剂-溶剂之间的作用力具有颇为复杂的影响，但是总的效果一般是导致带电大分子（如酶）沉淀下来。这个方法能在纯化的最初阶段处理大量样品。必须指出，加入有机溶剂有时会导致酶的失活，因此，在低温下操作以减少酶的失活是非常重要的。

四、根据特异性结合进行分离的方法

酶和底物之间通常具有高度特异性的相互作用，亲和分离法就利用了这种特异性，该方法包括亲和色谱和亲和洗脱。

（一）亲和色谱

在亲和色谱中，例如底物或竞争性抑制剂的分子通过共价键与惰性的载体（如琼脂糖）相连接，形成亲和载体。这些分子和需要纯化的酶之间具有特异性的相互作用。当混合物通过填充有亲和载体的柱子时，仅此种酶保留在柱子中，其他的酶和蛋白质被洗出柱子。然后加入底物，凭借它对酶分子结合部位的竞争作用，或者改变溶液的 pH、离子强度，削弱酶对亲和载体的结合，都可以使结合的酶解析（图 6-6）。

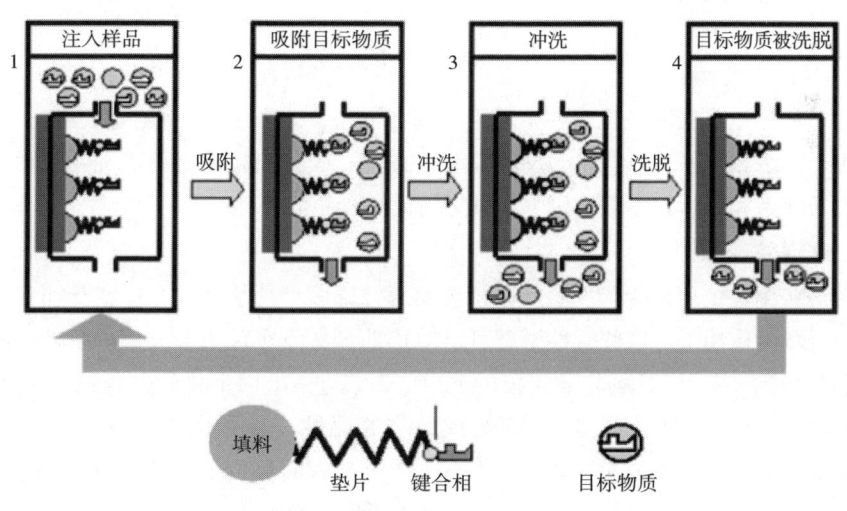

图 6-6 采用亲和色谱纯化酶的图解说明

原则上，采用这种简单的方法能从粗萃取液纯化一种酶，这类纯化工作的许多实例已有报道。然而在酶纯化中采用亲和色谱还涉及以下问题。

（1）将一种底物或抑制剂结合到载体上可能是一项困难的任务，并且还没完全搞清楚在结合过程中发生的反应。

（2）配位体结合到载体上可能会妨碍它与酶的结合和导致相互作用的特异性的丧失。因此，在某些情况下有必要在配位体和载体之间插入支撑臂，以防止载体对相互作用的干扰。然而最常用的支撑臂（1,6-二氨基己烷）本身可能参与酶的非特异性疏水相互作用，因此，曾提出采用亲水支撑臂。

（3）为使亲和色谱得到满意的结果，与载体结合的配位体和酶之间相互作用的强度必须落在一个正确的范围内。如果相互作用太弱，例如解离常数大于2mmol/L，那么酶将不会保留在柱子中；如果相互作用太强，那么必须在激烈的条件下才能将已结合的酶从柱子中洗脱下来，这会导致酶的失活。

（4）如果酶催化反应体系含有两个底物，会产生一些特殊的问题。例如，可以预料所有需要NAD^+参加的脱氢酶能"识别"结合NAD^+的载体。不同脱氢酶之间的差别在于它们与第二个底物的结合上，为了利用这些差别，必须特别注意洗脱的方法。以马肝乙醇脱氢酶为例，对含有与AMP类似物结合的载体的柱子，用NAD^+和酶的竞争性抑制剂吡唑的混合物可以完成特异性的洗脱。

尽管存在这些问题，亲和色谱对酶和其他生物分子，例如具有特异性结合部位的抗体的纯化做出了重要贡献。

（二）亲和洗脱

亲和洗脱是互补于亲和色谱的一项技术。对于前者，相互作用的特异性表现在从色谱的支持材料解吸这一阶段；对于后者，特异性表现在吸附阶段。在亲和洗脱中，有意义的酶和其他化合物一起，首先吸附到一种离子交换剂上（例如DEAE-纤维素），然后用适当的底物特异地洗脱。比起亲和色谱，其优点主要是：①不需要设法将适当的配位体连接到载体上，这一工作是很复杂的；②可以采用高容量的柱子，因为离子交换剂比亲和载体便宜得多。

五、其他分离方法

在前几节中讨论了在酶纯化步骤中采用的基本方法，此外还有许多其他方法，包括磁性微球吸附技术、双水相体系萃取技术、反胶束萃取技术、膜分离技术、免疫纯化技术、高效液相层析和高效液相亲和层析技术等，以下对其进行简单介绍。

（一）磁性微球吸附

磁性微球吸附法的原理为：在磁性微球表面可修饰多种功能基团，这些基团可与目标酶结合，在外加磁场的作用下，这些磁性微球可定向移动，从而实现快速分离的目的。有学者采用蒸馏-沉淀聚合法合成了以二氧化硅包覆的Fe_3O_4磁芯和Ni^{2+}固定化的交联聚（N-异丙基丙烯酰胺-丙基咪唑）（NIPAM-co-AIM）壳组成的核壳磁性高分子微球[Fe_3O_4@SiO_2@P（NIPAM-co-AIM）/Ni^{2+}]。磁性高分子微球壳中的Ni^{2+}为组氨酸提供了对接位点，微球对菠萝蛋白酶的分离性能良好，结合容量高达198mg/g，酶活回收率可达80%。

（二）双水相体系萃取

双水相体系萃取是利用两种聚合物或多聚物与盐在水相中的不相溶性，从样品溶液中直接分离纯化蛋白质的技术，同时可起到浓缩蛋白质的作用。常用的双水相体系有聚乙二醇、葡聚糖、磷酸钾、硫酸镁体系。双水相体系萃取具有条件温和、产品活性损失少、处理量大、设备投资小、操作简单、易于放大及连续操作等优点，广泛应用于蛋白质、酶、核酸及多糖等生物大分子的分离纯化。有学者运用双水相萃取技术对纤维素酶进行萃取，结果表明，在聚乙二醇4000-硫酸铵[PEG4000/（NH_4）$_2SO_4$]双水相体系中，双水相体系的质量组成为（NH_4）$_2SO_4$

占 8%，PEG4000 占 26%，pH 4.8 时，分配系数 K 为 5.21，萃取率为 79.4%。

（三）反胶束萃取

反胶束萃取是利用反胶团将蛋白质包裹其中而达到提取蛋白质的目的。反胶束是当表面活性剂在非极性有机溶剂溶解时，自发聚集而形成的一种纳米尺寸的聚集体。反胶束中极性头朝内，非极性尾朝外排列形成亲水内核，反胶团的内腔含有水分，在适宜的条件下，蛋白质与反胶束极性头呈相反的电荷，这种静电引力使蛋白质从水相迁移入有机溶剂的反胶束内，从而具有溶解如蛋白质、核酸等极性物质的能力，实现对蛋白质的有机溶剂萃取。利用反胶束体系分离萃取纤维素酶，可以使纤维素酶在体系中有较好的增溶效果。有学者利用 Gemini 型阳离子酯季铵盐表面活性剂 II-14-3 反胶束萃取纤维素酶，在最佳萃取条件下，萃取率达 80%，酶活达到原来的 93.38%。

（四）膜分离

错流膜过滤中微生物发酵液以横过膜表面的方式流动，液流可清扫膜表面的溶质层，使溶质无法在膜表面处积聚，从而截留微生物细胞和浓缩含酶发酵液，在下游处理技术中常有应用。有学者用毛细管超滤膜纯化脂肪酶，他们比较了两种毛细管超滤膜：内径 1.1mm、截断相对分子质量为 10000 的聚丙烯腈（PAN）和聚砜（PS）。通过两种膜的脂肪酶滤液都得到浓缩，尤其是亲水的 PAN 膜，浓缩 15 倍；PS 浓缩 3 倍。对 PS 而言，仅观察到浓缩效果，适合浓缩酶；而 PAN 除了浓缩，还除去杂蛋白而应用于初分离。PAN 膜吸附了 15% 总蛋白和 30% 总活力，而 PS 膜吸附 30% 总蛋白和 40% 总活力。

（五）免疫纯化

免疫纯化技术大部分是应用单克隆抗体和多克隆抗体，选择性依赖于单克隆抗体对目标蛋白的特异性程度及对杂蛋白的影响。有学者在所有突变体的 N 末端引入 IgG 结合位点，构建融合蛋白，利用 IgG 与靶位点特异性结合的免疫方法纯化了 *Escherichia coli* 表达的脂肪酶突变体角质酶。

（六）高效液相层析和高效液相亲和层析

所有普通的层析技术都可以高效液相层析（HPLC）的形式加以利用。由于 HPLC 的柱体积可以加大，可以在同一柱上反复负载样品，所以 HPLC 技术在大规模纯化中的应用潜力巨大。目前已经开发出以克量级纯化蛋白质的 HPLC 技术，用三嗪染料亲和纯化乳酸脱氢酶，每次层析可处理 1.8g 蛋白质，得到 97mg 纯酶，收率 46%，耗时 1h。

高效液相亲和层析（HPLAC）技术是将亲和层析的高分辨力和 HPLC 的快速结合起来的新型分离纯化技术，随着 HPLAC 的新载体和新配体（特别是单克隆抗体）制备技术的开发及推广，加上自动化操作的设计，使 HPLAC 能够大规模应用于分离工程。最近开发出亚微米无孔硅胶纤维，在此纤维上涂一层连有 NAD^+ 配体的葡聚糖，用 100g NAD^+-无孔硅胶纤维的短柱在 30min 内可从部分纯化的抽提液中吸附 1.5g 酸脱氢酶，洗脱后得到纯度大于 99% 的酶产品，且柱可再生使用。用 HPLAC 大规模纯化酶已处于商业化突破的边缘，特别是在用传统层析技术不能得到满意结果时，更显出它的优越性。

六、分离方法的选择与优化

在描述了不同分离方法的特点之后，必须考虑如何设计一个步骤将一种特定的酶纯化。在确定选择哪些分离方法以及按照怎样的顺序将它们连接起来之前，应尽可能地了解被纯化的酶以及试样的性质，主要包括以下几点。

①试样的体积、试样中的酶（蛋白质）和杂质的数量，试样的 pH 以及离子强度等。

②试样中的酶（蛋白质）的物理化学性质，例如大小、等电点（pI）、溶解度和亲水性以及一些化学性质。

③试样中需要纯化的酶的生物学性质，例如稳定性和辅因子等。

当然，在设计一个纯化步骤前没有必要了解被纯化的酶全部的性质。事实上，某些性质只有在被纯化以后才完全清楚，而另一些性质，例如分子大小、带电状况和生物学性质，在采用凝胶过滤、离子交换和亲和色谱前，还是有必要掌握的。

此外，还需要考虑其他各种因素，如制备规模和所需酶的量；可用于准备的时间；专业知识及实验室可用的设备。

（一）分离方法的顺序

在理论上，分离方法排列的顺序是不重要的，这是因为试样中的杂质在哪一个阶段中除去并不影响最后的结果。然而，实际上又确实存在着一些需要考虑的理由，它们决定着方法排列的顺序。

因为前一种分离方法对试样性质的影响可决定随后应该采用哪一种分离方法，因此，相连接的两个步骤之间的相容性是重要的。例如，有些分离方法，像透析或凝胶过滤，会导致试样稀释，那么紧接着应该采用的分离方法最好具有浓缩的效果，例如亲和色谱。又如，在采用硫酸铵分级分离后，样品中盐的浓度太高，因此，紧接着不能采用离子交换色谱或电泳，除非先采用一个脱盐的步骤处理试样。

在纯化的开始阶段，试样的数量很大，这时应首先考虑采用能处理大量试样的分离方法，例如离子交换色谱。在这个阶段高分辨率一般不是首先考虑的因素。在纯化的后期，试样的数量较小，应考虑采用高分辨率的分离方法。

可以根据酶（蛋白质）在溶解度、大小、电荷、疏水性和生物活性等性质上的差别将它们分离。一个酶纯化的步骤应该包括依据上述不同性质（即具有不同选择性）的分离方法。例如，试样中不能用凝胶过滤除去的杂质，也许可以用亲和色谱在下一步中除去。

有些分离方法具有较高的酶回收率，这是因为它们所采用的条件比较温和。在酶纯化中越是接近结束阶段，试样的价值越高，因而必须优先考虑采用高回收率的方法。例如，当选用 Sephacryl 时，凝胶过滤可以在较高速度下进行。如果这项分离方法被安排在酶纯化的后期阶段，那么就能克服由于酶纯度提高而其稳定性下降所带来的困难。

（二）初步纯化

从萃取得到的粗酶制剂一般较稀，含有大量的各种不同的蛋白质，而且体积较大，紧接着采用的步骤必须能处理数量大的试样，并能使之浓缩，以便进一步纯化，可以采用有机溶剂，或在等电点条件下采用硫酸铵沉淀的方法。除此之外，也可以采用磷酸钙凝胶分级吸附。如果对需要纯化的酶的一些生物学性质已有所了解，那么在这一阶段也可以考虑采用亲和色谱。

（三）选择性的纯化步骤

当粗萃取液中大部分的杂质被除去后，接下去就应该考虑采用选择性较高的分离方法。在酶的纯化过程中，不宜多次采用以同一种酶（蛋白质）的性质为依据的分离方法。例如，在离子交换色谱之后不应该接着采用任何以酶（蛋白质）的电荷性质为依据的分离方法。

选择性的纯化步骤主要包括：离子交换色谱、凝胶过滤色谱和亲和色谱以及最近发展起来的聚焦色谱和疏水色谱。基于溶解度变化的方法更适合于纯化的早期（大规模）阶段；涉及柱层析（例如离子交换色谱）或电泳的方法更适合后一种（小规模）阶段。有时需要以较低的产量为代价而尽可能快地进行纯化，那么可以选择基于溶解度的纯化方法，因为这些方法比涉及柱层析的方法更快。

（四）检查纯化的进展情况

在酶纯化的过程中，检查样品的纯度是十分重要的。目前最广泛使用的估价酶（蛋白质）纯度的方法是电泳。事实上，几乎所有涉及酶（蛋白质）纯度方面的信息都是从这一基本技术获得的。如果采用不同形式的电泳技术，有可能检测蛋白质类杂质，估计酶（蛋白质）的相对分子质量和等电点以及获得有关酶（蛋白质）的生理活性方面的资料。这里有必要简单介绍最普遍使用的十二烷基硫酸钠聚丙烯酰胺凝胶电泳（SDS-PAGE）。在凝胶中加入十二烷基硫酸钠的同时，并用它和还原剂 2-巯基乙醇处理酶（蛋白质）试样，这样做会产生两个效果：

(1) 几乎所有的蛋白质按一定的比例（1.4g SDS/g 蛋白质）结合 SDS。因为 SDS 的负电荷克服了蛋白质本身所带的任何电荷，所以 SDS-蛋白质复合物具有恒定的电荷/质量之比。

(2) 蛋白质失去其三维结构，SDS-蛋白质复合物呈棒状，其长度正比于其相对分子质量。

因为 SDS-蛋白质复合物的电荷和流体动力学性质都是相对分子质量的简单函数，因此，电泳迁移率仅是相对分子质量的函数就不足为奇了。相对分子质量越高，迁移率越低，这一事实意味着流体动力学效应（分子筛）比起电荷效应来是占优势的。实际上，相对分子质量对数和迁移率呈线性关系，未知蛋白质的相对分子质量可以从标准曲线测定。不同范围的相对分子质量能从不同浓度的聚丙烯酰胺凝胶测定，10%的凝胶的分离范围是 10000~70000，而 5%的凝胶的分离范围是 25000~200000。从这个方法测得的相对分子质量的误差估计在 10%或更低一些。

如果试样在十二烷基硫酸钠聚丙烯酰胺凝胶电泳中仅出现一条带，一般可认为酶（蛋白质）已达到纯的标准。如果出现多条带，一般可认为试样中存在杂质，但是也可能是酶（蛋白质）解离成亚基所造成的。

如果采用普通的聚丙烯酰胺凝胶电泳，那么就可以在对凝胶做蛋白质染色处理的同时，利用酶谱技术。后者能通过和酶反应偶联的显色反应，将凝胶上具有酶活力的蛋白质显示出来。比较两种染色处理的结果，能够判断试样中酶的纯度。

（五）进一步纯化

如果从电泳分析的结果表明试样中还存在杂质，那么就应该选择具有针对性的分离方法对试样做进一步纯化处理。例如，十二烷基硫酸钠聚丙烯酰胺凝胶电泳的结果表明试样中存在杂质，可以考虑采用以酶（蛋白质）分子大小为依据的分离方法——凝胶过滤，将试样中杂质除去。如果电泳结果表明试样中杂质分子在所带的电荷上和需要纯化的酶稍有差别，可以考虑在离子交换色谱中仔细地控制或调整洗脱时的离子强度梯度，将杂质除去。如果在进一步纯化中表明试样中的杂质极难除去，那么可以考虑采用分辨率非常高的分离方法，例如制备等电聚焦。

（六）分离纯化实例

1. 猪肌腺苷酸激酶的纯化

腺苷酸激酶催化腺嘌呤核苷酸之间的反应，在自然界中分布非常广泛。选择猪肌肉作为原料,因为这种酶能产生适合于 X 射线衍射的晶体。其纯化过程如下。

第一步:剁碎的组织加入 0.01mol/L KCl 溶液,过滤,得到提取物。

第二步:调节 pH 2.5,保持 5min;调节至 pH 7.0;离心去除变性蛋白质。

第三步:取上清液,上磷酸纤维柱,用 AMP 亲和洗脱。得到纯化的部分,测定酶活。

第四步:硫酸铵沉淀;凝胶过滤色谱纯化。

第五步:用 62%饱和度的硫酸铵结晶。

腺苷酸激酶纯化结果如表 6-5 所示。

表 6-5　　　　　　　　　　腺苷酸激酶纯化表

步骤	总体积/cm³	总蛋白/mg	总酶活/katal	比活力/(katal/kg)	产率/%	纯化倍数
提取	16600	435000	0.0413	0.095	100	1.0
调节 pH	15700	112000	0.0365	0.325	88.3	3.42
上磷酸纤维柱	1380	1716	0.0223	13.02	54	40.0
凝胶过滤	211	462	0.0200	43.17	18.4	3.32
结晶	—	344	0.0160	46.5	38.7	1.08

此纯化方法中需要注意的是:

(1) 细胞很容易被破坏,酶在低离子强度的溶液中提取。

(2) 第二步中的优势在于腺苷酸激酶在低 pH 下具有优异的稳定性,这使得许多杂质蛋白能够被去除。酶的稳定性可能与大量规则的二级结构有关。

(3) 通过使用 AMP 的亲和洗脱,磷酸纤维柱色谱(第三步)效果良好。

(4) 使用凝胶过滤(第四步)从腺苷酸激酶(M_r 21000)中除去 M_r 60000 的杂质。Sephadex G-75 馏分的 M_r 范围为 3000~70000。通过超速离心和凝胶电泳过程中产品的均一性来判断分离程序的成功。最后的结构研究证实,没有明显的杂质蛋白。

2. 磷脂酶的分离纯化

利用微生物发酵可以产磷脂酶。目前,磷脂酶分离纯化采用的方法有:硫酸铵分级沉淀、膜分离、离子交换吸附及离子交换层析、疏水作用层析、凝胶层析、亲和层析、免疫纯化技术、双水相体系萃取等。以 *Bacillus cereus* sp. 发酵产磷脂酶为例,其纯化步骤如下。

第一步:粗酶的制备。将 *Bacillus cereus* sp. 接种于培养液中发酵培养 30h。粗酶液纱布过滤后,离心收集上清液。

第二步:硫酸铵的分级沉淀。硫酸铵浓度为 30%~70%,收集此范围蛋白质沉淀,透析除盐,冷冻干燥后待用。

第三步:DEAE-52 阴离子交换层析。用 0~1mol/L NaCl 的 Tris-HCl 缓冲液洗脱,流速为 1mL/min。

第四步:Sephadex G-75 凝胶过滤层析。用 20mmol/L pH 7.5 的 Tris-HCl 缓冲液洗脱,流速为 0.3mL/min。

磷脂酶的纯化结果如表 6-6 所示。

表 6-6　　　　　　　　　　磷脂酶纯化表

步骤	总蛋白/mg	总酶活/U	比活力/(katal/kg)	产率/%	纯化倍数
粗酶制备	3890	83140	21.37	100	1.00
硫酸铵沉淀	2440	66400	27.20	79.86	1.27
DEAE 离子交换层析	225	41250	183.33	49.62	8.58
凝胶过滤层析	21	25100	1195.24	30.19	55.93

3. 多酚氧化酶的纯化

研究发现，多酚氧化酶有膜结合态（membrance-PPO，mPPO）和可溶态（soluble-PPO，sPPO）两种存在形式。sPPO 和 mPPO 在分离纯化和酶活性等方面不一致。近年来，有从食用菌中提取多酚氧化酶的相关研究。以双孢菇为例，对从中提取 sPPO 和 mPPO 的方法进行介绍。

（1）sPPO 纯化步骤。

第一步：提取 sPPO 粗酶液。

第二步：40%~70%硫酸铵沉淀。

第三步：采用 DEAE 阴离子交换柱进一步纯化。

（2）mPPO 纯化步骤。

第一步：提取 mPPO 粗酶液。

第二步：4℃下放置 30min，然后 35℃下放置 15min，温度诱导后于 25℃，5000r/min 条件下离心 10min。

第三步：50%~80%硫酸铵沉淀。

第四步：采用 DEAE 阴离子交换柱进一步纯化。

多酚氧化酶的纯化结果如表 6-7 所示。

表 6-7　　　　　　　　　　双孢菇多酚氧化酶纯化表

状态	步骤	总蛋白/mg	总酶活/U	比活力/(U/mg)	产率/%	纯化倍数
sPPO	提取粗酶液	181.28	102720	566.64	100.00	1.00
	硫酸铵沉淀	110.75	62751	1121.41	61.09	1.98
	DEAE 阴离子交换柱	2.64	18250	6912.88	17.77	12.20
mPPO	提取粗酶液	48.74	85617	1756.61	100.00	1.00
	温度诱导	36.92	71897	1947.37	83.98	1.11
	硫酸铵沉淀	28.59	66892	2339.70	78.13	1.33
	DEAE 阴离子交换柱	0.4806	9176	19092.80	10.72	10.87

4. 糖苷酶的纯化

近年来，已有研究者从动植物和微生物中分离出 β-葡萄糖苷酶。以从木薯块根中提取 β-

葡萄糖苷酶为例，对其步骤进行介绍。

第一步：粗酶液提取。木薯切片粉碎，过筛后加入柠檬酸-磷酸氢二钠缓冲液，均质，离心，取上清液为木薯 β-葡萄糖苷酶粗酶液。

第二步：加入丙酮，静置提取，离心后取沉淀，挥干溶剂后将沉淀溶解，离心，取上清液为初步纯化的酶液。

第三步：DEAE-Sepharosefast flow 离子交换层析。样品浓缩脱盐后上样，用 Tris-HCl 缓冲液平衡层析柱后用 0~0.6mol/L 的 NaCl 溶液进行梯度洗脱。

第四步：Sephadex G-100 凝胶过滤层析。

糖苷酶纯化结果如表 6-8 所示。

表6-8　　　　　　　　　　糖苷酶纯化表

步骤	总蛋白/mg	总酶活/U	比活力/(katal/kg)	产率/%	纯化倍数
粗酶液提取	60.06	937.13	15.60	100	—
丙酮沉淀	31.50	857.69	27.23	91.52	1.75
离子交换层析	2.22	384.68	173.32	41.05	11.11
凝胶过滤层析	0.50	113.80	228.16	12.14	14.62

七、酶纯度的鉴定

酶纯度一般是用酶蛋白质均一纯净性程度来判别的，通常要用多种方法进行鉴定。纯的标准是相对的，例如，通常将样品纯化到色谱单一峰（或斑点）时，称为"色谱纯或层析纯"；电泳只显单一带时，称为"电泳纯"等。实际上，如果将这种纯度的样品用灵敏度更高的方法分析时，还可能检查出杂质。根据酶的分子性质，将酶纯度鉴定的方法分为以下几类。

1. 根据分子大小、形状进行鉴定

如前所述，凝胶色谱法可以测定蛋白质的相对分子质量，色谱分离时如果只有一个单峰，就说明蛋白质已达到均一程度。超速离心法可以测定蛋白质的相对分子质量、分子的形状、轴比、密度、沉降系数等多种性质，也可以由等密度梯度离心法等方法所得到的沉降谱带，来判断样品是否达到均一程度，显然均一的蛋白质只有一个沉降带。

2. 根据分子的电荷性质进行鉴定

例如，离子交换色谱法可以由色谱峰是否单一判断蛋白质的纯度。聚丙烯酰胺凝胶电泳有多种方法可以测定蛋白质和蛋白质单体的相对分子质量，实验室常用普通 PAGE 法做蛋白质纯度鉴定，即当电泳谱带为单一区带时，一般就认为是均一的了，不过常注明"PAGE 单一纯"。更细致的做法是，在几个不同 pH、不同离子强度条件下进行这种电泳，以证实是否确为单一带。等电聚焦电泳分辨率很高，如果用此法鉴定只有单一带，就判断为均一蛋白质。微量样品可用毛细管电泳进行鉴定。

3. 根据多肽链的末端分析进行鉴定

通常在色谱法或电泳鉴定后，认为是单一蛋白质的样品，可以进一步做它的 N 端和 C 端分析。一般来说，一种蛋白质只有一种 N 端氨基酸和一种 C 端氨基酸，据此即可判断是否为单一蛋白质，如果不是唯一的末端，就可能不是单一蛋白质，也可能是结构特殊的蛋白质，那就要根据相对分子质量和亚基相对分子质量测定的结果作出判断。

4. 根据酶蛋白质的免疫学性质鉴定

将均一的蛋白质对兔或其他哺乳动物进行免疫注射，制备免疫血清，然后用免疫沉淀法或免疫电泳法进行鉴定，单一蛋白质只出现唯一的免疫沉淀线或免疫电泳带。

八、纯化步骤的定量评价

纯化的目的是尽可能获得最大纯度和最大催化活性的酶。酶经分离纯化后要确定纯化步骤是否适宜，必须经过对有关参数的测定及计算才能确定。

酶的产量是以比活力单位表示的，因此在整个分离过程中，每一步始终贯穿比活力和总活力的检测和比较。比活力是酶纯度指标，比活力越高表示酶越纯，即表示单位蛋白质中酶催化反应的能力越大。

回收率是指提纯前与提纯后酶的总活力之比。它表示提纯过程中酶的损失程度，回收率越高，其损失越少。

提纯倍数是指提纯前后两者比活力之比。它表示提纯过程中酶纯度提高的程度，提纯倍数越大，提纯效果越佳。

（一）纯度的检测

检测酶制剂纯度的一些常用分析方法有：超速离心法、电泳、等电聚焦、多肽链的末端分析等，具体在本章第五节中有介绍。在使用这些方法时，应该意识到，杂质可能仅占总蛋白质的极少量，并且可能完全被遗漏。此时，可以通过测定酶的催化活性来分析杂质的存在。如果在这些分析测试中，目标酶的纯度测试结果一致，则可以合理地认为它是纯的。

而评价在酶纯化步骤中的每一步是否成功，必须首先测定试样中酶的活力和蛋白质浓度，然后计算试样中的酶的比活力和纯化后酶的比活力增加的倍数，得出结论。纯化步骤中的定量数据必须用纯化表表示，以大豆中过氧化物酶纯化的实验结果为例（表6-9）。

表6-9　　　　　　　　　　过氧化物酶纯化表

步骤	总酶活/U	回收率/%	总蛋白/mg	比活力/(U/mg)	纯化倍数
粗萃取液	33652	100	4982	6.8	1.0
30%硫酸铵沉淀后的上清液	32200	96	3300	9.8	1.4
BiO-Gel P-60柱	26560	79	1474	18.0	2.6
DEAE-Sephadex柱	17253	51	308	56.0	8.2
ConA-Sepharose柱	4614	14	6.9	668.7	98.3
Phenyl-Sepharose CL-4B柱	2300	7	1.7	1352.9	199.0
DEAE-Sephadex柱	1410	4	0.33	4272.7	628.3

结果的计算方式：比活力就是总活力除以总蛋白，回收率是每一步的总活力除以原液的总活力，纯化倍数为比活力除以原液比活力。分析表中的数据可以看出两个特点：①虽然在纯化过程中原来存在于粗萃取液中的大部分酶的活力（96%）损失了，但是试样中剩下的蛋白质也不到原来的万分之一，因此酶达到628倍纯化；②试样经过ConA-Sepharose柱，即亲和色谱处

理后，使酶的纯度显著提高，这表明在纯化中使用高分辨率分离方法的重要性。

一般认为，凡是纯化倍数大、回收率高的纯化方法是有应用价值的。但是，在纯化过程中，随着纯化倍数的提高，有效成分的含量是逐渐降低的，回收率也往往小于100%（除非抽提液中存在酶的抑制剂）。因此，实践中对纯化倍数和回收率的要求是根据材料来源的难易而变化的。若材料来源难，就希望提高回收率；反之，则希望提高纯化倍数。下面以从赛氏杆菌提取L-门冬酰胺酶为例，说明纯化方案与纯化倍数和回收率的关系（表6-10）。

表6-10　　　　　　　　　　　　L-门冬酰胺酶纯化表

步骤	总蛋白/g	总酶活/U	比活力/(U/mg)	纯化倍数	回收率/%
粗抽提液	30	21000	0.7	1.0	100
氯化锰处理	7.64	15017	2.0	2.8	72
冰冻融解	5.58	14872	2.7	3.8	71
DEAE-纤维素层析	0.113	5025	44.5	63.5	24
硫酸铵盐析	0.048	3467	71.7	102.0	17
羟基磷灰石柱层析	0.016	3133	200.0	286.0	15
聚丙烯酰胺凝胶电泳	0.012	3100	255.0	365.0	15

从表6-10看出，分离纯化过程是一个比较复杂的过程。从粗酶液（粗抽提液）到纯酶液的纯化倍数为365，而回收率仅为15%，其中损失占85%。在此期间，总蛋白共降低2500倍，而酶总活力只降低6.7倍。这表明杂蛋白比酶蛋白降低快得多，因而L-门冬酰胺酶得到了纯化。此处酶含量用活力单位表示，纯度用比活力表示；如纯化的物质是胰岛素，其含量用效价表示，纯度用每毫克蛋白质所含效价单位表示。总之，纯化的有效成分不同，表示其含量和相对纯度的单位亦不同。

（二）催化活性的检测

在检测酶的催化活性时，要检查测定条件是否最佳，即是否存在任何激活剂、辅因子或抑制剂。还应该研究酶在贮存期间保持稳定的条件。在某些情况下，二硫苏糖醇、二硫基乙醇等还原剂可将半胱氨酸侧链维持在还原状态；低温下贮存，例如在-18℃的50%（体积分数）甘油溶液中，可让酶失活的过程最小化。

第三节　酶结构研究

一、酶结晶

（一）蛋白质结晶的基本过程

蛋白质结晶是蛋白质分子从过饱和溶液中析出形成有序排列的固体的过程，其过饱和度决定了结晶的速度和结晶发生的过程。蛋白质结晶主要分为以下三个阶段。

（1）成核　晶核的形成是结晶的首要条件，当蛋白质溶液的浓度高于某个临界值时，蛋白质分子之间能够克服自由有序排列的自由能阻碍，自发形成有序排列的聚集体，当聚集体到达一定尺寸时就形成了晶核，但如果蛋白质浓度过高可能会形成非晶态沉淀，不利于晶核的形成。

（2）生长　形成晶核后，由于蛋白质分子处于过饱和状态，蛋白质分子会不断地析出并结合到晶核上，导致晶体不断生长。

（3）停止　随着蛋白质的析出，溶液中的蛋白质浓度逐渐降低，此时过饱和度不足，当蛋白质的结合和解离速度相同时，晶体不再变大，在宏观上表现为停止。

蛋白质结晶的相图（图6-7）可以显示在各种结晶参数下，液态、晶态或非晶固态哪种是稳定的，它提供了一种量化某些参数（如蛋白质浓度、沉淀剂浓度、添加剂浓度等）对生成晶体影响的方法，可用于晶体优化试验设计。相图中，超溶解曲线是分离自发成核（或相分离或沉淀）条件的线；在上端的高度过饱和区域，蛋白质会沉淀；中度过饱和区域内，蛋白质会自发成核；低度过饱和部分，也被称为亚稳态区域，晶核会进一步生长；不饱和区域，蛋白质不会发生结晶。

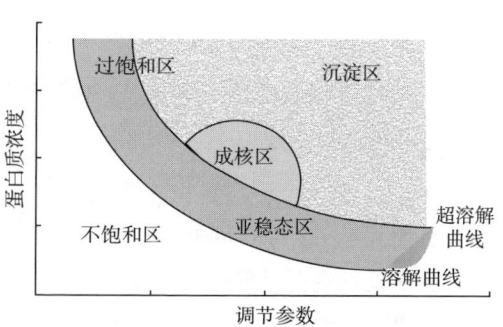

图6-7　蛋白质结晶相图
（横坐标的调节参数包括沉淀剂浓度、
温度、pH、添加剂浓度等）

（二）蛋白质结晶的方法

蛋白质结晶通常采用的实验方法有气相扩散法（vapor diffusion）、自由界面扩散结晶技术（free interface diffusion）、分批结晶法（batch crystallization）、透析法（dialysis）、油浴法（microbatch under oil）、微流控技术（micro fluidics）等。其基本原理大体一致，下面将对前四种最常用的技术进行简要介绍。

1. 气相扩散法

气相扩散法是目前蛋白质结晶应用最为广泛的一种方法，该方法的原理是在蛋白质溶液中加入某种沉淀剂，然后与含有高浓度的沉淀剂溶液一起放入密闭的容器中，由于两者的浓度差会导致蛋白质溶液中的水分子不断地扩散到高浓度的沉淀剂池液中，水分子的扩散使得蛋白质溶液缓慢地趋于过饱和状态，进而形成晶体并最终结晶出来。

根据操作方式不同，气相扩散法又可以分为坐滴法（sitting drop method）和悬滴法（hanging drop method），具体装置如图6-8所示。坐滴法的主要步骤：首先在储液槽中加入池液，随后在储液槽上方的底座表面点入高浓度蛋白质溶液（5~40mg/mL），并在蛋白质液滴上叠加等体积池液（通常按1∶1混合），形成混合液滴。接着用透明封口膜或高真空脂膏密封储液槽，确保气密性，最后将装置置于恒温避振环境中静置培养，通过池液蒸气缓慢扩散促使蛋白质分子有序排列结晶。悬滴法的主要步骤：先在储液槽内加入池液，随后在专用盖板或封膜表面点入高浓度蛋白质溶液，并叠加等体积池液形成混合液滴。将盖板倒扣在储液槽上方，使液滴悬挂于盖板下方，利用高真空脂膏密封储液槽与盖板间的缝隙，防止蒸气泄漏。最后将装置倒置于恒温培养箱中静置，通过蒸气平衡缓慢降低液滴溶剂浓度，驱动蛋白质晶体成核与生长。

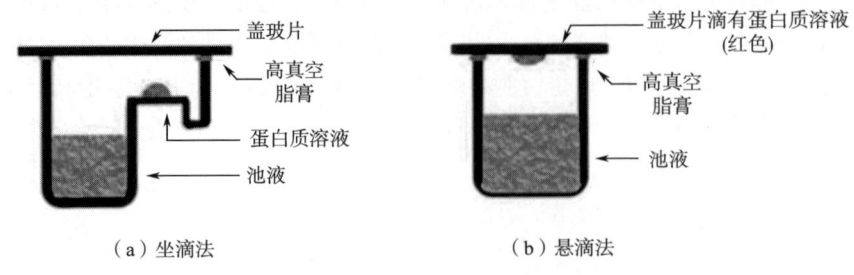

（a）坐滴法　　　　　　　　（b）悬滴法

图6-8　坐滴法和悬滴法装置示意图

2. 自由界面扩散结晶技术

自由界面扩散结晶，又称液-液扩散结晶法。在这种方法中，蛋白质溶液和含有沉淀剂的溶液彼此分层在一个有小孔的毛细管中，位于毛细管两端的蛋白质溶液和结晶液由于存在浓度差，而在界面处发生自由扩散，导致蛋白质溶液达到过饱和，从而实现可能的结晶。

3. 分批结晶法

分批结晶是最古老最简单的结晶方法，其原理是同步地在蛋白质溶液中加入沉淀剂，立即使溶液达到一个高过饱和状态。幸运的话，无需进一步处理即可在过饱和溶液中逐渐长出晶体。1991年，Chayen等设计出一个用于微分批结晶的自动化系统，液滴被悬浮在油（如石蜡）中，油的作用是作为封层以防止蒸发，可以在1~2μL包含蛋白质和沉淀剂的液滴中生长晶体。

4. 透析法

由于小分子能够自由进出半透膜而大分子的蛋白质无法进出半透膜，将蛋白质溶液装在半透膜中置于高浓度的沉淀剂溶液中，让水分子自由地扩散进入高浓度的沉淀剂中，从而使蛋白质溶液的饱和度不断升高，最终缓慢趋于过饱和状态（图6-9），形成结晶。与常规结晶技术相比，透析法结晶技术具有结晶速度快、起始浓度低、诱导时间短、过程可控等优点，且可以更好地、更方便地控制晶体结晶过程，得到质量更好的晶体。此外，膜表面还可以起到非均相成核的作用。

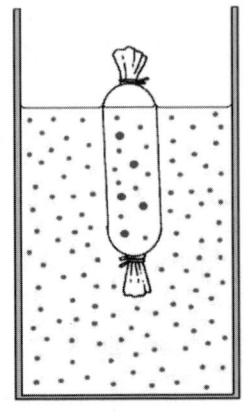

图6-9　透析法

（三）蛋白质结晶的关键因素

影响蛋白质结晶的因素很多，如蛋白质的浓度、所用缓冲液种类、pH、沉淀剂种类及浓度、温度等。蛋白质的浓度和纯度是影响结晶的最主要因素，结晶时应尽量保证蛋白质溶液的浓度尽可能慢地趋向于略微高于饱和点。此外，一般要求目的蛋白纯度在95%以上，浓度在5~30mg/mL。当在10~20mg/mL的蛋白质样品中含有1mg/L杂质时，杂质分子数能多达10^9个。在小体系中较高浓度的杂质将不可避免地在蛋白质结晶时被加入晶体内部，影响晶体中晶胞的均一度，导致获得的晶体质量变差。由于蛋白质的溶解度受温度和pH影响较大，因此温度和pH的变化会严重影响蛋白质溶液的过饱和度，进而影响结晶的过程。

除了上述常见的晶体优化条件，目前实验室中常用优化策略还有以下几方面：①改善蛋白质自身性质，如通过加入可溶性标签或突变表面的疏水氨基酸等方式，增加蛋白质的可溶性，或通过消除蛋白质的糖基化、切除分子内的柔性区等方式，提高蛋白质的均一性；②引入晶种，即将低分辨率的劣质晶体作为晶种，加入蛋白和池液的混合液中，从而促进蛋白晶体，进一步筛选得到分辨率较高的晶体样本；③与其他分子共晶，即将蛋白质和小分子配体或者其他能够与该蛋白相互作用的蛋白质共同结晶，提高结晶条件下的目的蛋白质稳定性。比较常见的小分子配体有小分子化合物、各种盐类及各种氨基酸及衍生物等。

二、酶结构解析

（一）三维空间结构解析方法

目前用于解析蛋白质结构的方法主要有 X 射线晶体衍射法（X-ray crystalline diffraction）、核磁共振法（nuclear magnetic resonance，NMR）和低温冷冻电镜法（cryogenic electron microscopy，cryo-EM）三种，三种方法均可以较完全且独立地在原子水平上完成对蛋白质的三维空间结构的解析。

1. X 射线晶体衍射法

X 射线晶体衍射法是最早用于测定蛋白质结构也是目前使用最广泛的方法。在蛋白质数据库 PDB 中，使用 X 射线衍射技术解析的结构数量已超过 13.9 万个，约占 PDB 蛋白质结构总数的 90%。该方法的原理是，利用波长为 1Å 的 X 射线，穿过蛋白质晶体内部，使晶体中每个原子都释放出次生的 X 射线互相叠加干涉，产生强 X 射线衍射，形成晶体衍射图谱。再利用计算机分析晶体内部每个衍射点的排列方式和测定点间距离大小，推算出空间中每个原子的位置，从而推算出整个蛋白质分子的晶体结构。利用 X 射线晶体衍射法解析蛋白质结构往往需要经过结晶、数据收集与处理、相角确定、相角改进、电子密度计算和解释及修正等步骤。因该方法有着分辨率高，能够精确确定生物大分子中各原子的坐标、键长、键角等参数，给出生物大分子的分子结构和构型，确定活性中心的位置和结构等优点，目前仍然是解析蛋白质结构的首选方法。该方法的关键问题是如何获得高质量适合 X 射线衍射的蛋白质单晶，其结果只能反映静态的结构信息，无法捕捉动态信息。

2. 核磁共振法

核磁共振法（NMR）是目前主流的蛋白质结构解析的三大方法之一，在近几十年的时间里得到了迅猛发展。该方法利用不同原子在核磁共振时产生的共振频率不同，进而产生不同的共振谱，通过分析软件计算出各个原子在分子中所处的位置及数目，进一步解析出蛋白质的结构。该方法的一般步骤为样品制备、多维核欧沃豪斯增强光谱（NOE）的参数设定、侧链共振的分配、结构数据的收集、化学位移指认、结构分析计算。NMR 的灵敏度较低，需要稳定且相对集中的样本或延长数据采集时间，而大量的重叠共振，容易使分析复杂化。在核磁共振结构测定过程中，侧链分配、数据的收集与分析通常是最耗时的步骤，也由于这些限制，NMR 只适合解析相对分子质量较小的蛋白质。在获得 NMR 的结构信息后，一般采用 ROSETTA 获得蛋白原子级三维结构，针对蛋白质的每一段序列，该软件可以从晶体结构数据库中选择最相似的 200 个片段，获得具有代表性的天然折叠构象；然后，基于蒙特卡洛的组装，拼接这些片段构象并达到能量最低的折叠状态；最后，通过搜索起始模型中具有互补侧链的低能量结构，并采用蒙特卡洛最小化和全原子力场相结合的方法对结构进行精修。

NMR 可以分为液相核磁共振和固体核磁共振。液相核磁共振能够直接在更加接近生理条件的蛋白质溶液中，对蛋白质结构进行研究，得到更加接近于真实状态下的动态蛋白结构。但对相对分子质量较大的蛋白质分子解析相对较慢，且相对分子质量越大，得到的图谱就越多，解析就会越慢，解析一个大相对分子质量的蛋白质分子往往需要半年甚至一年之久。固体核磁共振技术在蛋白质解析中主要被应用于蛋白质组装体的三维结构解析，其可与冷冻电镜联用完成对蛋白质组装体的高分辨率解析，克服了冷冻电镜解析分辨率不够、蛋白质组装体难溶、无法结晶的缺点。

3. 低温冷冻电镜法

低温冷冻电镜是通过将样品快速冷冻于固定的无定型玻璃态的水中，使蛋白质保持其天然结构，然后在低温下使用电子显微镜扫描成像，通过处理一系列成像图片获得样品三维结构的技术。为了解析出二维照片与生物大分子的三维空间结构之间的关系，需要一套很好的计算机软件算法。

冷冻电镜可以解析膜蛋白和蛋白质复合物的结构，能够追踪蛋白质的构象变化，电镜图像中包含有相位信息，且样品不需要结晶或者溶解，因此目前病毒、膜蛋白等大相对分子质量的复杂蛋白质主要依赖冷冻电镜来解析结构。但由于电子与蛋白质相互影响，无法得到相对分子质量小（目前由冷冻电镜解析的最小蛋白质分子是由 Hong-wei Wang 等在 2019 年解析的 52ku 链霉亲和素）、均一性差的蛋白质结构，且其本身设备成本过高等原因制约了该技术的发展和应用。

（二）模拟蛋白质结构的方法

由于目前常用的测定蛋白质三维结构的实验方法（X 射线晶体衍射法、核磁共振法和低温冷冻电镜法）价格昂贵且实验操作非常烦琐，日益增加的已知序列蛋白质三维结构的解析已成为蛋白质结构与功能研究的"瓶颈"。对难以解析的或者尚未获得三维结构的蛋白质，用分子力学和分子动力学模拟的方法来预测蛋白质结构已经成为蛋白质结构解析的主要手段。根据美国国家生物技术信息中心（NCBI）官方数据，在 2024 年公布的蛋白序列总量约 3 亿 3484 万个。

根据蛋白质的氨基酸序列来预测蛋白质的结构大致分为两类：同源建模模拟和从头建模模拟。如果目标蛋白质有同源蛋白质结构作为模板，则模拟相对简单，通常可以通过复制和细化模板结构的框架来构建目标蛋白质结构，此后再通过分子动力学优化模拟结构；但对于无法找到同源蛋白质结构，或者无法识别其序列特异性的目标蛋白质，只能通过从头建模模拟，但目前这类模拟方法的精度较低，一般局限于相对分子质量较小的蛋白质。

1. 同源建模

同源建模的过程包括：根据目标蛋白质氨基酸序列与已知结构的蛋白质序列进行同源性比对，选择相似度合适的已知蛋白质结构作为模板；当目标蛋白质与模板蛋白质的氨基酸序列相似度较高时则认为目标蛋白质与模板蛋白质属于相同结构折叠类型的同源蛋白质，可以复制主链的原子坐标；选择复制同源性高的模板片段的侧链，其余侧链则依据分子势能最低为原则，从扭转角数据库中筛选合适的侧链；对预测的模型进行能量优化，使之整体构型更加合理。当目标蛋白质与模板蛋白质的序列相似性高于 50% 时，所构建的目标蛋白质经实验证实其结构的准确性非常高。

2. 从头建模

从头建模是基于热力学的基本假定而进行的从头量子计算方法，其热力学的基本假定为：溶液中的蛋白质天然构象在热力学上最稳定，分子结构自由能最低。2018 年由密西根大学 Yang Zhang 等开发了 I-TASSER 服务器，通过迭代线程组装模拟来进行蛋白质结构建模，将结构预测与已知的函数模板匹配，使其扩展为基于结构的函数注释，实现了基于 I-TASSER 的蛋白质结构和功能建模，得到了广泛应用。

（三）酶分子构象研究方法

尽管 X 射线晶体衍射等三维解析方法可以提供原子分辨率下的空间结构信息，但是无法反映分子结构的动态变化和真实溶液反映体系的准确结构。酶在催化过程中会发生微妙的构象变化，研究催化过程中酶构象变化的本质有助于进一步了解酶结构和功能之间的内在联系。下面对蛋白质溶液构象研究的三种常用方法做简要介绍。

1. 紫外吸收光谱（UV）

紫外吸收光谱是物质对紫外光的选择性吸收而产生的吸收光谱。蛋白质分子中含有芳香族氨基酸，在紫外区有特征吸收峰，这些基团称为生色基团，如色氨酸（Trp）、酪氨基（Tyr）、苯丙氨酸（Phe）在中性条件下对应的波长分别为 280nm、274nm、257nm。除这三种氨基酸外，组氨酸的咪唑基、半胱氨酸的巯基和胱氨酸的二硫键以及肽键本身都有紫外吸收的特征。酶蛋白的紫外吸收光谱实际上是蛋白质分子中各种紫外生色团加和的结果。大多数酶蛋白在 280nm 波长附近有一个吸收峰，主要由色氨酸残基的吲哚环和酪氨酸残基的酚基所贡献。酶分子的吸收峰波长和消光系数会随着各个基团在蛋白质分子中的具体位置、周围基团的作用和溶液环境的条件不同而出现细微变化。

2. 圆二色光谱（CD）

光学活性物质对组成平面偏振光的左旋和右旋圆偏振光的吸收系数（ε）是不相等的，$\varepsilon_L \neq \varepsilon_R$，即具有圆二色性。如果以不同波长的平面偏振光的波长 λ 为横坐标，以吸收系数之差 $\Delta\varepsilon = \varepsilon_L - \varepsilon_R$ 为纵坐标作图，得到的图谱即是圆二色光谱，简称 CD。该方法是应用最为广泛的测定蛋白质二级结构（包括螺旋、B 折叠片和自由卷曲等）的方法，通过监测酶在变性剂或其他理化因素作用后的 CD 光谱变化，可以提供有关酶的分子构象的变化的概貌，阐明酶构象部分涉及酶的二级结构的变化。它可以在溶液状态下测定，较接近其生理状态，测定方法快速简便，对构象变化灵敏。

3. 傅里叶变换红外光谱（FTIR）

红外光谱是一种振动光谱，是研究蛋白质构象的重要方法之一。表 6-11 和表 6-12 分别为多肽和蛋白质在红外区域的红外特征吸收带。酰胺 I 带主要反映的是 C═O 伸缩振动，位于 $1700\sim1600\text{cm}^{-1}$，是蛋白质二级结构分析中最常用的特征吸收带。蛋白质和多肽的去卷积傅里叶红外酰胺 I 带有 9~11 个子峰，各子峰的精确位置可由二阶导数谱确定。一般情况下，α 螺旋的峰在 1653cm^{-1}，3_{10} 螺旋的峰出现在 1665cm^{-1} 附近，无序结构出现在 1645cm^{-1} 附近。而 1624cm^{-1}、1631cm^{-1}、1637cm^{-1} 和 1675cm^{-1} 附近的峰被指认为伸展肽链；1663cm^{-1}、1671cm^{-1}、1684cm^{-1}、1689cm^{-1} 和 1694cm^{-1} 等为 β 转角结构。此外，红外光谱还可研究蛋白质侧链基团性质的变化（表 6-12）。有些基团的振动可以作为特征信号提供非常专一的信息。

表 6-11　　肽链的红外特征吸收带

吸收带	频率/cm^{-1}	振动模式
酰胺 I	1700~1600	C═O 伸缩
酰胺 II	1575~1480	CN 伸缩，NH 弯曲

续表

吸收带	频率/cm^{-1}	振动模式
酰胺Ⅲ	1301~1229	CN 伸缩，NH 弯曲
酰胺Ⅳ	767~625	OCN 弯曲，混有其他振动模式
酰胺Ⅴ	800~640	NH 面外弯曲
酰胺Ⅵ	606~537	C=O 面外弯曲
酰胺Ⅶ	200	骨架扭动

表 6-12　蛋白质侧链基团的红外特征吸收带

侧链基团	吸收波数/cm^{-1}
半胱氨酸	2600~2700，SH 伸缩（很弱）
磺基丙氨酸	1040，1175，SO_3^- 伸缩
谷氨酰胺	3225，3370，NH_2 伸缩
天冬酰胺	3190，3430
谷氨酸	1710，1715，羧基 C=O 伸缩
天冬氨酸	1570，1410，羧基离子 COO^- 伸缩，1565，1400
丙氨酸	1166，1447，1453，CH_3 振动模式
精氨酸	3330，3220，NH_2 伸缩，3350，3140，1670，1625
赖氨酸	3000，NH_3^+ 伸缩，1600，1495，NH_3^+ 变形模式
酪氨酸	1515，对位双取代苯环模式
苯丙氨酸	1495，单取代苯环模式
色氨酸	3400，NH 伸缩（吲哚）

第四节　酶催化机制研究

　　根据当前的研究技术发展，酶的催化机制可以通过实验方法和计算方法解析。其中实验方法主要有：动力学研究、酶-底物复合物结构解析、氨基酸侧链分子改造、同位素标记等；计算方法主要有：分子动力学模拟、量子力学/分子力学模拟。这些方法往往需要相互补充，并通过相互佐证得到一致的结果。

一、研究方法

(一) 动力学研究

常用的酶作用机制的动力学研究方法见表6-13。

表6-13 酶作用机制的动力学研究方法

实验方法	所得信息
恒态前动力学研究	检测酶中间复合物和基元反应速度常数
恒态动力学研究	
(1) 改变底物浓度	反应复合物顺序,区别可能的机制
(2) 改变底物结构	结合部位和催化部位的结构特点,即活性部位图解
(3) 使用底物类似物	利用底物类似物竞争性抑制了活性部位
(4) 改变pH	催化部位氨基酸的pK_a,由此推测催化部位可能拥有的氨基酸

1. 恒态前动力学

恒态前动力学可用于检测酶-底物复合物的形成及分解速度,有助于解释反应的最可能路径和证明反应中间体。与恒态动力学研究比较,快速反应技术要求酶浓度更接近于底物浓度,并需配备特殊仪器装置迅速混合反应液,以快速检测发生的反应。停流光谱在研究恒态前反应动力学方面具有良好应用,其工作原理是样品快速混合单元将各反应物在气动装置的作用下快速推进,经喷嘴在短时间内完全混合后,流入反应观察池,突然停止流动,通过测定溶液的某一特性(如吸光度、电导等)随时间的变化来测定反应历程(图6-10)。

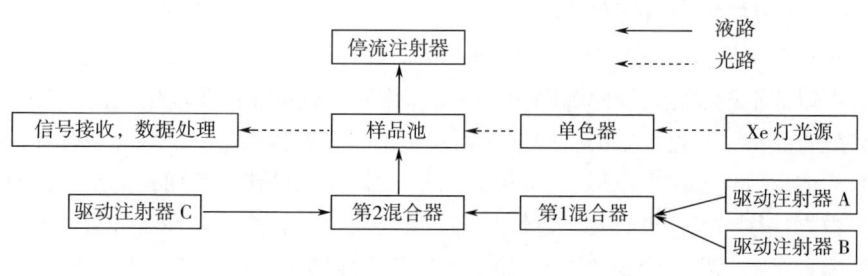

图6-10 停流光谱工作原理

例如,研究者在探索BphD水解酶对黄色开环化合物HOPDA(2-羟基-6-氧-6-苯基己二烯酸)的水解反应时证实了该酶促反应的非稳态形式。Bhowmik在BphD降解多氯联苯过程中发现,底物在被水解之前首先经历一个由His调控的烯醇式-酮式的互变现象。Horsman的研究也表明BphD催化HOPDA水解过程伴随着最大吸收光谱的红移(λ_{max}=492nm)会生成一个中间产物,该中间代谢物即为烯醇式-酮式结构,同时研究发现BphD突变体在S112A对底物水解时也有一个类似的中间代谢物的产生。上述BphD的稳态动力学研究暗示催化二联体中的His可能参与调控烯醇式-酮式的互变反应以及帮助催化底物的水解。

2. 恒态动力学

（1）改变底物浓度　稳态动力学研究证明单底物反应是通过一个或多个酶-底物复合物的形成和分解进行的，但它不能指出复合物出现的顺序。以双底物反应为例，稳态动力学研究可以区别三元复合物和酶取代机制（有序机制、随机机制和乒乓机制等），再由产物抑制、底物结合或同位素交换实验，就可判断三元复合物是以有序还是随机方式形成的。

（2）改变底物结构　酶促反应速度与底物结构相关，由此可以了解很多酶活性中心的结构，如胰凝乳蛋白酶偏爱的底物是具有芳香基或大的疏水基团（R）的氨基酸，弹性蛋白酶所喜欢的底物是含有小的疏水基团（R）氨基酸。比较大量的氨基酸衍生物水解速度，发现这些酶的底物结合部位都具备一定的特征，才会表现出如上各自的专一性行为。沿着这一思路继续研究下去，可以得到活性中心更多详细的图谱。

（3）使用底物类似物　不可逆抑制剂与酶结合紧密，形成稳定的复合物。研究这类酶的抑制现象有助于了解酶活性中心的结构，如二异丙基氟磷酸（DFP）与胰凝乳蛋白酶及其他丝氨酸蛋白酶的活性中心 Ser 结合，形成稳定的复合物。部分水解可得一系列片段。含有 DFP 的片段可能就是活性部位肽链的一级结构。实验显示胰凝乳蛋白酶 Ser 周围的氨基酸侧链为-Gly-Asp-Ser-Gly-Gly-Pro-。分析表明该 Ser 为 195 号侧链，胰蛋白酶中也发现了同样的顺序。

如果抑制剂与底物结构类似，效果更佳，如竞争性抑制剂与底物竞争酶分子上同一个结合部位，比较底物与抑制剂结构，可以了解酶活性部位最基本的特征。一般地，由于直接研究酶-底物复合物相当困难，因而抑制剂在酶活性部位研究中很有价值。

（4）改变 pH　溶液 pH 对酶活力有显著影响。pH 对表观米氏常数（K'_m）的影响可以反映酶-底物复合物的解离情况，pH 对 v'_{max}（表观最大反应速度）/K'_m 的影响反映了自由酶的解离情况，由此可以了解与酶活性有关的氨基酸的解离。核糖核酸酶活性中心两个组氨酸侧链就是用这种方法判断出的，并经过了 X 射线研究和其他方法证实。

（二）酶-底物复合物结构解析

研究发现很多酶促反应过程中存在酶-底物复合物，通过 X 射线晶体衍射法捕捉酶-底物复合物结构，可以非常精准地指导酶和底物的结合作用，提供可能涉及催化过程的侧链基团性质，还可测定伴随着底物结合过程中酶结构（或构象）的变化的程度。

X 射线晶体衍射法已在本章第三节详细介绍，此处不做赘述。然而，由于 X 射线晶体衍射法收集衍射数据往往需要几小时甚至更长时间，此时底物已转化为产物，此外，由于分离过程中底物会从酶分子上解离，较难捕捉复合物并鉴定结合部位。如果能通过化学修饰方法将复合物加以修饰，使底物无法解离，便可以鉴别结合部位；也可以通过对酶-底物复合体系的优化设计，直接研究具有催化活性的酶-底物复合物结构。此处以酶催化的反应中涉及两个或更多个底物为例，如乳酸脱氢酶等，采用以下几个方法可以得到具有催化活性复合物结构的信息。

（1）单底物反应平衡趋向一端　若在单底物中平衡趋向于一端，就有可能检测到活性复合物，如在磷酸丙糖异构酶催化的反应中，可观察到酶-二羟丙酮磷酸复合物晶体。

（2）酶与活性较弱的底物结合　如果酶与活性较弱的底物或竞争性抑制剂结合，其结合方式与酶底物一致，但只能形成复合物而不会发生反应，观察酶的三级结构（如胰凝乳蛋白酶和乳酸脱氢酶），就可判断出正常底物如何与酶结合。

(3) 不稳定复合物在低温下观察　某些不稳定复合物可在低温下观察，因低温下复合物的分解速度会大大降低，但需采用防冻剂，有可能会改变反应机制，某些情况下采用高浓度的硫酸铵溶液可能较为合适，低温酶研究已有一些成功的例子（如核糖核酸酶和弹性蛋白酶），低温技术开拓了 X 射线衍射的前景。

X 射线晶体衍射得到的酶-底物复合物结构详细资料对于解释其他实验方法得到的结果很有价值。除了定位活性中心和提供可能涉及催化过程的侧链基团性质，还可测定伴随着底物结合过程中酶结构（或构象）变化的程度。

（三）氨基酸侧链分子改造

1. 氨基酸侧链的化学修饰

化学修饰法研究酶的机制相当简单，如果与酶活性中心有关的氨基酸侧链被修饰，酶即失活。假如能建立标准结构技术使修饰的侧链具有等同性，分离并序列分析经修饰的肽，就可判断哪一个侧链与酶的作用机制有关。

大部分化学修饰实验操作虽然简单，但由于修饰剂缺乏专一性，解释实验的结果需谨慎。如远离活性中心具有反应活性的侧链经修饰后也可能由于引起酶空间构象的改变而导致酶的失活。

这两种情况可通过在过量底物或竞争性抑制剂存在下进行修饰实验加以区别，如果酶分子上的侧链（R）在没有底物或竞争性抑制存在下由于修饰剂处理而失活，而在饱和底物或抑制剂存在下经同样处理，由于侧链不再被修饰，可避免失活，即可以推测这一氨基酸侧链位于酶的活性中心，有时，过量底物或抑制剂不仅可以保护底物结合部位，还可能保护邻近的催化基团。

要判断被修饰的氨基酸是否位于活性中心，除了上面谈到的底物（或竞争性现代酶学抑制剂）保护实验外，还应注意化学修饰的程度和酶失活的程度必须存在化学计量关系，即 1mol 酶与 1mol 修饰剂作用引起 100%失活。

近年来，定点突变方法以其更强的专一性、选择性和可控制特性很大程度上取代了化学修饰方法，但化学修饰方法体现了酶活性受抑制的程度与酶修饰速率之间的相关性，可以快速反映酶活性中心的结构信息，因而在研究酶作用机制方面仍保留其不可取代的特殊地位。有关酶化学修饰的详细信息请参见本书相关章节。

2. 定点突变

定点突变指改变酶分子上特定位置的残基，观察酶结构和功能的变化，从而了解该位点的侧链基团在酶的结构和功能上的作用。DNA 寡核苷酸片段的合成、DNA 分子的重组、外源 DNA 在异源系统中的表达使得研究酶分子结构和功能之间的关系成为现实，现在可以对已克隆的核苷酸序列经设计后进行各种人为突变。定点突变主要包括缺失、插入、移位和置换等。首先对分离纯化的酶进行氨基酸序列分析、X 射线晶体衍射、核磁共振等一系列分析，获得足够多的结构信息；然后对获取的基因片段进行定点突变，并进行表达；最后，对表达的产物进行分离纯化和生物学功能鉴定。

（四）同位素标记

同位素标记通过把特定反应物分子中的某个原子替换为其同位素来进行"标记"，追踪同位素在某个酶催化反应的路径和去向，在揭示酶催化和酶调节的详细机制方面发挥重要作用。该方法可以测量一个分子中原子或基团被另一分子中的原子或基团取代的性质和速度，已应用于研究酶-作用物的共价中间物的生成和性质、作用物和酶结合的顺序、产物从酶活性中心释放的顺序，作用物的结合、释放和催化中心化学转化速度的相对大小，以及研究酶的激活剂及抑制剂的调节作用和调节机制等方面。

在同位素标记中使用的核素可以是稳定核素，也可以是放射性核素（称为放射性示踪技术）。质谱可以用于检测不同同位素的质量差异，而红外光谱可以检测同位素原子的振动模式，核磁共振技术则可以分辨原子的磁旋比，放射性衰变一般通过电离室或者放射性显影检测。

此处以应用同位素平衡交换方法研究天冬氨酸转氨甲酰酶催化机制为例。天冬氨酸转氨甲酰酶是一个已被多种方法广泛研究过的酶体系，积累了大量的实验数据，然而这些研究结果却给出了互相矛盾的结论。基于初速度动力学和抑制剂对酶反应影响的研究提出了有序结合机制，然而基于初速度研究却提出了快速平衡随机结合的机制，有关这个酶反应的动力学机制长期存在着争论。Hsuanyu 和 wedler 对这个酶体系进行了同位素平衡交换动力学的研究，通过分析在各种可能组合的"反应物-产物对"浓度改变条件下以及在作用物最大绝对浓度不同的条件下 [^{14}C] 天冬氨酸（Asp）-氨甲酰天冬氨酸（C-Asp）的交换速度及 [^{32}P] 氨甲酰磷酸（C-P）-磷酸盐（Pi）的交换速度变化规律，提出了 Preferred Order Radom 机制，并从计算机模拟中得到了证实。

二、计算方法

（一）分子动力学模拟

分子动力学（molecular dynamics，MD）模拟是模拟粒子系统运动的科学。MD 模拟的基本原理是对粒子的相互作用进行预测，从中能够计算粒子的受力，进而确定粒子的运动方程，提供时间尺度上的粒子运动轨迹。

MD 模拟已经广泛应用于研究酶在催化条件下的动态行为。例如，Shan 等对酪氨酸激酶进行了长尺度 MD 模拟，对激活相关构象变化的分子细节进行了研究，即 Asp-Phe-Gly（DFG）翻转；这种构象变化在药理学上至关重要，癌症治疗药物伊马替尼的靶向性正是归因于该药物能够选择性地与酪氨酸激酶的特定 DFG 构象结合；对 MD 模拟结果的分析使作者找到了 DFG 翻转的中间状态，并预测 DFG 天冬氨酸的质子化会促进这一转变，这一预测在实验中被伊马替尼与 Abl 的构象选择性结合所证实。相对较长尺度的单个 MD 模拟，通过进行多轮连续的快速模拟，也可以用来建立和完善催化机制的假设。Xuhui Huang 等利用动力学网络模型（KNM）实现了利用多个较短尺度的 MD 模拟捕获构象变化，并基于该模型探究了 RNA 聚合酶Ⅱ（PolⅡ）促进核苷酸易位的分子机制；这项工作揭示了核苷酸易位过程包含五个关键的中间状态，并提供了整个转录延伸过程与核苷酸易位的各个步骤之间的联系，进一步确定了单个核苷酸易位过程中发生的局部结构和动态扰动如何影响 PolⅡ催化 RNA 聚合的整体延伸动力学。

（二）量子力学/分子力学模拟

量子力学/分子力学（quantum mechanics/molecular mechanics，QM/MM）方法为酶催化反应机制的研究提供了一个非常有吸引力的选择。QM/MM 方法最早是 Warshel 于 1976 年首先应用在研究酶反应的催化机制方面，目前在酶催化反应机制方面的研究已经基本涵盖了各个种类的酶。由于 QM/MM 方法在"发展复杂化学体系多尺度模型"方面所做的杰出贡献，Martin

Karplus、Michael Levitt 和 Arieh Warshel 三人获得了 2013 年的诺贝尔化学奖。QM/MM 方法将酶分子体系划分为两个部分（图 6-11），分别使用不同的算法进行计算处理：一是酶分子中实际发生催化的活性部分，例如底物、辅因子、直接参与原子以及电子转移的氨基酸残基，这部分原子数目往往较少，为了尽可能精细地描述催化过程中发生的化学反应，需要使用高级别的量子化学方法对这些原子进行计算；二是酶分子中不直接参与成键断键等反应的氨基酸残基部分，对于这些数目庞大的原子，可以使用分子力学进行描述，在具体的酶催化机制研究中，通常采用 MD 模拟部分

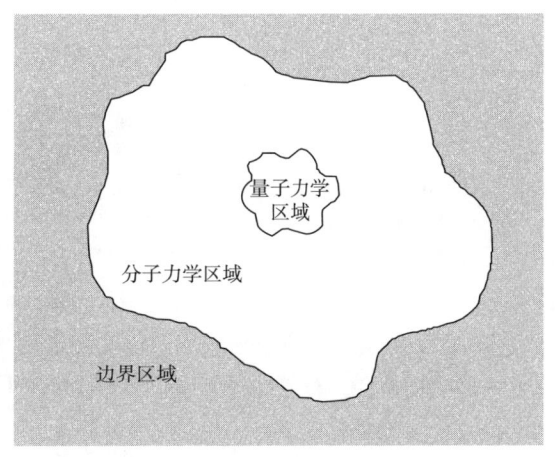

图 6-11　QM/MM 方法中整个体系划分为 QM（量子力学区域）、MM（分子力学区域）和边界区域

提到的生物分子力场进行描述；部分情况下，也可以使用半经验方法等低级别的量子化学方法对这部分原子进行计算。正是由于 QM/MM 方法将酶分子分成两部分计算的特点，使得其既能够发挥 QM 计算的优势，准确描述酶催化的化学反应，又能够发挥 MM 计算的优势，观测酶分子非催化部分的行为对化学反应产生的影响。

三、多重方法联用实例

当前对于酶的催化机制的充分解析，往往需要上述多重方法联用，下面以倍半萜环化酶的催化机制解析为例进行简要说明。倍半萜是一类极具化学结构和生物活性多样性的天然产物，在药物研发和香料工业领域具有重要的应用价值。倍半萜化学骨架的生物合成由倍半萜环化酶催化链状前体 FPP 形成，而 FPP 的不饱和度决定了其形成的碳氢骨架最多只有四个环，若形成醇类骨架则最多只有三个环。相对于二萜前体 GGPP（C_{20}）、二倍半萜前体 GFPP（C_{25}）和三萜前体 FFPP（C_{30}），较短的 FPP（C_{15}）形成多环产物更具挑战性并且需要精准的控制。目前对于多环倍半萜的骨架形成机制探究较少，准确理解这一复杂过程需要酶三维结构、定点突变、能量计算、同位素标记等手段的综合运用。

基于此，北京大学药学院马明团队针对三种骨架各异的三环倍半萜 presilphiperfolan-8β-ol（1）、Δ6-protoilludene（2）、longiborneol（3）开展了研究，解析了这三个倍半萜环化酶 BcBOT2、DbPROS、CLM1 的晶体结构（图 6-12）。这些环化酶晶体结构中均含有底物类似物 BTAC 和镁离子，揭示了活性口袋中参与催化反应的关键氨基酸残基。基于上述三个酶的复合物晶体结构，研究团队通过量子力学/分子力学分析，分别探究了三种环化酶催化 FPP 到化合物 1~3 的环化过程，揭示了从 FPP 到最终产物之间各个碳正离子中间体与酶的相互作用细节［图 6-13（a）］。虽然三个酶都是催化 FPP 首先产生 1，11 位的碳-碳键连接，但它们活性口袋中不同类型氨基酸通过 π-cation、dipole-cation 等相互作用稳定不同碳正离子，使它们通过不同的环化路径产生各自的单一终产物 1~3。为了进一步确证 1~3 的环化过程，研究团队开展了 FPP 中多个位置的 ^{2}H 和 ^{13}C 同位素标记实验［图 6-13（b）］，对环化过程中氢负离子迁移、烷

基迁移、脱质子等过程进行了准确地锚定。

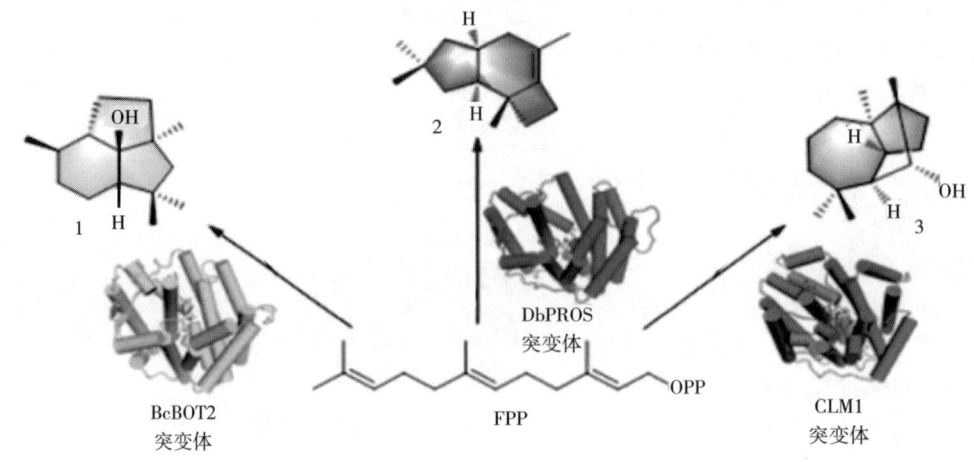

图6-12 三环倍半萜1~3的化学结构和三个环化酶的晶体结构

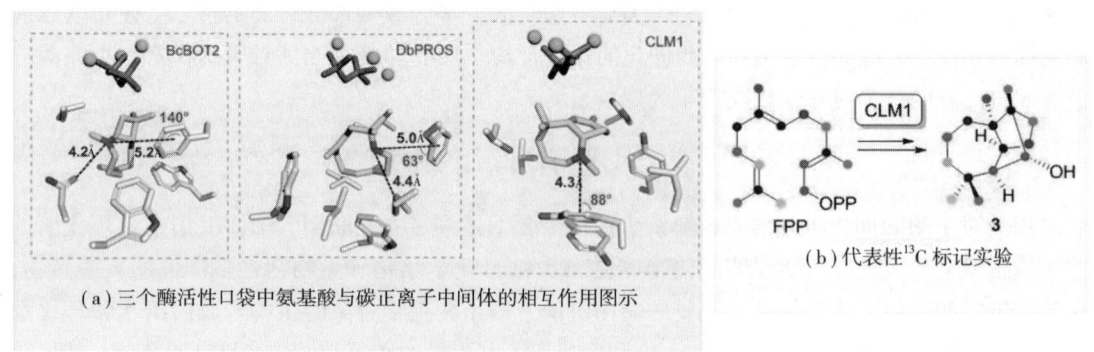

图6-13 活性口袋关键氨基酸与碳正离子中间体的相互作用和同位素标记实验

第五节 食品酶的发掘及分子改造

酶制剂对食品工业化绿色生产至关重要,目前市场上的商业酶种类及性能有限,远远不能够满足食品工业用酶的需求,亟须开发和制备更多性能优异的食品酶源。当前酶的筛选体系逐渐从传统的采样、富集、初筛、复筛工程,延伸至宏基因组筛选、数据库挖掘,不断丰富升级;随着生物技术的迅猛发展,可以在新酶筛选的基础上结合蛋白质工程技术,包括定向进化、半理性设计、从头设计等方法进一步改善酶的催化性能;以性能优异的酶作为对象,利用基因工程改造产酶微生物,大幅度提高酶的产量,同时可以改变酶蛋白的分泌方式。如上技术为实现高性能、高表达量、低成本工业食品酶生产提供了有效的可行性途径。

一、酶的发掘

(一) 传统筛选

酶广泛分布在不同的动物、植物和微生物体内。与动植物相比，微生物的种类繁多，是新酶获取的主要源泉。目前，大多数新酶都是通过传统的分离筛选获得的，其流程包括采样、富集、分离和筛选几个步骤。

1. 采样

在采样前，分析目标菌株和酶的特性、科学选择采样环境是筛选新酶的首要前提。例如，筛选纤维素酶可以采集腐叶烂草及其下面的土壤作为样品；脂肪酶可以从油脂厂的土壤中分离；从腐朽树木上可以分离生产纤维素酶的菌株；从瓜果树下可以分离酵母菌株；从糖果、加工蜂蜜的环境土壤中分离各种糖酶；从淀粉加工的场所分离淀粉酶等。对于采样环境的选择往往决定了筛选的成功率。

2. 富集

富集培养是指当目标微生物含量较少时，根据目标微生物的生理特性，设计一种生长条件使目标微生物快速繁殖，由原来的微量菌株或者劣势菌株变为优势菌株，以便下一步分离。常用的富集方法是对微生物生长所需要的营养成分、pH、温度、需氧情况加以控制，也可以根据其生理特性抑制其他杂菌的生长。

(1) 控制营养成分、培养条件，促进目标菌的生长　为了富集目标菌株，可以在增殖培养基中人为添加目标菌株喜好或特定的底物作为唯一碳源或者氮源，或者对pH、温度、需氧量等一些生理条件加以控制。例如，在筛选纤维素酶生产菌株时，可以选择加入CMC-Na作为碳源进行培养，由此具有分解纤维素能力的菌株将有充足的营养迅速繁殖，而其他微生物则因不能利用底物而抑制生长，进而促使目标微生物富集生长。筛选霉菌或者酵母菌的时候，可以设置偏酸环境（pH 4.5~6），促使其生长繁殖而抑制细菌、放线菌类的生长。

(2) 设置特定筛选条件，抑制非理想菌的生长　在富集过程中，除了正向促进目标菌株的增殖外，还可以通过设置高温、高压、添加抗生素等方法降低非目标微生物的数量，进而实现目标菌株的富集。例如，筛选芽孢杆菌时，可以利用芽孢杆菌的耐高温特性，将采集样品在高温环境下（如80℃）放置一段时间后进行进一步分离；筛选霉菌时，可以在培养基中加入四环素等抗生素抑制细胞增殖。

3. 分离

经过富集的菌液中仍然存在许多杂菌，因此需要通过进一步的分离纯化将目标微生物分离出来。常用的纯种分离方法有稀释法和划线分离法，在固体平板上得到较纯的菌落，进而通过下一步的筛选得到理想菌株。

4. 筛选

从单菌落微生物库中分离得到产量较高且性能优异的目标酶生产菌株，需要大量的筛选工作，通常分为初筛和复筛两步操作。初筛是指设计一种简便易行的快速筛选方法，在大范围菌库中获取潜力菌株，旨在大大提高筛选效率、缩小筛选范围。在此基础上，精确测定每个菌株的产酶能力以及酶催化活力，称为复筛，其往往是建立在生物催化反应底物与产物的定量分析方法（图6-14）。

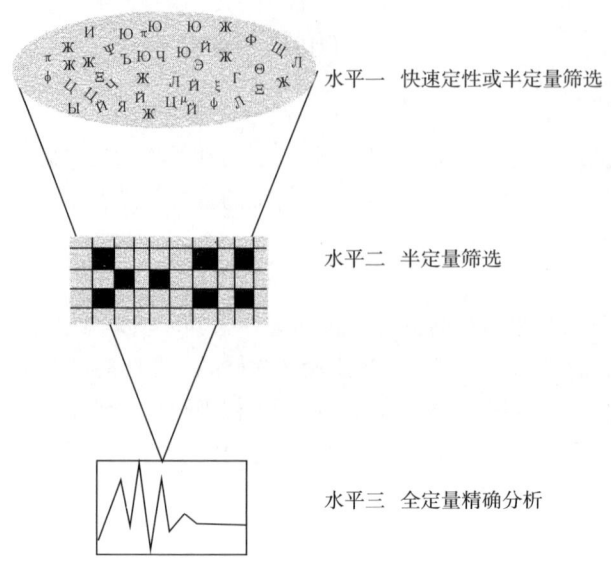

图 6-14 筛选示意图

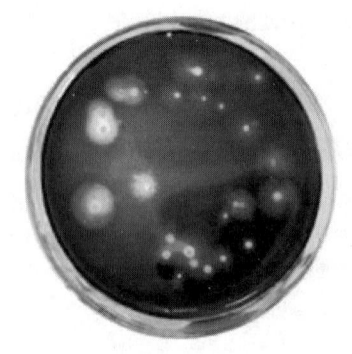

图 6-15 平板筛选淀粉酶生产菌株

（1）初筛　培养皿是最高效的初筛方法之一，如变色圈法、透明圈法、生长圈法、抑制圈法等。例如，在筛选淀粉酶时，常在固体培养基中掺入淀粉，造成混浊不透明的培养基背景，在生成淀粉酶的菌落周围便会形成透明圈（图6-15）。其平板上圈的大小可以指示菌株的催化能力，一般一个平板上的处理量可在 1000~10000 个。

除了平板筛选外，目前还开发了多种微孔板和微阵列高通量筛选方法（图6-16），可以通过酶催化反应液的吸光值或者荧光值变化，采用96孔、384孔板，甚至是1536孔板进行自动化分析，使处理量大大增加。

众多筛选方法中最具有代表性的是一些化学显色产物，如含有羟基吲哚底物-硝基酚、伞形酮类似物，可以在脂肪酶、磷酸酶、糖苷酶和酰胺酶等水解酶的作用下形成有色产物，并且已经商业化。然而大部分酶反应并不会产生可以直接检测的紫外或者可见光变化，这主要是因为底物本身不含有生色团。此时，也可以借助酶偶联反应间接生成有色产物或者荧光产物。以 1,6-二磷酸果糖醛缩酶的筛选为例，在实验中以 1,6-二磷酸果糖为反应底物，3-磷酸甘油醛脱氢酶为偶联酶，NAD^+ 为辅酶，吩嗪硫酸甲酯和硝基蓝四氮唑作显色剂。脱氢酶催化 3-磷酸甘油醛氧化产生 3-磷酸甘油和 NADH，NADH 进一步与氧、吩嗪硫酸甲酯和硝基蓝四氮唑进行一个涉及超氧自由基的反应，产生有色的可溶产物（图6-17）。

（2）复筛　复筛步骤主要以定量分析为主，许多情况下以酶活力表示，一般用单位时间（min）内转化底物或者生成产物的微摩尔量表示。通常采用的是液相色谱（HPLC）、气相色谱（GC）、分光光度法。

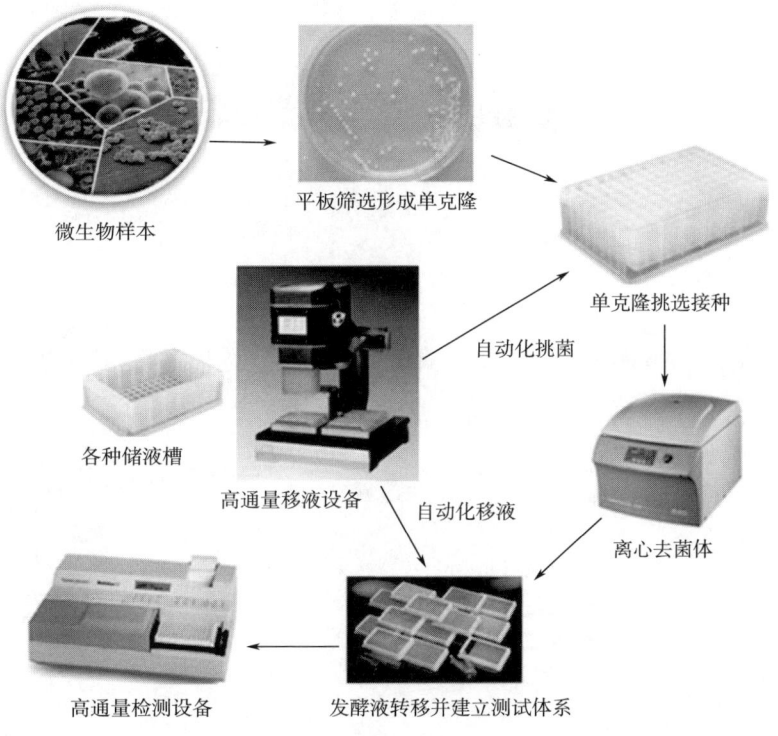

图 6-16　微阵列高通量筛选示意图

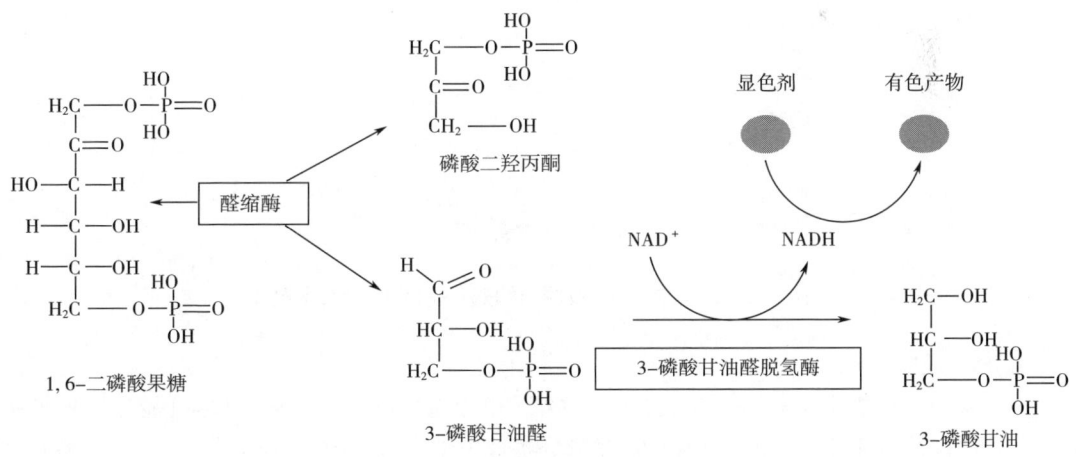

图 6-17　1,6-二磷酸果糖醛缩酶的颜色筛选

（二）宏基因组学法

自然界中很多微生物是难以进行人工培养的，通过传统的富集、分离、筛选方法来发掘新酶变得非常困难。据估计，每克土壤样品中可含有高达 4000 种不同的微生物，而采用现有培养技术能够获得的微生物不足 1%。随着宏基因组学技术的出现，使得不依赖于培养，直接从自然环境中发掘特定功能或者序列的基因成为可能。其方法包括特定环境下 DNA 的提取，通过分

子克隆构建宏基因组文库,从重组克隆子中筛选活性物质和相关基因,示意图如图 6-18 所示。

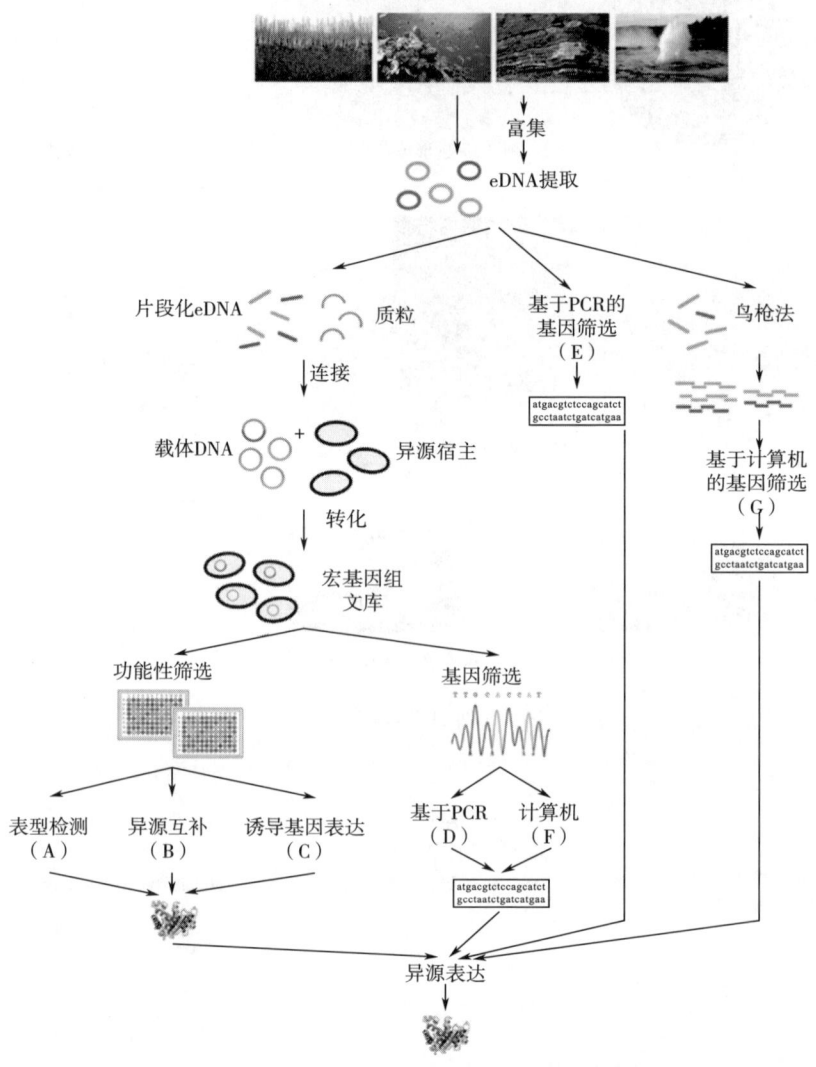

图 6-18 环境中 DNA 发掘新酶的宏基因组策略示意图

1. DNA 提取

从采集样品中提取 DNA 是宏基因组法的第一个关键步骤,过程中要尽可能完全地抽提 DNA,同时保持目标基因或者基因簇的完整性。提取方案可以大致分为两类:一类是原位裂解法,将样品直接悬浮在裂解缓冲液中处理,继而抽提纯化,此法操作容易、成本低、DNA 提取率高、偏差小,但由于强烈的机械剪切作用,所提取的 DNA 片段较小(1~50kb),且腐殖酸类物质也难以完全去除;另一类是异位裂解法,先采用物理方法将微生物细胞从采集样品中分离出来,然后采用较温和的方法抽提 DNA,如先采用尼可登介质密度梯度离心分离微生物细胞,然后包埋在低熔点琼脂糖中裂解,脉冲场凝胶电泳回收 DNA。此法可获得大片段 DNA(20~500kb)且纯度高,但操作烦琐,成本高,有些微生物在分离过程中可能丢失,温和条件下一些细胞壁较厚的微生物 DNA 抽提不出来。

2. 宏基因组文库构建

对提取的 DNA 进行限制酶切割，借助电泳技术分离不同片段 DNA 分子，将其转入宿主细胞内构建重组质粒，构建宏基因组文库。其中，选择合适的载体和宿主是关键所在。载体一般可以分为克隆载体、表达载体或者穿梭载体；对于大片段宏基因组文库可以选择人工染色体（BAC）载体、cosmid 载体和 fosmid 载体。此外，宿主的选择则会显著影响转化效率、宏基因的表达、重组载体的稳定及目标性状筛选的可行性。目前多采用大肠杆菌作为宿主，但仅限于原核基因的表达，对于真核基因一般应该选真核生物作为宿主，此时可以选择将宏基因克隆到穿梭载体，转入大肠杆菌，继而转入其他真核宿主进行基因表达。

3. 目的基因筛选

目标基因的筛选方法包括序列分析和功能分析两种。基于序列分析的筛选是根据目标基因的保守区域设计 DNA 探针或者简并引物，使用 PCR 方法从宏基因组文库中获取目标基因。大规模深度 DNA 测序或宏基因文库的建立为发掘新型酶序列提供了原始数据。然而，基于同源序列的方法局限在对序列同源性较高的酶家族的研究，对于氨基酸同源性差的蛋白往往无法通过比对宏基因组序列或者 PCR 来实现，另外一个不足是其依赖现有的基因组注释和当前数据库的信息储备。

基于功能分析的筛选是以所需酶的活性作为筛选依据。其中最广泛的是采用与底物或产物相关的化学染料或者不溶性化合物进行指示；另一种酶活检测方法是基于宿主菌的基因异源互补，即拟筛选宏基因包含宿主细胞生存所必需的互补因素，只有当具备互补能力的基因转入宿主细胞时方可生存。但是该方法也存在较大的缺陷，宿主细胞可能缺乏宏基因转录和翻译所需的因子，而导致蛋白质不能表达或者正确折叠。

（三）数据库发掘法

从数据库中发掘所需功能的酶是一种更直接、有效且非常有前景的筛选方法。随着测序技术的飞速发展，微生物基因组测序已经变得非常经济便捷，而在公共数据库中已经存在了大量的序列信息。如 NCBI 已经有超过 1 亿个核酸序列，来自 50 多万个物种的基因组；而 BRENDA 酶数据库是另一个可以公共访问的数据库，包含了 7000 多种酶和近 300 万个附加注释的酶基因信息。可以已知酶为探针，与整个数据库的酶进行比对，获得中等相似度（50%~70%）的酶进行克隆表达，通过功能筛选并获得所需要的酶（图 6-19）。

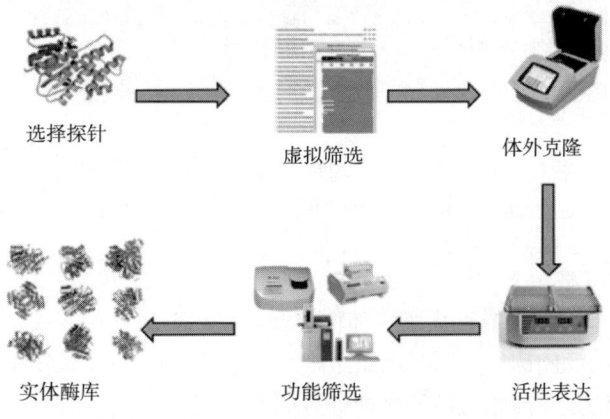

图 6-19　数据库发掘示意图

二、酶分子改造

（一）定向进化

定向进化（directed evolution）是近二十年发展起来的蛋白质改造策略，可以在不清楚蛋白质结构及催化机制的情况下，模拟自然界进化机制，通过人为诱发基因发生变异，并定向选择出所需要酶功能特性的方法。酶定向进化的流程包括：①通过随机突变或者基因重组构建具有多样性的突变体文库；②建立简便、高效的高通量筛选方法（high throughput screening method），筛选出具有理想性能的突变体；③对阳性突变体进行进一步进化，重复上述过程，最后获得具有预期性能的新型酶（图6-20）。在定向进化过程中，突变文库库容量的大小、多样性及其质量是蛋白质定向进化的基础，而简便、灵敏、准确、高效的高通量筛选方法的建立则是定向进化成功与否的关键。

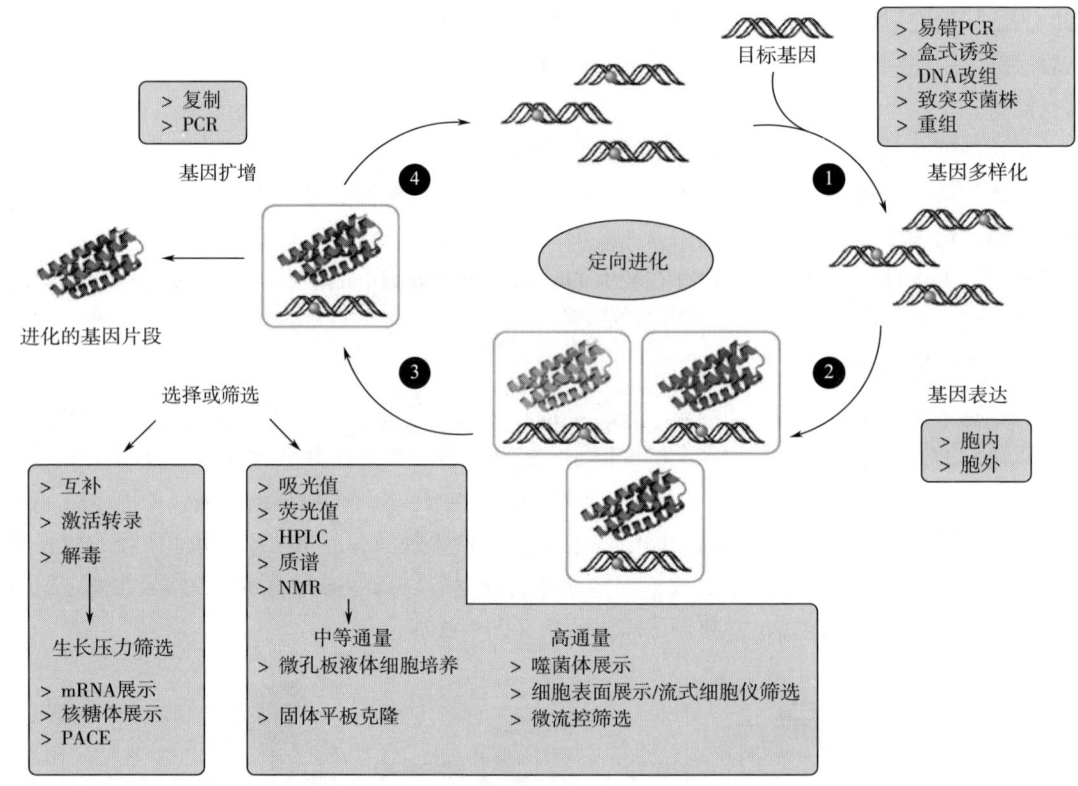

图6-20 定向进化的过程及其常用策略、筛选方法
（蛋白质优化过程包括：①诱变；②基因表达；③选择或筛选改良变体；④基因扩增）

1. DNA 文库创建策略

DNA 文库的创建策略主要有两大类：随机突变和基因重组（图6-21）。随机突变是以点突变的形式作用于酶基因的阅读框，而基因重组则是通过不同酶进行部分序列交换从而创新的重组酶库，最典型的做法是将高相似性的序列进行同源重组，或者将低相似性的序列进行非同源重组。

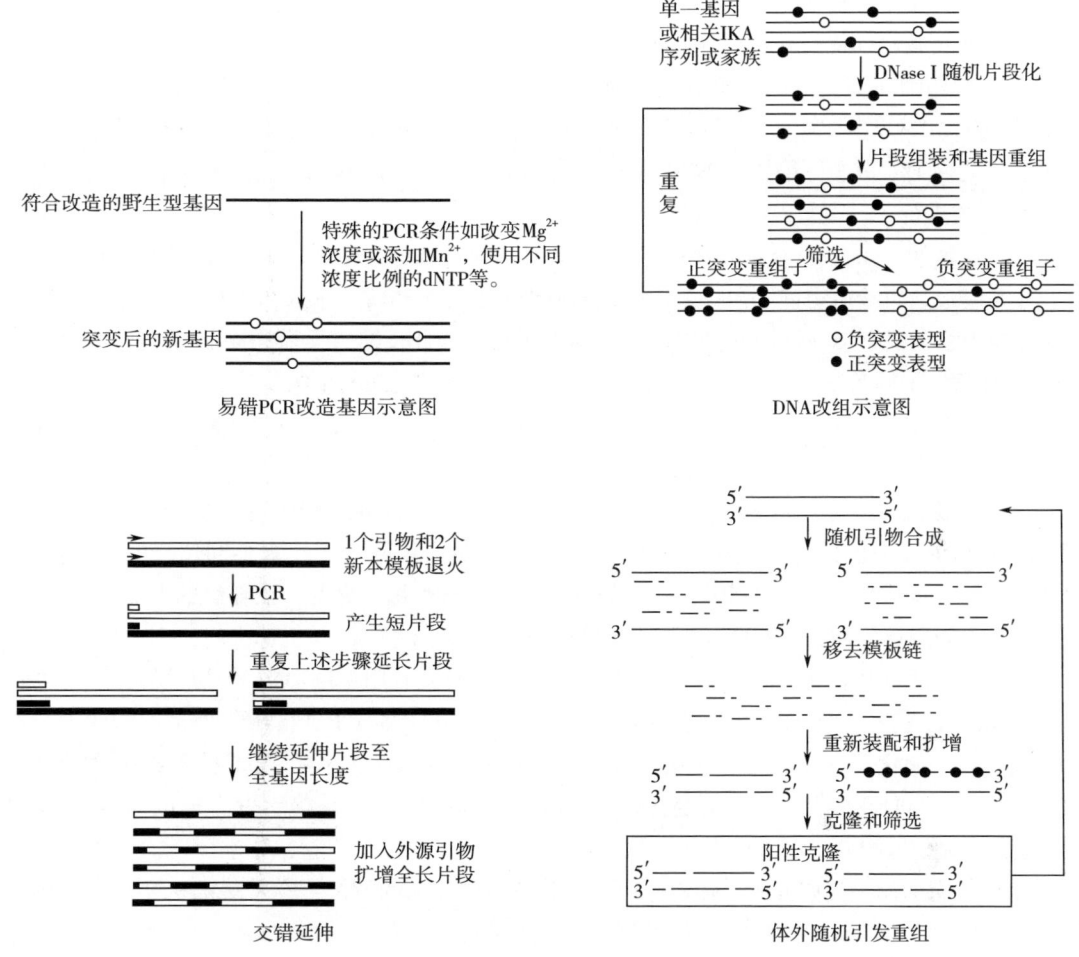

图 6-21 DNA 文库创建策略

（1）随机突变　易错 PCR 法（error prone PCR）是最为常用的随机突变方法，该方法使用 DNA 聚合酶进行基因扩增，利用 TaqDNA 聚合酶不具备 3′-5′校正功能的特点，通过控制适当的反应条件在基因中随机引入突变。其实现易错的方法主要有：①通过添加 Mn^{2+} 的浓度降低聚合酶的特异性，提高 PCR 的出错率；②增加 Mg^{2+} 的浓度稳定非互补碱基对，提高 PCR 出错率；③引入不平衡浓度的核苷酸底物，提高非互补碱基配对的概率等。该方法的关键是控制 DNA 的突变率，如果突变率太高，极易引起酶的失活，而突变率太低则会导致多样性较低，效果不理想。通常情况下会将突变体文库控制在每个蛋白酶序列有 1~3 个氨基酸发生突变。此外，为了获得理想的催化性能，研究者往往会采用连续易错 PCR 的方法使有益突变进行迭代积累，即在一轮突变获得阳性突变体的基础上，引入新一轮的随机突变。

（2）基因重组

①DNA 改组（DNA shuffling）：又称有性 PCR，是基因在分子水平上进行的体外同源重组，于 1994 年由 Stemmer 首次提出并成功应用。该技术是将具有相关基因家族的 DNA 靶序列，通过物理方法或者在 DNase I 作用下，随机酶切成许多小片段；这些小片段借助部分重叠的碱基

序列，通过自身引导 PCR 组装成全长基因片段，建立具有多样性的分子文库；然后通过高通量的筛选方法获得具有理想功能特性的突变体。

DNA 改组技术的优点是：a. 可以较快地组合有益突变，加快进化进程，研究表明随机突变方法一般产生 1% 的有益突变，而 DNA 改组可产生 13% 的有益突变；b. 可以产生更大的突变体库容量，提高 DNA 多样性；c. 可以清除轻微有害突变，保证基因不会陷入渐进性退化中。值得注意的是，DNA 改组一般要求 DNA 序列有足够的相似性，即基因间有足够的同源性以支撑有性 PCR 的进行。

②交错延伸（stagger extension process，StEP）：指在 PCR 反应体系中，将不同的 DNA 进行混合作为模板，两端引物首先在一个模板链上延伸，扩增出非常短的新生链；经变性的新生链再次作为引物随机杂交在不同的基因模板上继续延伸，如此反复直至获得全长基因，由此所获得的 PCR 片段即涵盖了不同模板 DNA 的信息，实现了模板之间的重组。

此方法省去了传统 DNA 改组的酶切生产小片段的步骤，在 PCR 过程中将退火和延伸合并在了一起，大大缩短了反应时间。

③体外随机引发重组（random-priming in vitro recombination，RPR）：1998 年由 Arnord 提出，以单链 DNA 为模板，设计一套随机序列引物，产生大量互补于模板不同位点的短 DNA 片段文库，由于碱基错配和错误引发，这些短片段中会含有少量点突变，在随后的 PCR 反应中短片段互为引物进行延伸，装配成具有多样性的完整长度基因库。

与 DNA 改组相比，RPR 技术的优点在于：a. 可以直接利用单链 DNA 作为模板，故可以直接采用 mRNA 或者 cDNA 作为模板进行 PCR；b. 无需使用 DNase I 进行酶切处理，降低了亲本 DNA 的用量，简化了反应步骤（酶切处理及酶切后去除 DNase I）；c. 合成的随机引物长度一致，没有序列偏向性，保证了点突变在全长基因中的随机性；d. 随机引发合成的 DNA 不受模板长度的限制。

(3) 文库构建的其他方法　随着蛋白质工程及生物技术的发展，在常规随机突变和上述同源依赖性基因重组的基础上，也相继开发了一系列新的酶定向进化策略。例如，非同源依赖性重组，该类策略是指不依赖 DNA 序列之间的同源性而创造杂合酶的一种技术，其方法包括递增截断法（incremental truncation）、凌乱法（scratchy）、随机多重组 PCR（radom multi-recombinant PCR）、外显子改组（exon shuffling）、随机片段交换（random insertional-deletional strand exchange）等。

2. 高通量筛选方法

定向进化手段改造编码酶的基因必然会有数量庞大的突变库，通过合适的筛选系统快速地从突变体文库中筛选出符合目标的蛋白质成为关键。

(1) 平板筛选　平板筛选法是一种最简便、传统的筛选方法，它是在固体平板培养基中加入底物，根据宿主菌表达的突变酶作用于底物形成透明圈或其他特征进行筛选，或是利用有关的营养缺陷株或添加抗生素的培养基、高温、酸碱性环境等特殊条件培养突变菌，通过宿主菌的生长与不生长、培养基颜色变化、特定反应的出现等，判断是否具有目的基因。平板筛选只局限于某些突变方向的筛选，例如提高酶活性、改变作用底物等。

(2) 微孔显色反应　微孔板悬浮法也被广泛使用于突变体筛选，并且已从 96 孔发展到 384 孔甚至更多。此方法挑选具有活性的克隆接种于微孔板，加入 pH 指示剂、对硝基苯酚或伞形酮衍生物等显色底物，用普通或荧光酶标仪进行检测。该法根据酶与底物作用后产生的荧光基团使其显色后的产物，通过测定荧光信号或在特定波长下的吸收值来筛选突变体。目前，这种方法广泛结合96孔板、机械手臂、酶标仪等设备以提高自动化程度和工作效率。

（3）表面展示技术　近些年，表面展示技术在高通量筛选方面呈现出强大的发展势头，包括噬菌体表面展示技术、细胞表面展示技术、核糖体和mRNA展示技术等。其原理是将目标基因克隆到特定载体中，使表达产物以融合蛋白的形式展示于噬菌体或者细胞表面，通过亲和富集法进行高通量筛选。以噬菌体展示技术为例，编码外源多肽的DNA片段插入噬菌体或噬菌粒的基因组中，以融合形式与噬菌体的外壳蛋白共同表达于噬菌体表面，经过"吸附-洗脱-扩增"过程筛选并富集外源肽。噬菌体展示技术最初是以M13噬菌体为载体，以大肠杆菌为宿主的展示系统还有λ噬菌体和T4噬菌体等。噬菌体展示系统在对酶活进行筛选时主要的问题在于如何将酶与催化所得的产物联系起来。有一种策略是将底物连接到表达目的酶的噬菌体上，有活性的突变体转化底物成为产物，而产物依然连接在噬菌体表面，再通过能够特异吸附产物的层析柱，带有活性酶的噬菌体被分离出来。噬菌体展示技术实现了物质的基因型和表现型之间的转化，使人们容易对其进行一系列的生化和遗传操作，与传统方法相比，它具备库容量大、表达无偏差、筛选简便等优点。

（4）流式细胞仪分选技术　流式细胞仪分选法（fluorescence activated cell sorting，FACS）是将细胞进行荧光染色，排成单列细胞流经检测区进行荧光测定。该方法具有高灵敏度和高分析量的特性，可以在一天内实现对多达 10^8 个突变体进行筛选，从而成为筛选突变文库的强大工具。例如，上海交通大学张勇课题组在对岩藻糖基化酶的改造过程中，设计和合成了用于岩藻糖基化反应的荧光标记底物衍生物，酶催化生产的荧光寡糖产物易于滞留在细胞内，进而开发了一种新的基于流式细胞仪荧光筛选的岩藻糖基化酶定向进化系统。然而并非所有的酶都适用于FACS系统，如何保持基因型和表现型之间的联系是FACS可行与否的关键所在。

（5）液滴微流控技术　利用互不相溶的两液相产生分散的微液滴进行实验操作的非连续流微流控技术称为液滴微流控技术，其流程如图6-22所示。在微流控芯片中，液滴是由两相界面处的表面张力和剪切力共同作用形成的。根据分散相和连续相的不同，液滴可分为两种：油包水液滴（W/O）和水包油液滴（O/W）。单细胞封装于液滴内，可以实现细胞增殖、催化、指示与分选等一系列复杂过程。相比于其他的单细胞分析技术，液滴微流控技术具有以下优势：①高通量，微流控生成的液滴速率快，可达1000滴/s；②独立的密闭反应舱室，避免周围环境的干扰，溶剂不易挥发；③液滴内特殊的流体学环境能够增强试剂混合效率，加快反应速度；④体积小，极大地减少了试剂的消耗，适合微量物质的检测；⑤单分散性良好，每个液滴的体积相同，且尺寸可调为与细胞的尺寸相近，可进行精确定量分析、细胞或药物筛选；⑥易于操控，可以耦合多种操控技术。有研究团队设计并优化了基于生物传感器的微液滴超高通量筛选平台，结合结构指导的理性设计及定向进化，筛选出了一个催化效率提高了17倍的突变体，实现了合成D-阿洛酮糖差向异构酶的高效催化。

（二）半理性设计

完全随机的定向进化理论突变体文库较大，筛选效率较低，如何在缩小突变体文库容量的情况下保证阳性突变子的占有率成为蛋白质工程研究的热点。半理性设计沿用了定向进化的整体思路，但是在突变体文库构建上采用较为理性的方法，借助蛋白质保守位点及晶体结构分析，通过非随机的方式选取若干个氨基酸位点作为改造靶点，并结合有效密码子的理性选用，构建"小而精"的突变体文库进而进行筛选。这种方法中突变热点的选定位于活性中心附近的重要

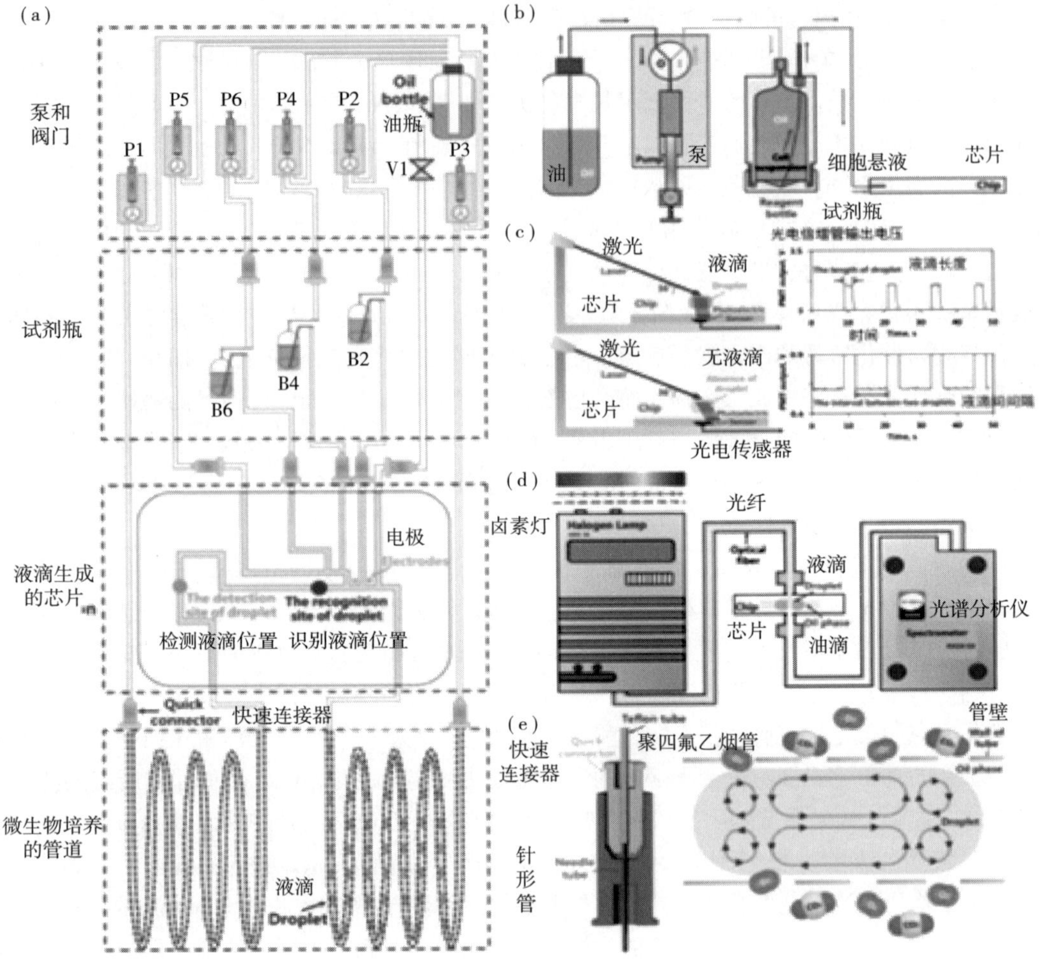

图 6-22 液滴微流控技术流程图

位点。20 世纪 90 年代，德国马克斯-普朗克研究所的 Manfred T. Reetz 教授在酶的不对称催化改造工作中发现影响手性选择的氨基酸位点主要集中在底物结合口袋区域，在此基础上开发了组合活性中心饱和突变策略（combinatorial active-site saturation test，CAST）及迭代饱和突变技术（iterative saturation mutagenesis，ISM），广泛应用于酶的立体/区域选择性、催化活力、热稳定性等酶参数的改造，其原理如图 6-23 所示。针对若干选定突变热点，先分别做饱和突变，然后针对每个小突变体文库中的优势突变体，分别对剩余点做饱和突变，如此迭代，直到得到最终优势突变体。该课题组利用这种方法成功对脂肪酶、单加氧酶、环氧化物酶等多种蛋白质的性质进行了改造优化。

在 CAST 基础上，孙周通等通过选择 3 种氨基酸密码子作为饱和突变的构建单元，开发了三密码子饱和突变技术 TCSM（triple code saturation mutagenesis），进一步降低了筛选的工作量。除此之外，Gjalt W. Huisman 团队基于统计学方法开发的 ProSAR（protein sequence activity relationships）及 Miguel Alcalde 团队基于序列同源性开发的 MORPHING（mutagenic organized recombination process by homologous in vivo grouping）工具也广泛应用于蛋白酶的设计改造。

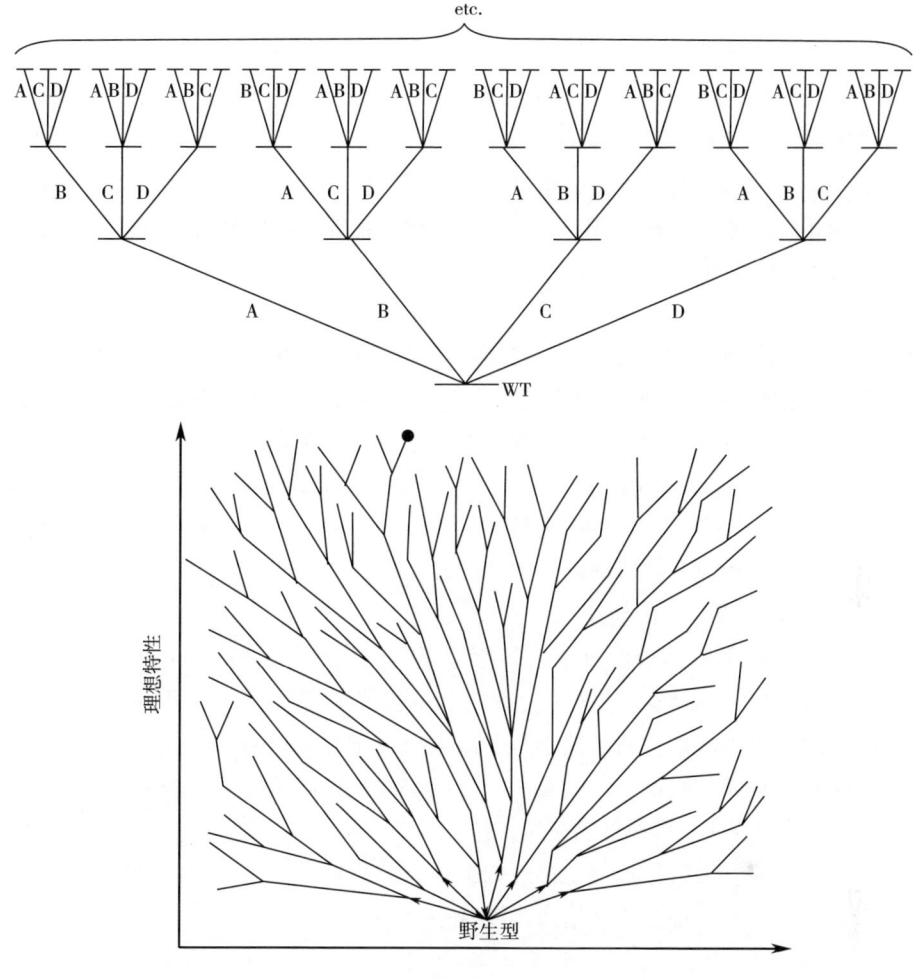

图 6-23 迭代饱和突变技术

（三）理性设计

酶分子的理性设计（rational design）是基于一定的已知信息，针对某种特性设计构建突变体蛋白质的方法。这种设计策略的实施需要利用生物化学、生物物理、结构生物学等学科的方法获得酶分子的序列、结构和功能信息，依据结构和功能的构效关系，结合计算机辅助设计并预测酶的结构，以期获得具有理想性状的突变酶。

1. 基于蛋白质结构的从头设计

蛋白质的从头设计是指从氨基酸的一级结构出发，从头设计一个自然界不存在的新酶，使之达到预期的空间结构和生化功能。该策略于 2016 年被 Science 杂志列入年度十大科学突破，其主体流程是：在催化机制完全明确的前提下，首先运用量子化学方法设计酶的活性中心，确定酶的关键催化基团与底物形成的过渡态构象（theozyme）；然后使用 RosettaMatch 搜索蛋白质结构数据库，尝试将 theozyme 与已有蛋白质结构匹配，筛选能维持 theozyme 构象的蛋白质骨架结构；接下来使用 Rosetta Design 设计位于活性中心但不直接参与催化的氨基酸，运用基于蒙特卡洛的模拟退火算法进行多轮采样，获得经过优化的完整酶结构；最后制定评分标准，依据过渡态能量、配体位置取向等多项参数评估设计结果，挑选排名靠前的结构开展活性验证实验。

运用这套策略，Baker 团队成功从头设计了多种酶，其中 Retro-Aldol 反应酶催化的 C—C 键断裂反应速率比无酶反应体系高出 4 个数量级；Kemp 消除反应酶催化的消除反应速率比无酶反应体系高出 5 个数量级；Diels-Alder 反应酶可催化两个底物发生 [4+2] 双烯环加成反应，形成具有两个手性碳原子的产物，对映选择性达到 97%。

目前，该方法的主要困难是计算模型的精度不够，导致设计成功率低。而随着天然蛋白质的序列结构数据的进一步丰富和完善，未来将有望建立精度更高的新计算模型，促进蛋白质从头设计的技术进步和广泛应用。

2. 基于蛋白质序列的理性设计

基于蛋白质序列的理性设计思路是，将蛋白质序列信息和相应的功能相结合，建立蛋白质序列-功能关系数据库，进而在此基础上对仅具有一级序列信息的相似蛋白质的功能进行预测和设计。这一领域的研究者们致力于建立开放的数据库，以作为理性设计的依据，如针对亚科特异性位点（SSPs，subfamily specific positions）的数据库 ZEBRA 和针对脂肪酶及其突变体的数据库 LED。在具体到某一种蛋白质的一种性质的设计时，如果找到关键序列区段与其功能性质之间的直接关系，则可通过对相应序列模式的搜索，得到具有目标性质的蛋白质。

3. 机器学习在理性设计中的应用

近年来，机器学习等人工智能方法也被应用于蛋白质工程，包括 Frances H. Arnold、Manfred T. Reetz 等定向进化先驱所领导的实验室均涉足机器学习领域，利用其指导蛋白质设计改造。蛋白质突变体及其对应的实验数据本身无法被机器学习算法直接识别，其序列、结构、功能等特征信息必须以向量或数组的形式表示，才能构建被机器学习算法识别的模型。目前已经有一些蛋白质/氨基酸特征工具箱可供参考，包括 AAIndex、ProFET 等。一旦特征提取之后，将交付机器学习算法进行学习并生成可以描述数据模型的目标函数，并对蛋白质序列进行虚拟进化，通过训练和测试评估效能，最终给出预测结果（图 6-24）。

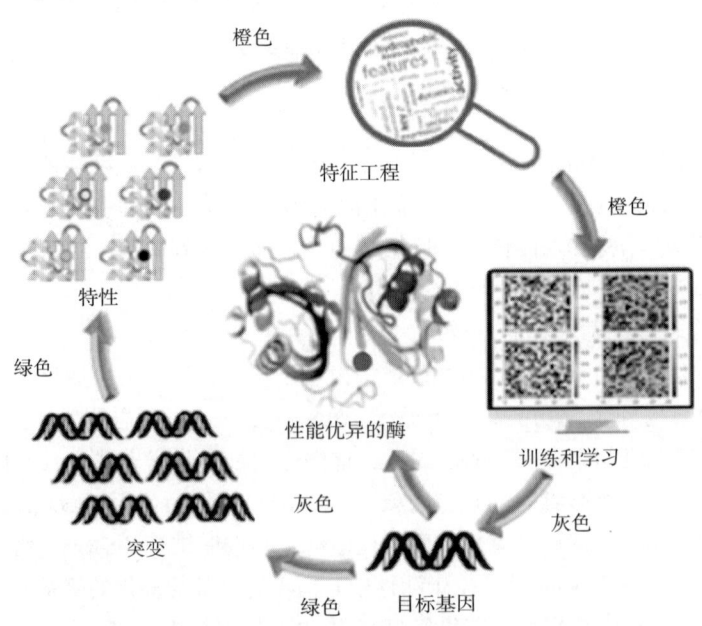

图 6-24　机器学习指导的蛋白质设计改造流程

作为人工智能领域常用技术，机器学习基于大量的数据进行训练，通过各种算法解析数据并从中学习，然后对处理任务做出决策。机器学习包括3种：①有监督学习（supervised learning），向计算机提供原始数据及其所对应的结果，最终计算机给出定性或定量的预测；②无监督学习（unsupervised learning），只给计算机训练数据而不提供结果，最终得到聚类的学习结果；③半监督学习（semi-supervised learning），其训练数据一部分是有对应的结果，另一部分则无结果。由于蛋白质设计改造过程中可产出大量的突变体实验数据，因此有监督学习在该领域的应用最为普遍。

三、工程菌的构建

（一）底盘生物的选择

选择合适的宿主菌，是食品酶工程的首要前提。当前常用的基因工程表达宿主菌主要包括：原核细菌中的大肠杆菌、枯草芽孢杆菌、乳酸乳球菌，真菌中的毕赤酵母、丝状真菌等。在食品酶的应用中，生物安全性是至关重要的考虑因素，目前被美国食品与药物管理局（FDA）认定的一般认为安全的（generally recognized as safe，GRAS）菌株有：枯草芽孢杆菌、乳酸菌、酿酒酵母以及丝状真菌中的黑曲霉、米曲霉和里氏木霉。下面将简单对几种常用的工程宿主菌进行介绍。

1. 大肠杆菌（*Escherichia coli*）

大肠杆菌遗传背景和生理特性清晰、载体系统完备、生长迅速，在酶表达系统中一直占据主导地位。常用的大肠杆菌菌株包括 BL21（DE3）、Rosetta（DE3）、Tuner（DE3）、ADA494（DE3）和 Origami（DE3），以上菌株均为 λ 噬菌体 DE3 的溶原菌，携带有 T7 RNA 聚合酶基因，可以利用 T7 高强度启动子实现目标蛋白的大量表达。其最常用的商业化载体有 pET 系列质粒（图 6-25）。

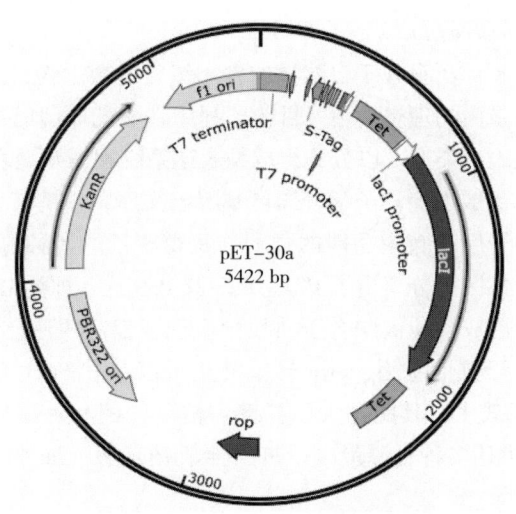

图 6-25　pET-30a 质粒组成示意图

但是大肠杆菌在食品酶工程应用中也存在着诸多缺陷：①缺乏真核细胞所特有的翻译后加工修饰系统（如糖基化、磷酸化等）；②蛋白质高表达时也容易导致折叠错误，形成不可溶的包涵体或导致目标产物丧失活性；③大肠杆菌本身还有内毒素和有毒蛋白质，存在安全隐患。针对以上问题，研究人员探索了一系列改善措施。例如，将其他宿主菌中的糖基化系统转移到大肠杆菌中，促进真核来源蛋白质的翻译后加工修饰；引入分子伴侣和折叠蛋白质，如 GroEL/ES 和 DnaKJ/GrpE 复合体，增加目标蛋白质的可溶性表达。但目前仍没有完美方案可以很好地解决大肠杆菌的缺陷问题。

2. 枯草芽孢杆菌（*Bacillus subtilis*）

枯草芽孢杆菌属于革兰氏阳性菌，在工程菌株的构建中具有很高的应用价值，其主要优势有：①是非致病微生物，生物安全性高，可用于食品、药物等工业生产；②遗传背景清晰，目前已经完成了全基因组测序；③具有较强的分泌蛋白质的能力，分离纯化方便；④培养简单、生长速度快。枯草杆菌 168 系列菌株是研究枯草芽孢杆菌的标准菌株，其中 168 菌株基因组测序于 1997 年就已经完成，已知该菌株可以产生 8 种胞外蛋白酶，分别有中性蛋白酶、碱性蛋白酶、金属蛋白酶、胞内蛋白酶、芽孢杆菌肽酶 F、中性蛋白酶 B、丝蛋白酶 VPR 和胞壁蛋白酶 CWP。后续研究学者利用基因突变的方法失活了 168 菌种基因组上的上述 6~8 种基因，构建了衍生菌株 WB600、WB700、WB800，被广泛应用于研究和工业化生产。常用的附着型质粒系统有 pEB 系列和 pUB 系列载体，均为穿梭型质粒载体，可以将外源基因在大肠杆菌中构建完成后，再转化到枯草芽孢杆菌中进行表达；此外，亦有系列整合型载体工具被相继开发。目前借助枯草芽孢杆菌宿主体系，已经成功表达了多种工业酶，如 α-淀粉酶、β-蛋白酶、支链淀粉酶、木聚糖酶、脂肪酶等，并实现商业化应用。

相比于大肠杆菌而言，枯草芽孢杆菌系统表达的大部分外源蛋白产量相对较低，其主要原因可以归结为以下三点：①在对数生长末期会自身表达和分泌大量内源蛋白酶；②质粒的分化和结构具有不稳定性，外源蛋白的组成型表达会影响质粒的稳定性；③有些外源蛋白的表达分泌会影响宿主菌的正常生长。因此，在后续的食品酶工程应用中，仍需要进行大量的探索性研究和工程实践。

3. 乳酸乳球菌（*Lactococcus lactis*）

乳酸乳球菌是长久以来广泛存在于自然界的食品级安全微生物，其结构较为简单，遗传背景较为清楚，是表达外源蛋白的理想宿主。目前，利用乳酸乳球菌已成功地建立和发展了一系列克隆和表达系统，按照表达类型可以分为组成型表达系统和诱导型表达系统。

大部分的乳酸乳球菌组成型启动子都分离自基因组文库，并携带含有氯霉素抗性的报告基因 cat-86，所以这类启动子启动转录功能的强弱与氯霉素乙酰转移酶的活性大小有关。目前，在氯霉素乙酰转移酶的活性区已分离出了 P21、P23 及 P59 这 3 种类型的强启动子及 P32 和 P44 两种类型的弱启动子，且已成功地被融合于质粒中实现了控制表达。Guchte 等构建了包括 P32 强启动子、红霉素和氯霉素抗性基因、prtp 转录终止子以及 pWV01 复制子的组成型表达载体 pMG36e，此载体目前应用较多，其能在大肠杆菌、枯草杆菌和乳酸杆菌中复制。目前，采用 pMG36e 载体已经成功地表达多种外源蛋白，如 β-半乳糖苷酶（lacZ）、幽门螺杆菌 Cag7-ct383 蛋白、磷酸山梨醇脱氢酶等。

NICE（the nisin controlled expression）系统，也称乳酸链球菌素（nisin）诱导的基因表达系统，是应用最多的乳酸乳球菌诱导型表达系统。该系统主要由 3 部分构成：宿主菌（含 nisR 和 nisK 基因）、诱导分子 nisin 和片段质粒（含有 nisA 或 nisF 启动子）。其原理如图 6-26 所示，当目标基因被克隆到质粒中的 nisA 或 nisF 启动子的下游，并被转入含有 nisR 和 NisK 的宿主菌后，目标蛋白会在 nisin 的诱导下进行表达。

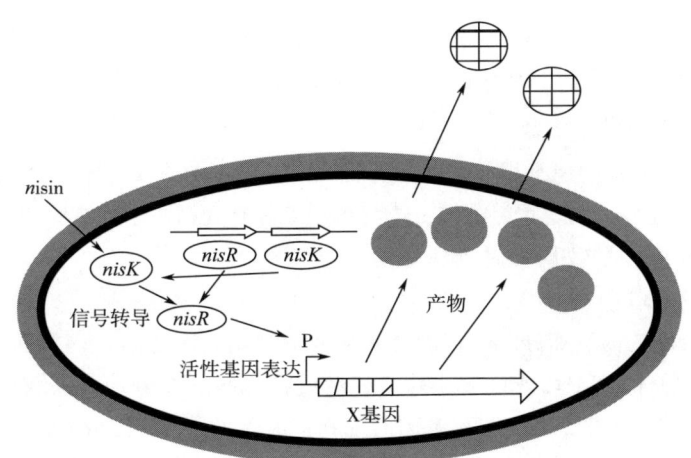

图 6-26　NICE 系统蛋白表达示意图

此外，乳酸乳球菌具有有效的蛋白质分泌系统，其中由 Usp45 信号肽引导的分泌效率较高，使用该信号肽引导的芽孢杆菌激酶几乎可以完全分泌到培养基中。但是该系统也存在以下缺陷：①外源蛋白的产量相对较低，有些蛋白无法通过 SDS-PAGE 电泳进行检测；②大部分载体需要通过红霉素、氯霉素等抗生素作为筛选标记，会不可避免地出现抗性基因释放到环境中的问题；③许多表达的外源蛋白活性较弱。因此，作为安全级宿主菌的乳酸乳球菌有着非常好的应用前景，同时还面临着诸多挑战。

4. 毕赤酵母（*Pichia pastoris*）

酵母是典型的真核表达系统，其繁殖速度相对较快（大概 2h 一代），遗传背景清晰，不产生内毒素，且具备良好的翻译后修饰和加工系统，在基因工程中被广泛应用。特别是对于在原核表达系统中较难正确折叠，容易形成包涵体的蛋白酶，酵母系统中往往可以表现出较好的表达效果。酿酒酵母是最高研究应用的真核宿主菌，但是存在蛋白表达水平低、分泌效果差等局限性。相对而言，毕赤酵母在酶制备方面展现出了更大优势：①具有强有力的乙醇氧化酶启动子（*AOX1*），可以严格控制外源基因的表达；②可以实现高密度发酵；③可以实现分泌型表达。

目前所有的毕赤酵母表达系统都是 NRRL-Y 11430 的衍生菌株，依据利用甲醇的能力主要有三种类型：一是 GS115（his4），是目前最为常用的表达宿主，其携带 *AOX1* 和 *AOX2* 基因，可以在添加甲醇的条件下快速生长（Mut⁺ 表型）；二是 KM71（his4, arg4, aox1Δ∷ARG4），该菌株 *AOX1* 基因大部分被删除，在甲醇环境下只能依靠活性较弱的 *AOX2* 基因，生长较为缓慢（Muts 表型）；三是 MC100-3（his4, arg4, aox1Δ∷ARG4, aox2Δ∷his4），该菌株两个 *AOX* 基因均被删除，无法在甲醇环境下生长（Mut- 表型）。

5. 丝状真菌（*Filamentous fungi*）

目前工业上最为常用的丝状真菌外源蛋白表达体系有黑曲霉（*Aspergillus niger*）、米曲霉（*Aspergillus oryzae*）和里氏木霉（*Trichoderma reesei*），其可以实现大量胞外酶的分泌，且具有精确的翻译后修饰能力和较高的生物安全性。实现外源基因的转化，常用的策略有以下四种：原生质体介导转化、农杆菌（*Agrobacterium*）介导转化、电动脉冲介导转化及高速金属颗粒转化法，但相对于上述三种生物系统，丝状真菌表达系统的转化率较低。此外，该系统对大多数非真菌（如哺乳动物、细菌、鸟类、植物等）来源的重组蛋白的表达水平普遍较低，其原因可能是多方面，存在于转录、翻译、后修饰、分泌、胞外降解的各个环节。

（二）工程菌株构建方法

在选定宿主菌之后，构建工程菌株通常需要四个步骤：①获取目标 DNA 片段；②将目标基因与载体进行 DNA 连接，构建重组载体；③将重组载体转入宿主菌株细胞内；④对阳性菌株进行筛选和鉴定。下面将对这四个基本步骤做简要介绍。

1. 目标基因的获取

（1）基因组文库的构建和分离　直接分离基因最常用的方法是"鸟枪法"：用限制性内切酶将供体细胞的染色体 DNA 切成许多小片段，然后将这些片段分别载入载体，转入受体细胞中，通过高通量筛选方式找到载有目标基因的细胞，最后将目标基因分离出来。

（2）化学合成法　当目标基因的序列已知时，可以采用化学合成的方法合成完整的 DNA 片段。该方法首先是采用磷酸二酯法、磷酸三酯法、亚磷酸三酯法以及在此基础上发展起来的固相合成法和自动化法，合成具有一定长度和特定序列结构的寡核苷酸片段。然后再通过 DNA 连接酶的作用，将寡核苷酸片段按照一定顺序拼接起来。

（3）反转录法　真核基因一般都含有间隔序列（内含子，intron），当以原核细胞作为表达系统时，往往会因为缺乏 mRNA 的转录后加工系统，而无法实现蛋白的正确转录和翻译。因此，在真核生物中，通常采用反转录的方法得到真核基因（图6-27），即：首先从真核细胞中分离并纯化 mRNA；然后以 poly(A) RNA 为模板，以 oligo(dT) 为引物，加入四种 dNTPs，在反转录酶的作用下合成第一条互补 DNA 链；碱处理或者加入 RNA 酶降级 mRNA，以第一条 cDNA 链为模板，在 DNA 聚合酶 I 的作用下，合成第二条 DNA 链，用特异切除单链的 S1 酶切除发夹环，得到平端 cDNA；最后进行 cDNA 的克隆和表达。

2. 重组质粒的构建

酶切-连接法是最为常用的重组质粒构建方法。大多数限制性内切酶可以精确识别并切割特定核酸序列，形成 4~6 个核苷酸的黏性末端。当载体和目标 DNA 片段采用同一种限制性内切酶进行处理时，便会产生相同的黏性末

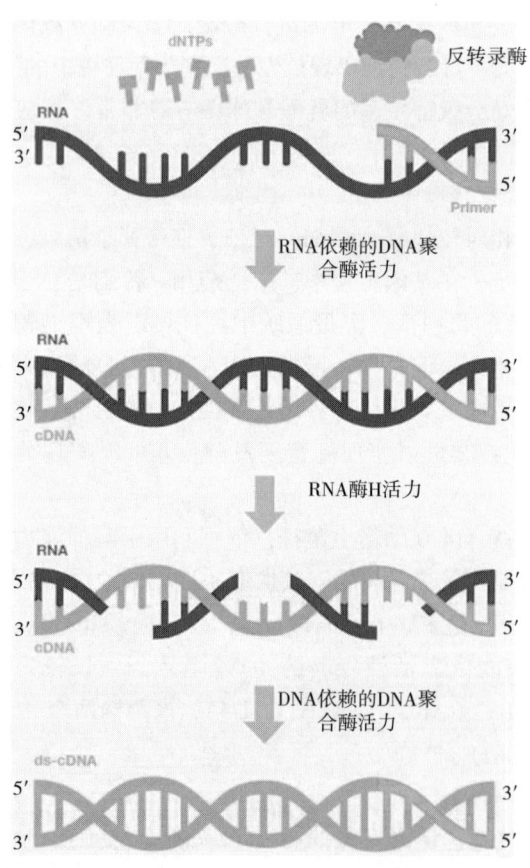

图 6-27　从 mRNA 反转录合成 ds-cDNA

端，可以在 T4 噬菌体 DNA 连接酶的作用下进行连接，形成重组 DNA 分子。为了使目标 DNA 片段按照特定的方向插到载体上，进行正确地转录和翻译，通常会采用两种识别序列完全不同的限制性内切酶进行双酶切，这样在 DNA 连接酶的作用下，载体和目标 DNA 片段便只能按照一个方向退火形成重组 DNA 分子。

3. 重组载体的转化

（1）化学转化法　化学转化法是最常用的质粒转化方法，通常需要制备感受态和进行转化处理。如在制备大肠杆菌感受态时，使用化学试剂 $CaCl_2$ 使细胞膜通透性发生变化，易于与外源 DNA 黏附并在细胞表面形成抗脱氧核糖核苷酸的羟基-磷酸钙复合物，此时，将该体系转移到 42℃ 下做短暂的热刺激（90s），细胞膜的液晶结构会发生剧烈扰动进而随机出现很多间隙，外源 DNA 由此进入感受态细胞。

（2）电转化法　电转化法的基本原理是将受体细胞置于适当的外加电场中，利用瞬间高压形成细胞膜的不稳定形成电穿孔，进而使 DNA 大分子进入宿主细胞的方法，而细胞则不会受到致命伤害，一旦脱离脉冲电场即可复原，最后置于丰富培养基中培养几小时促进细胞的复苏与增殖。对于不同的宿主菌，选择适宜的细胞生长状态和电场强度，是至关重要的。

（3）生物介导的转化方法　在真核生物中，借助于载体的基因转移主要有农杆菌介导和病毒介导两种转化方法。以植物基因工程常用的农杆菌介导为例，农杆菌中的 Ti 质粒上有一段 T-DNA 区段，当外源基因插入 T-DNA 区段时，借助农杆菌的感染能力可以将携带外源基因的 T-DNA 区转入目标基因组内，实现外源基因的转移和整合。

4. 阳性克隆筛选及验证

通过 DNA 的重组和转化、转染、转导等途径将目标基因引入宿主，会得到大量的重组体细胞。然后在这些众多重组体中，会有很多类型的 DNA 分子形式存在，如仅由线性载体片段通过自身连接形成的 DNA 环，由多个 DNA 片段彼此连接形成的多聚 DNA 分子，由一个载体和多个 DNA 分子片段构成的重组体等。因此需要采用一定的方法，对正确克隆的重组 DNA 进行筛选和鉴定。目前已经发展了十几种验证方法，成功应用于重组子的筛选，以下对常用的五种检测方法及其原理进行简要介绍。

（1）基于遗传表型的检测方法　在基因工程中选择的载体通常都含有至少一种选择标记。在实际操作中，检测外源 DNA 是否插入载体最典型的方法是载体抗药性标记的插入失活或者 β-半乳糖苷酶基因的显色反应。

①载体抗药性标记的插入失活。例如质粒 pBR322 是最常用的 DNA 分子克隆载体之一，编码有四环素抗性基因（Tet^R）和氨苄青霉素抗性基因（Amp^R）。当在 Amp 基因内部插入外源 DNA 时，会使 Amp 基因失活。将所有转化子涂布在含有四环素的琼脂平板上，存活的菌株应该转入了载体；然后将所有菌株影印在还有氨苄青霉素的琼脂平板上，不能存在的菌株即为目标基因得到重组的阳性菌株，又或者将四环素平板中加入碘-青霉素指示液，显示蓝色的菌株即无法降解氨苄青霉素，为阳性重组载体（图 6-28）。

②β-半乳糖苷酶基因的显色反应。此外，许多载体还具有 β-半乳糖苷酶显色反应的检测功能。载体中的 lacZ 基因编码 β-半乳糖苷酶，当受到乳糖或者乳糖类似物 IPTG 诱导时，lac 操纵子会产生 β-半乳糖苷酶，催化乳糖生成半乳糖和葡萄糖。因此，当在筛选培养基中添加 IPTG 和乳糖类似物-X-gal（5-溴-4-氯-3-吲哚-β-D-半乳糖苷，无色化合物）时，结构未受到破坏的载体编码的 β-半乳糖苷酶将降解 X-gal 为半乳糖和深蓝色的物质 5-溴-4-靛蓝，而成功插

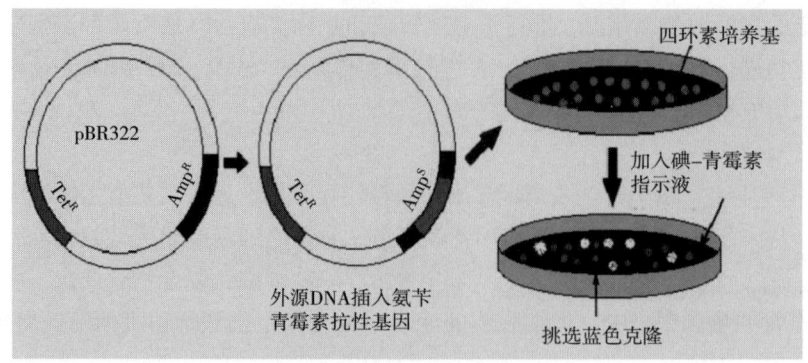

图 6-28　载体抗药性标记插入失活法检测外源 DNA 的插入

入外源 DNA 的载体携带菌株则因基因的破坏而呈现白色（图 6-29）。

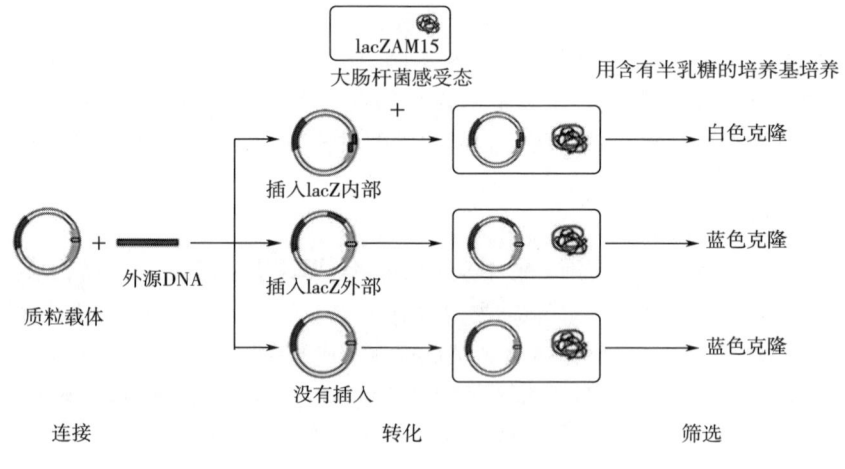

图 6-29　蓝白斑筛选原理

③根据插入序列的表型特性筛选。该类筛选方法通常要求转入宿主的外源 DNA 片段编码的基因，能够对宿主菌株产生体内互补效应或者表现出明显的表型特征。例如，外源 DNA 片段可以对大肠杆菌宿主的不可逆营养缺陷突变进行互补；依据插入序列表型的实例，如将外源二氢叶酸还原酶（DHFR）基因转入宿主后，可以根据 DHFR 对于药物三甲氧苄二氨嘧啶的抗性特性，在含有三甲氧苄二氨嘧啶的琼脂平板上分离抗性克隆。

(2) 物理检测法

①凝胶电泳检测法。当目标 DNA 片段成功插入载体时，重组体的相对分子质量会相应增大，通过核酸电泳可以使得质粒 DNA 相对分子根据大小的差异进行分离。该方法适用于载体 DNA 和重组 DNA 相对分子质量差异较大的比较，如果两种 DNA 分子长度相差小于 1kb，外加 DNA 分子存在多种构型的差异，会造成鉴定的困难。

②酶切分析法。经过遗传筛选后，进行限制性内切酶酶切鉴定是最常用的鉴定方法之一。使用适当的限制性核酸内切酶处理重组质粒，可以将外源 DNA 片段切割下来，经过核酸凝胶电泳后可以直观地判断出凝胶的酶切条带大小与理论酶切条带大小的吻合度，进而判断外源 DNA

是否成功插入载体。

（3）杂交筛选法　利用碱基配对的原理进行分子杂交是鉴定重组体的常用手段。原位杂交（in situ hybridization）亦称为菌落杂交，其基本过程是：将被筛选的菌落从生长的琼脂平板上通过影印的方法，原位转移到硝酸纤维素滤膜上；然后用碱液处理，促使细菌细胞壁裂解，释放出DNA；经滤膜放置在80℃下烘烤，使变性DNA原位同硝酸纤维滤膜形成不可逆结合；将滤膜干燥后与DNA分子探针杂交，随后漂洗除去多余的探针，通过放射自显影方式检测杂交结果。

核酸杂交方法中特定探针的设计是首要前提。将具有一定已知序列的核酸片段，附带上探测标记便可以制作成核酸探针。其标记主要有放射性同位素标记、糖基化标记、生物素标记、毛地黄苷标记等。

（4）免疫化学检测法　当待检测的重组克隆无可供选择的基因表型特征，又无适合的探针时，可以尝试免疫化学法进行重组子的鉴定。该方法特异性强、灵敏度高，其原理是利用宿主菌表达外源蛋白与抗体进行特异性结合，进而将目标基因克隆筛选出来。免疫化学检测法主要有放射性抗体检测法、免疫沉淀检测法和Western印迹分析法三种。

①放射性抗体检测法。首先将转化菌落影印到琼脂平板上，再将其置于含有氯仿饱和气体的容器中使菌落裂解，以便释放出抗原；然后将吸附了标记抗体的聚乙烯薄膜覆盖在琼脂平板表面，具有对应关系的抗原抗体则会在薄膜上形成结合复合物；将聚乙烯薄膜取出，用同位素125I标记的抗体处理，125I标记的抗体便会与结合在聚乙烯薄膜上的抗原决定簇结合；最后通过放射自显影，显示抗原与125I标记抗体的结合位置，由此确定阳性重组体。该方法的灵敏性非常高，可以检测低至5pg的抗原含量。

②免疫沉淀检测法。在转化菌落平板表面，添加一层含有抗体和溶菌酶的琼脂；在溶菌酶的作用下，菌落表面的细菌发生溶菌反应，释放出胞内蛋白质；含有目标基因编码的蛋白质会与抗体结合发生反应，在菌落周围形成白色沉淀圈。

③Western印迹分析法。首先采用聚丙烯酰胺凝胶电泳，将蛋白质根据分子大小分离开来；然后将凝胶上的蛋白质转移到固相载体（如硝酸纤维素薄膜）；载体上的蛋白质作为抗原，会与对应的抗体发生免疫反应，再与酶或者同位素标记的二抗相结合；最后通过底物显色或者放射自显影的方式检测特异性目标蛋白质（图6-30）。目前，该方法已经普遍应用于基因表达调控。

（5）DNA测序　该方法是检测克隆是否成功最为普遍的方法。目前应用的序列测定技术主要是基于1977年Sanger等提出的酶法以及Maxam和Gilbert提出的化学降解法。虽然原理不同，但是两种方法均是生成相互独立的若干组带放射性标记的寡核苷酸，每组寡核苷酸都有固定的起点，然后随机终止在特定的一种或者多种残基上。由于DNA在每一个碱基出现可变终止端的机会均等，因此每一组产物都是一些寡核苷酸混合物，其长度由某一种特定碱基在原DNA全片段的位置决定。然后在可以区分长度仅差一个核苷酸的不同DNA分子的条件下，进行电泳分析，从放射自显影区带直接读出DNA上的核苷酸顺序。

（三）蛋白质表达水平的调控

1. 启动子工程

启动子是基因上游RNA聚合酶识别并结合的一段核苷酸序列，它控制基因的转录，进而调节基因的表达。它是代谢工程中最基本的功能元件，也是最为有效的调节基因代谢流的工具。

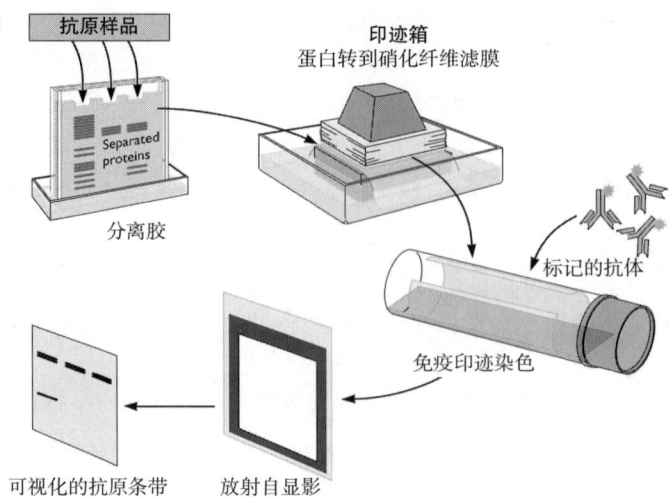

图 6-30　Western 印迹分析法示意图

最初启动子的发现主要来源于对现有途径中的启动子的发掘，现在可以通过改变启动子的序列调节启动子的转录能力，从而增强或者减弱启动子的功能。

启动子是一段可以独立与转录因子结合并能起始转录的 DNA 序列（图 6-31）。启动子与转录因子的结合可以协助招募 RNA 聚合酶，用于起始开放读码框的转录。启动子的强弱对于外源蛋白的高效表达至关重要。现已开发出很多发掘新的启动子的方法，如构建筛选载体，通过模型蛋白从整个基因组中筛选出强表达的启动子；分子改造启动子-10 和-35 区等保守区域来增强或减弱现有启动子的表达；构建两个或更多个启动子串联表达的强启动子等。利用启动子工程可以构建一个具有一定强度范围的启动子文库。

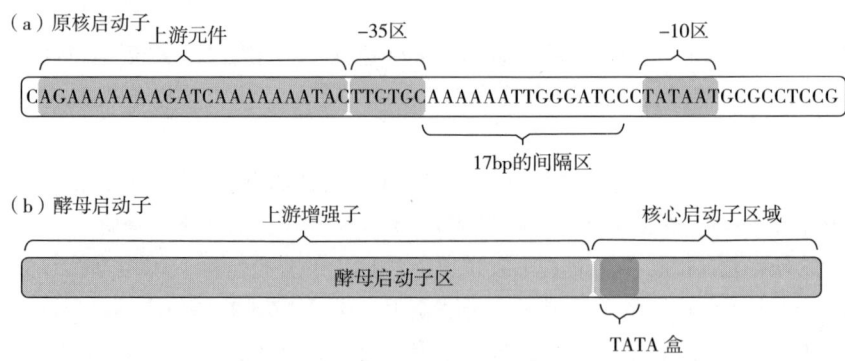

图 6-31　启动子结构示意图

2. RBS 工程

在翻译起始阶段被核糖体覆盖的 mRNA 片段被称为核糖体结合位点（RBS）。一般位于起始 AUG 上游 8~13 个核苷酸处，存在一段由 4~9 个核苷酸组成的共有序列-AGGAGG-。在细菌中，RBS 通过互补配对与 16S rRNA 的 3′末端序列相互作用。参与此相互作用的碱基对的数量以及这些碱基对相对于起始密码子的位置决定了翻译效率。通过微调 RBS 序列能够控制 mRNA 翻译起始的准确度和效率。利用大量的实验数据来设计 RBS 可以使 RBS 合成的研究更加稳健。大型 RBS 数据库必须依靠强大的分析工具才能更好地发挥其应用价值。

3. 融合蛋白或融合肽

采用蛋白融合的方式有助于克服异源蛋白质在转录和（后）翻译等步骤中的瓶颈。内源性融合元件与异源蛋白质融合能够提高 mRNA 的稳定性，从而促进异源蛋白质转录翻译的效率。内源融合元件还能够利用其自身的分泌机制，高效引导异源重组蛋白进行内质网易位、折叠和分选，并且能够有效避免整个分泌过程中蛋白质的降解。

融合蛋白和融合肽常用于增强所需蛋白质的溶解度。融合蛋白相对分子质量较大，一般不影响所需蛋白的活性，需要从重组构建体中去除。融合肽与大尺寸融合蛋白相比，可以减轻宿主蛋白质表达的代谢负担。短肽标签的优点是氨基酸序列一般为 15 个或更少的残基，当与感兴趣的蛋白质融合时，不会严重干扰蛋白质结构或损害其活性。因此，除了治疗性蛋白质外，可能不用去除用于蛋白质应用的融合肽。

4. 信号肽

典型的信号肽（SP）由 16~30 个氨基酸构成。在不同物种中，甚至是同一物种不同蛋白之间，SP 的长度也存在一定的差异。SP 一般由三个主要部分组成：①N 区，带正电的结构域；②H 区，疏水核心；③C 区，切割位点（图 6-32）。对这些部位进行微调能够使 SP 的分泌能力得到优化。SP 之间存在明显的氨基酸组成差异，这种差异对分泌蛋白向内质网的易位方式和效率有重要影响。SP 变异会改变易位效率、切割位点，甚至是切割后事件。

SP 含有驱动蛋白分泌的有效信息，指导新生多肽链进入内质网进行加工、修饰，之后被运输到高尔基体经过进一步的加工，最终抵达细胞质膜并被释放到细胞外。SP 的序列特征决定了分泌蛋白的易位方式，从而影响蛋白质的分泌效率和位置。蛋白质分泌到胞外有三种易位路径：SRP 系统、Sec 系统和 Tat 系统。不合适的分泌方式容易导致蛋白质形成包涵体或被蛋白酶降解，因此，选用高效的信号肽是生产分泌重组蛋白中常用的策略。

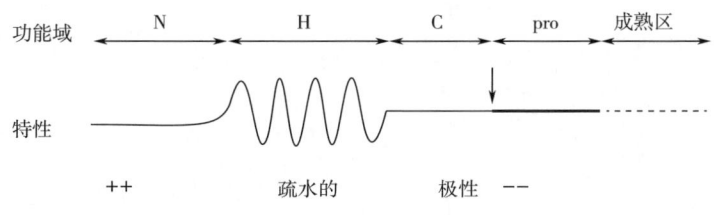

图 6-32 SP 结构示意图

5. 密码子偏好性

对 tRNA 丰度的不同造成了表达宿主对不同密码子的偏好性不同，就大肠杆菌而言，其对密码子的偏好性与对应的 tRNA 的丰度基本呈正相关。丰度高的 tRNA 分子与大肠杆菌偏好的密码子配对，可减少匹配的时间，降低错配的概率，蛋白质翻译效率高；非偏好使用的密码子对应的 tRNA 少，tRNA 分子与密码子要经过多次辨认才能正确配对，所以合成蛋白质的速度慢。稀有密码子对应的 tRNA 在细胞内含量较低，因此当稀有密码子连续出现时，会导致翻译停滞、移码突变、翻译提前终止等蛋白质翻译错误。通过密码子优化，即将异源基因编码的稀有密码子同义替换成表达菌偏好的密码子，可以提高异源基因的翻译效率，从而获得更高的表达量。

思考题

1. 简述酶分离纯化的概念、目的和意义。
2. 酶分离纯化的一般原则是什么？
3. 细胞破碎的主要方法、原理是什么？如何选择合适的细胞破碎方法？
4. 酶的提取过程中应注意的问题有哪些？
5. 常用于酶分离纯化的方法有哪些？各方法的原理是什么？
6. 酶分离纯化方法的选择及组合中应注意的问题有哪些？
7. 简述酶纯度的检查、鉴定方法。
8. 酶结晶的主要方法和影响酶结晶的主要因素是什么？
9. 如何利用同位素标记的方法研究酶的催化机制？
10. 在利用模拟计算推断酶催化机制研究中，动力学模拟及量子力学/分子力学模拟的用途及差异点是什么？
11. 依照传统食品酶筛选方法，主要的筛选环节有哪些，其每个环节的核心因素是什么？
12. 酶定向进化、半理性设计和理性设计分别如何界定？在酶改良时如何对如上技术进行选择，各自的关键前提有哪些？
13. 食品酶的工程菌株需要具备怎么样的性能？常用的工程菌株有哪些，分别具备怎样的优势和缺陷？
14. 食品酶的工程菌构建过程包括几个环节？

第七章
碳水化合物酶

学习目标

1. 学习和掌握作用于碳水化合物的酶的种类、自然界中的分布、结构特点、催化的反应、作用机制和在食品工业中的应用。

2. 提高对碳水化合物是人类最主要的能量来源和碳水化合物酶具有重要作用的认识，从大食物观看待自然界的馈赠，主动拓展食物种类和来源的渠道，实现自然资源的充分和高效利用，提高食品质量与安全水平。

碳水化合物酶是种类最多、应用最广的一大类酶。本章将介绍碳水化合物酶的分类与命名，各种酶在自然界中的存在、结构、性质、底物、催化的反应、作用机制、影响活力和稳定性的因素及它们在谷物、果蔬、酿造、乳制品、食品配料与添加剂生产等食品工业中的应用。学习时需关注各种酶的结构与功能、酶的改造方向与方法、酶工程与创新应用等，学习并获得利用碳水化合物酶提高资源利用率、提高产品质量与产率、改造提升传统生产工艺等的知识和能力，推动资源节约型和环境友好型社会的发展。

第一节 引言

碳水化合物是光合作用的产物，在自然界物质和能量的循环利用中起到举足轻重的作用，是人类主要的能量来源。地球上生物量干重的50%以上是由葡萄糖的聚合物构成的。碳水化合物主要以多糖的形式存在，包括纤维素、几丁质、淀粉、糖原类等。这些多糖的相对分子质量很大，属于不溶性多糖，难以被生物降解，需要降解后才能被生物利用。

作用于碳水化合物的酶被称为碳水化合物酶（carbohydrases），通常也被称为糖酶。大部分碳水化合物酶都是水解酶，被统称为糖基水解酶或糖苷酶，作用是裂解多糖中将单糖结合在一起的糖苷键，使多糖降解成较小的分子；一些碳水化合物酶还能催化糖单位结构上的重排，形成新的糖类化合物，这类反应被称为转糖苷作用。除了上述两类反应外，一些酯酶能作用于酯化的糖类，这类反应在改变果胶物质的功能性质上是很重要的。

不同的糖基水解酶具有一些相同的结构及催化特征。许多糖苷酶都是多结构域蛋白质，其中一部分结构域作为催化单元，另一部分结构域则具有其他的功能，如结合延展的多糖底物。糖苷酶活性位点含有双羧基/羰基残基（Asp/Glu），与溶菌酶的作用机制相似，是通过广义酸碱催化和/或亲核催化（借助静电效应以及应变/扭曲效应的帮助）起作用的。一般而言，酸性残基为糖苷键上的 O 提供 H^+，生成作为过渡态的含氧碳正离子（图7-1），羧基残基使水去质子并活化，获得亲核的—OH，从而完成水解反应，或者羧基直接作为亲核体起作用，形成一个共价中间体。这两种情况下，醇基均作为离去基团被释放。

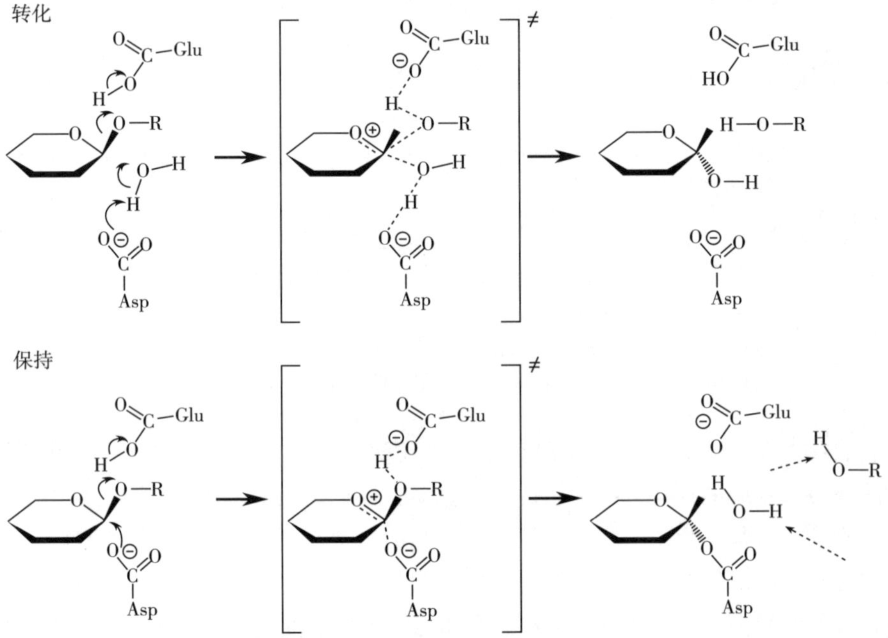

图 7-1 糖基水解酶作用机制

根据糖苷键水解后形成的端基异头碳的构型（α 或 β），糖苷酶可分为保持型和转化型（图7-1）。转化型酶的酸催化残基之间相距较远（约0.95nm），使被激活的水分子（亲核体）接近与 ROH 相连的异头碳的另一位点，ROH 从糖苷键中释放。保持型酶的酸催化残基之间存在较短的距离（约0.55nm），以至于水只能在被释放的醇基离开活性位点后进入活性位点（被称作双置换反应）。在保持型反应机制中，与羧基残基形成的糖基-酶共价中间引导水（被广义碱残基脱去 H^+ 后成为亲核体）进入先前被 ROH 离去基团所占据的异头碳上的相同位置，因此，原端基构型"保持"。只有保持型糖苷酶能同时催化水解反应和糖苷转移反应，而转化型只能催化水解反应。

糖苷酶之间的另一个区别是内切型和外切型。外切型酶与底物的末端部分（大部分是非还原末端，但并非总是）结合，使可断裂键位于活性位点，而内切型随机攻击底物的内部位点。

在糖苷酶（如淀粉酶和葡萄糖苷酶）的惯命名中，以"α"和"β"来表示被释放的还原端的构型。表7-1概括了食品中重要的糖苷酶的类型及分类。

第七章 碳水化合物酶

表 7-1 食品中重要的糖苷酶的类型及分类

酶	键选择性	产物选择性[1]	催化残基[2]	底物残基定位[3]
α-淀粉酶	α-1,4-葡萄糖	RET α→α	Glu$_{233}$, Asp$_{300}$ (酸，亲核体/碱)	Endo[6]
β-淀粉酶	α-1,4-葡萄糖	INV α→β	Glu$_{186}$, Glu$_{380}$ (酸，碱)	Exo[6]
普鲁兰酶	α-1,6-葡萄糖	可能是 RET α→α	不确定，可能是 Glu$_{706}$, Asp$_{677}$ (酸，亲核体/碱)	Endo，几个期望酸亚位点
糖化酶	α-1,4 (α-1,6)-葡萄糖	INV α→β	Glu$_{179}$, Glu$_{400}$ (酸，碱)	Exo
环麦芽糊精转移酶	α-1,4-葡萄糖	RET α→α	Glu$_{257}$, Asp$_{229}$ (酸，亲核体/碱)	Endo
转化酶	β-1,2-果糖	RET β→β	Glu$_{204}$, Asp$_{23}$ (酸，亲核体/碱)	β-D-果糖苷=-1; 葡萄糖=+1
β-半乳糖苷酶	β-1,4-半乳糖	RET β→β	Glu/Mg^{2+}[4], Glu$_{337}$ (酸，亲核体/碱)	β-D-半乳糖苷=-1; 糖苷/葡萄糖=+1
β-葡萄糖苷酶	β-1,4, β-1-葡萄糖配基	RET β→β	Glu$_{170}$, Glu$_{358}$ (酸，亲核体/碱)	Exo, β-D-Dn吡喃葡萄糖苷=-1
多聚半乳糖醛酸酶	α-1,4-半乳糖醛酸	INV α→β	Asp$_{180,201,202}$ 可能是酸/碱残基	Endo (同时也存在外切型)
木聚糖酶	α-1,4-木糖	RET α→α	Glu$_{192}$, Glu$_{78}$ (酸，亲核体/碱)	Endo存在一些外切型，一些可以转化
溶菌酶	α-1-NAM-NAG[5]	RET α→α	Glu$_{35}$, Asp$_{52}$ (酸，亲核体/碱)	Endo, NAM-NAG 单元结合在-1/+1

注：① RET，保持（retaining）；INV，转化（inverting）；
② 文中引用的参照酶；
③ ?，亚位点不确定；*，存在该亚位点的酶；
④ 可能的催化位点，但仍然不确定；
⑤ N-乙酰胞壁酸-N-乙酰葡萄糖胺重复单元；
⑥ Endo，内切；Exo，外切。

第二节　淀粉酶

　　淀粉是高等植物主要贮存的多糖，是一种可再生、可生物降解的天然原料。天然存在的淀粉含有 20%~30% 的直链淀粉和 70%~80% 的支链淀粉，直链是一种主要以 α-1,4-糖苷键连接的线性葡萄糖多聚体，支链是以由 α-1,4-糖苷键连接的 10~60 个葡萄糖单元为主体，通过 α-1,6-糖苷键连接产生分支的葡萄糖多聚体。

　　淀粉酶是水解淀粉分子内的 α-1,4-糖苷键和 α-1,6-糖苷键得到葡萄糖、寡糖或者糊精等产物的一类酶。已经发现的淀粉酶的种类越来越多，分类依据多种多样，根据淀粉水解产物异头碳的构型为 α 构型或者 β 构型，淀粉酶可以分为 α-淀粉酶或者 β-淀粉酶；根据水解方式的不同，可以分为内切型淀粉酶和外切型淀粉酶；根据水解产物分子的大小又可以分为糊精酶、低聚糖酶；根据酶学性质分为酸性淀粉酶、碱性淀粉酶、低温淀粉酶、高温淀粉酶等；根据淀粉酶的用途分为液化酶和糖化酶；根据淀粉酶的来源分为微生物淀粉酶、真菌淀粉酶、动物淀粉酶等。

　　水解淀粉的酶类主要有 α-淀粉酶家族（EC 3.2.1.1）、β-淀粉酶家族（EC 3.2.1.2）、葡萄糖糖化酶（EC 3.2.1.3）、异淀粉酶（EC 3.2.1.68）和环式糊精糖化酶（EC 2.4.1.19）等。大部分淀粉水解酶都属于 α-淀粉酶家族。需要指出的是，α-淀粉酶与 α-淀粉酶家族是不等同的概念。通常将作用于 α-糖苷键连接的葡萄糖聚糖，并且作用后能保持葡萄糖残基的 C 碳原子为 α-构型的酶类都归为 α-淀粉酶家族。α-淀粉酶家族包含两大类酶，即葡萄糖苷水解酶和葡萄糖基转移酶，它们或者水解 α-1,4-糖苷键、α-1,6-糖苷键，或者新生成 α-1,4-糖苷键、α-1,6-糖苷键，极少数还可作用于 α-1,2-糖苷键和 α-1,3-糖苷键，这取决于各个酶作用的特异性，根据酶作用的特异性，α-淀粉酶家族可分为近 30 种不同专一性特征的酶类。α-淀粉酶是 α-淀粉酶家族中的一个重要成员，只作用于 α-1,4-糖苷键，且仅有水解作用。

一、α-淀粉酶

（一）α-淀粉酶的来源

　　α-淀粉酶（α-1,4-葡聚糖-4-葡聚糖水解酶，EC 3.2.1.1）是较早发现并应用于工业的重要酶类之一，其发现和研究的历史可以追溯到 19 世纪 20 年代，而且它至今还是酶学研究中最为活跃的领域之一。α-淀粉酶普遍分布于自然界，在动物、植物和微生物等各个物种间都已经发现了大量的 α-淀粉酶。

　　大多数商业化应用的 α-淀粉酶是由微生物发酵产生的。产 α-淀粉酶的微生物有原核微生物：枯草芽孢杆菌、地衣芽孢杆菌、嗜热脂肪芽孢杆菌、黄单胞菌等；真核微生物：米曲霉、黑曲霉、拟内孢霉等。α-淀粉酶也可以从植物和动物组织中提取。

　　已经发现并加以应用的 α-淀粉酶种类很多，按其使用条件可分为中温型和高温型和耐酸耐碱型；按其来源可分为细菌淀粉酶、真菌淀粉酶、植物和动物淀粉酶；按产物不同可将其分为糖化型和液化型两类，液化型α-淀粉酶能将淀粉快速液化，其终产物为寡聚糖和糊精，而糖化型α-淀粉酶有较强的酶切活性，在水解可溶性淀粉时，随水解时间的延长而产生寡聚糖、麦芽糖直至葡萄糖。

目前，大部分工业α-淀粉酶制剂都是由芽孢杆菌生产，例如解淀粉芽孢杆菌、芽孢乳酸杆菌、地衣芽孢杆菌和嗜热脂肪芽孢杆菌等。研究显示，这些菌种产生的淀粉酶有很强同源性和相似性。

（二）α-淀粉酶的结构

虽然α-淀粉酶的核苷酸序列没有很好的保守性，但是它们却在功能区的结构上保持了较高的相似性。高峰淀粉酶是α-淀粉酶结构研究中的模式酶，也是第一个测定晶体结构的α-淀粉酶。到现在为止，已经有超过150个α-淀粉酶结构被测定，其中接近一半来自微生物。

α-淀粉酶是糖苷酶家族13的代表，该家族酶的蛋白质中至少存在三个独立的结构域，如图7-2所示。结构域A由N末端的氨基酸残基构成，是一个由高度对称的8条α-螺旋环绕8条β-折叠形成的$(\beta/\alpha)_8$桶。$(\beta/\alpha)_8$桶首先在鸡肌肉磷酸丙糖异构酶（TIM）中发现，因此这种结构又称为TIM桶。结构域A是催化反应发生区域；结构域B位于TIM桶中第三β-折叠和第三α-螺旋中间的突起部分，由多个β-折叠构成。在α-淀粉酶家族中，结构域B在大小和结构上有着明显的差异。这部分结构的稳定性对整个α-淀粉酶的稳定性有着至关重要的作用。由于结构域B形成了一个明显的底物结合凹槽，因此它被推测在底物结合的特异性上有着重要的作用。结构域C和结构域B在空间上相对于TIM桶对称。结构域C由蛋白质C端氨基酸残基构成。

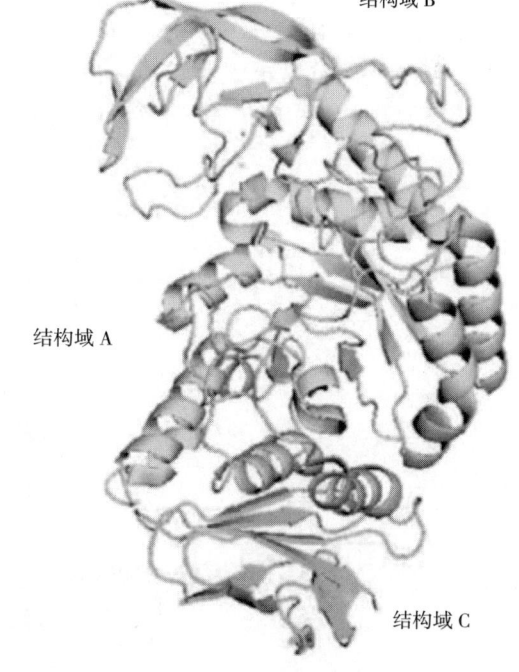

图7-2　α-淀粉酶的结构示意图

不同来源的α-淀粉酶的相对分子质量主要在50000~70000，不过也有少量接近200000。几乎所有已知的α-淀粉酶都含有至少一个Ca^{2+}结合位点，其中位于结构域A与结构域B接口处的Ca^{2+}结合位点（CaI_2）高度保守。该结合位点的Ca^{2+}连接A、B两结构域，对催化中心结构的稳定以及底物结合域的形成起着极其重要的作用。Ca^{2+}与酶分子的结合非常牢固，结合常数达到$10^{12} \sim 10^{16}$ L/mol，只有在低pH和同时存在螯合剂的条件下，才能将酶分子中的钙除去。虽然钙不直接参与形成酶-底物复合物，但是，如上所述，它起着维持酶的最适宜构象，使酶具有最高活力和最高稳定性的作用。如果将酶分子中的钙完全除去，有可能导致酶基本上失活和对热、酸或脲等变性因素的稳定性降低。通常，存在于淀粉中的微量钙已足以活化不含钙的酶分子。然而，为了使α-淀粉酶在高温下具有最高的稳定性，在使用时加入钙盐是适宜的。近年来，也有不依赖Ca^{2+}的α-淀粉酶的报道，并成为新的研究热点。通过对来自 Bacillus sp. KSM-K38 的一种不依赖 Ca^{2+} 的 α-淀粉酶（Amyk38）的 X 射线衍射研究结果表明，在 CaI_2 相应的位置并没有结合上 Ca^{2+}，而是被 Na^+ 所取代。

目前已有不少 α-淀粉酶同工酶的报道。用电泳和离子交换色谱可以将哺乳类动物的 α-淀粉酶分离成两种同工酶。根据严格的同工酶定义，在同一种酶不同的同工酶之间必须有一级结构上明显的差别，或者说每一种同工酶分子具有独特的氨基酸排列顺序。然而在人的唾液 α-淀粉酶的同工酶之间，未能检出氨基酸组成上的差别，它们在物理化学性质上的差别是由酶分子中不同的碳水化合物的含量所造成的。在人的初乳中也检出了 α-淀粉酶的同工酶，它们所带的电荷和相对分子质量不同。在谷类中发现了 α-淀粉酶的多种形式，例如，从大麦芽中分离出 5~6 种同工酶，而且它们具有不同的热稳定性。

（三） α-淀粉酶催化的反应

淀粉酶水解淀粉的模式见图 7-3。α-淀粉酶以随机的方式作用于淀粉，但不同来源的 α-淀粉酶的作用模式、性质和降解产物会稍有差别。通常，α-淀粉酶作用于淀粉时，将 α-1,4-糖苷键裂开，得到的水解产物的构型保持 α 构型不变。然而从多黏杆菌得到的淀粉酶却是一个例外，它以外切的方式作用于淀粉，而得到寡糖产物的异头碳转变为 β 构型。

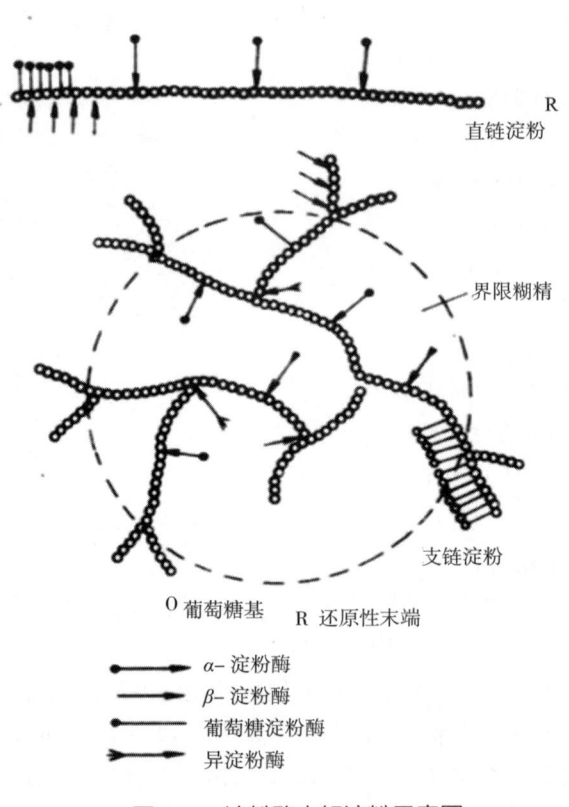

图 7-3 淀粉酶水解淀粉示意图

α-淀粉酶以直链淀粉为底物时，反应一般分两个阶段进行。首先直链淀粉快速降解，产生寡糖。这基本上是 α-淀粉酶以随机的方式作用于淀粉的结果。在这一阶段，直链淀粉的黏度以及与碘发生呈色反应的能力很快地下降。第二阶段的反应比第一阶段要慢得多。它包括寡糖缓慢地水解生成最终产物葡萄糖和麦芽糖。第二阶段的反应并不遵循第一阶段随机作用的模式。

α-淀粉酶不能水解 α-1,4-支链淀粉的分支点 α-1,6-糖苷键，也不能水解 α-1,6-糖苷键附近的 α-1,4-糖苷键，作用于支链淀粉时产生葡萄糖、麦芽糖和一系列 α-限制糊精（由4个或更多个葡萄糖基构成的寡糖）。

基于上述 α-淀粉酶催化的反应及其产物特点，在淀粉制糖方面，α-淀粉酶主要用于淀粉水解的前端，即液化阶段，将淀粉迅速降解成糊精，然后与其他淀粉酶一起作用，进一步将糊精水解成葡萄糖、麦芽糖等产物，生产淀粉糖产品。α-淀粉酶广泛应用于啤酒、黄酒、酒精、酱油、醋、果汁和味精产业，将原料中的淀粉水解成可发酵糖。α-淀粉酶广泛应用于烘焙、糖果、果蔬汁（酱）等的生产，使淀粉适度水解，改善产品的品质。例如，在面包生产中，通过 α-淀粉酶适度水解淀粉，可以改良面团，如降低面团黏度、加速发酵进程、增加含糖量和缓和面包老化等。α-淀粉酶除了在食品工业中大量使用外，在饲料、医药、造纸等行业也有广泛的应用。

不同微生物产 α-淀粉酶的性质有所差异，应用领域也有所不同。黑曲霉 α-淀粉酶主要用于淀粉糖浆、酒精、啤酒、果汁、巧克力糖浆、焙烤制品、液体咖啡、葡萄酒、葡萄糖和乳制品等的生产。米曲霉 α-淀粉酶主要用于淀粉糖浆、酒精、啤酒、焙烤制品、乳制品的制备和肉的嫩化。酵母菌 α-淀粉酶主要用于糖果和冰淇淋的制造和乳制品的改性。木霉 α-淀粉酶主要用于果汁、葡萄酒、植物油和啤酒的生产。米根霉 α-淀粉酶主要用于淀粉糖浆、果汁、干酪及葡萄糖的生产。

表 7-2 为枯草杆菌 α-淀粉酶作用于直链和支链淀粉时的产物分布情况。

表 7-2　　　　枯草杆菌 α-淀粉酶作用于直链和支链淀粉时的产物分布情况

（以重量百分数表示） 单位：%

水解产物	直链淀粉		支链淀粉	
	60min	180min	60min	180min
G_1	2.3	5.3	1.4	3.3
G_2	10.1	12.3	5.5	8.3
G_3	12.8	22.0	8.2	10.8
G_4	6.0	10.5	0.9	2.5
G_5	10.2	14.8	4.9	6.7
G_6	20.6	30.1	14.0	26.8
G_7	14.7	5.1	9.8	9.2
高相对分子质量产物	23.3	0.0	55.3	32.4

（四）α-淀粉酶作用机制

α-淀粉酶的活性位点至少由五个亚位点构成（-3到+2）（图7-4），要求底物至少有三个葡萄糖单位。α-淀粉酶的活性中心高度保守，都有1个谷氨酸和2个天冬氨酸残基。其中谷氨酸在催化过程中是质子供体，而一个天冬氨酸起亲核试剂的作用，另外一个天冬氨酸不直接参与催化反应，但对提高谷氨酸的 pK_a 值以及使底物分子变性起到重要的作用。

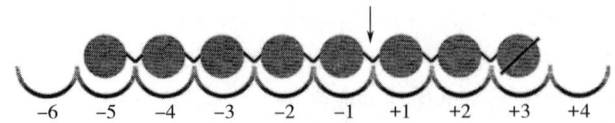

图7-4　α-淀粉酶底物结合亚位点

α-淀粉酶的催化过程包括三步，共发生2次置换反应，如图7-5所示。第一步，α-淀粉酶活性部位的-1亚结合位点结合到底物的糖残基上，此时α-淀粉酶活性中心的酸性氨基酸（Glu）充当质子供体将糖苷氧原子质子化；第二步，结合位点上亲核氨基酸（Asp）对结合到-1亚结合位点的糖残基的C1进行亲核攻击，与底物形成共价中间物，同时裂解C1—OR键，置换出底物的糖苷配基部分；第三步，糖苷配基离去之后，刚去质子化的Glu激活一个水分子，该水分子再将Asp的亲核氧与糖残基的C1之间的共价键C1-Asp水解，置换出酶分子的Asp残基，水解反应完成。在第二次置换反应中，如果进攻基团不是水分子，而是一个带有游离羟基的糖（寡糖）ROH，那么酶分子的Asp残基被置换出后，就发生了糖基转移反应而非水解反应。这就是将糖苷水解酶和糖基转移酶归为α-淀粉酶家族进行考虑的原因。

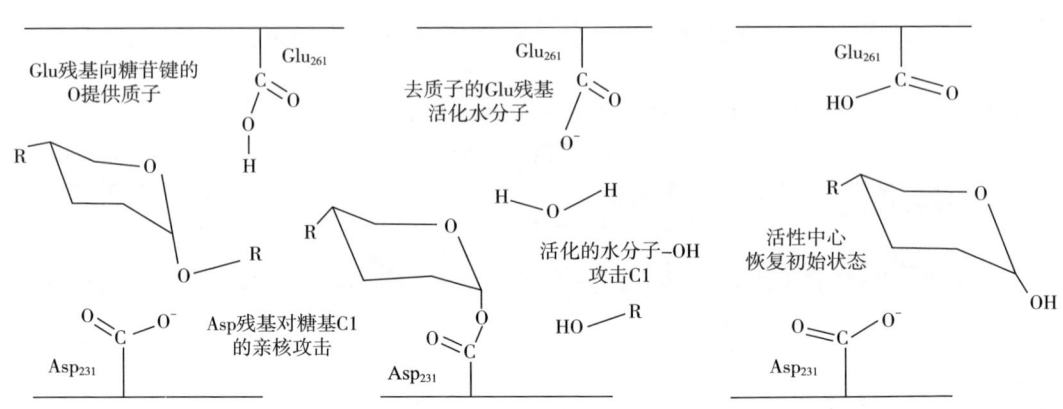

图7-5　α-淀粉酶催化作用机制

（五）α-淀粉酶作用的影响因素

1. pH对α-淀粉酶的影响

α-淀粉酶的最适pH横跨2~14范围，通常情况下，在pH 4~11范围内较为稳定。α-淀粉酶的活力pH关系曲线是典型的钟型曲线，在pH 4.5~7.0具有最高活力。然而对于不同来源的α-淀粉酶，它们的活力-pH曲线的形状和最适pH的位置都有差别。例如，从人的唾液和猪的胰脏得到的α-淀粉酶具有较窄的最适pH范围（6.0~7.0）；大麦芽α-淀粉酶的最适pH范围是4.8~5.4，小麦α-淀粉酶的最适pH在4.5左右，当pH低于4.0时，活力显著下降，而pH超过5时，活力缓慢下降；高粱芽α-淀粉酶的最适pH是4.8，在pH呈酸性时它很快失活，而在

pH 5.0 以上时失活速度较低。

生淀粉浆的 pH 在 4.5 左右，淀粉水解过程的加热会使糊化淀粉浆的酸度更高，这就要求 α-淀粉酶能抵抗这种酸性高温的极端环境。日本学者在 1963 年发现来源于黑曲霉的酸性 α-淀粉酶，从此，各国学者已陆续分离得到超过 10 种最适 pH 在 4.0~5.5 的耐高温、耐酸 α-淀粉酶，且它们的最适温度都超过 90℃，其中来源于激烈热球菌（*Pyrococcus furiosus*）的 α-淀粉酶是它们中的典型酶。目前，产具有较好耐酸性的酶的菌株大多为真菌。芽孢杆菌 α-淀粉酶最适 pH 一般在 4.5~9。枯草芽孢杆菌 α-淀粉酶的最适 pH 范围为 5.0~7.0。耐酸性芽孢杆菌 α-淀粉酶较少。嗜热脂肪芽孢杆菌 α-淀粉酶具有狭窄的最适 pH 范围（3.0 左右）。

了解 pH 对 α-淀粉酶稳定性和酶活力的影响具有很重要的实际意义。例如，黑麦粉中含有过量的 α-淀粉酶，如果它能在 pH 3.4~4.0 时快速失活，那么用黑麦在较低 pH 下加工面包时，就能防止因 α-淀粉酶的作用而导致淀粉的过分糊精化和产生胶黏状的面包瓤。

2. 温度对 α-淀粉酶的影响

如前所述，在与钙结合的条件下，α-淀粉酶的热稳定性高，这一性质在食品加工中（如烘焙面包）是很重要的。不同来源的 α-淀粉酶具有不同的热稳定性，一些细菌 α-淀粉酶的最适温度可达 70℃ 以上。淀粉颗粒糊化后对于酶的作用变得非常敏感，因此对淀粉的水解都会选择在糊化的情况下进行，这就需要选用在淀粉糊化温度以上仍然有活性的 α-淀粉酶。耐高温的 α-淀粉酶在淀粉加工和含淀粉食品的加工中具有重要作用。

在实际应用方面，可根据 α-淀粉酶的热稳定性将它们分成耐热 α-淀粉酶（高温 α-淀粉酶）和不耐热 α-淀粉酶。耐热 α-淀粉酶的来源广泛，可以从植物、动物和微生物中提取得到。其中微生物来源的耐热 α-淀粉酶在生产成本、发酵稳定性和生产时间等方面相较其他来源的有着明显的优势。在细菌来源的耐热 α-淀粉酶中，应用最为广泛的是芽孢杆菌来源的，枯草芽孢杆菌（*Bacillus subtilis*）、地衣芽孢杆菌（*Bacillus licheniformis*）和解淀粉芽孢杆菌（*Bacillus amyloliquefaciens*）是商业生产耐热 α-淀粉酶的重要菌株。不同来源的耐热 α-淀粉酶的性质有所不同，见表 7-3。

表 7-3　　不同来源的耐热 α-淀粉酶的性质

来源	最适温度/℃	最适 pH	热稳定性
嗜热脂肪芽孢杆菌 US100	82	5.6	95℃下半衰期为 73min
地衣芽孢杆菌	85	6.5	90℃下半衰期为 270min
解淀粉芽孢杆菌	70	6.5	90℃下半衰期为 2min
枯草芽孢杆菌	70	5.5~6.0	95℃下半衰期为 40min
酸热芽孢杆菌	75	3.5	60℃下半衰期为 5d
激烈火球菌	100	6.5~7.5	100℃下处理 200min 后剩余 85% 的酶活力
高温放线菌	80	7.0	100℃下处理 30min 后剩余 85% 的酶活力
链霉菌	70	6.0	75℃下处理 30min 后剩余 60% 的酶活力

耐热 α-淀粉酶主要用于淀粉的液化作用。在此过程中，α-淀粉酶通过部分水解作用，使不溶性淀粉颗粒分散在水溶液中。在工业生产应用 α-淀粉酶液化淀粉时，淀粉浓度通常可达 30%~40%。高浓度的淀粉能显著提高 α-淀粉酶的稳定性，使地衣芽孢杆菌 α-淀粉酶在温度高达 110℃ 的条件下仍然具有短时期作用的能力。解淀粉芽孢杆菌 α-淀粉酶在最适条件下的最高操作温度可达 85~90℃。除了在热稳定性上存在差别外，这两种酶作用于淀粉的终产物也是不同的（表7-4）。

表7-4　两种耐热 α-淀粉酶降解淀粉的终产物

种类	终产物
解淀粉芽孢杆菌 α-淀粉酶	麦芽六糖
地衣芽孢杆菌 α-淀粉酶	麦芽五糖
	麦芽三糖
	麦芽糖

不耐热 α-淀粉酶主要由米曲霉生产，一般用于紧接在淀粉液化作用后的糖化过程。它们能将底物水解到较高的程度，因而在产物中含有较高比例的麦芽糖。

（六）α-淀粉酶活力测定及动力学研究

通过底物降解的速度可以计算 α-淀粉酶的活力。在进行 α-淀粉酶活力测定时，通常采用可溶性淀粉或糊精作为底物。底物的浓度必须达到使酶饱和的水平，这样酶催化反应对底物来说遵循的是零级反应动力学。底物降解速度的测定方法主要有两种：一是测定底物与碘显色能力下降的速度；二是测定底物黏度下降的速度。严格地讲，应该用糖苷键被打断的速度来表示酶活力单位。然而，在许多情况下，酶活力单位都是从实用角度来确定的。

α-淀粉酶以随机的方式作用于淀粉，因而酶反应的动力学比 Michaelis-Menten 方程所描述的要复杂得多。此外，酶作用的底物从开始时的大分子淀粉逐渐降到麦芽糖和麦芽三糖，而两个基本的动力学参数 K_m 和 v_{max} 随底物相对分子质量的变化而变化，更增加了解释实验结果的难度。

研究结果表明，α-淀粉酶水解葡聚糖的速度随葡聚糖聚合度的减小而很快地下降，水解线性葡聚糖（直链淀粉）的速度比起水解分支分子（支链淀粉和糖原）要高。

（七）α-淀粉酶的发展方向

近年来，一些研究者从极端微生物中发掘出性质良好的 α-淀粉酶。极端微生物生长环境的极端酸碱、热和盐，使得它们更有可能产生耐酸碱、高低温和高渗透压的 α-淀粉酶。研究者从极端耐盐古生菌 *Haloarcula japonica* 中提取到耐盐 α-淀粉酶，其最适盐浓度可达 2.6mol/L。

多功能 α-淀粉酶因其多样的催化活性而引起科学家的关注，其不仅有典型的 α-淀粉酶性质，还可以同时有水解其他糖苷键的能力或者充当糖苷转移酶。由于可以用一种酶同时进行液化和糖化，不仅可节约酶制剂，而且能简化淀粉水解过程，加快水解速率。此外，多功能 α-淀粉酶还可通过其特殊的酶活性，产生麦芽寡糖和异麦芽寡糖等功能性低聚糖。已发现一种嗜热多功能 α-淀粉酶，它可以将淀粉水解为麦芽糖、麦芽三糖、异麦芽三糖和异麦芽四糖，而不生产可以抑制麦芽寡糖产生的葡萄糖。

α-淀粉酶的发现已经不只局限于传统的筛菌培养方法，分子生物学方法被广泛应用于新酶的发现和构建中。Vidya 等通过宏基因组学和克隆培养相结合的方法发现了一种新的低温、耐碱 α-淀粉酶。A. Bolotin 等通过对 *Lactococcus lactis* ssp. *lactis* IL 1403 全基因组序列的分析比对发现了一种新的 α-淀粉酶。定向进化和酶的理性设计成为了新 α-淀粉酶发现的热点方法，通过自由突变、错配 PCR、DNA 展示和盒式突变等方法实现酶的结构与功能的改造，获得性能符合要求的新酶。表7-5 所示为近十几年来发现的具有良好酶学性质的野生型微生物 α-淀粉酶来源。

表 7-5　　具有良好酶学性质的野生型微生物 α-淀粉酶来源

来源菌株	酶学性质	来源菌株	酶学性质
芽孢杆菌	耐热、嗜酸	莫哈韦芽孢杆菌 A21	耐热、非钙离子依赖
糖多孢菌 A9	耐碱、耐盐	德氏乳酸乳杆菌 TSAS1	耐酸、非钙离子依赖
芽孢杆菌 HUTBS62	耐热、嗜酸	涅斯捷连科氏菌菌株 F	耐盐、生淀粉水解
普通嗜热放线菌	非钙离子依赖	海水芽孢杆菌 MKSC 6.2	生淀粉水解
芽孢杆菌 AAH-31	耐碱、耐热	厌氧芽孢杆菌	耐热、耐碱、高麦芽糖产物
芽孢杆菌 MK8 和 MA9	耐热	珊瑚球菌株 EGB	高麦芽糖产物、多功能酶
嗜碱芽孢杆菌	耐碱	樟绒枝霉	多功能酶
小孢根霉	耐酸、耐热	厌氧芽孢杆菌 KP1	热稳定
微球菌 NS 211	耐酸、耐碱	溶藻弧菌 63	多功能酶
深海王祖农菌	耐盐、低温活性	毡状金孢霉	耐热
大安金黄杆菌	耐碱	热灭活植物乳杆菌 ST-Ⅲ	高麦芽糖产物

α-淀粉酶基因工程方面的研究主要集中在其产量调控上，如其上下游基因的改造、分泌系统的重构，即构建高效突变体，提高 α-淀粉酶产量。

二、β-淀粉酶

（一）β-淀粉酶的来源

β-淀粉酶（α-1,4-葡聚糖麦芽糖水解酶，EC 3.2.1.2）也称为糖化淀粉酶。自然界中β-淀粉酶普遍分布于高等植物、真菌和微生物中，不存在于哺乳类动物中。植物β-淀粉酶主要发现于大麦、水稻、甘薯、大豆等高等植物中，主要存在于质体内，在植物其他亚细胞区域分布较少。但是，只有存在于质体外的β-淀粉酶才具备催化活性。植物胚乳中的β-淀粉活性一般较高，而存在于植物组织器官中的β-淀粉酶活性一般较低。不同植物中的β-淀粉酶含量相差较大。麦芽粉中的β-淀粉酶含量最高，大豆、大麦、小麦中也含有大量的β-淀粉酶。根据β-淀粉酶在麦芽中存在的形式，可将其分为游离态与结合态两种，结合态的β-淀粉酶占70%左右，其中游离态的β-淀粉酶可通过水提的方法提取，而提取结合态的β-淀粉酶则需要添加蛋白水解酶或者还原剂。微生物β-淀粉酶主要来源于芽孢杆菌类和假单胞菌等。

（二）β-淀粉酶的结构

β-淀粉酶属于糖苷水解酶家族 14 中的一类，对来源于大豆、甘薯、大麦以及芽孢杆菌的β-淀粉酶的研究比较充分。

β-淀粉酶的蛋白质结构很独特，不像其他淀粉水解糖苷酶那样含有多个结构域，而是只含有一个结构域。β-淀粉酶的蛋白质结构主要包括一个 C 末端 4 段富含甘氨酸的长环结构和一个淀粉结合区域（starch-binding domain，SBD），如图 7-6 所示。SBD 是由 7 个 β 折叠链段组成的一个开放、扭曲的 $(\beta/\alpha)_8$ 桶状核心。当淀粉与 SBD 结合时，淀粉结合表面的结构会被破坏，从而加速淀粉的水解。

图 7-7 是甘薯 β-淀粉酶的结构。甘薯 β-淀粉酶是一个由 4 个相同亚基组成的四聚体，具

有 498 个氨基酸残基，每一个亚基上都有一个上述的 $(\beta/\alpha)_8$ 桶状核心。

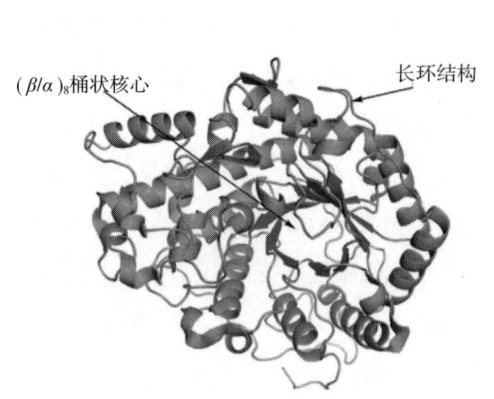

图 7-6　β-淀粉酶的碳末端长环结构和淀粉结合区域

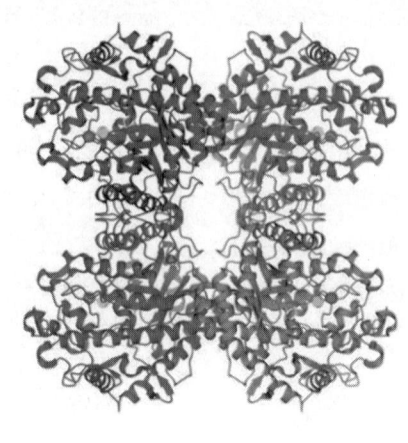

图 7-7　甘薯 β-淀粉酶的结构

β-淀粉酶的相对分子质量一般高于 α-淀粉酶，例如，甘薯 β-淀粉酶的相对分子质量高达 152000。微生物 β-淀粉酶的相对分子质量在 30000~160000。

（三）β-淀粉酶催化的反应

β-淀粉酶是一种外切酶，当它作用于淀粉时，从淀粉分子的非还原性末端裂开 α-1,4-糖苷键，依次将一个个麦芽糖单位水解下来（图 7-8），与此同时，将 C1 的构型从 α 型转变成 β

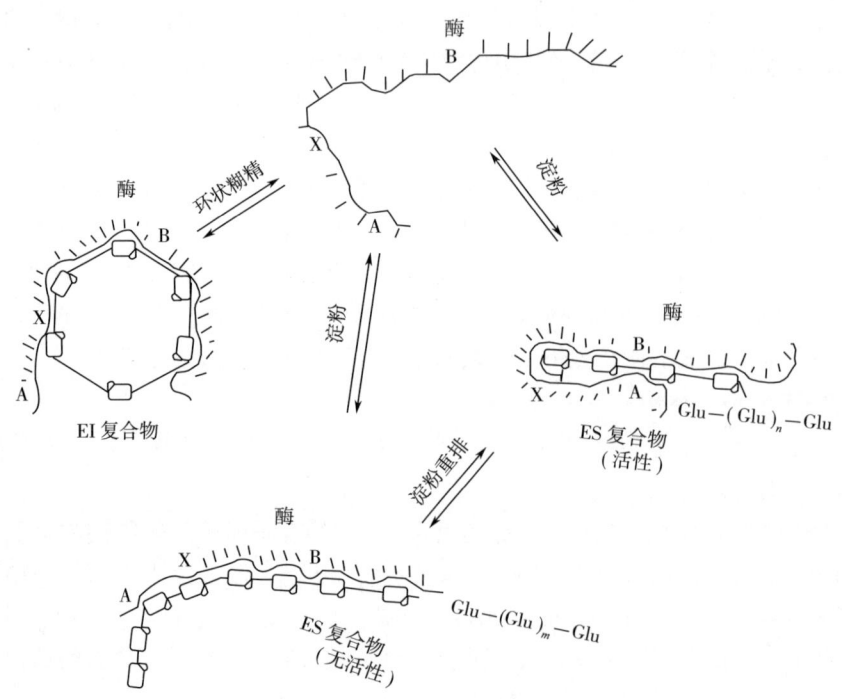

图 7-8　β-淀粉酶催化作用机制

型。β-淀粉酶不能裂开支链淀粉中的 α-1,6-糖苷键，也不能越过支链淀粉的分支点继续作用于 α-1,4-糖苷键，因此，β-淀粉酶对支链淀粉的作用是不完全的。支链淀粉经 β-淀粉酶作用后，其中的 50%~60%转变成麦芽糖，而其余部分为 β-限制糊精。当 β-淀粉酶作用于高度分支的糖原时，仅有 40%~50%能转变成麦芽糖。

在许多情况下，β-淀粉酶也只能使直链淀粉的 70%~90%降解成麦芽糖。造成直链淀粉不完全降解的原因可能是直链淀粉在制备过程中因氧化等因素而被改性。当直链淀粉含有偶数葡萄糖基时，β-淀粉酶作用的最终产物是麦芽糖。当直链淀粉含有奇数葡萄糖基时，β-淀粉酶作用的最终产物除含有麦芽糖外，还有麦芽三糖和葡萄糖。β-淀粉酶催化麦芽三糖水解生成麦芽糖和葡萄糖的速度远低于淀粉最初水解的速度，而且需要在高浓度酶的条件下才能进行。

β-淀粉酶在种子的萌发时起着重要作用。在种子发芽过程中，α-淀粉酶先将淀粉水解为可溶性低聚糖，然后 β-淀粉酶将可溶性低聚糖进一步水解为麦芽糖，最后再通过 α-葡聚糖苷酶将麦芽糖转化为葡萄糖。

β-淀粉酶广泛应用于淀粉加工和发酵行业。β-淀粉酶作为糖化剂，在酿造、饮料以及麦芽糖制造中起着十分重要的作用。利用 β-淀粉酶可以生产饴糖和高麦芽糖产品。在麦芽糖生产中，首先用 α-淀粉酶将淀粉水解为可溶性低聚糖，然后用 β-淀粉酶将可溶性低聚糖进一步水解为麦芽糖。麦芽糖具有吸湿性低、抗结晶性好、热稳定性高、甜度相对低、容易被人体消化吸收等优点，广泛应用于糖果、糕点、面包等食品的制作。

β-淀粉酶在面制品行业也有重要应用。β-淀粉酶可抑制新制面制品如面包、馒头等的回生，降低面制品的硬度。

β-淀粉酶在饲料、医药和微生物菌剂等行业同样有着重要的应用价值。

（四）β-淀粉酶作用机制

β-淀粉酶以淀粉作为底物时的作用机制可根据图 7-8 做一些推测。酶的活性部位中至少有三个特异基团 X、A 和 B，参与酶同底物的结合和酶-底物复合物转变成产物的过程，其中 X 基团能识别淀粉分子非还原性末端 C4 上的—OH 基。当 X 基团和 C4 上的—OH 基发生相互作用时，底物分子的第二个糖苷键恰到好处地配置在催化基团 A 和 B 的邻近处，生成具有反应力的酶-底物复合物。当 X 基团未能正确地发挥作用或酶被环状糊精抑制时，生成的是没有反应力的复合物。

以大豆 β-淀粉酶为例，催化残基为 Glu_{186}（广义酸）和 Glu_{380}（广义碱），它们相距 1.0~1.1nm，隐藏在一个深口袋中。与底物的结合引起盖子结构的关闭，并提供一个估计为 22kcal/mol 的结合能，并使活性位点免受溶剂影响。这可能会增强偶极力，从而促进催化。这是又一个"诱导契合"机制的例子。位于亚位点-1 对面的 Glu 残基有四个与底物结合的亚位点。His_{93} 位于亚位点-1 和-2，可能影响酶在碱性 pH 范围内的敏感性。两个麦芽糖单位结合在活性位点（亚位点-2 到+2），该特点决定酶与淀粉分支点的接近程度。过去，Cys 残基被认为参与了催化反应，但是通过点突变研究表明，尽管它们可能在酶结构的稳定上起一定作用，但几乎不起催化作用。植物 β-淀粉酶不能结合和消化生淀粉，但一些微生物 β-淀粉酶具有不同的蛋白质结构域，赋予它作用生淀粉的能力。α-环糊精会使 β-淀粉酶受到竞争性抑制，但这可以通过 Leu_{383} 形成包合复合物，阻止 α-环糊精接近活性位点来缓和。

（五）β-淀粉酶作用的影响因素

β-淀粉酶作用的最适 pH 为 5.0~6.0，不需要 Ca^{2+}，在 20℃和 pH 4 至 pH 8 或 9 范围内至少

可以稳定 24h。在此 pH 范围以外，特别是在酸性一侧，大豆 β-淀粉酶比小麦和大麦芽的 β-淀粉酶更稳定。

β-淀粉酶的热稳定性低于 α-淀粉酶，在温度较高的环境中会迅速失去活力。例如，在存在 Ca^{2+} 的条件下，在 70℃加热 α-淀粉酶和 β-淀粉酶混合物，α-淀粉酶很稳定，但 β-淀粉酶会迅速失活。大豆 β-淀粉酶在 pH 5.5、65℃条件下保温 30min，酶活力损失 50%，在 70℃保温 30min 完全失活。β-淀粉酶的存在状态对其稳定性也有影响。例如，处在天然状态下的甘薯 β-淀粉酶，即使加热到 60~65℃，酶活力也没有显著损失，然而甘薯 β-淀粉酶结晶的稳定性却要低许多，当其用于水解淀粉时，所采用的温度是 35℃。

大麦是常用的酿酒原料。大麦 β-淀粉酶的最适温度通常在 50~55℃，而酿酒工业中的糖化温度会提高到 78℃，因此提高大麦 β-淀粉酶的热稳定性具有积极的作用。M. Kihara 等发现 β-淀粉酶热稳定性的基因位点位于 4H 染色体上，同时鉴别出 SD1、SD2H 和 SD2L 三个等位基因，分别代表三种热稳定性类型以及酶动力学特点，大麦品种的麦芽品质差异主要是由这些基因引起的。Y. F. Ma 等通过比对三种等位基因的氨基酸序列并利用定点突变分析氨基酸替换的结果，发现 L347 突变为 Ser 后，会减缓酶蛋白质受热时的变性速率，从而提高其热稳定性。Yukio 等通过对大麦 β-淀粉酶基因进行随机突变的方法，发现了两株突变体 S351P 和 A376S 的最适温度分别提高了 2.3℃与 1.0℃。此后，Naohiro 等找到了其他 5 个对酶的热稳定性具有正向提高的位点，并同时对 7 个位点进行了突变，构建得到的突变酶的 T_{50} 值（酶在一定条件下保温一定时间，剩余酶活降低为初始酶活 50%时对应的温度，评价酶热稳定性重要指标之一）比野生酶提高了 11.6℃，酶的热稳定明显提高。

目前还没有实验证据表明 β-淀粉酶需要无机或有机化合物作为酶的辅因子。但是，酶蛋白中的巯基对 β-淀粉酶的活力来说是必需的。用巯基试剂对氯汞苯甲酸和 N-乙基苹果酰胺处理酶或者氧化作用都会使酶失活。如果在酶液中加入血清白蛋白和还原型谷胱甘肽，可以防止酶失活。环状糊精和麦芽糖是 β-淀粉酶的竞争性抑制剂。

（六）β-淀粉酶的活力测定

根据 β-淀粉酶作用的机制可知，不能从淀粉黏度下降和淀粉与碘的显色能力下降来测定酶的活力。较为灵敏的测定 β-淀粉酶活力的方法是测定反应中麦芽糖形成的速度，或者用 3,5-二硝基水杨酸（DNS）、铁氰化钾或碱性铜盐溶液测定还原基团形成的速度，或者用合成底物对硝基苯酚麦芽戊糖苷（PNPβ-G3）测定释放对硝基苯酚的速度。

DNS 法是测定 β-淀粉酶活力的常用方法，其原理为：麦芽糖是还原糖，在碱性条件下可以与 DNS 发生氧化还原反应，生成 3-氨基-5-硝基水杨酸。该产物煮沸后显棕红色，因此可通过测定溶液在 540nm 下的吸光度变化来计算麦芽糖的产生量，从而计算出 β-淀粉酶活力。但该方法会受到其他可水解淀粉生成还原糖的酶的干扰，即 DNS 法的使用对 β-淀粉酶的纯度有一定要求，比较适用于纯化后 β-淀粉酶的性质测定。

PNPβ-G3 法是专一性检测 β-淀粉酶活力的方法。以对硝基苯酚麦芽戊糖苷作为专一性底物，β-淀粉酶与其作用产生呈黄色的对硝基苯酚，通过测定 400nm 下的吸光度来确定 β-淀粉酶的活力。此方法较 DNS 法更快速、灵敏、准确，且已开发出商业化的试剂盒，但由于该底物为人工合成，价格昂贵，应用并不普及。

（七）β-淀粉酶的发展方向

β-淀粉酶在啤酒酿造、制糖等生产领域有广泛的应用。商品化的 β-淀粉酶主要来源于植物。但是，植物 β-淀粉酶应用的工艺复杂、成本较高，且酶质量不稳定、纯度不高。微生物来源的 β-淀粉酶专一性高、经济成本低，更易达到规模化生产，因此受到研究学者的青睐。近年来研究发现，B. megaterium 来源的 β-淀粉酶具有很好的温度耐受性，其最适 pH 和稳定 pH 范围也满足淀粉糖化反应过程中偏酸性的要求。C. thermosulfurogenes 产 β-淀粉酶的最适温度达到 70℃，最适 pH 为 6.0，符合淀粉糖化条件。

在基因工程技术不断发展的背景下，利用基因工程技术等手段表达和提高 β-淀粉酶的酶活水平，以及改变 β-淀粉酶的酶学性质，使其更符合生产应用需求，已成为研究学者关注的方向。

三、葡萄糖淀粉酶

葡萄糖淀粉酶（glucoamylase）的系统命名为 α-1,4-葡聚糖葡萄糖苷水解酶（EC 3.2.1.3），又称 γ-淀粉酶（γ-amylase），简称糖化酶。葡萄糖淀粉酶主要来源于细菌和真菌。

（一）葡萄糖淀粉酶的结构

葡萄糖淀粉酶属于糖苷水解酶的 GH15 家族。在三维结构上，通常含有一个催化域（catalytic domain，CD）和一个淀粉结合区域（starch-binding domain，SBD），两个结构域之间通过富含 O-糖基化的连接域连接，也有一些葡萄糖淀粉酶只存在 CD。CD 负责底物的水解，SBD 可以有效地结合淀粉颗粒，协同 CD 水解不溶性底物。SBD 通常位于葡萄糖淀粉酶的 C 端，但是来源于稻根霉菌（Rhizopus oryzae）葡萄糖淀粉酶的 SBD 位于其催化结构域的 N 端。

泡盛曲霉变种（Aspergillus awamori var.）X100 葡萄糖淀粉酶的催化结构域包含 13 个 α-螺旋，其中 12 个组成"桶"状（α/α）6 结构。桶的核心为一个口袋结构，催化中心位于其中。口袋底部的 Glu_{179} 和 Glu_{400} 残基在催化时起着广义酸碱的作用。泡盛曲霉变种葡萄糖淀粉酶与"假四糖"阿卡波糖形成复合物后催化域的结构如图 7-9 所示。

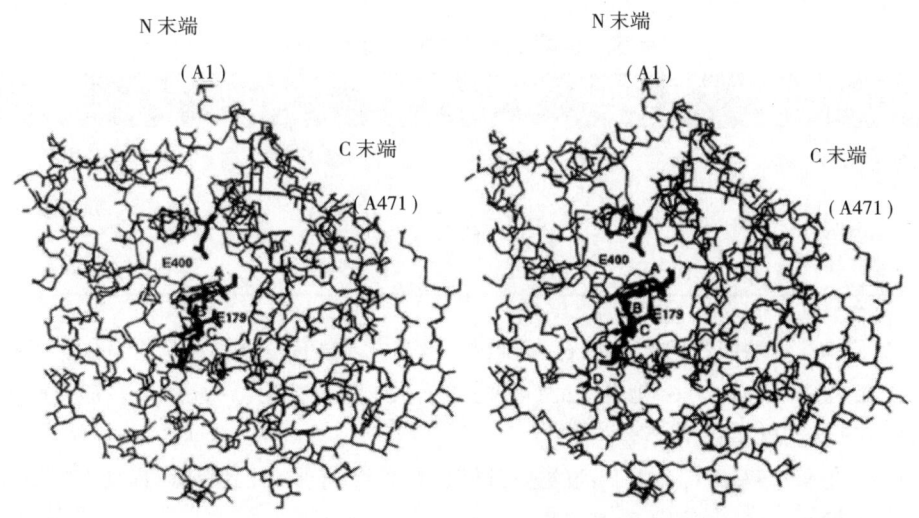

图 7-9　泡盛曲霉变种（Aspergillus awamori var.）葡萄糖淀粉酶与"假四糖"阿卡波糖形成复合物后催化域结构图

（A、B、C、D 表示的是阿卡波糖的四个环；E179 和 E400 是两个催化氨基酸残基）

葡萄糖淀粉酶淀粉结合结构域由 8 个 β-折叠链或也可视为 2 个 β-片层形成扭曲的 β-滚筒结构，如果将淀粉结合结构域与连接区域的连接处定义为淀粉结合结构域的"顶端"，则在其远离顶端之处存在着两个与淀粉及模拟底物 β-环糊精结合位点（SBS）。黑曲霉葡萄糖淀粉酶与 β-环糊精在两个结合位点形成复合物后的催化域结构图如图 7-10 所示。

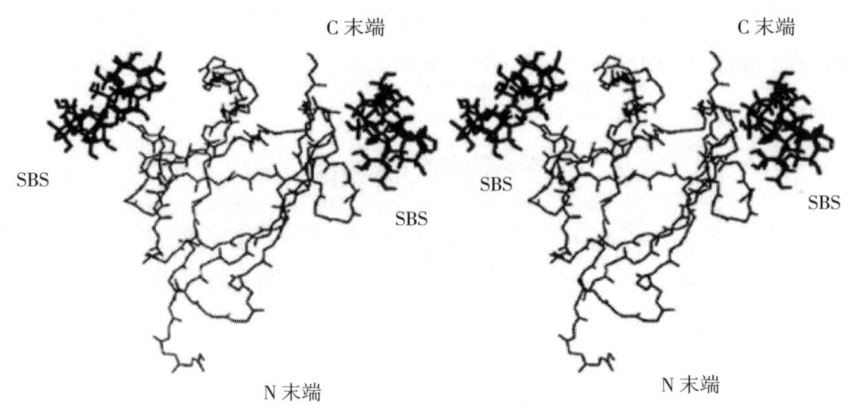

图 7-10　黑曲霉（A. niger）葡萄糖淀粉酶与 β-环糊精在两个结合位点形成复合物后催化域结构图

（二）葡萄糖淀粉酶催化的反应

葡萄糖淀粉酶是一种外切酶，它从淀粉分子非还原性末端逐个地将葡萄糖单位水解下来。当它裂开淀粉分子中的 α-1,4-糖苷键时，将 C1 的构型从 α 型转变成 β 型。葡萄糖淀粉酶具有较低的特异性，既能作用于 α-1,4-糖苷键，又能作用于 α-1,3 和 α-1,6-糖苷键，然而它水解这三种糖苷键的速度是不同的（表 7-6）。

表 7-6　　　　　　　　　　黑曲霉葡萄糖淀粉酶水解二糖的速度

二糖	α-键	水解速度/(mg 葡萄糖/h)	相对速度
麦芽糖	1, 4	2.3×10^{-1}	100
黑糖	1, 3	1.5×10^{-2}	6.6
异麦芽糖	1, 6	0.83×10^{-2}	3.6

虽然葡萄糖淀粉酶能作用于 α-1,6-糖苷键，但是它不能使支链淀粉完全降解，据推测，这可能与支链淀粉中一些 α-1,6-糖苷键的排列方式有关。然而当有 α-淀粉酶参加作用时，葡萄糖淀粉酶可使支链淀粉完全降解。

葡萄糖淀粉酶水解 α-1,4-糖苷键的速度随底物相对分子质量的增加而提高，当相对分子质量超过麦芽五糖时，这个规律不存在（图 7-11）。

葡萄糖淀粉酶作用的最适 pH 为 3.5~6.0，最适温度为 40~70℃。曲霉葡萄糖淀粉酶在 pH 3.5~4.5 时活性最高，且非常稳定，最适温度 55~60℃。根霉（Rhizopus）葡萄糖淀粉酶能迅速水解 α-1,6 分支点。相对于淀粉转化涉及的其他酶，葡萄糖淀粉酶的作用速度相对缓慢。

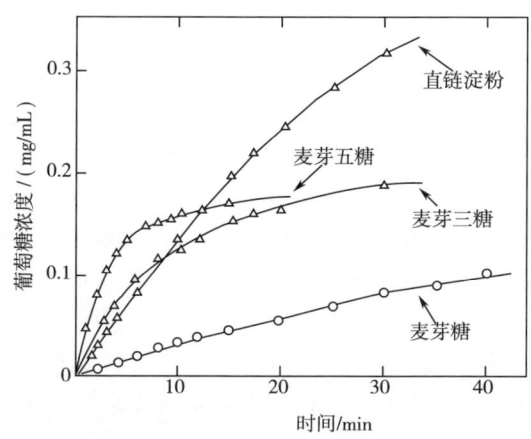

图 7-11　葡萄糖淀粉酶水解不同相对分子质量底物时的反应进程曲线

(底物浓度 0.04%，酶浓度 2.82×10^{-7} mol/L，pH 5.15，温度 15℃)

(三) 葡萄糖淀粉酶的催化机制

Sauer 等认为，黑曲霉葡萄糖淀粉酶水解 α-1,4-糖苷键的机制是典型的酸碱催化，Glu_{179} 和 Glu_{400} 分别为催化中心的质子供体和质子受体，Glu_{179} 提供的质子传递给淀粉链中易断裂键的糖苷氧上，形成含氧碳正离子，在 Glu_{400} 协助下接受水的亲核攻击而使糖苷键断裂 (图 7-12)。同时，使水解产生的 α-D (+)-葡萄糖变成 β-D (+) 构型。

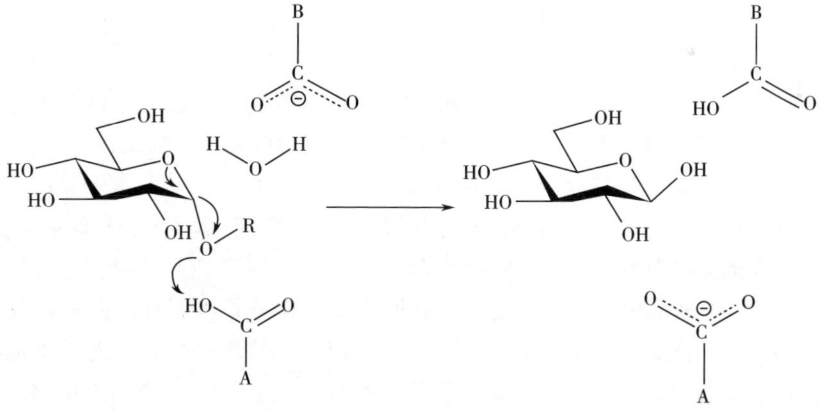

A—Glu_{179}；B—Glu_{400}

图 7-12　黑曲霉葡萄糖淀粉酶催化过程中的电子传递路径

(四) 葡萄糖淀粉酶的应用及发展方向

葡萄糖淀粉酶作为糖化酶，通常与 α-淀粉酶等淀粉酶配合使用，将 α-淀粉酶等酶的水解产物寡糖进一步水解成葡萄糖，在食品、制糖、医药、发酵等行业广泛使用。目前，工业普遍应用的葡萄糖淀粉酶主要来源于黑曲霉、泡盛曲霉和米根霉等丝状真菌。

国内外对葡萄糖淀粉酶进行了大量研究，其工业酶制剂的生产和应用也发展得很好，但仍有一些问题需要解决。以下是近年来葡萄糖淀粉酶的一些研究热点。

1. 提高 α-1,6-糖苷键水解能力

为水解 α-1,6-糖苷键，加快淀粉水解进程和提高产品纯度，通常添加能高效水解 α-1,6-糖苷键的普鲁兰酶，但很难找到有共同最适 pH 和最适温度的葡萄糖淀粉酶和普鲁兰酶，实际这两种酶共同使用也只能使水解产物中葡萄糖含量（纯度）从 94% 提高到 95.5%，成效不好。

大多数菌株来源的糖化酶水解 α-1,4-糖苷键的活力是水解 α-1,6-糖苷键活力的 500~1000 倍。研究者发现一株树脂枝孢霉（*Hormoconis resinae*）产的葡萄糖淀粉酶水解 α-1,4-糖苷键的活力是水解 α-1,6-糖苷键活力的 50~500 倍。研究发现，该酶 CD 结构中回环 3 和回环 5 与大多数葡萄糖淀粉酶的回环 3 和回环 5 很不相同。改变回环 3 和回环 5 结构，其重组酶的催化活力没有降低，但降低了酶对糖苷键选择的特异性。若单独突变 2 个回环结构中的一个，将会降低酶的水解活力。葡萄糖淀粉酶这种性质的改变有利于突破淀粉水解中 α-1,6-糖苷键的限制，提高葡萄糖产量。

2. 提高水解特异性

葡萄糖淀粉酶除能高效水解 α-1,4-糖苷键外，还可以以非常低的速率水解 α-1,1、β-1,1、α-1,2、α-1,3 及 α-1,6-糖苷键。作为其逆反应，葡萄糖淀粉酶也可以重新形成这些键，合成以 α-糖苷键相连的葡萄糖二聚体、三聚体及四聚体。淀粉在降解过程中需要相当高的浓度（32%），其产物葡萄糖的浓度也非常高（最高达 95%）。如此高浓度的葡萄糖使得其逆反应加快，产生含 α-1,6-糖苷键的异麦芽糖。Sierks 等对葡萄糖淀粉酶 5 个位点的氨基酸进行突变，得到了一个水解 α-1,4-糖苷键特异性较高的突变酶，水解 α-1,4-糖苷键与 α-1,6-糖苷键的 K_{cat}/K_m 约为 300，降低了水解 α-1,6-糖苷键的能力，因而减少了糖化酶逆反应形成异麦芽糖的可能。由此可见，可以通过基因工程的手段来提高葡萄糖淀粉酶的水解特异性，减弱糖化酶逆反应，提高工业生产中葡萄糖的纯度。

3. 提高热稳定性

在工业生产中，基于淀粉的特性，淀粉液化、糖化都需要在高温下进行，因此研究者一直在努力发掘和通过分子生物学等手段构建耐热淀粉酶，包括葡萄糖淀粉酶。

研究发现，葡萄糖淀粉酶催化域中的 α-螺旋 1 和 2 间的回环结构对葡萄糖淀粉酶的热稳定性及底物选择性有很大的影响。该回环位于催化域的 440~471 残基，是一段高度 *O*-糖基化的区域。通过定点诱变的方法改变其个别氨基酸残基（其中一个氨基酸残基位于与热敏有关的一段 *O*-糖基化区域），可提高催化域的热稳定性。替换部分催化域外围回环区的一段易引起热不稳定的氨基酸残基，拉近该结构与剩余催化域的空间距离，维持酶的折叠状态，可提高酶的热稳定性。同时，也有人通过定点突变取代其中的某个氨基酸残基，如 α-螺旋中的 Gly 或 Asn-Gly 序列中的 Asn，均在一定程度上提高了酶的热稳定性。

4. 最适 pH 和酸碱环境耐受性

葡萄糖淀粉酶对酸碱环境的适应性取决于催化基团的解离状况，催化基团的解离受微环境的影响。研究发现，泡盛曲霉和黑曲霉葡萄糖淀粉酶 Glu_{400} 的极性、电荷分布及与 Glu_{400} 形成的氢键等影响着酶的最适 pH。通过定点突变将 Ser_{411} 突变为 Gly_{411}，去除 Ser_{411} 和 Glu_{400} 之间的氢键，则酶的最适 pH 提高。以上研究表明，尽管目前的葡萄糖淀粉酶对酸碱的适应性较低，但通过改造可以改良其最适 pH 和耐酸、耐碱性质。

四、脱支酶

脱支酶能催化水解支链淀粉、糖原以及相关的大分子化合物中的 α-1,6-糖苷键，能有效消

除淀粉加工过程中形成的极限糊精，缩短反应时间，使淀粉彻底水解，提高淀粉转化率。

根据脱支酶的作用方式，可以将脱支酶分为直接脱支酶和间接脱支酶（也称糊精脱支酶）两类。直接脱支酶水解未改性的支链淀粉和糖原中的 α-1,6-糖苷键，而间接脱支酶只能作用于已由其他酶改性的支链淀粉和糖原。

根据对底物的特异性要求，又将直接脱支酶分成支链淀粉酶（普鲁兰酶）和异淀粉酶。支链淀粉酶能降解普鲁兰多糖（pullulan，由出芽茁霉在淀粉糖浆中产生的一种黏稠性多糖，主要成分是由 α-1,6-糖苷键连接的聚麦芽三糖），因此也被称为普鲁兰酶。异淀粉酶不能降解普鲁兰多糖。

（一）普鲁兰酶

普鲁兰酶（pullulanase，简称 PUL）又可分为 I 型普鲁兰酶和 II 型普鲁兰酶。

I 型普鲁兰酶（EC 3.2.1.41，普鲁兰多糖 6-葡聚糖水解酶）属于 α-淀粉酶家族 13（α → α-保持型酶）。活性位点氨基酸残基 [以肺炎克雷伯氏菌（*Klebisella pneumoniae*）酶为例] 有 Glu_{706}（酸）、Asp_{677}（亲核体/碱）和 Asp_{734}（起辅助作用）。普鲁兰酶能作用于比普鲁兰多糖更大的片段，以较低的速度作用于支链淀粉，优先作用淀粉液化与糖化晚期产生的限制糊精。普鲁兰酶通常从克雷伯氏菌和芽孢杆菌获得，相对分子质量约为 100000，最高耐受温度为 55~65℃，最适 pH 3.5~6.5。植物来源的普鲁兰酶又称限制糊精酶（R-酶），先后在蚕豆、马铃薯和甜玉米中发现，在发芽或制麦的谷物中，特别是在大麦中含量丰富。R-酶能够水解支链淀粉和相应的 β-限制糊精中的 α-1,6-糖苷键，也能裂开 α-限制糊精中以 α-1,6-糖苷键结合的 α-麦芽糖和 α-麦芽三糖残基，但是不能除去以 α-1,6-糖苷键结合的葡萄糖单位。R-酶不能作用于糖原，但是能降解普鲁兰多糖。先后从产气杆菌（*Aerobacter aerogenes*）、大肠杆菌中间体（*Escherichia coli* intermedia）、轻型链球菌（*Streptococcus mitis*）和其他微生物中分离出支链淀粉酶，这些酶的特异性类似于 R-酶。从表 7-7 可以看出，不同来源的支链淀粉酶对不同底物的水解速度不同。

表 7-7　　微生物和植物支链淀粉酶水解多糖的相对速度

底物	产气杆菌支链淀粉酶	甜玉米支链淀粉酶	
		GH13 家族	GH57 家族
普鲁兰多糖	100	100	100
支链淀粉 β-糊精	54	213	164
支链淀粉	17	13	12
糖原 β-糊精	34	7	7
糖原	—	—	1.6
糖原 α-限制糊精	54	213	152

II 型普鲁兰酶（或 amylopullulanase，EC 3.2.1.41 或 EC 3.2.1.1）主要来源于微生物，具有 α-淀粉酶-普鲁兰酶复合活性，能同时水解淀粉中的 α-1,4-糖苷键和 α-1,6-糖苷键。

（二）异淀粉酶

异淀粉酶（isoamylase，简称 ISO，EC 3.2.1.68）能水解构成分支点的 α-1,6-糖苷键，但不能水解直链分子中的 α-1,6-糖苷键，不能降解线性多糖普鲁兰多糖；不能水解只有两个葡萄

糖基的 α-1,6-糖苷键，底物侧链的最小单元至少包含 3 或 4 个葡萄糖。因此，即使同时使用 β-淀粉酶和异淀粉酶，也不能将支链淀粉完全水解成麦芽糖（表 7-8）。异淀粉酶对 α-1,6-糖苷键所处位置的严格要求，使它成为研究碳水化合物结构的有效工具酶。

表 7-8　　极毛杆菌异淀粉酶和产气杆菌支链淀粉酶对支链淀粉、糖原及其 β-糊精的水解作用

底物	麦芽糖得率/%				
	β-淀粉酶	脱支酶和 β-淀粉酶相继作用		脱支酶和 β-淀粉酶同时作用	
		极毛杆菌异淀粉酶	产气杆菌支链淀粉酶	极毛杆菌异淀粉酶	产气杆菌支链淀粉酶
蜡质玉米支链淀粉	50	99	95	95	103
支链淀粉 β-糊精	0	80	97	72	97
马铃薯支链淀粉	47	96	98	97	103
牡蛎糖原	38	102	46	100	99
糖原 β-糊精	0	79	31	76	99
兔肝糖原	42	100	51	99	98

（三）糊精脱支酶

糊精脱支酶（dextrin debranching enzyme，简称 DDE，EC 3.2.1.33）主要存在于动物和植物等高等生物中。微生物来源的糊精脱支酶分布较窄，已开发研究的种类较少。

哺乳动物组织和酵母来源的糊精脱支酶具有两种不同的活性，即 1,4-葡聚糖转移酶活性和 1,6-葡萄糖苷酶活性，以间接的方式催化底物的脱支反应，因此也称为间接脱支酶，其催化限制糊精脱支反应过程如图 7-13 所示。第一步糖基转移，即三个葡萄糖单位从侧链（A）转移到主链（B）非还原端上；第二步特异性水解，在淀粉 α-1,6-葡萄糖苷酶活力的作用下，以 α-

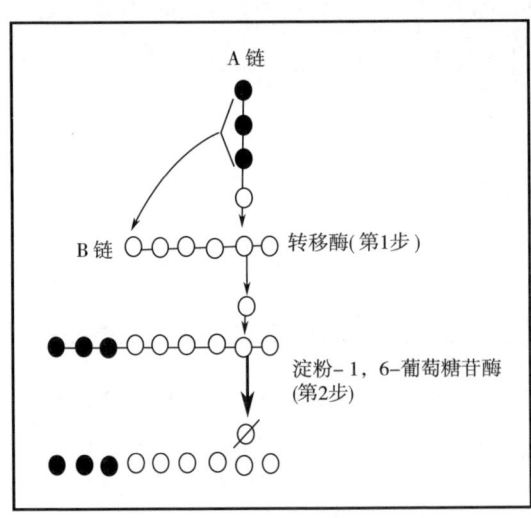

图 7-13　葡萄糖苷酶-转移酶催化限制糊精脱支反应过程图

1,6-糖苷键连接的葡萄糖基被水解下来，从而产生线性寡糖。

细菌来源的糊精脱支酶可以特异性水解 α-1,6-糖苷键，释放麦芽糖四糖和麦芽糖糊精。

（四）脱支酶结构和催化机制研究进展

目前已经成功解析了 12 种普鲁兰酶、2 种异淀粉酶和 2 种糊精脱支酶的晶体结构（表 7-9）。

表 7-9　　　　　　　　　　　　　　已知脱支酶的晶体结构信息

酶种类		来源	氨基酸长度 (氨基酸残基的数目)	PDB 条目	分辨率/Å
普鲁兰酶	BaPulA	酸性多聚糖芽孢杆菌	921	2WAN	1.65
	PbPulA	巴伦氏类芽孢杆菌	698	6JHF	1.71
	PulA	厌氧芽孢杆菌 LM18-11	710	3WDH	1.75
	AmyX	枯草杆菌 168 株	718	2E8Y	2.11
	PulA	氧化克雷伯菌	1078	2YOC	2.88
	NPDE	点形念珠藻	488	2WC7	2.37
	Pul	肺炎克雷伯菌	1083	2FH8	1.90
	PulA	肺炎克雷伯菌	1053	6J33	1.30
	PulA	肺炎克雷伯菌	1102	5YN2	2.30
	HvLD	大麦	884	2Y4S	2.1
	SpuA	无乳链球菌	877	3FAW	2.1
	SAP	肺炎链球菌	714	2YA0	1.85
异淀粉酶	IAM	淀粉分解假单胞菌 SB-15	750	IBF2	2.0
	ISAI	雷氏衣藻 CC425	840	4J7R	2.3
糊精脱支酶	TreX	硫酸盐硫化菌 P2	718	2VR5	2.8
	GlgX	大肠杆菌 K-12 株	657	2WSK	2.25

脱支酶一般为多结构域，包括一个或多个碳水化合物结合域（carbohydrate binding modules，CBMs）、N 端结构域、C 端结构域和催化结构域 A 等。图 7-14 分别列举了 P. amyloderamosa 异淀粉酶、K. pneumoniae 普鲁兰酶和 S. solfataricus 糊精脱支酶这三种脱支酶的晶体结构，并比较了三者在结构域分布上的差异。

研究发现，来源于 K. pneumoniae 的普鲁兰酶与底物结合时，作为催化三联体的 Asp_{677}、Glu_{706} 和 Asp_{834} 构成一个催化活性中心。Glu_{706} 和 Asp_{677} 在普鲁兰酶中保守，使得普鲁兰酶对底物的分支点具有较强的识别能力。P. amyloderamosa 异淀粉酶的活性位点为 Asp_{375}、Glu_{435} 和 Asp_{510}。保守性氨基酸残基位于活性裂缝的底部，其中，Glu_{435} 作为催化水解过程中的氢供体。S. solfataricus 糊精脱支酶具有 α-1,4-转移酶和 α-1,6-葡糖苷酶的双重活性，阿卡波糖与催化中心的 Asp_{363} 残基通过共价的结合方式，占据底物结合凹槽的 -1 到 -3 亚位点。同时，氨基酸残

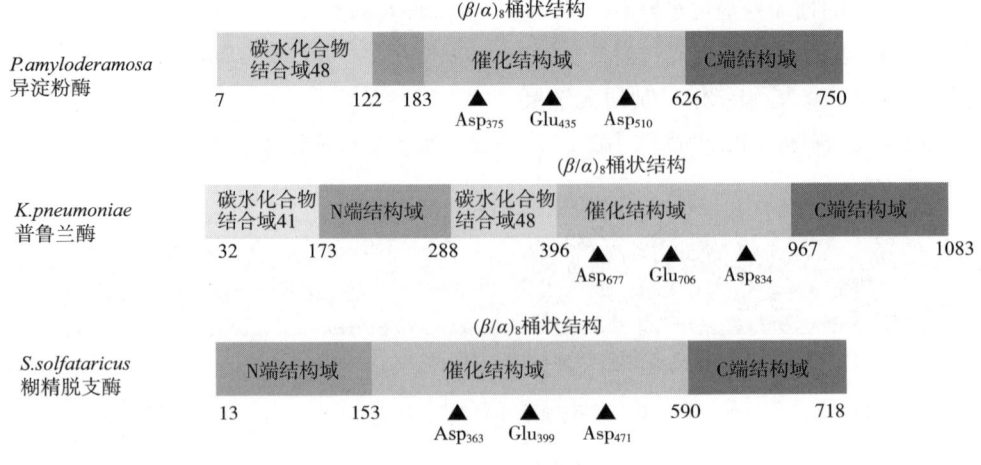

图7-14 脱支酶的结构域分布图

基399~416组成的loop环具有诱导契合的灵活构象,该loop环还包含催化亲核试剂Glu_{399}残基和与底物发生相互作用的Trp_{401}和Tyr_{408}残基。Trp_{401}和Tyr_{408}残基通过侧链的旋转促使底物分子在+3和+2亚位点发生堆叠作用。

五、环麦芽糊精葡聚糖转移酶

环麦芽糊精葡聚糖转移酶（cyclodextrin glucanotrasferase，简称CGTase或CGT酶，EC 2.4.1.19）催化水解反应以及分子内和分子间转糖苷反应。环化反应生成六-（α）、七-（β）以及八-（γ）糖化物，通常称为环状糊精。CGT是一种α→α-保持型、内切酶，属于糖苷酶家族13，除含有α-淀粉酶中有的三个结构域之外，还有另外两个结构域，包括另外一个底物（特别是麦芽糖）结合位点。多结合位点使其能与生淀粉反应（尽管CGT对生淀粉的活性不高），并引导直链淀粉片段进入活性部位狭缝。环麦芽糊精葡聚糖转移酶来源于微生物，相对分子质量约为75000。催化残基［以环状芽孢杆菌（*Bacillus circulans*）为例］包括Asp_{229}（碱/亲核体）和Glu_{257}（广义酸）；Asp_{328}、$His_{140,327}$对底物结合和过渡态稳定起作用，Arg_{227}使亲核体定位，His_{233}与所需的Ca^{2+}协同作用（如同一些α-淀粉酶）。活性部位有9个亚位点（-7到+2），有助于β-环状糊精成为分子内反应的主要产物。

环麦芽糊精葡聚糖转移酶主要用于制备环状糊精。由于环麦芽糊精葡聚糖转移酶能够催化水解反应、环化反应、歧化反应以及偶联反应等多种反应，因此其底物和产物的选择性相当混杂。例如，它能与葡萄糖和淀粉反应生成不同链长的低聚麦芽糖，也能使糖（许多单糖）与醇基（如抗坏血酸和类黄酮）偶联。可以利用这些反应来制备具有独特功能的新型食品配料与添加剂。

环麦芽糊精葡聚糖转移酶的最适pH一般在5~6。近几年获得了更耐热的环麦芽糊精葡聚糖转移酶，其最适温度已从50~60℃提高到80~90℃。不同来源的环麦芽糊精葡聚糖转移酶倾向于生成不同的环状糊精（六-、七-或八-低聚物）。

六、生麦芽糖α-淀粉酶

生麦芽糖α-淀粉酶（maltogenic α-amylase，简称MAase），俗称麦芽糖淀粉酶，全称1,4-

α-D-葡聚糖 α-麦芽糖基水解酶（1,4-α-D-glucan α-maltohydrolase，EC 3.2.1.133），属于淀粉分解酶类亚族 GH13 家族，是一类水解 α-1,4-D-葡萄糖苷键的内切淀粉酶，作用于淀粉及相关多聚糖、寡糖，产物为 α-麦芽糖。在该酶的作用下，麦芽糖单位从淀粉分子的非还原末端按顺时针方向被水解下来。麦芽糖淀粉酶性质非常独特，不同于典型的淀粉酶，它不但可快速水解直链淀粉或环状糊精，也能水解少量支链淀粉，具有多底物特性，而且还具有转糖基作用。另外，麦芽糖淀粉酶还能水解阿卡波糖，不过这与其来源的微生物相关。

麦芽糖淀粉酶基因主要来源于芽孢杆菌和放线菌，如枯草芽孢杆菌、地衣芽孢杆菌、蜡状芽孢杆菌、嗜热脂肪芽孢杆菌、栖热菌属、嗜热放线菌等。

麦芽糖淀粉酶作为一种新型的酶制剂，主要用于淀粉加工及烘焙行业。

七、淀粉酶在食品工业中的应用

淀粉酶是生产最早、应用最广和产量最大的一种酶，其产量达到整个酶制剂总产量的 50% 以上。淀粉酶作用就是水解淀粉，因此在与淀粉加工或处理相关的行业都有广泛的应用。

（一）淀粉水解

目前商品淀粉酶制剂最重要的应用是用淀粉制备糊精糖浆、葡萄糖和麦芽糖，其工艺过程如图 7-15 所示。

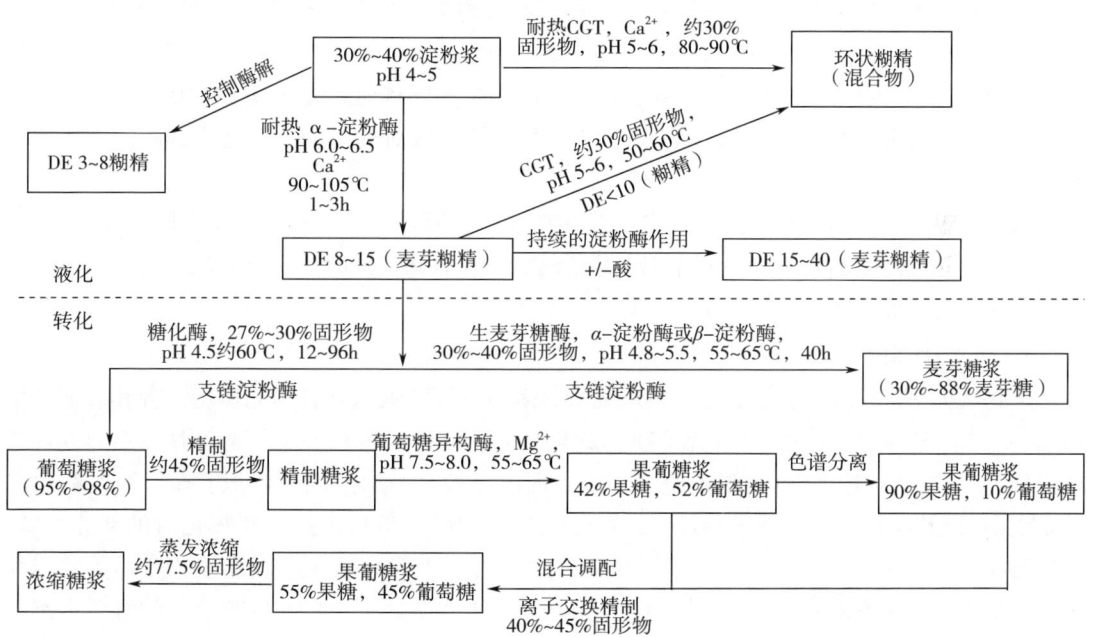

图 7-15 淀粉酶法转化途径及工业产品

首先配制 pH 4.5、固体含量 30%~40% 的淀粉浆料，迅速升温至 105℃（使淀粉糊化），然后降温至 90~95℃ 并将 pH 调到 6.0~6.5，继而加入耐高温的 α-淀粉酶（细菌淀粉酶）和 Ca^{2+} 保持 1~3h，使淀粉转变成直链和分支糊精（麦芽糊精）混合物。这一步的水解程度控制在 DE 8~15（DE：葡萄糖当量），可以防止淀粉在随后的冷却步骤中胶凝，该步骤也被称为"液化"。淀粉液化后，淀粉转化有三个路径：

①生产 DE 15~40 的麦芽糊精（用作增稠剂、填充剂、胶黏剂）。

②生产葡萄糖和果葡糖浆产品。当要得到 DE 95 以上的葡萄糖浆，在糖化阶段，需要将液化淀粉浆的固体含量降到 27%~30%，添加糖化酶，添加或不添加支链淀粉酶，保持 12~96h。然后将糖化产物精制，得到葡萄糖含量大于 95%~98% 的葡萄糖浆。葡萄糖浆可进一步加工成结晶葡萄糖或果葡糖浆。果葡糖浆的生产技术路线为，将上述得到葡萄糖浆再进一步浓缩到固体含量为 45%，调节 pH 7.5~8.0，温度 55~65℃，在添加 Mg^{2+} 条件下通过固定化葡萄糖异构酶柱，得到 42% 果糖（52% 葡萄糖）的果葡糖浆，还可以进一步精制和/或富集成 55% 果糖的果葡糖浆。

③生产麦芽糖产品。通过添加真菌 α-淀粉酶或 β-淀粉酶的方法可以提高液化淀粉产麦芽糖的产量。添加或不添加支链淀粉酶，可生产出一系列满足不同甜食制作要求的麦芽糖（30%~88%）糖浆。采用不同来源的生麦芽糖 α-淀粉酶，可控制产品中聚合度 2~5 的低聚麦芽糖组成。

低 DE 糊精和环糊精在食品和医药工业中有广泛的用途。DE 分布范围窄的低 DE 糊精的生产相对困难，为获得这类产品，在淀粉加热升温到糊化点前加入 α-淀粉酶，可以更好地控制水解度和水解形式（DE 3~8）。环糊精的生产过程是在将淀粉浆料 pH 调整到 5~6 之后，加入耐热的 CGT 酶，然后在 80~90℃ 下进行水解。CGT 酶作用于淀粉生成的环状糊精的总产量与淀粉浓度及液化程度成反比，因此在环状糊精生产时通常将淀粉浆料的淀粉含量调节为 30% 左右，以兼顾效率和得率。耐热的 CGT 能在 Ca^{2+} 存在的情况下水解天然（糊化的）淀粉和催化转糖苷（环化）反应。不耐热的 CGT 同样能起作用，但应用时先要将淀粉液化到 DE 10 左右，以防止形成凝胶，然后将温度降低到 50~60℃ 时加入 CGT。脱支酶对淀粉的预处理或协同作用可提高环状糊精的产量。

现在，改善淀粉加工及转化的重点已放在拓宽淀粉酶的 pH 稳定范围和降低 α-淀粉酶对 Ca^{2+} 的需求上，以及提高 α-淀粉酶作用生淀粉的能力。另外，提高淀粉酶的热稳定性和提高目标产物的产量或控制产品的组成也一直是研究重点。

（二）焙烤食品

起初认为，淀粉酶主要是通过为酵母提供更多的可发酵碳水化合物起作用，将其添加到生面团中，以降解破损淀粉和/或补充低质（就烘焙而言）面粉的内源淀粉酶活性。然而，现在认识到，直接添加到生面团的淀粉酶可降低生面团黏性、增加面包的体积、提高面包的软度（抗老化）以及改善产品的外皮色泽，大部分效应都归因于焙烤期间淀粉糊化时的部分水解，黏度的降低（变稀），从而加快面团调制和烘焙过程中的传质和反应，帮助改善产品的质构和体积。抗回生效应也是淀粉水解，特别是支链淀粉有限水解所产生的。淀粉分子的有限水解在一定程度上迟滞了糊化淀粉的老化，这也是目前在焙烤食品中仍然应用 α-淀粉酶的主要原因。但过量添加 α-淀粉酶会导致生产出黏糊质地的面包，原因是过量的 α-淀粉酶会导致聚合度（DP）20~100 分支麦芽糊精的大量积累。因此，特定产品有其最适的淀粉酶添加量。淀粉酶在焙烤工序或在后加工时不应有残余活性。在具体应用中，需根据酶的温度稳定性确定淀粉酶的添加量，控制淀粉酶在焙烤期间的作用和残留活力。

近年来发现，麦芽糖淀粉酶在抗老化方面的性能与抗老化剂一样优越。因为相对于传统 α-淀粉酶的内切作用，麦芽糖淀粉酶产生较短的低聚麦芽糖（DP 7~9）以及较大的糊精（可起到增塑剂的作用）。因此，生麦芽糖酶能保持面包中糊化淀粉网状结构的完整性（柔软，但不黏糊），淀粉分子的轻微减小有利于迟滞老化，保持面包的弹性。

(三) 酿造与发酵

自从1833年在发芽谷物中发现了"糖化"活性以来，淀粉水解酶一直被认为是酿造工业的必需酶。然而，发芽谷物的内源淀粉酶不足以作用谷物中全部可发酵碳水化合物，其原因是内源酶的浓度和热稳定性不足以满足生产要求，和/或谷物中还存在内源性酶抑制剂。因此，有必要外加 α-淀粉酶和 β-淀粉酶、葡萄糖淀粉酶和支链淀粉酶，充分水解谷物中的淀粉。同时，必要时还要添加葡聚糖酶水解葡聚糖（与纤维素相似，但以 β-1,3-糖苷键和 β-1,4-糖苷键连接）和木聚糖酶水解木聚糖（主要为木糖聚合物），充分降解可发酵碳水化合物，为后面的发酵提供可发酵糖。

第三节　糖转化酶

自然界中存在大量能催化葡萄糖、果糖等单糖，蔗糖、乳糖等双糖及其他低聚糖发生氧化、水解、转苷、异构化等反应的酶。近年来，其中一些酶得到了很好的研究和应用，成为糖转化和功能糖制备的关键技术。

一、木糖异构酶

木糖异构酶（D-xylose isomerase, XI, EC 5.3.1.5, D-木糖酮醇异构酶），又称葡萄糖异构酶（glucose isomerase, GI），是一种能够将木糖、葡萄糖、阿洛糖等醛糖转化成酮糖的酶。它对木糖的选择性最高，但在平衡异构化反应中能高效地将葡萄糖异构成果糖，这使其成为最重要的工业酶之一，用于葡萄糖转化成果糖的生产，也因此更多地被称为葡萄糖异构酶。

葡萄糖异构酶都是均一四聚体，相对分子质量为170000~200000，每个亚基带有两个必需的金属辅因子（一般为 Mg^{2+}，也有 Mn^{2+} 和 Co^{2+}），是金属酶，与金属结合有利于催化反应的进行。链霉菌（*Streptomyces* spp.）来源的葡萄糖异构酶一个保守活性位点序列包括键合阳离子的氨基酸残基（$Glu_{180,216}$、$Asp_{244,254,256,286}$ 和 His_{219}）以及辅助活性位点的残基（His_{53}、Phe_{93}、Trp_{135}、Lys_{182} 和 Glu_{185}）。活性位点被分为高度极性和疏水两个区域（尤其是 Trp_{135}），后者用以排除水分。

葡萄糖异构酶将醛糖转化为酮糖是一个涉及氢转移的多步反应，主要包括四个步骤：①酶与底物结合；②底物葡萄糖开环；③氢迁移（异构化）；④闭环生成产物果糖。第三步异构化为整个过程的限速步骤。葡萄糖异构酶催化反应机制见图7-16。在两个 Mg^{2+} 中，Mg_s 起结构稳定作用并与糖底物的 O4 和 O2 相作用，而 Mg_c 起催化作用。葡萄糖开环后，Asp_{256} 起广义碱作用，将水分子中的 H^+ 移除，从而产生 OH^-。O2 中的一个质子被转移到键合在 Mg_c 上的 OH^-，然后 Mg_c 被吸引到带负电的 O2 上，进而稳定过渡态。该步骤通过键合在 Lys_{182} 和 O1 之间的 H 辅助完成。氢的转移是相同步骤的逆转，H^+ 从 O1 穿梭到 O2，从而促进氢化物从 C1 到 C2 的转移。

商业化葡萄糖异构酶主要来源于链霉菌，并以固定化酶的形式出售和应用。在果葡糖浆生

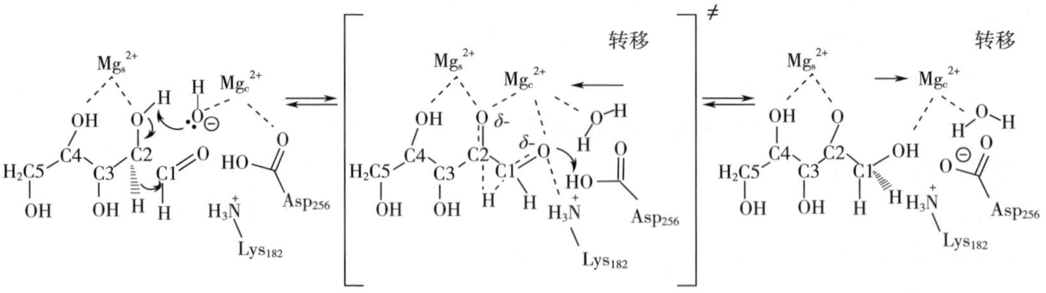

图 7-16 葡萄糖异构酶催化反应机制

产中,将固定化葡萄糖异构酶装填在反应柱中,然后让葡萄糖糖浆流经反应柱即可实现葡萄糖到果糖的异构化反应。

葡萄糖异构成果糖的反应存在热力学平衡。通常情况下,DE 约为 95 的葡萄糖糖浆能被转化为果糖含量(对总糖)42%~45% 的果糖糖浆。随着反应温度的升高,不仅反应平衡右移,而且葡萄糖转化为果糖的速率也增加,即耐热葡萄糖异构酶更有利于高果糖糖浆的生产。当前一些研究者正利用分子生物学技术构建具有更好耐热性的葡萄糖异构酶。

二、转化酶

转化酶或 β-呋喃果糖苷酶(β-D-呋喃果糖苷果糖水解酶,EC 3.2.1.26)催化下列反应:

$$C_{12}H_{22}O_{11} + H_2O \longrightarrow C_6H_{12}O_6 + C_6H_{12}O_6$$

蔗糖(右旋)　　果糖(左旋)　　葡萄糖(右旋)

$[\alpha]_D^{20} = +66.6°$ 　　$[\alpha]_D^{20} = -92$ 　　$[\alpha]_D^{20} = +52.5°$

蔗糖水解成葡萄糖和果糖后,溶液的旋光度从 +66.5° 变成 -19.75°(等摩尔的葡萄糖和果糖混合物的比旋光度),净改变达到 86.25°,因此将催化此反应的酶称为转化酶。

转化酶或 β-呋喃果糖苷酶广泛地分布在自然界,在植物、动物和微生物中均有发现。有两种酶,β-呋喃果糖苷酶和 α-葡萄糖苷酶能水解蔗糖,然而前者催化水解 C2—O 键,后者催化水解 C1—O 键。从酵母分离得到的转化酶以蔗糖为底物时其 K_m 为 0.016mol/L,最适 pH 为 4.5~5.5,最适温度为 55℃ 左右。

转化酶对食品工业的重要性在于将蔗糖水解成葡萄糖和果糖,得到葡萄糖、果糖构成的转化糖浆。蔗糖溶液转化后甜度提高,沸点升高,凝固点降低,渗透压升高;转化生成的葡萄糖和果糖具有比蔗糖更高的溶解度,更不容易从高浓度的糖浆中结晶出来。

三、乳糖酶

乳糖酶(lactase,EC 3.2.1.23),又称 β-D-半乳糖苷半乳糖水解酶(β-D-galactoside galactohydrolase),商品名为乳糖酶。该类酶可以催化 β-半乳糖苷化合物中的 β-1,4-糖苷键,将乳糖水解为两分子单糖——半乳糖和葡萄糖,部分乳糖酶具有转糖基活性,生成低聚半乳糖(GOS)。在食品工业中,利用该酶乳糖水解活性可有效解决乳糖不耐受;另一方面,利用其转半乳糖苷活性合成 GOS 是目前 GOS 商业化的主要制备方法。联合国粮农组织、世界卫生组织及美国食品与药物管理局等权威机构,已认定乳糖酶用在乳制品、医药、保健品等产品中安全无毒，我国卫生部也于 1998 年 10 月将其列入食品添加剂卫生使用标准中，允许在食品工业中使用。

（一）来源

乳糖酶来源丰富，广泛分布在植物、动物（主要是肠道中）、微生物中。目前工业生产中的乳糖酶主要来源于微生物，可以通过菌株选育、高密度发酵，实现乳糖酶的低成本和规模化制备。基于安全性考虑，产业化应用产酶菌株主要有黑曲霉、米曲霉、乳酸克鲁维酵母和脆壁克鲁维酵母。

（二）分类

按照序列相似性，β-半乳糖苷酶在糖苷水解酶数据库 CAZy 中主要被归类到 GH2、GH35 和 GH42 家族，还有极少部分被归类到 GH1、GH59 和 GH147 家族。其中真核来源的 β-半乳糖苷酶多数被归类为 GH35 家族，但克鲁维酵母属来源的 β-半乳糖苷酶比较特殊，被归类到 GH2 家族。

按照产酶形式来划分，乳糖酶可以分为胞外酶和胞内酶两种，常见的胞外酶来源主要有乳酸克鲁维酵母、黑曲霉、米曲霉和米根霉等，胞内酶来源主要为脆壁克鲁维酵母和大部分细菌。

按照微生物种类划分，乳糖酶来源分为细菌、酵母菌、霉菌。不同来源的乳糖酶酶学性质存在较大差异，从而适用于不同的需求。

（三）酶学性质

不同微生物乳糖酶的酶学性质见表 7-10。

表 7-10　　　　　　　　　　　不同微生物乳糖酶的酶学性质

来源	分子质量/kDa	K_m/(mmol/L)(ONPG)	K_m/(mmol/L)(乳糖)	最适 pH	最适温度/℃
热球菌	75	5.6	0.27	6.5	70
大肠杆菌	540	0.1~0.8	—	7.2	40
尖孢镰刀菌	120	—	—	5.4	55
黑曲霉	124	2.4	85~125	2.5~4.0	60
麦曲霉	90	50	40	5.0	50~55
环状芽孢杆菌	80	28.5	31.1	6.0	45
克鲁维酵母	122	11.6	5.6	6.5~7.0	37
乳酸克鲁维酵母	135	12	3.5	7.0~7.2	35
火球菌	59	2.7	—	5.4	93
胎儿滴虫（Tritrichomonas foetus）	240	2.2	16	5.8	37
细柄胶锈菌	135	5.5	—	5.5	65

细菌产生的乳糖酶通常为常温乳糖酶，其最适作用温度为 40℃，如大肠杆菌和卷曲乳杆菌

（*Lactobacillus crispatus*）来源的乳糖酶最适温度分别为 40℃ 和 50℃。拉恩氏菌属乳糖酶是截至目前发现的极端低温型酶制剂，4℃ 条件下仍然表现出 40% 以上的酶活力。细菌来源的乳糖酶性质稳定、易于发酵，且最适 pH 在 6.5~7.5，被大量应用于生化分析领域。其中低温乳糖酶因其在低温下具有较高的催化活性，适用于牛乳加工，目前已成为研究热点。

酵母菌来源的乳糖酶一般也为常温乳糖酶，其最适温度约 37℃，最适 pH 近于中性，与牛乳的天然 pH 接近，故被广泛用于水解牛乳和鲜乳清中的乳糖。但酵母菌乳糖酶也存在生产过程容易染菌、在酸性或温度波动下不稳定的缺点。目前，乳酸克鲁维酵母和脆壁克鲁维酵母是生产乳糖酶的主要酵母菌种。

霉菌来源的乳糖酶最适温度通常要高于细菌和酵母菌产生的乳糖酶的最适温度，一般在 50℃ 以上，最适 pH 在 3.0~5.0，在高温和酸性条件下具有较好的稳定性，因此生产过程可以有效地防止其他杂菌污染。霉菌乳糖酶属于胞外酶，故提取和分离比较方便。其中，黑曲霉和米曲霉是目前生产乳糖酶的主要霉菌菌种。黑曲霉的乳糖酶最适 pH 为 3.5~4.0，适用于干酪和酸乳清的加工，在这些条件下，超过 90% 的常见腐败菌被抑制。

（四）分子结构

β-半乳糖苷酶的构效关系研究始于 20 世纪后半叶。1978 年，来源于大肠杆菌的 β-半乳糖苷酶的一级结构得到解析，该酶由 1021 个氨基酸残基所构成，这是第一个得到序列解析的 β-半乳糖苷酶。1994 年，来源于大肠杆菌的 β-半乳糖苷酶的晶体结构得到解析，为后续其他 β-半乳糖苷酶晶体结构的研究提供了模型。通过系统进化分析和氨基酸序列相似性比对，β-半乳糖苷酶可归类到 5 个糖苷水解酶家族（glucose hydrolysis families，GH），分别是 GH1、GH2、CH35、GH42 和 GH59 家族。截至目前，共有 13 种 β-半乳糖苷酶的晶体结构得到解析，其中包括 GH2 家族的 *Arthrobacter* sp. C2-2（低温）、*Bacillus circulans* ATCC 31382、*E. coli*、*Paracoccus* sp. 32d（低温）、*Kluyveromyces lactis* CBS2359，GH35 家族的 *Cellvibrio japonicus* Ueda107、*Aspergillus* oryzae RIB40、*Penicillium*，GH42 家族的 *Bacillus circulans* subsp. *alkalophilus*、*Bifidobacterium bifidum* S17、*Geobacillus stearothermophilus* T-6、*Rahnella* sp. R3（低温）、*Thermus* sp. A4。这五大家族的 β-半乳糖苷酶保守结构域具有显著差异，它们的氨基酸相似性也很低，例如 GH2 家族的 *Arthrobacter* sp. C2-2（低温）β-半乳糖苷酶与 GH42 家族的 *Rahnella* sp. R3（低温）β-半乳糖苷酶的氨基酸相似性仅为 12.4%。

GH2 家族的 β-半乳糖苷酶通常由 1000 个左右氨基酸构成，是乳糖酶各个家族中研究最为清楚的一个。该家族的 β-半乳糖苷酶由五个结构域组成，第一个结构域由卷状的 β-折叠组成；第二个结构域具有纤维蛋白Ⅲ型折叠；第三个结构域是催化结构域，是一个变形的 TIM-桶状结构（triosephosphate isomerase barrel，TIM），它缺少第 5 个 α-螺旋，第 6 个 β-折叠也是扭曲的；第四个结构域与第二个相似；第五个结构域类似一个反向平行的三明治结构。大肠杆菌来源的 LacZ 是这一家族的代表，也是目前研究最透彻的 β-半乳糖苷酶，其晶体结构如图 7-17 所示。LacZ 蛋白由四聚体组成（A 单体、B 单体、C 单体、D 单体），每个单体包含 5 个结构域。催化位点位于结构域 3 的 TIM-桶状结构。

（五）催化机制

β-半乳糖苷酶的水解催化遵循经典的 Koshland 双置换机制，整个反应过程中-1 位半乳糖的构型发生两次翻转，最终保持了初始半乳糖的构型。催化过程主要依赖催化中心的一对谷氨酸残基，其中一个谷氨酸残基作为亲核催化残基，另一个谷氨酸残基作为酸/碱催化残基。

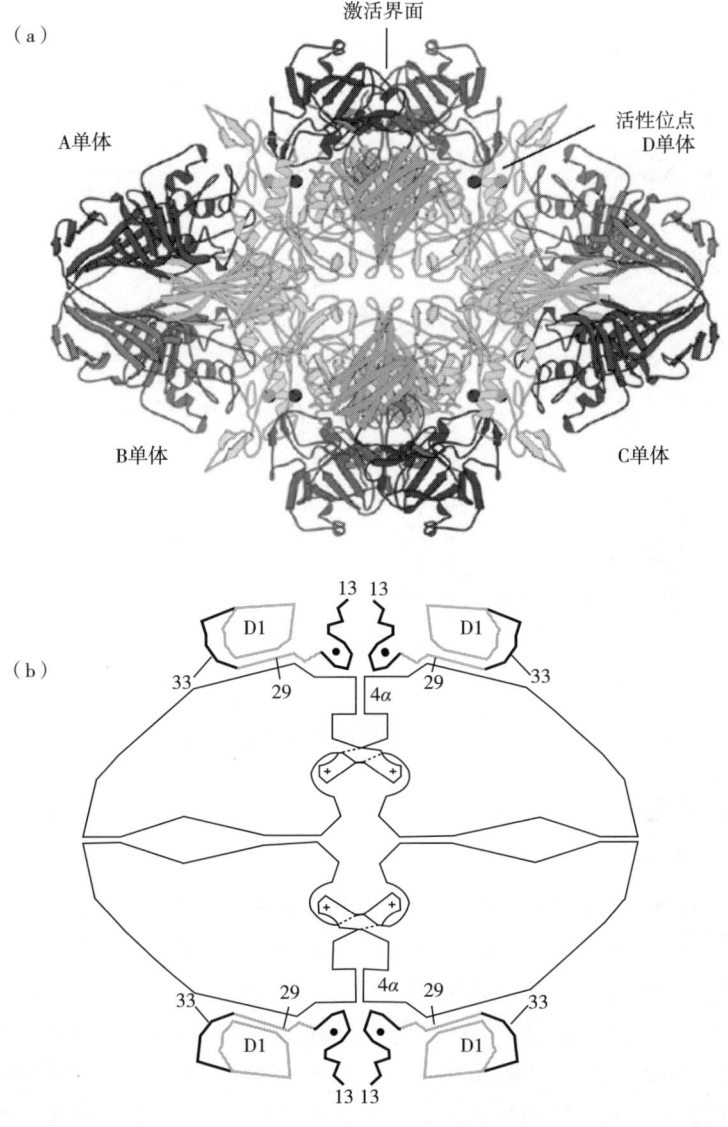

图 7-17　大肠杆菌 β-半乳糖苷酶（LacZ）的晶体结构（a）及其示意图（b）

催化反应经过两个步骤（图 7-18），第一个步骤称为糖基化步骤，作为亲核催化残基的谷氨酸残基进攻乳糖-1 位半乳糖的异头碳原子，同时作为酸/碱催化残基的谷氨酸残基在这一步反应作为质子供体发生酸催化反应，将质子提供给糖苷氧原子，使得+1 位的葡萄糖离去，形成酶-半乳糖共价中间复合物。第二个步骤称为去糖基化步骤，+1 位的葡萄糖离去后，水分子进入原来葡萄糖占据的+1 位置，作为酸/碱催化残基的谷氨酸残基在这一步反应作为质子受体发生碱催化反应，从进入口袋+1 位置的水分子中夺取质子，同时半乳糖的异头碳原子俘获水分子中的—OH 基团生成半乳糖分子，完成乳糖水解为葡萄糖和半乳糖的反应历程。当受体分子为其他糖基或者含有羟基糖苷配体时，则表现出转糖基反应生成 GOS。水解反应和转糖基反应属于竞争关系。

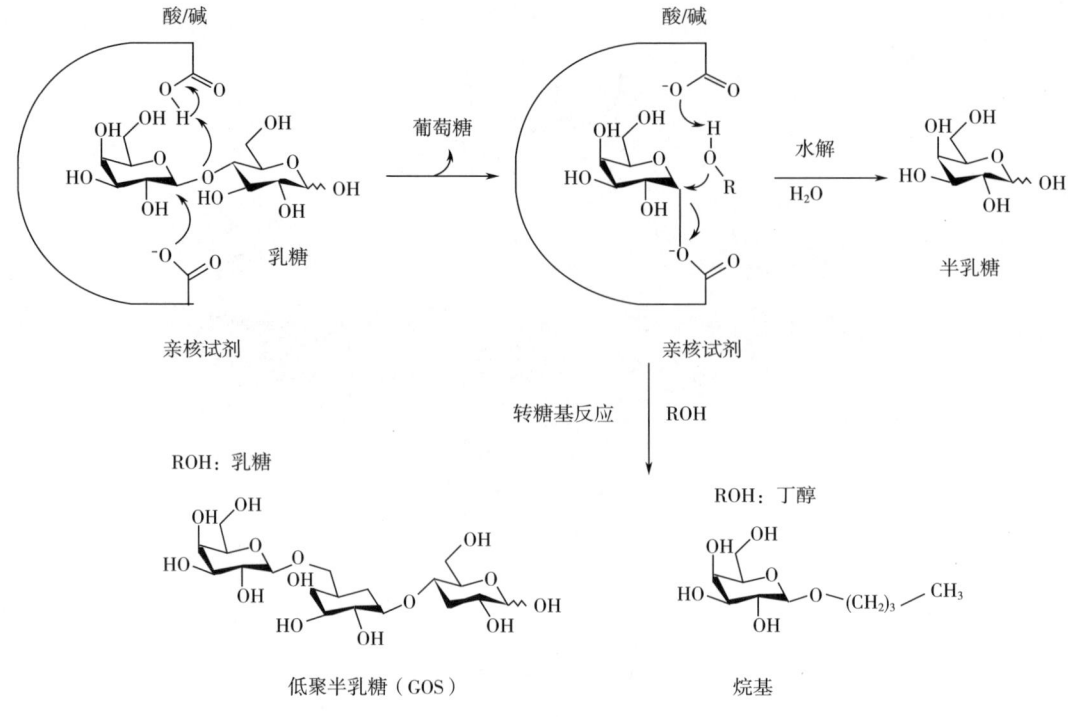

图 7-18 β-半乳糖苷酶的催化反应机制

(六) 乳糖酶的应用

1. 生成低乳糖乳制品

乳糖酶在食品行业中的主要应用是生产低乳糖乳制品。乳糖是牛乳中最主要的碳水化合物，也是主要能量来源，含量为 4.6%~5.0%。但是，乳糖不耐受患者的小肠黏膜上皮细胞中缺乏乳糖酶，导致乳糖不能在小肠内被及时消化吸收，而直接进入结肠，被肠道内有害细菌利用分解代谢产生大量有害气体，从而引起肠鸣、腹痛、腹胀、腹泻等一系列临床症状。乳糖酶缺乏症状与年龄的增加成正比，年龄越大乳糖不耐受越严重。据统计，世界上有将近 70% 的成人患有乳糖不耐受，其中我国乳糖酶缺乏人群为 75%~95%。为解决乳糖不耐受问题，乳品工业中常用在牛乳中添加乳糖酶水解其中的乳糖，制备低乳糖牛乳。国外此类研究开展较早，低乳糖牛乳早已进入商业化生产，国内相关研究开展起步较晚，目前市面上已有多款产品，均通过在生牛乳中添加乳糖酶以降低乳糖含量。

2. 生成低聚半乳糖

乳糖酶的另一个重要用途是生产低聚半乳糖。低聚半乳糖是在乳糖分子的半乳糖一侧连接半乳糖形成的由葡萄糖和半乳糖组成的杂低聚糖，可以有效增殖肠道里的双歧杆菌等益生菌，抑制有害细菌繁殖，从而起到了调节肠道菌落平衡的作用。低聚半乳糖性质极其稳定，不会受生产加工过程中的高温杀菌和人体胃部酸性环境的影响，且不易被小肠吸收，同时具有其他糖类的特性和甜度，可替代其他糖类在高血脂、肥胖、糖尿病人的低糖类食品中添加，极具市场开发价值。利用乳糖酶特异性的转糖基活性，是目前工业化生产低聚半乳糖的主要方法。

乳糖酶的转糖基活性因酶的来源不同有很大的区别，利用不同来源的乳糖酶制备低聚半乳糖的成分和转化率会出现较大差别。如来源于保加利亚乳杆菌、嗜热链球菌、嗜热脂肪芽孢杆菌和米曲霉等的乳糖酶与产自大肠杆菌、黑曲霉、乳酸克鲁维酵母和脆壁克鲁维酵母菌的酶相比，可以合成更高浓度的低聚半乳糖。

3. 改良乳制品

在乳制品加工过程中，为了维持产品的新鲜度，需要保持低温环境，然而由于乳糖的低溶解度会导致大量乳糖析出晶体，严重影响产品的口感质量。在生产加工过程中，添加20%～30%的乳糖酶可以有效缓解乳糖冷冻时晶体析出的问题，从而延长货架期。此外，在利用乳糖生产酸乳时，存在发酵周期长、需额外添加蔗糖以防止产品口感过酸等问题，在此过程中添加乳糖酶，酸乳凝固时间可以减少15%～20%，有效缩短了发酵周期，且蔗糖用量和产品口感都能得到改善。

4. 应用于乳清加工

乳清是乳品工业的主要副产物，其中含有乳清蛋白、乳糖、矿物质和维生素等营养成分，这些营养成分均易溶于水，有较好的营养价值。在工业化的乳制品加工过程中，每生产1kg干酪素产生27kg乳清，每生产1kg干酪产生9kg乳清，导致全球乳清的排放量每年高达$9×10^7$t，其中有将近一半乳清当废水排进河流中，不仅造成浪费，而且污染环境。用乳糖酶将乳清中的乳糖水解，大量的乳清将能被回收利用，如添加到饲料中，提高含乳清饲料的营养价值。此外，用此水解物还可生产乳清饮料、乳清糖浆、半乳糖果葡糖浆等制品。

5. 分析方面的应用

利用乳糖酶的催化专一性，将乳糖酶和葡萄糖氧化酶进行组合，可以制备出乳糖快检的生物传感器，在不进行任何预处理的情况下，对原始乳品样品进行快速检测。这一快速检测的原理，是利用乳糖酶水解乳糖生成半乳糖和葡萄糖，再经过葡萄糖氧化酶对生成的葡萄糖进行定量分析，由此推演出乳糖含量。此外，乳糖酶也是免疫学检测中常用的一种工具酶，通过一定方式将乳糖酶与抗原或抗体交联，形成乳糖酶标记性抗原或抗体，可以用于快速微量定量检测相应的抗体或抗原。将乳糖酶与人体胞外淀粉状蛋白前体融合形成融合蛋白，可作为阿尔茨海默病的免疫原，并进一步制备其单克隆抗体。在环境监测方面，大肠杆菌的乳糖酶活性检测可快速分析浴场和渔场地区海水水体受排泄物污染情况。

四、糖基转移酶

糖基转移酶是广泛存在的一大类酶。自然界中所有低聚糖、多糖和各种复合糖类（如糖蛋白、糖脂等）中的糖部分，以及各类糖苷的生物合成均离不开糖基转移酶。许多糖蛋白中的糖链或多或少地存在着微观不均一性，即同一蛋白质中同残基上连接的糖链常有不同的组成或不同的结构。糖链微观不均一的产生原因有多种，其中之一与糖基转移酶的作用有关。

近几十年来，功能性低聚糖的研究、生产和应用成为食品界的热点之一。目前实现产业化生产的低聚异麦芽糖、低聚果糖、岩藻糖基化寡糖和唾液酸化寡糖等功能性低聚糖的合成就是利用微生物所产的α-葡萄糖苷酶、果糖基转移酶、岩藻糖基转移酶或唾液酸糖基转移酶等糖基转移酶催化糖基转移反应来实现的。

（一）α-葡萄糖苷酶

α-葡萄糖苷酶（EC 3.2.1.20）是一种外切酶，能催化α-D-葡萄糖基从不同大小的底物，包括麦芽低聚糖、α-糖苷和α-葡聚糖等非还原端水解糖苷键，释放α-D-葡萄糖。除水解作用外，α-葡萄糖苷酶还可通过转糖基化作用，将葡萄糖基从底物转移至受体，形成相应的低聚糖、糖脂或糖肽等，因此也称α-葡萄糖基转移酶（α-glucosyltransferase，α-GTF）。

α-葡萄糖苷酶的酶源丰富，有细菌、真菌、动物和植物。α-葡萄糖苷酶的底物特异性与其来源有关。根据底物特异性，α-葡萄糖苷酶传统上分为3组，第1组可水解多种异质底物（主要来自细菌），如蔗糖、芳香基-α-葡萄糖苷，而且比水解同质底物更有效；第2组在水解同质底物上更有效（主要来自真菌），如麦芽糖、异麦芽糖等；第3组与第2组活性相似，但对淀粉等长链底物也有高水解活性（大多来自植物）。α-葡萄糖苷酶的主要微生物来源有曲霉、乳酸杆菌和芽孢杆菌，而黑曲霉α-葡萄糖苷酶具有较高的转糖基化活性。

α-葡萄糖苷酶是低聚异麦芽糖生产的关键酶，已经发现多种来源的α-葡萄糖苷酶可用于低聚异麦芽糖生产，来源于炭黑曲霉的α-葡萄糖苷酶在最适条件下可获得55%的低聚异麦芽糖产率。

α-葡萄糖苷酶在有生物功能的糖-共轭复合物方面也显示出巨大的应用潜力。一些化合物通过糖基化可有效改善其水溶性、生物利用度、稳定性和药效学反应等，从而使其在食品、医药和化妆品等行业中的应用特性得以改善提高。α-葡萄糖苷酶能利用多种碳水化合物（葡萄糖、麦芽糖、木糖、甘露糖、半乳糖等）作为糖基供体，转移糖基形成糖苷，合成糖苷类生物活性物质。类黄酮也可通过糖基化增加其水溶性和生物利用度。有研究者利用硫磺矿硫化叶菌（*Sulfolobus solfataricus*）来源的耐热α-葡萄糖苷酶开发出了一种高效的类黄酮O-α-糖基化方法。该酶底物谱宽，对黄酮、黄烷酮、黄烷酮醇、黄烷醇和异黄酮类均有较强的转糖基化活性，产率均在90%以上，最终可合成7-O-α-葡萄糖苷类黄酮。研究发现，α-葡萄糖苷酶可对L-抗坏血酸（AA）进行糖基化，一定条件下形成不同比例的6-O-α-D-葡萄糖基-L-抗坏血酸（AA-6G）和2-O-α-D-葡萄糖基-L-抗坏血酸（AA-2G），两者的抗氧化活性均保持在AA的水平，但AA-2G的稳定性远高于AA-6G，且AA-2G在体内容易被酶处理以释放活性AA。

（二）果糖基转移酶

果糖基转移酶（fructosyltransferase，EC 2.4.1.9）广泛存在于真菌和细菌中，如表7-11所示。真菌来源主要有日本曲霉（*Aspergillus japonicus*）、红酵母菌（*Rhodotorula* sp.）、青霉菌（*Penicillium citricum*）和出芽短梗霉菌（*Aureobasidium pullulans*）等。细菌来源主要有运动发酵单胞菌（*Zymomonas mobilis*）、软化芽孢杆菌（*Paenibacillus macerans*）和节杆菌（*Arthrobacter* sp.）等。

表7-11　　　　　　　　　　果糖基转移酶的微生物来源

微生物来源	酶活力/（U/mL）
产紫青霉菌（*Penicillium purpurogenum*）	600
出芽短梗霉菌 CCY 27-1-94（*Aureobasidium pullulans* CCY 27-1-94）	120
米曲霉 CRF 202（*Aspergillus oryzae* CRF 202）	—
日本曲霉 TIT-KJ1（*Aspergillus japonicus* TIT-KJ1）	—
出芽短梗霉菌 KCCM12017（*Aureobasidium pullulans* KCCM12017）	121
出芽短梗霉菌 CFR77（*Aureobasidium pullulans* CFR77）	—

续表

微生物来源	酶活力/(U/mL)
黑曲霉 NRRL330（*Aspergillus niger* NRRL330）	30.42
黑曲霉 IMI 303386（*Aspergillus niger* IMI 303386）	0.022
日本曲霉 TIT90076（*Aspergillus japonicus* TIT90076）	910
日本曲霉 TIT 90076（*Aspergillus japonicus* TIT 90076）	660
出芽短梗霉菌 KFCC10524（*Aureobasidium pullulans* KFCC10524）	101.2
青霉菌 FERM P-15944（*Penicillium citricum* FERM P-15944）	—
臭曲霉 NRRL337（*Aspergillus foetidus* NRRL337）	0.52
红酵母菌（*Rhodotorula* sp.）	20
芽孢杆菌 EG-6（*Bacillus macerans* EG-6）	11
橘青霉 KCTC18080P（*Penicillum citrinum* KCTC18080P）	0.053
黑曲霉 AS0023（*Aspergillus niger* AS0023）	420
嗜热菌 ATCC 28811（*Sporutrichum thermophile* ATCC28811）	—
节杆菌（*Arthrobacter* sp.）	118

注：—表示缺乏相关数据。

果糖基转移酶的最适 pH 通常为 5.0~6.5，最适温度通常为 50~60℃，少数会在 40℃ 或高达 70℃。以蔗糖为底物的 K_m 值多在 0.29~0.82mol/L。真菌来源的果糖基转移酶为 2~6 个单元组成的多聚体，相对分子质量在 180000~600000，细菌来源的果糖基转移酶多为单体，相对分子质量为 50000~90000。

果糖基转移酶的催化机制根据酶的来源和纯度不同而不同，目前大部分研究者接受的理论是：果糖基转移酶催化蔗糖合成低聚果糖的反应是歧化反应，其中一个蔗糖分子（GF）作为果糖基的供体，另一个蔗糖（GF）分子作为受体，在酶的作用下，果糖基（F）与酶结合，形成 1 分子葡萄糖（G）和 1 分子的果糖基（F）与酶结合的中间产物，然后中间产物与果糖基（GF）受体结合，形成蔗果三糖（GF_2），果糖基转移酶脱落下来参与下一个新的循环，形成蔗果四糖（GF_3）。循环继续，形成蔗果五糖（GF_4）等。

上述果糖基转移酶催化蔗糖转化得到混合物称为低聚果糖（fructooligosaccharides，FOS），又名蔗果低聚糖、寡果糖或蔗果三糖族低聚糖。果糖基转移酶已经应用于以蔗糖为原料的低聚果糖的大规模工业化生产。

（三）岩藻糖基转移酶

岩藻糖基转移酶（fucosyltransferase，EC 2.4.1.69）是催化 L-岩藻糖从供体底物鸟苷二磷酸岩藻糖（GDP-Fuc）转移到各种糖受体底物（包括低聚糖、糖蛋白和糖脂）的生物合成酶。岩藻糖基转移酶属于糖基转移酶超家族，在脊椎动物、无脊椎动物、细菌和植物中广泛存在。根据酶反应中形成的糖苷键类型，岩藻糖基转移酶分为 α-1,2-、α-1,3/4-、α-1,6-和 *O*-几种类型，每种糖基转移酶具有不同的底物特异性和作用位点，α-1,2-和 α-1,3/4-岩藻糖基化通常发生在末端位置，而 α-1,6-和 O-岩藻糖基化主要被认为是发生在寡糖或糖蛋白内部。

岩藻糖基转移酶微生物来源有幽门螺杆菌（Helicobacter pylori）、大肠杆菌菌株（Escherichia coli）、雪貂螺杆菌（Helicobacter mustelae）等。幽门螺杆菌来源 α-1,2-岩藻糖基转移酶具有广泛的底物特异性，不需要金属离子作为辅因子，最适 pH 5.0，在 pH 4.0~8.0 有活性。致肠病 Escherichia coli 菌株 O128 来源的 α-1,2-岩藻糖基转移酶同样具有广泛的底物特异性，当乳果糖作为受体时表现出最高的活性。Escherichia coli 菌株 O86 来源的 α-1,2-岩藻糖基转移酶表现出严格的底物特异性，仅能利用 T 抗原（Gal-β-1,3-GalNAc-α-O-Bn/Me）作为受体底物。Escherichia coli O127:K63（B8）来源的 α-1,2-岩藻糖基转移酶不需要金属离子实现催化，最适的 pH 为 6.5 和 7.5，有严格的底物特异性，仅能识别非还原端 Gal-β-1,3-GalNAc 的受体，而不能识别还原端为其他的 Gal-β 受体。

人乳寡糖中的中性寡糖约占 70%，以岩藻糖基化寡糖为主，其中 α-1,2-岩藻糖基化寡糖占 73% 左右。利用岩藻糖基转移酶的催化作用可以体外合成人乳寡糖及其类似物。Byun 等以岩藻糖为底物合成 GDP-岩藻糖，将重组表达载体转化到大肠杆菌 BL21（DE3）中，使 GDP-D-甘露糖-4,6-脱水酶（GMD）和 GDP-L-岩藻糖合酶（WcaG）得到高效表达，在 25℃ 条件下得到 (38.9±0.6) mg/L 的 GDP-岩藻糖，为进一步合成岩藻糖基化寡糖提供了条件。Koizumi 等利用重组大肠杆菌和产氨棒杆菌耦合发酵，以 GMP、甘露糖、乙酰半乳糖胺为底物，产氨棒杆菌提供能量发酵 30h，岩藻糖基化低聚糖的最大合成量为 40mmol/L（21g/L）。

（四）唾液酸糖基转移酶

唾液酸糖基转移酶（sialyltransferase，EC 2.4.99.X）主要以胞苷一磷酸-β-N-乙酰神经氨酸（CMP-β-N-acetylneuramic acid，CMP-Neu5Ac）为底物，将唾液酸残基转移到蛋白质和脂质的非还原性低聚糖链上，形成唾液酸糖苷化合物。根据转移唾液酸残基后新形成的糖苷键的类型，可以将唾液酸糖基转移酶进一步细分为四类：ST3Gal I-VI、ST6Gal I-II、ST6GalNAc I-VI 和 ST8Sia I-VI。具体来讲，这些唾液酸转移酶可以分别将 CMP-Neu5Ac 中的 Neu5Ac 以 α-2,3、α-2,6 或 α-2,8 糖苷键的形式转移到半乳糖、N-乙酰半乳糖胺或者别的唾液酸上。

唾液酸糖基转移酶的微生物来源主要为一些病原菌，包括 Escherichia coli K1、发光弧菌（Vibrionaceae photobacterium sp.）、空肠弯曲菌（Campylobacter jejuni）、多杀性巴氏杆菌（Pasteurella multocida）等。与哺乳动物来源的唾液酸糖基转移酶相比，微生物来源的唾液酸糖基转移酶具有更宽广的底物来源。例如，来源于淋病奈瑟氏菌 α-2,3-唾液酸糖基转移酶，乳糖及其类似物都是其底物。对于来源于美人鱼发光杆菌的唾液酸糖基转移酶，Gal-α/β-O-Me、GalNAc-α-O-Me、LacNAc-β-O-Me 和乳糖是其较好的作用底物。虽然唾液酸糖基转移酶具有广泛的底物特异性，但转糖基的效率因唾液酸糖基与受体的连接方式不同而有所差异。例如，来源于脑膜炎球菌的唾液酸糖基转移酶将唾液酸糖基转移到半乳糖的 β-1,4 位点的速度是转移到半乳糖 β-1,3 位点的速度的 10 倍左右。

唾液酸化寡糖在人乳寡糖中的占比约为 10%，因此唾液酸糖基转移酶在人乳寡糖合成中的应用也得到了重视。1991 年，Wong 等在 CMP-Neu5Ac 原位再生法的基础上利用唾液酸糖基转移酶合成了 Neu5Ac-α-2,6-Gal-β-1,4-GlcNAc。同年，在此基础上应用 Neu5Ac 醛缩酶催化 ManNAc（甘露糖胺）合成 Neu5Ac，并用 UDP-Glc（尿苷二磷酸葡萄糖）焦磷酸酶、UDP-Gal 4-epimerase（4-差向异构酶）催化 Glc-1-P（1-磷酸葡萄糖）合成 UDP-Gal，而后与 GlcNAc

经半乳糖基转移酶生成唾液酸糖基受体 Gal-β-1,4-GlcNAc，再经 α-2,6-唾液酸转移酶催化合成了 Neu5Ac-α-2,6-Gal-β-1,4-GlcNAc，从而进一步降低了合成成本，并将以上酶法合成策略应用到了唾液酸路易斯四糖（Sialyl-Lewis X，SLe^x）的规模化制备，可以得到千克级的目标产物。Endo 等通过将 CMP-NeuAC 生产系统与过量表达 α-2,3 唾液酸糖基转移酶系统相结合，可得到 33g/L 的 3-唾液酸乳糖。Fierfort 等通过在大肠杆菌体内引入合成 CMP-N-乙酰神经氨酸的基因，后续高效表达来源于脑膜炎奈瑟氏菌的 α-2,3 唾液酸转移酶基因，唾液酸化乳糖的含量可达到 25g/L。Drouillard 等利用大肠杆菌高效表达来源于发光杆菌（*Photobacterium* sp. JT-ISH-224）的 α-2,6 唾液酸转移酶基因，唾液酸化乳糖的含量可达到 30g/L。

第四节 纤维素酶

纤维素酶能有效利用物质纤维素将其水解为葡萄糖，对解决地球食物和能源危机具有重要的意义。纤维素是植物的主要组成成分，纤维素的存在状态对一些植物性食品原料及其加工成的食品的质构有重要影响，也就是说纤维素酶的作用可能对食品的质构产生影响。

一、纤维素酶的分类和作用方式

根据纤维素酶是否分泌到胞外、聚集方式与催化方式，可以将纤维素酶系分为复合型纤维素酶系和非复合型纤维素酶系两类。复合型纤维素酶系又称纤维素小体，是指多种纤维素降解酶通过骨架蛋白组合在一起形成的相对分子质量较大的多酶复合体，由多数厌氧细菌和真菌产生。非复合型纤维素酶系是指在胞外能水解纤维素链中的 β-1,4-糖苷键，使纤维素变成葡萄糖的多种酶的总称，其主要由好氧真菌和细菌产生，分别以丝状真菌和粪碱纤维单胞菌为代表。下面介绍非复合型纤维素酶系。

根据水解方式，将非复合型纤维素酶系的糖苷水解酶分为 3 类：①β-1,4-葡聚糖酶。β-1,4-葡聚糖酶包括外切-β-1,4-葡聚糖酶和内切-β-1,4-葡聚糖酶（EC 3.2.1.4）两种。外切-β-1,4-葡聚糖酶从纤维素链的非还原性末端逐个地将葡萄糖水解下来，而内切-β-1,4-葡聚糖酶以随机的方式从纤维素链的内部裂开 β-1,4-糖苷键。大多数外切-β-1,4-葡聚糖酶将水解下来的葡萄糖的构型从 β 型转变成 α 型，而内切-β-1,4-葡聚糖酶并不改变产物的构型。内切-β-1,4-葡聚糖酶主要作用于纤维素的非结晶区，可随机水解纤维素链中的 β-1,4-糖苷键，将纤维素长链切断，形成不同聚合度的纤维素短链，增加可供外切酶作用的纤维素链末端数量；②外切-β-1,4-葡聚糖苷酶（EC 3.2.1.4.91/176），又称为纤维二糖水解酶（cellobiohydrolase，CBH），负责水解纤维素结晶区，主要有 CBH I 和 CBH II 两种，分别从纤维素链的还原端和非还原端开始持续水解，释放纤维二糖；③β-1,4-葡萄糖苷酶（EC 3.1.2.21），主要将纤维二糖和可溶性的纤维寡糖最终转化为葡萄糖，不直接作用于纤维素。β-1,4-葡萄糖苷酶作用于小相对分子质量底物时表现出最高的活力。上述三类酶共同作用可以将具有很强化学与生物抗性的天然纤维素大分子转化为葡萄糖。图 7-19 是上述三类纤维素酶的作用模式示意图。

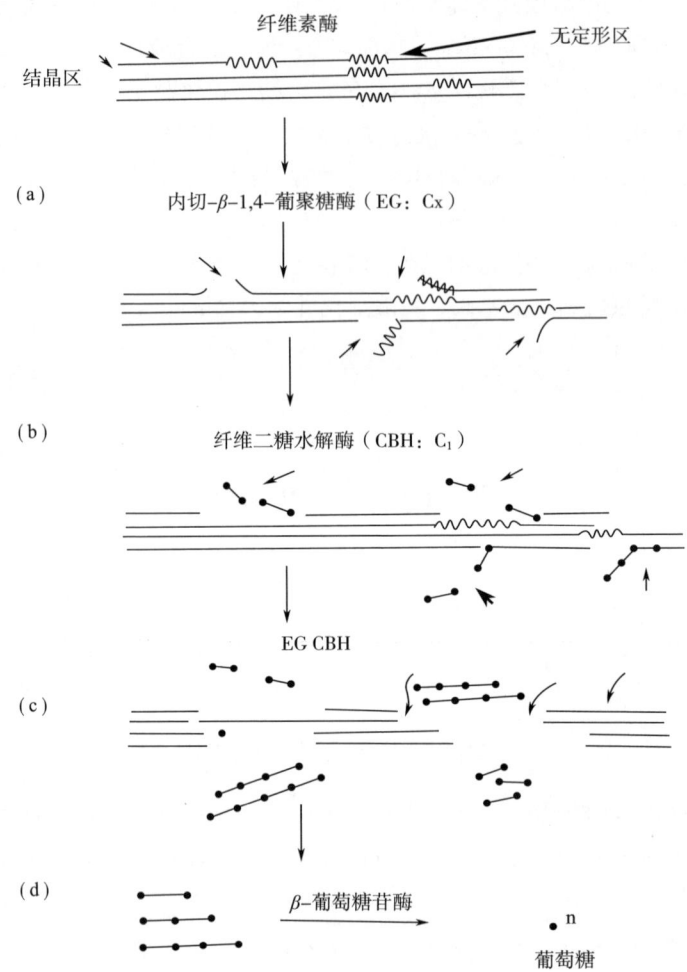

图 7-19 纤维素酶催化纤维素水解的作用模式示意图

二、纤维素酶的结构和作用机制

来源于真菌的纤维素酶大多是糖蛋白，难以得到完整的纤维素酶晶体。里氏木霉纤维二糖水解酶是真菌纤维二糖水解酶的典型代表，对其结构的研究也最为完善。纤维二糖水解酶具有降解活性的催化结构域（CD）和吸附纤维素的纤维素结合结构域（cellulose binding domain，CBD），这两个结构域由一段 O-糖肽链的连接桥（linker）相连接。图 7-20 所示为里氏木霉纤维二糖水解酶结构模型。左侧的小蛋白质结构域为结合域，含有 2 个天然 O-聚糖，呈"楔形"结构，一面亲水，另一面疏水。亲水面上的 3 个酪氨酸残基组成纤维素的吸附位点。右侧的大蛋白结构域为催化结构域。结合域通过与纤维素表面结合，拉近纤维素酶催化域与底物距离，从而有助于不可溶纤维素底物水解。

纤维二糖水解酶对游离纤维素链的水解过程为：首先纤维素链结合到纤维二糖水解酶上，并推动其进入催化结构域的催化通道，然后催化结构域沿着纤维素链滑动，进而从纤维素的还原端或非还原端切割下一个纤维二糖。结构域与酶底物结合包括氢键结合和疏水作用。到目前

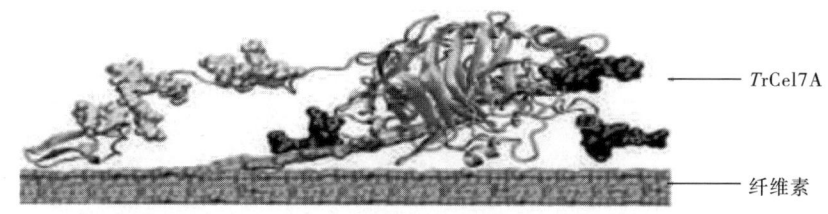

图 7-20　里氏木霉纤维二糖水解酶（TrCel7A）结构模型

为止，纤维二糖水解酶对结晶纤维素的降解机制仍然不清楚。有研究者做如下推测：①纤维二糖水解酶通过其结合结构域的介导吸附到结晶纤维素表面（锚定）；②锚定的纤维二糖水解酶链在结晶纤维素表面扩散移动过程中，催化结构域可识别到裸露于结晶纤维素表面的纤维素链末端（还原端或非还原端）并与之结合，水解糖苷键并释放纤维二糖。

三、纤维素酶作用的影响因素

不同来源的纤维二糖水解酶的最适 pH 为 3.0~9.0，大多数位于 4.5~6.0。黑曲霉来源的商业纤维素酶制剂的最适 pH 是 4.5~5.5。纤维素酶的最适 pH 会随着底物的改变而变化，即使底物不变，纤维素酶的最适 pH 也随酶活力测定方法的改变而变化。例如，黑葡萄状穗霉纤维素酶以 CMC 为底物测定反应体系黏度下降速度时的最适 pH 为 8.0，而测定底物被进一步水解的速度时（即还原糖生成速度），该酶的最适 pH 降为 6.5。

纤维素酶具有很高的热稳定性。例如，疣孢状漆斑菌（Myrothecium verrucaria）纤维素酶在没有底物存在时，经 100℃加热 10min 处理仍然保留 20%的活力。从黑曲霉分离得到的不同种类的纤维素酶具有明显不同的热稳定性，其中外切酶经沸腾 2min 即完全失活，而在相同条件下，内切酶仅失去 25%~37%的活力。由于内切酶在高温下，特别是在有底物存在时，不易变性，因此它能在高温下使用。疣孢状漆斑菌纤维素酶的最适温度为 60℃，烟曲霉菌（Aspergillus fumigatus）纤维素酶的最适温度为 55℃。可以利用纤维素酶具有非常高的耐热性这一性质来区分它和果胶酶的作用。果胶酶经短时间沸腾即可灭活。不过，并非所有的纤维素酶都具有高的热稳定性。前面已提到的黑曲霉外切纤维素酶在高温下很易失活。也有一些微生物纤维素酶的最适温度是相当低的，例如，从球状毛壳菌（Chaetomium globosum）分离得到的纤维素酶的最适温度为 33~35℃（pH 5.0，CMC 作为底物）。

葡萄糖酸内酯能有效地抑制纤维素酶。重金属离子（如铜离子和汞离子），能抑制纤维素酶，但是半胱氨酸能消除它们的抑制作用，甚至进一步激活纤维素酶。植物组织中含有天然的纤维素酶抑制剂，可起到保护植物免遭霉菌的腐烂作用。这些抑制剂是酚类化合物。如果植物组织中存在着高的氧化酶活力，就会将酚类化合物氧化成醌类化合物。醌类化合物能抑制纤维素酶活力。

四、纤维素酶在食品工业中的应用

在食品领域，纤维二糖水解酶可与其他食品酶制剂协同使用，用来降解水果及油料的细胞壁，提高出汁率或榨油率；在酿造工业中，可用于降解啤酒中的多糖，促进啤酒的过滤和澄清；在其他工业领域，纤维二糖水解酶可用于纤维二糖的生产，例如，在纺织工业中用于天然纤维物料的改性，在能源工业中用于燃料乙醇的生产等。

第五节 半纤维素酶

相对于纤维素酶，半纤维素酶受到的关注比较少，其原因可能是半纤维素相对于纤维素来说，更容易被酸降解。实际上，酸的使用会带来一系列的问题，例如降解不易控制、副反应产生有害物质、设备腐蚀等。近年来，半纤维素酶的研究和应用越来越多。

半纤维素结构复杂，主要包括木聚糖、甘露聚糖、阿拉伯半乳聚糖和木葡聚糖等。构成半纤维主链的单糖主要有 D-木糖、D-甘露糖和 D-葡萄糖。此外，大多半纤维素都还含有不同侧链取代基，如 D-半乳糖基、D-葡萄糖基、L-阿拉伯糖基、葡萄糖醛酸基、乙酰基以及少量通过 L-阿拉伯糖残基连接的阿魏酸或香豆酸侧链等残基。自然界中的半纤维素主要是木聚糖和甘露聚糖类。木聚糖类半纤维素的主链是由木糖残基通过 β-1,4-糖苷键相连的木聚糖，其结构和降解酶系如图 7-21 所示。

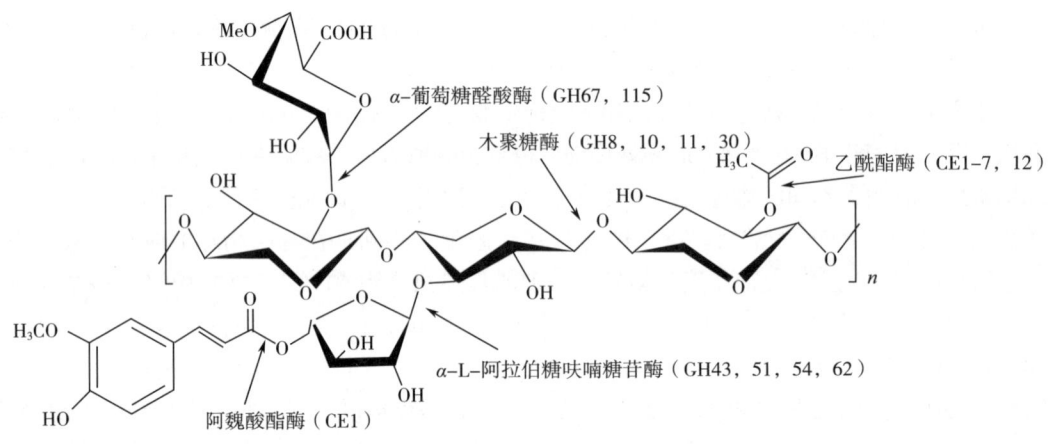

图 7-21 半纤维素的结构及其降解酶系

一、半纤维素酶的种类

半纤维素结构的复杂性，使得单一酶无法将其有效水解。因此，降解半纤维素的酶是一个复杂的多酶体系，包括降解主链的内切-β-1,4-木聚糖酶（xylanase）、β-木糖苷酶（β-xylosidase）、甘露聚糖酶（mannanase）等，还有降解侧链的 α-L-阿拉伯糖呋喃糖苷酶（arabinofuranosidase）、阿拉伯半乳糖酶（α-arabgalactosidase）、阿拉伯聚糖酶（arabanase）、阿魏酸酯酶（feruloyl esterase）、α-葡萄糖醛酸酶（α-glucuronidase）和乙酰酯酶（acetylesterase）等多种酶。

（一）内切-β-1,4-木聚糖酶

内切-β-1,4-木聚糖酶（EC 3.2.1.8）属于糖苷水解酶，是降解半纤维素最主要的酶，作用于木聚糖主链内部的 β-1,4-糖苷键，主要产生低聚木糖以及少量木糖。由于内切-β-1,4-木聚糖酶在木聚糖降解时起到关键作用，内切-β-1,4-木聚糖酶有时也会被简称为木聚糖酶。

内切-β-1,4-木聚糖酶分布在 GH5、GH7、GH8、GH10、GH11、GH30 和 GH43 等家族，其结构具有多样性。不同家族的木聚糖酶的结构、作用方式、酶学性质及底物特异性有很大区别，但又表现出一定的相似性。根据催化结构域中氨基酸同源性对木聚糖酶进行分类，可大致将内切-β-1,4-木聚糖酶分为 F 家族和 G 家族两大类。F 家族木聚糖酶的结合结构域和催化结构域由铰链区相连，相对分子质量一般较大（>30000），底物专一性较差，水解速度快，水解产物为低相对分子质量的低聚木糖。G 家族木聚糖酶无纤维素酶活性，相对分子质量一般较低，底物专一性非常高，酶的同源性强。已经发现的绝大多数的木聚糖酶属于 F/10 以及 G/11 两大家族。

很多微生物都可分泌内切-β-1,4-木聚糖酶。工业上的木聚糖酶主要是真菌或细菌通过固体发酵或液体深层发酵获得，其中丝状真菌广泛应用于木聚糖酶的生产。例如，黑曲霉、特异腐质霉、里氏木霉、长枝木霉和康宁木霉都已成为商业化木聚糖酶的生产菌株。

（二）β-木糖苷酶

β-木糖苷酶降解木聚糖酶水解产生的低聚合度木聚糖或木二糖的 β-1,4-糖苷键，从低聚合度木聚糖的非还原端释放出木糖。分泌内切-β-1,4-木聚糖酶的菌株一般均可产生 β-木糖苷酶，与内切-β-1,4-木聚糖酶共同作用降解木聚糖。目前大部分报道的细菌和真菌来源的 β-木糖苷酶主要分布在 GH3、GH39、GH43 和 GH52 家族，其中，细菌来源的 β-木糖苷酶主要集中在 GH3、GH39、GH43 和 GH52 家族，而真菌来源的 β-木糖苷酶主要集中在 GH3 和 GH43 家族，丝状真菌来源的 β-木糖苷酶主要集中在 GH43 家族。

β-木糖苷酶来源广泛且性质各异，最适反应温度一般在 40~60℃，真菌类 β-木糖苷酶的最适 pH 偏弱酸性。近年来，嗜热且热稳定性良好的 β-木糖苷酶已引起研究者们的关注。从海枣曲霉中获得了一种最适反应温度达到 75℃的耐热 β-木糖苷酶；从极端嗜热菌 *Thermotoga thermarum* 中分离到一种最适反应温度为 95℃的 β-木糖苷酶，该酶在 85℃以下都具有较好的热稳定性。

木糖耐受性是影响 β-木糖苷酶商业化应用的一个重要因素。GH3 家族中 β-木糖苷酶的木糖耐受性偏低，其抑制常数（K_i 值）为 2~20mmol/L，而 GH39 和 GH43 家族中的 β-木糖苷酶具有较高的木糖耐受性，其 K_i 值为 40~200mmol/L。高木糖耐受性的 β-木糖苷酶可以更好地水解低聚木糖，有利于与内切-木聚糖酶协同发挥作用。

β-木糖苷酶的作用机制分为保留型和反转型两种类型。反转型的 β-木糖苷酶通过一步单取代机制使产物的异头碳构象完全反转，产物的异头碳的构型由原来的 β 型转变为 α 型。而保留型的 β-木糖苷酶通过糖基化和去糖基化两步双取代机制参与催化，产物的异头碳的构型不发生变化。目前已发现的 β-木糖苷酶，只有 GH43 家族的 β-木糖苷酶遵循反转型机制，而其他家族的 β-木糖苷酶均属于保留型。研究发现，保留型的 β-木糖苷酶可以催化水解和转糖苷两种反应，而反转型的 β-木糖苷酶在催化水解反应上更具有优势。β-木糖苷酶催化的水解反应和转糖苷反应，其区别在于去糖基化过程中进入活性中心的是水分子还是底物分子，如果进入活性中心的是水分子则发生的是水解反应，如果进入活性中心的是底物分子则是转糖苷反应。水解反应和转糖苷反应是两个可逆的过程。

β-木糖苷酶可以催化糖苷键的合成，在供体和受体的参与下，可以产生在食品、医药、化工等领域具有应用潜力的糖苷化合物。木二糖、低聚木糖和 4-硝基苯基 β-D-吡喃木糖苷（pNPX）是最常见的供体，糖类和醇类化合物为主要的受体。β-木糖苷酶催化转糖苷反应时，糖类受体主要为一些单糖（如木糖、葡萄糖、甘露糖和阿拉伯糖等）和木寡糖（木二糖和木三糖），蔗糖和麦芽糖作为受体的转糖苷效率很低。β-木糖苷酶以木二糖作为供体和受体，经过转糖苷反应能产生木三糖、木四糖和木五糖。

β-木糖苷酶在水解人参皂苷方面具有十分重要的作用。通过移除人参皂苷中含有的木糖基团，可以将其转化成具有药用价值的稀有人参皂苷。目前已报道的含有木糖基团的人参皂苷主要包括两种类型，一种是原人参二醇（PPD）类型的人参皂苷 Ra1、Ra2、Ra3、Rb3，另一种是原人参三醇（PPT）类型的三七皂苷 R1 和 R2。来源于短双歧杆菌（*Bifidobacterium breve*）K-110 的 β-木糖苷酶可以水解人参皂苷 Ra1 和 Ra2 含有的木糖基团，将其分别转化为人参皂苷 Rb2 和 Rc。来源于超嗜热菌（*Thermotoga petrophila*）DSM13995 的 β-木糖苷酶和一个热稳定的 β-葡萄糖苷酶可将人参皂苷 Rb2 和 Rc 转化为人参皂苷 20（S）-Rg3。这种稀有皂苷对肺癌、结肠癌、卵巢癌等多种癌症的癌细胞具有抑制和抗转移作用。

（三）α-L-阿拉伯糖呋喃糖苷酶

α-L-阿拉伯糖呋喃糖苷酶主要水解半纤维素上的 α-L-1,2 或 1,3-阿拉伯呋喃糖侧链。此外，该酶还对阿拉伯聚糖具有内切和外切酶活性。在应用木聚糖酶酶解半纤维素过程中，添加 α-L-阿拉伯糖呋喃糖苷酶可去除阿拉伯糖侧链，打破木聚糖酶作用半纤维素的空间位阻，促进半纤维素的水解。例如，黑曲霉来源的阿拉伯糖呋喃糖苷酶可显著增强 GH11 家族木聚糖酶对于小麦阿拉伯木聚糖的降解，使木二糖和木三糖的产量分别增加 8.6 和 7.3 倍。

（四）乙酰酯酶

乙酰酯酶能够水解半纤维素主链与乙酰基间的酯键，除去乙酰基团，加速木质纤维素结构的降解。研究发现，乙酰酯酶和木聚糖酶复配使用可明显提高预处理玉米秸秆等原料的半纤维素降解率。例如，采用来源于黑曲霉的乙酰酯酶和木聚糖酶协同处理竹屑，还原糖得率从只有木聚糖酶作用时的 11.2% 提高到了 19.6%。

（五）阿魏酸酯酶

阿魏酸酯酶水解存在于植物细胞壁半纤维素与木质素之间的阿魏酸酯键，辅助木聚糖酶打破细胞壁结构，促进木质纤维素的降解。

目前发现的阿魏酸酯酶主要来源于曲霉属和青霉属的菌株。阿魏酸酯酶作为半纤维素侧链降解酶之一，其作用也是与木聚糖酶协同酶解木质纤维素底物，例如麦麸、稻草等。

（六）α-葡萄糖醛酸酶

α-葡萄糖醛酸酶主要作用于半纤维素中（4-O-甲基）葡萄糖醛酸与木糖之间的 α-1,2-糖苷键。不同家族的 α-葡萄糖醛酸酶具有不同的底物专一性。例如，GH67 家族 α-葡萄糖醛酸酶仅降解低聚糖（聚合度 2~5）非还原端的 4-O-甲基葡萄糖醛酸，而 GH115 家族 α-葡萄糖醛酸酶可以水解低聚糖非还原端和木聚糖内部的 α-1,2-葡萄糖醛酸。同样，α-葡萄糖醛酸酶和木聚糖酶复配使用可以提高半纤维素的降解率。例如，采用黑曲霉来源的 α-葡萄糖醛酸酶与木聚糖酶协同降解竹屑半纤维素时，低聚木糖和木糖的产率均明显提高，产率最大可达 65%。

二、半纤维素酶在食品工业中的应用

半纤维素酶具有重要的应用价值，商业半纤维素酶已经在食品、饲料和制浆造纸等行业大规模产业化应用。在食品行业的应用主要集中在以下几个方面。

(一) 面粉改良和面食品质提升

木聚糖酶（戊聚糖酶）应用于面粉改良和面食品质提升的研究和应用非常成功。小麦面粉中的非淀粉多糖主要是戊聚糖（主要成分为阿拉伯木聚糖，其中水浸出性阿拉伯木聚糖占20%~30%，水不可溶性阿拉伯木聚糖占70%~80%）。尽管戊聚糖在面粉中的含量很少，只占面粉干基的2%~3%，但对面团的流变性质和面食品质有显著影响。

焙烤工业是木聚糖酶在食品行业中应用的重要领域之一。在面粉中添加适量木聚糖酶可以使不溶性阿拉伯木聚糖降解、增溶，优化面团中的面筋网络组织，改善面团的持水性和机械加工性能，缩短面团的形成时间，增加面包体积和比体积，改善面包心的弹性、硬度及柔软性，并起到抗老化、延长产品货架期的效果。

木聚糖酶在馒头和面条等传统面食加工中也有重要作用，而且与淀粉酶、脂肪酶、葡糖氧化酶等复配使用效果更好。研究表明，复配后木聚糖酶的添加量可降低40%~50%，其他酶的用量也可减少。经复配酶改良的馒头平均体积增大，口感细腻、轻柔，弹韧性更好，保鲜时间延长。

(二) 低聚木糖生产

近二十多年来，应用木聚糖酶成功开发出低聚木糖（也称木寡糖）产品。聚合度为2~7的低聚木糖是一种功能性低聚糖，具有难消化、低热量、增殖双歧杆菌、调节肠道菌群、润肠通便等良好的生理学功能，符合益生元的定义，因此也是一种益生元。低聚木糖与其他益生元相比，具有有效用量少（0.7g/d）、耐酸、耐热等特点。

低聚木糖的生产原料为玉米芯、甘蔗渣、麸皮、秸秆等富含木聚糖的农林副产物。玉米芯的木聚糖含量很高（35%~40%），而且量大，易集中，可以说是最理想的低聚木糖生产原料，生产过程包括原料预处理、木聚糖提取、木聚糖酶解、分离提取等，其中木聚糖控制酶解是最为关键的步骤，决定产品的纯度。要获得高纯度的低聚木糖产品，必须采用内切-木聚糖活性高和β-木糖苷酶活性低的酶制剂。如前所述，内切-木聚糖主要将木聚糖水解成低聚木糖，β-木糖苷酶会将低聚木糖水解产生大量的木糖。在低聚木糖生产中不希望产生木糖。酶法生产低聚木糖已经在我国实现产业化生产，产品应用于普通食品和保健食品中。

(三) 果蔬汁提取和澄清

要将新鲜果蔬加工成果蔬汁，必须破坏由果胶质、纤维素和半纤维素等组成的网状结构的细胞壁。利用由半纤维素酶、纤维素酶、果胶酶合理搭配的复合酶（有人直接称其为粥化酶、果浆酶）可以在温和的条件下破坏果蔬原料的细胞结构，促进原料中有效成分的释出，不仅提高汁液得率，而且增加汁液中营养物质和风味物质的含量，同时降低提取汁液的黏度，提升汁液的浓缩或干燥效率，改善果蔬汁澄清度等质量指标。研究显示，添加0.08%的果浆酶在45℃处理香蕉浆120min，可大大提高香蕉汁的得率和澄清度，得到高品质的香蕉汁；在南瓜榨汁过程中添加15U/g粥化酶可使出汁率增加45.3%；添加12U/mL酶可使苹果汁和芹菜汁澄清度提高130%以上；在可可粉和可可饮料生产中，用淀粉酶、木聚糖酶和纤维素酶处理可可浆，可在一定程度上降低可可粉的粒径，提高可可饮料的溶解稳定性和饮料中可溶性固形物的含量。

(四) 提高酒类生产的原料利用率

白酒的生产是以谷物粮食的颗粒为原料采用固体发酵进行的。在固体发酵过程中，只有充分打破纤维素、半纤维素、果胶、蛋白质等组分对淀粉颗粒的屏蔽和保护作用，才能充分发挥淀粉酶的糖化作用。因此，在白酒酿制过程中木聚糖酶的主要作用是与纤维素酶等其他多糖水解酶协同破坏原料细胞的结构，促进淀粉、蛋白质等有效成分的溶出，从而加速其他酶（主要是淀粉酶）的作用，提高发酵效率，增加酒精的产率。

在清酒生产中也可以通过应用木聚糖酶来提高发酵效率。研究发现，木聚糖酶的添加对清酒酿造没有负面影响，得到的清酒的 pH、酸度、相对体积质量等主要清酒指标正常，但原料利用率提高，清酒中的酒精度达到 16.6%（体积分数）。

在啤酒和葡萄酒生产中，通过添加外源性聚糖酶和相关的多糖酶也可提高啤酒和葡萄酒的质量，并提高生产效率。在麦芽汁制备过程中加入木聚糖酶，不仅可以破坏细胞壁，促进细胞内容物和淀粉酶、蛋白酶等水解酶释放，缩短糖化时间，而且还能水解水溶性木聚糖，有效降低麦芽汁黏度，提高麦汁的过滤速度和得率。有研究表明，在葡萄酒酿造过程中，通过使用包含果胶酶、纤维素酶和半纤维素酶的复合酶，果汁提取率可提高 10%~35%，压榨时间缩短 50~120min，果汁黏度下降 30%~70%，果汁过滤率提高 70%~180%，同时葡萄酒的稳定性也显著提高。

第六节　果胶酶

一、果胶物质

果胶物质是指植物中呈胶态的聚合碳水化合物，主要成分为由 D-半乳糖醛酸经 α-1,4-糖苷键连接组成的酸性杂多糖。除 D-Gal-A 外，还含有 L-鼠李糖、D-半乳糖、D-阿拉伯糖等中性糖。此外，还含有 D-甘露糖、L-岩藻糖等多达 12 种的单糖，不过这些单糖在果胶物质中的含量很少。

果胶物质存在于所有的高等植物中，沉积于细胞壁和细胞间层中。果胶物质分类如下。

（1）原果胶（protopectin）　果胶物质以化学和物理方式同细胞的其他成分相互纠缠在一起，不溶于水。原果胶的结构以及它在果蔬成熟期间转变成可溶性果胶的机制还没有完全搞清楚。

（2）果胶酸（pectic acid）　果胶酸分子中脱水半乳糖醛酸单位上的羧基基本上是游离的。

（3）果胶酯酸（pectinic acid）　果胶酯酸是果胶（pectin）中的一部分半乳糖醛酸被甲酯化的衍生物。天然果胶中有 20%~60% 的羧基被酯化，形成甲氧基，这部分酯化的果胶就被称为果胶酯酸果胶，又可分为高甲氧基果胶（DE>50%）和低甲氧基果胶（DE<50%）。

二、果胶酶的分类

果胶酶包括催化果胶解聚和催化果胶分子中的酯水解两大类酶。

1. 催化果胶解聚的酶

催化果胶解聚的酶包括作用于果胶的酶和作用于果胶酸的酶。

作用于果胶的酶有聚甲基半乳糖醛酸酶（PMG）和聚甲基半乳糖醛酸裂解酶（PMGL）或果胶裂解酶。PMG 有内切-PMG（EC 3.2.1.41）和外切-PMG，PMGL 有内切-PMGL（EC

4.2.2.10）和外切-PMGL。外切-PMGL 目前没有特定的 EC 编号列出，但根据底物的不同，它们作用于高度甲酯化的果胶。

作用于果胶酸的酶有聚半乳糖醛酸酶（PG）和聚半乳糖醛酸裂解酶（PGL）或果胶酸裂解酶。PG 有内切-PG（EC 3.2.1.16）和外切-PG（EC 3.2.1.67）。PGL 有内切-PGL（EC 4.2.2.2）和外切-PGL（EC 4.2.2.9）。

2. 催化果胶分子中的酯水解的酶

催化果胶分子中的酯水解的酶为果胶酯酶（PE）（EC 3.1.1.11）。

三、果胶酶催化的反应

PMG、PG、PMGL、PGL 和 PE 催化的反应和作用模式见图 7-22。内切-PMG 和内切-PG 以随机方式水解糖苷键；外切-PMG 和外切-PG 从非还原端水解糖苷键，逐个释出半乳糖醛酸单位。PMGL 和 PGL 裂开糖苷键的同时，使半乳糖醛酸基的 C4 和 C5 之间发生氢的消去反应，形成一个双键。

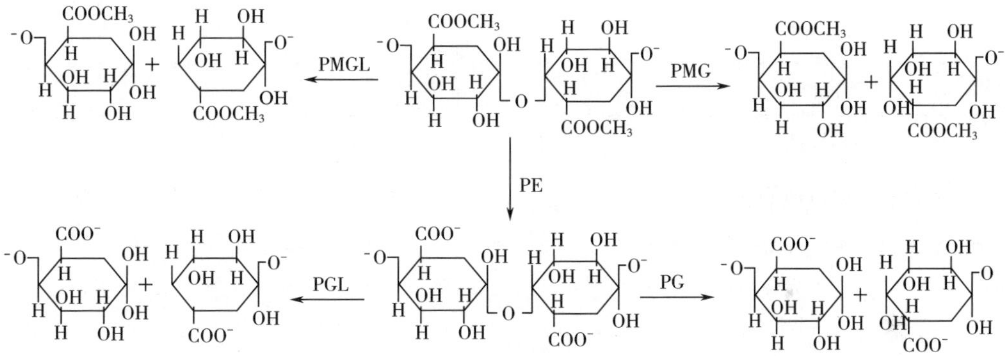

图 7-22 果胶酶的作用模式

四、果胶酶的分布

自然界分布的降解果胶物质的酶还是比较复杂的（表 7-12）。高等植物中一般不含裂解酶；霉菌中存在各种果胶酶；只有个别种类的酵母含有果胶酶；细菌中的果胶酶主要是聚半乳糖醛酸裂解酶，也有一些细菌含有聚半乳糖醛酸酶。自从发现了裂解酶以后，对聚甲基半乳糖醛酸酶的存在普遍地产生了疑问。果胶酯酶存在于植物、霉菌和细菌中，通常和聚半乳糖醛酸酶协同作用。

表 7-12　　　　　　　　　　　　　　　　果胶酶的分布

植物或微生物		果胶酯酶（PE）	聚半乳糖醛酸酶（PG）	果胶酸裂解酶（PGL）	聚甲基半乳糖醛酸酶（PMGL）
高等植物	柑橘	+++			
	番茄	+++	+++		
	香蕉	+			

续表

植物或微生物		果胶酯酶（PE）	聚半乳糖醛酸酶（PG）	果胶酸裂解酶（PGL）	聚甲基半乳糖醛酸酶（PMGL）
高等植物	苹果	+	+		
	梨	+	+		
	马铃薯	+			
	葡萄	+	+		
霉菌	黑曲霉	++	++		+
	青霉菌	+	+		+
	镰刀霉菌	+	+	+	
	根霉菌	+	+		
	核盘霉菌	+	+		+
	刺盘孢		+		
酵母	克鲁氏酵母		++		
细菌	多黏杆菌			+++	
	梭状芽孢杆菌	+	+	+	
	欧氏植物杆菌		+	+++	
	极毛杆菌			+++	
	节杆菌			+	

五、聚半乳糖醛酸酶

内切-和外切-聚半乳糖醛酸酶催化果胶酸（聚半乳糖醛酸）降解。内切-聚半乳糖醛酸酶存在于高等植物、霉菌、细菌和一些酵母中，能使底物的黏度快速下降。由于酶只能裂开和游离羧基相邻的糖苷键，因此底物水解的速度和程度随它的酯化程度增加而快速地下降（图7-23）。聚半乳糖醛酸酶活力采用黏度法测定。

内切-聚半乳糖醛酸酶具有多种分子形式和同工酶。例如，在番茄中该酶有两种分子形式，相对分子质量分别为35000和85000。不同来源的内切-聚半乳糖醛酸酶具有类似的相对分子质量和K_m值，但是它们的比活力存在着很大的差异。大多数内切-聚半乳糖醛酸酶的最适pH在4~5，其中黑曲霉内切-半乳糖醛酸酶的最适pH为4.0，

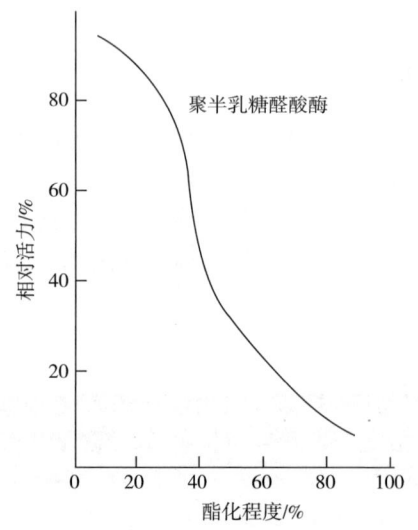

图7-23 底物的酯化程度对聚半乳糖醛酸酶活力的影响

很适合在水果加工中应用。

外切-聚半乳糖醛酸酶存在于高等植物和霉菌中，也存在于一些细菌和昆虫的肠道中。它们能从高分子果胶酸的非还原性末端将半乳糖醛酸或二聚半乳糖醛酸水解下来。外切-聚半乳糖醛酸酶的最适 pH 是 5 左右。钙离子对酶具有激活作用。

六、聚甲基半乳糖醛酸裂解酶和聚半乳糖醛酸裂解酶

（一）聚甲基半乳糖醛酸裂解酶

聚甲基半乳糖醛酸裂解酶或果胶裂解酶能直接地裂解高度酯化的聚半乳糖醛酸。霉菌能产生果胶裂解酶，而只有少数细菌能产生果胶裂解酶。高等植物中不存在果胶裂解酶。目前已知的果胶裂解酶都是内切酶，以随机的方式解聚高度酯化的果胶，使溶液的黏度快速下降。果胶裂解酶只能裂解贴近甲酯基的糖苷键，裂解反应遵循 β-消去机制，因此，裂解酶又称为转移消去酶。显然，高度酯化的果胶是果胶裂解酶最好的底物，果胶裂解酶同底物的亲和力随底物的酯化程度提高而增加。

不同来源的果胶裂解酶具有大致接近的相对分子质量（30000 左右），但它们的最适 pH 差别较大。例如，从黑曲霉生产的果胶裂解酶的最适 pH 是 6.0 左右，而从镰刀霉菌分离的酶的最适 pH 是 8.6。虽然果胶裂解酶不需要钙离子激活，但是钙离子和其他阳离子的存在能提高酶的活力。霉菌果胶裂解酶能降解的最小底物是四聚或三聚甲基半乳糖醛酸。

（二）聚半乳糖醛酸裂解酶

聚半乳糖醛酸裂解酶或果胶酸裂解酶能解聚低甲氧基果胶或果胶酸。果胶酸裂解酶包括内切-果胶酸裂解酶和外切-果胶酸裂解酶，前者以随机的方式解聚底物，而后者由底物的非还原性末端将半乳糖醛酸二聚体裂解下来。果胶酸裂解酶只能裂解贴近游离羧基的糖苷键，裂解反应遵循 β-消去机制。从一些细菌中分离得到的内切-果胶酸裂解酶的最佳底物不是果胶酸而是低甲氧基果胶。大多数内切-果胶酸裂解酶能降解三聚半乳糖醛酸和不饱和的四聚半乳糖醛酸。外切-果胶酸裂解酶的最佳底物是果胶酸，它能降解二聚体。

果胶酸裂解酶主要是由细菌产生的，而个别是从植物病原菌产生的。果胶酸裂解酶具有很高的最适 pH（8~9.5）。钙离子对于果胶酸裂解酶的作用是绝对需要的。

七、果胶酯酶

果胶酯酶催化果胶脱酯生成低酯果胶和果胶酸。果胶酯酶对果胶中的甲酯并不表现为绝对特异性的要求，它水解乙酯的速度相当于甲酯的 3%~13%，但是酶对于半乳糖醛酸部分表现为绝对特异性的要求，例如，它水解其他种类的羧酸酯时的速度低于果胶的 0.1%。果胶酯酶可以催化低聚甲基半乳糖醛酸脱酯，不过其对最低聚合度的要求还不是很清楚。

果胶酯酶存在于植物中。霉菌和一些细菌及酵母菌也能产生果胶酯酶。在霉菌果胶酶制剂和番茄中，果胶酯酶和聚半乳糖醛酸酶或果胶酸裂解酶一起组成了活性果胶解聚体系。因此，在使用商业酶制剂降解果胶物质时，常伴随着甲醇的释出。这个值得注意，因为甲醇有很强的毒性。

柑橘中的果胶酯酶具有多种形式和同工酶。它们在不同程度上会被酶作用的最终产物果胶酸所抑制。柑橘和番茄中的果胶酯酶的最适 pH 在 7.5 左右，而葡萄中的果胶酯酶的最适 pH 较低（6.6）。植物果胶酯酶比霉菌果胶酯酶具有较高的热稳定性。例如，番茄果胶酯酶在 pH 6 和

0.1mol/L NaCl 的溶液中 70℃ 加热 1h 后仍能保留 50% 的活性。盐能激活植物果胶酯酶，在 0.15mol/L NaCl 或 0.03mol/L $CaCl_2$ 溶液中酶具有最高活力。这一点和霉菌果胶酯酶的性质类似。

霉菌果胶酯酶的最适 pH 一般在酸性范围，热稳定性较低。例如，商品霉菌果胶酯酶在 pH 3.5, 50℃ 加热半小时，酶活力没有损失。但是，如果其他条件相同，而温度升高到 58.5℃ 和 62℃，那么酶活力分别损失 50% 和 100%。细菌果胶酯酶的最适 pH 在碱性范围 (7.5~8.0)。

在一些水果和蔬菜的加工中，天然存在的果胶酯酶可起到保护和强化果蔬质构的作用。果蔬在低温下的长时间热烫会激活组织中的果胶酯酶，从而导致果胶的部分脱酯。果胶脱酯后同加入的钙离子作用使得细胞间的黏合强化。然而在葡萄酒酿造中，由于果胶酯酶的作用，使最后的产品中含有甲醇。控制葡萄酒中甲醇含量的最简单方法是通过充分的热处理使组织中的果胶酯酶失活。

八、果胶酶在食品工业中的应用

果胶物质存在于水果和蔬菜中，其变化对于水果和蔬菜的结构有重要影响。果胶酶能降解果胶物质，因而在食品加工和保藏中起着重要的作用。微生物果胶酶是食品工业中使用量最大的酶制剂之一，传统上主要应用于果汁的提取和澄清，现在应用领域不断扩大。

(一) 果蔬汁澄清

从果蔬榨取的果蔬汁含有果胶、蛋白质、淀粉及微小颗粒，导致果蔬汁混浊。除了柑橘汁以外，大多数果汁及其加工的产品，为了避免在最终产品中出现混浊沉积等现象，需要进行澄清处理。果胶分子有很高的黏度，阻碍固体颗粒沉降，使得汁液难以澄清。

工业上果汁的澄清一般包括添加果胶酶催化果胶降解步骤。果胶酶的澄清作用实质上包括果胶的酶促水解和非酶的静电絮凝两部分：当果汁中的果胶在果胶酶作用下部分水解后，原来被包裹在内的部分带正电荷的蛋白质颗粒就暴露出来，与其他带负电荷的粒子相撞聚集，粒子聚集变大到一定程度后发生絮凝沉淀。絮凝物在沉降过程中，进一步吸附、缠绕果汁中的其他悬浮粒并一起沉淀。然后，通过离心、过滤去除沉淀物，达到澄清目的。

苹果可以加工成含有大量果肉的果汁，也可以加工成经离心除去大颗粒悬浮物的混浊汁和澄清果汁。实际上，澄清苹果汁具有澄清和淡棕色的外观，消费者普遍乐于接受，是主流产品。澄清苹果汁经浓缩成高固形物含量（≈72°Bx）的浓缩汁后，可再配制各种饮料。

苹果汁的加工中使用果胶酶，其作用为减轻果汁提取困难和促使果汁中悬浮粒子絮凝沉降。对于苹果来说，未经果胶酶处理直接压榨也有可能得到高产量的混浊汁，但是必须用果胶酶处理混浊汁后，才有可能用过滤的方法将导致果汁混浊的粒子沉淀下来，得到澄清的果汁。有的水果，例如葡萄，在破碎后具有很高的黏稠度，如果不用果胶酶处理，直接用压榨的方法提取果汁是很困难的。苹果汁澄清的过程为：首先将果胶酶溶于水或果汁后加入混浊果汁中，果汁在搅拌过程中黏度逐渐下降。黏度下降的速度取决于温度、果胶酶添加量和苹果的品种及成熟度。接着，果汁中细小的粒子开始聚结成絮凝物而沉淀下来。由于上清液中仍然含有少量的悬浮物，因此还需要加入硅藻土作为助凝剂，然后再用离心或过滤的方法得到稳定的澄清果汁。苹果中存在多酚氧化酶和多酚，加工过程中果汁的褐变在所难免。通常，褐变在果汁澄清之前已完成，一部分色素被絮凝物吸附，在分离时和沉淀一起被分离出去。最后得到的澄清苹果汁呈浅棕色。

微生物果胶酶中往往含有多种果胶酶的活力，并具有不同的作用模式，因此不同的果胶酶制剂在澄清苹果汁时具有不完全相同的效果。从工业生产的角度来考虑，果汁中絮凝物形成的速度、絮凝物的紧密性和果汁在过滤之前上清液的澄清度，是评价果胶酶制剂最重要的参数。研究结果表明，聚半乳糖醛酸酶和果胶酯酶混合酶制剂能使苹果汁澄清，而纯的内切-聚半乳糖醛酸酶不能降低用超滤法从苹果汁分离得到的天然可溶性果胶（约90%酯化度）的黏度。单独使用内切-聚半乳糖醛酸酶几乎没有效果，即使将它加入裂解酶中同时使用，也不会显著提高澄清的效果。霉菌来源的果胶裂解酶也可以使苹果汁澄清。果汁中果胶的酯化程度决定了酶制剂中各种果胶酶活力在澄清作用中的相对重要性。苹果汁含有高度酯化的果胶，因此它易于被果胶裂解酶澄清。

苹果汁中的可溶性果胶起着一种保护胶体的作用，如果它被部分水解，就会导致微小的不溶性颗粒絮凝。例如采用内切-聚半乳糖醛酸酶和果胶酯酶混合酶制剂，当30%酯键和5%糖苷键被水解时，苹果汁就能达到完全的澄清。苹果汁中的混浊粒子是蛋白质-碳水化合物复合物，其中蛋白质占36%。在苹果汁的pH条件下（3.5左右），粒子表面带负电荷。这些负电荷是由果胶和其他多糖提供的。在果胶等构成的保护层里面则是带正电的蛋白质，果胶部分水解后使带正电的蛋白质暴露出来，当它们和其他带负电荷的粒子相撞时，就会产生絮凝作用。可以得到这样的结论：苹果汁的澄清包括酶催化果胶解聚和非酶的静电相互作用两个阶段。

近年来，果胶酶应用于枣汁、雪莲果汁、芦荟汁、香蕉汁、梨汁、猕猴桃汁、葡萄汁、百香果醋等一系列果汁产品的澄清处理，都取得了很好的效果。

（二）提高果蔬汁的出汁率

果蔬细胞壁中含有大量的果胶、纤维素、淀粉、蛋白质、木质素等物质，使得破碎后的果蔬浆比较黏稠，压榨取汁非常困难且出汁率很低。应用果胶酶的水解作用可有效降低果蔬汁黏度，改善压榨效能，提高出汁率和果蔬汁的可溶性固形物含量，减少果渣量，同时有利于后续的澄清、过滤和浓缩工序，并能增加果汁中的芳香成分，改善果蔬汁风味。

果胶酶已经广泛应用于果蔬汁的提取中，采用复合果胶酶、纤维素酶、半纤维素酶酶解技术使得果蔬出汁率大幅度提高（10%~45%）。研究表明：通过采用酶解工艺，蓝莓出汁率达86.76%，比不加酶提高了43.36%，并增加了花色苷的溶出量；桑葚的出汁率达73.26%；芒果的出汁率达72.3%，而且果汁中的营养物质（抗坏血酸、碳水化合物、有机酸）含量也大幅增加；番茄的出汁率提高了19.7%；樱桃的出汁率提高了14%。

葡萄在破碎后具有很高的黏稠度，仅仅用压榨的方法很难提高果汁的提取率。现在的加工方法是，先将采收的葡萄清洗和整理，再加入果胶酶制剂混合均匀，再加热至60~65℃，并在连续搅拌的情况下，保持30min左右。当一体积滤液和二体积乙醇混合不再产生黏稠状的沉淀时，就可以认为葡萄汁的质量达到了标准。

（三）影响混浊橘汁的稳定性

天然橘汁的色泽和风味主要依赖于橘汁中的混浊成分，因此澄清橘汁不被消费者所接受。柑橘含有果胶和果胶酯酶，果胶主要存在于橘皮和囊衣中，而果胶酯酶主要存在于囊衣中。柑橘榨汁后，果汁中同时含有果胶和果胶酯酶。新鲜制备的柑橘汁中含有各种不溶解的微小的粒子（<2μm），导致果汁处于混浊的状态。这些不溶解的颗粒主要由果胶、蛋白质脂肪所构成，也可能含有橙皮苷。如果果汁不经热处理，那么由于果胶酯酶的作用，果胶转变成低甲氧基果胶。低甲氧基果胶会与果汁中的高价阳离子作用生成不溶解的果胶酸盐。由于果胶酸盐的吸附

作用，会导致混浊粒子沉降。如果柑橘果汁中不存在高浓度的高价阳离子，那么，由低甲氧基果胶提供的混浊粒子的表面负电荷将提高颗粒的稳定性。实验数据也证明，在 pH 3.5 时混浊粒子产生絮凝现象，而 pH 5.0 时却没有。

（四）改善果酒的品质

在果酒生产中，使用果胶酶水解原料中果胶，不仅可解决果酒混浊、沉淀等问题，提高果酒的透光率和酒质稳定性，而且还可增加果酒中天然色素的浸出，提高产品中花色素、多酚类等营养和活性物质含量，改善酒的色泽、风味和营养质量，增强酒体的丰满度。

研究表明，在番木瓜果酒酿造过程中，果胶酶处理可以较大提升果酒的酒精度，显著提高果酒透光率，并有助于除去褐变的多酚性物质及释放风味前体物，改善果酒品质；在枸杞酒酿造过程中，果胶酶处理促进了类胡萝卜素的释放，对降异戊二烯类化合物的含量有显著影响，提高了枸杞酒香气成分；在葡萄酒酿造过程中，采用产果胶酶酵母可以使葡萄酒色泽提升，浊度降低，酒中花青素和总多酚含量增加。

（五）天然产物的提取

天然活性产物的提取和应用不仅是研究热点，更是市场热点。目前提取水溶性活性成分的方法比较多，如水浸提法、酒精浸提法、回流法、超声波法、微波法和酶法等。水浸提法提取率低；酒精浸提法、超声波法和微波法则成本相对较高，且对设备有较高的要求；酶法作用条件温和，操作相对简单。

果胶物质主要存在于植物初生壁和细胞中间，通过果胶酶处理除去细胞壁中的果胶物质，可以有效地破除细胞壁，使细胞中的活性成分溶解出来。果胶酶处理不仅能提高提取效率，而且还可以提高提取产物的纯度。研究表明，采用果胶酶提取川芎多糖，多糖的得率可达 11.3%；采用果胶酶处理苹果渣，总多酚类物质和总黄酮类物质的溶出量比没有经酶处理的分别提高了 1.3 倍和 1.5 倍，而且有更多的咖啡酸、香豆酸、阿魏酸、根皮素等物质的溶出；枸杞经果胶酶预处理后再用乙醇提取，总黄酮提取率达 1.06%，明显高于单纯的乙醇提取法的提取率；陈皮经果胶酶处理后，橙皮苷的提取率达 5.40%，比超声提取的提取率高出了 10%；大麦叶经果胶酶处理后，免疫多糖的提取率高于未处理的 1.4 倍。果胶酶的水解作用可诱导大麦叶解聚，导致多糖溶解性增强。果胶酶还应用于蒜素、番茄红素、类黄酮、金针菇多糖、茶多糖、南瓜淀粉、褐藻淀粉等物质的提取中。

（六）其他应用

随着酶制剂工业的发展和食品加工技术研究的深入，果胶酶在食品加工中应用越来越多。例如，在发酵茶加工过程中，通过果胶酶降解果胶来降低速溶茶的起泡性；在咖啡发酵过程中，应用果胶酶来破坏咖啡豆的胶黏性外膜；在柑橘属果实、果皮油提取方面，利用果胶酶破坏胶质的乳化性能，提高油的提取率。近年来，水酶法提油技术研究和产业化取得较大进展，果胶酶和纤维素酶、蛋白酶等一起应用到了一些油料的水酶法提油工艺中，利用果胶酶对油料中果胶的降解作用，促进油脂从油料细胞中的释放和破坏果胶的乳化性能，促进破乳，提高游离油得率。

第七节 葡聚糖酶

葡聚糖是葡萄糖基以糖苷键连接而成的非淀粉多糖的总称，广泛存在于微生物、植物和动物中。根据其糖苷键的类型，葡聚糖可分为 α-葡聚糖和 β-葡聚糖。α-葡聚糖为葡萄糖基以 α-1,4 或者 α-1,6-糖苷键连接而成的多糖。前者为淀粉，前面已经讨论过。这里讨论的是后者，即葡萄糖基以 α-1,6-糖苷键连接而成的多糖。通常，α-葡聚糖就是指以 α-1,6-糖苷键连接而成的多糖，又称右旋糖酐，包含由 α-1,6-糖苷键连接而成的主链和 α-1,3-糖苷键分支结构以及少量的 α-1,2 和 α-1,4-糖苷键分支结构。α-葡聚糖通常由细菌（主要是革兰氏阳性菌）合成并分泌到细胞外。肠膜明串珠菌（*Leuconostoc mesenteroides*）是最早发现的能够合成 α-葡聚糖的微生物，它先分泌葡聚糖蔗糖酶（dextran sucrase），然后由葡聚糖蔗糖酶将蔗糖聚合产生 α-葡聚糖和少量副产物果糖。随着研究的深入，发现嗜柠檬酸杆菌、链球菌和乳酸杆菌等菌株也可合成 α-葡聚糖。β-葡聚糖是葡萄糖基以 β-糖苷键连接而成的多糖，是微生物和植物细胞壁的结构性成分。β-葡聚糖存在于多种植物和真菌中，是膳食纤维的重要组成部分。大麦、燕麦、黑麦和小麦中的 β-葡聚糖含量分别为 3%~11%、3.2%~6.8%、1%~2% 和 <1%。不同来源的 β-葡聚糖所含的糖苷键类型有所不同。来源于燕麦、地衣、青稞中的 β-葡聚糖主要含有 β-1,3 和 β-1,4-糖苷键，称为 β-1,3-1,4-葡聚糖；来源于真菌如香菇、平菇中的 β-葡聚糖主要含有 β-1,3 和 β-1,6-糖苷键。β-葡聚糖具有许多重要的生物学活性和药理作用，被广泛应用于医药、保健品、食品等领域。

作用于 α-葡聚糖和 β-葡聚糖的酶分别被称为 α-葡聚糖酶和 β-葡聚糖酶。

一、α-葡聚糖酶

（一）概述

α-葡聚糖酶，又称右旋糖酐酶（α-1,6-glucan-6-glucanohydrolase, dextranase, EC 3.2.1.11），特异性水解葡聚糖中 α-1,6-糖苷键。根据作用位点的不同，将该酶分为外切型和内切型两种。外切型右旋糖酐酶水解右旋糖酐非还原端的 α-1,6-糖苷键，产物通常为葡萄糖或异麦芽糖。内切型右旋糖酐酶则随机水解内部的 α-1,6-糖苷键生产低聚糖。不同来源的内切型 α-葡聚糖酶的作用方式也有所不同。大多数 α-葡聚糖酶只能识别和水解多个连续的 α-1,6-糖苷键，但是也有一些可识别并作用于单一的 α-1,6-糖苷键。

（二）来源

自然界中 α-葡聚糖酶的分布范围极为广泛，在动物、植物和微生物中均有发现，动、植物来源的研究报道比较少，目前主要关注的是微生物来源的。微生物来源的 α-葡聚糖酶主要集中在各种真菌和细菌的代谢产物中。真菌中产 α-葡聚糖酶的主要有霉菌，包括青霉属、木霉属、毛壳属、曲霉属和少数酵母菌属。细菌中产 α-葡聚糖酶的主要有链球菌属、杆菌属、假单胞菌属以及放线菌科中的节杆菌属，其中研究较多的是链球菌和枯草杆菌。真菌和细菌产的 α-葡聚糖酶多呈弱酸性，有较好的热稳定性，相对分子质量在 60000~130000。

α-葡聚糖酶已经实现工业化生产。1986 年，美国一家公司已商业化生产葡聚糖酶并投放市场。1999 年，美国 Genencor 公司生产的 α-葡聚糖酶获得美国 GRAS 和 FDA 认证，并成功推向市场。2002 年丹麦的诺维信公司推出了源自毛壳菌的右旋糖酐酶，pH 适应范围 3.0~7.0，有很好的热稳定性。

（三）应用

α-葡聚糖酶在医药、食品和化工等领域都有应用。例如，α-葡聚糖酶可用于制备右旋糖酐和右旋糖酐铁。这两种物质能够用于抗血栓和治疗严重的贫血症，并可用作血浆代用品；α-葡聚糖酶可分解口腔中由变异链球菌利用蔗糖合成的葡聚糖（典型的致龋物质），因此可用于口腔清洁用品中。特别是在甘蔗和制糖工业中，α-葡聚糖酶用于降解肠膜明串珠菌利用蔗糖合成的 α-葡聚糖，有着重要应用。下面就 α-葡聚糖酶在制糖工业中的应用做重点介绍。

在甘蔗和甜菜的种植、收获、贮藏及制糖过程中，特别是压榨工段，不可避免地会感染微生物（肠膜明串珠菌、链球菌属等），产生 α-葡聚糖。α-葡聚糖是一种高黏性物质，一旦产生，对制糖过程的多个工段会造成严重的不利影响，例如，降低澄清、过滤速度和效果；增加结晶、助晶和分蜜可能需要的时间，同时影响蔗糖产品的得率和质量，甚至影响蔗糖产品的应用。一份来自澳大利亚的研究显示，在原糖加工过程中，如果糖浆中的 α-葡萄糖含量较高，会有 30%甚至更高的 α-葡聚糖残留在最终原糖产品中。α-葡萄糖含量过高的糖产品用于下游产品制造，可能会造成饮料产生絮状物，糖果、巧克力成型困难等问题。为此，早在 1969 年前就有研究者提出将 α-葡聚糖酶应用于制糖工业中消除 α-葡聚糖不利影响。1977 年，诺维信公司利用淡紫青霉菌作为宿主生产 α-葡聚糖酶，应用于制糖工业，但该酶并没有通过 FDA 认证，因此很快就失去了市场。1996/1997 榨季，路易斯安那糖厂在混合汁中添加 6mg/L 的 α-葡聚糖酶酶制剂，处理时间 12~15min，可降解 50%~85%的葡聚糖，降低了煮糖的黏度，晶体中的葡聚糖含量也减少了 80%。1995—1999 年期间，古巴在不同制糖工厂进行了葡聚糖酶的试验。在葡聚糖含量为 1600mg/L 的蔗汁中添加 16mg/L α-葡聚糖酶酶制剂，处理 10min 可水解 85%的 α-葡聚糖。相比国外，α-葡聚糖酶在国内制糖生产中应用的研究和实践较少，但近年来已经开展相关研究，例如广西工业大学实现了朱黄青霉（*Penicillium minioluteum* HI-4）α-葡聚糖酶在毕赤酵母中表达，利用细丽毛壳菌（*Chaetomium gracile*）发酵生产得到酶活性为 122~356U/mL 的 α-葡聚糖酶，证明可有效分解蔗汁中的 α-葡聚糖。华南理工大学研究人员在混合汁中加入 10mg/L 的 α-葡聚糖酶，并模拟亚硫酸法制糖澄清工艺，发现可将清汁中的 α-葡聚糖含量降低 61.32%，沉降时间减少 13.30%，简纯度提高 0.65%。

二、β-葡聚糖酶

（一）概述

β-葡聚糖酶指可以催化 β-糖苷键分解的酶，有纤维素酶和地衣多糖酶等。按照其来源不同，可分为植物来源 β-葡聚糖酶与微生物来源 β-葡聚糖酶。纤维素酶前面已经介绍，这里主要介绍地衣多糖酶。

地衣多糖酶是一种重要的 β-葡聚糖水解酶，能够特异性水解 β-1,3-1,4-葡聚糖中与 β-1,3-糖苷键相邻的 β-1,4-糖苷键（图 7-24），生成 3-O-β-纤维二糖基-D-吡喃葡萄糖（G4G3G）和 3-O-β-纤维三糖基-D-吡喃葡萄糖（G4G4G3G），因此又称 β-1,3-1,4-葡聚糖酶（EC 3.2.1.73）。

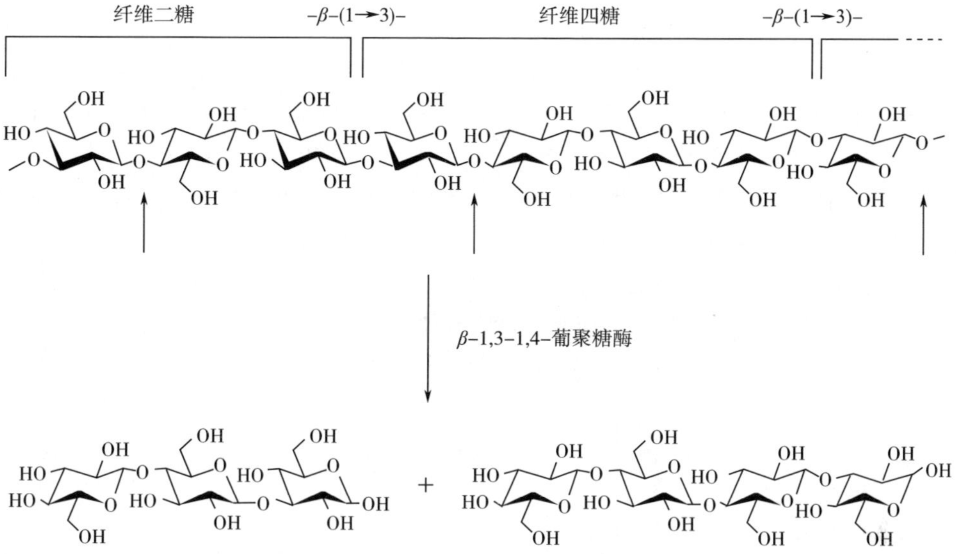

图 7-24 β-1,3-1,4-葡聚糖酶水解大麦 β-葡聚糖的作用模式

(二) 来源

β-1,3-1,4-葡聚糖酶主要来源于各种微生物以及高等植物中。一些微生物来源的 β-1,3-1,4-葡聚糖酶能够高效水解植物胚乳中的 β-葡聚糖，具有良好应用前景。细菌 β-1,3-1,4-葡聚糖酶是目前工业应用 β-1,3-1,4-葡聚糖酶的主要来源。产 β-1,3-1,4-葡聚糖酶的细菌主要是芽孢杆菌，包括枯草芽孢杆菌、特基拉芽孢杆菌、地衣芽孢杆菌、解淀粉芽孢杆菌等。真菌也是 β-1,3-1,4-葡聚糖酶的重要来源。产 β-1,3-1,4-葡聚糖酶的真菌以嗜热真菌为主，包括嗜热拟青霉、米黑根毛霉和樟绒枝霉等。β-1,3-1,4-葡聚糖酶也广泛存在于高等植物的细胞壁中，尤其在大麦、燕麦和黑麦等谷类作物的胚乳细胞壁中含量最为丰富。但是，相对于微生物，植物产生 β-1,3-1,4-葡聚糖酶的量极少，且比活力较低，适应性较差，不适用于工业生产。目前对植物 β-1,3-1,4-葡聚糖酶的研究多局限于其在植物中的生理活性功能等。

目前已报道的典型 β-1,3-1,4-葡聚糖酶均归属于 GH16 和 GH17 家族。植物和微生物来源的 β-1,3-1,4-葡聚糖酶在氨基酸序列和三维结构上都存在较大差异。已发现的微生物来源 β-1,3-1,4-葡聚糖酶主要归属于 GH16 家族，而植物（如大麦芽、大米和烟草）来源的 β-1,3-1,4-葡聚糖酶主要归属于为 GH17 家族。

不同来源 β-1,3-1,4-葡聚糖酶的性质不尽相同。真菌来源 β-1,3-1,4-葡聚糖酶相对分子质量通常在 30000~50000，最适 pH 在 4.8~7.0，以酸性酶居多，最适温度在 55~80℃。耐热性较好的 β-1,3-1,4-葡聚糖酶一般为糖基化蛋白，但糖基化程度却大不相同。细菌 β-1,3-1,4-葡聚糖酶相对分子质量在 20000~50000，通常都是单亚基蛋白，最适 pH 在 5.0~7.0，最适温度在 40~65℃。细菌来源的 β-1,3-1,4-葡聚糖酶的热稳定性普遍低于真菌来源的 β-1,3-1,4-葡聚糖酶，最适 pH 也是以中性居多。仅芽孢杆菌 N137 来源的 β-1,3-1,4-葡聚糖酶最适 pH 为 9.0，在 pH 12.0 条件下仍然保持 80% 以上的活性。细菌来源 β-1,3-1,4-葡聚糖酶来源广泛、表达量大、生产条件成熟，已实现大规模工业生产和应用。

(三) 催化机制

GH16 家族 β-1,3-1,4-葡聚糖酶属于内切型糖苷水解酶，从 β-1,3-1,4-葡聚糖长链底物内部随机切断 β-1,3-糖苷键邻近的 β-1,4-糖苷键，水解产物为一系列聚合度不同的低聚糖。β-葡聚糖酶是一种构象保持型糖基转移酶，其降解 β-葡聚糖的机制为由一个亲核氨基酸和一个广义酸/碱氨基酸参与的双位移机制（图7-25）。第一步，活性中心的谷氨酸残基作为广义酸攻击底物的异头碳。底物的 β-1,4-糖苷键断裂，离去基团被切下，形成酶-糖基不稳定中间体。随后，活性中心的谷氨酸残基作为广义碱，协助水分子攻击酶-糖基中间体的异头碳位置。最终，β-1,4-糖苷键断裂，形成了最终的底物水解产物。在催化反应过程中形成了不稳定的酶-糖基中间体，部分 GH16 家族 β-1,3-1,4-葡聚糖酶存在微弱的转糖苷活性。

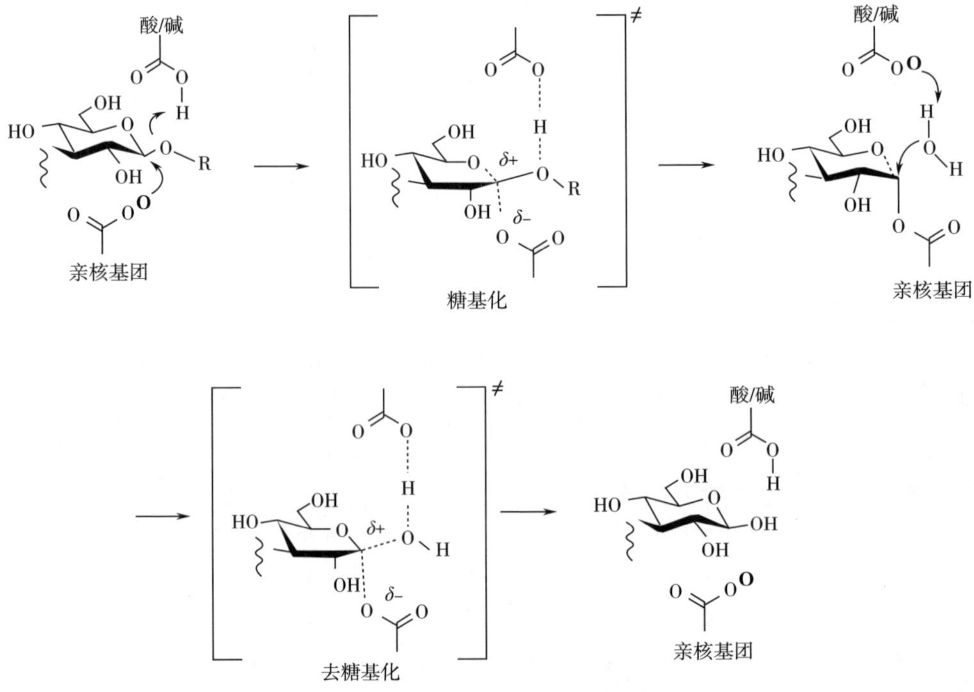

图 7-25　β-1,3-1,4-葡聚糖酶的催化机制

已发现的 GH17 家族 β-1,3-1,4-葡聚糖均属于内切型糖苷水解酶，从 β-1,3-1,4-葡聚糖长链底物内部随机切断 β-1,3-糖苷键邻近的 β-1,4-糖苷键，得到一系列聚合度不同的低聚糖。GH17 家族内切 β-1,3-1,4-葡聚糖酶的催化机制也遵循"保留型"反应机制，在催化反应过程中也会形成不稳定的酶-糖基中间体。

(四) 应用

基于 β-葡聚糖酶降解 β-葡聚糖的作用，β-葡聚糖酶已成功应用于酒酿造和饲料行业。在饴糖、麦芽糖浆生产中也有很好的应用前景。

（1）在啤酒生产中的应用　在啤酒酿造过程中，一般使用大麦麦芽作为主要的原材料，大麦细胞壁中高含量的 β-葡聚糖会导致麦芽汁黏度上升且易与蛋白质相结合，造成麦汁过滤困难。在麦汁冷却过程中，β-葡聚糖会导致更多冷凝物析出从而降低麦汁收率。在啤酒发酵过程中，β-葡聚糖不能被啤酒酵母利用，且其会导致酵母过早沉降，影响酵母发酵效率。在成品啤酒中，β-葡聚糖会与蛋白质结合形成雾状物质，影响成品啤酒的非生物稳定性。在麦汁糖化过程中添加β-葡聚糖酶降解β-葡聚糖可以有效解决上述问题。在纯生啤酒生产中，β-葡聚糖推荐添加量为 10~30mL（5~10g）/t 麦汁，和麦汁一同加入发酵罐中。β-葡聚糖酶的添加对啤酒风味没有影响。

（2）在葡萄酒生产中的应用　在葡萄酒酿造过程中，葡萄皮及果肉细胞壁中释放的多糖、酵母细胞来源多糖（甘露多糖）和感染灰葡萄孢属菌腐烂的葡萄产生的多糖会与其他不溶颗粒结合形成难溶物质，导致葡萄酒过滤和澄清的困难。在葡萄酒生产过程中添加β-葡聚糖酶可以有效解决上述问题。研究表明，在葡萄酒酿造过程中添加含β-葡聚糖酶与果胶酶的复合酶制剂，可以使葡萄酒过滤更加顺利且有效降低生产成本，而且成品酒的品质也能得到保证。

（3）在饲料中的应用　大麦等谷物是常见的饲料原料。大麦等谷物含有大量β-葡聚糖，其较高的持水性会导致单胃哺乳动物及禽类肠道液体黏稠，阻碍饲料有效成分在动物肠道内的吸收，从而降低禽畜类对饲料营养的有效吸收率。与此同时，大量β-葡聚糖存在于动物肠道内会为有害细菌的繁殖提供营养环境，从而导致动物胃肠道疾病。在大麦等谷物型饲料中添加β-葡聚糖酶可以有效降低动物肠道液体黏度，消除β-葡聚糖的"抗营养因子"作用，从而提高动物对饲料的吸收效率，并提高动物肠道健康水平。研究发现，在仔猪的大麦型饲料中添加含β-葡聚糖酶的复合酶制剂，可使仔猪日增重和饲料转化效率比对照组分别提高 20.7% 和 8.8%，仔猪每千克增重饲料成本降低 8.4%。

（4）在生物防治中的应用　近年来研究者发现，β-葡聚糖酶在抑菌方面也有一定效果。植物来源的β-葡聚糖酶可以通过降解/抑制真菌细胞壁β-1,3-葡聚糖的合成或抑制真菌细胞周期等方式抑制真菌生长。研究发现，商业化β-葡聚糖酶对两株葡萄酒腐败菌（布鲁塞尔德克酵母和拜耳接合酵母）具有抑制作用，在葡萄酒酿造过程中使用不会影响葡萄酒品质。

思考题

1. 碳水化合物酶的种类有哪些？
2. 简述淀粉酶的分类，各自催化的反应，包括结构特点、底物、作用模式、产物等。
3. 简述糖基转移酶催化的反应及应用。
4. 简述异构酶催化的反应及应用。
5. 简述纤维素酶的分类、作用模式、结构、作用机制和应用。
6. 简述半纤维素酶的分类、底物、作用模式、结构、作用机制和应用。
7. 简述果胶酶的分类、底物、作用模式、结构、作用机制和应用。
8. 简述葡聚糖酶的分类、底物、作用模式、结构、作用机制和应用。
9. 简述碳水化合物酶在功能糖制造中的应用。
10. 简述烘焙工业中碳水化合物酶的创新应用。
11. 简述酿造中碳水化合物酶的创新应用。
12. 简述果蔬加工中碳水化合物酶的创新应用。

第八章 蛋白酶

学习目标

1. 掌握蛋白酶催化反应、底物特异性及催化机制，认识不同蛋白酶的活性位点差异及控制因素。

2. 掌握蛋白酶水解度的概念及其控制对蛋白质功能特性的影响，结合实例理解蛋白酶在不同食品加工生产应用中对食品品质的影响及作用机制，增强理论联系实际的食品工程意识，提升分析及解决实际问题的能力。

蛋白酶作为一种重要的工业酶，在食品加工行业的需求日益上升，其种类繁多，具有差异性的催化机制，其催化过程的控制对食品的品质及功能起到关键作用。本章将介绍基于基团性质、氨基酸构型、底物分子大小、x 和 y 的性质、肽键要求差异的蛋白酶底物特异性，依据活性位点特征的蛋白酶分类、催化机制及关键影响因素，蛋白质水解度的概念、计算方法及其控制对蛋白质功能品质的影响，以及蛋白酶在蛋白质加工、肉类加工、酿酒工业、乳品加工和烘焙食品加工中的应用。学习过程中应注重理论联系实际，强化对食品贮藏、加工过程中由蛋白酶引发的化学反应的分析能力，提升利用酶催化提高食品品质的工程化能力。

第一节 引言

蛋白酶是食品工业中最重要的一类酶，在干酪生产、肉类嫩化和植物蛋白质改性中都大量地使用蛋白酶。此外，蛋白酶在生命活动中发挥重要作用，例如，胃蛋白酶、胰凝乳蛋白酶、羧肽酶和氨肽酶都是人体消化道中的蛋白酶，在它们的作用下人体摄入的蛋白质被水解成小分子肽和氨基酸；吞噬细胞中的蛋白酶能水解外来的蛋白质，而细胞中溶菌体含有的组织蛋白酶能促使蛋白质的细胞代谢。

蛋白酶催化的最普通的反应是水解蛋白质中的肽键：

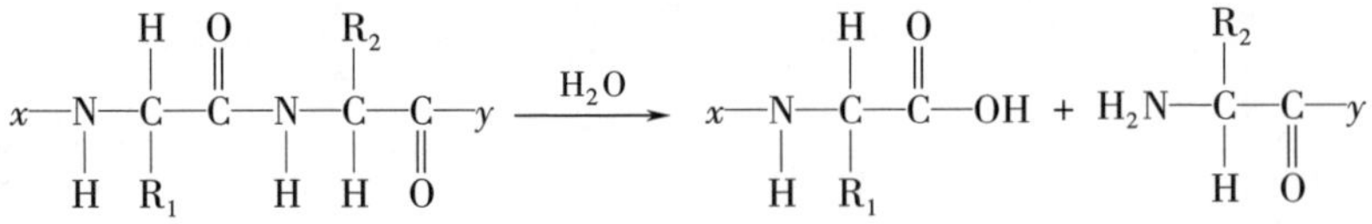

$$x-\underset{\underset{R_1}{|}}{\underset{|}{N}}-\underset{|}{\overset{O}{C}}-\underset{|}{\overset{H}{N}}-\underset{\underset{H}{|}}{\overset{R_2}{C}}-\underset{|}{\overset{|}{C}}-y \xrightarrow{H_2O} x-\underset{|}{\overset{H}{N}}-\underset{|}{\overset{O}{C}}-OH + H_2N-\underset{|}{\overset{R_2}{C}}-\underset{|}{\overset{|}{C}}-y$$

（一）蛋白酶的底物特异性

蛋白酶对于 R_1 和（或）R_2 基团具有特异性要求。例如，胰凝乳蛋白酶仅能水解 R_1 是酪氨酸、苯丙氨酸或色氨酸残基的侧链的肽键；胰蛋白酶仅能水解 R_1 是精氨酸或赖氨酸残基的侧链的肽键。另一方面，胃蛋白酶和羧肽酶对 R_2 基团具有特异性要求，如果 R_2 是苯丙氨酸残基的侧链，那么这两种酶能以最高的速度水解肽键。

蛋白酶不仅对 R_1 和（或）R_2 基团的性质具有特异性的要求，而且提供这些侧链的氨基酸必须是 L 型的。天然存在的蛋白质或多肽都是由 L-氨基酸构成的。

对于有些蛋白酶，底物分子的大小是不重要的。例如，α-胰凝乳蛋白酶和胰蛋白酶的最佳酰胺类合成底物分别是 α-N-乙酰基-L-酪氨酰胺和 α-N-苯甲酰-L-精氨酰胺（图 8-1）。虽然这些底物仅含有一个氨基酸残基，但是 R_1 基团的性质和氨基酸的 L-构型都能满足蛋白酶的特异性要求。然而也有一些蛋白酶对于底物分子的大小具有严格的要求，酸性蛋白酶就属于这一类。

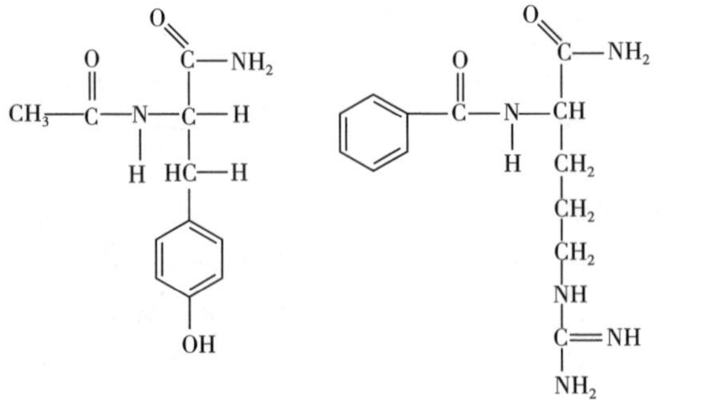

α-N-乙酰基-L-酪氨酰胺　　　　α-N-苯甲酰-L-精氨酰胺

图 8-1　α-胰凝乳蛋白酶和胰蛋白酶的酰胺类合成底物

蛋白酶催化水解底物中的 x 和 y 可以分别是—H 或—OH，也可以继续衍生出去，从蛋白酶对 x 和 y 性质的特异性要求可以判断它们是肽链内切酶还是肽链端解酶。如果是肽链内切酶，那么在 R_1 和（或）R_2 的性质能满足酶的特异性要求的前提下，它们能从蛋白质分子的内部将肽链裂开。显然，x 和 y 必须继续衍生出去，肽链内切酶才能表现出最高的活力。肽链内切酶的底物中的 x 可以是酰基（乙酰基、苯甲酰基、苄氧基羰基等），y 可以是酰胺基或酯基，x 和 y 也可以是氨基酸残基。

对于肽链端解酶中的羧肽酶，它要求底物中的 y 是一个—OH。羧肽酶的特异性主要表现在对 R_2 侧链结构的要求上，然而仅在 x 不是—H 时，它才表现出高的活力。

对于肽链端解酶中的氨肽酶，它要求底物中的 x 是—H，并优先选择 y 不是—OH。氨肽酶的特异性主要表现在对 R_1 侧链结构的要求上。

大多数蛋白酶不局限于水解肽键，它们还能作用于酰胺（—NH$_2$）、酯（—COOR）、硫羟酸酯（—COSR）和异羟肟酸（—CONHOH）。例如，对于α-胰凝乳蛋白酶、胰蛋白酶和一些别的蛋白酶，底物只要能和酶的活性部位结合，并使底物中敏感的键正确地定向到接近催化基团的位置，反应就能发生，至于敏感键的性质倒不是至关紧要的。然而胃蛋白酶和其他一些酸性蛋白酶对于被水解的键的性质具有较高的识别能力，如果肽键被换成酯键，即使 R_2 的性质能满足酶的特异性要求，这样的化合物也不能作为酶的底物。

（二）蛋白酶分类

蛋白酶的种类繁多，根据不同的要求，往往有多种不同的分类标准，主要分类依据包括来源、水解方式、最适作用温度、最适作用 pH 及活性中心，见表 8-1。

表 8-1　　　　　　　　　　　　蛋白酶的分类

分类依据	酶类别
来源	微生物蛋白酶、植物蛋白酶、动物蛋白酶
水解方式	内肽酶、外肽酶（有氨肽酶与羧肽酶两种）、转肽作用酶、多肽酯键酶、多肽酰胺键酶
最适作用温度	低温蛋白酶（最适温度 5~30℃）、中温蛋白酶（最适温度 30~45℃）、高温蛋白酶（最适温度>45℃）
最适作用 pH	中性蛋白酶（最适 pH 6.0~8.0）、酸性蛋白酶（最适 pH 2.5~5.0）、碱性蛋白酶（最适 pH 9.0~11.0）
活性中心	丝氨酸蛋白酶、巯基蛋白酶、金属蛋白酶、天冬氨酸蛋白酶

蛋白酶最早的分类依据是酶的来源。胃蛋白酶、胰蛋白酶、胰凝乳蛋白酶是最常见的动物蛋白酶，来源于动物胃肠道和组织。植物蛋白酶中的木瓜蛋白酶、菠萝蛋白酶、生姜蛋白酶等应用较为广泛。目前，成功表征和符合工业应用的蛋白酶大多来源于微生物（包括细菌、真菌、病毒），具有获得途径简单、生产周期短以及异源表达方便等优势。

根据作用模式将蛋白酶分为内肽酶和外肽酶。其中，内肽酶是能够水解蛋白质中间部分肽键的酶类，外肽酶是从蛋白质氨基端或羧基端逐步降解其肽键的酶类，它还可以再分成氨肽酶和羧肽酶。氨肽酶可以使氨基酸从多肽链的 N 末端逐个降解其肽链，羧肽酶即为由多肽链的 C 末端逐个降解其肽链。

另一种分类依据是以酶的活性部位的化学性质为基础的。根据这个概念，可以将蛋白酶分为四类：丝氨酸蛋白酶、巯基蛋白酶、金属蛋白酶、天冬氨酸蛋白酶。下面的章节内容将分别介绍这四类蛋白酶。

第二节　丝氨酸蛋白酶

丝氨酸蛋白酶的活性部位中含有丝氨酸残基，是种类最丰富、功能多样性最复杂的蛋白酶，约占目前已发现的蛋白酶总量的 1/3，这一类酶属于肽链内切酶。胰蛋白酶、胰凝乳蛋白酶、弹性蛋白酶和枯草杆菌蛋白酶都属于这一类蛋白酶。丝氨酸蛋白酶的激活是通过活性中心中包含丝氨酸、组氨酸和天冬氨酸的一组氨基酸残基的变化实现的。由于二异丙基氟磷酸（DFP）能和丝氨酸残基的羟基作用，因而强烈地抑制丝氨酸蛋白酶。丝氨酸蛋白酶的活性部位中除了含有丝氨酸残基外，一般还含有咪唑基。各种丝氨酸蛋白酶的作用模式基本上是相同的，然而同底物相结合的酶的特异性基团不一定相同，这样就导致它们具有不同的底物特异性（表 8-2）。

表 8-2　　　　　　　　　　　各种丝氨酸蛋白酶的底物特异性

酶	特异性（提供 R_1 的氨基酸残基）		
α-胰凝乳蛋白酶（牛）	Tyr	Phe	Trp
胰凝乳蛋白酶 B（牛）	Tyr	Phe	Trp
胰蛋白酶（牛）	Lys	Arg	
凝血酶（牛）	Lys	Arg	
弹性蛋白酶（牛）	Ala		
α-裂解蛋白酶	Tyr	Phe	Trp
枯草杆菌蛋白酶	Tyr	Phe	Trp

丝氨酸蛋白酶可以分为消化酶类、凝血因子类和补体系统类。消化酶类包括 α-胰凝乳蛋白酶、胰蛋白酶和弹性蛋白酶等多种能发挥消化作用的蛋白酶，多为水解酶类，能迅速分解变性蛋白质。凝血因子类包括凝血第十因子（X）、凝血第十一因子（XI）、凝血酶、纤溶蛋白酶等。补体系统类包括 C1r、C1s、C3 转化酶。丝氨酸蛋白酶在胚胎发育、细胞分化、病原体入侵以及消化、凝血和补体系统方面发挥着重要的作用。

一、胰凝乳蛋白酶

1. 分布及来源

胰凝乳蛋白酶即糜蛋白酶，是一种典型的丝氨酸蛋白酶、脊椎动物消化酶。胰凝乳蛋白酶是从动物胰脏中提取分离纯化得到的一种蛋白酶，其在胰脏中以酶原的形式存在，通过激活成为相应的胰凝乳蛋白酶。关于胰凝乳蛋白酶的分离纯化，最早主要是从猪、绵羊、鱼、人及牛等组织中分离的，其中牛胰脏中含有大量的胰凝乳蛋白酶，是目前用于提取的主要生物材料。1963 年我国科学家首先从猪胰脏中获得了胰凝乳蛋白酶和胰蛋白酶的混合晶体，命名为糜胰蛋白酶，1976 年又研制成功了注射用结晶糜胰蛋白酶，这是我国独创的酶制剂。

2. 结构

胰凝乳蛋白酶有 245 个氨基酸残基数，相对分子质量约为 25000。在催化中起中心作用的是 His_{57}、Asp_{102} 及 Ser_{195} 这三个氨基酸残基。195 位的丝氨酸残基受到二异丙基氟磷酸的作用，受到特异的修饰丧失活性，即所谓的丝氨酸蛋白酶。该酶虽然与胰脏里生物合成的胰蛋白酶在结构及催化机制方面有着密切的关系，但它们的底物特异性是完全不同的。

胰凝乳蛋白酶原是胰凝乳蛋白酶的前体物质，其本身不具有活性，被激活后 Arg_{15} 与 Ile_{16} 间的肽键断开形成具有活性的 π-胰凝乳蛋白酶，该酶活性高但不稳定。在它的作用下，其他的 π-胰凝乳蛋白酶会失去两个二肽，分别是 Ser_{14}-Arg_{15} 及 Thr_{147}-Asn_{148}，形成具有稳定形式的 α-胰凝乳蛋白酶（图8-2）。α-胰凝乳蛋白酶由三条链组成，分别是 A 链、B 链及 C 链。A 链、B 链及 B 链、C 链分别通过一对二硫键连接。α-胰凝乳蛋白酶的活性仅有 π-胰凝乳蛋白酶的 40%，His_{57}、Asp_{102} 及 Ser_{195} 这三个氨基酸残基在催化作用中起着中心作用，分别来自 B 链、C 链。

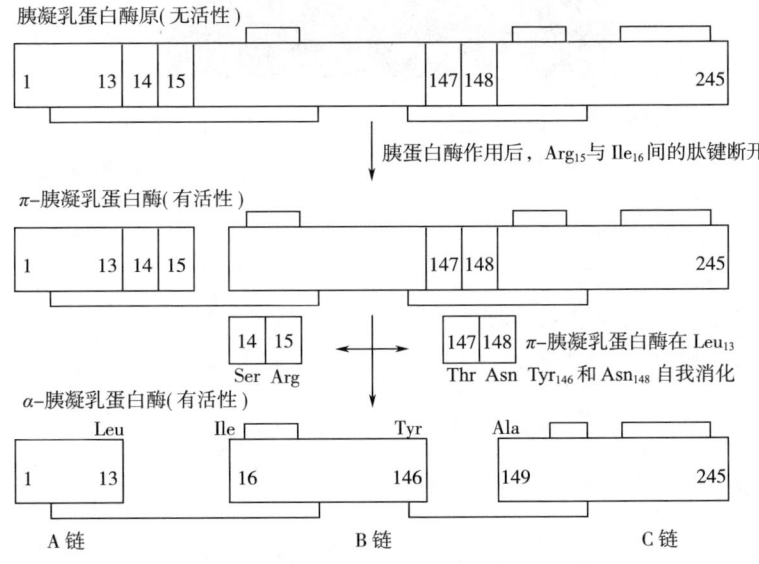

图8-2　胰凝乳蛋白酶原的激活

相关研究表明高等脊椎动物的体内存在 A、B 和 C 三种不同类型的胰凝乳蛋白酶，A 和 B 两种类型的胰凝乳蛋白酶由三条多肽链组成，多肽链之间由二硫桥连接，C 型的胰凝乳蛋白酶由两条多肽链组成，然而鱼类的胰凝乳蛋白酶是由一条单链组成的单体。与其他丝氨酸蛋白酶结构类似，胰凝乳蛋白酶包含两个相似的结构域，这可能是由基因的复制和多样性而决定的，这两个结构域不对称分布，但通过二硫键连接在一起，拉近空间结构使分布在两个结构域上的活性中心位点在空间上靠近，形成催化结构域。这一共价相互作用为维持活性中心附近微环境提供较大的能量，如果破坏这两对二硫键，则会破坏在蛋白折叠过程中可能形成的活性中心，这不利于蛋白质的重折叠。图8-3 显示了胰凝乳蛋白酶的空间结构，三个球状结构展示的是活性中心（Ser_{195}、His_{57}、Asp_{102}）。胰凝乳蛋白酶分子形成一个紧凑的椭球状结构，两个结构域相似，都含有个类似的反向折叠的折叠片形成的桶状结构，可见胰凝乳蛋白酶折叠机制复杂，但却含有较少的螺旋结构，仅在 C 端具有一段螺旋结构，其对分子的折叠和稳定性具有重要的作用。

3. 催化反应及机制

胰凝乳蛋白酶专一地水解芳香族氨基酸色氨酸、酪氨酸及苯丙氨酸等氨基酸残基羧基侧的肽键，从而水解蛋白质。图8-4 为 α-胰凝乳蛋白酶催化肽键水解的机制。

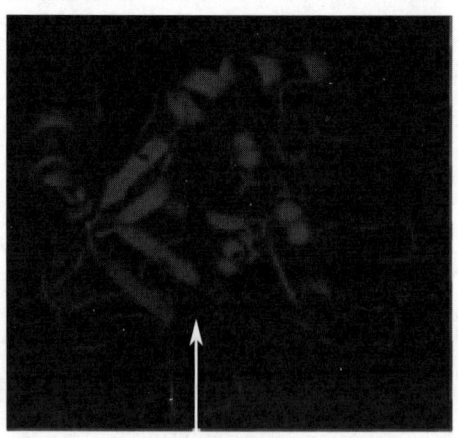

图 8-3　胰凝乳蛋白酶空间结构和 Ca^{2+} 结合位点解析

（箭头所示为结合 loop；球状结构为催化活性中心 Ser_{195}、His_{57}、Asp_{102} 催化反应）

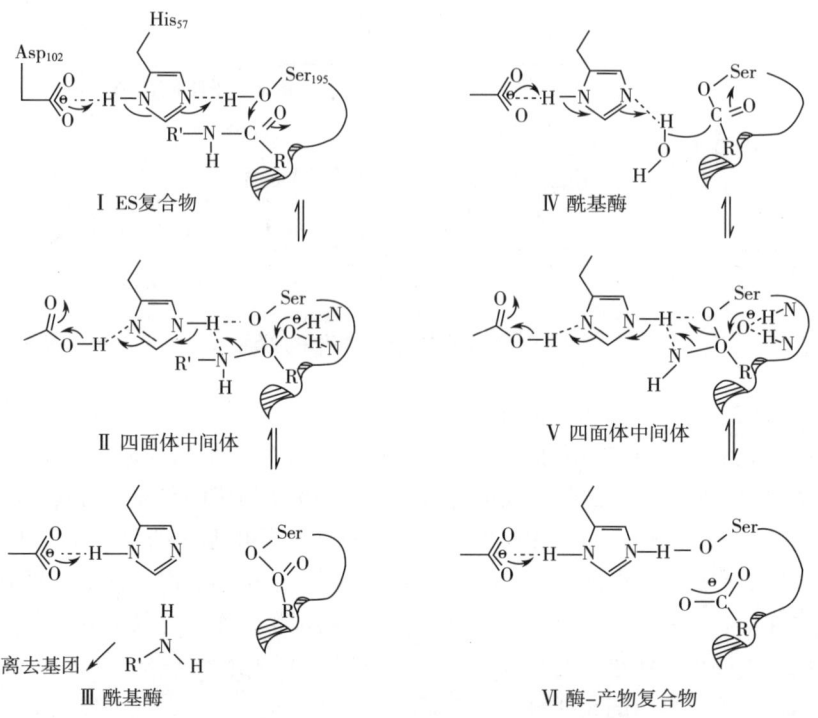

图 8-4　α-胰凝乳蛋白酶催化肽键水解的机制

研究表明，胰凝乳蛋白酶催化底物水解时，其电荷中继系统起着关键性作用（图 8-4），Asp_{102}—CO_2^- 将负电荷传递给 Ser_{195}—OH，使之电离掉质子形成亲核性很强的氧负离子，后者进攻底物分子（肽键或酯）的羰基，形成酰基酶中间体。与此同时负电荷又返回到原来羧基上。上述电荷传递过程是通过质子的转移实现的。催化过程的第二步与前一步类似，Asp_{102}—CO_2^- 将负电荷传递给 H_2O，使之以—OH 的形式促进酰基酶的水解。

由图 8-5 可以进一步解释 α-胰凝乳蛋白酶、胰蛋白酶和弹性蛋白酶具有不同的底物特异性的原因。由于在 α-胰凝乳蛋白酶和胰蛋白酶的结合部位都含有 Gly_{216} 和 Gly_{226} 残基，因此，它们结合底物的"口袋"就处于敞开状态，于是体积较大的氨基酸残基的侧链能进入这个"口袋"。这两种酶的差别在于胰蛋白酶在"口袋"的底部含有 Asp_{189}，而 α-胰凝乳蛋白酶含有 Ser_{189}。Asp_{189} 羧基的负电荷与底物赖氨酸 ε-氨基的正电荷之间形成静电相互作用。由于弹性蛋白酶结合底物的"口袋"已被 Val_{216} 和 Thr_{226} 两个大体积的侧链所占据，因而只有小体积的氨基酸残基侧链（例如—CH_3）才能进入，这样弹性蛋白酶对 R_1 的特异性要求是它必须由丙氨酸残基提供。

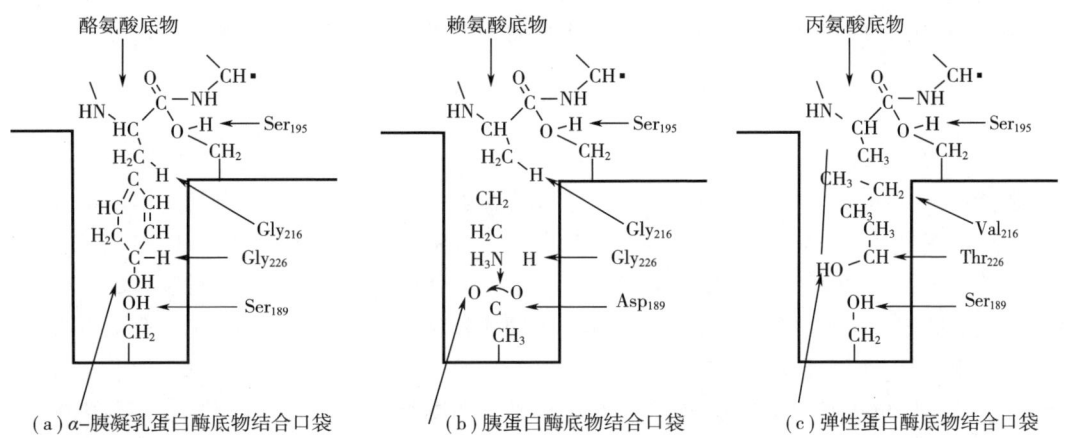

图 8-5　α-胰凝乳蛋白酶、胰蛋白酶和弹性蛋白酶底物结合位置

胰凝乳蛋白酶、胰蛋白酶和弹性蛋白酶的作用机制是相似的。值得注意的是胰凝乳蛋白酶有一个被疏水氨基酸环绕的口袋，大的足以容纳一个芳香残基。胰凝乳蛋白酶可以在酪氨酸、色氨酸和苯丙氨酸（均为疏水性芳香族氨基酸）的羧基处切断肽键，从而裂解蛋白质，其切割特异性比胰蛋白酶弱。胰凝乳蛋白酶的分子是一个紧密的椭球体，在 C 端含一个 α-螺旋和几个 β-折叠域。

4. 性质影响因素

（1）温度对胰凝乳蛋白酶的影响　不同来源的胰凝乳蛋白酶受温度影响有一定差异。胰凝乳蛋白酶的最适温度为 40℃ 左右，在高温条件下的热稳定性较差，大多数鱼类胰凝乳蛋白酶最适温度在 40~50℃。

（2）pH 对胰凝乳蛋白酶的影响　不同来源的胰凝乳蛋白酶受 pH 影响有一定差异。胰凝乳蛋白酶的最适 pH 为 8.0 左右，适宜存在于弱碱性环境中，酸性和强碱条件下都不稳定。大多数鱼类胰凝乳蛋白酶在 pH 7.0~11.0 时呈现较强活性，能保持其最高活性的 80% 以上。然而，在 pH 小于 5 时，胰凝乳蛋白酶的活性降得较快。但哺乳动物的胰凝乳蛋白酶即使在 pH 3.0 的条件下也能稳定存在。

（3）金属离子对胰凝乳蛋白酶的影响　Zn^{2+}、Co^{2+}、Fe^{2+} 以及 Cu^{2+} 对部分来源的胰凝乳蛋白酶的活性有很强的抑制作用，Ca^{2+} 对部分来源的胰凝乳蛋白酶的相对活力有增强作用。大部分无脊椎动物的消化蛋白酶表现出最大活力的过程中不需要适宜浓度 Ca^{2+} 的帮助，而哺乳动物的蛋白酶则需要依赖 Ca^{2+} 的帮助。

5. 发展趋势

胰凝乳蛋白酶在许多领域都有重要的应用价值。食品工业方面的应用主要体现在对蛋白质、脂肪和淀粉等的酶解，可使食品加工原料中的高分子蛋白质等物质降解成低分子的肽类、氨基酸，脂肪可被降解为脂肪酸，淀粉可降解为单糖等低分子物质，易溶于水，易被人体消化吸收，在生产上可简化生产工艺，提高生产效率，改善成品质量。在保健品、营养饮料、婴幼儿食品、糖果、乳制品等行业中，用于干酪素及酪蛋白磷酸肽的生产、骨胶原蛋白及畜禽屠宰废弃物的水解物——短肽及氨基酸的制备、增鲜调味品、食品焙烤、牛肉嫩化剂、脱脂剂等。医学方面，胰凝乳蛋白酶在临床上的应用主要为治疗腱鞘囊肿、皮肤慢性溃疡、慢性咽炎、疱疹性口炎等，同时该物质还具有清创消脓、消化脓汁和去除坏死组织、使牙肉组织新生、促进伤口愈合等功能。此类产品性质大大优于微生物酶，天然安全，市场需求颇具规模。

二、胰蛋白酶

1. 分布及来源

胰蛋白酶（trypsin）是一种从牛、羊、猪等的胰脏提取的碱性蛋白水解酶，它的活性中心结构是由组氨酸（His）、天冬氨酸（Asp）和丝氨酸（Ser）相互作用形成的催化三联体结构。胰蛋白酶为蛋白水解酶，具有酶的高度专一性，能特异性切割赖氨酸、精氨酸和鸟氨酸的羧基末端形成的肽键。胰蛋白酶广泛存在于自然界不同的物种中，对人类和动物的生长、发育和繁殖等过程都至关重要，是哺乳动物体内最重要的消化酶。胰蛋白酶的来源有猪、牛、羊等哺乳动物，青鱼、鲤鱼、鳀鱼等脊椎动物，南极大磷虾、招潮蟹、鲎虫等甲壳动物。不同物种来源的胰蛋白酶氨基酸数量不同，酶学性质存在一定差异，但酶的催化机制相似。胰蛋白酶由于其分布的广泛性及结构的保守性，人们对其在分子水平进行了大量而深入的研究。目前为止，关于胰蛋白酶基因序列的记录，在 NCBI 数据库中已达到 20000 条。基因序列构建的系统进化树表明，来自哺乳动物牛、细菌、真菌以及来自真核和原核生物的胰蛋白酶具有很高的同源性，它们是由共同的祖先酶在进化的过程中演变而来的。

2. 结构

胰蛋白酶是一种具有催化功能的蛋白质，活性部位的功能基团在催化中既起着结合作用，又起着催化作用（图 8-6）。酶分子表面的活性中心，是具有三维空间结构的孔穴或裂隙的区域，能容纳底物进行结合转变为产物。

胰蛋白酶（原）作为一种模式蛋白，是一种研究最广泛的蛋白。人们最早对胰蛋白酶结构的研究对象是脊椎动物中的牛，牛的胰蛋白酶氨基酸残基有 223 个，相对分子质量为 23300，存在丝氨酸蛋白酶必有的丝氨酸残基，该残基为活性部位。脊椎动物胰蛋白酶的共同特点是其表达部位为胰腺泡的组织。胰蛋白酶除存在于脊椎动物外，还广泛存在于虾、蚕、海盘车、蜊蛄、放线菌等生物体中。

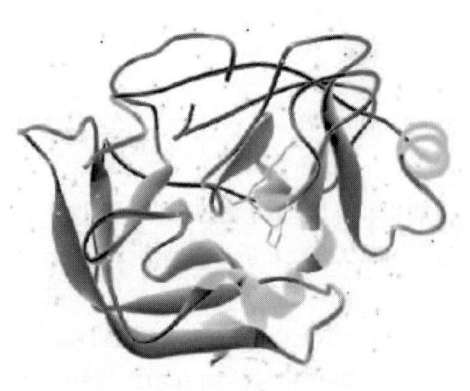

图 8-6 胰蛋白酶 3D 结构

通过氨基酸序列比对可以获得胰蛋白酶

的一些结构特征，序列分析表明胰蛋白酶氨基酸有多处保守基序，且保守性较高，最典型的保守序列有催化三联体结构：His（组氨酸）-Asp（天冬氨酸）-Ser（丝氨酸）以及含有 6 个保守的半胱氨酸形成三对肽内二硫键，此序列还具有特异性的底物结合位点，这就决定了胰蛋白酶的专一性；具有决定结合底物特异性的一个十分关键的氨基酸 Tyr_{172}；位于丝氨酸附近的氨基酸序列 GASGGP（Gly-Asp-Ser-Gly-Gly-Pro）是丝氨酸蛋白酶的典型特征序列。此外，胰蛋白酶氨基酸序列还有一个重要的特性是：这些关键的氨基酸绝大部分位于蛋白的羧基端，因此人们预测羧基端结构域的主要功能是催化作用，而氨基端结构域则可能是配合羧基端结构域执行催化功能，从而保证催化中心三联体的结构稳定和功能活性。

3. 催化反应及机制

胰蛋白酶专一水解肽链中赖氨酸、精氨酸残基羧基侧的肽键。它不仅起消化酶的作用，而且还能限制分解胰凝乳蛋白酶原、羧肽酶原、磷脂酶原等其他酶的前体，起活化作用，是特异性最强的蛋白酶，在决定蛋白质的氨基酸排列中，它是不可缺少的工具。

动物体内首先以胰蛋白酶原形式分泌，然后经过肠激酶激活或自我激活形成有活性的胰蛋白酶（图 8-7）。胰蛋白酶具有两个主要的生理功能，一是消化功能，作为重要的消化酶，能切断多肽链中赖氨酸和精氨酸残基中的羧基侧端的肽键；二是活化作用，可激活胰腺中的其他酶原，如弹性蛋白酶原、胰凝乳蛋白酶原和羧肽酶原（图 8-8）。因此，胰蛋白酶是胰脏中所有蛋白酶原共同的激活剂，在它的作用下，可以使胰脏中所有的蛋白酶同时起作用。

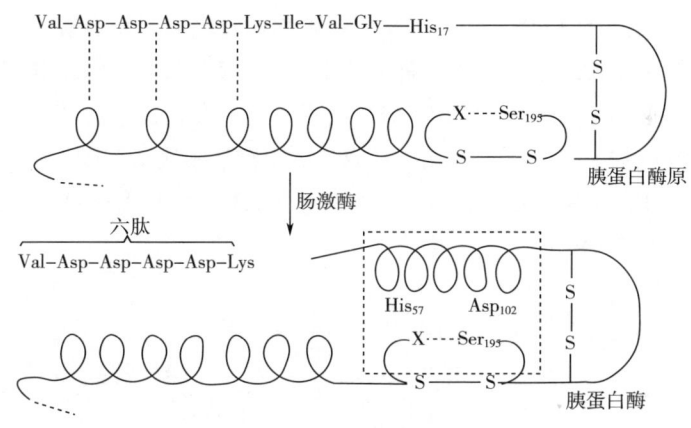

图 8-7 胰蛋白酶原的激活

研究者用 X 射线晶体衍射研究胰蛋白酶，发现有两个大小几乎相等的结构域，每个结构域由 6 个反平行的氨基酸链组成，主要二级结构单元是 β-折叠。不同动物体内的胰蛋白酶结构存在着差异，脊椎动物胰蛋白酶一般有 3 个以上二硫键，而昆虫中一般有 3 个。牛胰蛋白酶的结构由 229 个氨基酸和 6 对二硫键组成，猪胰蛋白酶的结构与牛胰蛋白酶相似度很高，蛋白一级结构中有 41 个不同氨基酸残基，羊胰蛋白酶与牛胰蛋白酶相比，也有很高的相似度。昆虫胰蛋白酶碱性氨基酸含量高，因此昆虫胰蛋白酶最适 pH 基本在 10 以上。

胰蛋白酶是碱性丝氨酸蛋白酶，其专一性地识别蛋白质中肽链内部的 Arg 或 Lys 残基，并专一性地在羧基端水解肽键。胰蛋白酶由底物结合域、催化域和氧阴离子结合域组成。底物结合区域中 Gly_{216}—Gly_{226} 形成的 loop 环为底物结合口袋，带负电荷的 Asp_{189}（D189）特异性地与

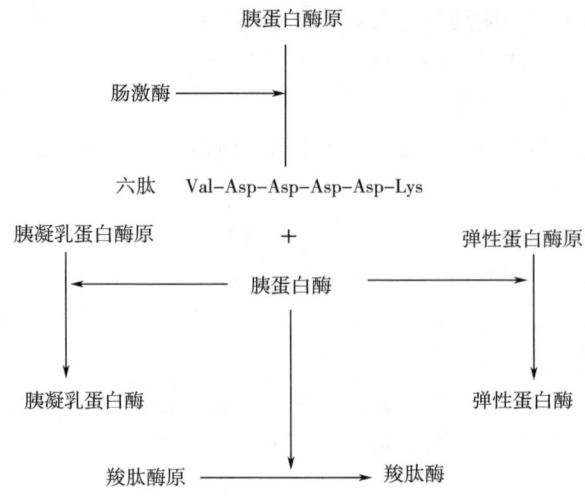

图 8-8 胰蛋白酶对其他蛋白酶原的激活

底物中的 Arg 或 Lys 结合;催化区域由催化三联体 His_{57}、Asp_{102} 和 Ser_{195} 组成;氧阴离子结合域中 His_{57} 接受质子生成正电荷,与底物带负电的氮原子形成两个氢键,进而稳定过渡态(图 8-9)。首先是底物结合过渡,Ser_{195} 的羟基氧原子对多肽底物中 Arg 或 Lys 的羧基端进行攻击,Ser_{195} 的羧基与 Arg 或 Lys 的侧链氨基形成氢键。同时 His_{57} 在反应中起碱催化作用。Gly_{193} 和 Ser_{195} 的 N 原子形成带正电的口袋,这个活性位置被称作氧阴离子结合孔。其与底物羧基端的羰基形成稳定的氧阴离子过渡态。过渡态解离产生酰基-酶和 His_{57} 介导形成新的 N 端。随后,H_2O 分子替换取代多肽链,同时进攻酰基-酶。氧阴离子结合孔稳定反应途径中的第二个过渡态,过渡态解离后在底物中产生新的 C 端。其他的结构氨基酸残基辅助了催化三联体和氧阴离子结合孔在催化反应中的关键作用(图 8-10)。例如,底物口袋的 D189 位点与其侧链氨基酸共同决定胰蛋白酶的底物的专一性。

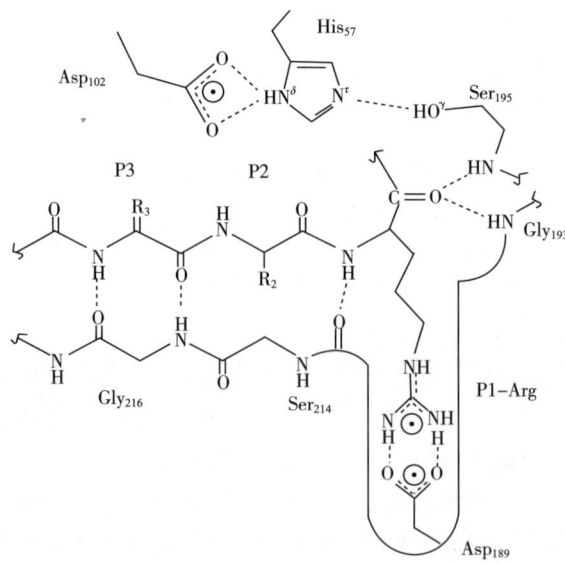

图 8-9 胰蛋白酶催化反应的关键氨基酸位点

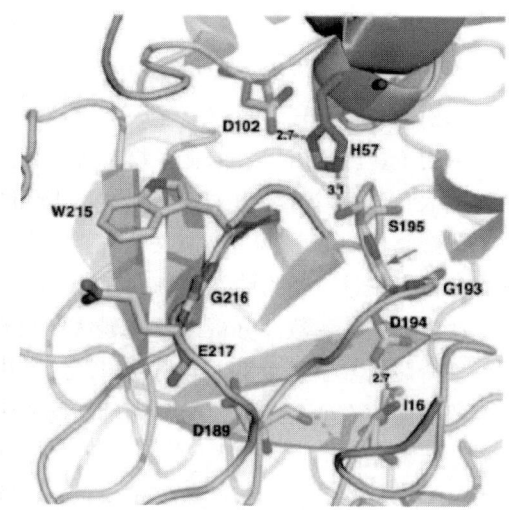

图 8-10 胰蛋白酶的催化机制

4. 性质影响因素

(1) 温度对胰蛋白酶的影响　胰蛋白酶最适反应温度一般在 37℃ 左右，为中温酶。然而，不同来源的胰蛋白酶最适反应温度略有差异。例如虾类胰蛋白酶反应的最适温度就存在一定的差异，这是其生存环境的特殊性以及种属特性造成的。太平洋磷虾胰蛋白酶的最适反应温度在 40~50℃，温度低于 20℃ 时的酶活力相对稳定。南极大磷虾等适冷生物的胰蛋白酶在低温环境仍有一定催化作用，与中温性胰蛋白酶相比，适冷胰蛋白酶的柔性较好，空间位阻较小，使胰蛋白酶在低温环境仍保持较好的催化效率，南极磷虾类胰蛋白酶最适反应温度为 55~65℃。哺乳动物胰蛋白酶的等电点为 8.0~9.0，虾类胰蛋白酶的等电点为 2.0~6.0。鱼类胰蛋白酶的最适反应温度在 30~60℃，但是多数鱼类胰蛋白酶在高温下不能稳定，一般超过 50℃ 其活性就会很快降低。鱼类胰蛋白酶活性受温度影响较大，一般情况下，其活性变化规律是：随着温度从低到高活性先是增加，到达一个最高值后活性开始下降。

(2) pH 对胰蛋白酶的影响　一般情况下，大部分胰蛋白酶的最适 pH 在 7.0~9.0。甲壳动物最适 pH 在 7.0~8.0。鱼类胰蛋白酶在酸性条件下极不稳定，其最适 pH 一般在中性偏碱性范围内，在这种条件下胰蛋白酶稳定性较高，但是也有一些鱼类比较特殊，其胰蛋白酶最适 pH 不同于一般鱼类。如鲻鱼胰蛋白酶的最适 pH 为 9.0，虹鳟胰蛋白酶的最适 pH 为 8.0，真鲷（Sparus aurata）、深海鲑（Sebastes mentella）、大菱鲆（Scophthalmus maximus）的最适 pH 在 9.5~10.0。

(3) 金属离子对胰蛋白酶的影响　研究发现 Ca^{2+}、Mg^{2+} 等金属离子对胰蛋白酶活性有很大影响。当溶液中有 Ca^{2+}、Mg^{2+} 等离子存在时，它们可能与胰蛋白酶某个特定位置的谷氨酸（Glu）、天冬氨酸（Asp）结合，从而改变酶的构象，能够提高酶的活性。

5. 发展趋势

胰蛋白酶具有广泛的应用，可用于食品工业、水产养殖、现代生物技术及医药工业等方面。在食品工业中，利用胰蛋白酶水解动植物蛋白，有利于下脚料的再利用。在水产养殖中，研究胰蛋白酶有助于探究鱼类的营养生理特性，为人工饵料的设计提供理论依据。在医药工业中，胰蛋白酶可以作为抗组织坏死清创剂、消炎药物及血栓溶解剂等。此外，关于胰蛋白酶与胃蛋白酶联合作用的应用研究也有相关报道。可见，将胃蛋白酶、胰蛋白酶及胰凝乳蛋白酶结合进行研究，有利于弄清蛋白的降解情况，应用于饲料蛋白的评定、过敏检测等领域，且通过对这些酶的研究，可以将其作为检出限，有利于其应用于医学领域。在现代生物技术中，胰蛋白酶作为生物工程的工具酶，可用于蛋白质组学、细胞生物学等。目前，研究学者已成功将胰蛋白酶基因转入工程菌，将异源表达技术应用于生产意义重大，既可以简化原来的生产步骤，又可以应用基因的突变技术来改造胰蛋白酶，使之成为人们需要的工程酶。对胰蛋白酶基因进行研究可以将其应用于系统进化分析领域，因为胰蛋白酶保守性较高，因此可以对不同物种间的基因序列进行比对，对蛋白质序列进行一致性分析以及基因拷贝数分析等。从基因组水平研究胰蛋白酶基因意义深远，而现阶段从基因组水平上研究胰蛋白酶基因的报道较少，事实上胰蛋白酶基因从基因组水平上的研究将更有助于了解每个基因的功能和结构，为接下来研究基因间的相互作用打下坚实的基础。

三、弹性蛋白酶

1. 分布及来源

弹性蛋白酶是一种主要以水解不溶性弹性蛋白为特性，同时具有分解酪蛋白、明胶、血红蛋白等多种广谱性蛋白的水解酶。弹性蛋白广泛存在于哺乳动物及人的各种组织（胰、脾、肺、主动脉管及皮肤等）和体液（血液、血小板）中，在白细胞及巨噬细胞中也有发现，动物的胰脏组织含量较高。该酶在微生物中也有分布。弹性蛋白酶一般包括金属弹性蛋白酶和丝氨酸弹性蛋白酶，而微生物源弹性蛋白酶主要为金属弹性蛋白酶，活性中心常含有 Zn^{2+}，一般具有与动物源相同的酶解功能。从动物胰脏中提取的弹性蛋白酶原料有限，生产工艺复杂、产量较低，而微生物来源的弹性蛋白酶来源广泛、发酵工艺简单、成本低、产量大。目前已经筛选并研究了产弹性蛋白酶的酶学特性的菌株有嗜碱芽孢杆菌、枯草芽孢杆菌、铜绿假单胞菌、假单胞菌、芳香黄杆菌、地衣芽孢杆菌等。

2. 结构

弹性蛋白酶是由 240 个氨基酸残基组成的单一肽链，其一级结构和四级结构基本清楚，肽链走向和空间结构与糜蛋白酶极为相似。在 pH 5.0 时分子为球形，分子内有两个 α-螺旋区。该酶的活性取决于三维结构，活性中心的氨基酸残基为 His_{45}、Asp_{93}、Ser_{83}，反应性的丝氨酸附近的氨基酸残基排列顺序为 Gly-Asp-Ser-Gly。

成熟的弹性蛋白酶存在两对二硫键 [图 8-11（a）]，分别是 Cys_{30}-Cys_{58} 和 Cys_{270}-Cys_{297}，这两对二硫键提高了弹性蛋白酶的稳定性，每个弹性蛋白酶分子结合一个钙离子，这是维持酶分子的稳定性所必需的，氨基酸残基 Asp_{136}、Glu_{172}、Glu_{175} 和 Asp_{183} 参与了 Ca^{2+} 的结合 [图 8-11（b）]。每个弹性蛋白酶分子结合了一个 Zn^{2+}，位于催化活性裂隙内表面，是弹性蛋白酶催化中心所必需的。位于 140~144 位点的 HEXXH 序列（H 为组氨酸 His、E 为谷氨酸 Glu、X 为任意氨酸）和 Glu_{164} 氨基酸残基在弹性蛋白酶所属 M4 酶家族是保守氨基酸残基。对于弹性蛋白酶来说，氨基酸残基 His_{140}、His_{144} 和 Glu_{164} 参与了 Zn^{2+} 的结合 [图 8-11（c）]。Glu_{141} 参与酶的催化过程，而 Tyr_{155}、Asp_{221} 和 His_{223} 涉及底物结合。这四个关键氨基酸残基的空间位置见图 8-11（d）。

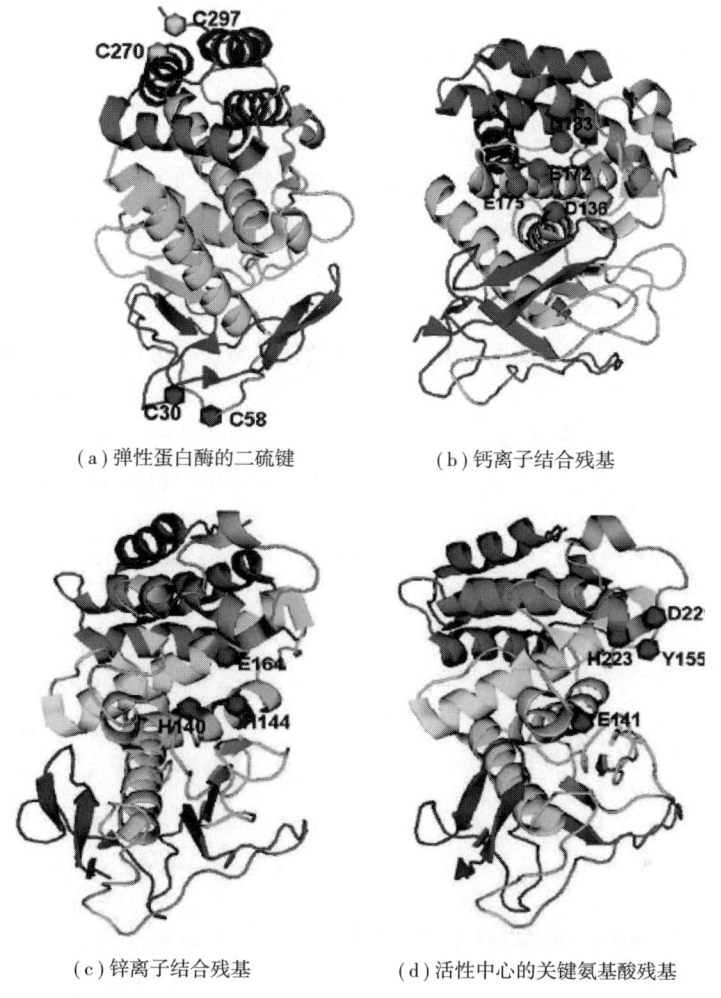

(a) 弹性蛋白酶的二硫键　　(b) 钙离子结合残基

(c) 锌离子结合残基　　(d) 活性中心的关键氨基酸残基

图 8-11　成熟弹性蛋白酶分子的三维结构

（利用 PyMOL 作图，蛋白骨架结构从蛋白数据库获得）

3. 催化反应及机制

弹性蛋白酶作为一种水解专一性较广的内肽酶，对许多蛋白质都有水解能力。而且，当弹性蛋白与其他蛋白共存时，它会优先水解弹性蛋白。弹性蛋白对带有小侧链的疏水性氨基酸残基有切割特异性，如 Ala 和 Gly。弹性蛋白中 Ala、Gly 含量高达 55%，这也是弹性蛋白酶对弹性蛋白有很强降解能力的原因。有些微生物弹性蛋白酶切割特异性较广，除了切割小的脂肪族氨基酸羧基参与形成的肽键外，还在带有大侧链的疏水性氨基酸及芳香族氨基酸的相应侧进行切割，因此可有比较广泛的底物来源。

Walford 和 Kickhofen 以及 Hall 和 Czerkawski 研究认为，弹性蛋白酶至少有两个活性中心，一个直接作用于弹性蛋白酶的中心，一个是蛋白水解活性中心。作用于弹性蛋白的活性中心使弹性蛋白某些键断裂，弹性蛋白结构松弛，亲水基团大量暴露出来而溶于水；另一个蛋白水解活性中心表现出了光谱蛋白水解活性。因此弹性蛋白酶有两个标志性特征：①与弹性蛋白质有高亲和力；②酶切位点在脂肪族氨基酸羧基参与形成的肽键上。

弹性蛋白酶最适 pH 均在 7.0 以上，属于碱性弹性蛋白酶，酸性弹性蛋白酶尚未见报道。与其他的碱性蛋白酶不同，弹性蛋白酶对甘氨酸（Gly）、丙氨酸（Ala）残基有很高的水解特异性。弹性蛋白与弹性蛋白酶之间的反应：第一步是弹性蛋白酶通过谷氨酸和天冬氨酸侧链羧基或其他可能性基团吸附到弹性蛋白固体颗粒上。随着水解反应进程的加剧，致使产生更多的可溶性弹性蛋白，弹性蛋白酶更容易地结合到可溶性弹性蛋白底物上。同时弹性蛋白底物上某些特异位点会与弹性蛋白酶的其他催化位点结合，在酶的作用下断裂蛋白底物某些键，从而改变弹性蛋白的溶解性。水解反应机制的进一步加剧后，分子键断裂的数量不断增大，当其积累到一定程度后，致使弹性蛋白的结构松散，并开始逐渐溶解。键断裂数量的多少是这两个反应阶段的主要区别。可溶性弹性蛋白慢慢发生降解反应，同时伴随着弹性蛋白分子的缓慢溶解。

4. 性质影响因素

（1）pH 对弹性蛋白酶的影响 弹性蛋白酶最适 pH 为 8.0，在 pH 7.0~10.0 条件下稳定，由图 8-12 可知在 pH 7.0~10.0 酶相对活性在 80% 以上，当 pH 在 7.0 以下时，酶活性急剧下降，pH 5.0 时，酶相对活性仅有 21%，表明酶在中性偏碱条件下活性较高。胰弹性蛋白酶的最适 pH 一般与人体接近，而微生物产生的弹性蛋白酶最适 pH 稳定范围要比一般的蛋白酶高，目前研究发现其在中性偏碱性范围内具有较高的活性，最适 pH 最高值是 9.0。例如，分离于人体宫颈的 *B. subtilis* 的弹性蛋白酶在 pH

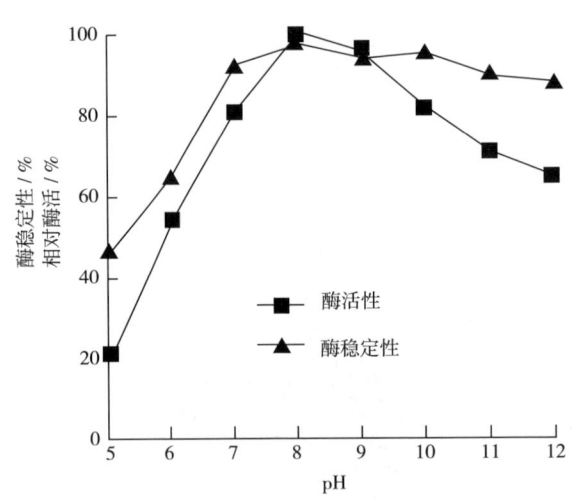

图 8-12　pH 对弹性蛋白酶活性及稳定性的影响

6.0~9.5 内稳定，最适 pH 为 9.0。从人体的皮肤上分离到 *Micrococcus luteus*，该菌产生一种碱性弹性蛋白酶，其等电点为 9.3，最适作用 pH 为 9.0。

（2）温度对弹性蛋白酶的影响　弹性蛋白酶在 50~70℃ 表现较好的活力，其中 60℃ 是酶的最适温度；当温度不超过 60℃，弹性蛋白酶都比较稳定，在 60℃ 保温 1h，残余酶活力仍有 87%；当温度为 70℃ 时，保温 1h 弹性蛋白酶残余酶活力只有 45%；当温度为 80℃，弹性蛋白酶就会迅速失活。对一株从虾废料培养基中分离产弹性蛋白酶的菌株 *Pseudomonas aeruginosa* 分泌的弹性蛋白酶进行分离纯化，该酶的相对分子质量约为 34000，最适温度 60℃。对来源于枯草芽孢杆菌 BEM01 菌株发酵生产的弹性蛋白酶进行分离纯化，该酶最适作用温度为 50℃，热稳定性良好。

微生物产弹性蛋白酶的部分酶学性质与一般的蛋白酶有所差异，特别是弹性蛋白酶的温度稳定范围都比一般蛋白酶要高，目前研究发现弹性蛋白酶耐受温度的最高值是 70℃，但关于耐受机制的相关研究还不是很清楚。

（3）金属离子对弹性蛋白酶的影响　金属离子对酶活力的影响表现出了三个不同的结果（表 8-3）。只有 Mn^{2+} 显著地促进了酶活力；Ca^{2+}、Mg^{2+} 和 Li^+ 在实验条件下没有表现出对酶活力有明显的影响；Co^{2+}、Cu^{2+}、Zn^{2+}、Hg^{2+}、Pb^{2+} 和 Fe^{2+} 有抑制酶活力的作用，其中 Hg^{2+} 和 Cu^{2+} 对酶活力有强烈的抑制作用。不同微生物来源的弹性蛋白酶所需要的金属离子是不尽相同的。如绿脓杆菌产生的弹性蛋白酶是依赖于金属离子 Zn^{2+} 的蛋白酶，Zn^{2+} 是表现其酶活性和专一性的必需成分。

表8-3　　　　　　　　　　　　　金属离子对酶活力的影响

化学试剂	相对酶活力/%	
	2mmol/L	10mmol/L
对照	100±2.62	
$MnSO_4$	121.14±5.74	无活性
$CaCl_2$	101.66±8.62	96.49±0.19
$MgSO_4$	97.75±3.28	96.09±6.19
$CuSO_4$	13.32±0.47	5.10±3.66
$CoCl_2$	79.32±1.41	72.37±1.50
$HgCl_2$	69.32±0.19	3.11±0.28
$FeCl_2$	90.06±5.89	47.78±0.47
$ZnSO_4$	22.53±1.50	11.27±1.31
$LiCl_2$	103.18±2.34	102.19±4.87
$Pb(AC)_2$	77.00±8.43	无活性
EDTA	23.12±2.31	20.22±3.19
苯甲基磺酰氟	97.95±3.78	99.09±4.19
2-巯基乙醇	94.67±0.48	103.57±6.59
二硫苏糖醇	89.89±8.32	91.74±3.60

5. 发展趋势

弹性蛋白酶在很多领域都有应用。在食品加工领域，在肉类加工中，含有大量弹性蛋白酶的蹄筋等肉制品的嫩度是非常重要的指标。弹性蛋白酶比其他蛋白酶拥有更好的水解弹性蛋白的能力。在与多种蛋白酶协作处理时，弹性蛋白可被弹性蛋白酶优先水解。由于弹性蛋白酶可以优先水解弹性蛋白这一特性，在肉类嫩化角度强于常用的木瓜蛋白酶。且相比于木瓜蛋白酶，弹性蛋白酶可以更好地保持肉制品的风味和口味。因此，弹性蛋白酶还可以应用于农副产品深加工、高蛋白食品制作和罐头工业等。此外，弹性蛋白酶还可以作为婴儿益生菌保健食品强化剂。在医疗方面，弹性蛋白酶具有抗动脉粥样硬化，辅助治疗糖尿病、高脂血症等作用。在日用化工与环境保护方面，弹性蛋白酶可以将相对分子质量大、不可溶的弹性蛋白水解成相对分子质量较小的可溶性弹性蛋白，添加在护肤品中，可以延缓皮肤的衰老、增加皮肤弹性、缓解皮肤因干燥产生的龟裂。弹性蛋白酶也可以用来处理城市废水与屠宰场废弃物中的弹性蛋白，提高废弃物的利用率。在制革工业中，弹性蛋白酶可用作脱毛剂。

从动物胰脏中提取的弹性蛋白酶原料有限，生产工艺复杂、产量较低，而微生物来源的弹性蛋白酶来源广泛、发酵工艺简单，成本低、产量大。因此，利用微生物发酵生产弹性蛋白酶是一条有效途径。目前，由微生物发酵法生产弹性蛋白酶关键是要筛选到产弹性蛋白酶的高产菌株。例如，在毕赤酵母中表达弹性蛋白酶基因，重组酶的浓度达到了 450mg/L，最适 pH 为 7.4，最适温度为 28℃。也可利用蛋白质工程的实验方法，有目的地修饰蛋白质酶，从而使弹性蛋白酶的功能得到了很大改善。杨璇等利用化学修饰的方法改变弹性蛋白酶的某些酶学性质，主要是利用活化的右旋糖酐（相对分子质量 40000）对弹性蛋白酶进行化学修饰，从而使得弹性蛋白酶的结构发生改变，修饰后使酶耐热性提高，在常温下保存 18 个月后，酶活力保持稳定。

四、凝血因子 X

凝血因子是参与血液凝固过程的各种蛋白质组分，部分由肝生成。在血管出血时凝血因子被激活，和血小板黏连在一起并且补塞血管上的漏口，这个过程被称为凝血。整个凝血过程大致上可分为两个阶段，凝血酶原的激活及凝胶状纤维蛋白的形成。

1. 分布及来源

凝血因子 X（coagulation factor X，FX）是一种维生素 K 依赖的丝氨酸蛋白酶原，也是一种血浆糖蛋白。其活性形式（FXa）在凝血系统中处于内源、外源和共同途径的衔接部位，为体内凝血酶原唯一的生理性激活物，故在血液凝固的连锁反应中起关键性作用。FX 由肝脏合成，但近来有报道认为胰腺分泌胰高血糖素的 α 细胞和产生多肽的 PP 细胞很可能参与 FX 的合成。凝血因子相对分子质量为 59000，由重链（42000）和轻链（16200）经二硫键连接而成，血液中浓度 1.3μm/L，半衰期 48~72h，是一种糖蛋白，含 15% 的糖链，等电点 4.9~5.2。

2. 结构

肝脏首先合成的凝血因子蛋白前体为单链，蛋白前体由在高尔基体内进行分泌后的蛋白质加工。如图 8-13 所示，加工修饰过程包括前导肽序列的去除、氨基末端 11 个 Glu 的羧基化、Asn_{181} 和 Asn_{191} 的糖基化以及 Asp_{63} 的 β-烃基化，然后形成单链的 FX 分子。在蛋白酶的裂解下，单链 FX 去除 Arg_{140}-Lys_{141}-Arg_{142} 三肽而成为成熟的 FX 分子，后者由 139 个氨基酸残基的轻链和 346 个氨基酸的重链组成，两条链靠 Cys_{89} 和 Cys_{124} 之间的二硫键相连接，其三维结构如图 8-14。

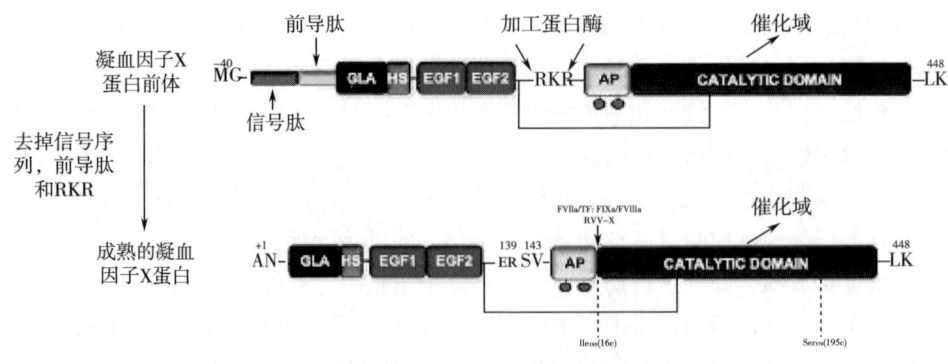

图 8-13　FX 蛋白的结构组成

FX 蛋白含有 4 个功能域：一个 γ-羧基谷氨酸区（γ-carboxyglutamic acid，Gla），两个表皮生长因子区（epidermal growth factor，EGF）和一个催化区。Gla 区（aa1~aa40）位于肽链的氨基末端，包括 11 个 Gla，分别位于第 6、7、14、16、19、20、25、26、29、32 和 39 位 aa 残基上，是依赖维生素 K 的羧化酶系统的作用产物。该区的主要功能是结合 Ca^{2+}，并进一步与膜磷脂结合，其中 Gla16、Gla26 和 Gla29 对于维持 FXa 的正常功能尤为重要。紧接 Gla 区的是芳香族氨基酸聚集区（Phe_{40}、Trp_{41} 和 Tyr_{44}），然后是由 82 个氨基酸组成的两个 EGF 区，各包括 3 个保守的 Gly 和 6 个 Cys，后者两两之间形成 3 个二硫键。EGF 区不但对于与 Ca^{2+} 的结合十分重要，且可以维持激活态的凝血因子 X 的正确空间构象。

图 8-14　FX 蛋白的三维结构

3. 催化反应及机制

FXa 的 Gla 结构域包含 11 个羧基谷氨酸残基（Gla 残基），结合有 10 个 Ca^{2+}。而在 Ca^{2+} 存在下 Gla 结构域负责锚定在带负电荷的磷脂膜表面。Gla 结构域在接触磷脂膜时，由几个疏水残基形成的 ω 环会浸入其中，Ca^{2+} 则作为连接蛋白与磷脂分子的"桥梁"，形成稳定的吸附作用，其中催化域参与催化产生凝血酶。如图 8-15 所示，凝血过程有两类不同的机制：内源途径和外源途径，这两类机制最后汇总于凝血酶的形成和纤维蛋白的形成，因此后两者也被称为共同途径（common pathway）。

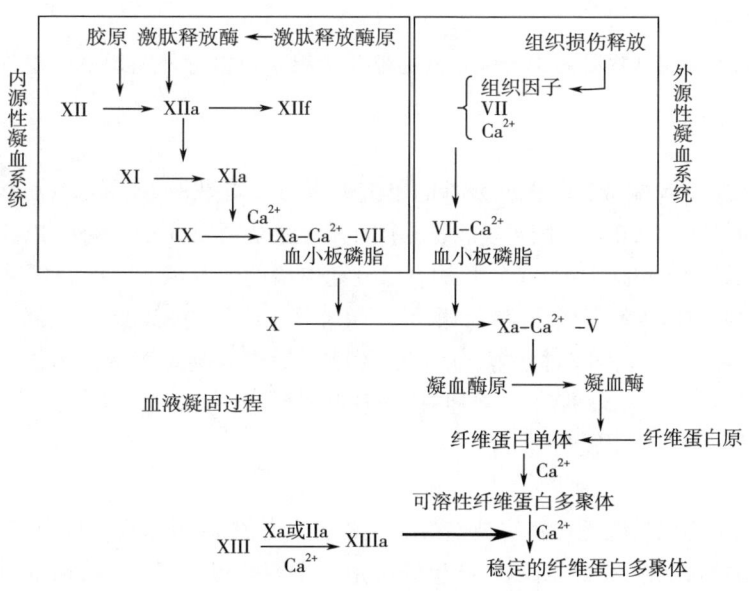

图 8-15　凝血过程

内源性凝血机制为血液的单独过程。血液与异物表面（血管壁的胶原纤维等）接触时，所谓接触因子的第XII因子和第XI因子就被激活,当第XI因子被激活后,它再使无活性的第IX因子活化。另一方面,血小板也在异物表面上黏着、凝集,并引起血小板变性释放血小板第Ⅲ因子。紧接着血浆中第Ⅷ因子和 Ca^{2+} 与这些有活性的第XI因子和血小板第Ⅲ因子发生反应,把无活性的第X因子激活。第Ⅴ因子再和血小板第Ⅲ因子作用于第X因子,使凝血酶原转变为凝血酶。

外源性机制是组织液进入血液的过程,体内组织损伤时释放出因子Ⅲ,也称为组织因子。在 Ca^{2+} 存在下它能与血液中已活化的因子Ⅶ形成复合物,使第X因子激活,第Ⅴ因子和 Ca^{2+} 再协同地使活化的第X因子作用于凝血酶原。通过外源性途径血液凝固在 10s 内即可完成,而通过内源性途径则需数分钟。

4. 发展趋势

越来越多的研究发现,激活态的凝血因子 X 可以作为内切蛋白酶应用。内切蛋白酶能够识别蛋白质的特殊序列,并从这段序列内部或附近的特定氨基酸残基处切割蛋白质。

在利用内切蛋白酶移除融合表达蛋白标签时,需要考虑是否在目标蛋白上产生了多余的外源氨基酸残基带来的不确定因素,尤其是对于治疗用蛋白而言,会产生潜在风险。融合蛋白经 FXa 切割后,不会在目标蛋白 N 端产生多余的外源氨基酸残基,从而可以作为有效的工具完全去除 N 末端的亲和标签。这一特性也使 FXa 成为近期内切蛋白酶研究的热点。

活化的凝血因子作为凝血酶原的活化酶和药物先导物的靶标得到了一些研究应用,也有将活化的凝血因子制备成亲和层析的填料,使之成为固定化酶用于凝血酶原的活化。这种固定化酶也能用于抗凝血酶的制备,并且由于它的热稳定性,也可能成为肠胃道出血的止血药而代替凝血酶。

五、纤溶蛋白酶

1. 分布及来源

纤溶蛋白酶主要在动物肝脏中合成,其他器官、组织及血管外组织液中也发现了纤溶蛋白酶的大量存在。

2. 结构

纤溶蛋白酶原是 N 端带有谷氨酸残基的单链糖蛋白,如图 8-16 所示,长度为 791 个氨基酸,相对分子质量约为 93000,由 N 端肽、5 个同源环状结构域(K1~K5)以及蛋白酶结构域组成。每个环状结构域包括大约 80 个由 3 个二硫键连接的氨基酸。在微量纤溶蛋白酶的催化下,N 端肽水解断裂形成赖氨酸纤溶蛋白酶原,相对分子质量约 850000。在纤溶蛋白酶原激活剂的催化下,Arg_{561}-Val_{562} 酰胺键水解,N 端肽段断裂形成双链纤溶蛋白酶,包含一条重肽链(60000)和一条轻肽链(25000),二者通过二硫键连接。含有 Ser_{741}、His_{603} 和 Asp_{646} 氨基酸三联体的纤溶酶活性中心位于轻肽链上。

3. 催化反应

纤溶蛋白酶的主要功能是在特定位点裂解不溶性纤维蛋白聚合物,从而产生可溶性碎片。纤维蛋白原裂解模式如图 8-17 所示。产生纤维蛋白主要片段 D 和 E 的切割位点用黑色箭头表示。纤溶蛋白酶对纤维蛋白聚合物的降解是由 Aα 链中 Lys_{583}-Met_{584} 肽键的裂解引发的,然后在 Aα 链中的肽键 Lys_{206}-Met_{207} 和 Lys_{230}-Ala_{231} 的裂解,从而释放出 C 端 40000 片段并生成片段 X(260000)。所有三条链中片段 X 的裂解导致一个片段 Y(160000)和一个片段 D(100000),片段 Y 的进一步裂解产生第二个片段 D 和片段 E(60000)。

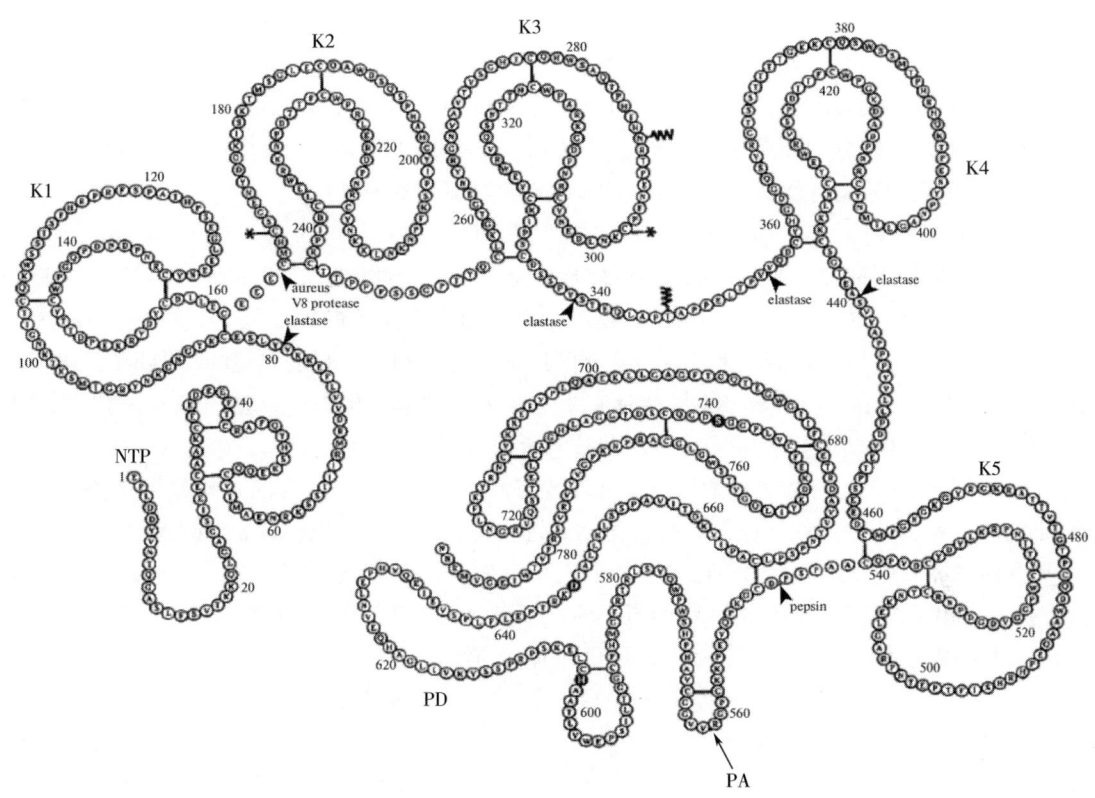

NTP—N 端肽；PA—纤溶蛋白酶原激活剂；PD—蛋白酶结构域

图 8-16 纤溶蛋白酶原的分子结构

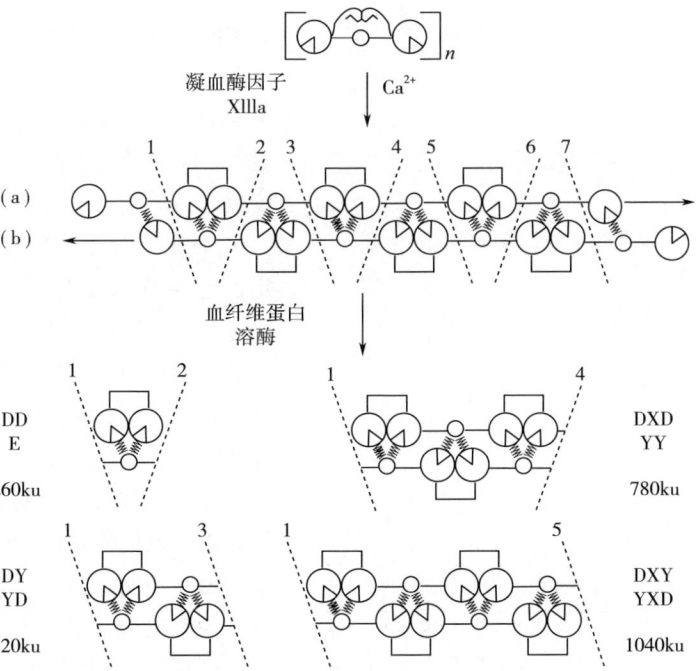

图 8-17 纤维蛋白原裂解模式

此外,纤溶蛋白酶在许多其他生理过程中充当蛋白水解因子,例如通过降解细胞外基质介导细胞迁移、伤口愈合、组织重塑、血管生成、胚胎生成以及病原体和肿瘤细胞侵袭。纤溶蛋白酶体内的特异性相当广泛,导致胶原蛋白、纤连蛋白和层黏连蛋白等基质蛋白失活和降解,以及凝血级联反应组分(如凝血因子 FVa、血管性血友病因子和血小板反应蛋白)。在体外,纤溶蛋白酶与胰蛋白酶具有相似的特异性,主要在碱性残基后裂解肽键。

4. 机制

纤溶蛋白酶的环状结构域存在赖氨酸结合位点,使其能够结合纤维蛋白、α-抗纤溶蛋白酶、细胞受体和胞外配体。K1、K4 和 K5 是结合纤维蛋白和细胞的关键位点。K1 对 6-氨基己烯酸、$α_2$-抗纤溶蛋白酶和富含组氨酸的糖蛋白具有高度亲和力。对于完整的纤维蛋白,K1 亲和力较低,K2 中等,K5 较高。K4 虽然具有末端赖氨酸残基,但对纤维蛋白没有亲和力。K5 对人内皮细胞亲和力最高,负责内皮细胞与纤溶蛋白酶的相互作用。

根据环境的不同,纤溶蛋白酶原分子可以转变为不同的构象。闭合的 α 构象由两种分子间作用维持,分别为 K5 的赖氨酸结合位点与 N 端肽的相互作用,以及 K4 的赖氨酸结合位点和 K3 中配体的相互作用;当上述相互作用其中之一消失时,纤溶蛋白酶原分子呈半开放的 β 构象;当上述相互作用全部消失时,纤溶蛋白酶原分子呈完全开放的 γ 构象。缺乏 N 端肽的纤溶蛋白酶分子仅能维持 β 或 γ 构象,能够以更快的速度激活。

5. 性质影响因素

温度对纤溶蛋白酶的活性和稳定性具有显著的影响。由图 8-18 可知,随温度升高,纤溶蛋白酶活性呈先升高后降低的趋势。在 25~40℃,随着温度升高,酶促反应加快,当温度为 40℃时,酶活力达到最大值;当温度高于 40℃时,酶活力显著降低,继续升温至 50℃时,相对酶活力低于 20%,可能是高温引起酶热变性,活力损失。同时纤溶蛋白酶在 37℃时也可保持较高的酶活性。

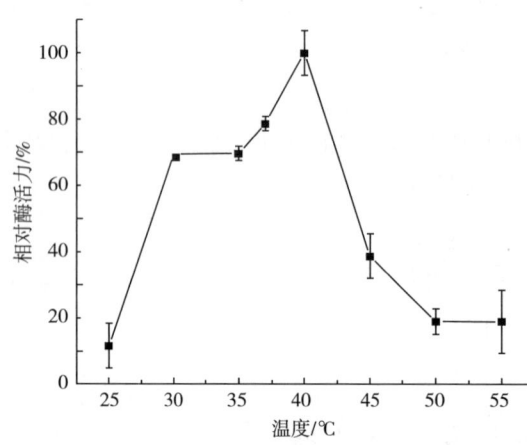

图 8-18 温度对纤溶蛋白酶活性的影响

pH 的变化对纤溶蛋白酶的活性和稳定性产生很大的影响。由图 8-19 可知,当 pH 在 4.5~11 时,随着 pH 逐渐增大,目的酶的活力逐渐增强后又逐渐降低。当 pH 为 4.0、4.5 和 11 时,酶无活性,当 pH 为 7.4 时,酶活力达到最大值。过酸或过碱条件都会导致酶活力显著降低,可能是由于反应体系的酸碱度影响了酶的分子构象,使酶的活性中心发生变化,使酶分子与底物结合受到影响。酶的离解状态会受到环境 pH 的影响,通常最适合酶促反应的离解状态只有一种。因此目的酶的

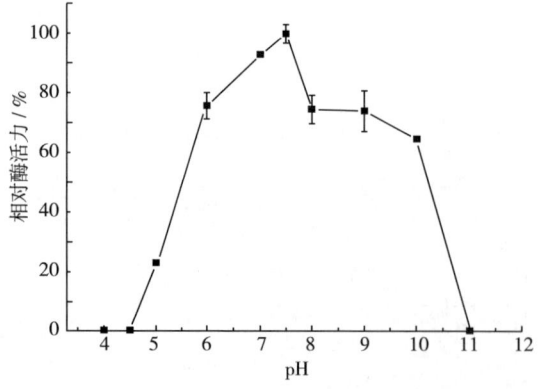

图 8-19 pH 对纤溶蛋白酶活性的影响

最适作用 pH 为 7.4，接近人体的生理 pH。大多数纤溶蛋白酶在中性或接近碱性时具有高活性。

金属离子影响纤溶蛋白酶的催化活性，对酶有激活或抑制作用。金属离子提高蛋白酶活性的机制分为三类：提高蛋白酶的热稳定性和结构稳定性；金属阳离子与蛋白酶分子活性位点外的其他位点进行结合；金属离子在酶分子催化过程中进行电子传递，进行亲电或者亲核攻击，促进酶和底物的结合等。由图 8-20 可知，Na^+、Zn^{2+} 和 Cu^{2+} 对纤溶蛋白酶活力有显著的激活作用，K^+、Mg^{2+} 和 Mn^{2+} 对酶活力的影响不显著，Ca^{2+} 和 Fe^{2+} 对酶活力具有显著的抑制作用。金属离子作为辅因子与酶的生物活性有关，以多种方式参与催化作用。

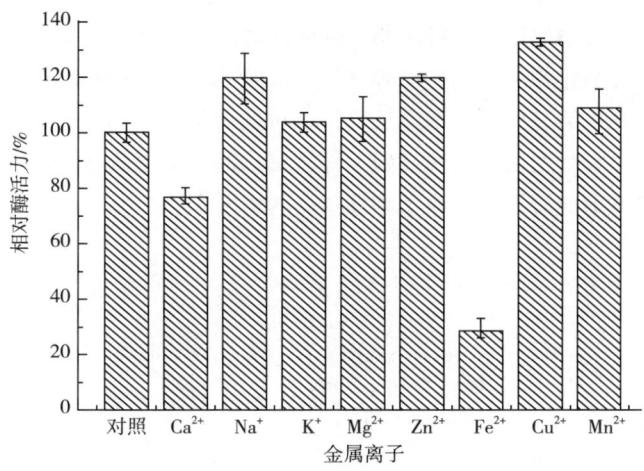

图 8-20　金属离子对纤溶蛋白酶活性的影响

纤溶蛋白酶的活性中心能与底物发生特异性结合并催化底物发生转化，研究纤溶蛋白酶的活性中心对了解该酶具有重要作用。蛋白酶抑制剂与酶的亲和力远远大于底物与酶的亲和力，对酶活性有抑制作用。由图 8-21 可知，TPCK 和 EDTA 对酶活力抑制作用不显著，胃蛋白酶抑制剂的抑制作用显著，PMSF、SBTI 和抑肽酶完全抑制了纤溶蛋白酶活性。PMSF、SBTI 和抑肽酶均属于丝氨酸类蛋白酶抑制剂，EDTA 为典型的金属蛋白酶抑制剂，胃蛋白酶抑制剂属于典型的天冬氨酸蛋白酶抑制剂，TPCK 属于胰凝乳蛋白酶抑制剂。

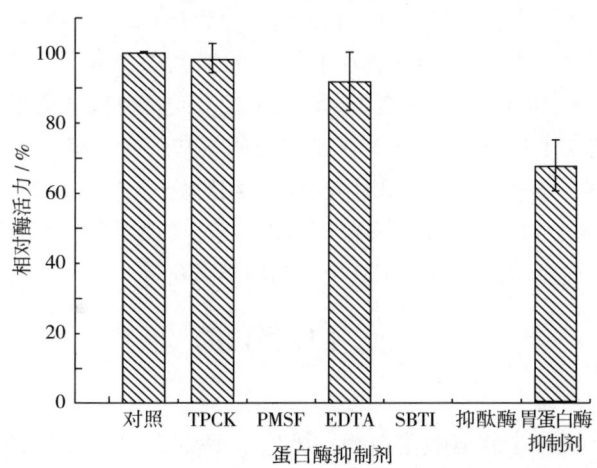

图 8-21　蛋白酶抑制剂对纤溶蛋白酶活性的影响

6. 发展趋势

近年来，国内外很多研究陆续从自然界中分离得到了可以溶解血栓的天然纤溶蛋白酶，极大地丰富了纤溶蛋白酶的种类，为溶栓药物的开发提供了资源。从蛇毒液中发现的纤溶蛋白酶，具有强的纤溶活性，可以水解纤维蛋白原的 α 链，但是不能水解 β 和 γ 链，而且该酶在 $2\mu g$ 剂量下会诱导小鼠背部皮肤下出血。从蚯蚓中发现的具有纤溶和抗凝作用的蚓激酶，相对分子质量为 23000~30000，具备直接和间接双重溶栓功能。目前蚓激酶已经被开发成肠溶类药物，具有出血性低、价格低的特点。从养殖的可口革囊星虫中分离的一种相对分子质量为 32000 的纤溶蛋白酶在体外对血凝块溶解率达到 88.09%，有一定研究潜力。也有报道从田螺、水蛭和吸血蝙蝠等动物中发现了具有溶栓作用的纤溶酶。同时从螺旋藻、韭菜、银杏叶和菊科等植物和藻类中也陆续发现了有纤溶作用的蛋白酶。微生物代谢产物中发现的纤溶蛋白酶具有高特异性、低生产成本、可量产和可通过生物技术方法进行改进的优势，成为当前研究的热点，大量的研究人员已从细菌、真菌和食用菌中分离得到了纤溶蛋白酶，微生物来源的纤溶蛋白酶将是开发新型安全有效且价格低廉的溶栓药物或功能性食品的重要来源。

第三节 巯基蛋白酶

巯基蛋白酶的活性部位中含有一个或更多的巯基，是一类十分庞大的蛋白酶家族。根据巯基蛋白酶的结构和进化关系，将它们分为了 6 个不同的家族，即木瓜蛋白酶家族、豆类天冬氨酸蛋白内切酶家族、天冬氨酸特异性巯基蛋白酶家族、钙依赖性巯基蛋白酶家族、泛素 C 末端水解酶家族和泛素特异性蛋白酶家族。由于氧化剂、烷基化剂和重金属离子能与巯基相结合，因而抑制巯基蛋白酶。

不同来源的巯基蛋白酶在活性部位附近的氨基酸残基的顺序是类似的，它们也具有类似的酶反应动力学。巯基蛋白酶具有较宽的底物特异性，例如木瓜蛋白酶和无花果蛋白酶能以大致相同的速度水解含有 L-精氨酸、L-赖氨酸、甘氨酸和 L-瓜氨酸的底物。巯基蛋白酶参与植物的多种生理过程，包括贮藏蛋白水解、衰老和细胞程序化死亡以及逆境胁迫等。

菠萝蛋白酶和木瓜蛋白酶已被用作食品制备中的工艺添加剂，具有酶活性高、热稳定性好、天然健康、无毒副作用等优点。菠萝蛋白酶是从菠萝组织分离纯化得到的半胱氨酸内肽酶，其本质为糖蛋白，含有 2.1% 的糖以及 4 个 N 乙酰化的氨基己糖，相对分子质量为 33000。木瓜蛋白酶包括一个多肽链，该链由 212 个氨基酸组成，相对分子质量为 23350，包括三个二硫键和一个巯基，折叠成两个大小相同但构象不同的区域，具有半胱氨酸内肽酶的活性。二者已广泛应用于食品生产领域，包括啤酒澄清、干酪生产和肉类嫩化等。

一、木瓜蛋白酶

1. 分布及来源

木瓜蛋白酶是一种活性半胱氨酸蛋白酶，最早于 19 世纪从未成熟的番木瓜乳胶中分离获得，是第一种被确定晶体结构的蛋白酶，存在于番木瓜的果实、茎和叶子中，在果实的乳汁中含量最多。木瓜蛋白酶从来源上分属于天然植物蛋白酶类，从作用功能上分属于蛋白水解酶类，从剪切基团上分属于内肽酶类。

2. 结构

木瓜蛋白酶是一种水解酶，呈球状，该分子包括一个多肽链，该链由212个不同氨基酸组成，相对分子质量为23350。1968年，Drenth等初次得到了木瓜蛋白酶的X射线晶体结构，随后，Husain和Lowe等得到了其完整的氨基酸序列。图8-22为木瓜蛋白酶的结构示意图，木瓜蛋白酶的三维结构分为了两个不同的结构域，主要由21%的β-折叠和25%的α-螺旋组成，活性中心则位于两个结构域的缝隙中间。木瓜蛋白酶的活性中心由三部分组成，分别处于氨基酸序列25位的半胱氨酸（Cys_{25}）、位于159位组氨酸（His_{159}）的咪唑环（Im）以及位于158位的天冬氨酸（Asp_{158}）的羧基，三部分共同组成木瓜蛋白酶蛋白链的催化三联体。为了稳定结构，木瓜蛋白酶还包含了三个二硫键，即位于22位的半胱氨酸（Cys_{22}）和位于63位的半胱氨酸（Cys_{63}）连接形成二硫键，Cys_{56}和Cys_{95}之间以及Cys_{153}和Cys_{200}之间也均有二硫键产生，可以确保在高温的细胞外环境下不发生酶失活现象。

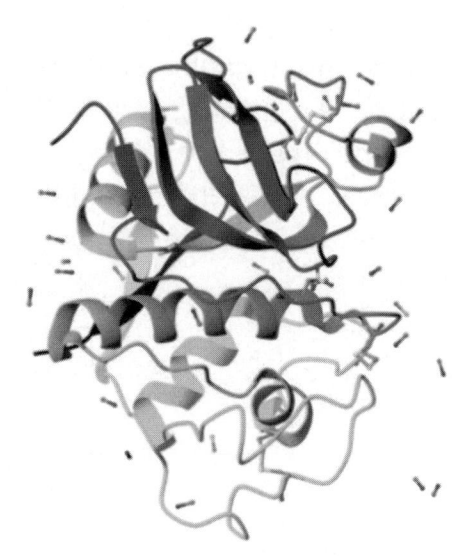

图8-22 木瓜蛋白酶的结构示意图

木瓜蛋白酶外观呈白色或浅黄色粉末，易潮解；易溶于甘油和水，水溶液有时为乳白色或无色，有时呈淡黄色；几乎不溶于乙醇、乙酸和氯仿等有机溶剂。木瓜蛋白酶的最适pH为6.0~7.0（3.0~9.5皆可），等电点（pI）为8.75；木瓜蛋白酶耐热性很强，温度在10~85℃，甚至在90℃也会保持一定的活性。由于木瓜蛋白酶在耐高温、稳定性、酶活性方面优势明显，同时蛋白质水解能力强、安全无污染，因此，被广泛应用到工业生产中。

3. 催化反应及机制

木瓜蛋白酶可以水解蛋白质、短链肽、氨基酸酯和酰胺键等，并且能够优先切割涉及碱性氨基酸的肽键。

木瓜蛋白酶的催化机制就涉及结构中的催化三联体，也是木瓜蛋白酶的催化活性中心。其中Cys_{25}的反应性硫醇通过与易断裂键的羰基碳形成共价酰基酶中间体来水解肽键。除催化活性位点外，木瓜蛋白酶还由7个底物结合亚位点组成，结合亚位点定义为酶表面上与底物的一个氨基酸残基相互作用的区域，分别标记为：S1（His_{159}）、S2（Trp_{177}）、S3（Gln_{19}）、S4（Gly_{23}）、S1'（尚未确定）、S2'（Asp_{158}）、S3'（Asp_{64}），木瓜蛋白酶的7个亚位点对于底物残基具有不同的偏好。S1更偏向于结合赖氨酸、精氨酸、亮氨酸和苯丙氨酸的侧链，S2优先与苯丙氨酸或缬氨酸残基结合，并且能与多肽链的疏水残基结合。

木瓜蛋白酶的催化肽水解机制包括酰化和脱酰化两部分：底物肽的骨架结构结合到邻近的催化三联体，专一侧链进入它的裂沟。催化三联体的Asn_{175}通过一个氢键定位并固定住His_{159}。反应的第一步His_{159}作为一个广义碱从Cys_{25}的硫醇基吸取一个质子，Cys_{25}失去质子后成为亲核体，攻击要断裂肽键的羧基碳，这是一个协调步骤，Cys_{25} 攻击羧基碳前质子转移，将留下一个相当不稳定的 Cys 氧的负电荷，形成酰基酶共价复合物。在下一步骤中，从 His_{159} 质子供体给肽的酰胺基，得到共价的质子化胺，形成四面体中间物，随后促进键的断裂和产物胺的解离。肽上氧的负电荷是不稳定的，这个四面体中间物，能迅速地断裂除去产物胺。酰基酶中间物有一定的稳定性，甚至不能用进一步反应的底物类似物分离出来。然而，用正常的肽底物，随后脱酰化，用水亲和攻击羧基碳，产生另一个过渡态四面体中间物。在这一步中 His_{159} 作为广义碱从攻击的水分子接受一个质子。随后，通过 His_{159} 提供质子给 Cys 氧，以协调的方式帮助四面体中间物瓦解。羧基脱去质子，并从活性部位脱离，完成了整个反应。木瓜蛋白酶的催化机制（图 8-23）说明了过渡态稳定性的原理，也提供了一种典型的酸-碱催化和共价催化的例子。

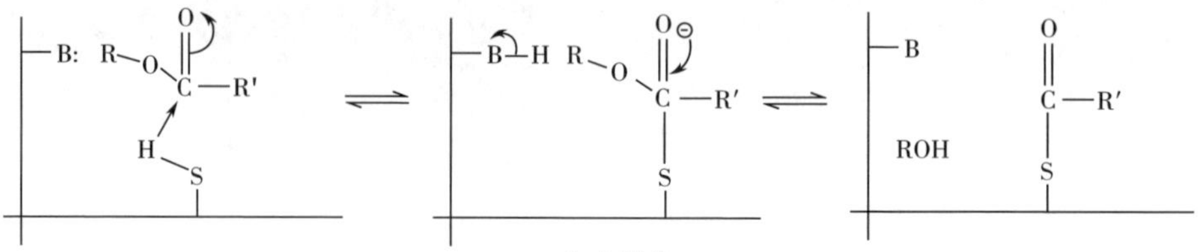

(a) 酰化

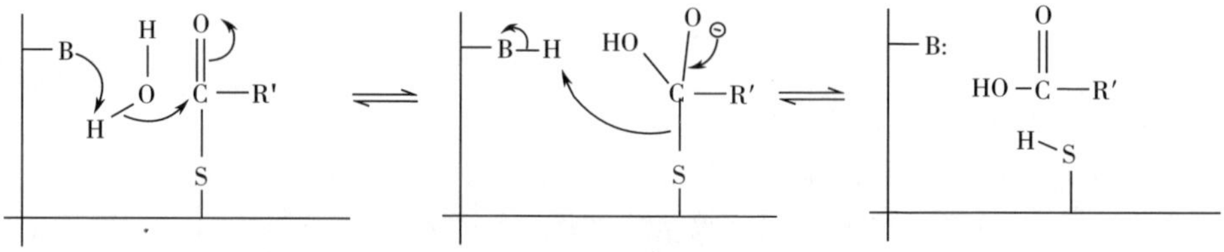

(b) 脱酰化

图 8-23 木瓜蛋白酶的催化机制
（基团 B 代表羧基或咪唑基）

4. 性质影响因素

木瓜蛋白酶是一种蛋白水解酶，物理化学条件都会对蛋白质造成影响。因此温度、酸碱度、重金属离子都能影响木瓜蛋白酶的活性。

(1) 温度对木瓜蛋白酶活力的影响　温度影响分子热运动速度，它直接影响酶与底物的结合，同时高温也可导致蛋白质变性，甚至失活。木瓜蛋白酶具有较宽的温度范围，低温也不会使酶失去活性，但是其活力会受到抑制。温度达到一定程度时，酶才有最大活力，此时的温度为酶的最适温度。而不同的加热方式对木瓜蛋白酶的活力影响也是不同的。

图 8-24 指出了湿热条件下，不同温度对木瓜蛋白酶的活力影响。湿热条件下，40℃处理后木瓜蛋白酶的活力就有了明显的提升，50℃时活力为 200000U/g 左右，达到最大值；60℃时活力降低，70℃、80℃时活力均小于未处理时活力，说明温度达到 70℃、80℃会使木瓜蛋白酶活力钝化，而在 90℃时没有活性，说明此时木瓜蛋白酶已经变性失活。因此在湿热条件下，木瓜蛋白酶最适温度为 50℃，失活温度为 90℃。

图 8-25 指出了干热条件下，不同温度对木瓜蛋白酶的活性影响。干热条件下，40~80℃处理后木瓜蛋白酶活力都有所提升，在 50℃时达到最大值，在 200000U/g 左右，这和湿热条件下最大活力表现一致。而在干热条件下，木瓜蛋白酶在 90℃时仍具有活力，为 60000U/g 左右。

这可能是由于缺少水的作用，有些蛋白被包埋没有受到破坏，同时通过空气传导热量的效率没有液体高，都可能是90℃还有活力的原因。

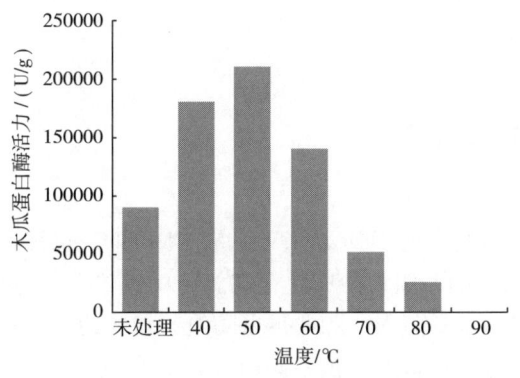

图 8-24　湿热条件下温度对木瓜蛋白酶活力的影响　　　　图 8-25　干热条件下温度对木瓜蛋白酶活力的影响

（2）pH 对木瓜蛋白酶活力的影响　pH 和温度一样，是影响酶活力的重要因素。图 8-26 为在 45℃时，以酪蛋白为底物，不同 pH 对木瓜蛋白酶活力的影响。在 pH 小于 7 的酸性环境中，酪氨酸浓度随 pH 增大而不断增加，当 pH 为 7 时，酪氨酸的浓度达到最高，即此时的酶活力最高。继续增加 pH，酪氨酸浓度随 pH 增大而迅速减小，可能由于木瓜蛋白酶为酸性蛋白，反应液碱性增强可使其酶活性降低更快，从而导致酪氨酸产物减少。

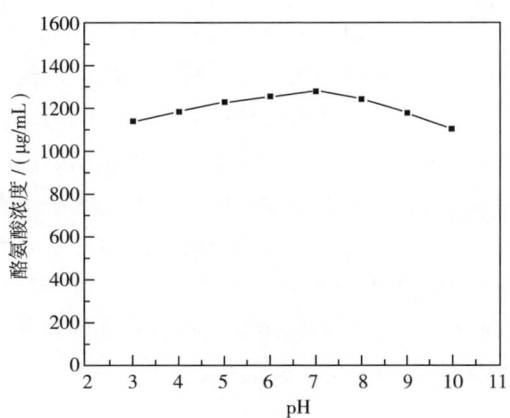

图 8-26　pH 对木瓜蛋白酶活力的影响

5. 发展趋势

我国番木瓜种植面积广泛，木瓜蛋白酶的利用历史长，适用范围广，具有广阔的开发前景。其中固定化木瓜蛋白酶与游离的木瓜蛋白酶相比，具有更广泛的 pH 适用范围及更高的热稳定性，并且可以重复利用，能有效降低使用成本，提高生产效率和提高番木瓜的市场附加值。基于以上特点，固定化木瓜蛋白酶在各领域的应用都取得了一定的成绩，但是目前木瓜蛋白酶及其固定化的研究程度较低，实现产业化应用的能力仍比较有限，现阶段的成果难以满足我国迅速发展的工业需求。这也说明在木瓜蛋白酶及其固定化上仍有较大的发展空间与生产价值，因此需开发出更多的利用手段，例如固定化方法的创新、酶专用品种的选育、酶的生物合成、酶的分离纯化等，进而能更全面、高效地发挥木瓜蛋白酶的作用，提高番木瓜的附加值，拓宽番木瓜资源利用途径，进一步促进番木瓜产业的增长，加快我国的亚热带特色农业现代化建设步伐。

二、菠萝蛋白酶

1. 分布及来源

菠萝蛋白酶是从凤梨属植物菠萝中提取的一组复合的半胱氨酸巯基蛋白水解酶，也称凤梨酶或凤梨酵素，为重要的植物蛋白酶之一，在菠萝的各组织中广泛存在。1891 年 Mercaro 于菠萝的汁中首先发现。菠萝蛋白酶属于糖蛋白，是由巯基蛋白酶和非蛋白酶组分构成的复杂复合物，蛋白酶构成了菠萝蛋白酶的主要成分，根据分离提取的部位不同而分为茎酶和果酶，其中茎酶占 80%，果酶占 10%。磷酸酶、葡萄糖苷酶、过氧化物酶、纤维素酶、糖蛋白和碳水化合物等构成了其非蛋白酶组分。

2. 结构

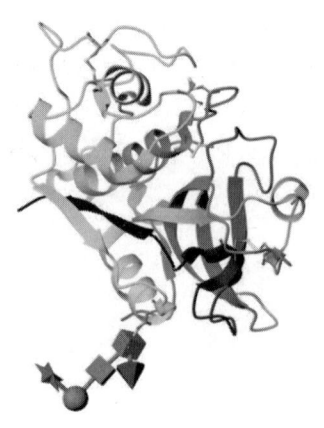

图 8-27　菠萝蛋白酶的结构

菠萝蛋白酶是一种巯基蛋白水解酶的混合物，可以将蛋白质、酰胺、肽和脂等分解成小分子结构的物质。菠萝蛋白酶是从菠萝组织中分离纯化得到的半胱氨酸内肽酶，茎和果实菠萝蛋白酶的氨基酸序列和结构域存在差异，其基本结构如图 8-27 所示。菠萝蛋白酶是由不同硫醇内肽酶和非蛋白酶成分组成的复合体，其相对分子质量为 33000，在电子强度为 0.1、pH 2.9~11.8 的缓冲溶液中 pI 为 9.5。在菠萝蛋白酶的功能基团中，羧基、羟基和糖分子对菠萝蛋白酶的活性影响较小，而巯基、氨基、色氨酸残基和组氨酸残基对菠萝蛋白酶催化活性起关键作用，巯基是菠萝蛋白酶的活性中心。由于巯基不稳定，易被氧化，所以导致菠萝蛋白酶的酶活因活性中心被氧化而下降。菠萝蛋白酶结构的独特之处是含有连接多肽的单一低聚糖链，借助这一独特结构，可将其定向固定在凝集素和豆糖蛋白预偶联的凝胶载体上，所得固定化酶具有较好的热稳定性，并且表现出更广泛的 pH 活性，在 pH=11 时仍保留了 60% 以上的酶活力。

3. 催化机制

菠萝蛋白酶是一种从菠萝中提取的高度集中在茎和果实中的纯天然植物蛋白酶。其通过直接与肉中肌纤维蛋白作用，水解肌纤维与结缔组织，使蛋白降解为小分子的多肽甚至氨基酸，从而易于人体消化，并有效提升肉品嫩度。在菠萝蛋白酶分子中，对其催化活性起关键作用的必需基团是巯基、氨基、色氨酸残基及组氨酸残基，其活性中心的氨基酸顺序和催化机制与木瓜蛋白酶相似。此处不做赘述。

4. 性质影响因素

（1）温度对菠萝蛋白酶活力的影响　菠萝蛋白酶的最适温度范围比较稳定，无论对游离酶还是酶的复合物，其温度范围都相差不大。对于菠萝蛋白酶单宁提取物，其最适反应范围为

55~60℃，其中茎酶的最适温度比果酶稍高。菠萝蛋白酶与茶多酚结合后在60℃反应最为合适。

(2) pH 对菠萝蛋白酶活力的影响　菠萝蛋白酶的最适 pH 在 6.5~7.5，在 7.1 附近酶活力达最大值。在酸性环境中，酶反应速度下降较快，但在碱性下有一个相对较宽的应用范围，酶较为稳定的 pH 范围在 3.5~4.5。菠萝原汁的 pH 为 3.8，调节其原汁 pH 范围为 3.0~6.0，在 40℃恒温水浴中保温 5h 后，测定其活力。结果证明，在 pH=3 时，酶活力保留率只有 46%；pH=5.0 时，酶活力达最高，保留率为 89.7%。

(3) 金属离子对菠萝蛋白酶活力的影响　金属盐离子中 NaCl、KCl 对酶活的影响不是很大，较高浓度的 $MgCl_2$、$CaCl_2$ 对菠萝蛋白酶单宁复合物有一定程度的抑制作用，尤其在浓度较高的情况下对菠萝蛋白游离酶的酶活力的影响更大。Zn^{2+} 的作用中以醋酸锌的作用更为显著，极低的浓度即能促使菠萝蛋白酶的酶活力明显提高。较低浓度的 $ZnCl_2$ 也能使酶的稳定性有所提高。金属离子对菠萝蛋白酶的酶活性的保护机制目前尚不清楚，可能的解释有金属离子与酶活性中心不稳定的基团结合，使其结构更加稳定，不容易被破坏。也可能因为带电荷的金属离子使微环境中电荷重新分布，促使酶趋于更稳定的状态。

(4) 有机溶剂对菠萝蛋白酶活力的影响　一般情况下，随着有机溶剂浓度的增大，菠萝蛋白酶活力呈直线下降。当甲醇、乙醇、乙二醇浓度分别达到25.5%、20.5%、24.0%时，酶活力丧失一半，浓度达到50%时，酶活力完全丧失。在十二烷基硫酸钠（SDS）变性中，菠萝蛋白酶活力随 SDS 浓度的增大而呈指数下降，而 α-螺旋度开始有所下降，然后出现回升趋势，SDS 达 4mg/mL 时，酶完全失活，而 α-螺旋度增加约 24%。聚丙烯酰胺（PAAM）可使菠萝蛋白酶在 30，45，50，60℃下贮存后，酶活力保留率分别提高 13.8%、22.9%、25.2%、28.4%。贮存温度越高，PAAM 提高酶活力保留率的效果越明显，PAAM 在液体酶中同样可以显著地提高酶的稳定性。这是因为 PAAM 是一种高分子亲核试剂，通过氢键固定在酶的表面来稳定酶分子构象；它对菠萝蛋白酶分子还起到一种包埋作用，有效地防止巯基的氧化失活；也由于它从酶相互作用区域排除水，降低自由能，使酶的贮存稳定性得到了显著提高。

5. 发展趋势

菠萝蛋白酶的应用已有很长的历史，随着提取纯化技术的进步，它将有更广泛的应用。我国菠萝资源丰富，年产菠萝 100 万 t 以上，每年都有大量的菠萝皮、茎被浪费掉。同时，我国对菠萝蛋白酶的需求量逐年增多，特别是高活性的菠萝蛋白酶。在医药领域对菠萝蛋白酶的纯度要求越来越高，甚至要明确功能作用的具体成分，而目前工业化生产的酶很难达到此标准，这就要求提取纯化技术要不断进步，以满足各领域的需求。菠萝蛋白酶作为生物活性物质，决定了其易受到外部环境的影响而失活。因此，在生产、贮存、运输过程中保持所需的酶活至关重要，这就要求酶的固定化技术、酶制品的微胶囊化技术等要有所突破。目前，我国年需菠萝蛋白酶千吨以上，而国内生产量不足 10%，因此如何用低成本提取高活力的菠萝蛋白酶，是需要进一步研究的课题。

第四节　金属蛋白酶

金属蛋白酶是指活性中心含有 Mg、Zn、Mn、Co、Fe、Hg、Cd、Cu 或 Ni 等金属离子的酶，对丙氨酸、甘氨酸、异亮氨酸、亮氨酸或缬氨酸等含羧基的多肽键起催化水解作用。由于 Zn^{2+} 带有正电荷且有多种氧化状态，易通过电子转移激活水分子形成活泼不稳定的亲核分子，因此常见的金属蛋白酶活性中心是 Zn^{2+}。虽然这些金属离子可能与酶蛋白牢固地结合，但是当酶液在 EDTA 溶液中透析时，它们还是从酶蛋白质中被分离出去，酶在失去金属后也就失活，金属螯合剂能抑制酶的作用。根据水解肽键位置的不同，将金属蛋白酶分为金属内肽酶和金属外肽酶。金属内肽酶包括 ADAM 蛋白和基质金属蛋白酶，以及 M16 金属蛋白酶，如胰岛素降解酶和前序蛋白酶。金属外肽酶包括羧肽酶 A、一些氨肽酶和细菌蛋白酶。

基质金属蛋白酶通常由信号肽、前肽结构域、催化结构域、铰链区及 C 末端血红素结合蛋白样结构域组成。羧肽酶参与细胞外基质的降解，可降解细胞外基质的所有成分。基质金属蛋白酶还能使细胞表面受体、趋化因子、蛋白抑制剂、胞内蛋白和蛋白酶等分子激活或失活，进而调节细胞外、细胞内、细胞外周的信号通路及信号网络。

羧肽酶 A 以酶原的形式从牛的胰脏中分泌出来，它是由三条多肽链复合而成的，相对分子质量为 80000。在胰蛋白酶的作用下，酶原转变成活性羧肽酶 A，它是一条由 307 个氨基酸残基构成的多肽链，相对分子质量为 34500。牛胰脏还分泌羧肽酶 B 的酶原，经活化转变成羧肽酶 B。这两种羧肽酶在作用机制上是十分相似的，它们都含有 Zn^{2+}，都要求底物的 C 末端氨基酸的羧基必须是游离的。然而它们在底物特异性上有很大的差别。羧肽酶 B 要求肽的 C 末端氨基酸残基必须是精氨酸或赖氨酸，而羧肽酶 A 只能作用于 C 末端氨基酸残基除精氨酸、赖氨酸、脯氨酸或羟脯氨酸以外的肽。金属螯合剂能将 Zn^{2+} 从羧肽酶 A 中除去。不含金属离子的酶蛋白虽然能和底物相结合，但是已失去酶的活力。一个（或两个）酪氨酸残基和一个组氨酸残基存在于羧肽酶 A 的活性部位中。羧肽酶 A 的最适 pH 为 7~8。

在氨肽酶中，已对亮氨酸氨肽酶做了充分的研究。从猪的肠黏膜和许多其他动物组织可以获得亮氨酸氨肽酶。酶具有较宽广的底物特异性。它之所以被称为亮氨酸氨肽酶，这是因为首先发现它能水解 N 末端氨基酸残基是亮氨酸的二肽和三肽。事实上，这个酶还能水解许多 N 末端氨基酸的酰胺、酯和肽。亮氨酸氨肽酶的最适 pH 在 8 左右。

金属蛋白酶在食品领域已得到广泛应用。当蛋白质在酶或酸催化下水解时，往往有苦味肽产生。这些苦味肽的 C 末端氨基酸一般具有大体积的疏水侧链。而这些苦味肽往往是羧肽酶 A 的合适底物，因此可以利用羧肽酶 A 来除去这些能使水解蛋白质带有苦味的肽。如果采用霉菌蛋白酶粗制剂水解大豆蛋白质，那么水解产物的苦味比采用相应的纯酶制剂要小得多。从分析水解产物中游离氨基酸所得数据证明，采用粗酶制剂时游离氨基酸中含有较多的疏水性氨基酸。因此，可以推测苦味肽的降解是由于在粗酶制剂中含有羧肽酶的活力。事实上，在一些微生物来源的蛋白酶制剂中确实含有羧肽酶和氨肽酶的活力。

一、金属羧肽酶

1. 分布及来源

金属羧肽酶是一种外肽酶，单一多肽链，通过肽链 C 末端残基水解释放游离氨基酸，其结构内部活性中心有 Zn^{2+} 配位，它帮助稳定底物和中间体，降低反应的活化能，属于锌离子依赖型的羧肽酶，此外还有钙离子、镁离子、锰离子等其他配位金属离子而组成金属羧肽酶。金属羧肽酶广泛存在于动物、植物、真菌、细菌、病毒及寄生虫中，是一类存在于细胞外、帮助蛋白质消化的羧肽酶，在生物体中的多种生理过程中起着关键作用，包括蛋白质的后期加工、成熟以及代谢等不同的生理作用。

哺乳动物中金属羧肽酶参与多种生命活动调控，食物消化、胚胎发育、组织病变、细胞形态调节及伤口愈合等生理过程，同时与多种病症有密切联系，如常见的癌症、高血压、动脉粥样硬化和白血病等。

植物来源的羧肽酶大多存在于植物生长期的叶片以及种子中，且植物来源的羧肽酶pH大都是酸性的，并且在种子萌发、细胞凋亡、次级代谢产物的合成等过程中发挥着重要的作用。动物来源的羧肽酶主要存在于胰腺和肝脏中。金属羧肽酶A和金属羧肽酶B是最先在猪胰腺中被发现，但其有限的可用性和提取难度限制了它的使用。

昆虫中，食物蛋白经过内切酶和羧肽酶等外切酶消化为单个游离氨基酸，后被肠道细胞吸收提供营养，由于昆虫相对于哺乳动物来说体型小、结构相对简单、操作简便，因此更便于对其金属羧肽酶进行深入研究，有助于更好地理解锌金属蛋白酶的类型及其各自的功能。黑腹果蝇、棉铃虫、冈比亚按蚊和家蚕等昆虫中的金属羧肽酶能够参与昆虫体内多项生命活动进程，如食物的消化与吸收、组织重塑、变态发育、神经系统的调控及免疫防御反应等。

来源于微生物金属羧肽酶包括微生物自身生产的羧肽酶及以微生物为宿主过量表达的异源金属羧肽酶，曲霉、酵母以及假单胞菌等都是微生物羧肽酶的主要来源。现使用范围最广泛的是来自酵母的羧肽酶Y，在米曲霉、构巢曲霉和黑曲霉等真核微生物液泡中的羧肽酶，可用于多肽脱苦、生物活性多肽的延长或特异性修饰等，源于假单胞菌的羧肽酶G可用于甲氨蝶呤解毒。

2. 结构

金属羧肽酶属于M14家族，包含M14结构域，根据Zn^{2+}结合氨基酸位点不同划分为M14A、M14B、M14C、M14D型，结合氨基酸分别为H69A(S)RE72…H196、H69GNE72…H196、H69ANE72…H196和H69PGE72…H196。以M14A为例，其由三个高度保守氨基酸残基（His_{69}、Glu_{72}和His_{196}）通过多肽链的折叠在三级结构中形成保守的三联体。金属羧肽酶是由约307个氨基酸形成的多肽链，呈椭球型，其中约一半的氨基酸为α-螺旋或β-折叠的混合形态构型，其余的氨基酸无确定模式，相对容易变形；金属羧肽酶内腔中部呈长条状，Zn^{2+}配位于空腔的内表面，其中还伴有一定数量的水分子；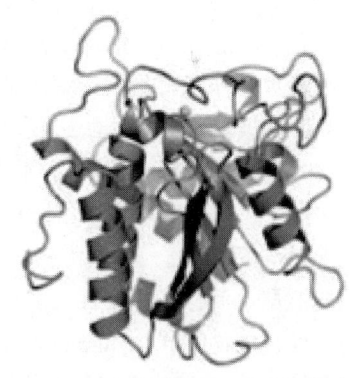

图8-28 金属羧肽酶三级结构

Zn^{2+}与多肽链的两个组氨酸残基（His）咪唑基氮原子，一个谷氨酸残基（Glu）羧基氧原子和一个水分子以配位键结合，形成5配位，活性位点周围是一个疏水性腔袋，是金属羧肽酶实现对底物C末端的结合和催化活性所必需的组分。其形成的三级结构如图8-28所示。

3. 催化反应及机制

通常羧肽酶A（CPA）对于芳香族或脂肪类氨基酸残基有最佳的切割能力，羧肽酶B（CPB）优先切割碱性氨基酸，同时也能切割一些非碱性的氨基酸残基。金属羧肽酶的反应需要金属离子（Zn^{2+}）的参与，与金属羧肽酶两个组氨酸残基（His）、一个谷氨酸残基（Glu）和一个水分子形成五配位。金属羧肽酶水解过程中不发生电子转移，其金属离子的氧化钛在催化过程中不发生变化。催化水解过程一般分为四个步骤：①酶的 Arg_{145} 残基的带正电的胍基和底物所带的负电荷的碳末端静电作用相互吸引，底物进入酶空腔口袋之中；②氢键的形成，底物敏感肽键上—NH—基上氮原子与酶得 Tyr_{248} 的—OH 之间形成氢键；③底物肽键上的羰基挤走和锌配位的水分子而与 Zn^{2+} 配位；④锌离子配位后使羰基极化，使羰基碳原子电正性更强，更加易于受到亲核进攻，底物末端羰基碳原子通过插入一个水分子与酶的 Glu_{270} 侧链以氢键连接。

金属羧肽酶催化的反应为金属羧肽酶特异地作用于多肽或蛋白质的 C 末端，去除一个非末端的氨基酸。其反应式可简化表示为：

$$—NH—CH—CO—NH—CH—COO^- + H_2O \xrightarrow{\text{羧肽酶}} —NH—CH—COOH + NH_2—CH—COO^-$$
$$\quad\quad\quad |\quad\quad\quad\quad\quad |\quad\quad\quad\quad\quad\quad\quad\quad\quad\quad\quad\quad\quad\quad |\quad\quad\quad\quad\quad |$$
$$\quad\quad\quad R_2\quad\quad\quad\quad R_1\quad\quad\quad\quad\quad\quad\quad\quad\quad\quad\quad\quad\quad\quad R_2\quad\quad\quad\quad R_1$$

金属羧肽酶的作用机制是在多肽链和蛋白质的羧基端逐个水解并释放游离氨基酸。金属羧肽酶 A 对多种氨基酸都具备水解能力，但是水解速度不一，并且受 pH 变化影响较大，能释放 C 末端氨基酸（除脯氨酸、羟脯氨酸、精氨酸和赖氨酸），对具有芳香族侧链和大脂肪侧链的羧基端氨基酸具有很强水解能力。相比较而言，羧肽酶 A 释放非极性氨基酸、组氨酸、苏氨酸、高丝氨酸等的速度明显快于天冬氨酸、丝氨酸、甲硫氨酸以及赖氨酸等的释放，但随着 pH 的增加，对天冬氨酸、丝氨酸和甲硫氨酸的作用速度也不断加快。

羧肽酶 B 仅水解以碱性氨基酸（如精氨酸和赖氨酸）为 C 末端残基的肽键，大部分特性与羧肽酶 A 很相似，唯一不同点在于羧肽酶 B 对 C 末端是精氨酸和赖氨酸残基的肽键具有很高的水解活性，有时也能切断其他疏水性氨基酸残基。

赖氨酸羧肽酶能降解蛋白末端的基本氨基酸，赖氨酸具有很强的活性而被命名为赖氨酸羧肽酶。甘氨酸羧肽酶又名羧肽酶 S，能降解倒数第二个为甘氨酸的肽。羧肽酶 E、羧肽酶 M、羧肽酶 U 和羧肽酶 B 类似，主要降解 C 末端为精氨酸和赖氨酸的肽。谷氨酸羧肽酶又名羧肽酶 G，能作用于含 N 酰化底物 C 末端，释放谷氨酸残基。

4. 性质影响因素

金属羧肽酶的活性和稳定性受多种因素的影响，包括 pH、温度、金属离子类型和浓度及酶的结构。此外，底物特异性和酶的活性也可能受到天然抑制剂或外源化学物质的调控。

金属羧肽酶 A 是目前研究最为清楚的水解酶，以金属锌依赖为特点，当 Zn^{2+} 被替换成其他金属离子时会有不同的酶活性，被 Fe^{2+} 置换而保持酶的活性；被 Co^{2+} 置换时，酶的活性得到进一步增强；被 Mn^{2+}、Cd^{2+} 置换时，酶的活性下降；被 Ni^{2+}、Pb^{2+}、Hg^{2+} 置换时仅仅保持部分活性。没有金属辅基的酶无活性。添加额外的不同金属离子和浓度会对酶活性有不同程度的提升，如 Cd^{2+}、Mn^{2+}、Zn^{2+}、Fe^{2+}、Co^{2+} 等；蛋白酶抑制因子作为蛋白酶的一种基质，其活性中心与蛋白酶结合形成稳定的复合体而起作用，对金属羧肽酶 A 活性有抑制效果的抑制剂有 Cu^{2+}、Hg^{2+}、EDTA、3-Phenylpropionic acid 和来自马铃薯、水蛭、海蜗牛等动物的肽酶抑制剂。

金属羧肽酶在不同 pH 和温度下会呈现不同的酶活力，通常金属羧肽酶在一定温度内（<60℃）活性随温度升高而上升，不同来源的羧肽酶会有不同的最适温度，取决于物种的生活环境和体温；通常在中性或弱碱性 pH=8 时显示极大的酶活力，碱耐受程度相差不大，偏酸或过于偏碱均会造成酶活力下降，pH 接近 5.0 时酶活力接近零，pH>12.0 时酶活力完全丧失。

5. 发展趋势

想深入理解金属羧肽酶在生理和病理条件下的作用，特别是在疾病状态（如肿瘤、炎症和代谢疾病等）下的变化，解析人体的羧肽酶对疾病的影响，可以通过同源性较高的酵母来做代替研究。在药物开发方面，金属羧肽酶的抑制剂和激活剂探索被作为潜在的治疗方法。同时，随着生物技术的发展，人们也在探索这些酶在工业生产（如食品加工和生物合成）中的应用，以及在环境保护（如生物降解）中的潜力。随着对这类酶分子机制的进一步了解，未来可能会开发出更多基于金属羧肽酶的应用技术。

二、金属氨肽酶

1. 分布及来源

金属氨基肽水解酶属于外源性肽酶，其功能是特异性地从肽类或蛋白质分子的 N 端起始，逐个移除氨基酸单元，生成游离态的氨基酸。同金属羧肽酶一样广泛存在于自然界中，包括细菌、真菌、植物和动物。动物氨肽酶主要存在于多种组织和细胞中，如血液、肝脏、肾脏以及各种细胞外基质中，参与多种生理和病理过程；植物氨肽酶主要存在于叶片、茎干等中，霉菌、细菌、酵母以及放线菌等微生物中也有氨肽酶，产量高且分离纯化工艺简单，因此微生物成为氨肽酶的主要来源，如红曲霉来源的氨肽酶、海洋 *Bacillus licheniformis* SWJS33 菌株来源的亮氨酸氨肽酶、盐湖菌株 Ps sp. QH 来源的氨肽酶、毛霉 AS3.2778 来源的脯氨酸氨肽酶等。

2. 结构

依据催化机制与目标位置的区别，氨肽酶可以划分成金属氨肽酶、丝氨酸氨肽酶和半胱氨酸氨肽酶三大类。金属氨肽酶因其活性中心含有金属离子，与酶本体紧密相连而与金属羧肽酶分类相似。在氨肽酶众多类别中，金属氨肽酶为最普遍，约占所有种类的60%。这类氨肽酶依赖锌、钴、镁、锰等金属离子的参与。其活性中心通常携带一至两个金属离子，多数富含锌、钴或锰等阳性金属元素，常以单一的金属离子参与催化，也有两个金属离子的情况，这一特性与酶的活性、蛋白质立体结构紧密关联。金属氨肽酶关键作用部分位于其一级、二级、三级和四级结构域，尤其是二级结构域，它含有一些与 Zn^{2+} 结合的稳定残基，两个组氨酸和相邻的 24 个谷氨酸残基，HEXXH 序列也包含在内。金属氨肽酶三级结构拓扑见图8-29。

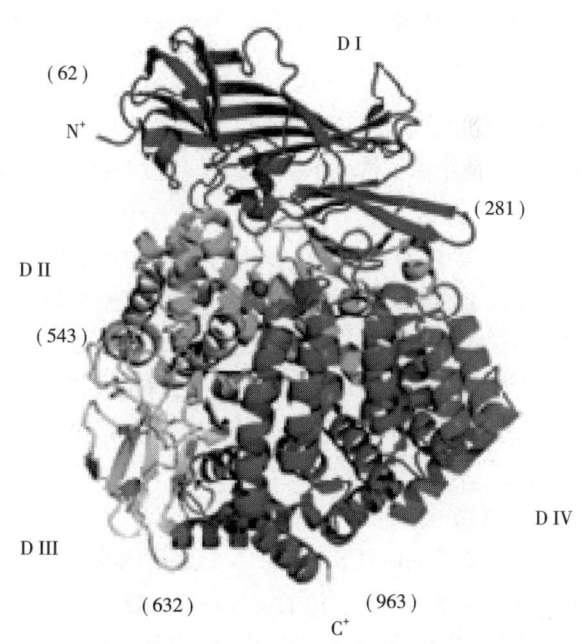

图 8-29　金属氨肽酶三级结构拓扑

金属氨肽酶属于锌金属肽酶 M1 家族，M1 家族都具有 GAMEN 和 HEXXH$_{18}$ 基序（图 8-30），该基序是锌结合位点的一部分。金属阳离子与来自 HEXXH 基序的组氨酸残基以及来自靶向底物的肽链接的羰基的氧分子形成配位键,组成活性中心。

```
S.li_APN            KYDQLFVPEFNAGAMENAGAVTIRDQYVFR--SKVTDAAYEVRAATILHELAHMWFGDLV
M.tub_LysylAP       KYDQLFVPEFNAGAMENAGAVTFLEDYVFR--SKVTRASYERRAETVLHEMAHMWFGDLV
E.coli_alanylAP     IYMIVADFFNMGAMENKGLNIFNSKYVLARTDTATDKDYLDIERVIGHEYFHNWTGNRV
V.cho_APN           IYMIVADFFNMGAMENKGLNIFNSKFVLANEKTATDTDYLGIEAVIGHEYFHNWTGNRV
L.lac_Lysy1         HSWHIALPDFSAGAMENWGCITYREVCMLVDPENATIOSKQYVATVIAHELAHQWFGDLV
C.psyc_coldactiveAP YDLLMLPPSFPFGGMENPRLSFITPTVVAG----------DKSLVNLIAHELAHSWSGNLV
                      :    *  ****                    :             :**  * *:  *
```

图 8-30 金属氨肽酶保守序列

3. 催化反应及机制

金属氨肽酶是构成最大的氨肽酶组的水解酶,其中对肽键的亲核攻击是由二价金属阳离子激活的水分子介导的,偏向水解中性和碱性氨基酸残基,通过对蛋白质或多肽链 N 端氨基酸残基的水解,逐个释放出游离的氨基酸。一些氨肽酶需要单个金属离子进行催化,如人胞质氨肽酶,而另一些则需要两个金属离子。尽管结构和金属中心不同,但所有金属氨肽酶遵循类似的反应机制。金属氨肽酶根据其褶皱、活性位点结构和活性金属离子的特性被细分为六个家族(MA、MF、MG、MH、MN 和 MQ)。MA 家族包括仅具有一种催化金属离子 MF 和 MG 的酶,它们具有共催化金属离子。大多数金属蛋白酶含有锌、钴或锰金属阳离子中的一种或两种。

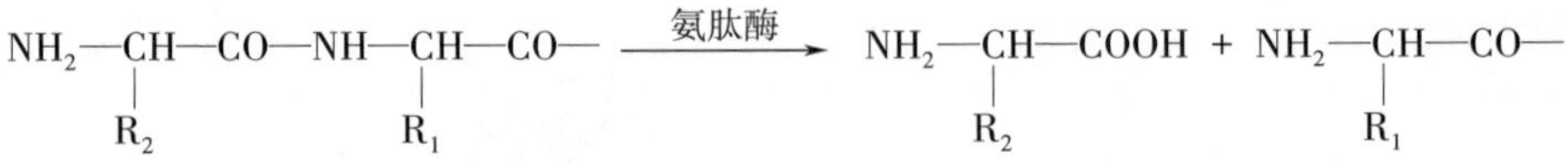

$$NH_2—CH—CO—NH—CH—CO— \xrightarrow{\text{氨肽酶}} NH_2—CH—COOH + NH_2—CH—CO—$$
$$\quad\quad\quad |\quad\quad\quad\quad\quad |\quad\quad\quad\quad\quad\quad\quad\quad\quad\quad\quad |\quad\quad\quad\quad\quad\quad\quad |$$
$$\quad\quad\quad R_2\quad\quad\quad\quad\quad R_1\quad\quad\quad\quad\quad\quad\quad\quad\quad\quad\quad R_2\quad\quad\quad\quad\quad\quad\quad R_1$$

其催化机制为:金属氨肽酶主要针对多肽链的 N 端展开攻击,导致蛋白质或多肽中的氨基酸残基释放成单体,产生了游离态氨基酸。这类酶的活化通常依赖于双正价金属离子的存在,大多数情况为 Zn^{2+},它们通过催化水的分子作用发挥功能,催化过程与金属羧肽酶相似。这些金属离子在氨基酸的侧链协同效应下被定位于特定的位置,其通常具有三个配位位置。至今为止所研究的金属肽酶中,参与金属结合的氨基酸侧链残基大多是组氨酸、谷氨酸、天冬氨酸或者赖氨酸。在进行金属离子催化过程中,除前述配体之外,通常还需要至少一种别的残基,这可能是谷氨酸、赖氨酸或者精氨酸,它们扮演着阳极性团(带正电荷)的角色。在已知的种类繁多的金属蛋白酶中,约有一半包含有 HEXXH 序列,结晶结构解析表明,此序列是金属结合的关键点。

4. 性质影响因素

金属氨肽酶的活性和稳定性受到多种因素的影响,包括 pH、温度、金属离子类型和浓度,以及其他辅因子的存在。酶的特异性和选择性也受到其三维结构和活性位点特征的影响。

大多数细胞外氨肽酶在碱性范围内具有最佳 pH,在 7.0~8.5 活性最高。酶反应的最佳温度通常反映了微生物在自然条件下生长的温度,一般在 60℃ 以下。从铜绿假单胞菌中纯化出在 pH 9.0 和 80℃ 下具有最大活性的热稳定赖氨酸氨肽酶。金属螯合剂如乙二胺四乙酸(亦称作 EDTA)、二乙烯三胺五乙酸(简称为 DTPA)以及羟乙基乙二胺四乙酸(简称 HEDTA)通过络合作用捕获金属离子以降低甚至彻底消除某些酶的活性。不同金属离子的添加会对不同种类的金属氨肽酶有不同程度的酶活力提升或降低,如表 8-4 所示。

表 8-4　　　　　　　　　　　　金属离子对金属氨肽酶活性影响

1 mmol/L 金属离子	相对酶活/%	10 mmol/L 金属离子	相对酶活/%
对照	100.00	对照	100.00
Co^{2+}	125.78	Co^{2+}	121.33
Ca^{2+}	25.66	Ca^{2+}	21.95
K^+	93.47	K^+	89.51
Fe^{2+}	28.54	Fe^{2+}	26.86
Zn^{2+}	120.73	Zn^{2+}	117.67
Mg^{2+}	115.62	Mg^{2+}	103.44
Mn^{2+}	101.22	Mn^{2+}	96.55
Ni^{2+}	19.57	Ni^{2+}	15.88
Cu^{2+}	29.07	Cu^{2+}	21.99

注:"对照"表示不添加任何浓度金属离子的样品。

5. 发展趋势

近年来,金属氨肽酶的研究重点在于理解它们在疾病中的角色,特别是在癌症、炎症和神经退行性疾病中的作用。开发针对特定金属氨肽酶的抑制剂或激活剂以治疗相关疾病和微生物获取大量氨肽酶,是当前的热点研究方向。此外,基于金属氨肽酶的结构和功能特性,人们也在探索它们在工业和环境应用中的潜力,如生物降解和生物修复等。

三、基质金属蛋白酶

1. 分布及来源

基质金属蛋白酶(MMPs)是一类高度保守的蛋白水解酶类,因其可降解胞外基质,且需要 Ca^{2+}、Zn^{2+} 等金属离子作为辅因子而得名。迄今为止,有 30 余种 MMPs 被发现,脊椎动物 MMPs 家族包括 28 种酶,其中 23 种存在于人类体内,14 种在脉管系统中表达。

MMPs 由多种组织和细胞产生,促炎细胞和子宫胎盘细胞分泌,包括成纤维细胞、成骨细胞、内皮细胞、血管平滑肌、巨噬细胞、中性粒细胞、淋巴细胞和细胞滋养细胞等。真皮成纤维细胞和白细胞是 MMPs 的主要来源,尤其是 MMP-2。MMP-1、MMP-2、MMP-3、MMP-7、MMP-8、MMP-9、MMP-12、MMP-13、MMP-14 和 MMP-16 在各种血管组织和细胞中表达。

MMPs 被分为六种,包括胶原蛋白酶(collagenases)、明胶酶(gelatinases)、基质溶解素(matrilysins)、溶血素(hemolysin)、膜型 MMPs [membrane-type(MT)-MMPs] 和其他 MMPs (表 8-5)。

表 8-5　　基质金属蛋白酶的分类

MMPs 类型	亚族	亚型	底物
胶原蛋白酶	胶原蛋白酶-1/间质胶原酶	MMP-1	纤维和非纤维胶原蛋白（Ⅰ型、Ⅱ型、Ⅲ型、Ⅵ型、Ⅶ型、Ⅷ型和Ⅹ型）、层黏连蛋白、酪蛋白、MMP-1、-2、-9
	胶原蛋白酶-2/中性粒细胞胶原酶	MMP-8	纤维状胶原蛋白（Ⅰ型、Ⅱ型、Ⅲ型、Ⅴ型、Ⅶ型、Ⅷ型和Ⅹ型）、明胶、纤维连接蛋白
	胶原蛋白酶-3	MMP-13	纤维状胶原蛋白（Ⅰ型、Ⅱ型和Ⅲ型）、明胶
	胶原蛋白酶-4	MMP-18	ND
明胶酶	明胶酶 A（72000）	MMP-2	基底膜、非纤维胶原蛋白（Ⅳ型、Ⅴ型、Ⅱ型和Ⅹ型）、纤维连接蛋白、弹性蛋白
	明胶酶 B（92000）	MMP-9	基底膜胶原、非纤维性胶原蛋白（Ⅳ型、Ⅴ型、Ⅶ型、Ⅹ型和ⅩⅣ型）、明胶、纤维蛋白
基质溶解素	基质溶素-1（PUMP）	MMP-7	胶原蛋白（Ⅳ-Ⅹ）、纤维连接蛋白、明胶、蛋白多糖、MMP-9、层黏连蛋白
	基质溶素-2/内异构酶	MMP-26	胶原蛋白-Ⅳ、纤维连接蛋白、纤维蛋白原、明胶、MMP-9
溶血素	溶血素-1	MMP-3	胶原蛋白（Ⅲ型、Ⅳ型、Ⅴ型和Ⅸ型）、纤维连接蛋白、蛋白多糖、proMMP-1、层黏连蛋白、明胶
	溶血素-2	MMP-10	纤维连接蛋白、胶原蛋白（Ⅲ型和Ⅳ型）、proMMP-1
	溶血素-3	MMP-11	丝氨酸、聚集素、层黏连蛋白、纤维连接蛋白、明胶
膜型 MMPs	MT1-MMP	MMP-14	明胶、胶原蛋白（Ⅰ型、Ⅱ型、Ⅲ型）、纤维连接蛋白、酪蛋白、层黏连蛋白、MMP-2 和-13、巢蛋白、玻璃体连接蛋白、蛋白多糖
	MT2-MMP	MMP-15	proMMP-2，明胶，纤维连接蛋白，腱生蛋白，层黏连蛋白，聚集素，MMP-2
	MT3-MMP	MMP-16	Ⅲ型胶原蛋白、明胶、酪蛋白、纤维连接蛋白、MMP2
	MT4-MMP	MMP-17	ND
	MT5-MMP	MMP-24	纤维连接蛋白、proMMP-9、proMMP-2、明胶
	MT6-MMP	MMP-25	纤维蛋白、明胶、Ⅳ型胶原蛋白、纤维连接蛋白
其他	巨噬细胞弹性蛋白酶	MMP-12	酪蛋白、Ⅳ型胶原蛋白、玻璃体连接蛋白、弹性蛋白、明胶、纤维连接蛋白、纤维蛋白原、纤溶酶原
	RASI-1	MMP-19	Ⅰ型胶原蛋白

续表

MMPs类型	亚族	亚型	底物
其他	釉质溶解素	MMP-20	明胶，复合体，釉原蛋白，蛋白聚糖
	来自非洲蟾蜍的XMMP	MMP-21	ND
	来自鸡的CMMP	MMP-22	酪蛋白、明胶
	CA-MMP（半胱氨酸阵列）	MMP-23	ND
	癫痫素	MMP-28	酪蛋白
	未命名	MMP-29	ND

2. 结构

一般来说，典型的 MMPs 由 17~29 个氨基酸的氨基末端信号肽域（signal peptide）、约 80 个氨基酸的前肽（pro-peptide）、约 170 个氨基酸的金属蛋白酶催化结构域（catalytic domain）、可变长度的连接肽或铰链区和约 200 个氨基酸的血红素蛋白结构域（C-terminal hemopexin-like domain）组成。但不是所有的 MMPs 都同时拥有这些区域，只有信号肽、前肽和催化结构域具有高度保守性（图 8-31）。

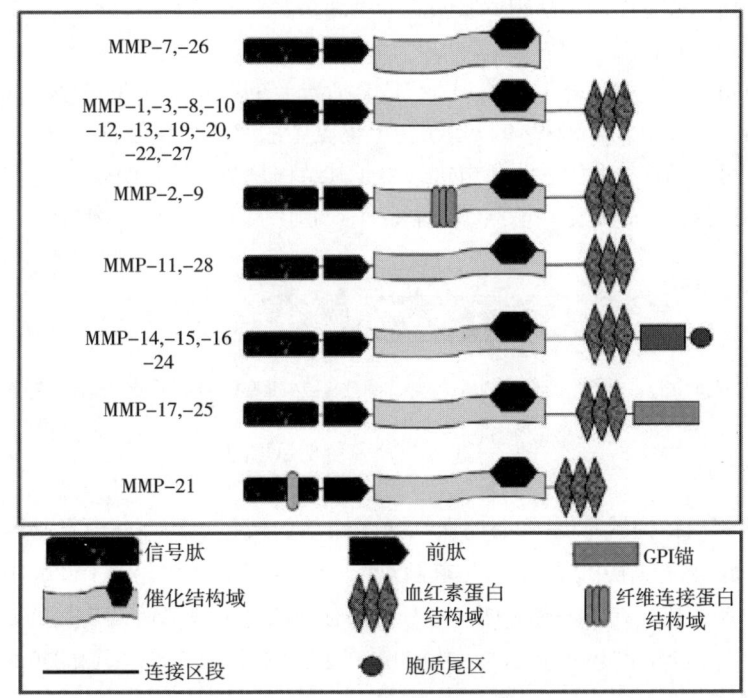

图 8-31 MMPs 家族不同成员的结构域示意图

（1）氨基末端信号肽结构域　氨基末端信号肽结构域负责将 MMPs 排泄到细胞外。大多数 MMPs 通过跨膜区与细胞表面结合，膜型 MMPs（MT-MMPs）除外，其通常同时具有跨膜结构域和胞质结构域，如图 8-32 所示，MMP-17，-25 有一个糖基磷脂酰肌醇（GPI）锚。

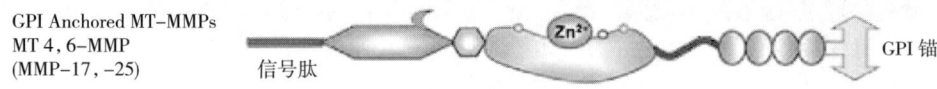

图 8-32　MMP-17，-25 结构示意图

（2）前肽结构域　前肽结构域包含三个用柔性环连接的 α 链，它们通过相互作用形成疏水口袋，负责激活该酶。所有 MMPs 前肽结构域的氨基酸序列均为 PRCGXPD，序列中含有一个半胱氨酸，被称为"半胱氨酸开关"（MMP-23 除外），半胱氨酸残基含有与 Zn^{2+} 配位的巯基，它和催化结构区的 Zn^{2+} 的结合使酶不能分解底物，因为它阻止了水分子与 Zn^{2+} 结合，将此残基去掉即可将酶激活。

（3）催化结构域　催化结构域为直径约 40Å 的球形，负责酶的蛋白分解活性。所有的 MMPs 中均含有 Zn^{2+} 催化结构域，此位点包含一个保守的与锌结合的序列 HEXXHXXGXXH（X 为除 Pro 外的氨基酸），它是蛋白质分解活性的关键。MMPs 受金属离子的影响很大，在其结构中含有 Zn^{2+} 和 Ca^{2+}，Zn^{2+} 位于酶催化结构域的中心（一个催化 Zn^{2+} 和一个结构 Zn^{2+}，分别维持催化活性和结构完整性），与底物的结合和酶的活性直接相关；而 Ca^{2+} 参与酶的激活和结构稳定性的维持，也是 MMPs 结构中不可缺少的一部分。

（4）纤维连接蛋白结构域　纤维连接蛋白结构域由三个重复的纤维连接蛋白 II 型基序组成，位于催化结构域和 Zn^{2+} 催化结构域之间。纤维连接蛋白 II 型基序具有结合明胶、层黏连蛋白、I 型和 IV 型胶原蛋白的能力。

明胶酶（MMP-2 和 MMP-9）含有其他 MMP 所没有的纤维连接蛋白结构域，它是胶原蛋白识别的调节器。明胶酶 B（MMP-9）是结构上最复杂的基质金属蛋白酶之一，如图 8-33 所示，它含有长度可变的连接肽，称为铰链区。由于其结构复杂，可与明胶、I 型和 IV 型胶原、II 型前胶原、层黏连蛋白、金属蛋白酶组织抑制因子、趋化因子等多种底物结合。

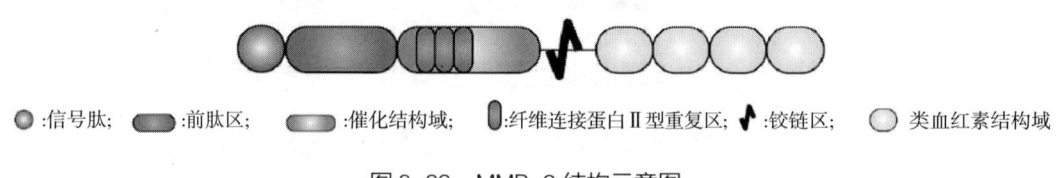

●:信号肽；　　:前肽区；　　:催化结构域；　　:纤维连接蛋白 II 型重复区；　♪:铰链区；　　:类血红素结构域

图 8-33　MMP-9 结构示意图

（5）血红素蛋白结构域　C-末端的血红素蛋白结构域包含约 200 个氨基酸残基，可与明胶、胶原蛋白等底物相互作用。该区域呈椭圆盘形，包含四个叶片，每个叶片由四个反平行的 β 链和一个 α-螺旋组成。在第一和第四个叶片之间存在四个以单二硫键连接的 β 型螺旋桨，螺旋桨中心通常存在一个 Ca^{2+} 和一个 Cl^-。在 MMP-9 中，它对酶与金属蛋白酶组织抑制物的结合起着重要的作用。

3. 催化反应及机制

MMPs 的主要催化反应是降解细胞外基质（extracellular matrix，ECM）中的蛋白质，参与组织的重塑、细胞迁移、细胞增殖等生理过程，对于生物体内的正常发育、修复和炎症反应等具有重要作用。其最重要的功能是对胶原蛋白层黏连蛋白等众多ECM的基膜和结构进行降解并重新构建，同时释放一些活性蛋白片段，还可以调节并控制细胞之间的可溶性细胞因子受体（soluble cytokine receptors，CKR）。

细胞外基质是细胞周围的一种复杂结构，由一组不同类型的蛋白质组成，如胶原蛋白、纤维连接蛋白、透明质酸等。它在细胞和组织的结构支持、细胞间的黏附、信号传递、细胞迁移和细胞增殖等方面都发挥着重要的功能。基质金属蛋白酶可通过水解和降解基质蛋白质，从而调节细胞外基质的组成和结构，影响细胞的活动和功能。

MMPs酶切底物依靠的是一种锯齿形模型。在MMPs作用下，结构较为复杂的基质蛋白被裂解为较小的片段，MMPs在该过程中起到类似于钳子的作用，通过锯齿形模型，将基质蛋白切割成较小的分段。相较于其他MMPs产生的切割片段，由MMP-1、MMP-8和MMP-13产生的基质蛋白分子的切割片段更小、更容易被清除。

4. 性质影响因素

MMPs家族成员的基因转录水平受到多种基因转录调控因子的影响。MMPs基因家族中的转录因子包括AP-1、NF-κB、Sp1、Ets-1、E2F等，其中AP-1转录因子是MMPs基因家族中最为重要的调控因子之一。AP-1转录因子不仅参与MMPs基因的转录调控，也参与其他基因的转录调控过程。

MMPs通常以非活性的proMMP形式分泌，前肽结构域可被其他蛋白水解酶切割，去除半胱氨酸开关，激活proMMPs，故而调节酶原活化的酶活力是MMPs降解ECM的关键之一。proMMPs可被各种蛋白酶裂解为活性形式，MMPs之间也能相互激活。

此外，MMPs还受到微环境因素的影响，例如细胞周围基质成分和生长因子等，能够通过改变细胞内的信号传导途径和调控转录因子水平等途径，调节MMPs的合成和活性。

5. 发展趋势

MMPs在生理、病理过程中起着重要的作用，不仅在哺乳动物中大量存在，在许多植物、微生物体内也扮演着重要角色，它可以降解ECM中的各种蛋白质底物，对机体的代谢调节有很重要的意义。对于人体，当与MMPs有关的细胞外基质降解活动异常时，会引起炎症反应、动脉粥样硬化及癌症等各项疾病。另外，MMPs的作用与免疫系统密切相关，它的表达受体内生长因子、激素、细胞因子等的调控。

MMPs家族成员在不同的组织和细胞类型中表达不同，它们的异常表达与多种疾病的发生和发展密切相关，如炎症性疾病、心血管疾病、骨质疏松、肿瘤等。因此，MMPs已成为临床疾病诊断、治疗和预后评估的重要指标和靶点，同时也是药物研发的重要方向之一。不同MMPs在癌症进展中的具体参与过程不同，MMPs已成为抗肿瘤研究药物研发的有吸引力的靶点。其中MMP-2和MMP-9是研究最广泛的金属蛋白酶，它们能够降解基底膜中的Ⅳ型胶原蛋白，为癌症细胞提供侵袭和转移的条件。MMP-2和MMP-9还参与血管生成和肿瘤细胞凋亡等过程。MMP-2和MMP-9的高表达与各种癌症患者的疾病进展和生存率降低相关。

第五节　天冬氨酸蛋白酶

天冬氨酸蛋白酶是以两个天冬氨酸残基 Asp-Thr/Ser-Gly（DTG/DSG）作为活性位点，在低 pH 下有活性的蛋白水解酶。天冬氨酸蛋白酶序列包括 N 端、C 端和植物特有插入片段三个部分。天冬氨酸蛋白酶以单链前酶的形式合成，然后转化为成熟的酶，在活化过程中可作为单聚体或二聚体蛋白发挥作用。根据其序列相似性，可以将植物中的天冬氨酸蛋白酶分为三类：具有植物特有插入片段的典型天冬氨酸蛋白酶、类珠心型天冬氨酸蛋白酶和非典型性天冬氨酸蛋白酶。天冬氨酸蛋白酶在 pH 小于 7.0 的条件下具有最高活性。

天冬氨酸蛋白酶中研究较为彻底的是胃蛋白酶和凝乳酶。胃蛋白酶是食物消化过程中对蛋白质起主要分解作用的蛋白酶。凝乳酶是存在于哺乳期小牛第四胃中的蛋白酶，它也是以无活性的酶原形式被分泌出来的。随着小牛长大，由摄取母乳改变成青草和谷物时，凝乳酶的数量下降，而胃蛋白酶的数量增加。

胃蛋白酶是由胃内壁黏膜细胞分泌的胃蛋白酶原在胃中高浓度盐酸的条件下，经自身催化作用形成的。胃蛋白酶存在于所有脊椎动物的胃液中，其中牛、猪、羊、鸡和一些鱼的胃蛋白酶曾被纯化和鉴定。胃蛋白酶以蛋白质为底物时的最适 pH 为 2.0 左右。胃蛋白酶的底物特异性主要表现在对 R_2 基团的选择上，当提供 R_2 基团的氨基酸残基是苯丙氨酸、酪氨酸或色氨酸残基时，由它们参与形成的肽键将优先地被胃蛋白酶水解。

凝乳酶在从无活性的酶原转变成活性酶时经受了部分的水解，相对分子质量从 36000 下降到 31000。pH 和盐浓度影响着酶原激活的过程。在 pH 5.0 时，酶原主要通过自身催化作用激活；而在 pH 2.0 时，激活过程进行得非常快，并且自身催化起次要的作用。凝乳酶在 pH 5.3~6.3 是最稳定的，而在 pH 2.0 时还相当稳定。酶在 pH 3.5~4.5 由于自我消化而很快失活；在中性和碱性 pH 范围内，酶很快失去凝乳的活力。以血红蛋白为底物时，酶的最适 pH 是 3.7。凝乳酶具有和胃蛋白酶相类似的底物特异性。

一、胃蛋白酶

1. 分布及来源

胃蛋白酶属于天冬氨酸蛋白酶家族，是一种酸性蛋白酶。其前体物是胃蛋白酶原 A，由胃组织的主细胞分泌。胃蛋白酶原 A 在激活后转变为胃蛋白酶，开始发挥其功能作用。在酸性环境下，胃蛋白酶能够将多种蛋白质水解为肽片段或氨基酸。由于其广泛的水解蛋白能力，胃蛋白酶已在多个领域得到应用。它被广泛用于农产品和蛋白质水解加工中，同时也作为辅助消化药物的主要成分，在医药和养殖业中发挥重要作用。

胃蛋白酶的来源非常广泛，在哺乳动物、微生物和植物组织中都有存在。市场上的胃蛋白酶通常来源于猪、牛、羊、马等家畜的胃组织提取物。此外，一些植物如木瓜、菠萝、无花果等，以及微生物如黑曲霉、米曲霉、根霉、微小毛霉等也能分泌胃蛋白酶或类似物质。

2. 结构

胃蛋白酶是一种由单一蛋白链组成的单体酶，是第一个确定了氨基酸序列的天冬氨酸蛋白酶，也是第二个被解析晶体结构的酶。其氨基酸序列可分为信号肽、前导肽和成熟酶三个部分。前导肽片段包含 44 个氨基酸，而成熟酶部分包含 326 个氨基酸，通常指的胃蛋白酶即成熟酶部分。酶原是指包含前导肽和成熟酶序列的蛋白质，由于前导肽片段的存在，酶原不具备催化水解能力。分析酶原蛋白质（前导肽+成熟酶）的氨基酸序列组成，发现其中包含总计 43 个酸性氨基酸（14 个 Glu 和 29 个 Asp），其中 41 个酸性氨基酸位于成熟酶序列部分；同时还含有总计 17 个碱性氨基酸（10 个 Lys、4 个 Arg 和 3 个 His），其中 13 个位于前导肽序列部分。

胃蛋白酶的结构由两个相似的结构域和一个由六个反平行 β-螺旋组成的 β-折叠组成（图 8-34）。这两个相似的结构域被划分为 N 叶（Glu_7—Gln_{148}）和 C 叶（Ser_{185}—Arg_{307}），每个叶包含一个催化活性位点 Asp，其中 Asp_{32} 为质子化状态，Asp_{215} 带负电。六链反平行 β-折叠位于底物通道和活性位点下方，连接了 N 叶和 C 叶。在活性位点入口处，存在着由两个反向平行 β-螺旋形成的独特的 loops 结构（Leu_{71}—Gly_{82}、Val_{291}—Val_{298}），在天冬氨酸蛋白酶家族中，这两个 loops 的序列和结构相对保守，又被称为 flap 区，与底物结合裂缝形成底物通道。flap 区对胃蛋白酶的底物结合、底物特异性、催化功能等方面具有重要影响。

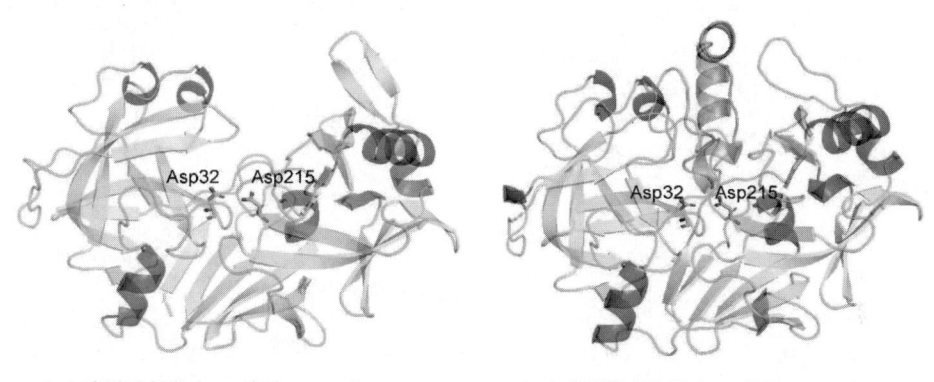

（a）猪胃蛋白酶（PDB编号：4PEP）　　　　（b）猪胃蛋白酶原（PDB编号：2PSG）

图 8-34　猪胃蛋白酶和猪胃蛋白酶原结构对比分析

3. 催化反应及机制

胃蛋白酶是一种肽链内切酶，其能够水解蛋白质中由芳香族氨基酸或酸性氨基酸形成的肽键。它具有广泛的水解能力，可以分解多种蛋白质，包括酪蛋白、球蛋白、组蛋白和角蛋白等。此外，胃蛋白酶还能够水解某些植物性蛋白质，以及一些多肽和二肽。切断肽键后，产生的较小肽段和氨基酸可以被胃中的其他消化酶继续分解，最终转化为可被人体吸收的营养物质。

胃蛋白酶的总代谢机制基于酸碱催化作用，其中活性位点的两个天冬氨酸在酸性或碱性条件下交替发挥作用。这种机制要求其中一个天冬氨酸失去质子，而另一个天冬氨酸则被质子化。具体而言，胃蛋白酶催化活性残基 Asp_{215} 在碱性条件下激活水分子形成亲核试剂，攻击易断裂肽键的酰胺 C 原子，形成不稳定的四面体中间体，然后断裂酰胺键。胃蛋白酶的两个催化活性残基 Asp_{32} 和 Asp_{215} 的 pK_a 分别约为 4.5 和 1.5，其中 Asp_{32} 处于质子化状态，而 Asp_{215} 则带有负电。催化过程可大致分为 4 步：首先是酸碱催化形成亲核试剂，Asp_{215} 通过夺取水分子的一个质子碱激活水分子，形成羟基亲核试剂；同时，Asp_{32} 羧基上的质子通过低能垒氢键转移到易裂肽键的酰胺 O 原子上，形成的亲核试剂攻击易裂肽键的酰胺 C 原子，形成四面体中间体结构；随后，通过快速翻转 N 原子的构型，使得易裂肽键中 N 原子的孤对电子轨道接近 Asp_{215} 的质子，促进断键；最后，质子转移到 Asp_{32} 的外侧 O 原子上，导致肽键的断裂（图 8-35）。

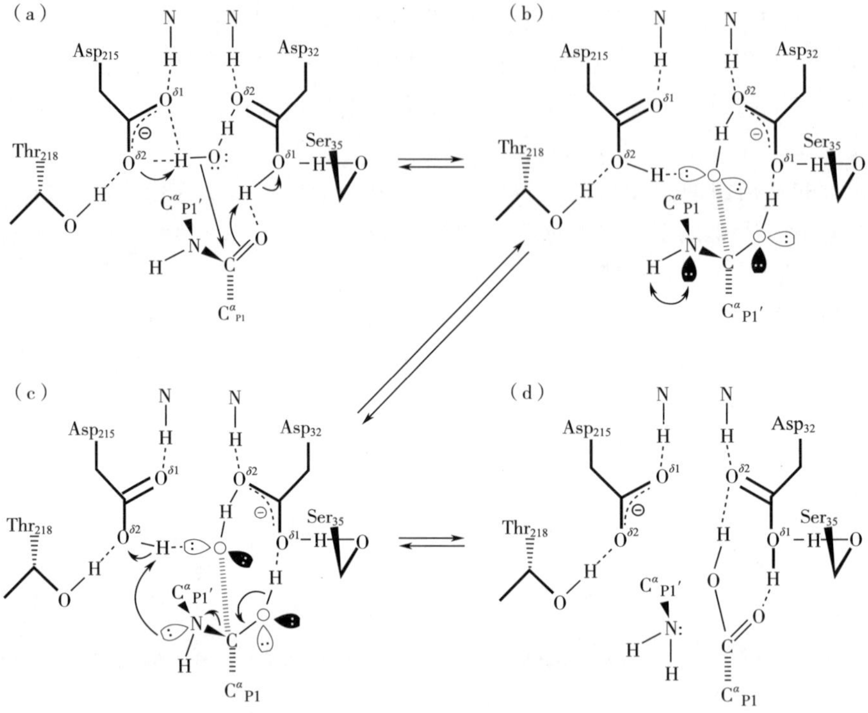

图 8-35　胃蛋白酶的催化机制

4. 性质影响因素

（1）pH 对胃蛋白酶的影响　胃蛋白酶是一种酸性蛋白酶，在酸性环境下能够消化多种蛋白质。在 pH 1.0~5.0，胃蛋白酶表现出相对稳定的特性，但随着 pH 的升高，其活力逐渐降低。当 pH 超过 6.0 时，酶的活力基本丧失。不同来源的胃蛋白酶具有不同的最适 pH。例如，猪的胃蛋白酶最适 pH 为 1.5~2.5，而由黑曲霉产生的 A 型和 B 型胃蛋白酶的最适 pH 均为 3.0。另外，酵母菌所产生的胃蛋白酶与黑曲霉产生的 A 型酸性蛋白酶性质相近，其最适 pH 也在 3.0 左右。胃蛋白酶在不同 pH 下的酶活性可能与其酶活性中心含有的羧基有关。

（2）温度对胃蛋白酶的影响　胃蛋白酶通常在 50℃ 以下较为稳定，不过具体稳定性会因酶的来源而有所差异。例如，猪的胃蛋白酶最适温度为 40℃。在 50℃ 水浴中保持 20min 后，其剩余酶活力约为 30%；而在 65℃ 水浴中保持 10min 后，其酶活力基本丧失。另一方面，由黑曲霉产生的胃蛋白酶最适温度在 40~50℃。当温度低于 45℃ 或高于 60℃ 时，其酶活力急剧下降，而在 70℃ 时，酶活力完全丧失。

（3）金属离子对胃蛋白酶的影响　Cu^{2+}、Mn^{2+} 等金属离子在低浓度（小于 5mmol/L）下对胃蛋白酶具有明显的激活效应，而 Ag^+ 则对胃蛋白酶有相对较弱的抑制作用。金属离子的浓度对蛋白酶活性的影响较为显著，一般当浓度超过 10mmol/L 时，Cu^{2+} 和 Mn^{2+} 也会表现出不同程度的抑制作用。此外，胃蛋白酶作用的底物不同时，金属离子对活性的影响也会有所不同，但总体上的抑制或激活趋势保持一致。

5. 发展趋势

工业上应用的胃蛋白酶通常对其性质有特殊的要求。随着蛋白质工程的发展，使重新设计基因、合成具有特殊功能的重组酶成为可能。重组 DNA 技术和定点突变技术推动了蛋白质工程的快速进展。利用基因工程技术改善胃蛋白酶的性质，以实现其在工业上的应用，是胃蛋白酶研究的新方向。目前，在医药和食品领域中应用的胃蛋白酶主要来自猪、牛、羊等动物的黏膜提取，但产量较低、价格昂贵，难以满足市场需求。在饲料添加剂领域中，应用的胃蛋白酶主要来源于微生物生产。通过辐射、紫外线、亚硝基胍等物理和化学方法诱变选育，获得了一些酶活力高、抗逆性好的菌株，展现出了良好的应用前景。

二、凝乳酶

1. 分布及来源

（1）动物性来源凝乳酶　传统来源的凝乳酶通常从小牛的第四个胃中提取，通过使用一定浓度的盐溶液浸提，并经过分离、纯化等步骤后得到具有凝乳活力的凝乳酶原液。随后，将原液在特定条件下酸化即可得到具有较高凝乳活力的凝乳酶。然而，在干酪大规模产业化生产过程中，宰杀小牛以获取凝乳酶由于代价过高已经不再可行。为了缓解凝乳酶供应不足的问题，近年来，人们积极研究替代小牛凝乳酶的方法。一些研究人员发现，羊、鸡、狗等动物体内也含有大量的凝乳酶。近期，对羔羊皱胃酶的研究较多。由于羊和牛都属于反刍动物，它们的皱胃结构相似，因此羔羊皱胃酶成为替代小牛凝乳酶的一种有潜力的酶。

（2）植物性来源凝乳酶　植物源凝乳酶主要从植物的根、茎、叶、花和果实中提取，来源广泛。一些植物如生姜、无花果、菠萝、木瓜、莴苣等中含有具有凝乳功能的蛋白酶。相比于动物源凝乳酶，植物源凝乳酶的获取便利，提取工艺简单，因此成为凝乳酶替代物的热门来源之一。在干酪制作中采用植物蛋白酶可以增加素食主义者对产品的接受度。然而，不同种类的植物蛋白酶对牛乳蛋白质的降解程度各不相同，导致生产的干酪在感官特性上存在较大差异。大部分植物源凝乳酶生产的干酪蛋白水解活性过高，容易带有苦味。另外，植物生长受地理和气候条件以及生长周期的影响，这限制了其在工业中的应用。因此，需要选择适合的植物源凝乳酶，并根据需要调配不同比例或控制特定的工艺参数，以提高生产干酪的质量。

（3）微生物来源凝乳酶　微生物源的凝乳酶具有多个优点，如获取便利、成本低廉、生长速度快、有利于下游加工等，因此备受关注。目前，最常用的微生物源凝乳酶主要是来自真菌，尤其是微小毛霉、米黑毛和板栗疫病菌等，这些真菌凝乳酶已经商业化生产并投入大规模的干酪生产中。大多数来源于真菌的凝乳酶具有良好的热稳定性，在干酪制作中不易失活，残留在干酪中，导致成熟阶段过度水解酪蛋白产生苦味肽。近年来，人们开始关注细菌源凝乳酶。与真菌相比，细菌具有更大的生化多样性、更容易控制发酵、更高的材料利用率和更容易的基因改造，因此更具有潜力。细菌源凝乳酶主要来自枯草芽孢杆菌、地衣芽孢杆菌、解淀粉芽孢杆菌和粪肠球菌等。尽管部分细菌源凝乳酶存在非特异性蛋白酶活性较大的问题，但微生物源凝乳酶可以通过蛋白质工程技术从分子层面改善其酶学性质。

（4）基因工程凝乳酶　基因工程凝乳酶利用 DNA 重组技术，将动物或植物凝乳酶的遗传基因导入微生物细胞中进行表达。这些基因指导微生物细胞合成无活性的凝乳酶原，经过变性、复性等过程后，最终生产出活性的凝乳酶。目前，常作为基因工程表达宿主的菌株主要包括酵母菌、米曲毛霉、大肠杆菌等。其中，大肠杆菌和酵母菌的研究较为成熟，但由于大肠杆菌为原核生物，其表达的凝乳酶往往以包涵体形式存在，增加了下游分离提取的难度。因此，选择真核生物中的酵母作为表达宿主菌具有多方面的优势，目的蛋白可分泌到胞外、表达量高、提取方便、易于规模化生产。基因工程生产的凝乳酶具有与天然牛凝乳酶相似的结构，并且对 κ-酪蛋白具有较严格的特异性。基因工程凝乳酶产品的纯度高，含有100%的凝乳酶，其制造的干酪在收率与品质上均优于以小牛胃凝乳酶制造的干酪。因此，开发基因工程凝乳酶还可以改善干酪的生产方法并提高凝乳酶的性能。

2. 结构

凝乳酶的种类不同，分子结构也有所差异。凝乳酶又称天冬氨酸蛋白酶，其相对分子质量在32000~49000，有A、B、C三种不同的形式，通常以B形式为主。A和B形式之间的区别在于一个氨基酸位点的不同，A形式的第243个氨基酸是Asp，而B形式对应的位点是Gly，C形式则是A形式自身的降解产物。凝乳酶的一级结构由323个氨基酸残基组成，其中包含少量螺旋和大量折叠结构，形成了二级结构。其三级结构由 $40Å×60Å×65Å$ 大小的晶体组成（图8-36）。X线衍射研究揭示了凝乳酶分子的两个区域：一个是氨基端区域（第1~175个氨基酸残基），另一个是碳端区域（第176~323个氨基酸残基）。在氮端和碳端分裂沟底部区域发现了两个活性位点 Asp_{32} 和 Asp_{215}。凝乳酶中的一对二硫键 Cys_{250} 和 Cys_{283} 对凝乳酶的活性具有极其重要的影响。如果这两个键被羧基化或汞化，凝乳酶的酶活性将降低25%。

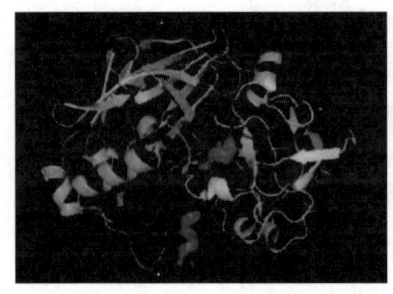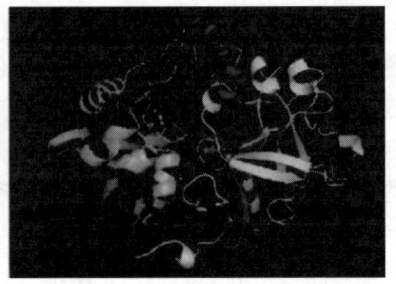

图8-36 凝乳酶的三级结构

3. 催化反应及机制

凝乳酶通过专一结合酪蛋白而使牛乳凝固，这个过程可分为两个阶段：第一阶段是酶促变化，凝乳酶专门断裂酪蛋白中的 $Phe_{105}-Met_{106}$ 肽键（此键对凝乳酶异常敏感），形成中心区域高度疏水且带正电荷（pH 6.7）的副 κ-CN 和亲水性酪蛋白巨肽（CMP）。这两种产物可以降低酪蛋白胶束之间的斥力。第二阶段是非酶促变化，包括不稳定胶束的聚集和凝胶化。当80%~90%的 κ-CN 被水解时，CMP的缺失降低了胶束的粒子电荷，破坏了胶束的稳定性。于是，酪蛋白胶束开始聚集，通过疏水作用和钙离子桥梁形成一个凝乳网络。在此过程中，脂肪被困在酪蛋白凝乳网络中，而水、乳糖、一些矿物质和可溶性乳清蛋白则从凝乳中释放出来。凝乳酶的凝乳过程如图8-37所示。

凝乳酶对底物的催化作用实际上是由 Asp_{32} 和 Asp_{215} 两个天冬氨酸残基与底物之间的化学反应所引发的。催化过程始于 Asp_{215} 上的一个质子对底物羰基上的氧原子进行质子化，随后由水分子生成的 OH^- 提供一个质子给 Asp_{215}。OH^- 进一步对底物羰基上的碳进行亲核进攻，从而形

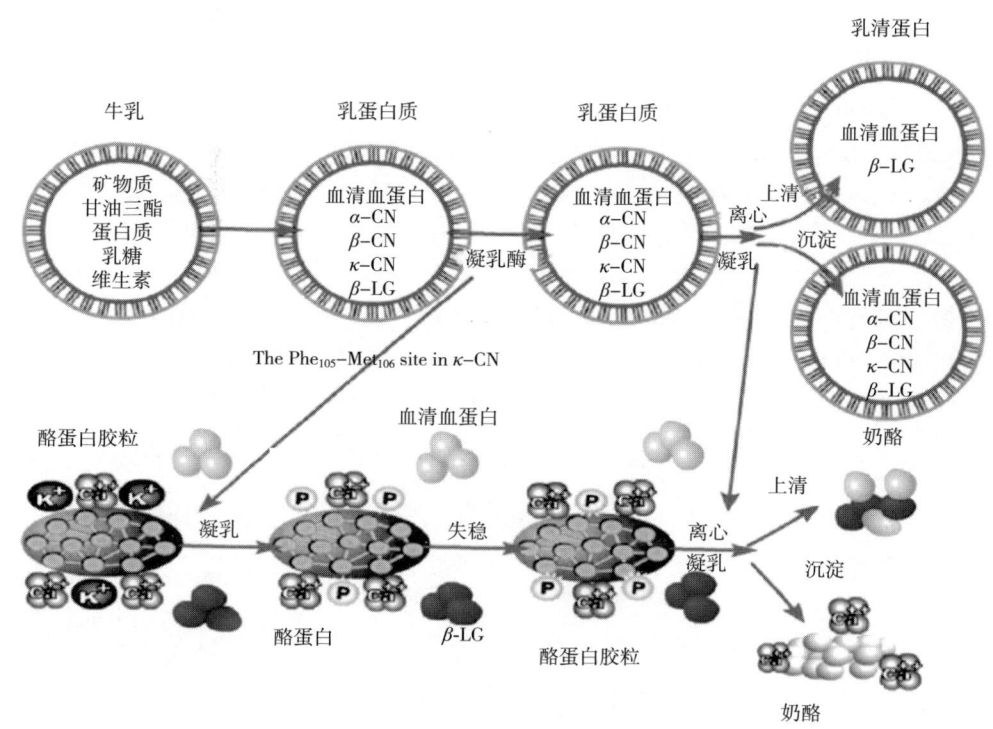

图 8-37 凝乳酶的凝乳过程

成一个四面体中间体。中间体的分解由大量溶剂或 Asp_{215} 催化羰基的 N 原子的质子化促进。在形成四面体中间体时，底物羰基的质子化和亲核进攻同时发生。同样，质子从中间体变成二分体与在中间体裂解为产物期间底物 N 原子的质子化同时发生。底物易断裂键转向酶与底物的结合，导致中间体的解离，从而产生单对轨道反迁于 C—N 键而不是羟基 C—O 键。因此，形成的产物是游离胺，而不是初始的亲核物质。此外，溶剂分子的带电氧与酶分子催化部位的 Asp_{32} 和 Ser_{65} 残基或 Gly_{76}、Asp_{77} 或 Tyr_{75} 形成氢键，催化机制如图 8-38 所示。

4. 性质影响因素

（1）pH 对凝乳酶的影响　凝乳酶属于酸性蛋白酶，这是由于这类酶的活性中心部位有两个天冬氨酸，这两个天冬氨酸的 γ-羟基一个以离子化形式存在，一个以质子化形式存在。pH 是通过对凝乳酶活性中心天冬氨酸的解离形式而影响酶的活性，从而影响凝乳反应第一阶段的反应速度。凝乳酶的等电点为 pH 4.5，在 pH 5.5~6.5 稳定，对牛乳凝固的最适 pH 为 5.8，牛乳酸度的任何微小变化均能显著影响凝乳酶的活力。在 pH 低于 2.0 时还相对稳定，在 pH 3.5~4.5 由于酶的自催化作用而很快被分解，在中性或碱性 pH 范围内，凝乳酶也很快失去活性。

（2）温度对凝乳酶的影响　温度变化主要影响凝乳反应的第二阶段。随着温度的升高，酪蛋白胶束的聚集速度加快，这是因为温度升高会导致酪蛋白胶束表面电荷的减少。当温度接近 60℃时，酪蛋白胶束的表面电荷几乎消失，这进一步促进了酪蛋白胶束的快速聚集以及胶束之间的交联。然而，随着时间的推移，凝乳酶会迅速变性，导致其活力迅速下降。在实际的干酪生产中，通常采用 30~35℃ 温度下进行 40min 的凝乳过程。这是因为过高的温度会引起 β-乳球

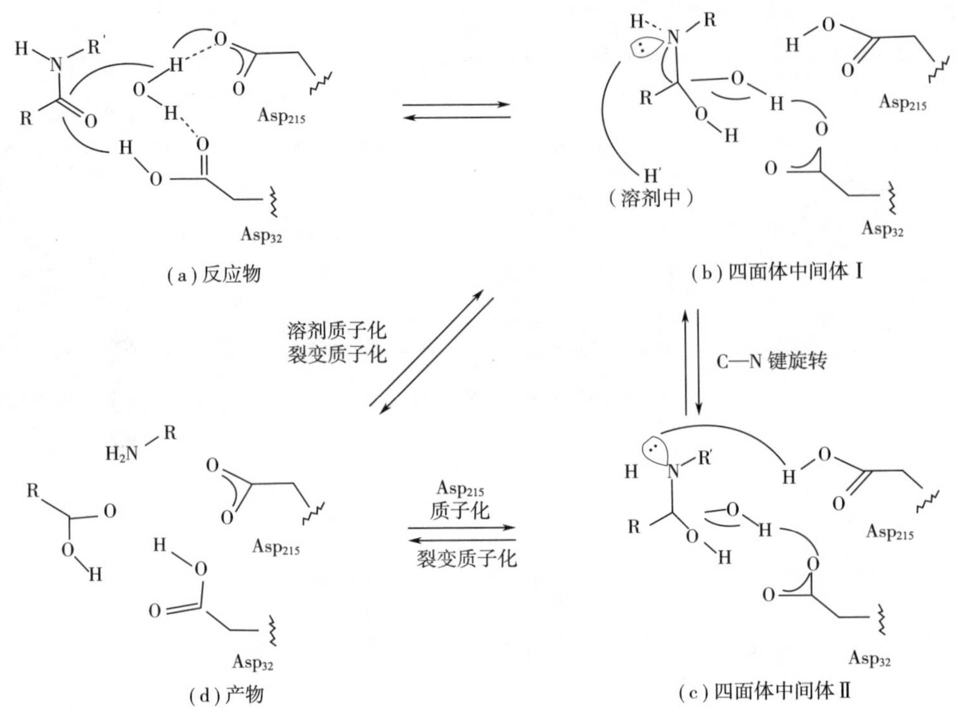

图 8-38 凝乳酶催化机制

蛋白的变性，从而使凝块变得松软，而且高温也会抑制嗜温性乳酸菌的生长。

(3) Ca^{2+} 浓度对凝乳酶的影响　增加 Ca^{2+} 浓度可以缩短凝乳时间，并增加凝块的硬度。在 κ-酪蛋白的酶促水解阶段并不需要 Ca^{2+} 的参与，但在乳中添加 Ca^{2+}，可以通过与 H^+ 进行交换降低乳的 pH，从而间接增加酶促反应的速率。在胶束凝聚阶段，随着 κ-酪蛋白的进一步水解，Ca^{2+} 与酪蛋白胶束中的胶体磷酸钙进行离子交换，使得 κ-酪蛋白胶束的表面电荷进一步减少。这样，胶束之间的空间斥力减少，大量胶束逐渐靠近并凝聚。通过适当添加 Ca^{2+}，可以增加凝胶体的硬度，这是因为 Ca^{2+} 可以结合到酪蛋白粒子上，中和粒子上基团的电荷，或形成凝胶体磷酸钙。

5. 发展趋势

随着干酪需求的增加，凝乳酶供不应求，因此凝乳酶的生产和开发日益受到科研工作者的重视。目前，市场上动物来源的凝乳酶约占 70%，微生物来源约占 30%，而植物来源不到 1%。动物凝乳酶以其高比值的凝乳活力与蛋白水解能力成为制作干酪的首选酶，然而动物生长缓慢、价格昂贵，容易增加企业生产成本，同时从动物中提取酶液也十分困难。随着世界干酪产业的不断发展壮大，每年宰杀 5000 万头犊牛以获取凝乳酶显然与现代工业发展极不协调。植物性凝乳酶来源广泛，生长速度快，但其蛋白水解能力强，同时受时间、地域、生长周期长以及耕地面积、劳动力等条件限制，难于发展。微生物凝乳酶生产成本低、产量高，受时间和空间约束小，易于培养和提取，受到学者广泛研究，但存在口感不佳、不易被大众接受等不足之处。目前，通过基因工程技术生产高品质的凝乳酶被认为是有效解决凝乳酶供应短缺、获取最有前途的牛凝乳酶替代品的一种途径。

第六节　蛋白酶在食品工业中的应用

一、蛋白质水解对蛋白质功能性质的影响及水解过程控制

（一）水解度对蛋白质功能性质的影响

水解度对蛋白质功能性质的影响还取决于蛋白质的来源、变性的程度和酶的性质等因素。下面就地衣形杆菌蛋白酶作用于大豆分离蛋白质时，水解度对蛋白质的主要功能性质的影响做一般性的讨论。

1. 溶解度

未变性的大豆蛋白质的溶解度在等电点附近（pH 3~5）最低，这就排除了它在许多食品，特别是饮料中应用的可能性，蛋白质经酶水解后改变了它的溶解度和 pH 之间的关系。图 8-39 指出了当蛋白质水解度（DH）达到 8% 或更高时，大豆蛋白质的溶解度在很大的 pH 范围内显著提高，这样就扩大了大豆蛋白质在食品中的应用范围。

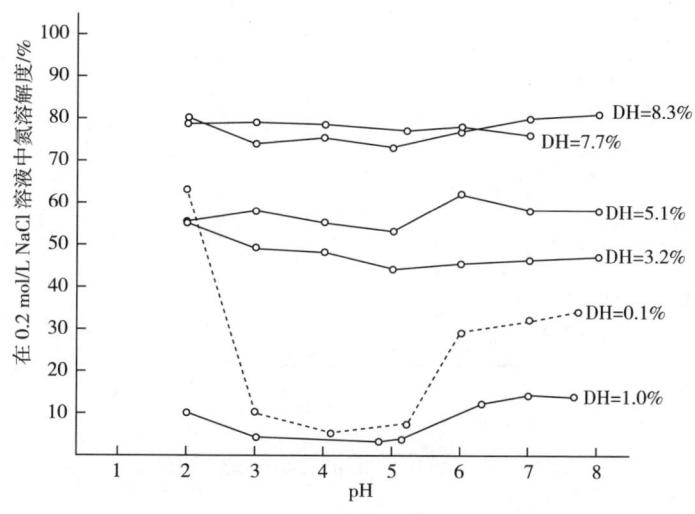

图 8-39　DH 对大豆蛋白质的溶解度-pH 关系的影响

2. 乳化能力

蛋白质形成稳定的油/水乳状液是食品蛋白质最有用的功能性质。图 8-40 指出了大豆蛋白质的乳化能力随 DH 增加而提高，在 DH 5% 时达到最高值，这也说明控制水解过程的重要性。

3. 起泡作用

蛋白质的酶水解能显著影响它的起泡性质。如图 8-41 所示，经有控制的酶水解后，能提高蛋白质的起泡能力 10 倍以上。

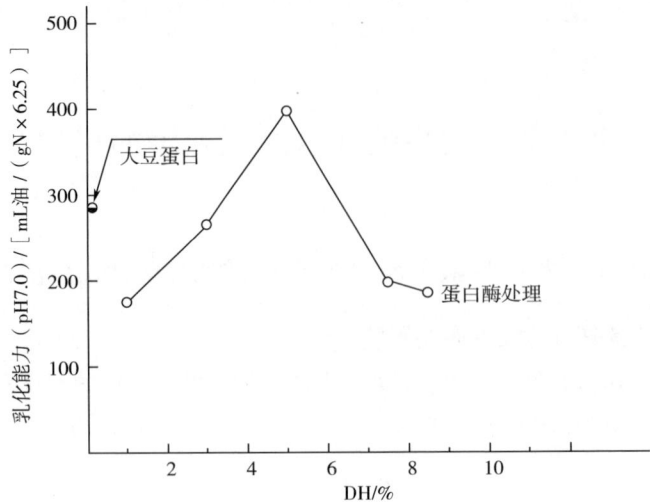

图 8-40　DH 对大豆蛋白质乳化能力的影响

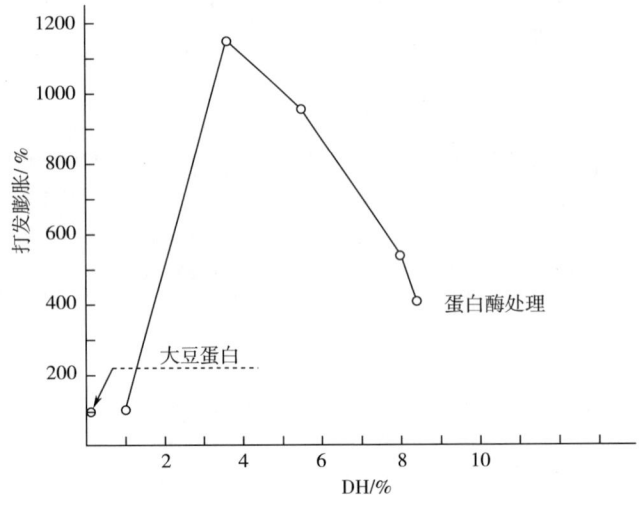

图 8-41　蛋白质的起泡性质和 DH 的关系

4. 水解蛋白质的苦味

蛋白质经酶水解后味道的改变是影响它能否应用于食品的一个关键因素。一种蛋白质产品即使具有很高的营养价值，如果它的味道不能被消费者所接受，那么它仍然是没有价值的。纯蛋白质的风味一般是比较平淡的。小麦、鱼和大豆蛋白质的特征风味是由于它们结合着少量的其他化合物。蛋白质经酶水解后能释放出这些风味成分，其中包括一些不良风味的成分，与此同时，也可能导致蛋白质产生一些苦味。水解蛋白质的苦味和蛋白质原有的氨基酸组成有关，特别是蛋白质中的疏水性氨基酸是导致蛋白质经水解后产生苦味肽的重要原因。当蛋白质处于天然状态时，这些氨基酸埋藏在蛋白质结构的内部，因而对蛋白质的味道不会产生明显影响。在酶水解过程中，小肽的数量将增加，从而暴露了这些疏水性氨基酸，当它们同味蕾相作用时就产生了苦味。实验数据也证实了这个理论，例如，明胶含有较少的疏水性氨基酸，它的水解物就带有很少的苦味。如果采取有控制的酶水解，使蛋白质的水解反应停止在某一个阶段，使肽链具有足够的长度将疏水性氨基酸埋藏在它的结构的内部，就能减少水解蛋白质的苦味。实际上，大豆蛋白质在水解的初始阶段确实是没有苦味的。

（二）蛋白质水解过程的控制

控制蛋白质酶水解过程的基本反应如下。

（1）肽键的打开

$$—CHR'—CO—NH—CHR''—+H_2O \xrightarrow{酶} —CHR'—COOH+NH_2—CHR''$$

（2）质子交换

$$—CHR'—COOH+NH_2—CHR'' \longrightarrow —CHR'—COO^-+NH_3^+—CHR''$$

（3）氨基的滴定

$$^+NH_3—CHR''—+OH^- \rightleftharpoons NH_2—CHR''—+H_2O$$

根据上述反应，可以采用 pH-stat 方法来控制蛋白质的水解度（DH）。DH 可按式（8-1）计算：

$$DH = \frac{被水解的肽键的数目}{总的肽键的数目} \times 100\% \tag{8-1}$$

当肽键枝水解裂开后，紧接着在羧基（$pK_a \approx 4$）和 α-氨基（$pK_a \approx 7.5$）之间产生质子交换作用。当蛋白质的酶水解过程在 pH 6.5 以上进行时，质子化的氨基酸将离解。如果要保持反应体系 pH 不变，就必须加入碱液。碱液的消耗正比于被水解的肽键的数目可按式（8-2）计算。

$$B = \frac{10^{pH-pK_a}}{1+10^{pH-pK_a}} \times h = \alpha \times h \tag{8-2}$$

式中　B——试碱消耗的当量数；

　　　α——氨基平均离解常数；

　　　h——被水解的肽键的当量数。

假设 $h_总$ 代表蛋白质中总的可被水解的肽键数，那么根据定义，DH 可按式（8-3）计算：

$$DH = \frac{h}{h_总} \times 100\% = \frac{B}{\alpha \times h_总} \times 100\% \tag{8-3}$$

在许多蛋白质中，氨基酸的平均相对分子质量约为 125，每千克蛋白质（$6.25 \times N$）的 $h_总 \approx 8$。显然，利用上述 pH-stat 法控制蛋白质水解度应采用中性或碱性蛋白酶。

（三）蛋白酶活力的测定

测定蛋白酶活力的方法很多，根据所采用的底物的性质可以分为蛋白质底物和合成底物。

1. 蛋白质底物

以蛋白质为底物时，最常用的方法是根据蛋白质经酶作用后在三氯醋酸溶液中溶解度的变化来确定酶的活力。当蛋白酶作用于蛋白质时，所产生的能溶解在一定浓度的三氯醋酸溶液中的肽的量正比于酶的数量和反应的时间。溶于三氯醋酸溶液的反应产物的量，可以根据上清液在 280nm 的消光值，也可以根据可溶肽中酪氨酸或肽键的显色反应来确定。此法具有快速和准确的优点，但是它不能提供在酶催化反应中被水解的肽键的数目。

如果需要测定蛋白质在酶反应下被水解的肽键的数目，可以采用茚三酮试剂。茚三酮试剂按化学计量与游离氨基反应，产物在570nm具有最高的消光值。通常以亮氨酸为基准做标准曲线，然后计算蛋白质中被水解的肽键数。

在实际工作中最常采用的蛋白质底物是酪蛋白或经酸和尿素处理的变性血红蛋白，前者适用于在碱性和中性条件下测定蛋白酶的活力，而后者适用于在酸性条件下测定。

2. 合成底物

在研究酶作用的特异性和机制时，有必要采用合成底物。蛋白酶的合成底物一般含有酯、酰胺或肽键。下面举几个实例。

(1) 硝基苯酯　在酸性和碱性条件下，反应产物对硝基苯酚具有最高吸光度的波长分别是340nm和400nm，因此，可以用分光光度法测定酶的活力。

(2) α-N-苯甲酰-L-精氨酸乙酯（BAEE）　水解产物含有游离的羧基，因此，可以采用pH-stat方法测定酶的活力。

(3) α-N-苯甲酰-L-精氨酰-对-硝基苯胺　反应中释放出的对硝基苯胺的量可在波长410nm处用分光光度法测定，从而计算出酶的活力。

有一些测定酶活力的方法具有实用的价值，例如，以牛乳为底物，测定凝乳酶使它产生凝块的能力，这个方法还可用于选择酶制剂以取代凝乳酶应用于干酪工业。

二、蛋白酶的应用

（一）蛋白质加工

1. 采用酶水解法加工等电点可溶的水解大豆蛋白质（ISSPH）

由脱脂大豆粉加工的等电点可溶水解蛋白质，由于在酸性条件下可以溶解，因而可以添加到果汁等酸性饮料中，以提高营养价值和改善风味。

为了除去脱脂大豆粉中的寡糖和豆腥味成分，可以采取图 8-42 所示的四步清洗工艺，最后得到蛋白质含量达 70% 的（以干物质计）浓缩大豆蛋白质，然后在 pH 8 条件下用微生物蛋白酶制剂水解浓缩大豆蛋白质，根据 pH-stat 法原理控制水解度（DH）在 10% 左右（图 8-43）。采用酸洗和酶水解的联合工艺，可以从脱脂大豆粉中回收 65% 的蛋白质（ISSPH）。在酶水解工艺中，蛋白质回收率达到 75%。蛋白质的其余损失是由于酸洗时带走了一部分在低 pH 时可溶的蛋白质。

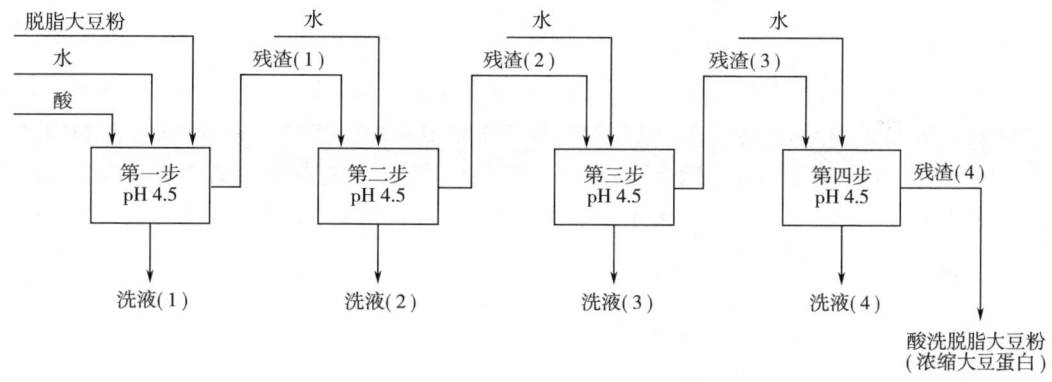

图 8-42　在等电点分步清洗脱脂大豆粉

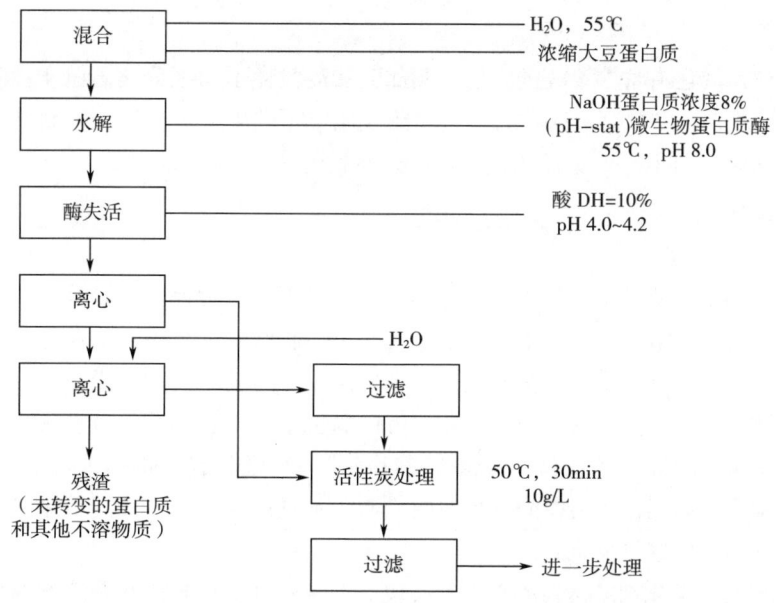

图 8-43　生产无苦味、可溶性水解大豆蛋白质的流程图

ISSPH 除了添加到酸性饮料中外,还可以应用在西式火腿加工中,以取代一部分肉类蛋白质。营养研究表明,ISSPH 的消化率、生理价值和蛋白质净效系数与未处理的大豆蛋白质没有显著的差别。

2. 提高蛋白质的回收率

在应用蛋白质酶水解技术时,在一些场合下,首先考虑的是使蛋白质的性质改变,以适合于某种特殊应用的需要;而在另一些场合下,首先考虑的是提高蛋白质的回收率或提高产量。将酶水解技术应用于生产豆乳就是一个很好的例子。

加工豆乳的传统方法是先将大豆浸泡过夜,然后研磨、煮沸和过滤或离心。豆乳的成分是随加工条件而变化的,其蛋白质的含量为 1%~4%,而脂肪含量为 0~1.9%。在豆乳工艺中应用蛋白酶能提高产量,这已引起食品科学家浓厚的兴趣。除了蛋白酶外,其他的水解酶,例如纤维素酶、果胶酶和淀粉酶等也曾经与蛋白酶一起被应用到酶法豆乳工艺中。表 8-6 比较了酶法工艺和传统工艺的产量。在酶法工艺中,采用先蛋白酶后果胶酶的两步酶反应流程。表 8-6 中的数值是以相同的豆乳总体积为基础进行计算的。酶法工艺能显著地提高产量的机制以及它在工业化规模上的可行性还有待于更进一步的研究。

表 8-6 豆乳酶法工艺和传统工艺产量的比较 单位:%

成分	传统工艺(两步水提取)	酶法工艺(两步酶反应——蛋白酶和果胶酶)
氮×6.25	1.88	3.31
糖	1.77	1.76
脂肪	0.50	1.17
灰分	0.70	0.60
干物质	4.46	6.86

蛋白质酶法水解还有许多重要的应用,例如,从油料种子加工分离蛋白质;制备浓缩鱼蛋白质;改进明胶生产工艺;凝乳酶和其他蛋白酶应用于干酪生产;从加工肉制品的下脚料——骨回收蛋白质和对猪(牛)血蛋白质进行酶法改性脱色等。

(二) 肉类加工

1. 提升肉制品嫩度

嫩度作为肉制品品质的重要评价指标之一,已经成为消费者评价肉制品品质和适口性的一项重要因素。而决定肉嫩度的因素十分复杂多元,包括脂肪堆积密度、结缔组织溶解度等。近年来肉质细腻的肉制品更加受到消费者的欢迎,如何提高肉制品的嫩度成为当下食品加工行业重点关注的问题之一。目前,国际公认安全的蛋白酶包括木瓜蛋白酶、菠萝蛋白酶、枯草杆菌蛋白酶、无花果蛋白酶等,这些蛋白酶能够通过对肌肉纤维和胶原蛋白进行不同程度的降解,从而实现肉质嫩化。利用植物蛋白酶进行肉制品嫩化不仅成本低廉,而且效果良好,对老龄的禽肉制品也表现出了良好的嫩化效果。

适合于配制肉类嫩化剂的蛋白酶必须具有较高的耐热性,这是因为嫩化剂的作用主要发生在当肉类被烧煮,温度逐渐升高,而酶还没有完全失活之前的这个阶段。显然,烧煮能导致结缔组织中胶原蛋白质和弹性蛋白质变性，而蛋白酶较易作用于变性的胶原蛋白质和弹性蛋白质。木瓜蛋白酶在 60~65℃时使胶原蛋白质增溶的速度最快。

2. 改善肉制品风味

经过加热处理后肉制品能够散发出其本身具有的肉香味，而腌制肉制品在加工的过程中，会产生独特的腊肉香味，尤其是经过发酵处理的肉制品，其独特的腊肉香味深受广大消费者的喜爱。但是腊制肉制品制作耗时较长，且天然条件下其制作工艺难以把控，利用蛋白酶能够使肉制品产生游离氨基酸等影响肉制品风味的前体物质或中间产物，有利于加速肉制品风味的产生，同时对改善肉制品风味具有一定的效果。

在加工黔式腊肉的过程中添加木瓜蛋白酶和中性蛋白酶，添加蛋白酶样品中游离氨基酸种类和总量均高于未加酶样品，风味物质种类也有所增加（除烃类和羰基类化合物外）。另有研究表明，适量胰蛋白酶的添加能够促进腊肉中蛋白质的降解，提高腊肉中风味物质的产生速率，促进腊肉的风味形成，有助于改善肉制品风味。腌制过程中添加复合酶（木瓜蛋白酶与菠萝蛋白酶 1∶1）能显著提高牛肉的亮度，改善牛肉质构特性，使牛肉有较好的保水性和色泽，提高牛肉中游离氨基酸、必需氨基酸和风味相关氨基酸的含量。

3. 增加肉制品副产物价值

肉制品加工中通常会产生大量的副产物或下脚料，蛋白酶可以将废弃蛋白转化成为供人类食用或作为饲料的蛋白浓缩物等。例如利用蛋白酶生产牛肉汁、鸡汁等以提高产品附加值；利用蛋白酶水解金枪鱼暗色肉加工下脚料，结合喷雾干燥工艺制备金枪鱼水解蛋白粉；以胰蛋白酶作为水解用酶，制备出一种高蛋白低脂肪的溶解性较好的粉末，能够作为动物初期生长的高效营养饲料成分，也可以作为调味品或蛋白质营养剂，具有较为广阔的应用前景。

（三）酿酒工业

1. 改善啤酒品质

啤酒在低温条件下（10℃以下）保藏产生混浊是经常发生的现象。混浊物质主要由蛋白质（15%~65%）和多酚类化合物（10%~35%）构成，除此之外，还有少量的碳水化合物。减少啤酒混浊现象的一个方法是添加蛋白酶，以除去啤酒中的蛋白质。在啤酒制造过程中，当过滤除去酵母后，啤酒中已不存在蛋白酶的活力，通常可以在啤酒巴氏杀菌之前加入蛋白酶，经常使用的是木瓜蛋白酶。由于木瓜蛋白酶具有很高的耐热性，因此在啤酒经巴氏杀菌装瓶后，酶活力仍有残存的可能。如果采用微孔过滤技术代替巴氏杀菌，那么酶活力残存的可能性就很小。近年来开始研究用固定化木瓜蛋白酶处理啤酒，使啤酒中的蛋白质降解以减少混浊现象的出现。采用固定化酶具有以下的优越性：如果将酶处理安排在啤酒巴氏杀菌之后，那么利用固定化酶能比较精确地控制蛋白质降解程度的性能，使啤酒中保留一些蛋白质，这对于稳定啤酒泡沫是十分有利的。

2. 提供酿酒微生物所需氮源

在传统固态白酒酿造过程中，需要将原料中的蛋白质水解，为酿酒酵母提供生长所需的氮源。大曲蛋白酶是一种复合型蛋白酶，具有在酸性、中性、碱性条件下保持酶活力的特点。在固态酿酒发酵过程中大曲蛋白酶具有促进原料溶解、分解蛋白质、生成氨基酸、提供氮源促进微生物繁殖生长、降解酵母菌体、提高原料利用率、提供生香前驱物质和风味组分、协同其他微生物共酵、抑制大量杂醇油的生成、提高原酒产量和质量等重要作用。

(四) 乳品加工

1. 生产干酪

干酪是一种营养价值高且具有特殊风味的乳制品，含有大量的钙和磷，可以促进骨骼生长，加工过程需要添加凝乳酶。凝乳酶的传统制备方法是从动物胃中提取；许多植物如木瓜、无花果、萝卜、南瓜等也含有具有凝乳活性的蛋白酶；微生物如米黑根毛霉、微小毛霉等均可产凝乳酶，其产酶能力强，催化活性高，是目前凝乳酶制备的重要发展方向。

2. 提高牛乳的消化率

酪蛋白是牛乳的一种重要成分，其必需氨基酸组成较为合理，如含有丰富的赖氨酸，这是一种很好的动物蛋白质。然而，酪蛋白被消化吸收时会在胃中形成大凝块，影响人体的吸收利用，特别是婴儿和幼儿。利用碱性蛋白酶水解牛乳蛋白后，其溶解指数明显增加，说明牛乳蛋白特别是酪蛋白水解生成一些低肽分子，改变了牛乳蛋白的性质，有利于人体对酪蛋白的消化吸收。

(五) 烘焙食品加工

1. 改善面团性质

面粉中的面筋蛋白质是影响面粉加工特性的重要因素之一，应用蛋白酶部分水解面筋蛋白可以改善面团操作性能和机械性能，以适应不同制品的需要。蛋白酶对面筋蛋白的水解主要发生在面团发酵过程中，切断面筋蛋白质中的肽键后分解成相对分子质量小的物质，从而影响蛋白质的三维网络结构和面团的流变性质。经过蛋白酶水解的面团，其黏性、拉伸强度降低，使面团调制时间缩短、体积增大等。此外，蛋白酶适度水解产生的氨基酸会在面包烘焙过程中参与美拉德反应，改善面包的色泽和风味。

2. 改善非面粉面包的品质

近年来，蛋白酶在非面粉面包中的应用越来越受到人们的关注。研究发现，添加嗜热脂肪芽孢杆菌产的蛋白酶的无麸质米粉，面包的品质具有明显改善，蛋白酶处理可以通过分解部分大米蛋白来改善无麸质大米面包的品质。

此外，在利用糙米粉制作糙米面包时，面包的面团更倾向于蛋糕面糊而不是普通的面粉面团，流动性能会更好，此时适当的蛋白质水解有助于改善面糊的胀发性能。制作糙米粉面包时，用不同添加量的蛋白酶处理糙米粉，添加量增加面包的比体积显著增加，面包的硬度、咀嚼性、内聚性均显著降低。对经过蛋白酶处理的面糊进行冷冻干燥后通过RVA面粉快速黏度分析仪检测发现，蛋白酶的添加能够有效降低面糊黏度。

另外，在小麦粉相关膨化产品的制作过程中，蛋白酶同样能够起到弱化面筋、改善小麦面粉流变学特性，使其性质更接近于马铃薯全粉，以求提高产品品质。中性蛋白酶、风味蛋白酶、木瓜蛋白酶和菠萝蛋白酶处理小麦低筋粉均能有效降低脆片的硬度，影响产品的酥脆性。蛋白酶的酶解作用改变了小麦粉的流变学特性、糊化焓值、黏度特性，使得在小麦膨化产品制作中，微观的孔洞结构更加细密、数量更多，以达到小麦膨化产品的口感及结构特性更接近于马铃薯粉膨化产品。

(六) 活性肽制备

活性肽是具有特殊生理功能调节作用的肽类物质，可以作为原料、添加剂或中间体，应用于功能性食品、运动食品等各类食品中。活性肽的主要来源包括天然活性肽、蛋白质水解肽、化学合成活性肽。其中，通过蛋白酶水解蛋白质是获得生物活性肽的重要来源，产品具有广泛的活性与多样性，而且来源丰富、安全性高、成本低、操作简单、便于工业化应用。利用酶法技术生产活性肽的关键是蛋白酶种类的选择和蛋白质水解过程的条件控制，以获得具有特定组成、理化性质和独特生理功能的活性肽。

> **思考题**
>
> 1. 蛋白酶催化反应具有怎样的底物特异性？
> 2. 蛋白酶的分类依据有哪些？各自代表性酶有哪些？
> 3. 依据作用位点的差异，蛋白酶可以分为哪几类，各自具有怎样的结构特性及催化机制？
> 4. 什么是蛋白酶的水解度？
> 5. pH-stat 法控制蛋白质水解度的原理是什么，适用于什么特性的蛋白酶？
> 6. 蛋白质水解度不同会对食品品质造成哪些影响？
> 7. 蛋白酶在肉类加工中可以起到哪些作用，机制是什么？
> 8. 请思考在生活中利用蛋白酶制备功能性活性肽有哪些产品实例？其生产过程中的关键调控因素有哪些？

第九章 酯酶

> **学习目标**
>
> 1. 掌握酯酶的概念和主要分类，熟悉酯酶的理化性质。
> 2. 了解酯酶在食品、医药、工业等方面的应用，并结合国家高技术研究发展计划，充分认识我国发展高科技的战略需求。

酯酶在生物体内催化酯类中酯键裂解，参与多种生物化学反应，对生物体的代谢有重要的作用。本章主要介绍几种重要的酯酶及其催化机制，学习时需要理解结构和功能相适应的基本观点。在此基础上，充分认识酯酶技术发展在提升人类生活质量、促进经济发展方面的潜在价值，努力学习新知识、新技术，积极投身科技创新实践，努力推进科学技术的创新发展。

第一节 引言

酯酶是催化酯类中酯键裂解的酶类，反应可逆。水解时，产物为酸和醇类；合成时，把酸的羟基与醇的醇羟基缩合并脱水，产物为酯类及其他香味物质。

（一）酯酶的来源

酯酶广泛存在于动物、植物和微生物中。动物酯酶分布于多种组织和器官中，在包括酯类药物和环境毒物在内的各种外源性物质代谢活动中发挥着重要作用，并参与机体的脂质稳态调节；植物酯酶在陆地植物的定植演化、生殖发育和新陈代谢中有着重要的作用；微生物酯酶与微生物生长繁殖、天然产物生物合成和毒力因子的代谢息息相关，在微生物的初级代谢、次级代谢和对环境中营养物质的利用过程中发挥着不可替代的作用。能产生酯酶的微生物菌种非常丰富，主要是真菌，真菌中主要是青霉、镰孢霉、红曲霉、黑曲霉、黄曲霉、根霉、毛霉、酵母菌、犁头霉、须霉、白地霉和核盘菌12属233种。其次是细菌，细菌主要是假单胞菌、黏质赛氏杆菌、无色杆菌和葡萄球菌等。另外，放线菌中的个别种类也能产生一定量的酯酶。大多数工业酯酶来源于微生物，尤其是极端微生物。这是由于极端微生物来源的酯酶大都具有更宽的温度和pH耐受范围，热稳定性好，对有机溶剂和抑制剂的耐受性也更高，能够承受工业生产的严苛条件。

（二）酯酶的结构

大部分微生物酯酶属于α/β水解酶超家族，含有α/β水解酶的由8条基本平行的β-折叠组成中心β片和周围有5条围绕蛋白质核心的α-螺旋的典型折叠结构。许多α/β-水解酶N端$\alpha1$螺旋和$\alpha2$螺旋之间的无规卷曲形成了结构高度可变的帽状结构域，其通常位于水解酶结构域中活性位点的顶部。目前已有大量微生物酯酶的三维结构被解析，这些酶大多表现出了相似的核心拓扑结构，二级结构中的α-螺旋和β-折叠由柔性环连接。酯酶通常都具有一个"催化三元组"即Ser-His-Asp/Glu，这些氨基酸残基在序列上高度保守，蛋白质正确折叠后3个残基在空间上聚集，形成α/β水解酶核心结构域的活性位点而行使功能。"催化三元组"的Ser-His-Asp/Glu形成亲核-碱-酸的电荷中继系统，其中的丝氨酸常位于$\beta5$折叠后的急转弯处。"催化三元组"大致位于酶中心底物口袋的底部，距离酶表面20~25Å，由活性丝氨酸一侧的大柔性口袋和另一侧的小刚性口袋组成。活性位点的方向和位置为各种底物的水解提供了理想的环境。此外，微生物酯酶活性位点附近还存在氧阴离子空穴，由$\alpha3$螺旋、$\beta3$折叠和$\beta5$折叠围成，它能够稳定蛋白质的三级结构。图9-1展示了具有典型微生物酯酶结构的荧光假单胞菌（*Pseudomonas fluorescens*）和嗜热地芽孢杆菌（*Geobacillus stearothermophilus*）来源酯酶的结构。

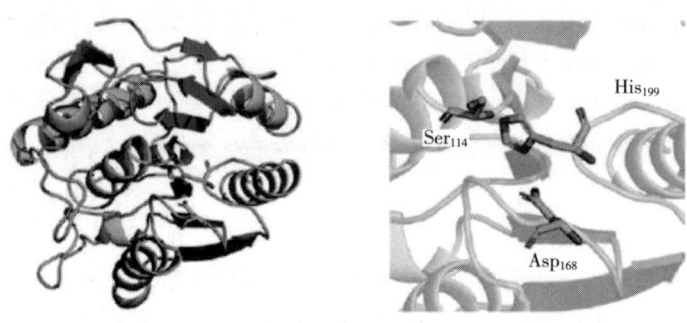

(a) 荧光假单胞菌酯酶

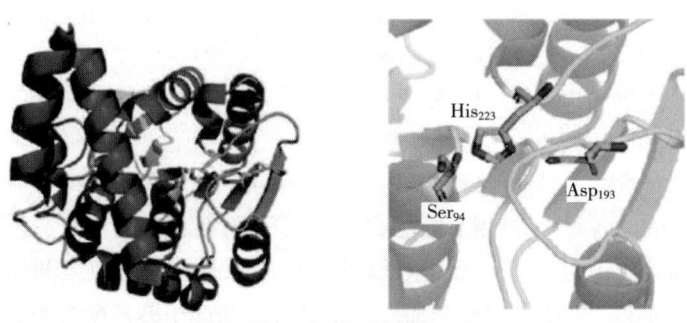

(b) 嗜热地芽孢杆菌酯酶

图9-1 荧光假单胞菌酯酶和嗜热地芽孢杆菌酯酶的晶体结构

(三) 酯酶的分类

酯酶广泛地分布于自然界，在有水存在的条件下，酯酶能裂开酯键。

$$R—O—R' + H_2O \longrightarrow R—H + R'—OH$$
$$\text{酯} \qquad\qquad \text{酸} \quad \text{醇}$$

根据对底物的特异性不同，酯酶可分为非特异性酯酶和特异性酯酶。

非特异性酯酶中如羧酸酯水解酶是以脂肪族和芳香族醇的羧酸酯为底物的酶，非特异性酯酶可以作用于乙酸乙酯、丁酸乙酯、甘油三丁酸酯、乙酸苯酯；乙酸酯水解酶是以乙酸酯为底物的酶，可以作用于乙酸乙酯和乙酸苯酯。

特异性酯酶分为醇特异性和酸特异性，醇可以是一元醇、多元醇、脂肪族醇或芳香族醇；酸可以是有机酸或无机酸。通常酯酶对底物酯的酸或醇某一部分是特异的，而不是同时对这两部分具有特异性要求。根据对底物酯中酸或醇的特异性要求，可将酯酶进一步分为羧酸酯水解酶、磷酸一酯水解酶、磷酸二酯水解酶、硫酸酯水解酶和硫酯水解酶。其中只有硫酯水解酶是根据底物中醇的部分命名的，这一类酶包括许多在有水存在条件下能裂开酰基 CoA 的酶以及一些作用于硫醇衍生物的酶。

$$R—\overset{O}{\underset{\|}{C}}—S—CoA + H_2O \longrightarrow R—\overset{O}{\underset{\|}{C}}—OH + CoASH$$

对食品科学来说，最重要的显然是羧酸酯水解酶和磷酸酯水解酶。

第二节 羧酸酯水解酶

羧酸酯水解酶（EC3.1.1）能催化下列反应：

$$R—\overset{O}{\underset{\|}{C}}—O—R' + H_2O \longrightarrow R—\overset{O}{\underset{\|}{C}}—OH + R'—OH$$
$$\text{羧酸酯} \qquad\qquad\qquad \text{羧酸} \qquad \text{醇}$$

可以将羧酸酯水解酶再进一步分成两类，非特异性羧酸酯水解酶和特异性羧酸酯水解酶。

一、非特异性羧酸酯水解酶

(一) 非特异性羧酸酯水解酶的分类

在生物组织中存在着三类能被区分的非特异性羧酸酯酶。根据国际生物化学协会酶学委员会的规定，它们的分类是以底物特异性为基础的，然而其性质的差别超过了底物的特异性（表9-1）。

根据表9-1可以看出，这三类酶都能水解乙酸苯酯，仅羧基酯酶和乙酰基酯酶能水解乙酸乙酯，只有羧基酯酶能水解丁酸乙酯，羧基酯酶也能水解甘油三酯（如表9-1中的甘油三丁酸酯）。低浓度的有机磷化合物如二异丙基氟磷酸（DFP）能抑制羧基酯酶而不能抑制芳基酯酶和乙酰基酯酶，一些芳基酯酶甚至能水解有机磷化合物。芳基酯酶可能含有必需的 Ca^{2+}，这是因为 EDTA 能抑制它的活力，而当加入 Ca^{2+} 时又能恢复它的活力。

表9-1　　　　　　　　　　非特异性羧酸酯水解酶的类型

系统名称	羧酸酯水解酶 （EC 3.1.1.1）	芳基酯水解酶 （EC 3.1.1.2）	乙酰酯水解酶 （EC 3.1.1.6）
推荐的习惯名称	羧基酯酶	芳基酯酶	乙酰基酯酶
其他名称	B-酯酶	A-酯酶	C-酯酶
底物	脂肪族和芳香族醇的羧酸酯	乙酸苯酯	乙酸酯
乙酸苯酯	+	+	+
乙酸乙酯	+	−	+
丁酸乙酯	+	−	−
甘油三丁酸酯	+	−	−
DFP 抑制	+	−	−
EDTA 抑制	−	+	−
Ca^{2+} 激活	−	+	−

注：+为阳性；−为阴性。

对于这类酯酶的机制还了解得不多。由于有机磷化合物能抑制羧基酯酶，因此酶的活性部位中可能含有丝氨酸羟基，它的作用机制也可能类似于胰凝乳蛋白酶。

（二）脂肪酶（甘油酯水解酶 EC 3.1.1.3）

酯酶中的三酰基甘油脂肪酶即常称的"脂肪酶"。一直以来，酯酶和脂肪酶的分类存在争议，在传统分类之外衍生出了许多分类方法，但并没有形成主流观点。有学者提出，酯酶与脂肪酶的区别主要集中在底物特异性和界面活化现象两方面，酯酶底物为水溶性的短链脂肪酸酯（<8 个碳原子），酶促反应遵循米氏方程，而脂肪酶底物为脂溶性长链脂肪酸酯（>8 个碳原子），会在水-油界面产生界面活化现象，酶促反应曲线为 S 形曲线。

脂肪酶能将难溶的甘油三酯转换为更多的可溶性产物，使之可以更好地被机体吸收，因此它是脊椎动物的关键消化酶。脂肪分解过程是由胃中的胃脂肪酶将食物中的脂肪（甘油三酯）水解为脂肪酸和甘油二酯所控制的，甘油二酯再进一步由肠道中的胰脂肪酶转换为脂肪酸、甘油一酯和甘油，从而有利于肠道的吸收。大多数的脂肪酶具有碱性最适 pH，只有从舌或胃组织中分离出的脂肪酶具有酸性最适 pH。

按照国际生物化学协会酶学委员会的命名规则，脂肪酶催化下列反应：

$$甘油三酯 + H_2O \longrightarrow 甘油二酯 + 脂肪酸$$

然而上述反应不是一个完全的反应，因为脂肪酶催化的反应可以进行到甘油一酯甚至甘油阶段。如果以甘油三亚油酸酯作为底物，那么脂肪酶可以定义为：①水解甘油脂肪酸酯的酶；②水解长链脂肪酸酯的酶。然而上述两个定义都不能充分地反映脂肪酶的催化作用。例如，以甘油三丁酸酯为底物时，定义①可以适用而定义②却不适用；而以硬脂酸苯酯为底物时，定义①不适用而定义②却能适用。

脂肪酶广泛地分布于动物、植物和微生物中。动物脂肪酶存在于胰腺、血浆、唾液、胰汁、乳中，植物脂肪酶存在于产生甘油三酯的植物（大豆蓖麻子和花生等），微生物脂肪酶来源较多。食品工业用酶制剂主要是来源于小牛或小山羊的唾液腺或前胃组织、羊咽喉、猪或牛的胰腺，或者是由黑曲霉（*Aspergillus niger*）、米曲霉（*Aspergillus oryzae*）、柱晶假丝酵母（*Candida cylindracea*）、米黑根毛霉（*Rhizomucor miehei*）、雪白根霉（*Rhizopus niveus*）等发酵产生的。

二、特异性羧酸酯水解酶

（一）磷脂酶

磷脂酶是一类能水解磷脂酯键的水解酶，依据其作用位点，可分为磷脂酶 A_1、磷脂酶 A_2、磷脂酶 B、磷脂酶 C 和磷脂酶 D（图9-2），能特异地作用于磷脂分子内部的各个酯键，形成不同的产物。磷脂酶 A_1（EC 3.1.1.32，PLA_1）能水解磷脂分子1位羟基形成的酯键，磷脂酶 A_2（EC 3.1.1.4，PLA_2）能水解磷脂分子2位羟基形成的酯键，这两种酶作用于磷脂后都会生成溶血磷脂和脂肪酸。磷脂酶 B（EC 3.1.1.5，PLB）具有水解酶和溶血磷脂酶-转酰基酶的活性；水解酶的活性可清除磷脂（磷脂酶 B 的活性）和溶血磷脂中的脂肪酸（溶血磷脂酶的活性），转酰基酶活性则将游离脂肪酸转移到溶血磷脂而生成磷脂。磷脂酶 C（EC

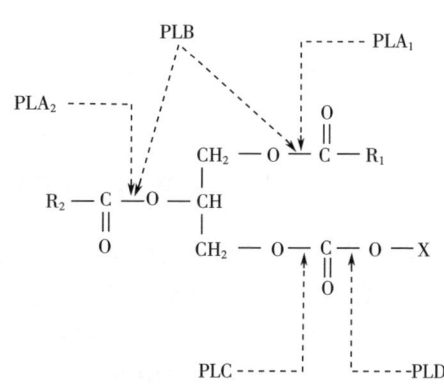

图9-2 不同磷脂酶作用的磷脂部位示意图

3.1.4.3，PLC）催化水解磷脂中的磷酸二酯生成磷酸单酯和1,2-二酰甘油（1,2-DG）。磷脂酶 D（EC 3.1.4.4，PLD）即磷脂酰胆碱磷脂水解酶，是催化磷酸二酯键水解和碱基交换反应的一类酶的总称。

动物体内有多种内源性磷脂酶，能将磷脂降解为甘油二酯、磷酸胆碱和磷酸肌醇等活性物质。最初的磷脂酶 A_1、磷脂酶 A_2 和磷脂酶 D 均是从动物的胰脏中提取，来源有限；而后发现多种微生物来源的磷脂酶，例如：在食品酶制剂生产中，应用黑曲霉发酵生产磷脂酶 A_2，用巴斯德毕赤酵母生产磷脂酶 C 等。

卵磷脂和脑磷脂存在于食物中，生物体内有四种特异的酶能水解卵磷脂和脑磷脂分子中的酯键（图9-3）。作用于1位酯键的酶是磷脂酶 B，也称为溶血磷脂酶、溶血卵磷脂酶和卵磷脂酶 B；催化水解α-卵磷脂和α-脑磷脂2位酯键的酶是磷脂酶 A_2；水解3和4位的酯键的酶是磷酸二酯酶。

Ca^{2+} 对于磷脂酶 A_2 的催化作用是必需的，而对于磷脂酶 B 的活力没有影响。氰化物能抑制磷脂酶 B 而不能抑制磷脂酶 A_2。由于磷脂酶 B 仅对溶血卵磷脂（和溶血脑磷脂）具有活性，

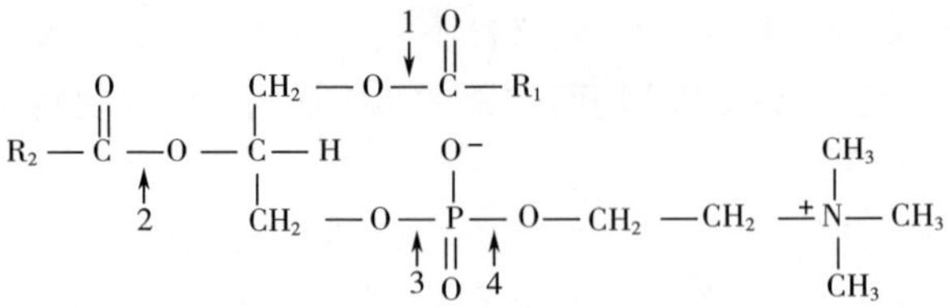

$$\text{磷脂酰胆碱结构式}$$

（图中标注 1, 2, 3, 4 位点）

磷脂酰胆碱

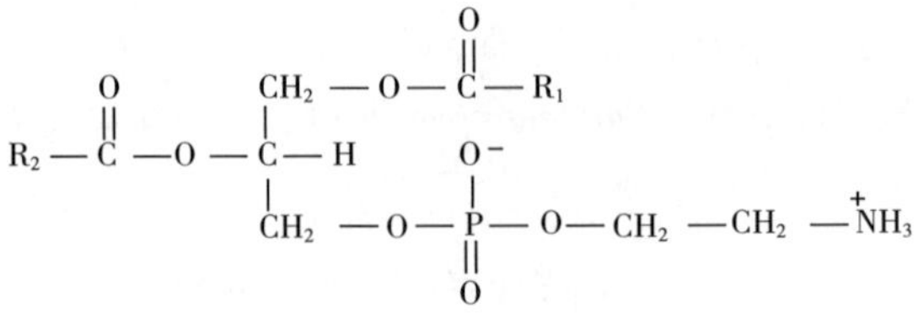

磷脂酰乙醇胺

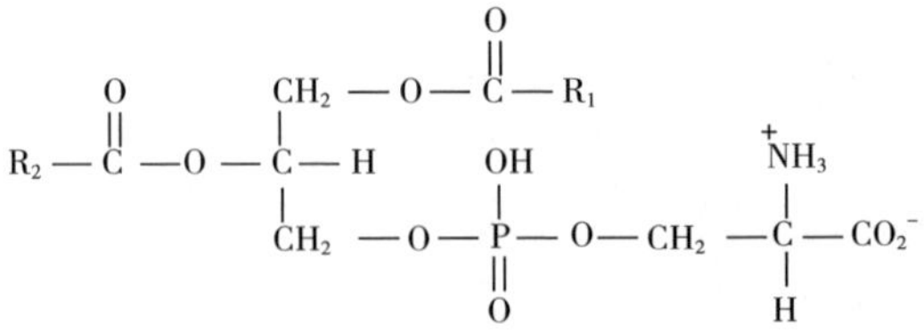

磷脂酰丝氨酸

图 9-3　α-卵磷脂（磷脂酰胆碱）和两个 α-脑磷脂（磷脂酰乙醇胺和磷脂酰丝氨酸）的结构

而溶血卵磷脂是 α-卵磷脂在 2 位的脂肪酸被除去后的产物，因此，在卵磷脂的水解作用中，磷脂酶 A_2 的作用必须先于磷脂酶 B 的作用。磷脂酶 A_2 的活力和 2 位脂肪酸的长度无关。磷脂酶 A_2 在 100℃ 和 pH 5.9 时十分稳定，而在 100℃ 和 pH 7.0 时很快失活。由于磷脂酶的底物是卓越的乳化剂，因此，它不需要采用表面活性剂乳化底物，这一点和脂肪酶是不同的。

（二）叶绿素酶

叶绿素酶可水解在叶绿素卟啉环的 C7 上酯化为丙酸侧链的醇，苗长霉素和这些化合物的各种衍生物。此外，它可以催化酯交换反应，导致向卟啉环添加多种侧链，见表 9-2。

叶绿素酶（叶绿素脱植叶绿素水解酶，EC 3.1.1.14）将叶绿素分子中的植基水解下来产生植醇和脱植基叶绿素。

表 9-2　　叶绿素酶的底物和抑制剂的结构*

	化合物	有无 Mg^{2+} (±)	7, 8 位还原与否 (±)	R	R_1	R_2	R_3	R_4
底物	叶绿素 A	+	+	CH_3	CH_2CH_3	=O	CO_2CH_3	植基
	叶绿素 B	+	+	CHO	CH_2CH_3	=O	CO_2CH_3	植基
	脱镁叶绿素 A	−	+	CH_3	CH_2CH_3	=O	CO_2CH_3	植基
	甲基脱植基叶绿素 A	+	+	CH_3	CH_2CH_3	=O	CO_2CH_3	CH_3
	叶绿素乙酯 A	+	+	CH_3	CH_2CH_3	=O	CO_2CH_3	CH_2CH_3

续表

	化合物	有无 Mg^{2+} (±)	7，8位还原与否 (±)	R	R_1	R_2	R_3	R_4
底物	脱镁叶绿酸 A 甲酯	-	+	CH_3	CH_2CH_3	=O	CO_2CH_3	CH_3
	9-羟甲基脱镁叶绿酸 A	-	+	CH_3	CH_2CH_3	OH	CO_2CH_3	CH_3
	原焦脱镁叶绿酸 A	-	+	CH_3	CH_2CH_3	=O	CO_2CH_3	植基
抵制剂	原叶绿素 A	+	-	CH_3	CH_2CH_3	=O	H	植基
	4-乙烯基原叶绿素 A	+	-	CH_3	CH=CH_2	=O	CO_2CH_3	植基

注：*图9-4 为这些化合物的基本结构。

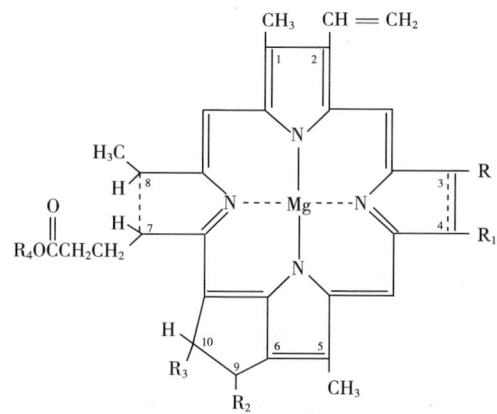

图 9-4 叶绿素酶作用底物或抑制剂的结构

叶绿素酶可能存在于所有的植物中以及含有叶绿素的微生物组织中。它的生理功能是催化叶绿素除去植醇，水解生成脱植基叶绿素。叶绿素酶在丙酮浓度高达70%的反应体系中仍具有显著的活力，这是十分异乎寻常的性质。

叶绿素酶的作用可能影响蔬菜在加工前的绿色稳定性。

（三）果胶酯酶

果胶酯酶（果胶酰基水解酶，EC 3.1.1.11）属于羧酸酯水解酶，是一种能催化水解果胶生成果胶酸和甲醇的酶，英文名为 pectinesterase，又称 pectin methylesterase、pectin demethoxylase 或 pectin methoxylase。目前有三类果胶酯酶被发现：①果胶甲酯酶（EC 3.1.1.11），能水解聚半乳糖醛酸中的甲酯基；②果胶乙酰基酯酶（EC 3.1.1.6），能作用于鼠李糖聚半乳糖醛酸形成半乳糖醛酸；③鼠李糖聚半乳糖醛酸乙酰基酯酶（EC 3.1.1.86）。

果胶酯酶能从果胶分子的半乳糖醛酸单位的 C6 位除去酯化的甲氧基，因此，将其连同果胶和果胶酸降解酶一起放在果胶酶一节中讨论。

（四）乙酰胆碱酯酶

乙酰胆碱酯酶（乙酰胆碱水解酶，AChE，EC 3.1.1.7）是一种大分子糖蛋白，糖基约占总质量的15%。乙酰胆碱酯酶在生物体内存在多种不同的分子形式,如图9-5所示。

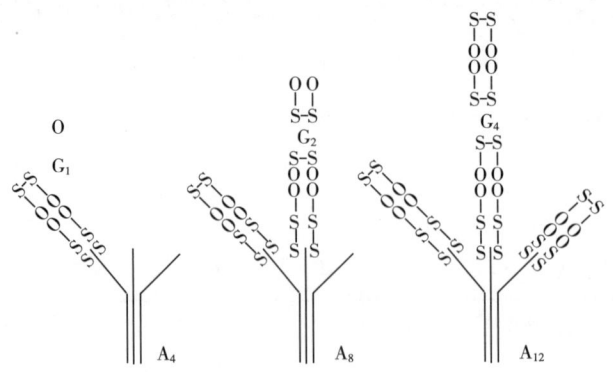

图9-5 AChE的分子形式

图9-5中为3种球形的乙酰胆碱酯酶,包括催化亚基单体（G1）、二聚体（G2）、四聚体（G4）,分别由1、2、4个水解亚单位组成。另外3种为胶原尾样亚基连接形成的不对称形式（尾型）,包括四聚体（A4）、八聚体（A8）、十二聚体（A12）,为1~3个由4个催化亚单位通过二硫键与类胶原亚单位连接而形成的催化四聚体构成。

不同分子型的乙酰胆碱酯酶具有相同的催化活性及 K_m,但电泳迁移率、肽图及氨基酸组成有微小差别。采用不同的提取方法可将不同分子型的乙酰胆碱酯酶 AChE 从组织中提取出来,用低盐含TritonX-100液可将球形AChE提取出来;高盐缓冲液或胶原酶能将尾型AChE提取出来。

乙酰胆碱酯酶存在于所有动物的神经组织中。在人体中,乙酰胆碱酯酶主要分布于神经组织（如脑白质和灰质,脊髓、神经节内的神经细胞和神经肌肉接头）,还分布于红细胞、血小板、巨噬细胞和血清等非神经组织中。乙酰胆碱酯酶属于膜结合蛋白质,主要定位于细胞膜和突触前后膜,不过在某些细胞的亚细胞结构中也存在乙酰胆碱酯酶。它催化下列反应:

$$(CH_3)_3N^+CH_2CH_2OCCH_3 + H_2O \longrightarrow (CH_3)_3N^+CH_2CH_2OH + CH_3COO^- + H^+$$

乙酰胆碱酯酶与底物结合的力包括:①酶的活性部位的一个阴离子基团与底物分子的正电荷之间的静电相互作用;②酶的一个非极性区域与底物分子的甲基和亚甲基之间的范德华力;③酶的催化部位的碱性基团与底物的亲电羰基碳原子之间的相互作用,丝氨酸残基的羟基和组氨酸残基的咪唑基参与了乙酰胆碱酯酶的催化作用。

乙酰胆碱酯酶是生物神经传导中的一种关键性的酶,在中枢及外周神经系统与乙酰胆碱（Ach）受体一起参与完成神经-神经及神经肌肉突触之间动作电位的传递。乙酰胆碱酯酶能够快速水解神经递质乙酰胆碱,从而终止乙酰胆碱对突触后膜的兴奋作用,保证神经信号在生物体内正常传递。该酶主要生理功能是催化水解阳离子神经递质Ach即降解乙酰胆碱,终止神经递质对突触后膜的兴奋作用,保证神经信号在生物体内的正常传递。乙酰胆碱酯酶还具有一些与神经冲动传递无关的功能,比如参与神经生长、细胞分化和细胞黏连等,鼠脑中的乙酰胆碱酯酶与学习记忆功能有关。另外,乙酰胆碱酯酶具有自身催化作用,其自身水解肽片能催化水解脑啡肽等的神经肽，并发现乙酰胆碱酯酶有细胞生长调节作用。

设计乙酰胆碱酯酶的高效抑制剂，对各种神经疾病的治疗具有重要意义。例如，乙酰胆碱酯酶的强抑制剂（有机磷和氨基甲酸酯类化合物）可用作杀虫剂，而弱抑制剂可用于治疗某些疾病，如阿尔茨海默病、重症肌无力、青光眼等，所以乙酰胆碱酯酶抑制剂的研发有很好的研究前景；并且乙酰胆碱酯酶的相关活性与病理之间的关系为疾病的预防和诊断提供依据，在医学方面也是有很大的研究前景的。

第三节 磷酸酯水解酶

磷酸酯水解酶能够催化水解由磷酸作为酸部分而形成的酯的酯键的一类酶。根据磷酸酯水解酶作用的底物不同，可以分为磷酸一酯水解酶（EC 3.1.3）和磷酸二酯水解酶（EC 3.1.4）。

一、磷酸一酯水解酶

磷酸一酯水解酶主要催化水解磷酸一酯生成相应的醇和磷酸，参与催化反应的水分子中的氧原子进入磷酸分子中。按照不同的分类标准，磷酸一酯水解酶可进一步分为不同的种类：第一类酶具有较为宽广的底物特异性，主要表现在对构成酯的一磷酸基的要求上，而构成酯的醇部分对酶作用的影响是次要的，被称为非特异性磷酸一酯水解酶；第二类酶的底物特异性表现在对酯的一磷酸基和醇两部分都有要求，因此被称为特异性磷酸酯水解酶。

磷酸一酯酶水解的反应如下所示。在水解反应中采用 H_2O^{18} 能证明 O^{18} 并入到无机磷酸。

$$R-O-\overset{\overset{O^-}{|}}{\underset{\underset{O^-}{|}}{P}}-O^- + H_2O^{18} \longrightarrow ROH + HO^{18}-\overset{\overset{O^-}{|}}{\underset{\underset{O^-}{|}}{P}}-O^-$$

（一）非特异性磷酸一酯水解酶

根据酶作用的最适 pH，可以将非特异性磷酸一酯水解酶进一步分成碱性磷酸酯水解酶（EC 3.1.3.1）和酸性磷酸酯水解酶（EC 3.1.3.2），它们的最适 pH 取决于来源，分别为 9.0~11.0 和 3.5~5.0。

非特异性磷酸一酯水解酶存在于机体的所有组织中。碱性磷酸酯水解酶以很高的浓度存在于授乳期动物的乳腺和心脏中。在正常的人的血液中碱性以及酸性磷酸酯水解酶的浓度虽然不高，但是可以测定出来并且在很窄的范围内变动，然而它们的浓度在患有一些疾病的人的血液中却有显著的变化，因此测定磷酸酯水解酶活力是医务室快速诊断的工具。

大多数酸性磷酸酯水解酶不能被金属螯合剂抑制，但是能被原磷酸盐抑制，一些酸性磷酸酯水解酶能被 Mg^{2+} 激活。与酸性磷酸酯水解酶相反，碱性磷酸酯水解酶通常能被金属螯合剂例如 EDTA 抑制。除此之外，它们也常被原磷酸盐、砷酸盐、焦磷酸盐、硼酸盐和碳酸盐抑制。一些碱性磷酸酯水解酶含有 Zn（Ⅱ），而另一些可能含有 Fe（Ⅱ）、Mn（Ⅱ）或 Mg（Ⅱ）。

大肠杆菌中的碱性磷酸酯水解酶是这类酶中研究得最彻底的。酶的相对分子质量为80000，含有两个Zn（Ⅱ），DFP能抑制酶。用6mol/L尿素和巯基乙酸处理时，酶分裂成两个失活的亚基，相对分子质量各为40000。用透析方法除去酶液中的尿素，并在空气中放置后，酶分子中的二硫键重新形成，酶又恢复它的活力。大肠杆菌碱性磷酸酯水解酶作用的机制可用下式表示，反应过程中形成了共价磷酰基-酶中间产物。

$$\text{C}_6\text{H}_5\text{-OPO}_3^{2-} + \text{E-OH} \rightleftharpoons \text{E-OH} \cdot \text{C}_6\text{H}_5\text{-OPO}_3^{2-} \longrightarrow \text{E-OPO}_3^{2-} \xrightarrow{\text{H}_2\text{O}} \text{E-OH} + \text{HOPO}_3^{2-} + \text{C}_6\text{H}_5\text{-OH}$$

大肠杆菌碱性磷酸酯水解酶具有宽广的底物特异性。它唯一的特异性是底物中必须有原磷酸基和C—O—P中的O—P键。酶既不能水解含N—P键的磷酸肌酸，也不能水解偏磷酸盐以及二磷酸盐。

测定非特异性的酸性和碱性磷酸一酯水解酶活力的方法如下：①以磷酸对硝基苯酯作为底物，用分光光度法测量对硝基苯酚生成的速度（pH低于7.0在340nm和pH 7.0在400nm）；②以磷酸苯酯、碳酸甘油酯或其他非生色化合物作为底物，测定原磷酸生成的速度；③以磷酸萘酯作为底物，测定萘酚生成的速度。

在乳制品工业中，碱性磷酸酯酶被用作巴氏杀菌的指标，这是因为在牛乳中热稳定性最强的细菌——副结核分枝杆菌被破坏的温度低于碱性磷酸酯酶变性所需的温度，可以根据碱性磷酸酯酶的酶活确定杀菌的程度。乳酪成熟过程中pH呈酸性状态，在此阶段酸性磷酸酯酶活力较高。在各种水解酶作用下，含磷酸基的多肽被大量释放，这些多肽由于磷酸基的保护作用不容易被进一步水解，这就需要磷酸酯酶和蛋白酶的联合作用，将其水解为小肽和氨基酸，使乳酪成熟。

（二）特异性磷酸一酯水解酶

特异性磷酸一酯水解酶包括：葡萄糖-6-磷酸酶（D-葡萄糖-6-磷酸水解酶，EC 3.1.3.9）、葡萄糖-1-磷酸酶（D-葡萄糖-1-磷酸水解酶，EC 3.1.3.10）、己糖二磷酸酶（D-果糖-1,6-二磷酸 1-磷酸水解酶，EC 3.1.3.11）、5′-核苷酸酶（5′-核苷酸磷酸水解酶，EC 3.1.3.5）和3′-核苷酸酶（3′-核苷酸磷酸水解酶，EC 3.1.3.6）。这些酶广泛存在于生物体中。

二、磷酸二酯水解酶

磷酸二酯水解酶（PDE）主要存在于动物（肝、肾等）、植物、微生物中，它催化原磷酸形成的两个酯键中的一个水解：

$$\text{RO-P(=O)(OH)-OR}' + \text{H}_2\text{O} \xrightarrow{\text{磷酸二酯水解酶}} \text{ROPO}_3 \cdot \text{H} + \text{R}'\text{OH} \xrightarrow{\text{磷酸一酯水解酶}} \text{ROH} + \text{HOPO}_3^{2-}$$

根据其酶解位点和生成产物，可分为5′-磷酸二酯酶和3′-磷酸二酯酶；根据其对Ca^{2+}激活依赖性，可分为Ca^{2+}依赖型的磷酸二酯酶和Ca^{2+}非依赖型的磷酸二酯酶；根据酶催化的底物形状，可划分为线型核苷酸磷酸二酯酶和非线（环）核苷酸磷酸二酯酶；根据结构划分为 PDE1，PDE2，…，PDE11，这是因为磷酸二酯酶全酶是多聚体，由若干个亚单位组成，包括催化区、调节区和未知功能区，其中催化区是高度保守同源的区域，也是 PDE 抑制剂的作用靶点，有不同的氨基酸长度和顺序组成的调节区和未知功能区，产生多种 PDE。

在这类酶中，尤为关键的是那些能够水解核酸及磷脂分子中特定磷酸乙酯键的酶，例如核酸内切酶。它们可催化 RNA 或寡核苷酸分子上的羟基与磷酸间形成的二酯键水解生成四种核苷酸。其中磷脂酶 C（磷脂酰胆碱磷酸水解酶，EC 3.1.4.3）和磷脂酶 D（磷脂酰胆碱磷脂水解酶，EC 3.1.4.4）以磷脂酰胆碱（卵磷脂）为底物时的作用点是不同的。磷脂酶 C 水解磷酸和甘油羟基之间的酯键，而磷脂酶 D 水解磷酸和胆碱羟基之间的酯键。它们催化作用的反应式如下：

磷脂酰胆碱 $+H_2O \xrightarrow{\text{磷脂酶 C}}$ 1,2-甘油二酯 + 磷酸胆碱 $HO_3^-POCH_2CH_2N^+(CH_3)_3$

磷脂酰胆碱 $+H_2O \xrightarrow{\text{磷脂酶 D}}$ 磷脂 + 胆碱 $HOCH_2CH_2N^+(CH_3)_3$

在生物体内，磷酸二酯酶具有水解细胞内第二信使（cAMP，环磷酸腺苷或 cGMP，环磷酸鸟苷）的功能，能降解细胞内 cAMP 或 cGMP，从而终结这些第二信使所传导的生化作用，可以用于医药方面，也可以作为食品添加剂，提高食品风味。磷酸二酯酶作用底物及其机制和功能如表 9-3 所示。

表9-3 磷酸二酯酶作用底物及其机制和功能

家族	成员	底物	机制	主要组织细胞表达	主要功能
PDE1	A, B, C	cAMP/cGMP	Ca^{2+}/钙调蛋白	心脏和血管平滑肌细胞,中枢和外周神经元,淋巴(B和T细胞)和骨髓细胞,睾丸和精子	血管平滑肌收缩,精子功能(PDE1A),多巴胺能信号传导,免疫细胞活化和存活(PDE1B);血管平滑肌细胞增殖,精子功能,神经信号(PED1C)
PDE2	A	cAMP/cGMP	cGMP刺激	肾上腺,肺,肝,血小板,心脏,脑,巨噬细胞,内皮细胞	调节醛固酮分泌,心脏钙通道磷酸化,神经元cGMP,验证条件下的内皮细胞功能
PDE3	A, B	cAMP/cGMP	磷酸化/cGMP刺激	心肌和血管平滑肌细胞,胰岛,肝脏,脂肪组织,胰岛B细胞,上皮细胞	心脏收缩力,血小板聚集,血管平滑肌收缩,卵母细胞成熟,肾素释放(PDE3A);胰岛素信号传导,细胞周期增殖(PDE3B)
PDE4	A, B, C, D	cAMP	磷酸化/cAMP特异性UCR1/UCR2区域	脑,嗅觉系统,肝脏,心脏,平滑肌,肺,内皮细胞,免疫细胞	脑功能,单核细胞和巨噬细胞活化,中性粒细胞浸润,血管平滑肌增生,生育,血管扩张,心肌收缩力
PDE5	A	cGMP	磷酸化/cGMP特异性	血小板,血管平滑肌,脑,心脏,肾脏和骨骼肌	血管平滑肌收缩,血小板聚集,脑内cGMP信号传导
PDE6	A, B, C, D, E	cGMP	磷酸化/cGMP特异性	光感受体和松果体	光转换
PDE7	A, B	cAMP	咯利普兰不敏感	脾,肺和肾以及淋巴和骨髓细胞	免疫细胞活化(PDE7A),记忆功能和excreteT(PDE7B)
PDE8	A, B	cAMP	cAMP特异性	睾丸(PDE8A)和甲状腺(PDE8B)	T细胞活化,精子或Leydig细胞功能,T4和T3产生(PDE8A)
PDE9	A	cGMP	cGMP特异性	脾,脑和肠细胞	调节的NO-cGMP信号传导
PDE10	A	cAMP/cGMP	cAMP抑制	大脑和睾丸	学习和记忆
PDE11	A	cAMP/cGMP	cGMP激活	前列腺,睾丸,唾液腺和脑下垂体	精子的发育和功能

第四节 脂肪酶

鉴于脂肪酶的作用对乳制品和其他油脂含量较高的食品的风味有很大的影响,因此,在这一节中将对它的性质做较详细的讨论。

一、脂肪酶作用底物的物理状态

脂肪酶中研究得最彻底的是胰脂肪酶,其中猪胰脂肪酶首先被纯化和鉴定,因此,脂肪酶的许多性质的阐明都和猪胰脂肪酶有关。

由于脂肪酶的天然底物(长链甘油三酯)是不溶于水的,因此,经典的酶学概念被应用于脂肪酶时必须加以修正。脂肪酶不能作用于分散在水中的底物分子,而能作用于乳化的脂肪球,脂肪和水之间的界面是酶作用的部位。图9-6指出了脂肪酶作用于甘油三油酸酯和甘油三丁酸酯乳状液时脂解速度和界面面积之间的关系,这些曲线类似于通常的酶反应速度-可溶性底物浓度关系曲线。

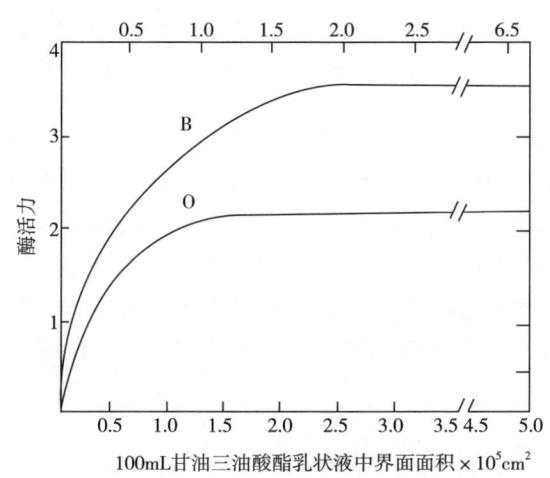

B—甘油三丁酸酯;O—甘油三油酸酯
图9-6 胰脂肪酶作用于不溶解的甘油三酯时,酶活力和乳化界面面积的关系

此种类似性可以解释如下:酶反应速度是酶-底物复合物浓度的函数,在脂肪酶反应体系中,醇-底物复合物的生成是酶吸附在底物界面上的结果,而不是酶分子吸附底物的结果,随着界面面积的增加,更多的脂肪酶分子离开水相,开始裂开界面上的甘油三酯。当界面面积大到足以容纳所有的脂肪酶分子时,它的进一步增加将不会再影响脂肪酶的活力。根据这种解释,可以将脂肪酶催化的反应的米氏常数定义如下:当脂解反应速度达到最高速度一半时的界面面积或处在界面上的底物分子的数目。显然,米氏常数的大小与不溶解底物的性质有关。

当胰脂肪酶作用于可溶性酯时,酶活力和底物饱和度的关系如图9-7所示。当溶液浓度没有达到被底物饱和的水平之前，电泳纯脂肪酶不能作用于溶解的丁酸甲酯，它对溶解的甘油乙酸酯的作用也是可以忽略的。当溶液浓度逐渐增加到饱和点以上时，所有的底物分子不能再处于溶解状态，其中一部分开始以不溶解状态，即乳状液形式存在。随着溶液饱和度的进一步增加，反应体系中总的界面面积也越来越大，与此同时，脂肪酶活力也越来越高，最后趋向于一最高值。当底物浓度超过饱和点以后，图9-7中曲线的形状和图9-6中的曲线是十分类似的。

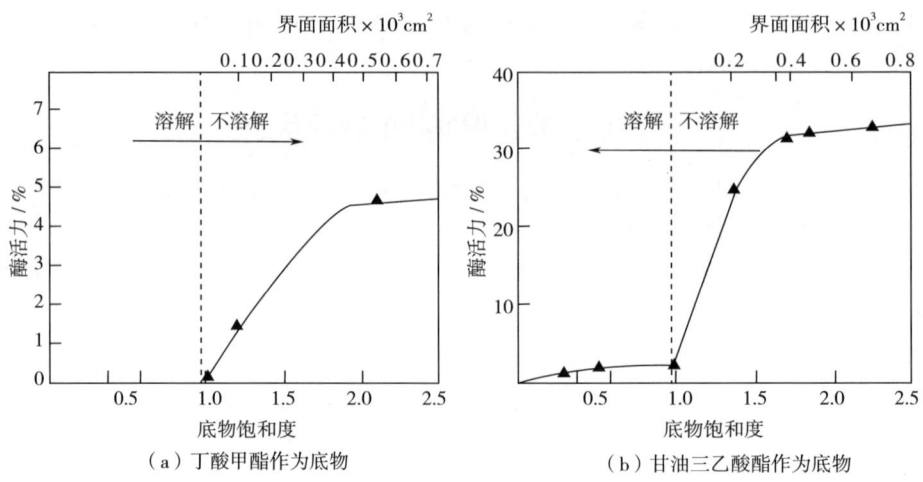

图9-7　以可溶性酯为底物时，电泳纯胰脂肪酶活力和底物饱和度的关系
（纵坐标：酶活力相当于甘油三油酸酯乳状液中最高活力的百分数）

由于酯酶能作用于溶解的底物，因此，脂肪酶和酯酶的主要差别表现在它们所作用的底物具有不同的状态这一点上。根据这个事实，可以将脂肪酶定义为能水解不溶解或多相体系中处在油-水界面的酯的酶。脂肪酶作用取决于界面的特征可以用图9-8来解释。当脂肪酶分子同处在界面的底物分子相接触时，它的构象发生改变，使它能抓住底物分子，这是一个界面激活过程。在脂肪酶分子构象改变过程中，酶分子中一个特殊的部位（并非活性部位）和底物或界面的一部分依靠空间电荷或其他因子的作用相接触则起着关键的作用。

图9-8　脂肪酶在界面的激活
［当酶分子中用大圆圈代表的部位和底物（用发针结构表示）相接触时，诱导催化部位构象改变（从三角改变到方块），使酶具有活力］

二、脂肪酶底物的特异性

猪胰脂肪酶作用于三种甘油酯时,它的相对速度是甘油三酯>甘油二酯>甘油一酯,这一点可以从图 9-9 得到证实,图中指出的脂肪酶催化的水解反应的进程是从甘油三酯开始的。在不同的反应时间取出一定量的反应混合物,分析其中的甘油三酯、二酯、一酯及甘油的含量。当甘油三酯的量快速减少的同时,甘油二酯的量快速增加,而甘油一酯的量稍慢地增加。甘油的量在反应进行到较后阶段才显著增加,这是因为它增加的速度平行于甘油一酯水解的速度。

以甘油三酯为底物时,猪胰脂肪酶作用于 1 位和 3 位,而 2-甘油一酯积累在反应体系中。例如,采用三种甘油三酯:1,3-二软脂酰-2-油酰甘油(POP)、2,3-二软脂酰-1-油酰甘油(OPP)和 2,3-二油酰-1-软脂酰甘油(POO)作为底物时,猪胰脂肪酶作用产物见表 9-4。如果甘油三酯中的酯键以随机的方法被裂开,那么以 POP 和 OPP 为底物时,释出的油酸相对百分数应该相同,它相当于以 POO 为底物时释出的油酸相对百分数的一半,如果猪胰脂肪酶的水解作用发生在甘油三酯的 1 位和 3 位,那么 OPP 和 POO 为底物时,释出的油酸的相对百分数应相同,以 POP 为底物时,此相对百分数则低得多。

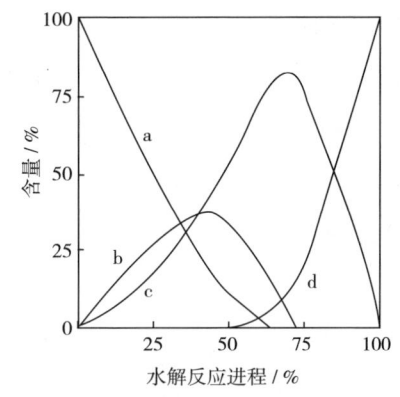

a—甘油三酯;b—甘油二酯;c—甘油一酯;d—甘油

图 9-9 猪胰脂肪酶水解甘油酯的进程

从表 9-4 中数据可以看出,猪胰脂肪酶显然是以第二种方式作用于甘油三酯。因此,猪胰脂肪酶作用于甘油三酯时的特异性表现为它选择 1 位和 3 位的酯键作为作用点。

表 9-4   猪胰脂肪酶作用于甘油三酯的产物

甘油三酯	油酸含量/(mol/100mol 底物)	甘油一酯含量/(mol/100mol 底物)
1,3-二软脂酰-2-油酰甘油(POP)	5	87~89
2,3-二软脂酰-1-油酰甘油(OPP)	46~51	4
2,3-二油酰-1-软脂酰甘油(POO)	53~58	76~88

猪胰脂肪酶对于酯的醇部分并没有绝对的特异性要求。例如,它作用于甘油丁酸酯的速度约为作用于丁酸甲酯的 4 倍。

脂肪酶对酯的酸部分的特异性要求可参见表 9-5 中的数据,虽然各种脂肪酶之间似乎有定量的差别,但是它们以甘油三丁酸酯为底物时都表现出最高的活力。因此,脂肪酶对于四碳链酸具有最高的特异性,然而此种特异性仅仅是相对的。人的胃脂肪酶的最适 pH 为 5.5~7.0,其他种类的脂肪酶的最适 pH 为 8.0~9.0,而它们以甘油三酯为底物时仍然表现出相同的相对特异性。当构成甘油酯的脂肪酸的碳数超过 10 时,脂肪酶具有较低的活力。在测定温度下这些均一的甘油三酯是固体，因此对上述实验结果的解释就变得更为复杂了。

由于脂肪酶作用于处在油-水界面的酯分子，因此，任何能增加底物-水界面的条件都能提高脂肪酶的活力。例如，在均质化的未经巴氏杀菌的牛乳中能测定到较高的脂肪酶活力。在小肠中由于胆汁盐的乳化作用而促进了胰脂肪酶的作用。在实验室中测定脂肪酶的活力时，也加入牛磺胆酸盐或洗涤剂作为乳化剂，以提高脂肪酶的活力。

表9-5 几种脂肪酶作用于不同的甘油三酯时相对速度的比较 单位:%

底物	酸的碳数	猪胰脂肪酶	人乳脂肪酶	牛胰脂肪酶	人胃脂肪酶
甘油三乙酸酯	2	0.33	2.4	1.9	—
甘油三丙酸酯	3	20.7	18.9	18.9	27
甘油三丁酸酯	4	100	100	100	100
甘油三己酸酯	6	36.6	58	36.8	39
甘油三辛酸酯	8	36.6	57.5	40.6	—
甘油三癸酸酯	10	31.9	51.5	37	13
甘油三月桂酸酯	12	31.1	8.1	23.5	2
甘油三肉豆蔻酸酯	14	11.0	0.49	12.7	—
甘油三硬脂酸酯	18	0.47	0.37	1.3	0.8

三、脂肪酶活力的影响因素及测定

（一）pH 和温度

大多数酶仅在一个有限的 pH 和温度范围具有很高的活力，脂肪酶也是如此。脂肪酶的最适 pH 和最适温度随底物、脂肪酶的纯度、缓冲液和测定的方法而稍有改变。虽然大多数脂肪酶的最适 pH 在碱性范围，即 pH 8.0~9.0，但是也有一些脂肪酶具有酸性的最适 pH。胰脂肪酶的最适 pH 为 8.0~9.0。然而，由于底物、盐和乳化剂的影响，它的最适 pH 甚至可以下降到酸性一侧，即 6.0~7.0。

大多数研究者报道，牛乳脂肪酶的最适 pH 为 9.0 左右。然而，有一些研究证明，它在酸性范围，即 pH 4.1~6.3，也具有活力。成熟的蓖麻豆脂肪酶最适 pH 为 6.3。不同的微生物脂肪酶的最适 pH 存在很大的差异，它们的范围为 5.6~8.5。

（二）激活剂和抑制剂

除了底物、pH 和温度外，盐对脂肪酶的作用也有影响，前面已经论及胆酸盐等具有乳化作用的盐能提高脂肪酶的活力，然而重金属的盐类确切无疑地抑制脂肪酶的活力。NaCl 对于猪胰脂肪酶的作用是必需的，当 NaCl 的浓度增加到 7mmol/L 时，酶的活力达到最高值，超过这个浓度，酶的活力开始下降。虽然牛胰脂肪酶和牛乳胰脂肪酶对于 NaCl 并非绝对的必需，但是低浓度的 NaCl 能激发酶的作用。Ca^{2+} 能激发大多数脂肪酶的作用，并且能提高胰脂肪酶的热稳定性。在脂肪酶研究的早期阶段，曾以为 Ca^{2+} 能除去脂肪酶作用过程中产生的游离脂肪酸，使它成为不溶解的钙肥皂，从而使脂的水解作用能继续进行下去。对于猪胰脂肪酶，当有胆酸盐存在时，Ca^{2+}是绝对必需的。在无 Ca^{2+} 存在的猪胰脂肪酶反应体系中，脂肪酶不能被吸附在水脂界面，因此，脂肪酶不能催化脂的水解作用。Ca^{2+}的作用可能是补偿脂肪酶和胆酸盐羧基之间的静电推斥。然而，对于牛胰脂肪酶的作用，Ca^{2+}并非必需的。

虽然胰脂肪酶的氨基酸组成已经被测定，但是它的化学结构还没有被确定。一个酶分子含有6个二硫键和2个游离的 SH 基。当游离的 SH 基被苯汞基取代后，酶活力基本没有损失，因此，SH 基对于胰脂肪酶的作用并非必需的，它可能处在酶与疏水界面特异性结合的那个部位附近。

虽然二异丙基氟磷酸（DFP）是酯酶和蛋白酶强有力的抑制剂，但是在低浓度时，它不能使胰脂肪酶失活，只有在较高浓度时它才能使胰脂肪酶失活。有机磷化物二乙基对硝基苯磷酸在溶液中几乎不能抑制胰脂肪酶，但是在乳状液中它能显著地抑制胰脂肪酶。胰脂肪酶或许是一种"丝氨酸-组氨酸"酶，这是因为二乙基对硝基苯磷酸能与酶的丝氨酸残基相结合，同时，在酶的光氧化失活和组氨酸氧化损失之间存在着一定的关系。

尽管对胰脂肪酶，特别是猪胰脂肪酶做了很多研究工作，然而，对于脂肪酶作用的机制仍然了解甚少，主要原因是研究多相体系（乳状液）中酶的动力学是非常困难的。

（三）脂肪酶活力的测定

在测定脂肪酶的活力时，在众多的酯类底物中，不溶解的甘油三酯的乳状液是被优先考虑的。可溶性的酯类对于真正的酯酶不是一个良好的底物，而其他的酯酶却能快速地将它们水解。在测定脂肪酶活力时，甘油三酯底物在测定温度下必须保持液体状态，如果底物处在固体状态，那么脂肪酶催化它水解的速度是很缓慢的。甘油三油酸酯是最佳底物，但是纯的甘油三油酸酯是十分昂贵的，可以采用橄榄油取代，因为它所含的油酸残基占总脂肪酸残基的70%。将油同含有乳状液稳定剂（例如阿拉伯胶、聚乙烯醇或羧甲基纤维素）的溶液放在一起，用机械的方法激烈搅拌，或用超声波混合，可以得到甘油三油酸酯或橄榄油的稳定乳状液。反应体系中一般含有外加的钙离子以沉淀水解反应中释出的脂肪酸，这样能防止可溶性肥皂的形成，后者会抑制脂肪酶催化的脂反应。

脂肪酶水解甘油三酯的速度可通过下列方法测定：①当反应进行到一定的时间，在反应体系中加入溶剂（乙醇或丙酮）以终止反应，然后滴定在反应中释放出的脂肪酸；②采用 pH-stat 法，在 pH 8.0 连续地测定整个反应过程中游离脂肪酸含量随时间而增加的速度。这个方法是很有价值的，特别是它能准确地测定最初的反应速度；③反应中产生的 H^+ 与加入的 $NaHCO_3$ 作用释放出 CO_2，后者可用 Warburg 呼吸仪测定；④测定由于脂肪酸的产生而导致的反应体系表面张力的下降；⑤采用生色底物，例如乙酸-α-萘酯。

在测定脂肪酶活力时也常用甘油三丁酯，与橄榄油以及甘油三油酸酯相比，甘油三丁酯使用起来更为方便，这是因为不添加乳状液稳定剂的条件下，它也能形成稳定的乳状液，除此以外，采用甘油三丁酯还有两个优点：①反应过程中释出的丁酸在较低的 pH 下完全离子化，因此，可以在较为宽广的 pH 范围采用连续滴定的测定技术；②甘油三丁酯的水解产物是水溶性的，它不会积累在油水界面而抑制反应。然而采用甘油三丁酯作为底物时也有它的缺点：①对于某些脂肪酶，甘油三丁酯并非良好底物，因此，以它作为底物时反应速度会很慢；②某些酯酶能水解甘油三丁酯，但是这并非代表真正的脂肪酶活力。

四、微生物脂肪酶

很多微生物能够利用天然的油和脂肪作为碳源以维持它们的生长。微生物所以能消化油和脂肪是因为它能分泌脂肪酶。最近由于脂肪酶在油脂工业和乳品工业中的应用逐渐增多，因此，从微生物生产胞外脂肪酶就具有一定的经济价值。

根据位置特异性可以将微生物脂肪酶分成两种类型。第一类是非特异性微生物脂肪酶，它们能从甘油三酯的所有位置将酯水解释出游离脂肪酸，这类脂肪酶能催化甘油三酯完全水解成游离脂肪酸和甘油，1,2(2,3)-甘油二酯、1,3-甘油二酯和甘油一酯是水解过程中的中间物。第二类微生物脂肪酶仅从甘油三酯的1位和3位将它水解，释出游离脂肪酸，这类脂肪酶作用于甘油三酯时的产物，除游离脂肪酸外，还有1,2(2,3)-甘油二酯和2-甘油一酯。

非特异性脂肪酶催化的反应：

$$\begin{array}{c}CH_2OCR \\ RCOCH \\ CH_2OCR\end{array} + 3H_2O \rightleftharpoons 3RCOOH + \begin{array}{c}CH_2OH \\ HOCH \\ CH_2OH\end{array}$$

1,3-特异性脂肪酶催化的反应：

$$\begin{array}{c}CH_2OCR \\ RCOCH \\ CH_2OCR\end{array} + H_2O \rightleftharpoons \begin{array}{c}CH_2OH \\ RCOCH \\ CH_2OCR\end{array} + H_2O \rightleftharpoons \begin{array}{c}CH_2OH \\ RCOCH \\ CH_2OH\end{array} + RCOOH$$

1,2(2,3)-甘油二酯　　　　2-甘油一酯
　　　+
　　RCOOH

由于1,2(2,3)-甘油二酯，特别是2-甘油一酯是不稳定的，它们分子中的酰基能转位而分别生成1,3-甘油二酯和1-甘油一酯，因此，当1,3-特异性脂肪酶长时间地作用于脂肪时，脂肪中甘油三酯将被完全水解而产生甘油。到目前为止，还没有实验证据表明，存在着一种微生物脂肪酶，它仅从甘油酯的2位将酯键打断，释出游离脂肪酸。在微生物脂肪酶中，大多数是属于1,3-特异性脂肪酶。1,3-特异性微生物脂肪酶在位置特异性上类似于胰脂肪酶。它们所表现出的几乎绝对的位置特异性是由于空间位阻的第二醇酯不能进入酶的活性部位。1,3-特异性微生物脂肪酶与胰脂肪酶一样，能被用来成功地分析磷脂和甘油三酯的结构。

大多数微生物脂肪酶以常见的中性油和脂肪为底物时，表现出很低的脂肪酸特异性，然而以海生动物油脂和乳脂为底物时情况就不同了。微生物脂肪酶和胰脂肪酶一样，仅能从海生动物油脂中以很慢的速度释出长链（$>C_{18}$）多不饱和脂肪酸。对于一些微生物脂肪酶，甘油三丁酯不是良好的底物，因此，它们也只能以很慢的速度从乳脂释出丁酸和其他短链脂肪酸。

不同菌种产生的微生物脂肪酶的相对分子质量是20000~60000。它们大多是糖蛋白，糖含量在2%~15%，糖的主要成分是甘露糖。

从低分辨率的X射线结晶学研究证明，白地霉脂肪酶的活性部位可能位于酶分子中心附近。酶的构象中有一条裂缝，它从酶蛋白质表面延伸到酶的活性部位，它大到足以容纳一个甘油三酯底物分子。酶的活性部位的入口是由蛋白质表面的两个α-螺旋片段所形成的。由于这两个α-螺旋的表面是十分疏水的，因此，可以认为它们构成了酶蛋白质表面的一个疏水区域。它

能与不溶解的底物粒子作用，使底物分子易于滑进酶分子的裂缝，从而接近活性部位。由于尚缺少白地霉脂肪酶一级结构和它的高分辨率结晶结构的实验数据，因此，还不能确切地描述酶作用的机制。

第五节　酯酶在食品工业中的应用

一、脂肪酶对食品风味的影响

食品材料中的脂肪酶先作用于脂肪，产生游离脂肪酸，这就促进了脂肪氧合酶的作用，从而使食品具有不良的风味。例如，大豆中的脂肪氧合酶的同工酶，有些仅能作用于游离脂肪酸，而不能作用于甘油三酯，因此，脂肪酶的作用对于大豆产品的不良风味的产生具有重要的作用。在其他种类的植物种子中，脂肪酶的作用能在种子的粉碎过程中直接地产生不良风味。在水果中因酯酶的作用而产生不良风味的情况是少见的，有一个例子是在不适当加工的木瓜酱中检出丁酸、己酸和辛酸，由此可以推测脂肪酶在不良风味形成中起着恶化的作用。如果在香料中含有酯酶，那么在香料和食用油同时使用时，也可能产生不良风味。因酯酶作用而产生的风味常被称为水解酸败。

在油料种子和谷类中的脂肪酶能在较低的 a_w 下作用（表9-6）。由此可见，水对于酯酶具有抑制作用。

表9-6　　　　　　　　　　小麦中脂肪酶的活力和水分活度的关系

水分活度	水分含量/%	相对脂解速度/℃		
		20℃	30℃	40℃
0.2	5.7	6	8	12
0.5	11.0	20	40	55
0.8	25.0	40	90	100
1.0	—	30	80	65

脂肪酶的作用对乳制品风味的影响是复杂的。在干酪中，能产生期望的风味的脂肪酶或许不是来自牛乳，而主要来自催熟的微生物以及发酵剂。例如，一种蓝色干酪经24h催熟后，它的脂肪酸含量能增加10倍，达到1000meg/kg。由于牛乳中乳脂肪酶的作用一般产生不期望的风味，因此在牛乳脂肪酶和催熟剂脂肪酶的特异性上应该存在着重要的差别。然而并非所有的微生物脂肪酶能产生期望的风味，这个问题现已通过除去微生物凝乳酶制剂中不期望的脂肪酶而得到解决。

牛乳脂肪酶所产生的不良风味主要来自脂肪酶的水解产物（水解酸败）。乳脂肪酶的作用也能助长氧化酸败。水解酸败的风味包括味道和气味，它们主要是由低碳游离脂肪酸产生的，特别是丁酸,还有己酸、癸酸和辛酸。如果游离脂肪酸含量低于一定的水平,并且有其他的增香剂存在时,这些脂肪酸也会对乳和干酪的风味作出贡献。如果用 ADV,即酸度(中和每克脂肪中的游离脂肪酸所需要的碱的毫克当量×100)来表示乳制品中游离脂肪酸的含量,那么这个水平对于牛乳和干酪分别是 1.5 和 2.5。当乳制品的 ADV>5 时,将产生陈腐、不纯、苦、肥皂和类似山羊的气味和味道。

如果在巴氏杀菌前能抑制乳脂肪酶的作用,那么乳中内源酶不会对乳制品的风味产生不良的影响。在生产实际中防止乳制品产生不良风味的主要措施包括:①控制乳的温度尽可能低,并且避免温度的波动;②减少对乳的搅拌,防止起泡现象和产生湍流;③乳必须在均质化之前进行巴氏杀菌处理;④避免将均质化乳和未均质化乳混合;⑤不在 25~35℃ 从乳中分离奶油;⑥从挤乳开始的整个生产过程中保持良好的卫生环境。

二、脂肪酶在工业中的应用

脂肪酶在工业中的应用主要在医药方面,因为它可以帮助消化。其他方面的应用也在逐渐地开拓,可以预见工业上对脂肪酶的需求会不断地增长。

(一) 油和脂肪的水解

根据脂肪酶作用的特点,可以利用它来生产脂肪酸和甘油。采用脂肪酶水解的方法比起采用常规方法得到的产品具有更好的气味和颜色,而且成本较低。酶法水解适合于从不稳定的油脂(如含有共轭或多不饱和脂肪酸的油脂)生产脂肪酸,例如采用微生物脂肪酶从鱼油生产多不饱和脂肪酸。根据白地霉脂肪酶的特异性,可以利用它从部分氢化的脂肪生产顺——烯脂肪酸。微生物脂肪酶具有 1,3-位特异性,因此可以采用它生产甘油一酯。然而,目前酶法还不能在甘油一酯的生产上与化学法竞争。

(二) 酯交换

在油脂工业中采用酯交换的方式可以改变甘油三酯混合物的组成和物理性质。化学催化剂(如金属钠或甲氧基钠)能促进酰基在甘油酯之间的移动,产生酰基随机分布的甘油酯混合物。如果将酯交换的工艺应用于甘油酯和游离脂肪酸,那么最后产品是被游离脂肪酸以随机方式取代的甘油酯。

可以用微生物脂肪酶取代化学催化剂应用于酯交换工艺。脂肪酶催化的反应是可逆的,因此,当脂肪酶作用于油和脂肪时,同时发生甘油酯的水解和再合成反应,于是酰基在甘油酯分子间移动和产生酯交换产物。如果在反应体系中限制水的数量,可以降低脂肪水解的程度,从而使脂肪酶催化的酯交换反应成为主要的反应。

如果采用位置非特异性脂肪酶催化甘油三酯混合物的酯交换反应,最终生成的甘油三酯类似于采用化学催化剂时的产物。当采用 1,3 位置特异性脂肪酶时,酰基的移动限于 1 位和 3 位,酯交换反应的最终产物是甘油三酯的混合物,这类产物是采用化学催化剂时所不能产生的(图 9-10)。如果在脂肪酶催化的酯交换反应中采用甘油三酯和游离脂肪酸混合物,那么游离脂肪酸同甘油三酯的酰基交换产生新的甘油三酯,后者富集着加入的脂肪酸的酰基。如果采用非特异性脂肪酶,那么所有三个甘油三酯的位置都富集着加入的脂肪酸的酰基。如果采用 1,3-特异性胰脂肪酶,那么应限于甘油三酯的 1 和 3 位。如果采用脂肪酸特异性脂肪酶,那么一种特殊的脂肪酸从脂肪酸混合物中被选择出来引入甘油三酯(图 9-10)。

采用特异性脂肪酶能生产新奇的甘油三酯混合物,这些混合物中的某一些,因表现出独特

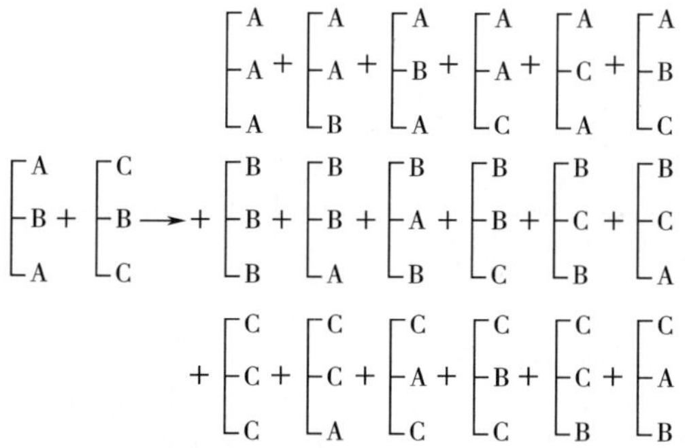

$$\begin{bmatrix}A\\B\\A\end{bmatrix}+\begin{bmatrix}C\\B\\C\end{bmatrix}\longrightarrow+\begin{bmatrix}A\\A\\A\end{bmatrix}+\begin{bmatrix}A\\A\\B\end{bmatrix}+\begin{bmatrix}A\\B\\A\end{bmatrix}+\begin{bmatrix}A\\A\\C\end{bmatrix}+\begin{bmatrix}A\\C\\A\end{bmatrix}+\begin{bmatrix}A\\C\\B\end{bmatrix}+\cdots$$

采用1,3-特异性脂肪酶催化

$$\begin{bmatrix}A\\B\\A\end{bmatrix}+\begin{bmatrix}C\\B\\C\end{bmatrix}\longrightarrow\begin{bmatrix}A\\B\\A\end{bmatrix}+\begin{bmatrix}A\\B\\C\end{bmatrix}+\begin{bmatrix}C\\B\\C\end{bmatrix}$$

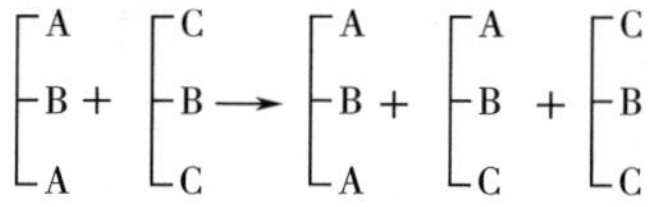

（a）甘油三酯混合物采用化学催化或非特异性脂肪酶催化

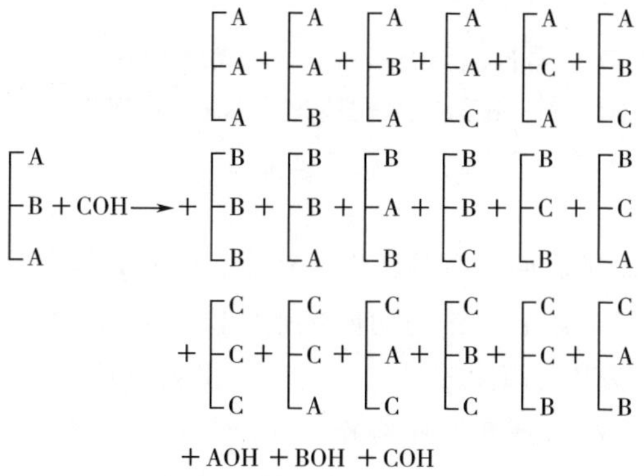

$$\begin{bmatrix}A\\B\\A\end{bmatrix}+COH\longrightarrow+\begin{bmatrix}A\\A\\A\end{bmatrix}+\begin{bmatrix}A\\A\\B\end{bmatrix}+\begin{bmatrix}A\\B\\A\end{bmatrix}+\begin{bmatrix}A\\A\\C\end{bmatrix}+\begin{bmatrix}A\\C\\B\end{bmatrix}+\cdots$$

$$+\,AOH+BOH+COH$$

采用1,3-特异性脂肪酶催化

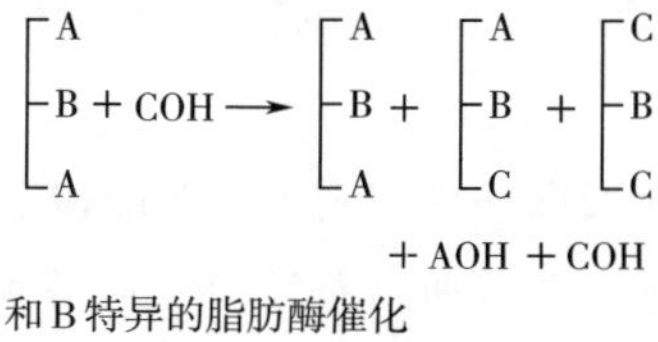

$$\begin{bmatrix}A\\B\\A\end{bmatrix}+COH\longrightarrow\begin{bmatrix}A\\B\\A\end{bmatrix}+\begin{bmatrix}A\\B\\C\end{bmatrix}+\begin{bmatrix}C\\B\\C\end{bmatrix}$$

$$+\,AOH+COH$$

采用对脂肪酸A和B特异的脂肪酶催化

$$\begin{bmatrix}A\\A\\A\end{bmatrix}+BOH+COH\longrightarrow\begin{bmatrix}A\\A\\A\end{bmatrix}+\begin{bmatrix}A\\A\\B\end{bmatrix}+\begin{bmatrix}B\\B\\A\end{bmatrix}+\begin{bmatrix}B\\A\\B\end{bmatrix}+\begin{bmatrix}B\\B\\B\end{bmatrix}$$

$$+\,AOH+BOH+COH$$

图中 $\begin{bmatrix}CH_2O-\\|\\CHO-\\|\\CH_2O-\end{bmatrix}=$ ，A, B和C $-R-\overset{O}{\underset{\|}{C}}-$

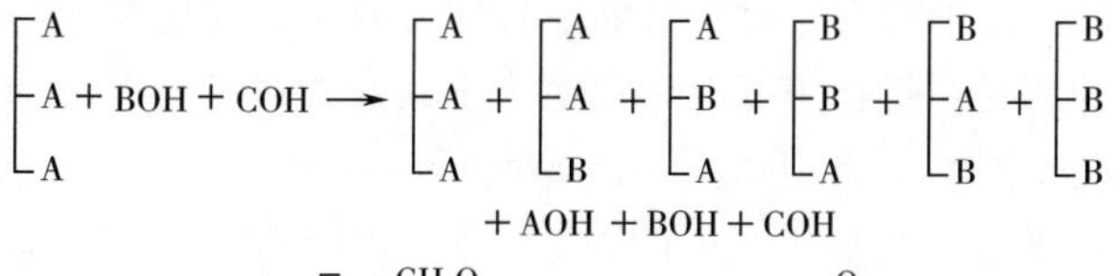

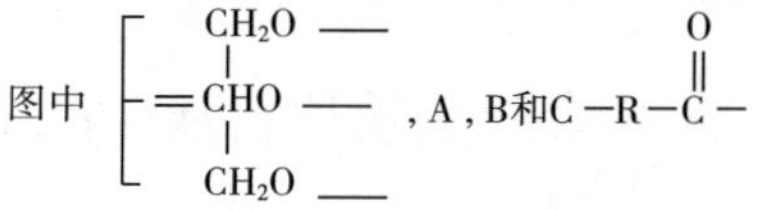

（b）甘油三酯和游离脂肪酸混合物采用化学催化或非特异性脂肪酶催化

图9-10 脂肪酸混合物经酯交换反应后生成的产物

的性质而很有价值。例如，1,3-特异性脂肪酶催化1,3-二软脂酰-2-油酰甘油（POP）和硬脂酸或甘油三硬脂酸酯酯交换，产生1（3）-软脂酰-3（1）-硬脂酰-2-油酰甘油（POSt）和1,3-二硬脂酰-2-油酰甘油（StOSt）（图9-11）。POSt和StOSt是可可奶油的主要成分，因此，有可能通过酯交换从廉价的原料生产有价值的可可奶油。

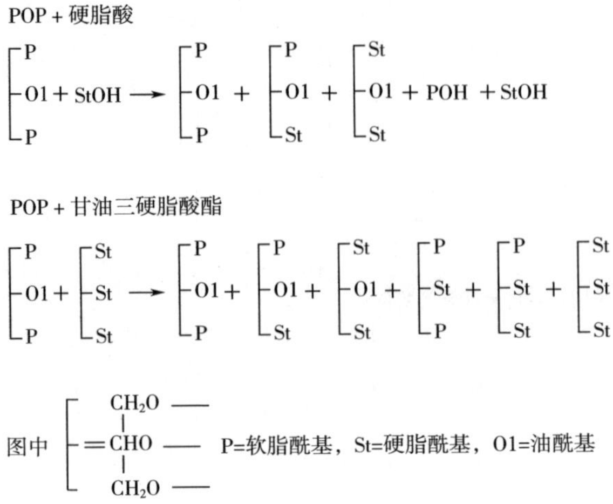

POP + 硬脂酸

$$\begin{bmatrix} P \\ Ol \\ P \end{bmatrix} + StOH \longrightarrow \begin{bmatrix} P \\ Ol \\ P \end{bmatrix} + \begin{bmatrix} P \\ Ol \\ St \end{bmatrix} + \begin{bmatrix} St \\ Ol \\ St \end{bmatrix} + POH + StOH$$

POP + 甘油三硬脂酸酯

$$\begin{bmatrix} P \\ Ol \\ P \end{bmatrix} + \begin{bmatrix} St \\ St \\ St \end{bmatrix} \longrightarrow \begin{bmatrix} P \\ Ol \\ P \end{bmatrix} + \begin{bmatrix} P \\ Ol \\ St \end{bmatrix} + \begin{bmatrix} St \\ Ol \\ St \end{bmatrix} + \begin{bmatrix} P \\ St \\ St \end{bmatrix} + \begin{bmatrix} St \\ St \\ St \end{bmatrix}$$

图中 $\begin{bmatrix} CH_2O— \\ =CHO \\ CH_2O— \end{bmatrix}$ P=软脂酰基，St=硬脂酰基，Ol=油酰基

图9-11 采用1,3-特异性脂肪酶催化1,3-二软脂酰-2-油酰甘油（POP）和硬脂酸或甘油三硬脂酸酯发生酯交换反应时的产物

（三）脂肪酸的酯化

由于脂肪酶催化的脂肪水解反应具有可逆性的特点，因此，能采用脂肪酶作为催化剂以醇和脂肪酸为原料合成酯。如果用微生物脂肪酶催化脂肪酸和甘油-水组成的混合物反应，那么可以得到甘油酯。在酯化反应中应该使醇过量，这样能促使反应趋于完全，得到高产量的酯。已经采用脂肪酶催化酯化的方法合成短和中等链长脂肪酸的萜烯醇酯。用乙醇酯化脂肪酸时，将溶解在有机溶剂（例如二异丙醚或庚烷）中的底物与结合于细胞壁的微生物脂肪酶一起保温，加入分子筛能除去反应中生成的水，从而提高了酯的产量。

（四）在面制品中的应用

脂肪酶可以添加于面包、馒头及面条专用粉中。在面包专用粉中加入脂肪酶可以得到更好的面团调理功能，使面团发酵的稳定性增加，面包的体积增大，内部结构均匀，质地柔软，面包心的颜色更白；在馒头专用粉中，脂肪酶也会起到类似于在面包专用粉中的添加效果，尤其对我国使用老面发酵的情况，脂肪酶可以有效地防止其发酵过度，保证产品质量；在面条专用粉中加入脂肪酶，可减少面团上出现斑点，改善面带压片或通心粉挤出过程中颜色的稳定性。同时还可以提高面条或通心粉的嚼劲，使面条在水煮过程中不粘连、不易断，表面光亮滑爽。

三、酯酶在酯类物质合成中的应用

（一）催化合成芳香酯

相对分子质量低的芳香酯是一类重要的芳香化合物，多呈天然水果香味，它们广泛应用于食品、饮料等食品工业中。商业上重要的低相对分子质量酯可以在无水有机溶剂或无溶剂环境中经过转酯生产，也可以由酸与醇直接酯化合成，固定化脂肪酶也被用于芳香酯的合成。现已研究生产多种脂肪族和芳香族香味酯，如乙酸乙酯、丁酸异戊酯、癸酸异戊酯、乙酸香叶酯、月桂酸丁酯、安息香酸甲酯等。美国1972年就用酯酶进行黄油增香，他们把乳脂或黄油乳化后加酯酶保温催化,此时黄油释放出脂肪酸,获得的酯化香味液比黄油的香味高150倍。另外,意大利在利用酯酶使干酪增香方面也获得大生产的成功。同时,国外利用酯酶把乙醇和酪酸进行酯化,最终获得具有特殊芳香味的酪酸酯。日本利用根霉产生的酯酶合成具有浓郁香的甘油酯等酯类,均获得成功。

我国的科技工作者利用红曲霉、根霉和球拟酵母等产生的酯酶,提高浓香型曲酒中的己酸乙酯、乙酸乙酯、乳酸乙酯和丁酸乙酯四大酯的含量,提高优级率均获得成功。

(二) 催化合成单甘酯

单甘酯具有一个亲油的长链烷基和两个亲水羟基,因而具有良好的表面活性,是食品、化妆品、医药等工业中最常用的乳化剂之一,其在面粉制品中使用最为广泛,是世界各国用量最大的食品乳化剂。工业上主要使用碱催化法将油脂水解,产物为甘油一酯、甘油二酯和甘油三酯的混合物。由于高温对不饱和成分是不适合的,酶法生产甘油一酯或甘油二酯已被广泛研究。生产方法包括甘油与酸、烷基酯相互作用发生直接酯化或转酯化,如利用甘油和油酸或油酸乙酯生产单油酸甘油酯;三酰甘油部分醇解和甘油解,如利用三棕榈酰甘油酯合成单棕榈酰甘油酯。利用单甘酯较其他甘油酯熔点高的特性,选择适宜的反应温度,使甘油一酯从反应体系中析出而大大提高产量;或采用二步法,先在较高的温度下反应一段时间,然后在低温下反应较长时间来提高产率。

(三) 催化合成糖酯

用单糖或双糖代替甘油制备类脂分子是脂肪酶在非水介质中催化反应的另一应用。酰基化的糖不仅具有特有的营养特性,并可作为良好的表面活性剂。糖酯可以作煎炸油,也可作为一些产品如冰淇淋、人造奶油、乳酪和焙烤食品的脂肪代用品,其无毒、无味、无刺激性、无致癌变作用,因很难吸收,提供的能量几乎等于零。

部分酰基化的糖是具有亲水和疏水基团的双亲分子,故有较好的表面活性剂的特性,因能被微生物降解而对环境无害,可作为一种绿色食品添加剂。特异的脂肪酶可通过催化糖或糖醇与脂肪酸或酯反应生产糖酯。如利用甲基葡萄糖苷及烷基葡萄糖苷与油酰甲酯之间的酯化反应生产葡萄糖酯时,为得到乳化效果最好的单酰糖酯,利用脂肪酶的位置选择性阻断叔羟基而使伯羟基与脂肪酸反应生成蔗糖单酯。针对糖在有机溶剂中溶解度低、产率低等缺点,固体反应底物可大大提高糖酯合成比例;比月桂酸长($>C_{12}$)的饱和脂肪酸合成的葡萄糖单酯易于结晶,可大大提高转化率(98%)。也有研究者利用糖酯形成后促进糖溶解的特点,通过控制反应进程中有机溶剂用量促进向果糖酯的转化,在超临界 CO_2 环境中合成辛酰果糖酯也可使转化率大大提高。

(四) 催化合成溶血磷脂

溶血磷脂具有重要的生理功能,并被作为良好的乳化剂广泛用于食品、医药和化妆品中。作为溶血磷脂重要生物活性部分的脂肪酸,可经酶促合成方法转到溶血磷脂中。一般是利用 sn-1、sn-3 位置专一性脂肪酶通过醇解和转酯方式合成溶血磷脂,其中将长链多不饱和脂肪酸转入溶血磷脂中。

四、脂肪酶在三酰甘油改性中的应用

天然存在的油脂因具有链长、饱和度不同的脂肪酸而具有不同的物理、化学性质和营养特性，产量与贮藏稳定性也不尽相同。为获得具有特定物理和化学性质的油脂，更好地提高油脂的营养、稳定性，提高产品品质，需要对天然油脂进行改性以提高其使用价值，目前油脂改性以化学改性为主，但随着非水介质脂肪酶催化反应研究的不断深入，脂肪酶催化的油脂改性已被广泛研究，并在一些生产中得到应用。

(一) 结构化脂质的生产

由于中链和长链酰基代谢不同，三酰甘油酯表现出不同的营养特性，$sn-1$ 位和 $sn-3$ 位上是短中链酰基的三酰酯，易被胰脂肪酶水解成 $sn-2$ 甘酰酯和中链脂肪酸，$sn-2$ 甘酰酯在肠中可被吸收而短中链脂肪酸可快速分解供应能量，这类功能性的三酰甘油被称为结构脂质。研究者十分关注制备具有两个中链（$C_8 \sim C_{12}$）、一个长链的甘油三酯，特别是 MLM 甘油三酯，其长链酰基位于 $sn-2$ 位上。

增加 $sn-2$ 位上单不饱和脂肪酸和多不饱和脂肪酸，可以更好地提高结构化脂质的营养。长链不饱和脂肪酸如亚油酸和亚麻酸是必需脂肪酸，花生四烯酸和 $sn-3$ 多不饱和脂肪酸（$n-3$PUFA）均有良好的生理功能，利用 $sn-1$、$sn-3$ 位置的专一性酶可促进具有特殊功能的结构化脂质的合成。

多不饱和脂肪酸的特点是 $n-3$ 系 PUFA，对心血管疾病有较好的疗效，降低糖尿病、高血压和癌症的发病率，增加免疫力，促进儿童神经发育。而长链 PUFA 的吸收有一定困难，且二十二碳六烯酸（DHA）和二十碳五烯酸（EPA）对消化道有一定的刺激作用，以天然脂类化合物形式富集 PUFA，促进 PUFA 的吸收具有应用意义。强化 PUFA 的方法很多，非水相脂肪酶催化的方法包括以下几种：①脂肪酶催化 PUFA 与甘油之间发生酯化反应，生成甘油一酯（14%，含 27%EPA 和 50% DHA）、甘油二酯（43%，含 25%EPA 和 50%DHA）和甘油三酯（37%，含 25%EPA 和 50%DHA）；②植物油、鱼油和其他油与富含 PUFA 的脂肪酸、酰基酯发生转酯反应，将 EPA 或 DHA-亚油酸等整合到几种植物油（低芥酸菜籽油、花生油、高油酸葵花籽油、大豆油）、三辛酰甘酯和三癸酰甘酯等中，也可部分水解后再酰化来提高天然鱼油中 PUFA 含量。利用 1,3 位置专一性酶，可将 EPA 整合到短链和中链三甘酰中，催化生产富含 PUFA 的结构化脂质；③将 PUFA 富集于胆固醇和磷脂中。有人利用选择性脂肪酶将沙丁鱼油和自由脂肪酸中的 DHA、EPA 通过酯化反应富集于胆固醇中。还有人把多种固醇有效地与 EPA、γ-亚油酸等多种 PUFA 合成固醇酯，促进 PUFA 的稳定性。

我国学者研究发现，猪油的脂肪酸结构与人乳脂相似，棕酸主要分布在 $sn-2$ 位，但猪油的硬脂酸含量过高，影响其熔点和婴儿的吸收；必需脂肪酸含量过低，特别是亚麻酸，且不符合亚油酸与亚麻酸之间的平衡比；不含 DHA 等。采用无溶剂体系，1,3 位催化专一性脂肪酶作催化剂，以适当配比的游离脂肪酸为酰基供体，改变猪油的 1,3 位脂肪酸组成来合成结构与人乳脂相似的脂肪，获得较为满意的结果。

(二) 人造奶油的生产

工业人造奶油的生产主要是在碱性催化剂作用下，通过酯交换增加饱和脂肪酸的量，从而使油脂具有特定的熔融特性。但化学方法反应温度高于 100℃，需要真空或充氮以防止脂肪氧化，而脂肪酶可在相对温和的条件下催化油脂间的转酯或酯交换，从而获得质量较好的人造奶油。具有较窄熔融范围的人造奶油可由脂肪酶催化高熔点的棕榈硬脂与植物油（葵花籽油、大豆油、米糠油、棕榈油，可可油）之间的转酯作用制得，也可由猪脂、牛脂与液体植物油生产，有人通过棕榈硬脂与无水乳酯的酯交换制备人造奶油。

(三) 类可可脂的生产

可可脂是最贵重的油脂之一，具有入口即化的熔融特性，是加工巧克力的重要原料，价格十分昂贵。运用酯交换技术可以生产出可可脂的类似物，传统酯交换工艺采用的是化学方法，常用的催化剂是金属钠或氧化钠、无机酸等，虽然可以提高甘油三酯分子酰基的迁移性，但会造成反应体系中酰基间的交换与分布的随机性，致使副产品增多。然而使用1,3-定向脂肪酶作为催化剂，酰基的迁移与交换则限制在 $sn-1$ 位和 $sn-3$ 位上，这样就能生产出化学法酯交换所无法得到的特定目标产物。近十几年来采用动物胰脂肪酶、米黑毛霉（*Mucor* miehei）脂肪酶等1,3-定向酶，以棕榈油中间分提物、乌桕脂、茶油等原料，通过酯交换改性技术生产类可可脂的研究取得了很大的进展。目前，日本、英国已有了以棕榈油中间分提物为原料经酶促改性制取类可可脂的小规模生产。近几年来对我国特有的油脂资源——乌桕脂和茶籽油经酶促改性生产类可可脂的研究也取得了突破。

五、脂肪酶在提取维生素 E 方面的应用

植物油脱臭馏分是提取天然维生素 E 的宝贵资源，但其中甘油酯的存在会给后续的高真空蒸馏或分子蒸馏带来困难，影响甾醇的结晶分离和产品质量。国内外一般多采用皂化法和酯交换法来分解并除去甘油酯，然而，皂化是在碱性环境中进行的，酯交换也需加碱催化，维生素 E 在强碱性条件下易氧化分解，提取率很低。利用脂肪酶催化油脂水解反应来分解其中的甘油酯，则是一种简捷而又经济的方法。

六、脂肪酶在食用油脂精炼方面的应用

在食用油脂精炼工艺中，毛油中通常含有较多的游离脂肪酸，需进行脱酸处理以提高油脂品质。通常采用的脱酸方法是化学碱炼法。化学碱炼法就是向油中加入计算量的碱以中和油中的游离脂肪酸。而在碱炼过程中总是不可避免地要造成中性油、甾醇、生育酚等的损失。借助微生物脂肪酶在一定条件下能催化脂肪酸与甘油间的酯化反应，从而把油中的大量游离脂肪酸转变成中性甘油酯。生物精炼技术已应用于高酸值油脂的脱酸。

思考题

1. 简述酯酶的概念、类型。
2. 简述酯酶和脂肪酶的主要区别。
3. 简述磷脂肪酶的概念、类型、作用原理。
4. 简述脂肪酶的概念、来源、作用的底物特异性。
5. 简述脂肪酶的作用对食品风味的影响。
6. 简述脂肪酶在乳制品加工中的应用。
7. 简述卵磷脂降解所涉及的酶及特点。
8. 简述磷脂肪酶的催化特异性的具体表现。
9. 简述 pH、温度、激活剂和抑制剂对脂肪酶作用的影响。
10. 简述酯酶在食品、医药、工业等方面的应用。
11. 简述酯酶活力的测定方法。

第十章 过氧化物酶

学习目标

1. 学习和掌握过氧化物酶在自然界中的分布、结构、催化的反应、作用机制和在食品工业中的应用，了解过氧化物酶在果蔬、乳等食品原料的贮运、加工过程中会起到的作用以及这些作用对果蔬、乳品等食品质量的影响。

2. 学习和掌握通过调控过氧化物酶活性实现果蔬和乳品保鲜、减少贮运损失和提高产品质量的方法，提高资源利用率和减少食品加工对环境的影响。

过氧化物酶在自然界广泛存在，对果蔬、乳等食品原料的生产、保鲜、加工和产品质量产生重要影响。本章将介绍过氧化物酶在自然界中的分布、结构、催化的反应、作用机制和在食品保藏与加工中的应用等。学习时需关注过氧化物酶的结构、性质、催化的反应及机制、底物的结构特征、耐热性和其作为食品加工处理的指标及作为食品加工助剂的应用，提升开拓食品资源、助力大食物观落实的能力。

第一节 引言

过氧化物酶（氧化还原酶）是以过氧化氢为电子受体催化底物氧化的酶，广泛存在于植物和微生物中。

过氧化物酶可以分成两类：一类是含铁过氧化物酶，另一类是黄蛋白过氧化物酶。含铁过氧化物酶又分成两类：正铁血红素过氧化物酶和绿过氧化物酶。正铁血红素过氧化物酶含有正铁血红素Ⅲ（羟高铁血红素）作为辅基，其纯酶呈棕色。正铁血红素过氧化物酶存在于高等植物、动物和微生物中。绿过氧化物酶的辅基也含有一个铁原卟啉基团，然而在结构上不同于正铁血红素Ⅲ，纯酶呈绿色。绿过氧化物酶存在于动物器官和乳中（乳过氧化物酶）。正铁血红素过氧化物酶经酸性丙酮处理后，羟高铁血红素与酶蛋白分离，而用绿过氧化物酶时经酸性丙酮处理则不会出现类似的结果。因此，可以采用这个方法来区分两类含铁的过氧化物酶。黄蛋白过氧化物酶含有黄素腺嘌呤二核苷酸辅基，存在于微生物和动物组织中。

过氧化物酶主要存在于细胞的过氧化物酶体中。在植物细胞中，过氧化物酶以两种形式存在：①以可溶形式存在于细胞浆中，即游离态酶；②以与细胞壁或细胞器相结合的形式存在于细胞中，即结合态酶。结合态酶又可分为离子结合和共价结合两种形式。可溶态过氧化物酶可以用低离子强度（0.05~0.18mol/L）的缓冲液将其从组织均浆中提取出来。提取离子结合态过氧化物酶必须采用高离子强度（含1mol/L NaCl或0.1~1.4mol/L $CaCl_2$）缓冲液。提取共价结合的过氧化物酶时，必须采用果胶酶或纤维素酶制剂处理组织均浆才能将其释放出来。

辣根是过氧化物酶最重要的一个来源。辣根中20%的过氧化物酶与细胞壁相结合，可以用2mol/L NaCl将这部分酶活力的93%提取出来。与细胞壁结合得非常牢固的那部分酶占辣根中过氧化物酶总活力的1.4%，其中的75%可借助于纤维素酶的作用提取出来。已经发现辣根过氧化物酶有40种以上的同工酶，它们具有相近的相对分子质量（40000~45000）。辣根过氧化物酶是一种糖蛋白，酶蛋白含308个氨基酸残基，有3~8个糖类侧链与酶蛋白相连，糖含量可以达到18%。

生鲜牛乳中含有乳过氧化物酶，相对分子质量约为77000，为单链蛋白，含有1个血红素和大约10%的碳水化合物，通常还会结合 Ca^{2+}。乳过氧化物酶是具有实际应用价值的天然抗菌酶。通过激活乳过氧化物酶可以延长牛乳保质期，这是迄今为止除冷贮之外最有效的方法，对高温地区鲜乳的采集、长时间保藏和运输具有实际意义。

一些化合物能诱导过氧化物酶的产生。赤霉素能使玉米中的过氧化物酶的活力提高1.75倍。苯基硼酸能使成熟的番茄叶中的过氧化物酶活力提高1倍。乙烯和水能使甘薯中的过氧化物酶的活力分别提高10倍和25倍。乙烯能同时提高豌豆中可溶态和离子结合态过氧化物酶的活力，甚至分割也能诱导甘薯中过氧化物酶活力。在过氧化物酶活力提高的同时，同工酶的模式也有改变。例如，病毒感染烟叶时，可使过氧化物酶的热稳定性下降。

第二节　过氧化物酶的催化反应

一、底物

过氧化物酶的底物指的是过氧化物和氢供体。

（一）过氧化物底物

过氧化物酶的过氧化物底物主要是 H_2O_2。H_2O_2 的浓度影响着过氧化物酶的活力，高浓度 H_2O_2 能使酶失活。如果用过氧化物酶除去反应体系中过量的 H_2O_2，那么可以重新得到失去的活力。葡萄过氧化物酶在 H_2O_2 浓度在 0.57×10^{-2} ~ 1.91×10^{-2} mol/L 时有一个酶活力的平稳区，

H_2O_2 的浓度为 $6.37×10^{-2}$ mol/L 时达到最高值，最高值高出平稳区酶活力的 1 倍。马铃薯均浆和辣根中的过氧化物酶活力在 H_2O_2 的浓度分别为 $0.74×10^{-2}$ mol/L 和 $0.3×10^{-2}$ mol/L 时达到最高值。

（二）氢供体底物

过氧化物酶多是非特异性的氧化还原酶，对 H_2O_2 非常专一，利用 H_2O_2 氧化供氢体，而对供氢体的要求则较为广泛。酚类、胺类化合物、某些杂环化合物和一些无机离子等都可以作为过氧化物酶的供氢体。

植物过氧化物酶的各个同工酶具有不同的底物特异性。当这些同工酶没有被分离时，过氧化物酶能作用于许多种氢供体底物。氢供体底物的性质影响着从过氧化物酶试样中能检测出的同工酶的数目、酶的热稳定性和它的再生特征。这对于使用过氧化物酶作为果蔬热处理是否充分的指标是非常重要的。同一种植物中可溶态和结合态的过氧化物酶具有不同的底物特异性。大部分过氧化物酶被认为在生理状态下催化小分子有机化合物，通常是酚类物质，但也有一些例外，例如细胞色素 C 过氧化物酶和抗坏血酸过氧化物酶的氢供体底物为细胞色素 C 和抗坏血酸。

在选择氢供体底物时必须考虑测定过氧化物酶活力的目的。在用定性的方法检查果蔬热处理的效果时，一般使用愈创木酚，当它的浓度为 $1.4×10^{-2}$ mol/L 时，酶反应达到最高速度。在组织化学染色和在凝胶电泳或等电聚焦中检测同工酶时使用联苯胺。邻-联茴香胺和邻苯二胺也是被广泛使用的底物。由于不同的同工酶对于各种不同的底物具有不同的敏感性，因此在检测同一种过氧化物酶的同工酶时，最好同时使用几种氢供体底物。一些过氧化物酶在不同的情况下可能会氧化不同种类的底物。过氧化物酶对于指定的氢供体的亲和力，除了取决于酶的来源外，酶的纯度对它也有影响。

二、反应类型

过氧化物酶能催化四类反应，即：过氧化反应、氧化反应、过氧化氢分解和羟基化反应。

（一）过氧化反应

在有氢供体存在的条件下过氧化物酶催化过氧化氢或氢过氧化物分解，即过氧化物酶的过氧化活力。反应式如下：

$$ROOH + AH_2 \xrightarrow{\text{过氧化物酶}} H_2O + ROH + A$$

式中 R=—H、—CH_3 或—C_2H_5，AH_2=氢供体（还原式）和 A=氢供体（氧化形式）。许多化合物可以作为反应中的氢供体，它们包括酚类化合物（对甲酚、愈创木酚和间苯二酚）、芳香族胺（苯胺、联苯胺、邻苯二胺和邻-联茴香胺）、$NADH_2$ 和 $NADPH_2$（图 10-1）。

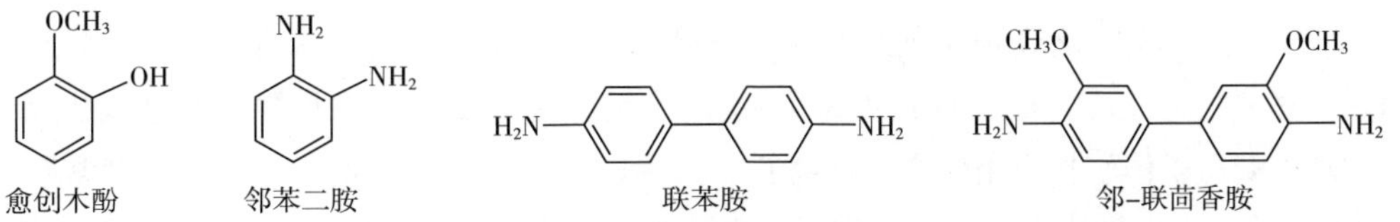

图 10-1 过氧化物酶的氢供体

(二) 氧化反应

过氧化物酶在没有过氧化物存在时的氧化作用,即为过氧化物酶的氧化反应。反应需要 O_2 和辅助因素:Mn^{2+} 和酚。许多化合物,例如草酸、草酰乙酸、酮丙二酸、二羟基富马酸和吲哚乙酸等能作为这类反应的底物。反应式如下:

$$2 \begin{array}{c} HO-C-COOH \\ \parallel \\ HOOC-C-OH \end{array} + O_2 \xrightarrow{过氧化物酶} \begin{array}{c} O=C-COOH \\ \mid \\ O=C-COOH \end{array} + 2H_2O_2$$

二羟基富马酸 　　　　　　　　　　　二酮琥珀酸

此反应有 2~3min 的诱导期,增加酶的浓度可以缩短诱导期,加入一定量的 H_2O_2 能消除诱导期。在 Mn^{2+} 存在的条件下,辣根过氧化物酶催化二羟基富马酸氧化的反应具有不正常的动力学:二羟基富马酸的消失速率曲线为 S 形。

存在于各种植物中的不同的同工酶具有不同的过氧化活力与氧化活力之比。抑制剂对这两类活力的影响也是截然不同的,例如氰化物对间苯三酚在 Mn^{2+} 存在时的氧化作用几乎没有影响,而对三个不同的氢供体(焦棓酚、对-甲氧基苯胺和联苯胺)参加的过氧化作用具有强烈的抑制作用。因此,也许有两个分开的活性部位相应于这两种活力。

(三) 过氧化氢分解

在没有氢供体存在的条件下催化过氧化氢分解:

$$2H_2O_2 \xrightarrow{过氧化物酶} 2H_2O + O_2$$

这类反应的速度与前两类反应的速度相比可以忽略。

(四) 羟基化反应

羟基化反应是从一元酚和氧生成邻-二羟基酚,反应必须要有氢供体参加,例如二羟基富马酸,它提供了酶主要必需的自由基。

$$\begin{array}{c} HO-C-COOH \\ \parallel \\ HOOC-C-OH \end{array} + O_2 + \begin{array}{c} OH \\ \bigcirc \\ CH_3 \end{array} \xrightarrow{过氧化物酶} \begin{array}{c} O=C-COOH \\ \mid \\ O=C-COOH \end{array} + \begin{array}{c} OH \\ \bigcirc OH \\ CH_3 \end{array} + H_2O$$

三、催化反应机制

过氧化物酶作用的机制可用图 10-2 表示。首先,过氧化氢取代与过氧化物酶分子中血红素相结合的 H_2O,形成酶-底物复合物(Per-Fe^{III}·H_2O_2),这一步反应是很快的,二级反应速度常数用 k_1 表示。随后,酶-底物复合物进一步转化为化合物 I (Per-Fe^V=O),这一步反应的速度常数为 k_3,$k_3 > k_1$。化合物 I 转变成 Per-Fe^{III}·H_2O_2(逆反应),或者 Per-Fe^{III} H_2O_2 生成 Per-Fe^{III}·H_2O(逆反应)的反应速度常数用 k_2 表示,这两步反应都很慢。在过氧化反应中,化合物 I 和外源氢供体底物作用生成化合物 II(Per-Fe^{IV}·OH)和自由基,反应速度常数为 k_7。化合物 II 和第二个氢供体底物分子作用后,酶(Per-Fe^{III}·H_2O)再生,同时生成第二个自由基,这一步反应的速度常数为 k_4。k_7 通常是 k_4 的 40~100 倍;k_4 的大小取决于氢供体底物的性质。在过氧化反应中,化合物 II 转变成过氧化物酶的一步是决定反应速度的关键一步。

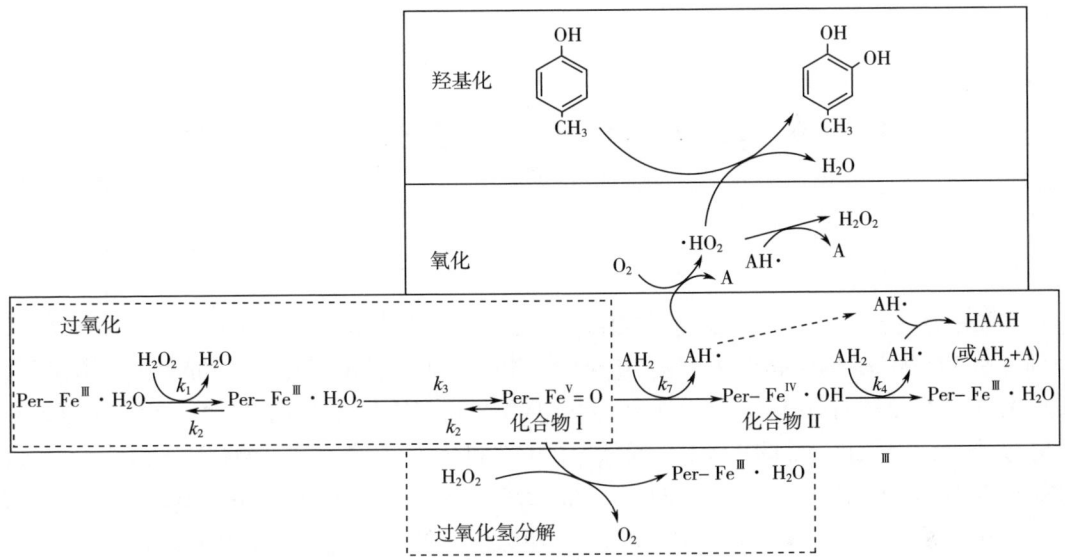

图 10-2　过氧化物酶四类催化反应的机制

除了过氧化氢外，只有过氧化甲基和过氧化乙基能同过氧化物酶作用生成化合物。在上述三个过氧化物中，过氧化氢的 k_1 最大。

在没有外源氢供体底物时，化合物I转变成化合物II和化合物II转变成过氧化物酶的速度是非常缓慢的。化合物I将直接和第二个 H_2O_2 分子作用生成 H_2O、O_2 和过氧化物酶，此时酶的作用和过氧化氢酶类似。

在图 10-2 中也指出了在过氧化反应中生成的自由基 AH· 的去路：①如果 AH_2 是愈创木酚，那么自由基 AH· 将相互作用形成聚合产品 HAAH；②如果 AH_2 是抗坏血酸或二羟基富马酸，那么自由基将相互作用形成一分子还原化合物和一分子氧化物（AH_2 和 A）；③O_2 能与氢供体底物（例如二羟基富马酸）的自由基作用，形成一分子氧化态供体和 ·HO_2 自由基，后者在没有芳香族化合物存在时能与第二个 AH· 作用，形成 A 和 H_2O_2；④在有各种芳香族化合物存在条件下，·HO_2 自由基能羟基化这类化合物，例如对甲酚，形成二酚。按照图 10-2 中指出的机制，过氧化物氧化和羟基化的活力不是酶直接作用的结果，而是由 ·HO_2 自由基的二级反应所造成的。

木质素过氧化物酶（LiP）是一系列含 Fe^{3+}、卟啉环和血红素辅基的同工酶。LiP 可利用 H_2O_2 及有机过氧化物催化一系列底物，其催化作用具有非特异性。LiP 的作用底物主要包括酚类和非酚类芳香化合物，可以氧化木质素单体、二体、三体以及多环芳烃（如苯并芘）等底物。其降解底物的特点为：LiP 能氧化富含电子的酚型或非酚型芳香化合物，在通过电子传递体攻击底物时，能从苯酚或非酚类的苯环上夺取一个电子，将其氧化成自由基，继而以链式反应产生许多不同的自由基，导致底物分子中主要键断裂，然后发生一系列的裂解反应。

第三节 pH 和温度对过氧化物酶活力的影响

一、pH

在酸性条件下，由于过氧化物酶的血红素和蛋白质部分分离，导致酶蛋白质从天然状态转变到可逆变性状态，因而酶活力下降。在 pH 2.4 和 25℃时，低浓度的氯化物能使血红素完全脱离酶蛋白。pH 也影响着酶蛋白从可逆变性状态向不可逆变性状态转变，因此，在低 pH（2.5~4.5）条件下，过氧化物酶的热稳定性较低。在中性和碱性 pH 条件下，酶处于天然状态，光谱数据指出此时酶蛋白结构中含有 α-螺旋结构。当酶经酸化后，α-螺旋结构被破坏，酶蛋白结构中产生 β-结构。当血红素和酶蛋白分离后，即使在中性条件下，酶蛋白中仅含有 β-结构。

影响过氧化物酶最适 pH 的因素包括酶的来源、同工酶的组成、氢供体底物和缓冲液。果蔬中的过氧化物酶一般都含有多种同工酶，而不同的同工酶往往具有不同的最适 pH，因此，从测定得到的过氧化物酶最适 pH 往往具有较宽的范围。同一种果蔬中的可溶态和结合态过氧化物酶具有不同的最适 pH。根据等电点不同，可分为酸性过氧化物酶、中性过氧化物酶和碱性过氧化物酶。一些果蔬中的过氧化物酶的最适 pH 可参见表 10-1。由表 10-1 可见，过氧化物酶的最适 pH 大部分集中在 5.0~7.0。过氧化物酶具有一定的稳定性，但过酸或过碱均可破坏其空间结构，影响酶活性中心基团和底物的解离状态，从而降低酶的活性和酶促反应速度。

表 10-1 一些果蔬中的过氧化物酶的最适 pH

果蔬	最适 pH	说明
葡萄	5.4	柠檬酸-磷酸缓冲液
	4.0~5.0	硼酸缓冲液 0.02mol/L
	5.0~6.0	醋酸缓冲液 0.1mol/L
香蕉	5.0~6.0	粗提取液经凝胶过滤色谱纯化
	4.5~5.0	阴离子部分
	4.5	阳离子部分
菠萝	4.2	酶活力和缓冲液浓度（0.1~0.2mol/L）无关
青刀豆	5.0~5.4	可溶态、离子结合态和共价结合态过氧化物酶
马铃薯	5.0	均浆
甘蓝	5.1~6.3	均浆
菜花	5.0~5.7	均浆

二、温度

(一) 过氧化物酶的最适温度

不同来源的过氧化物酶在最适作用温度上存在着很大的差别。与其最适 pH 相似，酶的原料种类、品种、同工酶的组成、缓冲溶液的 pH 以及酶的纯化程度等不同，果蔬中的过氧化物酶的最适温度也不同。例如，马铃薯和菜花（均浆）中过氧化物酶的最适温度分别为 55℃ 和 33~40℃。在低于这个温度以下的温度范围内，酶活力和温度的关系符合 Arrhenius 方程。一些果蔬中过氧化物酶的最适温度见表 10-2。

表 10-2　　　　　　　　　　一些果蔬过氧化物酶的最适温度

果蔬	最适温度/℃	果蔬	最适温度/℃
芦蒿	40	香蕉果肉	35
南瓜	40	香蕉皮	30
枇杷果肉	35		

(二) 过氧化物酶的热稳定性

许多果蔬中的过氧化物酶的热失活是一个双相和部分可逆的过程。热失活的双相过程指的是过氧化物酶中含有不同的耐热性质部分，其中不耐热的部分在热处理时很快地失活，而耐热部分在同样的温度下缓慢失活。热失活的部分可逆过程指的是经热处理后的酶液在室温或较低温度下保藏时，它的活力可以再生。

过氧化物酶具有一定的热稳定性，但由于植物的品种及所处的部位不同而有所差异。过氧化物酶热稳定性研究的一般过程是：将过氧化物酶酶液于 20~100℃ 等不同梯度温度下保温一定的时间后，加入缓冲液和 H_2O_2，摇匀测定酶活。研究表明，苦瓜来源的过氧化物酶在温度为 60℃ 以上时失活率升高，在温度为 70℃ 以上时基本失活；冬枣中的过氧化物酶，在 20~40℃ 加热处理时，随着温度的升高，过氧化物酶活性逐渐升高并达到最高值。但是，当处理温度达到 50℃ 时，过氧化物酶活性出现下降。当处理温度达到 80℃ 时，完全失活。组织中的过氧化物酶由于有较强细胞壁等保护，其热稳定性更好。

(三) 过氧化物酶的热失活

理论上，可将酶的热失活看作一级衰退过程。实际上，酶活力的破坏，特别是过氧化物酶的热失活并不符合这理想的模式。导致实际过程与理想模式偏差的原因是在过氧化物酶分子之间存在着热稳定性上的差别。当热处理的温度不超过 90℃ 时，过氧化物酶失活具有双相特征，而其中每一相都遵循一级动力学。在 88℃ 热处理整粒甜玉米时，残存过氧化物酶的对数与热处理时间的关系见图 10-3。热失活曲线包括三个部分：最初的陡峭的直线部分、中间的曲线部分和最后的平缓部分。根据热失活曲线的形状，可认为在热处理过程中有两个独立的一级热失活反应。最初的直线部分代表酶的热不稳定部分失活，最后的直线部分表示耐热部分的失活，而曲线部分可认为是一个过渡区域。外延图 10-3 中代表酶的耐热部分的直线至零时间，就可以估算酶的耐热部分活力在总的酶活力中所占的比例。按此法可以算出整粒甜玉米中过氧化物酶的耐热部分活力占酶的总活力的 4% 左右。热处理条件显然会影响耐热部分所占的比例。在较高温度范围，例如 100~120℃，用实验方法难以区分酶的热不稳定部分和耐热部分。

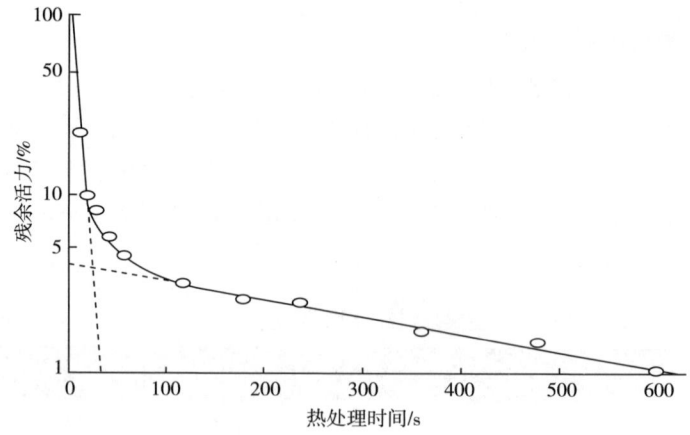

图 10-3　在 88℃热处理时甜玉米中过氧化物酶的热失活曲线

过氧化物酶失活的动力学机制有三种可能性，即一级动力学、二级动力学和威布尔分布模型。

过氧化物酶在热失活中，酶分子聚集成寡聚体，相对分子质量增加一倍。这个过程包括酶分子展开和展开的酶分子进一步聚集。酶分子展开后血红素基暴露，这样就增加了血红素蛋白非酶催化脂肪氧化的能力。在食品加工的条件下已出现这种情况。

在一些情况下，例如青刀豆中过氧化物酶在较低温度下热处理时，酶失活之前有一个潜伏期。甘蓝中过氧化物酶在较低温度下热处理时甚至会出现激活现象。这些现象可归因于：在失活之前，酶从天然形式转变成过渡活化形式，后者的活力与其最初形式不同，然后再失活。由于不同来源的过氧化物酶分子结构上存在着差别，因此，它们的热失活机制也不完全相同。

（四）过氧化物酶同工酶热稳定性的差异

过氧化物酶在植物体内具有多种同工酶。在植物不同的组织器官、不同的生长发育时期、不同的生理状态（如病虫害、逆境胁迫等）和不同品种中，过氧化物酶同工酶的活性和数目变化都很大。过氧化物酶同工酶能够在很大程度上反映植物生长发育的特点、生物代谢状况、适应外界环境能力以及品种之间的遗传差异。过氧化物酶同工酶的电泳图谱在一定条件下比较稳定，并且与形态学性状指标一样具有种属专一性。它作为遗传标记已被广泛应用于植物的品种鉴定、遗传多样性分析、植物抗病性分析、植物生长发育分析等方面。

植物中的过氧化物酶同工酶的耐热性存在差别。例如，蔬菜中过氧化物酶在 pI 5~6 的同工酶在 70℃加热 1min 会全部失活；而在 pI 3.5~5 的同工酶则较稳定，甚至在 100℃加热 0.5min 仍然有微量的活力残存。辣根中过氧化物酶的碱性同工酶具有最低的热稳定性。分离的同工酶的热失活也具有双相特征。在热处理过程中也可能形成新的同工酶。

经热烫的罐装或冷冻蔬菜在保藏期间产生不良风味，或许并不是过氧化物酶残余活力造成的，而可能是非酶脂肪氧化的结果。耐热性较低的过氧化物酶同工酶在热处理过程中已失活，它们形成的寡聚体具有催化脂肪氧化的功能。不良风味成分和脂肪氧化产物相类似，这一事实也证明了上述观点的正确性。

(五) 过氧化物酶热失活的影响因素

影响过氧化物酶热失活的因素包括两类：①酶的来源；②热处理参数。

前面已提及过不同来源的过氧化物酶具有不同的耐热性，下面举几个例子说明基因、种类或品种对耐热性的影响。马铃薯和菜花均浆中的过氧化物酶在95℃加热10min 就完全且不可逆地失活，而甘蓝中的过氧化物酶在120℃加热10min 仍然有0.3%的酶活力保存。三个甘蓝品种中的过氧化物酶，一个在55℃下加热10min 酶活力反而增加，而另两个在相同条件下稍微下降。当植物中过氧化物酶活力水平较高时，它的耐热性也较高。过氧化物酶的天然环境，即细胞物质，对酶耐热性的影响是复杂的，它们可能对酶具有保护作用，也可能降低酶的耐热性。

在低水分含量时，谷类中过氧化物酶的耐热性显著增加。例如，在水分含量低于40%时，谷类中过氧化物酶的热稳定性反比于水分含量。如果外推到水分含量为0，那么使大米和小麦芽的过氧化物酶完全失活需要在108℃下加热20h。了解这个现象对于指导水果和蔬菜脱水加工非常重要。

一些外加因素也可以影响过氧化物酶热失活的速度，如糖的添加能提高苹果和梨中过氧化物酶的热稳定性。以辣根中过氧化物酶为例，加入羟高铁血红素能降低酶的热失活速度（pH 7.0、76℃），而升高温度能提高酶的热失活速度。在未经热处理的果汁和菜花中，添加氯化钙对过氧化物酶活力几乎没有影响。另一方面，热处理过程中添加氯化钙对酶失活的动力学影响较大，在72℃时，添加 $CaCl_2$ 的浓度为 0.1g/100mL 和 0.2g/100mL 时，过氧化物酶的热稳定性比不添加时分别提高了6.5倍和5.2倍。其失活机制为在这种C型过氧化物酶中包含两个不容的金属中心：血红素基团［铁（Ⅲ）原卟啉Ⅸ］和两个钙原子。这两个中心对于酶的结构和功能完整性都是必需的。两个钙原子结合位点分别位于末端和近端，血红素基团位于两个钙原子中间，末端和近端的钙原子通过氢键的网络结构与血红素结合点连接。钙既能保持血红素基团旁蛋白质结构的完整，又能保证其活性。而钙的缺失会导致部分残余血红素的重整和血红素的变形，从而导致酶的活性和热稳定性的丧失。因此，氯化钙的添加增强了所需要的离子强度，保证了血红素基团结构上的稳定性。同时，这种由于添加物而导致过氧化物酶热稳定性增加的现象可能会导致灭酶所要求的热加工强度增加。

在 pH 7 时酶热失活的速度最低。在 pH 4.0 和 pH 10 时酶热失活的速度分别提高8倍和2倍。酶失活的初速度正比于 NaCl 的浓度（pH 7.0、NaCl 浓度低于 0.6mol/L）。糖的添加也能提高苹果和梨中过氧化物酶的热稳定性。

显然，当介质的 pH 被确定后，热处理的时间和温度是影响过氧化物酶失活的最主要的外部因素。如果温度也被确定，那么加热时间越长，导致酶完全破坏的可能性就越大。高温短时间（HTST）是一种比较温和的热处理方式，虽然它会使过氧化物酶较快地失活，但是它往往会促进酶活力的恢复。

此外，过氧化物酶的表观热稳定性还与测定酶活力时所采用的氢供体底物有关。

表 10-3 和表 10-4 列出了一些果蔬中的过氧化物酶的热失活特征和数据。从表中数据可以看出，不同来源的过氧化物酶含有不同比例的热不稳定部分。对于多数蔬菜，这部分的酶活力占总活力的 90%~99%。在蘑菇、芦笋和一些马铃薯品种中没有热稳定过氧化物酶，不过这显然与热处理的条件和方式有关。

表 10-3　　果蔬中过氧化物酶热失活的特征

酶的来源	Z/℃	说明
辣根	17	不耐热部分
	27	耐热部分
豌豆	9.8；9.9	两相失活的 Z 值
菠菜	13	pH 6，纯化酶
	17.5~18.0	pH 4~8，粗提取液
甘蓝	9.6	丙酮粉水提取液，不耐热部分占 58%~60%
	14.3	丙酮粉水提取液，耐热部分占 40%~42%
青刀豆	7.8~15.3	不同的品种；pH 5.8~6.3；热处理 6s，温度 105.8~133.6℃ 完全失活
茄子	11.8	pH 5.03；热处理 6s，温度 117.2℃ 完全失活
樱桃	6.8	pH 3.46；均浆；热处理 6s，温度 77.2℃ 完全失活

注：Z 值指加热使酶完全失活所需时间降低一个对数周期（缩短 90%）所需升高的温度。

表 10-4　　果蔬中过氧化物酶热失活数据

果蔬	温度/℃	时间/min	残余活力/%
桃	87	0.41	0
梨	87	4.5	0
青刀豆	95	2.0	0.7~3.2
	100	2.0	0.2
豌豆	100	1.0	0.3
菠菜	100	1.5	0.16
卷心菜	95~100	2.0	2.9~8.2
菜花	95	2.0	13.4
	100	2.0	4.8
马铃薯	100	1.5~3.0	0.4
胡萝卜	100	2.0	0.02
芦笋	100	2.0	0.02
蘑菇	100	1.0	0

（六）结合处理使过氧化物酶失活

热处理和非热处理的结合对酶失活具有协同作用。由于热处理会导致一些不需要的变化，食品厂通常要寻求一些可替代的方法减少热处理产生的不良作用。近几十年来，一些非热技术的研究也越来越广泛，例如超高压（HHP）、高压脉冲电场（PEF）、超声波处理（US）、超临界二氧化碳（$SCCO_2$）、微波（MW）、离子辐射等。微波和离子辐射能降低在热烫过程中使酶失活所需的热处理强度。

马铃薯中的过氧化物酶经 1.5min 微波处理和 3min 沸水处理或 2min 微波处理和 2min 沸水处理后完全失活。将微波处理的时间减少到 1min 的同时，将在沸水中处理时间增加到 5min，能使酶不被完全破坏，并使马铃薯的组织软化。

辣根过氧化氢酶经辐射处理（1~2mrad）后，它的同工酶模式发生很大的变化。在 pI 为 4~6 时出现新的酶带，而大多数更为碱性和酸性的同工酶失活，这表明酶的不同分子形式对于辐射具有不同的敏感性。离子辐射导致辣根过氧化物酶形成二聚体或更高的聚集体。与热处理不同之处在于，过氧化物酶的二聚体或更高的聚集体的 pI 在 4~6，即辐射后中性和碱性的同工酶的 pI 向酸性范围移动，而酸性的同工酶的 pI 向碱性的范围移动，最终使所有的同工酶的 pI 都集中在 4~6。用辐射的方法处理分离的同工酶和未分离的同工酶得到类似的结果。上述实验事实证明，在辐射时形成的聚集体不同于在热处理时形成的聚集体。用辐射方法处理酶的稀溶液时，酶分子聚集现象较不显著。

在采用结合处理时，先使用辐射处理，然后再使用热处理，由于在辐射时酶分子的聚集和单体的改性而使酶的热稳定性显著降低，接着再热处理，酶就很容易失活。

（七）过氧化物酶活力的再生

经热处理失活的过氧化物酶，在常温下保藏时，酶活力部分恢复，即酶活力的再生，是过氧化物酶的一个特征。下面以辣根过氧化物酶为例来讨论酶活力的再生现象。

将部分纯化的辣根过氧化物酶溶液在 70℃加热 1h，然后在 30℃下连续测定酶的活力，测定结果见图 10-4。酶活力的再生具有双相特征，并分别遵循一级动力学。相应于陡峭部分的酶再生速度常数为 $2.00 \times 10^{-2} \text{min}^{-1}$；而相应于平缓部分为 $4.30 \times 10^{-8} \text{min}^{-1}$。再生的酶活力最高可达到未经热处理酶液的活力的 20%~30%。在 40℃时，辣根过氧化物酶再生仍然具有两相一级动力学特征，而酶再生速度常数分别提高到 $3.39 \times 10^{-2} \text{min}^{-1}$ 和 $1.37 \times 10^{-2} \text{min}^{-1}$。再生的酶活力最高可达到未经热处理的活力的 30%~40%。

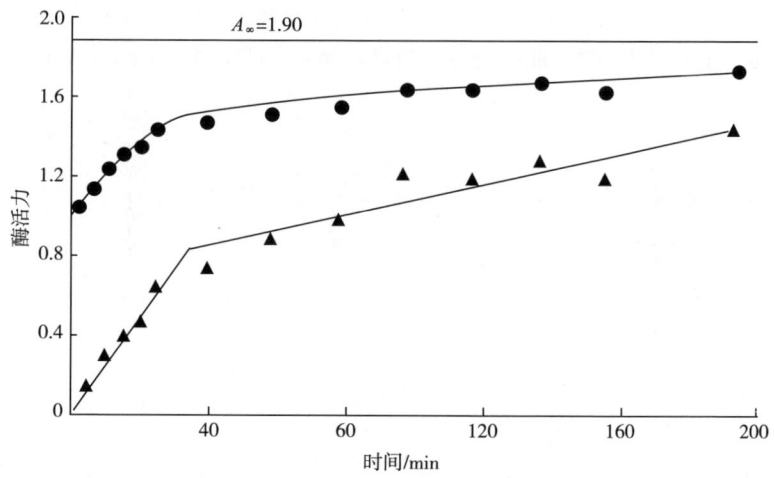

A_∞——酶再生可达到的最高酶活力，通常在酶经热处理后 20~30h 测得；

●——酶活力 A_t；▲—— $-\lg[(A_\infty - A_0)/(A_\infty - A_t)]$

图 10-4　辣根过氧化物酶在 70℃加热 1h 后在 30℃时的再生

在同样的热处理条件下，失活的辣根过氧化物酶在50℃不能再生。如果将酶液的温度从50℃降低到40℃，酶活力又开始提高。表10-5是辣根过氧化物酶溶液在70℃加热1h，然后冷却至50℃，再在50℃保持不同时间，最后冷却至40℃保温0h和24h（∞时间）测定的酶活力变化结果。表中结果表明，酶再生的速度常数随着热处理（70℃、1h）后在50℃保持时间的增加而降低（表10-5）。事实上，当在此温度保持的时间达到24h时，A_∞ 接近等于 A_0，即几乎不再有酶活力再生的现象出现。

表10-5　辣根过氧化物酶溶液在70℃加热1h，然后冷却至50℃，再在50℃
　　　　 保持不同时间，最后冷却至40℃保温时的酶活力变化情况

| 在50℃保持的 | 相对活力/%（以未加热的酶液在40℃的活力为100计） | | |
时间/h	0h	∞时间	酶再生的量
0	10	50	40
0.17	9	37	28
1	8	36	28
1.67	7	34	27
3	7	27	20
5	8	21	13
24	5	6	1

热处理的程度对于辣根过氧化物酶的再生也有显著影响。将酶液在70℃加热不同时间，然后冷却至30℃，立即测定酶的活力为 A_0，在此温度保持24h测定酶的活力为 A_∞（假定此时酶活力达到最高值），在加热前酶的活力为 A_s。酶活力再生的最高数量占原来酶活力的百分数和加热时间的关系以及再生时达到的最高酶活力的对数和加热时间的关系如图10-5所示。当加热温度超过70℃时，虽然活力-时间曲线仍然具有两相特征，但是按照图10-5的意义，直线的陡

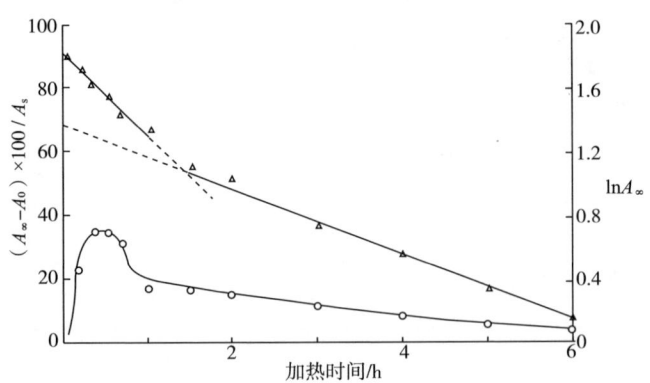

○—$(A_\infty - A_0) \times 100/A_s$；△—$\ln A_\infty$

图10-5　在70℃加热时间对过氧化物酶活力再生程度的影响

峭部分的延续时间随加热温度升高而渐趋短促,并且线性关系逐渐丧失,而平缓部分仍然能保持线性关系。因此,加热的温度及时间和加热后保持的温度及时间是决定过氧化物酶活力再生的主要因素。

最后必须指出,在用辐射方法使过氧化物酶部分失活后的保藏中,酶活力的继续下降显然不同于前述的在用加热方法使过氧化物酶部分失活后所出现的酶活力再生现象。因此,有理由推测:过氧化物酶的辐射失活是辐射诱导水产生的自由基二次进攻的结果,而自由基的作用使酶分子因生成新的分子间共价键而聚合,因此,就不会出现酶活力再生的现象。

在通常的热加工过程中,如果热处理温度已足够使产品中的微生物破坏,那么一般也能使产品中的酶破坏。然而酶失活的问题由于两个因素而变得复杂起来:①酶的耐热性,特别是过氧化物酶的耐热性随品种不同而有很大的变化;②部分失活甚至完全失活的酶在随后的保藏期间有可能部分地恢复活性。热加工温度在100℃以上时,为了防止产品中已失活的酶再生所需要的热处理程度远高于使酶失活所需要的热处理程度。事实上,随着热加工的温度升高,使酶失活比破坏微生物需要更为强烈的热处理过程,在采用高温短时间热加工方式时这一点是必须考虑的。

(八) 低温对过氧化物酶的影响

冷冻食品在冻结前需要用热烫的方法处理,因为-18℃或-20℃的低温不能破坏酶,而只能降低酶的活力或使酶可逆失活。以豌豆和青刀豆为例,当它们在+5℃、-4℃、-20℃和-40℃保藏10天至18个月时,可溶态、离子结合态和共价结合态过氧化物酶三者之间的比例以不同的方式改变,然而总的酶活力实际上是保持不变的。这个事实也说明,在冷冻或低温保藏期间,过氧化物酶并没有变性,而只是从一种状态转变到另一种结合状态。辣根过氧化物酶制剂在低温下也表现出它的稳定性。在低温下影响酶活力变化的原因有:①由于结冰使溶液的离子强度增加,从而影响酶的结合;②由于冻结打破了细胞结构,因而产生了新的位置供过氧化氢酶结合;③由于果胶的脱酯化作用使细胞壁结合过氧化物酶的能力改变。在低温保藏过程中没有新的同工酶形成,原有的同工酶也没有消失。

三、过氧化物酶活力的测定方法

过氧化物酶活力测定方法常用的是分光光度法和荧光光度法。

分光光度法的原理是利用在有氢供体存在的条件下,过氧化物酶催化过氧化氢分解的同时氢供体被氧化形成有色化合物。在此方法中,必须选择 H_2O_2 和氢供体底物的浓度以及缓冲液的pH以确保反应以最高速度进行。不同的氢供体的氧化态在不同的波长下具有最高的吸光度,因此,测定过氧化物酶的过氧化活力时,必须根据选用的氢供体底物来选择波长。此外,由于不同来源的过氧化物酶具有不同的特异性,因此,检测出的酶活力也因氢供体底物的不同而不同。

愈创木酚是经常被使用的氢供体底物,在过氧化物酶的作用下,它被转变成四愈创木酚:

在检测果蔬热处理后的过氧化物酶残余活力时经常用愈创木酚作为氢供体底物。然而，邻苯二胺在过氧化物酶活力测定和同工酶检测上比愈创木酚更为灵敏。在测定纯酶的活力以及检测过氧化物酶经凝胶电泳分离后的同工酶时，往往优先使用邻-联茴香胺作为氢供体底物。联苯胺的毒性比较高，通常只是在检测组织化学制剂中的过氧化物酶活力时才用作为氢供体底物。

荧光光度法的原理是利用过氧化物酶催化过氧化氢及一些本身没有荧光的物质反应，产生具有强荧光的物质。高香草酸是最早发现的具有此性质的底物。在其他衍生物和类似物中，又发现了对羟基苯乙酸、对羟基苯丙酸等更经济的高香草酸替代物。近年来，一些灵敏度更高的荧光底物相继报道。值得注意的是，荧光光度法的底物中还出现一类可被过氧化氢/辣根过氧化物酶（H_2O_2/HRP）体系催化而发生氧化分解的底物，利用其荧光猝灭现象，使其检出灵敏度大大提高。

第四节 过氧化物酶在食品工业中的应用

过氧化物酶在植物体内主要起到两方面的作用。一方面是与植物的抗性有关。过氧化物酶是植物的重要保护酶之一，其机能包括抗旱、抗寒、抗盐、抗病、抗氧化等。生理压力、创伤、霉菌或病毒感染会引起过氧化物酶同工酶模式的改变。当然其他酶也有类似的变化。例如，在芦笋采收后，其纤维素的形成伴随着过氧化物酶同工酶分布的改变。外源乙烯能加速这两个过程。另外，有实验证据表明，过氧化物酶和木质素的生物合成有关。然而，在乙烯刺激芜菁甘蓝中木质素生长时，并没有伴随着过氧化物酶活力的改变。另一方面是与植物正常的形态发生和形态建成有关。过氧化物酶通过氧化分解吲哚乙酸，在植物的生长、发育过程中（如酚类聚合成木质素）起作用。由于过氧化物酶对新鲜果蔬的色泽造成不良影响，影响产品感官品质和运销，在果蔬加工中需要对过氧化物酶进行抑制。例如，苹果在气调保藏中，过氧化物酶的活力会出现两个峰值，一个相当于呼吸转折，而另一个相当于衰老开始。过氧化物酶还可能与果蔬成熟时叶绿素的降解有关。此外，在一些果蔬（如红椒）中，使胡萝卜素褪色的酶具有过氧化物酶的特征。

过氧化物酶在食品工业中的应用主要体现在作为食品加工处理的指标、食品添加剂、加工助剂、分析检测试剂等几个方面。

一、食品加工处理的指标

过氧化物酶是果蔬成熟和衰老的生理指标，与果蔬褐变，酚类物质、谷胱甘肽和抗坏血酸的氧化及果皮变色等密切相关。过氧化物酶的活力与果蔬产品，特别是非酸性蔬菜，在保藏期间不良风味的形成和色泽变化有关，因此在果蔬保藏与加工中有必要将其失活。热处理是将果蔬中过氧化物酶等对果蔬风味和色泽有影响的酶失活的最常用方法，一般称为漂烫。过分的热处理会损害食品的质量，因此选择适当的热处理条件对果蔬加工非常重要。由于在果蔬中，特别是在非酸性蔬菜中，过氧化物酶具有比其他酶更高的耐热性，因此过氧化物酶在果蔬加工中常被用作热处理是否充分的指标。

过氧化物酶常被用作果蔬加工中热处理是否充分的指标主要有三个原因：一是它普遍存在于果蔬中；二是它耐热，当果蔬中的过氧化物酶在热加工中失活时，其他的酶能以活性形式存在的可能性很小；三是其活力检测方便，定性定量检测都比较方便和快捷。

在食品加工和保藏中，目前还难以确定一个普遍适用的标准，即多少残余活力或再生活力被允许留在产品中。已经发现，某些蔬菜在经短时间热烫后，仍保留一定的残余酶活力，但在冰冻保藏后，它们的质量比酶完全失活时要高。如前所述，为了防止果蔬热烫后过氧化物酶的再生，需要比酶失活施加多几倍的热处理量，高强度的热处理对食品原有品质的保持不利。目前，常采用高温瞬时热处理（HTST），或利用温度、pH、抑制剂等手段联合处理果蔬，尽可能在比较温和的条件下使过氧化物酶等对果蔬品质有影响的酶失活。

二、作为食品添加剂

利用辣根过氧化物酶（HRP）和阿魏酸处理牛乳可以制得凝固型酸乳。添加 HRP、阿魏酸和明胶不影响酸乳的主要成分，但可明显改善凝固型酸乳的品质。与对照样相比，加入明胶、HRP 和阿魏酸后，酸乳硬度和黏度都有所提高，而乳清析出率有所降低。同时，酸乳的表观黏度、触变性和黏弹性也都有所增加，添加明胶效果最明显。

过氧化物酶有很强的氧化特性，在很多领域中可以替代化学氧化剂，例如面粉加工中过去常用的溴酸钾。过氧化物酶可以促进蛋白质分子间的交联反应，其原理为：在过氧化氢的存在下，过氧化物酶催化蛋白质分子中的酪氨酸残基发生交联反应，形成二酪氨酸，导致分子间交联作用的发生。将过氧化物酶-过氧化氢添加至小麦面粉中，可提高面团的形成能力和烘焙能力。其机制为：过氧化物酶催化酚类化合物氧化产生醌，醌与蛋白质氨基进行交联反应。将过氧化物酶添加到小麦分离蛋白中，过氧化物酶能促进小麦蛋白形成相对分子质量更大的聚合体。不过，过氧化物酶催化蛋白质交联的效果不如转谷氨酰胺酶。

三、作为检测试剂

过氧化物酶能在低浓度下催化特殊底物生成有色产物，因此可以用来制备广泛应用于 ELISA 试验的共轭酶抗体。在聚合酶系统中，过氧化物酶与其他的酶类紧密结合在一起，分离出的氢过氧化物可用于多种化合物的检测，例如血液中葡萄糖的检测等。

曾经，乳制品加工中有不法厂商违法添加三聚氰胺，虚假提高乳制品中蛋白质检测含量。婴幼儿无法正常代谢三聚氰胺，容易生成肾结石，导致肾衰甚至死亡。利用三聚氰胺与 H_2O_2 反应生成一种对热高稳定性的加合物，导致溶液中 H_2O_2 含量降低的原理，可以设计利用过氧化物酶检测食品中三聚氰胺的方法。另外，有研究者利用循环伏安法，在玻碳电极表面聚合一层均匀的聚苯胺膜，制备了纳米 TiO_2 固定化过氧化物酶的生物传感器。该传感器对 H_2O_2 和 $NaNO_2$ 都具有很好的电催化还原性，应用于火腿肠中 $NaNO_2$ 的测定，回收率达到 94%~103%。

思考题

1. 简述自然界中存在的过氧化物酶的种类及结构特征。
2. 过氧化物酶在植物细胞中的存在形式是什么?
3. 过氧化物酶催化的反应有哪些?
4. 简述过氧化物酶催化反应的机制。
5. 简述过氧化物酶底物的种类和结构特征。
6. 什么是过氧化物酶的耐热性?影响过氧化物酶热失活的因素有哪些?
7. 简述过氧化物酶活力的再生及提高过氧化物酶灭活效果的方法。
8. 简述过氧化物酶作为食品加工处理指标的原理及方法。
9. 简述过氧化物酶作为食品添加剂的应用,包括原理及方法。
10. 简述过氧化物酶在蛋白质交联中的应用,包括原理及方法。

第十一章 多酚氧化酶

> **学习目标**
>
> 1. 掌握多酚氧化酶的种类及其在自然界的分布。
> 2. 了解多酚氧化酶催化机制及酶活力的影响因素,并能应用于果蔬加工、保鲜等技术提升实践中,坚持绿色可持续发展、树立正确的生态文明理念,建设美丽中国。

多酚氧化酶广泛地存在于各种植物中,对于果蔬加工和保藏十分重要,主要是涉及新鲜、冷冻、干制和罐藏产品的褐变,因此食品科学家非常重视对它的研究。本章主要介绍多酚氧化酶的分类、催化的反应、酶活力的影响因素及主要应用。学习时需将理论和实际相联系,熟悉多酚氧化酶在食品工业中的应用,并在此过程中树立正确的生态文明理念,学会正确利用科学技术造福人类。

第一节 引言

多酚氧化酶属于氧化还原酶类,广义上可分为三大类:单酚氧化酶(酪氨酸酶 tyrosinase, EC 1.14.18.1)、双酚氧化酶(儿茶酚氧化酶 catechol oxidase, EC 1.10.3.1)和漆酶(laccase, EC 1.10.3.2)。

酪氨酸酶是一种含铜的氧化还原酶,与生物体合成色素直接相关。在人体中,它与色素障碍性疾病及恶性黑色素肿瘤的发生与治疗有关。因此对编码酪氨酸酶基因的结构、表达及其调控,以及酪氨酸酶的抑制剂和激活剂的研究,引起国内外的广泛重视。目前,对酪氨酸酶活性中心及其催化功能的研究比较透彻,但对酪氨酸酶蛋白的立体结构尚不清楚。

双酚氧化酶是人类每天从食物中摄入的抗氧化物质中含量最多的一类。多酚类化合物不但具有优良的抗氧化功能,还具有强化血管壁弹性、促进肠胃消化、降血脂、提高人体免疫力、预防动脉硬化以及血栓形成的作用，同时也能抑制细菌与癌细胞生长。

漆酶是一种含铜多酚氧化酶，在白腐菌中普遍存在，少数低等真菌和植物中也产生，多为分泌型糖蛋白。至少 20 种漆酶得到了分离和纯化，其应用集中在以下几方面：漆酶参与的有机合成、生物检测、有毒化合物的消除、工业废水处理、纸浆的生物漂白等。

大多数植物中的多酚氧化酶以不同分子形式存在。这种形式的数目取决于酶的来源和酶提取及分离方法。从表 11-1 中的数据可以看出，多酚氧化酶的多种分子形式是一个颇为复杂的问题。

表 11-1　　常见果蔬中多酚氧化酶的多种分子形式

果蔬	多种形式的数目	特征
苹果皮（桔苹）	2	在 SDS-凝胶电泳中证明是纯一的，它们具有不同的向阳极的迁移率，类似的底物特征性
苹果（金冠）	3	凝胶电泳模式是品种的特征
苹果叶绿体	3	相对分子质量分别是 134000，67000 和 24000，对抑制剂不同的敏感性
梨（巴梨）	2	对吸附剂羟基磷灰石表现出不一样的性质
桃（科特）	4	不同的底物特征性、热稳定性、最适 pH 和对抑制剂不同的敏感性
桃	2+3 "潜在形式"	"潜在形式"出现在凝胶用醋酸固定和染色之后
香蕉	2	相对分子质量分别为 60000 和 12000，用脲处理时，高相对分子质量形式向低相对分子质量形式转变
马铃薯（马里塔）	17	其中有五种能作用于一元酚
马铃薯（卢勤·卢骞特）	11	不同的品种具有不同的多种酶形式的模式
蚕豆	4	类似的相对分子质量
蘑菇	8	在聚丙烯酰胺凝胶电泳中出现 9 条带，其中三条具有羟基化活力，不同热稳定性和对抑制剂不同的敏感性

从相对分子质量的数据可以认为，产生多酚氧化酶多种分子形式的部分原因是和缔合-解离现象有关的。这种现象包括：①类似的亚基不同程度的聚合；②不同亚基不同方式的结合；③酶蛋白质构象的改变；④前三种情况的结合。亚基的相对分子质量约为 30000，含有一个 Cu^{2+}，然而，香蕉和甜菜叶绿体中多酚氧化酶亚基的相对分子质量较低，分别为 12000 和 10000。酶的各种形式之间可以相互转变。导致它们之间相互转变的因素包括：酶液放置、pH、离子强度或者浓度改变以及蛋白质解离剂的作用。多酚氧化酶不同形式之间的差别表现在底物特异性、最适 pH、温度稳定性和对抑制剂的敏感性。此外，氧化和羟基化活力之比在多酚氧化酶的不同分子形式之间也有差别。一般地说，只有一部分酶的形式能作用于一元酚。已经确定

只有高度缔合的酶的形式才具有羟基化活力，它至少含有四个亚基。在碱性 pH 范围，高度缔合的酶的形式失去了它大部分的羟基化活力，在此条件下，邻苯二酚氧化的活力却比较稳定。

从聚丙烯酰胺凝胶电泳证明了在马铃薯中可溶态多酚氧化酶的几种形式具有不同的等电点，然而它们具有相同的相对分子质量。在一些植物中，不同品种具有不同的多酚氧化酶存在形式模式。然而，在另一些植物中，不同品种具有相同的多酚氧化酶存在形式模式。对于蔬菜，多酚氧化酶的酶谱随年份而改变；而对于水果（苹果），多酚氧化酶不同分子形式分布的特征随保藏条件变化而改变。显然，解释所有这些复杂的现象，还需要进一步充实有关多酚氧化酶分子性质的知识。

多酚氧化酶广泛地分布于自然界，除了植物外，它还存在于微生物，特别是霉菌以及一些动物器官中，多酚氧化酶在植物中的含量随品种不同而有很大的变化，在众多的水果和蔬菜中，橄榄中多酚氧化酶的活力最高。

多酚氧化酶在植物细胞中的分布取决于品种和年龄，而对水果和蔬菜来说，还取决于它们的成熟度。在绿叶中，很大一部分的多酚氧化酶活力集中在叶绿体中，在马铃薯块茎中，几乎所有的亚细胞部分中都含有多酚氧化酶的活力，它们的数量正比于蛋白质的含量。在新鲜采收的苹果中，多酚氧化酶几乎全部存在于叶绿体和线粒体中，而从细胞的这两个颗粒部分得到的酶在底物特异性方面表现出微小的差别。

在一些品种中，例如菠菜、苜蓿、小麦、燕麦、绿豆和糖蔗叶中，多酚氧化酶以潜在的形式存在于叶绿体中，需要用胰蛋白酶或红光处理才能使它活化。蚕豆叶水提取物中的多酚氧化酶也是以潜在的形式存在的，它只需要用酸或碱处理就能激活。然而存在于马铃薯、蘑菇、菜豆、番茄和玉米叶的叶绿体或其他颗粒的多酚氧化酶却无这种特征。

多酚氧化酶在果蔬的不同部分的含量存在很大差别，而与粒子相结合的酶和可溶性酶的比例随果蔬的成熟度而改变，例如，在葡萄皮中多酚氧化酶的活力比在果肉中要高一些。当葡萄成熟时，多酚氧化酶的活力下降，而以皮中的活力下降的幅度最大。在大多数水果中，多酚氧化酶主要以结合状态存在，例如，在桃、甜樱桃、杏子和苹果中，可溶态的多酚氧化酶分别占总的酶活力的 20%~30%，15%~17%，13% 和 8%~15%。

第二节 多酚氧化酶催化的反应及其作用底物

一、多酚氧化酶催化的反应

多酚氧化酶是一种含铜的酶，它能催化两类完全不同的反应：①一元酚羟基化，生成相应的邻苯二酚羟基化合物；②邻苯二酚氧化，生成邻醌。两类反应都需要有分子氧参加。

由于在一元酚羟基化反应中常使用对甲酚作为酶作用的底物，因此，与这类反应相应的酶活力又被称为甲酚酶活力。从式（11-1）可以看出，一元酚的羟基化反应需要在反应体系中同时加入邻苯二酚或其他还原性化合物，例如抗坏血酸、NADPH、NADH 或四氢叶酸。

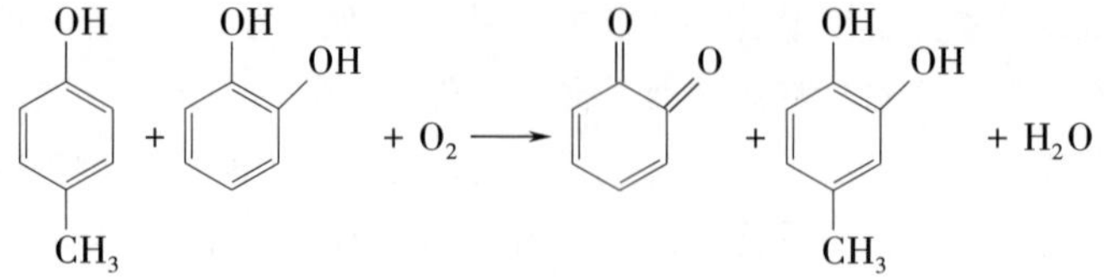

$$\text{对甲苯酚} + \text{邻苯二酚} + O_2 \longrightarrow \text{邻苯醌} + \text{4-甲基邻苯二酚} + H_2O \tag{11-1}$$

在加入邻苯二酚的条件下,羟基化反应的机制可根据式(11-2)和式(11-3)解释。

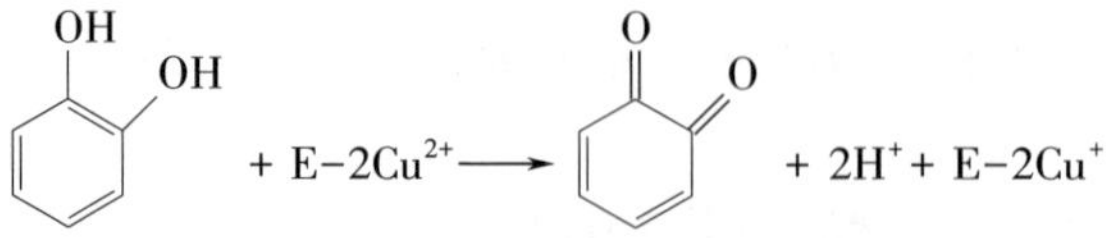

$$\text{邻苯二酚} + E\text{-}2Cu^{2+} \longrightarrow \text{邻苯醌} + 2H^+ + E\text{-}2Cu^+ \tag{11-2}$$

$$\text{对甲苯酚} + E\text{-}2Cu^+ + O_2 + 2H^+ \longrightarrow \text{4-甲基邻苯二酚} + E\text{-}2Cu^{2+} + H_2O \tag{11-3}$$

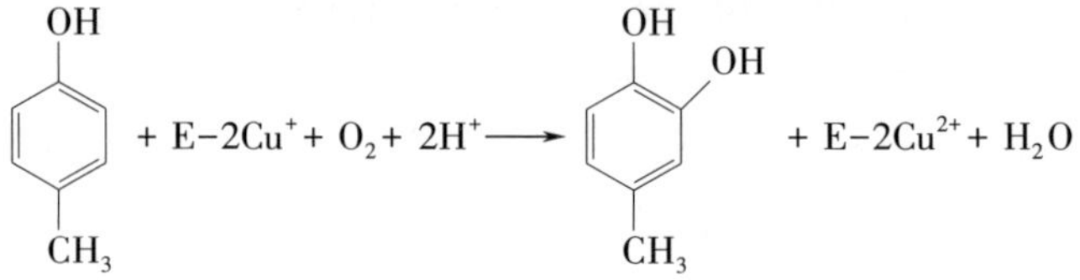

合并式(11-2)和式(11-3)就得到总反应式(11-1)。根据式(11-2),邻苯二酚的作用就是将酶的状态从 $E\text{-}2Cu^{2+}$ 还原成 $E\text{-}2Cu^+$,后者能将一元酚羟基化生成二酚[式(11-3)]。在反应体系中不存在邻苯二酚的条件下,少量以 $E\text{-}2Cu^+$ 状态存在的酶能将一元酚氧化生成邻苯醌,这时总反应式如式(11-4)。

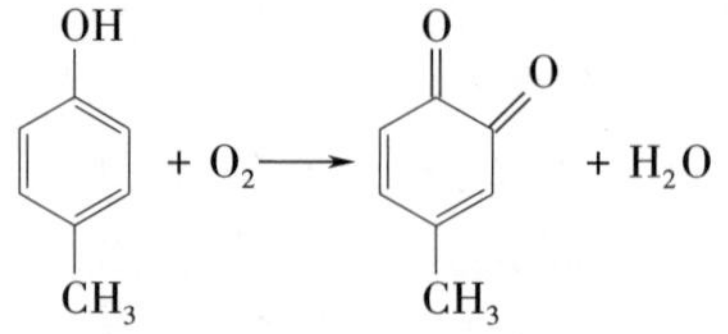

$$\text{对甲苯酚} + O_2 \longrightarrow \text{甲基邻苯醌} + H_2O \tag{11-4}$$

显然,在这样的情况下,反应速度是很低的。

多酚氧化酶催化的第二类反应是邻苯二酚被氧化成邻苯醌。

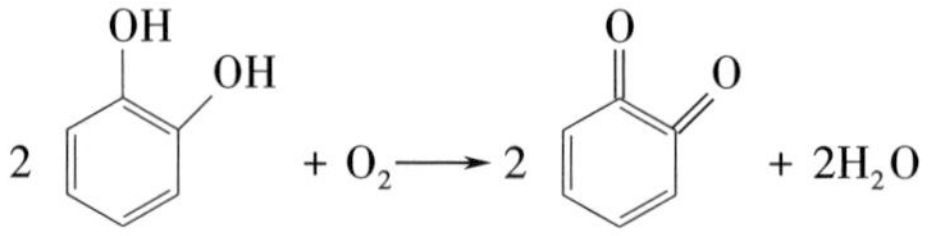

$$2\,\text{邻苯二酚} + O_2 \longrightarrow 2\,\text{邻苯醌} + 2H_2O \tag{11-5}$$

图 11-1 指出了反应的机制。氧首先与酶结合,然后邻苯二酚与酶结合,接着氢从酶转移到 Cu 形成氢过氧化复合物,此复合物再同第二个邻苯二酚结合,反应中没有自由基中间物形成。

多酚氧化制剂中氧化与羟基化活力之比随来源不同而有很大的差异,这个比值的范围可以从 1~10,个别的甚至超过 40。在多酚氧化酶的分离和纯化的过程中,这个比值也可能改变,羟基化的活力甚至可能完全丧失。大多数的多酚氧化酶制剂,例如从马铃薯、苹果、甜菜叶、蚕豆和蘑菇中分离得到的酶制剂同时具有氧化和羟基化的活力;而从烟叶、茶叶、芒果、香蕉、梨和甜樱桃分离得到的酶制剂不能作用于一元酚,它们缺乏羟基化的活力不是由提取或纯化操作所造成的。

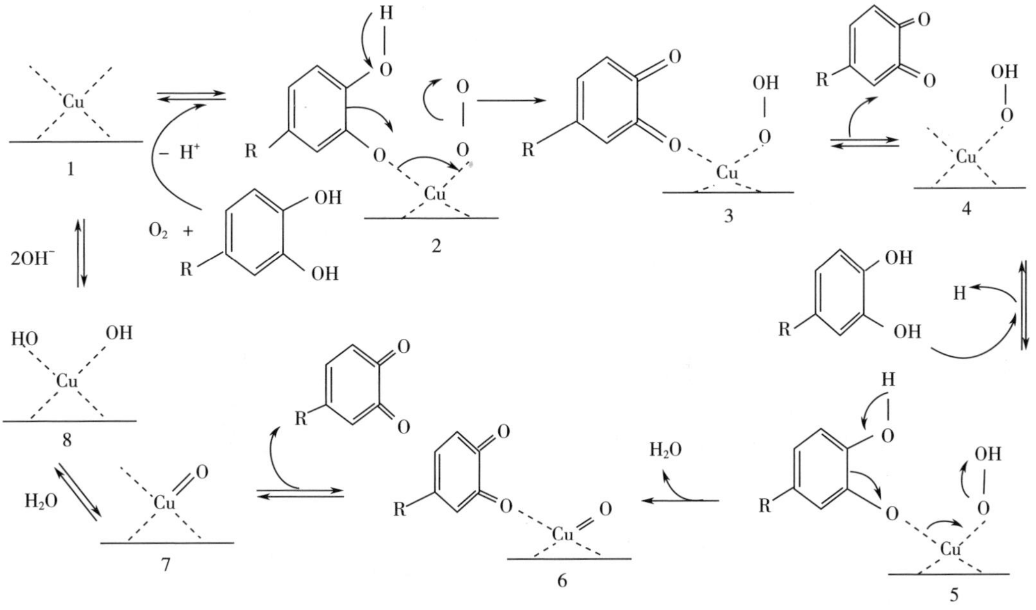

图 11-1　多酚氧化酶催化邻苯二酚氧化的机制

长期以来，对于一元酚羟基化和邻苯二酚氧化两种反应是否由同一种酶所催化存在着不同的意见。虽然目前普遍一致的观点是两种反应是被同一种酶，即多酚氧化酶催化的，但是支持这个理论最有力的一个论据（不能用超速离心或电泳技术将两种活力分开）在最近已被动摇，从欧芹细胞得到的酶提取液中，具有催化羟基化和氧化活力的两部分蛋白质已被 DEAE-纤维素离子交换柱色谱分离。

虫漆酶也是一种含铜的酶，纯酶呈深蓝色。可以从底物特异性和对抑制剂的敏感性将它和 PPO 区别开来，虫漆酶易于氧化对苯二胺和醌醇（PPO 不能作用于这两种化合物），而不能作用于 PPO 的底物酪氨酸和对甲酚。然而，根据有些作者的意见，虫漆酶也能利用对甲酚作为它的底物。

多酚氧化酶催化的氧化反应的最初产物邻醌将继续变化：①相互作用生成高相对分子质量聚合物；②与氨基酸或蛋白质作用生成高分子复合物；③氧化那些氧化-还原电位较低的化合物。其中非酶反应①和②导致褐色素的生成；色素的相对分子质量越高，颜色越暗，反应③的产物是无色的，因此，酶促褐变实际上是多酚氧化酶作用的直接结果。在一些食品的加工中，酶促褐变是一个期望的变化，其中最具代表性的例子是加工红茶。

二、多酚氧化酶作用底物

水果和蔬菜中含有许多种类的酚类化合物，然而，只有其中的一部分可以作为多酚氧化酶的底物。这些酚类化合物在多酚氧化酶催化下所发生的反应将导致果蔬产品变色。在果蔬中，多酚氧化酶最重要的天然底物是儿茶素（catechins）、3,4-二羟基肉桂酸酯、3,4-二羟基苯丙氨酸和酪氨酸。3,4-二羟基肉桂酸酯中的绿原酸（3-咖啡酰-奎宁酸）是多酚氧化酶在自然界中分布最广的底物。3,4-二羟基苯丙氨酸是多酚氧化酶催化酪氨酸羟基化的底物。酪氨酸是一个酚类化合物，同时又是构成蛋白质的一个氨基酸，它存在于所有的植物组织中，苹果中的多酚氧化酶能催化 3,4-二羟基苯丙氨酸氧化和对甲酚羟基化。然而，不能作用于酪氨酸。类似地，甜菜中的多酚氧化酶能催化 3,4-二羟基苯丙氨酸氧化，而不能作用于酪氨酸，可是，在甜菜中没有检出前者，却检出大量的酪氨酸。因此，多酚氧化酶的最佳底物并非总是和酶同时存在于同一植物中的那些酚类化合物。

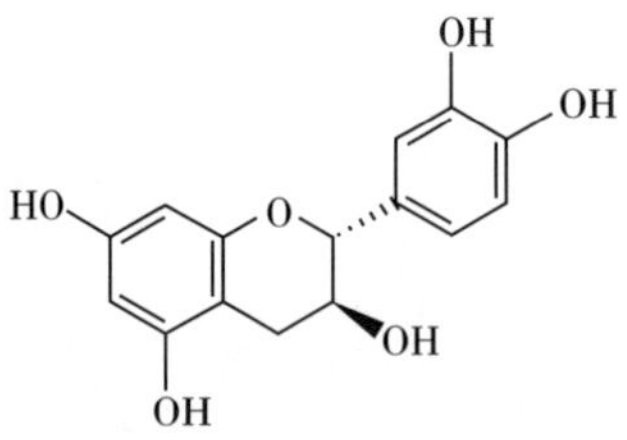

儿茶素 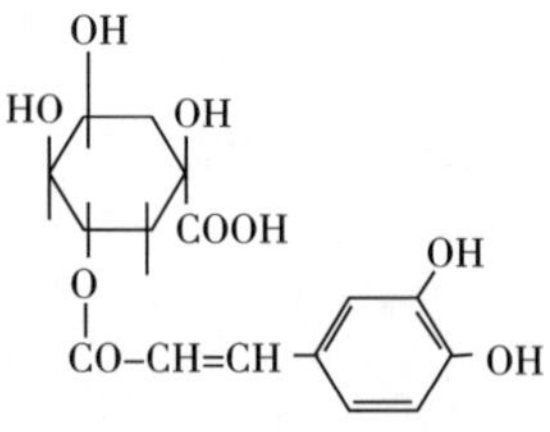　　　　　　　　　绿原酸

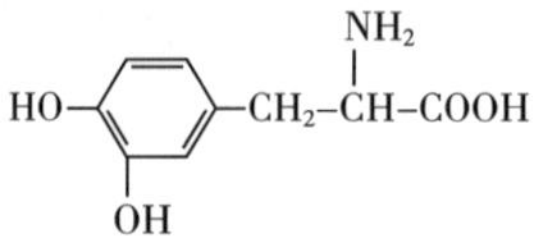

3,4-二羟基苯丙氨酸 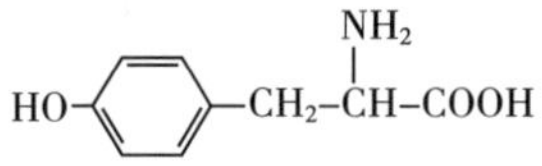　　　　酪氨酸

一元酚和二元酚中取代基的位置也是决定酚类化合物能否被多酚氧化物作用的一个重要因素。多酚氧化酶只能催化在对位上有一个大于—CH_2 的取代基的一元酚羟基化。它氧化对位取代的 3,4-二羟基酚的速度高于 2,3-二羟基苯甲酸。2,3-二羟基-4-甲氧基苯甲酸和 2,3-二羟基苯磺酸等化合物由于空间位阻而导致酶对它们的亲和力降低，因此，不是多酚氧化酶的良好底物。如果在 4 位有一个给电子基团，正如绿原酸和 4-甲基儿茶酚那样，能提高底物的反应能力；反之，如果在 4 位有一个吸电子基团，正如 3,4-二羟基苯甲酸和 3,4-二羟基苯甲醛那样，会降低底物的反应能力。这个事实证明多酚氧化酶的底物不仅取决于水果和蔬菜的种类，而且从同一种果蔬的不同品种分离得到的多酚氧化酶也具有不同的底物特异性，甚至存在于同一种水果或蔬菜的不同部位中的酶也有不同的底物特异性。

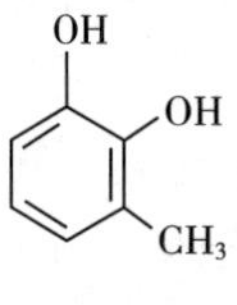

3-甲基儿茶酚 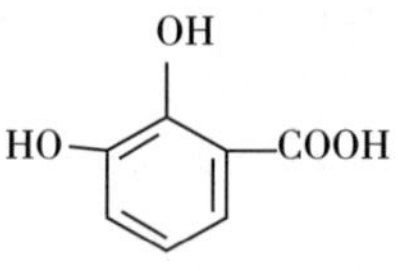　　　　　　2,3-二羟基苯甲酸

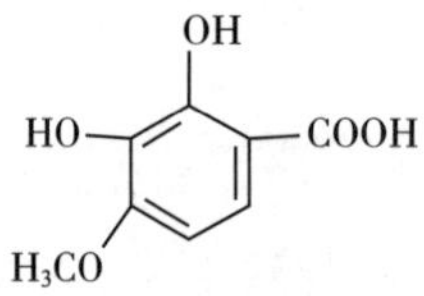

2,3-二羟基-4-甲氧基苯甲酸 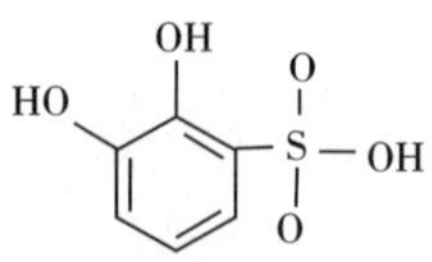　　2,3-二羟基苯磺酸

不同来源的多酚氧化酶对于同一种底物的亲和力在很大范围内变动（表 11-2）。同空间因子相关的酶蛋白结构上的差异至少是导致它们对底物亲和力差别的部分原因。

表 11-2　　　　　　　　　　　　不同来源的多酚氧化酶对底物的 K_m

底物	K_m/(mmol/L)	酶的来源
绿原酸	1.68	苹果（叶绿体）
	16.1	梨
	1.20	杏
	2.50	葡萄
	0.01	马铃薯（皮）
	1.40	马铃薯（块茎）
	2.40	糖蔗
	0.22	蘑菇
儿茶酚	4.60	苹果（红冠）
	20.9	梨
	120	桃（弗·爱尔保太）
	29.0	桃（红港）
	2.40	杏
	3.06	葡萄
	0.11	马铃薯（皮）
	4.80	马铃薯（块茎）
	1.68	茄子
	22.0	蘑菇

（一）苹果

苹果酶促褐变的倾向与苹果中酚类化合物，特别是绿原酸和儿茶素的含量有关。在苹果生长过程中，总酚的含量逐渐下降，在成熟时达到一个稳定的水平。多酚氧化酶的活力和褐变（实际的和潜在的）以类似的方式变化。因此，未成熟的苹果比成熟的苹果更容易褐变。

在保藏期间，苹果中多酚的含量、多酚氧化酶的活力和褐变倾向的变化取决于品种、采收时的成熟度和保藏条件等。虽然总酚的含量下降，但是绿原酸含量却增加，达到最大值后再下降，而儿茶素的含量不规则地下降。可溶态的多酚氧化酶活力增加，相应地结合态酶活力减少。在大多数情况下，酶促褐变倾向在保藏期间是增加的。采用气调保藏，或将苹果置于聚乙烯口袋中，并且在低温下保藏能减轻褐变。在苹果遭受到机械擦伤时，褐变的速度起初较高，随后下降到零，这个现象同酶在反应过程中由于产物的积累而失活是一致的。此外，在苹果擦伤后，底物的含量也下降。不同品种的苹果在褐变倾向上的差别主要反映在从它们制得的果汁具有不同的褐变程度上。

（二）梨

梨酶促褐变的倾向与酚的含量，特别是绿原酸和儿茶素的含量有关。在硬细胞周围的组织含有较少的酚。树上向阳一边的梨组织中含有较高数量的绿原酸。梨中绿原酸含量较高时产生一种生理混乱即"黑斑"。梨在采收后，先在0℃保藏4d，然后在20℃下后熟，多酚氧化酶的活力首先降低，然后稳定地增加，此时褐变的倾向也同时增加，这可以从梨擦伤时褐变的程度得到证实。

（三）桃

根据褐变的倾向可以将桃分成两类：①强褐变倾向，即高底物含量，而绿原酸在总酚中所占的比例少于50%；②低褐变倾向，即低底物含量，而绿原酸实际上是唯一的内源底物，两类桃子的变色都直接和绿原酸的含量成正比。然而，变色的程度也与总酚的含量和多酚氧化酶的活力有关。在桃子成熟的早期阶段，梨多酚氧化酶的活力很高，然后下降，在第5或第6周达到稳定期（约为最初的1/5）。在多酚氧化酶活力下降的同时，邻苯二酚含量也减少。在桃子成熟时，酶的最适pH从6.2稍微移动到6.0和6.5，即有两个最适pH，可以用细胞内合成了新的同工酶来解释这个现象。在罐装桃子加工中，常采用碱液去皮，这一步骤促使产品变色加剧。如果在碱液去皮后没有立即将桃子热加工，那么在碱液从桃子表面洗掉之后，必须采取措施保护桃子的颜色，常采用的方法是将桃子浸没在0.1%的抗坏血酸或1%的柠檬酸溶液中。

（四）马铃薯

在马铃薯块茎中，多酚氧化酶的活力和多酚含量的分布是不均匀的。在块茎的外部（芽眼和皮），酶的活力最高；而在脐芽眼和皮中，酚类化合物浓度最高。绿原酸存在于芽眼和皮以及邻近的皮层。在保藏期间，在马铃薯块茎的外部，多酚氧化酶活力和多酚的含量增加，而在马铃薯块茎内部，多酚氧化酶活力减少。马铃薯块茎褐变的速度和品种有关，保藏的条件对不同品种的影响也有差别：第一类在7℃下保藏时褐变速度最低；第二类在4℃时褐变速度最低；第三类情况较复杂，相应于褐变速度最低的保藏温度在4~12℃变化。多酚氧化酶不仅在马铃薯的褐变，而且在机械擦伤后黑斑形成中起着重要作用。马铃薯果肉的褐变随多酚氧化酶的活力提高而加重，随还原物质，例如抗坏血酸浓度提高而减轻。马铃薯中酪氨酸的含量是决定褐变速度的主要因素。在保藏期间，马铃薯中酪氨酸的含量和褐变速度一起增加，在20℃比在5℃时达到更高的数值。当擦伤的马铃薯暴露于空气时，发生了褐变，与此同时，马铃薯中游离酪氨酸的量减少。由于没有发现有效的赖氨酸量的损失，因此，多酚氧化酶作用生成的醌可能直接聚合成黑色素，而没有偶联到蛋白质上去。

当使用γ射线辐射以防止马铃薯发芽时，褐变、绿原酸的含量、绿原酸氧化以及多酚氧化酶的羟基化活力都增加，而抗坏血酸的含量减少。辐射时马铃薯褐变倾向增加的原因包括细胞损伤、与细胞结合的酶的增溶、酶易于同底物接近以及由于抗坏血酸减少而醌不能被还原，褐变和绿原酸含量增加与辐射的剂量、马铃薯收获的时间和辐射处理前保藏的时间有关。如果马铃薯收获季节较迟，辐射引起的上述变化相对来说是不显著的。如果在马铃薯收获后三个月再进行辐射处理，那么能完全抑制上述这些变化。

辐射剂量低于抑制马铃薯发芽所需的水平时，对多酚氧化酶的影响是暂时性的，此时形成新的同工酶，它们具有较低的电泳迁移率。

辐射剂量达到抑制发芽所需水平时，会导致酶的不同分子形式催化性质的变动，此时，氧化活力和羟基化活力之比发生变化。辐射导致多酚氧化酶暂时性的激活是由于酶蛋白构象的变化，而不是合成新的酶蛋白质。

（五）蘑菇

蘑菇中的多酚氧化酶有活性和潜在两种形式，后者即 SDS 可溶形式。在三个不同温度（0℃、10℃和20℃）下保藏时，两种酶形式的活力都增加，然而，在较低温度时，酶活力的变化较小。在0℃时，总酚的含量先是较快地减少，然后较慢地减少，而在较高温度时，总酚含量很快地减少后再增加。蘑菇的褐变与酶的活力有关。在低温下保藏，由于蘑菇的成熟被抑制，因此酶的活力较低。如果用辐射的方法抑制采收后蘑菇的成熟，那么多酚氧化酶的活力将提高。当蘑菇在暗处或高温（50℃）下干燥时，多酚氧化酶的失活具有双相特征，即起初酶的活力很快下降，然后缓慢下降。在较高温度（75℃）时酶的双相失活曲线转变成单相曲线。因此，提高干燥的温度可以显著减轻蘑菇的褐变。由于蘑菇在干燥时大量失水，因此水分活度减少对于酶活力的下降也起着一定的作用。在蘑菇干燥过程中，多酚类化合物的含量下降，这或许是在反应中被消耗了。

常见果蔬的多酚氧化物作用的底物见表11-3。

表11-3　　　　　　　　　　常见果蔬的多酚氧化物作用的底物

酶的来源	底物
苹果（叶绿体）	4-甲基儿茶酚，绿原酸，3,4-二羟基苯丙氨酸，(-)-表儿茶素，咖啡酸，3,4-二羟基苯甲酸，对甲酚
苹果（皮）	4-甲基儿茶酚，绿原酸，儿茶酚，(+)-儿茶素
梨（肉）	绿原酸，儿茶酚，(+)-儿茶素，咖啡酸，3,4-二羟基苯丙氨酸，3,4-二羟基苯甲酸，对甲酚
杏	异绿原酸，咖啡酸，4-甲基儿茶酚，(-)-表儿茶素，绿原酸，(+)-儿茶素，焦棓酚，儿茶酚
桃（红港）	焦棓酚，4-甲基儿茶酚，儿茶酚，咖啡酸，绿原酸，棓酸
桃（哈尔福特）	(+)-儿茶素，绿原酸，咖啡酸，多巴胺
桃（玛丽金）	绿原酸，焦棓酚
葡萄	(+)-儿茶素，绿原酸，儿茶酚，咖啡酸，(±)-儿茶素，3,4-二羟基苯丙氨酸，3,4-二羟基苯甲酸，间苯二酚，氢醌，酚
柑	焦棓酚
芒果	多巴胺，4-甲基儿茶酚，咖啡酸，儿茶酚，(+)-儿茶素，绿原酸，3,4-二羟基苯丙氨酸，对甲酚，酪胺，酪氨酸
马铃薯	绿原酸，儿茶酚，咖啡酸，3,4-二羟基苯丙氨酸，对羟基苯基酸，对甲酚，对羟基苯基丙酮酸，间甲酚
甘薯	绿原酸，咖啡酸，咖啡酰胺

续表

酶的来源	底物
蚕豆（叶）	4-甲基儿茶酚，儿茶酚，焦棓酚，3,4-二羟基苯丙氨酸，肾上腺素，咖啡酸，绿原酸，棓酸，原儿茶酸，对甲酚，酪胺，对羟基苯基丙烯酸
蚕豆（子叶）	3,4-二羟基苯丙氨酸以及所有被实验的二酚
茄子	绿原酸
蘑菇	儿茶酚，3,4-二羟基苯丙氨酸，多巴胺，L-肾上腺素，D-肾上腺素，L-去甲基肾上腺素，D-去甲基肾上腺素

第三节 多酚氧化酶酶活力的影响因素

一、pH

多酚氧化酶作用的最适 pH 随酶的来源和选用的底物而改变。分析几种常见果蔬中的多酚氧化酶的最适 pH 数据（表11-4），可以得到几点结论。

在大多数情况下，多酚氧化酶的最适 pH 在 4~7；从不同种类，甚至同一种果蔬中的不同品种得到的多酚氧化酶，也有不同的最适 pH；从果蔬的不同部位得到的多酚氧化酶在最适 pH 上也有差异；酶的提取或分离的方法对它的最适 pH 也有影响；测定酶活力时所采用的底物和缓冲液对酶的最适 pH 也有影响；大多数多酚氧化酶具有一个最适 pH，在一些情况下具有第二个最适 pH。

因此，影响多酚氧化酶作用的最适 pH 的因素是比较复杂的，已经发现，在一些果蔬中的多酚氧化酶具有很多同工酶或多种分子形式，这可能是产生上述情况的一个原因。

表 11-4 　　　　　几种果蔬的多酚氧化酶活力的最适 pH

底物	最适 pH	说明
苹果	7.0	组织提取液
	5.0	叶绿体
	4.8~5.0	线粒体
	5.1 和 7.0	皮，结合态酶
	4.2 和 7.0	皮，可溶性和高度纯化
梨	6.2	巴梨

续表

底物	最适 pH	说明
桃	6.0~6.5	红港品种，底物：儿茶酚
	6.8, 6.5, 7.2, 7.0	科特品种，底物：儿茶酚
	6.2	哈尔福特品种，底物：儿茶酚
	5.9~6.3	弗·爱尔保太品种，底物：儿茶酚，柠檬酸-磷酸缓冲液
	6.6~6.8	弗·爱尔保太品种，底物：儿茶酚，草酸-磷酸缓冲液
葡萄	6.2	底物：绿原酸
	6.5	底物：儿茶酚
	7.0	底物：(+)-儿茶酚，焦棓酚
香蕉	6.0~7.0	不同的激活形式
马铃薯	5.8	底物：儿茶酚，丙酮提取物
甘薯	6.0, 6.1~7.0	从 DEAE-纤维分离的酶的不同部分
蘑菇	5.5~7.0	底物：儿茶酚
	6.0~7.0	底物：对甲酚

二、温度

影响多酚氧化酶最适温度的因素基本上类似于前述的影响最适 pH 的因素。以桃中的多酚氧化酶为例，酶的活力从3℃开始随温度升高而提高，在37℃时达到最高值，然后下降，在3℃时酶的活力等于最高值50%。杏和香蕉中多酚氧化酶的活力分别在25℃和37℃时达到最高值。马铃薯中多酚氧化酶以儿茶酚为底物时，它的活力在22℃达到最高值；如以焦棓酚为底物时，它的活力在15~35℃时以近乎线性的方式增加。类似的情况也见于温度对苹果中多酚氧化酶活力的影响。以绿原酸为底物时，它的活力在25℃或30℃时达到最高值（随品种而异）；而以焦棓酚为底物时，它的活力随温度升高而急剧地提高，但是直到35℃还没有出现最高值。

多酚氧化酶不是属于非常耐热的酶，在大多数情况下，在组织中或在溶液中的酶在70~90℃下热处理短时间，已足以使它部分地或全部地不可逆失活。水果或蔬菜在冻结前必须用热处理或化学处理的方法使组织中的多酚氧化酶失活，否则，由于在冻结时细胞已破裂，造成在解冻时酶与它的内源底物易于接近，导致果蔬很快地褐变。

多酚氧化酶的热稳定性类似于它的底物特异性、最适 pH 和最适温度，在很大的程度上决定于它们的来源。如果酶存在于组织中，那么颗粒大小将影响热穿透到中心部位的速度，从而影响热处理方法使酶失活的效率。

纯的多酚氧化酶和存在于组织或粗提取液中的酶具有不同的热稳定性。可以用半衰期来表示酶的热稳定性。然而食品科学家更多地采用 D 值和 Z 值来定量地表示酶的热稳定性。例如，苹果中的多酚氧化酶在温度超过 70℃（pH 5.0）时显著地失活，在这个温度下它的半衰期为 12min。酶在 80℃时完全失活。苹果汁中多酚氧化酶在 75℃时的 D 值是 0.24，而 Z 值是 10℃。

在含核水果中，桃中多酚氧化酶的热稳定性最低，而李中最高，酶在未成熟水果中比在成熟水果中具有较高的热稳定性。在含核水果中多酚氧化酶的范围是 8.5~15℃，使酶瞬时失活（6s 内）的温度范围是 89.5~110℃。

同一来源的多酚氧化酶的不同分子形式具有不同的热稳定性。以桃子（科特品种）为例，三种同工酶在 55℃的半衰期分别为 5.5、14.1 和 14.6min，而第四种同工酶在此温度下能稳定 50min，在温度高达 76℃时才能使它快速失活。

低温对多酚氧化酶的活力也有影响。刀豆和豌豆多酚氧化酶提取液中的酶活力在 -20℃时完全丧失。然而，酶失活是可逆的，当酶液解冻时，酶活力再生，而且能长时间地保持下去。草莓在 -18℃下长期保藏时，起初酶活力下降的速度是很慢的，然后以较快的速度下降，在 7 个半月后，酶活力减少到最初的 16%，11 个月后，样品中仅含有微量的酶活力。必须指出，即使微量的多酚氧化酶活力也能导致果蔬褐变，因此，冷冻食品在冻结前用热处理的方法使多酚氧化酶失活还是必要的。

三、激活剂

阴离子洗涤剂（如 SDS）能激活多酚氧化酶。苹果皮中的多酚氧化酶经聚乙烯吡咯烷酮（PVP）处理后失活，BDB 能激活已失活的酶。SDS 也能激活以潜在的形式存在于粗提取液中的多酚氧化酶。

用酸或尿素短时间地处理葡萄中的多酚氧化酶，能使酶可逆地激活，如果用酸做较长时间的处理，会导致酶不可逆地激活。在用酸处理的同时提高离子强度，能增加激活的效果。酶经不可逆激活处理后，它的电泳迁移率降低，这个实验事实证明，在激活过程中酶的构象发生了改变。Cu^{2+} 和底物 3,4-二羟基苯丙氨酸对一些来源的多酚氧化酶也有激活作用。

虽然对于各种不同来源的多酚氧化酶的激活还没有做系统的研究，但是根据已有的实验结果可以推测，在激活过程中酶蛋白质经历了缔合或解离的变化。多酚氧化酶的活性形式是含铜的酶单体的寡聚体，激活剂的作用正是使酶蛋白以一定的聚合度存在，从而具有生物活性。

四、抑制剂

多酚氧化酶的抑制和酶促褐变的防止是密切相关的，往往将它们当作同一个课题来研究。然而，防止果蔬产品的酶促褐变除了使酶失活之外，还可以采取消除酶反应中的一个底物（氧或者酚类化合物），或加入一种化合物与酶反应的产物作用，阻止它在第二步非酶反应中形成有色化合物等方法。即使采取使酶失活的方法来防止酶促褐变，加入抑制剂也并不是唯一的手段，控制果蔬产品的 pH 和温度也是常用的有效手段。尽管如此，在食品加工和保藏中使用多酚氧化酶的抑制剂仍然是防止产品酶促褐变的最重要的手段之一。多酚氧化酶抑制作用的机制也是相当复杂的，在许多情况下抑制剂同时作用于酶、底物和酶反应的产物。

五、多酚氧化酶活力的测定方法

多酚氧化酶活力的测定方法主要有两种，分别是分光光度法和极谱法。为了避免酶失活的干扰，因此，不论采取哪一类方法，都必须严格地限于测定反应的初速度。

分光光度法是指在一定波长下测定从醌生成的色素的吸光度。由于这个方法非常简单，因此，经常在常规分析中使用。然而分光光度法有很大的缺陷，主要表现在它实际上是测定酶反应的次级反应产物，有许多因素影响着次级反应，而这些因素又难以控制。例如，反应体系中存在的抗坏血酸会降低测定的结果，而氨基酸、蛋白质的降解产物、重金属离子、水果中内源底物和多酚的自动氧化产物会提高测定结果。然而，当需要确定酶活力和酶褐变的关系时，分光光度法测定多酚氧化酶活力所使用的底物一般是儿茶酚、焦棓酚或天然底物，例如绿原酸。必须指出，从不同的酚类底物的氧化产物所形成的有色化合物，在不同的波长下具有最高的吸光度。此外，使用过高的底物浓度会导致酶被底物抑制。

极谱法，通常又称作氧气-电极法，是由氧气的吸收率决定的。氧气电极和光谱光度测量法在很宽的一个酶的浓度达到了线性的关系。那个精密计时器法可以在褐变发生或者抗坏血酸被耗尽测量停滞时间，并且测压方法（氧气吸收）不能得到酶的浓度和氧气的吸收率的线性关系。

多酚氧化酶的羟基化活力必须采用氧气吸收的方法测定。当采用一元酚底物（例如对甲酚和酪氨酸）测定纯酶的羟基化活力时，酶反应出现一个滞后期（图11-2）。在计算酶活力时，可以不考虑这一段反应时间，一般都将滞后期的终点作为反应的起始点，从氧气吸收-反应时间曲线的上升部分的斜率计算酶的活力。

在测定多酚氧化酶活力时，酶的早期失活影响了结果的可靠性。为了推迟由于反应产物的作用而引起的多酚氧化酶的失活，可以采用偶联反应的方法。采用此法时，反应混合物中除了含有酶和底物外，还有一个或几个氧化还原电位较负的化合物（例如氢醌和抗坏血酸），这些化合物具有将酶反应中生成的醌立即还原的功能，因此底物的浓度在反应过程中实际上是保持不变的。反应体系氧化还原电位的变化可以用极谱法测定，然后再从氧化还原电位改变的速度计算酶的活力。根据这个原理，也可以采用抗坏血酸作为易氧化的化合物，然后在265nm，即它的最高吸光度的波长下，测定抗坏血酸减少的速度，抗坏血酸减少的速度直接正比于酶

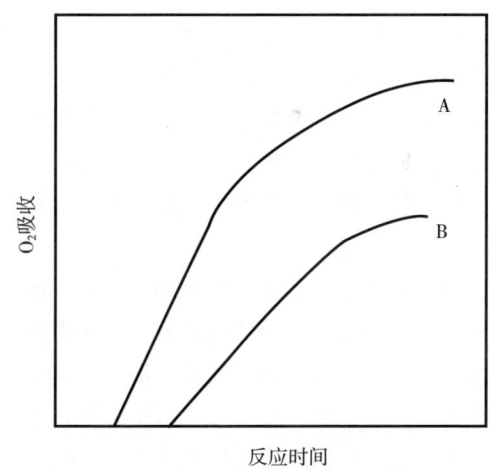

图 11-2 多酚氧化酶催化一元酚羟基化

[酶浓度（A）>酶浓度（B）]

的活力。反应体系中决定速度的一步反应是底物转变成醌。也可以用另一种方法：在酶反应混合物中加入一定数量的抗坏血酸，测定它完全耗尽，即有色的醌类产物出现的时间，然后计算酶的活力，这个方法被称为计时法。计时法的缺点是无法核实反应过程中底物消失或产物增加和时间的关系是否为线性。如果用 $K_4[Fe(CN)_6] \cdot 3H_2O$ 代替抗坏血酸，那么可以排除抗坏血酸氧化酶的干扰；另一个优点是它对 pH 改变的敏感性较低，特别是在酸性 pH 范围比较稳定。然而，采用 $K_4[Fe(CN)_6] \cdot 3H_2O$ 的缺点是在相同的底物浓度条件下灵敏度低于采用抗坏血酸时的一半。

测量单酚的活力时，中间产物（邻苯二酚）转化为苯醌的转化率通常是可以测量的。但是在大多数情况下，K_{cat} 值对于单酚和产物为邻苯二酚的都是相似的。另外，单酚氧化酶还可以根据 ^{18}O 标记的氧气或氚标记过的底物量的变化进行测定。

^{18}O 标记的氧气是指一个氧原子（来自 $^{18}O_2$）与 H 共价连接到对甲酚的 2 位，得到具有 ^{18}O 标记的 4-甲基邻苯二酚。未结合的 $^{18}O_2$ 可以用氮气溶解出来，或者用水从固体中蒸馏出来，并且水可以被用来测量 ^{18}O 增加的水平或 4-甲基儿茶酚的水平，产物中增加的 ^{18}O 的量，可以用于测量酚单氧化酶的反应速度。

氚标记的底物是指一个氧原子（来自 O_2）与 H 共价连接到对甲酚的 2 位，得到 4-甲基儿茶酚。通过使用 2-氚化对甲酚，氚将会释放到水相。在反应的初始阶段（0~60s），氚的释放速率应能很好地测量羟基化步骤的初始速度。剩下的对甲酚通过色谱法或吸附法去除。

第四节　多酚氧化酶在食品工业中的应用

一、在果蔬加工中的应用

多酚氧化酶抑制剂在防止水果和蔬菜褐变方面起着重要的作用，现在一些生产商常采用物理或化学的方法来防止多酚氧化酶对果蔬造成的褐变，其根本原理是降低果蔬中多酚氧化酶的含量或抑制多酚氧化酶的活性以控制酶促褐变。表 11-5 所示为一些实例。最理想的果蔬酶促褐变抑制剂应该是抗坏血酸，其对多酚氧化酶反应体系作用是相当复杂的，既可以作为醌的还原剂，又可以作为酶分子中铜离子的螯合剂，甚至可以被多酚氧化酶直接氧化，起到竞争性抑制剂的作用。除此之外，抗坏血酸还能提高产品的生物学价值。然而，当存在低氧化还原电位的化合物时，抗坏血酸也可能作为助氧化剂，例如，在以 3,4-二羟基苯丙氨酸为底物的多酚氧化酶反应体系中，氧气被消耗的速度与抗坏血酸有关。抗坏血酸对酶促褐变的抑制效果在很大程度上取决于浓度，如果浓度较低，那么在还原过程中它被很快地耗尽，只能在有限的时间内防止有色聚合物的生成；如果在果蔬中加入高浓度的抗坏血酸，它在还原反应中生成的醌，直到酶失活时为止，并且酶失活是不可逆的，因此，高浓度的抗坏血酸具有持久性防止褐变的效果。

除抗坏血酸外，SO_2 或亚硫酸盐是最常用的防止果蔬褐变的抑制剂。SO_2 或亚硫酸盐比抗坏血酸更加经济，但在食品中有严格的限量。这些化合物对于多酚氧化酶反应体系的作用也是很复杂的。亚硫酸盐抑制褐变主要通过不可逆地与醌生成无色的加成产物，与此同时降低了酶作用于一元酚和二羟基酚的活力。亚硫酸盐也消耗在醌的还原过程中，因此，它的抑制效果取决于它的浓度以及反应体系中酚的性质和浓度。如果在反应体系中仅存在一元酚，那么低浓度的亚硫酸盐就能有效地抑制酶促褐变，因为在酶反应过程中醌形成的速度很慢且相当一部分的抑制剂能直接作用于酶，当存在邻苯二酚时，亚硫酸盐在酶完全失活之前就被耗尽，因此，褐变虽然能被推迟和减轻，但是不能完全消除。如果同时使用抗坏血酸和亚硫酸盐，并且恰当地调整两者浓度之比，有可能在降低抗坏血酸损失的同时使亚硫酸盐直接地抑制酶的作用。显然，pH 对亚硫酸盐等抑制剂的作用有显著影响。例如，在 pH 低于 5.0 时，亚硫酸盐能使马铃薯中的多酚氧化酶很快地失活，并且残留的活力是很低的，在 7d 之内没有再能观察到酶反应。实际上，马铃薯组织中的多酚氧化酶在 pH 低于 5 的条件下是不稳定的。

表 11-5　　　　　　　多酚氧化酶抑制剂在防止水果和蔬菜酶促褐变中的应用

水果或蔬菜	抑制剂及其浓度	说明
苹果	SO_2，50mg/L+苯甲酸	抑制效果和品种有关
苹果	SO_2，100mg/L+1% $CaCl_2$	pH 7~9 色泽稳定 9 周
苹果	30%糖+0.32%~0.4% $CaCl_2$	冷冻前在 35℃下浸泡 1h，能防止在解冻时的褐变
苹果汁	肉桂酸，0.5mmol/L	防止褐变 7h
苹果汁	苹果酸，0.5%~1%	pH 2.7~2.8
苹果或葡萄汁	SO_2，10~50mg/L+膨润土	膨润土吸附酶蛋白
梨	NaCl，1%或柠檬酸，2%	糖浸入
葡萄汁	SO_2，20mg/L	—
葡萄汁和甜葡萄酒	SO_2，50mg/L+山梨酸，1000mg/L	护色与防止发酵
新鲜水果	磷酸-亚硫酸氢钠（4∶1~1∶2）或焦磷酸-亚硫酸氢钠（2∶1）	协同混合物
葡萄酒	不溶性 PVP，2g/L	接触 30s，除去酚，PVP 再生
马铃薯	半胱氨酸，0.5mmol/L	完全抑制
马铃薯	亚硫酸盐，600~2500mg/L	浸入
马铃薯	半胱氨酸，10^{-3}~10^{-2}mol/L	抑制 100min

亚硫酸盐和一些有机酸同时使用也能显著提高防止酶促褐变的效果。最常使用的有机酸是柠檬酸和苹果酸。例如，0.5%苹果酸能明显地提高 SO_2 防止苹果切片褐变的效果。将苹果片浸在含 0.02% SO_2 的 0.5%苹果酸溶液中，17h 就能完全穿透，而残留的 SO_2 仅 30mg/L，在预煮后的苹果片中没有能再检出 SO_2，在果蔬采收后到加工之前这段时间内尽可能地延长细胞的生命或完整性，可以避免酶和天然存在的底物接近，这对于防止产品的褐变也是至关紧要的。低温和气调保藏以及最近提出的在低于大气压条件下保藏都是有效的措施，将来或许会采用安全的植物衰老抑制剂。在包装和运输过程中防止果蔬的机械擦伤也是十分重要的。在预煮或热烫阶段，果蔬中的多酚氧化酶一般完全失活。必须指出，导致果蔬褐变的因素除了多酚氧化酶的作用外，美拉德反应及其他非酶促褐变反应也是不能忽视的。因此，在确定加工参数时，除了要抑制或使多酚氧化酶失活外，控制非酶促褐变也是非常重要的。

随着生物技术的发展，发现粮食与食品工业可通过遗传定位和转基因等生物技术方法来控制多酚氧化酶的活性。如马铃薯和苹果是两种较易褐变的植物，现已能通过向其转入外源多酚氧化酶基因来降低多酚氧化酶的活性。另外，在生物学中可以通过下调多酚氧化酶的表达有效地防止褐变，上调多酚氧化酶的表达提高植物的抗病性。

二、在茶叶加工中的应用

多酚氧化酶在茶叶加工中具有重要作用，通过不同加工工序或工艺抑制或提升多酚氧化酶活性，可制备出风味迥异的各类茶。

（一）绿茶

绿茶是不发酵茶，其关键工序是杀青。杀青过程主要通过高温使鲜叶中包括多酚氧化酶在内的各种内源酶迅速变性失活，使成品茶保留较多的叶绿素、多酚类、维生素 C 等品质成分，从而形成绿茶"清汤绿叶"的品质。

（二）乌龙茶

乌龙茶做青是摇青和静置多次反复交替的过程，摇青使叶片受到一定机械损伤，促进细胞中的内源酶与底物接触，该过程茶青边缘受损程度更高，在多酚氧化酶等的酶促氧化下引起叶缘红变，达到"绿叶红镶边"的效果。静置主要促进叶片内物质缓慢氧化形成乌龙茶特有品质成分。乌龙茶加工须严格控制好做青程度，若做青不足，不仅酶促反应不够充分，而且叶片和茶梗中内含物不能充分交换，导致茶叶香气前体不能充分释放；做青过度会导致酶促反应过度，致使部分香气物质含量降低，而且还会破坏茶多糖等活性物质。此外，乌龙茶加工中的温湿度等环境因子与做青工艺对多酚氧化酶活性和茶叶品质也有重要的影响。

（三）红茶

红茶属于全发酵茶，在其加工过程中通过酶促氧化儿茶素类物质产生茶黄素类色素，并形成其特有的色泽和香气。多酚氧化酶是酶促氧化中的关键酶，在红茶加工中其酶活性处于动态变化。红茶加工工序主要包括：萎凋、揉捻、发酵和干燥。

萎凋是红茶加工的首道工序，该阶段叶片细胞萎缩、细胞汁浓度提高，部分水解酶、氧化酶活性上升。研究发现，多酚氧化酶在萎凋期间活性随萎凋时间的延长而增加，萎凋结束时多酚氧化酶活性提高。

揉捻是通过外力作用使叶片迅速紧卷形成茶条，破坏叶细胞组织，使叶片中的多酚类化合物、蛋白质、氨基酸等物质溢聚于叶表皮，与多酚氧化酶、氧气等充分接触，促进生化变化。

发酵是形成红茶品质特征的关键工序，实质是以多酚类化合物为主体发生酶促或非酶促氧化反应的化学变化过程。红茶发酵条件对多酚氧化酶活性有较大影响：高湿有利于多酚氧化酶活性的保持；缺氧则不利于酶活性的保持和多酚类物质的酶促氧化。

干燥是红茶加工的最后一道工序，不仅能迅速钝化各种酶的活性、固定成茶外形，还能通过高温热作用来激化高沸点的芳香物质，使内含成分发生微妙变化，形成红茶特有的品质特征。

在红茶制作过程中，还可以通过添加外源儿茶素类底物或者外源多酚氧化酶来增加红茶产品中茶黄素的最终含量以提高红茶的品质。研究者们通过对比不同来源的多酚氧化酶促合成茶黄素能力，证实苹果、梨、山药、甘薯和桑叶等果蔬中均含有较高活性的多酚氧化酶且能较好地酶促合成茶黄素，均可作为较合适的酶促合成茶黄素的天然酶源。

植物外源多酚氧化酶能较好转化合成茶黄素，但是多酚氧化酶的稳定性和酶活力保持能力较弱，研究者便通过利用固定化酶类的方法以此来提升多酚氧化酶的热稳定性。随着分子生物学的不断发展，多酚氧化酶的克隆表达和工程菌的建立受到研究者们的广泛关注，不仅克隆出多酚氧化酶的基因，而且利用基因表达技术制备得到高酶活、高纯度的多酚氧化酶，从而更好地利用其酶促合成茶黄素，极大程度上提高蛋白的表达效率。

（四）黑茶

黑茶渥堆过程中，微生物大量繁殖，分泌蛋白酶、纤维素酶等胞外酶，与茶叶的多酚氧化酶、内源酶一起酶促作用，形成黑茶特有的风味品质。研究发现，渥堆过程中多酚氧化酶活性与比活力发生变化，且微生物在渥堆过程中可能产生新的多酚氧化酶。此外在渥堆中添加外源多酚氧化酶能够加速普洱茶发酵，缩短发酵周期，并改善其品质。

三、在咖啡加工中的应用

多酚氧化酶可以将咖啡豆中的酚类化合物氧化为醛、酮等具有香气的化合物，从而影响咖啡的香气和口感。

多酚氧化酶催化一元酚羟基化形成的产物邻苯二酚，邻苯二酚可在酶的作用下进一步被氧化生成邻二醌类化合物（这是酶促褐变反应的早期反应），这些反应都是酶促反应。在此之后，氧化生成的醌类化合物不稳定，可以通过进一步的氧化和聚合反应形成黑色素，黑色素是导致咖啡形成期望的褐色或黑色的原因，也能够造成食品的质地和味道的变化。

研究表明，咖啡的品质与多酚氧化酶活性有关。若贮存条件不适，咖啡品质下降，咖啡豆会褪色，多酚氧化酶活性降低。

思考题

1. 简述多酚氧化酶的种类、所催化反应的类型。
2. 简述果蔬褐变的机制及防止方法。
3. 简述 pH 和温度对多酚氧化酶活力的影响。
4. 简述多酚氧化酶的激活剂和抑制剂的种类。
5. 简述多酚氧化酶活力的测定方法。
6. 简述使用分光光度法测定多酚氧化酶活力时，影响实验结果的因素。
7. 简述在测定多酚氧化酶活力时，降低酶的早期失活的措施。
8. 简述多酚氧化酶具有多种分子形式的原因。
9. 简述多酚氧化酶在食品工业中的应用。
10. 简述常见果蔬的多酚氧化物作用的底物。

第十二章 脂肪氧合酶

> **学习目标**
>
> 1. 学习和掌握脂肪氧合酶的催化反应特性、反应过程、产物。
> 2. 结合实例领悟其对食品颜色、风味、营养价值的影响及作用机制，提升应用食品酶技术改善食品质量的工程能力。

脂肪氧合酶是一类含有非血红素铁的二氧化物，能催化至少含有一个顺,顺-1,4-戊二烯体系的多元不饱和脂肪酸的立体特异性过氧化，广泛应用于面制品等食品的品质改良中。本章将介绍脂肪氧合酶催化的反应过程及产物，影响脂肪氧合酶催化活力的关键影响因素及抑制剂，脂肪氧合酶的酶活测定方法，该类酶对于焙烤食品质量的影响及其对食品颜色、风味、营养价值的影响。学习过程中应关注该类酶的催化反应复杂性及其对食品色、香、味、营养变化的作用机制，增强对内源酶在食品贮存和加工过程中影响食品品质的分析能力，提升应用食品酶技术改善食品质量的工程能力，促进绿色食品创新发展。

第一节 引言

脂肪氧合酶（lipoxygenase，LOX，EC 1.3.11.12），其结构中含有非血红素铁，是催化含有顺,顺-1,4-戊二烯多不饱和脂肪酸氧化的加双氧酶，广泛存在于动物、植物、藻类、真菌及细菌中，并在豆科植物中含量最高。1932 年，Andre 和 Hou 首先发现豆腥味形成的关键是大豆中的 LOX，其催化大豆中不饱和脂肪酸氧化形成特定的风味物质。1947 年，Theorell 等首次获得了大豆中 LOX 的结晶，相对分子质量为 102000。1972 年，Chan 提出大豆脂肪氧合酶含有 Fe。在植物中，LOX 的催化底物主要是亚油酸（linoleic acid）和亚麻酸（linolenic acid）。在动物体内其底物主要是花生四烯酸（arachidonic acid）。随着现代生物技术的发展，在苔藓、藻类、酵母等真核生物，蓝细菌（Cyanobacterium）、铜绿假单胞菌（Pseudomonas aeruginosa）、念珠藻（Nostoc punctiforme）等原核生物中也发现了 LOX。1970 年，Christopher 等利用离子交换层析法将脂肪氧合酶分离成 I 型和 II 型，这两种组分在许多性质上都不同，如最适 pH、热稳定性、Ca^{2+} 相关性、等电点、底物专一性等。大豆脂肪氧合酶有 4 种电泳类型，LOX-1 主要出现在层析法分离的 I 型中，LOX-2 和 LOX-3 出现在 II 型中，层析法的不断改进又将 LOX-3 分离成 LOX-3a 和 LOX-3b，这几种同工酶的性质比较见表 12-1。另外，从其他植物中也已发现了脂肪氧合酶的多种同工酶。例如，从豌豆提取液中分离出 4 种脂肪氧合酶的同工酶，从青刀豆中分离出两种脂肪氧合酶的同工酶，从蚕豆中分离出脂肪氧合酶的两种活性部分和从小麦中分离出 4 种脂肪氧合酶的同工酶。

表 12-1　　几种脂肪氧合酶同工酶性质比较

性质	LOX-1	LOX-2	LOX-3a	LOX-3b
最适 pH	9	6.8	7	7
Ca^{2+} 相关性	Ca^{2+} 激活	Ca^{2+} 激活	Ca^{2+} 抑制	Ca^{2+} 抑制
热稳定性	热稳定	受热易失活	受热易失活	受热易失活
等电点	5.70	5.85	5.95	6.20
二硫键数	4	4	3	3
含 HS—数	4	4.2	5.6 或 6	5.9
底物特性	阴离子底物（脂肪酸）	酯化底物	单氧化物	单氧化物
生成的氢过氧化物类型	13 位	9 位或 13 位	9 位或 13 位	9 位或 13 位
动力学常数 K_m/(mmol/L)	0.012（亚油酸）	0.016（花生四烯酸）	0.34（花生四烯酸）	0.34（花生四烯酸）

第二节　脂肪氧合酶的结构及性质

脂肪氧合酶广泛分布于自然界，尽管早期研究表明不同来源的脂肪氧合酶（LOX）具有高度保守的三维结构，但随着对其他来源 LOX 研究的深入，科学家们逐渐发现不同来源的 LOX 在结构上存在着一定的差异。

动物和植物脂肪氧合酶是由两个结构域组成的单体蛋白，动物和植物 LOX 的 N 末端是由 8 个反向平行的 β-折叠组成的桶状结构域，相对分子质量在 25000~30000，这部分结构域的主要功能是参与酶与生物膜的结合并且对酶分子的整体结构及其催化活性中心存在一定的调节作用。蛋白酶的 C 末端是由 α-螺旋组成的催化结构区域，相对分子质量在 55000~65000，这个结构区域主要起到底物通道的作用，在催化活性中心还含有一个非血红素铁，图 12-1 为大豆 LOX-1 的晶体结构。除了存在非血红素铁，在一些特殊真菌中，如来源于小麦全蚀病菌（Gaeumannomyces graminis）的 GgLOX，其催化中心是含有一个 Mn 原子。

在一些来源于珊瑚的脂肪氧合酶的 N 末端天然融合一个丙二烯氧合酶，并且这类 LOX 中的 β-折叠结构域也依然存在着。这个末端融合的丙二烯氧合酶可以将 LOX 催化产生的脂肪酸氢过氧化物进一步转化为环氧丙二烯。类似情况也存在于鱼腥藻中，其 N 末端融合了一个具有过氧化氢酶特征的结构域，该结构域能够将 LOX 催化产生的氢过氧化物转化为不稳定烯丙基环氧化物。并且研究还发现，当单独表达融合蛋白中的 LOX 基因时，仍然存在着完整 LOX 活性，这也就表明这类融合蛋白 LOX 的活性并不依赖于 N 末端的异源融合结构域。

在细菌脂肪氧合酶中，细菌 LOX 的 N 端中并不存在 β-折叠组成的桶状结构域，而是存在一个反向平行的螺旋式"盖子"结构，覆盖在底物结合区域上，该结构有助于与脂质双分子层和一个更大的催化结构域结合。

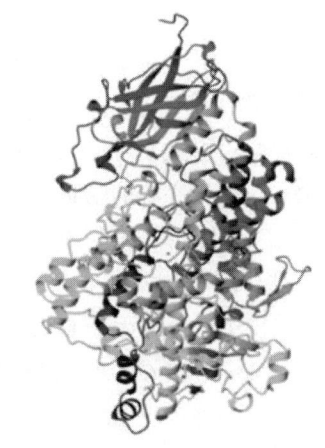

PDB NO: 1YGE

图 12-1　大豆 LOX-1 的晶体结构

目前研究最多的原核来源的脂肪氧合酶的结构主要是铜绿假单胞菌来源的 PaLOX。也已经有多个 PaLOX 晶体被发现并上传到数据库中，图 12-2 为两种 PaLOX 的晶体结构。在这些所有的结构中，磷脂酰乙醇胺分子都在活性中心。这些晶体的整体结构说明，PaLOX 是一种多肽单体，不能折叠成经典的真核 LOX 的两域结构。在这些晶体结构中，催化中心都包括一个非血红素铁，它由三个保守的 His、Asn_{559}、C 末端的 Ile_{685}，和一个水分子或者一个羟基，组成一个八面体配位球。

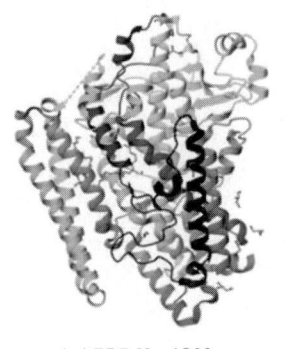

(a) PDB No: 4G32　　　　(b) PDB No: 5LC8

图 12-2　PaLOX 的晶体结构

不论 LOX 来源于细菌、真菌、动物还是植物，它们都具有共同的结构区域。其中，与催化和底物结合相关的部分氨基酸表现出一定程度的保守性，尤其是与活性中心相互作用的 His 残基，通常高度保守。

对于脂肪氧合酶来说，多不饱和脂肪酸是各种来源的脂肪氧合酶的有效底物，有八种位置特异性（5-、8-、9-、10-、11-、12-、13-和15-）。LOX 能催化多不饱和脂肪酸发生不同位置的过氧化反应，生成不同位置特异性过氧化氢脂肪酸。在原核生物中主要存在9-、10-、11-、13-和15-LOX，细菌 15-LOX 能转化花生四烯酸为 15-氢过氧二十碳四烯酸（HPETEs），产物又能进一步被还原为 15-羟基花生四烯酸（HETEs）。10-LOX 转化油酸（OA）为 10-氢过氧十八碳烯酸（HPOE），9-、11和13-LOXs 转化亚油酸分别为 9-、11-、13-氢过氧十八碳烯酸（HPOEs）。不同来源的脂肪氧合酶也具有不同的酶学性质。LOX 参与的反应大多数都与催化性能和反应条件相关。例如：来自伯克霍尔德氏菌（Burkholderia thailandensis）的 BtLOX，其最适 pH 和温度分别为 7.5 和 25℃，当反应底物为亚油酸时，它的 K_m 和 K_{cat} 分别为 41.5μmol/L 和 93.7s^{-1}。大豆 LOX 的不同亚型的最适 pH 在 6.5~9。在米曲霉中重组表达的两个真菌来源的 MLOX 和 GLOX，它们的最适反应 pH 都为 4~7，MLOX 催化亚油酸的 K_m 仅为 1.0μmol/L，而最适反应温度为 60℃，其相对其他细菌来源的 LOX 热稳定性较高，可能是由于真菌表达系统广泛存在的糖基化作用提高了它们的热稳定性。表 12-2 概述了一些 LOX 的酶学性质。这些数据显示，催化性能和反应最适条件都限制了脂肪氧合酶的应用范围。

表 12-2　　不同来源的脂肪氧合酶的酶学性质比较

来源	催化底物	K_m/(mmol/L)	K_{cat}/s^{-1}	K_{cat}/K_m/(s^{-1}·L/mmol)	最适温度/℃	最适pH
橄榄果	亚油酸	2.78×10^{-2}	0.47	16.9	25	6.0
兔子	亚油酸	1.69×10^{-2}	6.38	377	—	—
茶树菇	亚油酸	0.296	104	352	25	7.5
侧耳（食用菌）	亚油酸	4.03×10^{-2}	157	3.90×10^3	35	7.0
丝状蓝细菌 Anabaena PCC7120	亚油酸	3.54±0.14	15.0	4.24	45	6.0
绿脓杆菌	亚油酸	4.89×10^{-2}	23.5	481	25	7.5
伯克霍尔德氏菌	亚油酸	4.15×10^{-2}	93.7	2.26×10^3	35	7.5
黄色黏球菌	亚油酸	0.380	9.15	24.08	30	8.5

第三节　脂肪氧合酶催化的反应

脂肪氧合酶对于它作用的底物具有特异性的要求，含有顺,顺-1,4-戊二烯的直链脂肪酸、脂肪酸酯和醇都有可能作为脂肪氧合酶的底物（图 12-3）。最普通的底物是必需脂肪酸——亚油酸、亚麻酸和花生四烯酸。在不饱和脂肪酸中，顺,顺-1,4-戊二烯的位置对脂肪氧合酶的作用有重要影响。如果采用从—CH_3末端编号的ω-编号系统，那么在ω-6具有双键是必要的，而顺,顺-1,4-戊二烯单位的亚甲基在ω-8位的脂肪酸异构体是脂肪氧合酶的最佳底物。顺,顺-1,4-戊二烯的亚甲基单位在ω-10或ω-11位的脂肪酸异构体不能作为脂肪氧合酶的底物。在ω-3位增加一个顺-双键并不影响脂肪氧合酶对底物的作用，例如亚麻酸是脂肪氧合酶的良好底物。在脂肪酸的ω-10位和羟基之间增加双键仍可以作为脂肪氧合酶的底物，例如花生四烯酸和8,11,14-二十碳三烯酸都是脂肪氧合酶的底物。

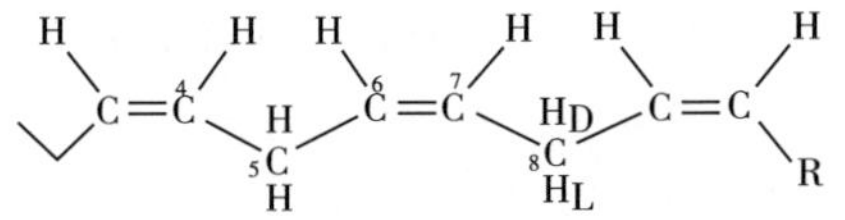

图12-3 脂肪氧合酶底物脂肪酸的部分结构

脂肪氧合酶作用于亚油酸时，能产生亚油酸的13-L-和9-D-氢过氧化物衍生物，反应的过程参见图12-4。

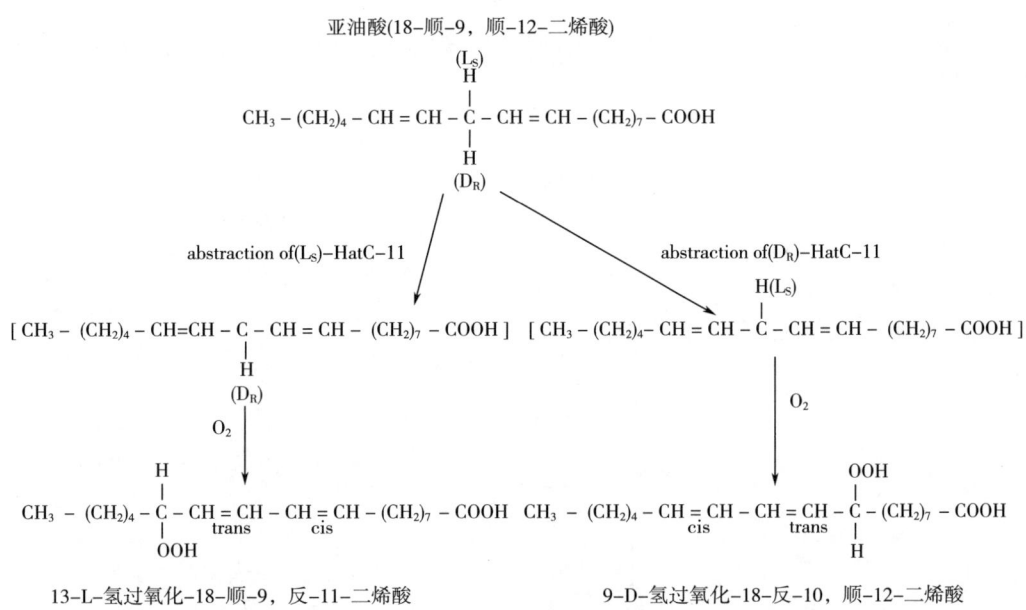

图12-4 脂肪氧合酶作用于亚油酸产生13-L-和9-D-氢过氧化物衍生物

脂肪氧合酶催化反应涉及非血红素铁，以及至少三个保守的His残基和一个保守的Ile残基构成的催化位点。该酶的催化活性与非血红素铁的氧化状态密切相关。只有当铁以三价铁（Fe^{3+}）的形式存在时，脂肪氧合酶才具有催化活性。亚铁（Fe^{2+}）形式下的铁无法催化反应，因此需要通过一些氧化剂将铁氧化成Fe^{3+}形式来激活酶的催化活性。这种活化过程类似于酶催化活性的开关，而金属离子的过渡态在其中起到关键作用。

脂肪氧合酶催化的脂肪酸氧化通常由四个基本反应（氢夺取、自由基重排、氧插入、过氧自由基还原）组成，以空间控制的方式进行。反应的详细机制如下。

（1）从双烯丙基亚甲基的立体选择性夺氢 氢原子作为质子被去除，并且所得到的电子被还原成亚铁形式的三价铁血红素吸收。这是脂肪氧合酶反应的限速步骤。

（2）自由基重排 在该元素反应期间，自由基电子在脂肪酸的甲基末端方向（[+2]重排）或在羧酸根方向（[-2]重排）上错位。

（3）氧插入 与吸氢相关，在天然方向（从由双箭系统确定的平面的相反方向）引入分子二氧。如果位于双键平面上方的氢被除去，则从该平面下引入分子氧。

（4）过氧自由基还原 来自非血红素的亚铁的电子将由于氧插入而形成的过氧自由基转化为相应的阴离子，从而减少体系内的过氧自由基。

因此，亚铁再次被氧化成三价铁的形式。最后，过氧阴离子被质子化，构成限速步骤的氢提取遵循量子力学机制。

第四节　脂肪氧合酶作用的初期产物的进一步变化

如果将氢过氧化亚油酸看作脂肪氧合酶的初期产物，那么它进一步变化的产物将是十分复杂的（图12-5）。

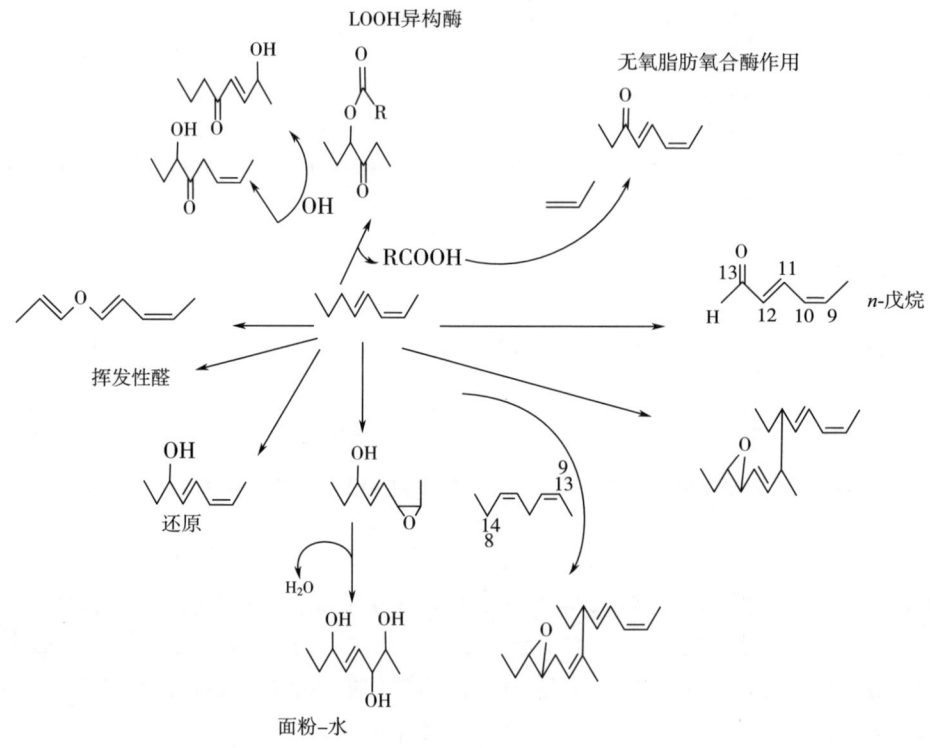

图12-5　氢过氧化亚油酸的进一步变化

氢过氧化亚油酸变化的可能途径如下。

(1) 氢过氧化亚油酸的还原，过氧化物酶体系参与这类反应。

(2) 酶催化氢过氧化亚油酸异构化成多羟基衍生物和酮。

(3) 氢过氧化亚油酸的环氧化，这类反应发生在面粉–水悬浊液体系中。

(4) 马铃薯中的酶催化氢过氧化亚油酸生成乙烯醚。

(5) 在无氧条件下，脂肪氧合酶催化氢过氧化亚油酸和亚油酸发生二聚化反应，同时生成戊烷和氧代二烯酸等产物。

(6) 氢过氧化亚油酸分解生成挥发性的醛和酮，是否有一种特殊的"裂解酶"参与这类反应还没有确定。

氢过氧化亚油酸通过上述各种途径可以产生数以百计的不同产物，因此，同一种脂肪氧合酶同时以合乎需要和不合乎需要的方式影响食品的质量，其中一些产物不会影响食品的感官质量，它们的生成，从某种意义上讲，通过竞争减少了另一些有损于食品感官质量的产物的生成。脂质的氢过氧化物除了可用于产生许多风味物质外，也可用于染料、涂料、洗涤剂、聚氯乙烯增塑剂的工业化生产，还可作为药物合成的中间体。所以脂肪氧合酶也被用于其他工业催化用途，使植物油脂转变为高附加值的产品。例如目前绝大部分增塑剂以石油原料来制备，若利用脂肪氧合酶对脂肪酸进行选择性催化，形成特定的脂肪酸氢过氧化物衍生物，再将之环氧化生成环氧化脂质，则可以减小对石油的依赖，使天然油脂在这一工业领域中成为石油的代替品。

第五节　脂肪氧合酶作用的影响因素及活力测定

一、pH

依据酶催化反应的基本原理，pH 对酶活力的影响主要是因为 pH 的改变会影响酶分子侧链上有关基团的解离状态，这些基团的解离状态与酶的专一性及酶分子中活性中心的构象有关，从而影响到酶活性中心的高级结构。同时也会影响底物分子中某些基团的解离状态。

脂肪氧合酶在遵从上述原理的同时，尚有其特殊性，就是它的作用底物亚油酸的溶解特性。由于脂肪氧合酶通常的底物亚油酸在 pH 低于 7 的范围内实际上是不溶解的，所以在 pH 低于 7 的环境条件下，影响反应速率的主要因素应该是亚油酸的溶解度及其在水相中的分散状态。尽管从实验数据得到钟形曲线，而且对大多数脂肪氧合酶这类曲线的最高点相当于 pH 7.0～8.0，但这样的实验结论应该是 pH 对酶、底物解离状态和构象影响以及底物溶解状态影响的综合结果。图 12-6 指出了表面活性剂吐温 20 对大豆脂肪氧合酶活力–pH 曲线的影响。当使用吐温 20 时（曲线 A），脂肪氧合酶的最适 pH 为 7.0，酶活力在此 pH 的两侧近乎对称地下降；当不使用吐温 20 时（曲线 B），脂肪氧合酶的最适 pH 向碱性方向移动到 7.5，而且在整个 pH 范围内脂肪氧合酶的活力较低，在酸性 pH 范围内酶活力的下降尤为显著，在 pH 为 9 时两者的差别趋向于消失。

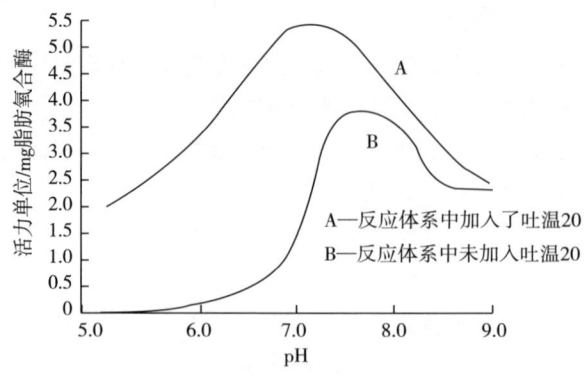

图 12-6　吐温 20 对大豆脂肪氧合酶活力-pH 曲线的影响

二、温度

酶促反应同其他大多数化学反应一样受温度影响较大，与 pH 一样，温度对酶分子内键的稳定性起着至关重要的作用，进而影响整体的活性。影响主要分为两方面，当温度低于最适温度时，酶活性会随着温度升高而增强，此时分子热运动加快，分子碰撞机会增加，酶促反应速率提高；当温度超过最适温度时，可能会使部分酶变性失活，使酶反应速率降低。

LOX-1 广泛存在于大豆中，并且已被解析出结晶结构，活性高，提取相对简单，因此常被用作研究 LOX 的模板。根据表 12-2 给出的不同来源的 LOX 最适温度可知，大多数 LOX 的最适温度均低于 40℃。图 12-7 指出了不同温度热处理后 LOX-1 的残留活力，在低于 40℃ 时，LOX-1 活性保持良好，残留酶活性在 90% 以上。而随着温度的升高，酶活力逐渐降低，而当温度达到 70℃ 以上时，已经检测不到 LOX-1 的活性。

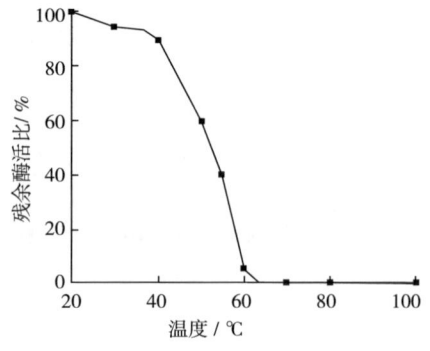

图 12-7　温度对大豆 LOX-1 活力的影响

热诱导的酶活性变化不仅与温度有关，还与热处理时间有关。如图 12-8 所示，在 50℃ 和 55℃ 下，LOX-1 酶活力变化表现为一个逐步降低的过程。当温度为 65℃ 时，LOX-1 在 3min 内完全失活。LOX-1 酶活力随着温度和加热时间的变化都证实了 LOX-1 酶较差的耐热性。

而对于细菌脂肪氧合酶来说，图 12-9 显示了来源于铜绿假单胞菌和伯克霍尔德氏菌两种脂肪氧合酶在不同温度下的活性情况。

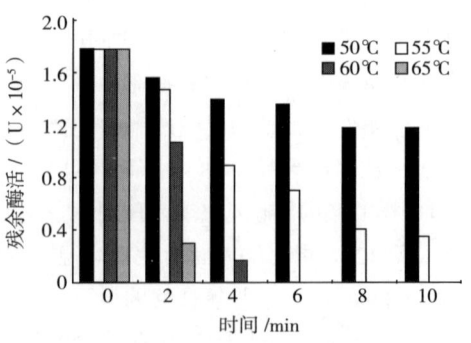

图 12-8　不同温度和不同加热时间对脂肪氧合酶活力的影响

PaLOX 和 BtLOX 的最适温度分别为 25℃和 35℃。当反应温度超过 50℃时，随着反应温度的不断升高，两种来源的 LOX 活力均显著降低，但 BtLOX 活性下降较 PaLOX 明显。在 30℃的条件下反应，PaLOX 和 BtLOX 的活力下降趋势缓慢，$t_{1/2}$ 分别为 59min 和 157min。在 50℃的条件下反应，PaLOX 和 BtLOX 的 $t_{1/2}$ 分别为 7min 和 5min。

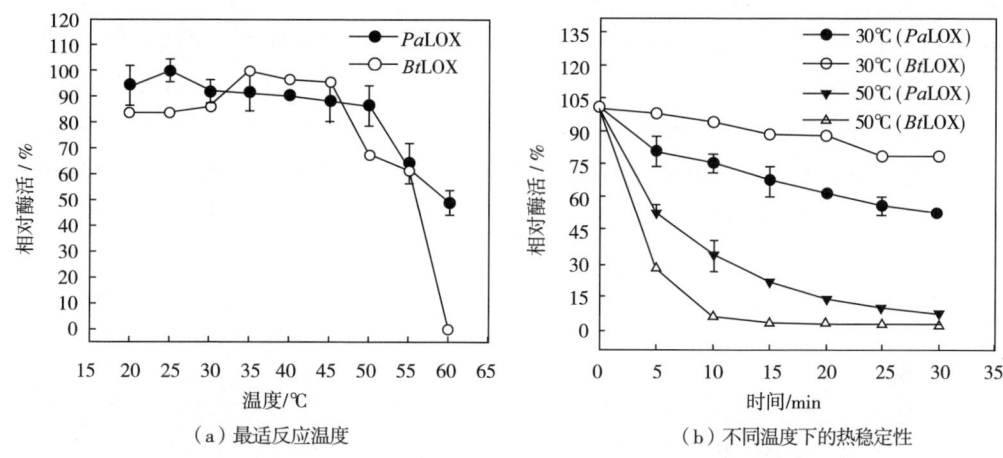

图 12-9　温度对细菌脂肪氧合酶活力的影响

三、金属离子

金属离子在酶催化过程中主要通过三种方式起作用：通过与底物结合使其正确定向；多价金属离子通过价态变化携带电子，参加氧化还原反应；通过静电作用稳定或屏蔽负电荷。对酶有激活作用的激活剂，能在酶与底物之间形成一种酶-金属离子-底物的三元复合物，有利于底物与酶的活性中心结合；而对酶活有抑制作用的，则可作为酶的抑制剂。

不同的金属离子对不同来源的脂肪氧合酶也有着不同的影响。图 12-10 所示为 8 种不同的金属离子分别对来源于铜绿假单胞菌和伯克霍尔德氏菌的 LOX 的影响。其中 Mg^{2+} 和 Na^+ 对 PaLOX 和 BtLOX 有激活作用，Cu^{2+}、Zn^{2+} 对二者有明显的抑制作用，此外，低浓度的 Fe^{2+} 对 BtLOX 有激活作用，而对 PaLOX 则有抑制作用。

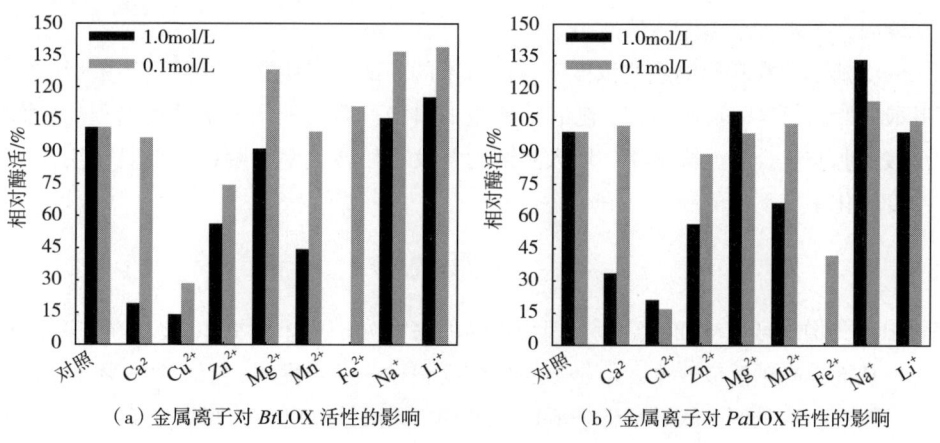

图 12-10　金属离子对脂肪氧合酶催化活性的影响

四、底物促溶剂

酶和底物之间的结合能力是酶催化反应的主要推动力,其中底物的溶解度是直接影响酶和底物结合的因素。图12-11比较了不同的底物促溶剂对来源于铜绿假单胞菌和伯克霍尔德氏菌的两种脂肪氧合酶活性的影响。发现2%的甲醇、乙醇、乙二醇、异丙醇和丙酮对 $PaLOX$ 的活性影响不大。在6%的浓度下,任何促溶剂都使 $PaLOX$ 酶活受到了抑制,可能是因为高浓度的有机溶剂使部分酶失活所致。而体积分数为2%的乙醇、乙二醇和丙酮对 $BtLOX$ 酶活均有不同程度的提高,特别是乙醇和丙酮能显著提高40%的酶活,而6%的乙醇、丙酮也能提高33%的酶活,主要是因为这些有机溶剂改善了底物亚油酸在水中的溶解度,进而提高了 $BtLOX$ 的活力。

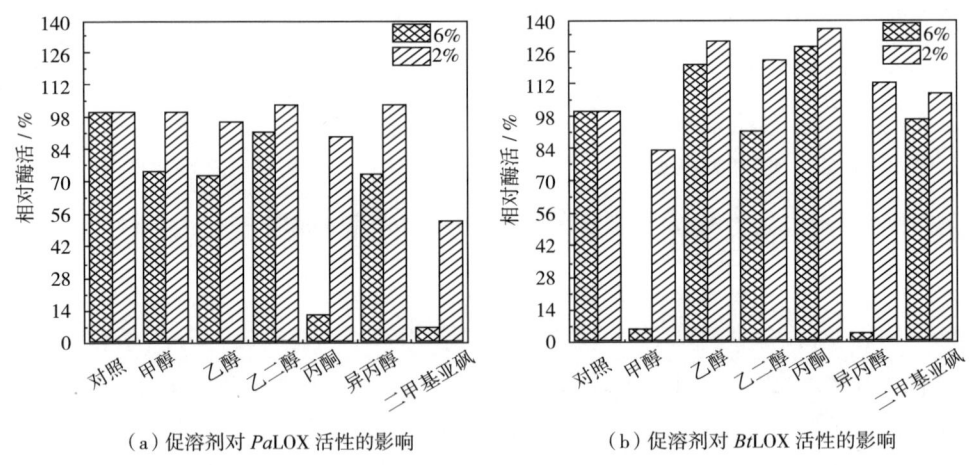

(a) 促溶剂对 $PaLOX$ 活性的影响　　(b) 促溶剂对 $BtLOX$ 活性的影响

图12-11　促溶剂对脂肪氧合酶活性的影响

五、酶浓度

酶浓度的增加可以提高酶活力,因为酶分子的增加会增加反应速率。当酶浓度足够高时,底物分子与酶分子之间的碰撞机会就会增多,从而促进酶催化反应的发生。然而,当酶浓度超过一定限度时,并不会继续提高酶活力。

图12-12所示为在相同的底物浓度下,加入不同的酶量对脂肪氧合酶作用的影响。对于底物为亚麻酸的脂肪氧合酶反应而言,随着加酶量的增加,酶的催化效率也逐渐提高。而对于底物为亚油酸的脂肪氧合酶反应来说,增大酶浓度并没有使转化率有明显的提高作用,反而增大到一定浓度转化率有下降的趋势。

六、底物浓度

底物浓度的增加可以增加酶活性,因为更多的底物分子意味着更多的反应物参与到酶催化的反应中,从而提高了反应速率。但是当底物浓度超过一定限度时,反应速率不再随着底物浓度的增加而增加。这是因为酶的活性中心已经饱和,无法接收更多的底物分子。

图12-13所示为不同的底物浓度对脂肪氧合酶作用的影响。可知无论底物是亚油酸还是亚

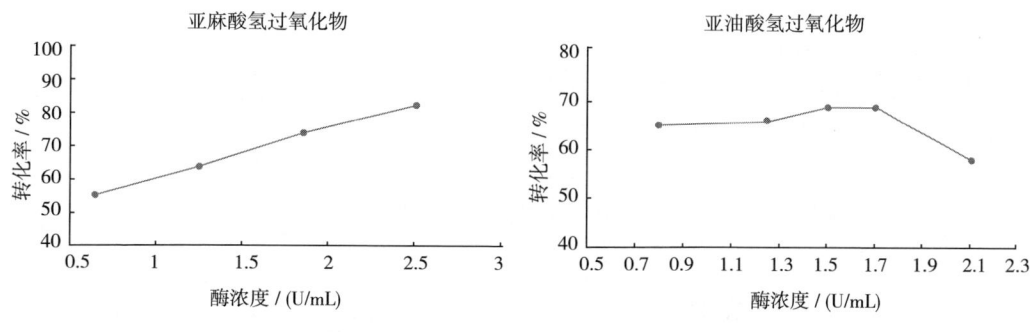

图 12-12　酶浓度对亚麻酸/亚油酸氢过氧化物转化率的影响

麻酸，脂肪酸氢过氧化物的转化率都随着底物浓度的增加而逐渐下降。主要有两方面原因：一方面是随着脂肪酸浓度的增加，脂肪酸在水相体系中的溶解度会下降，同时考虑到反应媒介是纯氧，当脂肪酸浓度增大时，底物和氧气的有效接触会减少；另一方面，大量的脂肪酸和 LOX 的调整位可能结合，从而阻止了酶的活化，同时也改变了酶对纯氧的亲和力，有效底物浓度大大降低，也就是明显的底物抑制效应，此时酶的利用率也会大大降低。

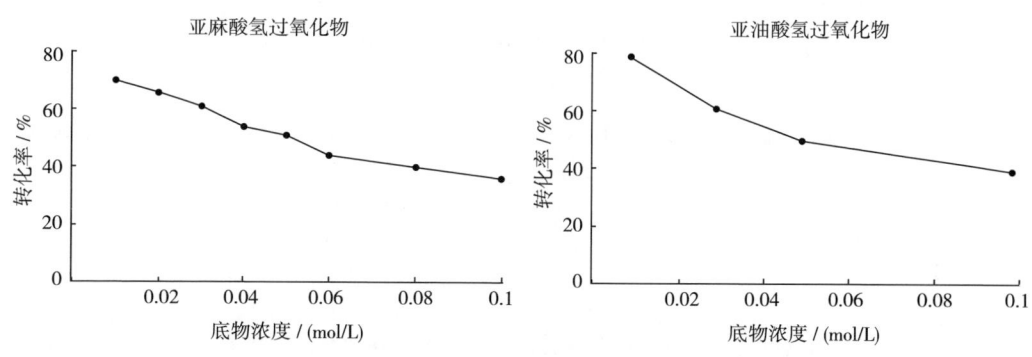

图 12-13　底物浓度对亚麻酸/亚油酸氢过氧化物转化率的影响

七、脂肪氧合酶活力的测定方法

目前，依据衡量标准的不同可以将植物 LOX 活力常规检测方法分为三大类：①以产物的显色反应为衡量依据；②以 LOX 酶促反应的耗氧特性为衡量依据；③根据酶促产物的特殊结构为衡量依据。除此之外，检测 LOX 活力的方法还有酶联免疫法、超弱发光发射光谱法以及放射性同位素标记法，具体见表 12-3。其中分光光度法因其简单、快速、易于连续测定等优点应用最为普遍。

表 12-3　　　　　　　　　　脂肪氧合酶活力测定方法

方法分类	方法名称	原理	应用方向
产物的特殊结构	分光光度法	具共轭双键的氢过氧化物在 234nm 处有特征吸收峰，通过测定反应体系在该处的吸光度可检测共轭二烯的生成量，进而推算 LOX 酶活力	LOX 活力的实验室标准检测法，在大麦、麦芽、大豆等植物 LOX 的测定应用广泛

续表

方法分类	方法名称	原理	应用方向
产物的特殊结构	胡萝卜素脱色法	LOX催化产生的过氧化氢基可与β-胡萝卜素反应产生无色的β-胡萝卜素环氧化物，检测反应液在452nm吸光度的变化即可推算LOX活力	LOX活力快速测定，不适宜定量检测
显色法	Fe(CNS)$_3$显色法	LOX催化产生的过氧化氢基能氧化Fe(CNS)$_3$生成有色化合物，可通过比色法检测LOX活力	不适于LOX的定量检测，只适用于LOX同工酶定性检测及缺失突变体筛选
	2-硫代巴比妥酸显色法	氢过氧化物能与TBA结合生成黄色或红色加合物，通过检测反应体系在480nm处吸光度变化可推算LOX活力	现主要用于食品如冷冻蔬菜、脱脂豆粉LOX活力的检测
	碘化钾-淀粉法	氢过氧化物在酸性条件下氧化I$^-$形成I$_2$，后者与淀粉结合显色，在470nm处的吸光度与生成的I$_2$量呈线性相关，因而可间接测定LOX活力	只适用于工业化LOX定性分析
	二甲苯酚橙法	氢过氧化物可将Fe^{2+}氧化为Fe^{3+}，后者与二甲苯酚橙盐形成的二甲苯酚橙-铁(Ⅲ)络合物在560nm处有特征吸收峰，故据反应体系在560nm处吸光度的变化可推算LOX活力	LOX活力抑制剂的高通量筛选
	亚甲基蓝染色法	亚甲基蓝作为氧化还原指示剂在溶液中的褪色速度与LOX催化反应体系氧化还原电位(ORP)的变化速度在一定时间内呈线性关系，而ORP的下降速度又取决于LOX活力，通过测定反应体系在660nm处的吸光度变化可衡量体系中亚甲蓝的褪色速度，进而推算LOX活力	LOX同工酶活力的大规模检测
依据耗氧特性	量压法	LOX催化的反应耗氧，使一定体积的密闭体系内的O$_2$量减少、恒温条件下体系的气体总压下降，据密闭体系的气体压力变化值，用气体方程可计算出反应的耗氧量，进而推算LOX活力	同时适用于纯酶和粗酶酶活力的测定，不适于大规模测定LOX活力
	氧电极法	底物浓度一定时，在一定时间内，反应溶液里O$_2$浓度减少的速率与LOX活力成正比，故通过用氧电极测定O$_2$的浓度变化可推算LOX活力	适用于LOX纯酶和粗酶的动力学研究，该法的测定过程复杂，价格昂贵，不适用于大批量酶活的检测

续表

方法分类	方法名称	原理	应用方向
其他方法	酶联免疫法	LOX1 活力与通过 ELISA 测得的酶蛋白浓度具有一定线性关系，通过亲和色谱法纯化 LOX1 和 LOX3 作为抗原，经免疫获得抗血清，再利用 ELISA 定量检测 LOX1 和 LOX3 活力	主要用于 LOX 同工酶类型的筛选及酶的定位分析
	超弱发光发射光谱法	LOX 对亚油酸的催化是超弱发光的重要来源，通过测定植物体的超弱发光变化可推算 LOX 活力	主要用于植物活体材料 LOX 同工酶缺失突变体鉴定
	放射性同位素标记法	将 LOX 的作用底物进行同位素标记，根据产物的放射性强度来确定 LOX 活力	该法可用于 LOX 的定位分析，但该法价格昂贵、操作不便

第六节 脂肪氧合酶的作用对食品质量的影响

食品的质量取决于它的色、香、味、质地和营养价值。脂肪氧合酶的作用对食品质量的影响比较复杂，它既有助于提高一些质量指标，又会损害另一些质量指标。

一、脂肪氧合酶的作用对焙烤食品质量的影响

脂肪氧合酶在焙烤工业中起着重要的作用。在面团的调制过程中，添加脂肪酶可防止面包老化，这是因为脂肪酶能将甘油三酯分解为单甘油酯或双甘油酯。脂肪氧合酶能催化面粉中的不饱和脂肪酸发生氧化，生成芳香的羰基化合物而增加面包风味。此外脂肪氧合酶氧化不饱和脂肪酸产生的氢过氧化物进一步氧化蛋白质分子中的巯基（—SH），形成二硫键（—S—S—），并能诱导蛋白质分子聚合，使蛋白质分子变得更大，从而增加面团的搅拌耐力，改善面团结构。脂肪氧合酶还具有另外一个重要功能，就是通过面筋蛋白质的氧化，防止脂肪的结合，增加面团中游离脂肪的数量，这就保证了外加起酥脂肪能有效地改进面包的体积和软度。在游离脂肪释出时所伴随的面筋蛋白质的氧化，对于改进面团的流变性质是很重要的。在促使面筋蛋白质氧化的过程中，氧化脂肪中间物也起重要的作用。脂肪氧合酶还能使面粉中的胡萝卜素氧化而褪色，从而使面包芯变白，这有利于制造白色面包。使用此酶可使面粉中的亚油酸氧化生成过氧化物，由过氧化物再氧化麸质的巯基，或直接由氧来氧化巯基，从而促进麸质的形成。

另有报道，内源脂肪氧合酶对面糊的品质有不利影响，它能引起芳香成分的损失以及导致异味物质（如三元酸）的形成，尤其是在这种酶的量多且和面团的机器输入功率高时发生。

二、脂肪氧合酶的作用对食品颜色、风味和营养的影响

脂肪氧合酶作用于不饱和脂肪酸及酯时所产生的初期产物——氢过氧化物，具有高度的反应能力，它能作用于食品中各种不同的成分，从食品的颜色、风味、质构和营养等方面影响食品的质量。

脂肪氧合酶可以破坏色素使食品的颜色改变。通过降解胡萝卜素而使面粉漂白，通常的做法是加入少量具有较高脂肪氧合酶活力的大豆粉；参与冷冻和其他加工蔬菜中破坏叶绿素的作用；破坏从苜蓿加工的饲料中的叶黄素和其他有色类胡萝卜素，而这些色素是评价这类饲料的重要指标；破坏添加于食品中的色素；破坏一些食用鱼类皮中的色素；使保藏中的苹果在表面出现褐斑。

脂肪氧合酶作用于不饱和脂肪酸及酯时产生的初期产物，在进一步分解后生成的挥发性化合物对不同食品的风味产生截然不同的影响。在一些水果和蔬菜中，例如番茄、豌豆、青刀豆、香蕉和黄瓜，醛类物质是"清新"味的主要贡献者，利用脂肪氧合酶催化氧化多不饱和脂肪酸，产生氢过氧化合物，氢过氧化合物裂解酶使氢过氧化合物裂解，形成相对分子质量不等的 C_6、C_9 及 C_{10} 的醛类物质。这些挥发性化合物构成了人们期望的风味成分，如番茄中由多不饱和脂肪酸形成的 2-己烯醛。然而在冷冻蔬菜和其他加工食品中，它们却产生了不良的风味。在谷类保藏过程中产生的不良风味也与脂肪氧合酶作用的初期产物的进一步分解有关。脂肪氧合酶还直接或间接地和肉类酸败及高蛋白质食品的不良风味有关。

脂肪氧合酶对食品营养的影响主要表现在：它作用的产物对维生素 A 及维生素 A 原的破坏；它的作用减少了食品中必需不饱和脂肪酸的含量；酶作用的产物同蛋白质的必需氨基酸作用，从而降低了蛋白质的营养价值及功能性质。

三、脂肪氧合酶的抑制

脂肪氧合酶会产生两种不利的副作用：一是造成有营养价值的多不饱和脂肪酸损失，二是产生导致酸败的氧化产物。在加工保藏期间产生不良的风味会导致食品在其他方面的质量的下降，因此，很多情况下，采用各种方法使脂肪氧合酶失活是十分必要的，主要包括控制温度和 pH 以及使用抗氧化剂。

加热和控制 pH 是抑制脂肪氧合酶简便、实用的方法。控制食品加工时的温度是使脂肪氧合酶失活的最有效手段。例如，加工豆奶时，将未浸泡的脱壳大豆在加热到 80~100℃ 的热水中研磨 10min 就可以消除不良风味。将脱壳的大豆在 100℃ 和干燥的条件下加热或蒸煮也能得到类似的结果。在加工整粒大豆食品时，可采取浸泡 4h，然后热烫 10min 的方法使脂肪氧合酶失活。将食品材料调节到 pH 偏酸性再热处理，也是使脂肪氧合酶失活的有效方法。例如，将大豆调节至 pH 3.88 时和水一起研磨，然后再烧煮，能使脂肪氧合酶变性。

许多研究工作说明，酚类抗氧化剂能抑制脂肪氧合酶。棓酸丙酯、去甲二氢愈创木酸、茶多酚、维生素 E、迷迭香等多酚类抗氧化剂，都具有稳定氢过氧化物和消除游离自由基的能力。例如，棓酸丙酯在控制豌豆泥中的脂肪氧合酶的活力上非常有效。在实际应用中，抗氧化剂的有效性因难以在细胞破碎前将它引入到完整的组织中去而受到限制，但正是在食品材料研磨或粉碎时，脂肪氧合酶才显示出它的活力。

> **思考题**
>
> 1. 脂肪氧合酶的作用底物需具备什么样的结构特征?
> 2. 脂肪氧合酶的反应过程可能有哪些?
> 3. 如何测定脂肪氧合酶的酶活以及如何控制脂肪氧合酶的作用?
> 4. 脂肪氧合酶会对食品品质造成怎样的有利影响及不利影响,以及分别的作用机制是什么?

第十三章 葡萄糖氧化酶

> **学习目标**
>
> 1. 学习和掌握葡萄糖氧化酶的结构、化学性质、催化机制、关键影响因素。
> 2. 领悟葡萄糖氧化酶在食品工业中应用的作用原理，提升利用酶催化技术解决食品加工过程中的关键瓶颈问题的工程化能力。

葡萄糖氧化酶是一种含有黄素腺嘌呤二核苷酸的二聚体酶，特异性地催化 β-D-葡萄糖形成葡萄糖酸和过氧化氢，广泛用于葡萄酒、啤酒、果汁、面粉等食品保鲜、面粉改良、防止食品褐变等方面。本章将介绍葡萄糖氧化酶的蛋白结构、化学性质、催化特异性及作用机制，以温度、pH、抑制剂为代表的影响葡萄糖氧化酶活力的关键影响因素，葡萄糖氧化酶的酶活力测定方法，以及该类酶在食品的脱糖保鲜、除氧保鲜、面粉改良、杀菌、生产功能性衍生物等方向的应用。学习过程中应该关注葡萄糖氧化酶催化反应与应用之间的关联性，强化解决食品加工生产中实际问题的能力，培养推进国家绿色食品产业升级的使命意识。

第一节 引言

葡萄糖氧化酶（glucose oxidase，GOD；系统命名为 β-D-葡萄糖氧化酶）是一种氧化还原酶（EC 1.1.3.4）。在氧气存在的条件下，该酶能专一性地催化 β-D-葡萄糖生成葡萄糖酸和过氧化氢，且每氧化 1 分子葡萄糖消耗 1 分子氧。1928 年 Muller 首次于黑曲霉（*Aspergillus niger*）无细胞提取物中发现并命名了葡萄糖氧化酶；1936 年又首次于灰绿青霉（*Penicillium glaucum*）中发现葡萄糖氧化酶。随后 Kusai、Pazur 和 Swobod-da 等分别从青霉属（*Penicillium* sp.）和黑曲霉中提纯葡萄糖氧化酶。之后，研究者在多种微生物中检测到葡萄糖氧化酶，其中曲霉属（*Aspergillus* sp.）、青霉属为葡萄糖氧化酶的主要来源。近些年来，在一些酵母和细菌中也发现葡萄糖氧化酶，此外，来源于动物的葡萄糖氧化酶也被广泛研究，其催化产生的 H_2O_2 可以抵制某些有毒植物攻击。甜菜夜蛾（Spodoptera exigua）的唇唾液中含有葡萄糖氧化酶，其相对分子质量在70000左右，可以消除有毒植物化合物带来的影响。工蜂的下咽腺中可以表达葡萄糖氧化酶，并在蜂蜜制备过程中分泌到花蜜中，蜂蜜的抗菌性质很大程度上取决于葡萄糖氧化酶在催化过程中产生的 H_2O_2 的积累。棉铃虫也被证实可以产生唇唾液腺葡萄糖氧化酶，相对分子质量在67000，其食用寄主植物中的碳水化合物可能是导致葡萄糖氧化酶活性高的主要因素。昆虫来源的葡萄糖氧化酶产量低，提取比较复杂，且昆虫的培养成本较高，因此很难实现工业化应用。在动物组织中的一些酶，如葡萄糖脱氢酶和葡萄糖-6-磷酸脱氢酶也能催化D-葡萄糖（或它的衍生物）氧化成δ-D-葡萄糖酸内酯，但是这些酶的催化反应不需要有分子氧参加，而且过氧化氢不是反应的产物之一。据此可将这些酶和葡萄糖氧化酶区分开来。粉状的葡萄糖氧化酶呈灰黄色，液状的葡萄糖氧化酶为淡褐色，精制液体状酶为淡黄色。易溶于水，不溶解于乙醚、氯仿、丁醇、吡啶、甘油、乙二醇等有机溶剂，50%丙酮、66%甲醇能使其沉淀。一般制品中含有过氧化氢酶。溶液在摇动时泡沫呈棕绿色，不能透过硝化纤维膜。葡萄糖氧化酶的吸收光谱最大值为278，382和452nm，在热、酸或碱处理后产生特殊的绿色，在紫外光下无荧光。

第二节　葡萄糖氧化酶的结构及化学性质

葡萄糖氧化酶是一种黄素蛋白，是相对分子质量为130000~170000的同型二聚体，含有两个黄素腺嘌呤二核苷酸（flavin adenine dinucleotide，FAD）结合位点及11%~13%的高甘露糖型糖基化部分。2个亚基通过2个二硫键结合，每一个亚基都含有2个不同的区域：一个区域以非共价键的方式与FAD结合，该区域主要为β-折叠；另一个区域结合底物β-D-葡萄糖，该区域由4个α-螺旋支撑一个反向平行的β-折叠。目前，对青霉和黑曲霉产生的葡萄糖氧化酶的结构做了细致的研究，从青霉中提取的葡萄糖氧化酶每个亚基含有587个氨基酸残基，1个FAD，3个甘露糖（Man），6个N-乙酰葡萄糖胺（GlcNAc）。从黑曲霉中提取的葡萄糖氧化酶每个单体含有583个氨基酸残基，1个FAD，3个Man，5个GlcNAc。研究发现来自青霉的葡萄糖氧化酶和来自黑曲霉的葡萄糖氧化酶肽链结构高度相似，只有个别残基不同。青霉中提取的葡萄糖氧化酶比从黑曲霉中提取的葡萄糖氧化酶的N端多5个氨基酸残基，少一个天冬氨酸残基。葡萄糖氧化酶晶体结构解析的结果表明，其结构包括PDB：1CF3、1GAL、1GPE、3QVP、3QVR、5NIT和5NIW，除1GPE来自尼崎青霉外，其余都来自黑曲霉，且这几种结构都非常相似。图13-1为葡萄糖氧化酶（PDB Code：1GPE）晶体结构示意图。图中球状结构为FAD，表面棍棒状结构为GOx表面的糖基。每个单体有4条糖链，它们的组成分别为GlcNAc-；GlcNAc-；GlcNAc-GlcNAc- 和 Man-Man-Man-GlcNAc-GlcNAc-。

另外，葡萄糖氧化酶的外表面被糖链覆盖。葡萄糖氧化酶分子的变化主要取决于其糖基化程度的不同。天然酶是糖基化的，碳水化合物质量分数为10%~25%，其中，黑曲霉GOD是一种高度糖基化的酶，碳水化合物占到总质量的10%~24%，而尼崎青霉GOD碳水化合物占到11%左右。研究结果表明去糖基化不会显著影响蛋白质的三维结构，也不影响酶的稳定性，比

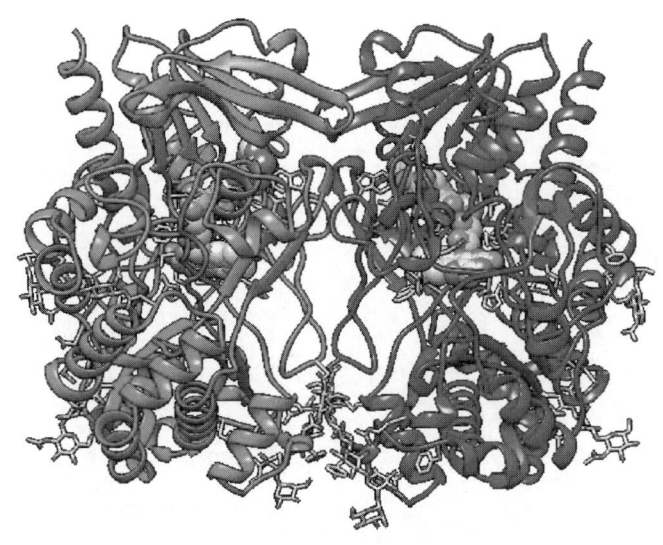

图 13-1 葡萄糖氧化酶晶体结构示意图

如热稳定性、pH 稳定性和最适温度。在酵母中异源表达葡萄糖氧化酶时糖基化程度提高，碳水化合物的质量分数可达 60%。葡萄糖氧化酶的二聚体形式具有活性而单体属于失活构象，这是由于相较单体，二聚体形式的稳定性更强；另外，当 FAD 从单体酶上解离时，单体的稳定性变得更差，这表明 FAD 在葡萄糖氧化酶活性或稳定性方面均有重要的作用。

固体葡萄糖氧化酶酶制剂在低温下能长期保存，−15℃能保存 8 年。葡萄糖氧化酶溶液的稳定性取决于其 pH，在 pH 2 以下及 pH 8 以上，催化活性迅速丧失，该酶的最适 pH 为 4.8~6.2，作用温度为 40~60℃，最适作用温度为 50~55℃，30℃以下及 60℃以上时，催化活性低于最适酶活的 50%。非离子表面活性剂对 GOD 的影响很小，阴离子表面活性剂如十二烷基硫酸钠（sodium dodecyl sulfate，SDS）在低 pH 下使 GOD 失活，阳离子表面活性剂如十六烷基溴化铵在高 pH 下使 GOD 失活。

第三节 葡萄糖氧化酶催化的反应及机制

葡萄糖氧化酶是需氧脱氢酶，以分子氧作为电子受体，催化 β-D-葡萄糖上的第 1 个羟基氧化成 D-葡萄糖酸-δ-内酯，同时产生 H_2O_2。两种产物最终都会自发地催化分解。D-葡萄糖酸-δ-内酯随后会被内酯酶缓慢水解成 D-葡萄糖酸（gluconic acid，GA）。而产生的 H_2O_2 会被过氧化氢酶（hydrogen peroxide，CAT）分解成 O_2 和 H_2O。葡萄糖氧化酶催化葡萄糖氧化的整个过程如下。

$$GOD\ (FAD) + \beta\text{-D-葡萄糖} \longrightarrow GOD\ (FADH_2) + \text{D-葡萄糖酸-}\delta\text{-内酯}$$
$$GOD\ (FADH_2) + O_2 \longrightarrow GOD\ (FAD) + H_2O_2$$
$$\beta\text{-D-葡萄糖} + GOD\ (FAD) + O_2 \longrightarrow GA + GOD\ (FADH_2) + H_2O_2$$

反应流程可用图 13-2 表示。

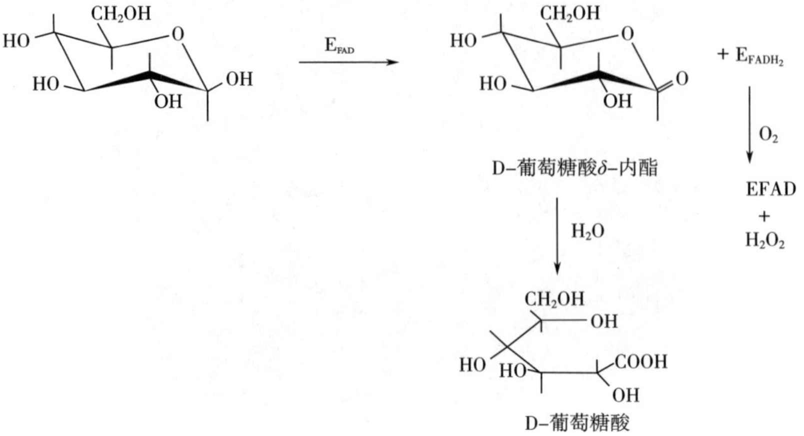

图 13-2 葡萄糖氧化酶催化葡萄糖氧化

一、葡萄糖氧化酶的催化特异性

葡萄糖氧化酶与其他大多数酶一样，特异性非常严格，它对 β-D-吡喃葡萄糖表现出高度的专一性。葡萄糖氧化酶底物分子 C1 位上的羟基在酶的催化作用中起着重要作用，且羟基处在 β-位时酶的活力比处在 α-位时高约 160 倍。底物分子中的任何一点改变都会显著降低其氧化速率。当底物结构在 C2、C3、C4、C5 或 C6 位上发生改变时，虽然在不同程度上还表现出一定的活力，但其总体活力已大幅度下降（表 13-1）。葡萄糖氧化酶除了对 2-脱氧-D-葡萄糖有一点作用外，对其他各种糖，比如 L-葡萄糖和 2-O-甲基-D-葡萄糖，几乎没有活性作用。

表 13-1　　葡萄糖氧化酶的底物特异性

葡萄糖改性的位置	化合物	同 β-D-葡萄糖的差别	相对速率/%
—	β-D-葡萄糖	—	100
1	α-D-葡萄糖	C1 位上 OH 的构型	0.64
1	1,5-脱水-D-葡萄糖醇	C1 位上 OH 被 H 取代	0
2	2-脱氧-D-葡萄糖	C2 位上 OH 被 H 取代	3.3
2	D-甘露醇	C2 位上 OH 的构型	0.98
2	2-O-甲基-D-葡萄糖	C2 位上 OH 的 H 被甲基取代	0
3	3-脱氧-D-葡萄糖	C3 位上 OH 被 H 取代	1.0
4	D-半乳糖	C4 位上 OH 的构型	0.5
4	4-脱氧-D-葡萄糖	C4 位上 OH 被 H 取代	2.0
5	5-脱氧-D-葡萄糖	C5 位上 OH 被 H 取代	0.05

续表

葡萄糖改性的位置	化合物	同 β-D-葡萄糖的差别	相对速率/%
5	L-葡萄糖	C5 位上 CH_2OH 的构型	0
6	6-脱氧-D-葡萄糖	C6 位上 OH 被 H 取代	0
6	木糖	C6 位被 H 取代	0.98

二、葡萄糖氧化酶的作用机制

目前葡萄糖氧化酶的工业酶制剂主要是用黑曲霉发酵生产的，因此黑曲霉葡萄糖氧化酶是研究最深入的一种。黑曲霉葡萄糖氧化酶属于糖蛋白类，蛋白质部分和碳水化合物部分通过氨基酸残基的羧基侧链和糖残基上的氨基之间的酰胺键连接起来。该酶的相对分子质量为160000，如用 β-巯基乙醇裂开酶分子中的二硫键，就产生两个等相对分子质量 80000 的亚基。每个酶的分子中含有两个 FAD，从纯酶样品中分离出 6 个组分，它们的等电点略有差别，在 3.88~4.33，6 个组分中的蛋白质组成部分是相同的，但碳水化合物部分的组成是不同的。酶分子中不含有类似于磷酸根和硫酸根那样的带电基团，6 个组分中具有相同的 C 末端氨基酸顺序即 Ala-Met-Glu-COOH，N 末端氨基酸顺序未见报道。6 个组分中均以葡萄糖为底物时的 K_m 值和周转数没有显著的差别。

黑曲霉葡萄糖氧化酶和青霉菌葡萄糖氧化酶在性质上的主要差别是以葡萄糖为底物时的 K_m 值不同，青霉菌葡萄糖氧化酶的 K_m 值为 11mmol/L，黑曲霉葡萄糖氧化酶的 K_m 值为 30mmol/L，大了近 3 倍。另一个差别是黑曲霉葡萄糖氧化酶失去 FAD 后酶处于不可逆的失活状态，而青霉菌葡萄糖氧化酶在重新加入 FAD 后能部分地恢复活力。黑曲霉葡萄糖氧化酶中的碳水化合物部分既没有参加酶的催化作用，也没有维持酶蛋白质空间构型的作用。

图 13-3 以尼崎青霉中提取的葡萄糖氧化酶为例，展示了葡萄糖氧化酶活性口袋关键残基：Tyr_{73}、Phe_{418}、Trp_{430}、Arg_{516}、Asn_{518}、His_{520} 和 His_{563}。其中，Arg_{516} 和 Asn_{518} 参与同底物分子的结合，Tyr_{73}、Phe_{418} 和 Trp_{430} 决定 β-D-葡萄糖在葡萄糖氧化酶活性口袋的空间取向，并直接影响葡萄糖分子与葡萄糖氧化酶的结合。上述残基共同发挥作用从而保证葡萄糖氧化酶与底物分子高效有序地进行反应。His_{520} 和 His_{563} 被认为是葡萄糖氧化酶活性口袋中最重要的氨基酸残基，它们通过与底物葡萄糖和 FAD 辅因子形成氢键从而有效地参与反应。

葡萄糖氧化酶的活性部位的入口在结构上呈现为一个较深的口袋，FAD 辅因子在活性口袋的底部。FAD 辅因子异咯嗪的 N5 是该反应的催化反应中心。来自青霉菌的葡萄糖氧化酶只有 Glu_{416}、His_{520}、His_{563} 这三个残基非常靠近反应中心。可认为 Glu_{416} 和 His_{563} 两个残基形成一个复合体，即 His_{563} 和 Glu_{416} 之间形成氢键。该复合体在葡萄糖氧化酶反应过程中发挥重要作用。Glu_{416} 位于葡萄糖氧化酶分子内部，His_{520} 残基的侧链具有较高的灵活性。葡萄糖氧化酶活性口袋的结构特征显示 His_{520}、His_{563} 其中一个残基是该催化反应的催化基团。在对葡萄糖氧化酶进行位点突变性研究中发现，将丙氨酸替代 His_{520}，该酶几乎处于失活状态。在大多数消耗氧气的氧化酶如酒精氧化酶、胆固醇氧化酶中都只存在 His_{520}，不存在 His_{563}。这表明 His_{520} 在氧化酶中发挥关键的重要的调节作用。

从分子角度考虑，葡萄糖氧化酶催化 β-D-葡萄糖氧化生成 δ-葡萄糖内酯，同时 O_2 被还原

图 13-3　葡萄糖氧化酶活性口袋关键残基示意图

成 H_2O_2，这个过程按反应机制分为半还原反应和半氧化反应。半还原反应过程指葡萄糖氧化酶从 β-D-葡萄糖分子中转移走 2 个氢原子，使之形成 δ-葡萄糖酸内酯。同时，葡萄糖氧化酶发生还原，FAD 辅因子转变成为还原型 $FADH_2$。半氧化反应过程是指被还原的葡萄糖氧化酶被分子氧重新氧化回原有状态，并生成过氧化氢。最后，半还原反应生成的 δ-葡萄糖酸内酯进行非酶水解生成葡萄糖酸。关于酶和葡萄糖的半还原反应，目前提出了两种机制：氢转移机制和去质子化后亲核攻击机制。以共价键方式结合的酶-葡萄糖复合物未被检测到，所以去质子化后亲核攻击这种机制的可能性较低。目前关于葡萄糖氧化酶和底物 β-D-葡萄糖半反应过程的研究主要集中在氢转移机制方面。氢转移机制即 β-D-葡萄糖的 C1 位的羟基氢原子转移到葡萄糖氧化酶上的一个基团上，形成葡萄糖酸内酯，随后氢原子继续转移，最终 FAD 异咯嗪的 N1 位加氢。葡萄糖 C1 位的氢原子直接转移到 FAD 的 N5 位，即葡萄糖形成葡萄糖内酯。葡萄糖 C1 位羟基氢原子的离开有利于葡萄糖 C1 位的氢原子向 FAD 的异咯嗪转移。葡萄糖分子 C1 位的羟基氢原子和氢原子可分别表述为 H（O1）和 H（C1）。如图 13-4 所示，半还原反应结束时，FAD 辅因子异咯嗪 N5 位和 N1 位原子分别加氢。

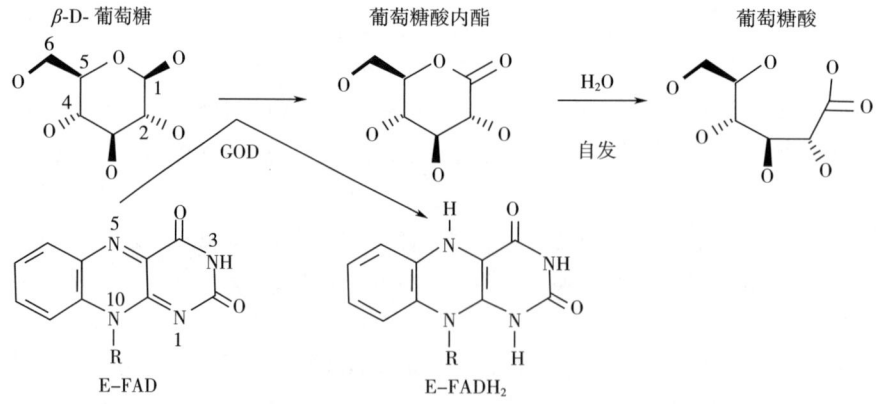

图 13-4　葡萄糖氧化酶与底物葡萄糖分子半还原反应过程示意图

（D-己烯糖为该酶抑制剂）

第四节　影响葡萄糖氧化酶活力的因素

一、温度

葡萄糖氧化酶的作用温度范围较宽，最适作用温度为 30~50℃，在低温下有很好的稳定性。固体葡萄糖氧化酶制剂在 0℃下至少可稳定保存两年，-15℃下可稳定保存 8 年，但温度一旦高于 40℃酶活将逐渐丧失。酶的水溶液在 60℃下保持 30min，活力损失将达 80% 以上。

葡萄糖氧化酶催化反应需要氧的参与，反应温度改变将导致反应体系中氧的浓度发生改变，从而影响酶活性。温度升高时，反应体系中氧的溶解度下降，这就抵消了温度升高对酶反应速度的影响。分析表 13-2 中的数据可知：①葡萄糖氧化酶催化的反应具有较低的 Q_{10}；②在一定温度范围内（30~60℃），温度变化对葡萄糖氧化酶活力的影响不显著。必须指出，酶的最适作用温度和测定酶反应速度的时间有关。在表 13-2 中给出的葡萄糖氧化酶活力指标是通过量压法测定 30min 内反应体系吸收氧气量而得到的。

表 13-2　　　　　　　　温度对葡萄糖氧化酶活力影响

温度/℃	O_2 吸收/μL	相对活力/%	Q_{10}	温度/℃	O_2 吸收/μL	相对活力/%	Q_{10}
0	154	0.51	—	40	330	1.1	1.1
10	178	0.59	1.15	50	314	1.05	0.95
20	230	0.77	1.3	60	306	1.02	0.97
30	300	1.0	1.3				

二、pH

葡萄糖氧化酶活性取决于其活性口袋中氨基酸残基的离子化状态，pH 是维持酶活力的重要因素之一。葡萄糖氧化酶的活性在 pH 为 4.5~7.0 基本上相同，变化不大，来自大多数真菌及酵母的葡萄糖氧化酶的最适 pH 范围呈酸性至中性，例如来自黑曲霉和产黄青霉的葡萄糖氧化酶的最适 pH 为 5.0~6.0，从绳状青霉和变灰青霉获得的葡萄糖氧化酶的最适 pH 为 6~8。当 pH 高于 7.0 或低于 4.5 活力急剧地下降，但同样的 pH 条件下葡萄糖底物的存在对酶活力有保护作用。如 pH 在 8.1 时，当无葡萄糖底物时，酶活力在 10min 内损失 90%，当存在葡萄糖底物时酶活力在 40min 内仅损失 20%。低 pH 条件下，霉菌葡萄糖氧化酶仍然具有一定的催化活性，只是反应的速率较低，但仍然可以完成特殊的催化反应。

三、抑制剂

葡萄糖氧化酶的抑制剂为 Hg^{2+}、Ag^+、Cu^{2+}、氯代汞基苯甲酸、苯基脲乙酯及 NH_4OH、肼、苯肼、亚硫酸钠、双甲酮等。黄素腺嘌呤二核苷酸（FAD）对其结构有稳定作用。甘露糖、果糖以及 D-阿拉伯糖对葡萄糖氧化酶有比较明显的竞争性抑制作用，因此不宜与其共同使用。氰化物和一氧化碳对酶没有抑制作用。

另外，一些可溶性的高分子聚合物，尤其是醋酸乙烯酯、吡咯烷酮乙烯或乙烯醇的共聚物，可明显增强酶的稳定性。

四、葡萄糖氧化酶活力的测定方法

（一）常用的测定方法

1. 滴定法

滴定法的原理是测定葡萄糖氧化酶催化葡萄糖生成的葡萄糖酸（由生成的葡萄糖酸-δ-内酯自发水解形成）。测定时首先以过量的氢氧化钠溶液终止葡萄糖氧化酶的酶促反应并中和葡萄糖酸，再以标准盐酸溶液反滴定，计算出葡萄糖酸的生成量，从而推算出葡萄糖氧化酶的活力，此方法简便易行，但测量精度低，样品溶液需要量大。

2. 连续分光光度法

连续分光光度法的原理是测定葡萄糖氧化酶反应生成的过氧化氢，过氧化氢在过氧化物酶的参与下与 4-氨基安替比林和苯酚反应生成醌亚胺，醌亚胺的生成量可通过测定 500nm 处吸光度的变化实时监测。该方法测定酶活力需两步，第一步使葡萄糖在葡萄糖氧化酶的作用下生成过氧化氢，这一步底物葡萄糖必须绝对过量，以使反应接近一级反应，保证反应速率与酶浓度基本成正比，而与底物浓度无关；第二步反应测定第一步反应生成的过氧化氢量，这步反应需要过氧化物酶相对过氧化氢绝对过量，使生成的过氧化氢迅速参加反应，以达到实时测定第一步反应速率的目的。

3. 邻-联（二）茴香胺分光光度法

有氧条件下，葡萄糖氧化酶催化葡萄糖脱氢产生过氧化氢，产生的过氧化氢在过氧化物酶作用下，氧供体邻-联（二）茴香胺被氧化成棕色产物，颜色深浅与葡萄糖氧化酶活性呈线性关系，通过测定 460nm 处的吸光度即可计算出葡萄糖氧化酶的活力。这种方法非常灵敏，但也存在显色不稳定、短时间内容易褪色、数据重复性不好等缺点。

（二）邻-联（二）茴香胺分光光度法测定流程

1. 试剂

（1）邻-联（二）茴香胺缓冲液（pH 7.0）：称取 1.38g 磷酸氢二钠（$Na_2HPO_4 \cdot 2H_2O$）和 0.72g 磷酸二氢钠（$NaH_2PO_4 \cdot 3H_2O$）溶解于 90mL 的蒸馏水中，用一只具有细孔的喷嘴或一根滤棒将氧气送入上述混合液中，送气时间大约 3min。随后取 8mg 邻-联（二）茴香胺二氢氯化合物 [$C_{14}H_{14}N_2O_2 \cdot (HCl)_2$] 溶解于少量蒸馏水中，然后将此溶液加入上述混合液中，用蒸馏水定容至 100mL，该溶液的 pH 大约为 7.0。

（2）底物溶液：取 1.00g 葡萄糖（$C_6H_{12}O_6 \cdot H_2O$）溶解于蒸馏水中，并定容至 10mL。

（3）过氧化物酶悬液。

（4）酶溶液：用蒸馏水溶解酶，酶溶液的浓度应为 2.5~3.0U/mL。

（5）GOD 溶液：用于标准值的测定。称取 60mg 葡萄糖氧化酶（20U/mg）溶解于蒸馏水中，定容至 25mL，即酶溶液的浓度大约在 50U/mL。如要检验某一类很高活性的酶，也可以用这一酶样品来配制这种溶液。

2. 操作方法

用移液管取 2.48mL 邻-联（二）茴香胺缓冲液、0.5mL 底物溶液和 0.01mL 过氧化物酶溶液滴入 1cm 的比色皿中，调温度至 25℃，然后加 0.01mL 的酶溶液，用分光光度计（436nm）以空气为参比测定吸光度，先让吸光度升高 0.05，再测定吸光度继续升高至 0.1 时所需要的时间。

3. 酶活力的计算——借助标准值进行计算

标准值表示转换 1μmol 葡萄糖会改变多少吸光度。为此需将上述底物溶液按 1∶1000 稀释（0.1mL 此稀释溶液中含有 0.05μmol 的一水葡萄糖）。用移液管将 0.1mL 稀释过的底物溶液和 0.1mL GOD 溶液滴入一只 1cm 的比色皿中，调温度至 25℃。待完全氧化后（大约 5min 后）加 2.48mL 邻-联（二）茴香胺缓冲液、0.01mL 过氧化物酶溶液和 0.31mL 蒸馏水混合。在 436nm 处以空气为参比测定吸光度，测定为 0.17。根据式（13-1）计算酶的活力。

$$酶活力(U/g) = \frac{0.1 \times 60}{t \times E_{436} \times 20 \times m_w} \tag{13-1}$$

式中　0.1——436nm 处测得时间 t 秒钟内吸光度的增大值；

　　　t——在 436nm 处吸光度增大 0.1 所需的时间，s；

　　　60——在 60s 内一个单位转换 1μmol 葡萄糖；

　　　E_{436}——标准值 436nm 处吸光度；

　　　20——换算系数（从 0.05 至 1μmol 葡萄糖）；

　　　m_w——0.01mL 所用酶溶液中含酶的质量，g。

酶活力是指在特定的反应条件下每分钟转化 1μmol 葡萄糖时所需的酶量为一个葡萄糖氧化酶的活性单位（U）。值得注意的是酶活力测定的条件不一致或定义的方法不同导致葡萄糖氧化酶的活性单位（U）不同，有时差异会很大，比较不同厂家的葡萄糖氧化酶酶制剂的活性单位时，应看测定的方法和定义的方法，相同条件下才有可比性。

例如，称取待测定的葡萄糖氧化酶样品 0.0127g，蒸馏水溶解后定容至 50mL。0.01mL 该溶液中含有 0.00000254g 样品。按上述操作，在 68s 内吸光度增大 0.1。测定标准值后转换 0.05μmol 葡萄糖后吸光度增大 0.169。酶活力计算式如下：

$$酶活力 = \frac{0.1 \times 60}{68 \times 0.169 \times 20 \times 0.00000254}$$
$$= 10280(U/g)$$

第五节　葡萄糖氧化酶在食品中的应用

葡萄糖氧化酶是一种纯天然生物制剂，作为天然的食品添加剂，添加于食品中更安全，对人体无毒、无副作用，因而在食品加工中有着广泛的应用前景。目前主要应用于以下六个方面：脱糖保鲜、除氧保鲜、面粉改良、杀菌、葡萄糖定量分析以及生产葡萄糖酸盐。

一、食品体系的脱糖保鲜

食品加工工艺中会有部分糖蛋白分解，分解后还原糖的醛基和氨基酸的羧基会产生美拉德反应，这种反应的结果是产品发生褐变，感官品质下降。比如蛋类制品（蛋白粉、蛋白片、全蛋粉等）的蛋白中含有 0.5%~0.6% 葡萄糖，会与蛋白质反应生成小黑点，并影响其溶解性，从而影响产品质量。为了尽可能地保持蛋类制品的色泽和溶解性，必须进行脱糖处理，将蛋白中含有的葡萄糖除去。

以往多采用接种乳酸菌的方法进行蛋白的脱糖，但是处理时间较长，效果不大理想。但若采用葡萄糖氧化酶-过氧化氢酶组合系统处理食品，能将葡萄糖分子上的醛基转变为羧基，生成葡萄糖酸，消除美拉德反应。

采用葡萄糖氧化酶脱糖后的蛋制品基本上不会发生褐变。另外，脱糖处理后蛋清可保持原有色泽，且蛋腥味消失，起泡性和起泡稳定性均有明显提高，凝胶强度也有所增加。优良的起泡性和高凝胶性是蛋清的重要功能性质，在食品工业上有广泛应用，因此葡萄糖氧化酶脱糖法还有助于提高产品的实用价值。相对于其他脱糖方法而言，这也是葡萄糖氧化酶法脱糖的优点之一。

葡萄糖氧化酶还可以应用于土豆制品、果酱制品以及海鲜中来防止产品的褐变，从而延长产品的货架期。

二、食品体系的除氧保鲜

氧气是影响食品质量的主要因素之一。氧的存在容易引起某些富含油脂的食品发生氧化作用，导致油脂酸败，产生不良的味道和气味，降低营养价值，甚至产生有毒物质；氧化还会使去皮的马铃薯、苹果等水果及果汁、果酱等果蔬制品变色；氧化也会使肉类褐变。解决氧化问题的根本方法是除氧，葡萄糖氧化酶是一种有效的除氧保鲜剂。

应用葡萄糖氧化酶进行食品保鲜时，应将葡萄糖氧化酶、葡萄糖与食品一起置于密闭容器中。罐藏食品可以使用含葡萄糖氧化酶的吸氧保鲜袋防止氧化，罐装果汁、酒和水果罐头等可以直接加入葡萄糖氧化酶以保持品质。另外，葡萄糖氧化酶也可以有效地防止罐装容器的氧化作用。

1. 干鲜食品脱氧

瓶装或罐装的干鲜食品贮藏时，因容器密封性差，所以有必要除去氧。可以在容器中放入含葡萄糖氧化酶及其作用底物葡萄糖的吸氧保鲜袋，这样容器中的氧气透过薄膜进入袋中，就在葡萄糖氧化酶作用下与葡萄糖反应，从而达到脱氧的目的。

2. 酒类脱氧

啤酒中含氧过高易引起啤酒的氧化，产生老化味，严重影响啤酒质量。利用葡萄糖氧化酶复合体系，可以有效地去除啤酒中的溶氧，在酒加工过程中以及包装后的贮藏中起到保护作用。葡萄糖氧化酶用于啤酒脱氧时的使用量为每升啤酒中加 10~70U，添加时机以发酵后啤酒与酵母刚刚分离时较为理想。虽然利用葡萄糖氧化酶可以有效地去除溶氧，但啤酒风味的稳定性并没有得到很好的改善，因此近几年来葡萄糖氧化酶在啤酒脱氧方面应用的研究进展不大。

氧的存在给白葡萄酒的生产造成极大的困难，葡萄皮、葡萄梗和葡萄籽中含有较高的多酚氧化酶和酚类物质，会使白葡萄酒发生褐变，尤其是使用原料的成熟度较差或以霉变的葡萄为原料酿制白葡萄酒，问题更为严重。如在生产过程中添加浓度为 20~40U/L 酒的葡萄糖氧化酶，便可以有效地减轻氧造成的危害。另外，当葡萄糖氧化酶应用于葡萄酒脱氧时，添加适量的葡萄糖可在一定程度上加快氧气消除的速度。白葡萄酒中加入葡萄糖氧化酶能够防止葡萄酒发生酶褐变和口感、味觉的变化，还可以防止色素的沉淀，延长保存期。

3. 饮料脱氧保鲜

果汁在深加工过程中若发生氧化作用，其中一些不饱和成分如不饱和脂肪酸和二醇类物质会分解，使果汁品质低下，尤其是维生素 C 等维生素类的物质的氧化会使营养大量流失。添加葡萄糖 1g/L、葡萄糖氧化酶 20mg/L，即可有效防止氧化的发生。含有果汁或天然油的所有柑橘类软饮料风味物质都容易逸失，光照后还会产生日光臭，降低饮料的品质和货架期。采用葡萄糖氧化酶除氧剂可以保持柑橘饮料的新鲜色泽、风味。该方法对于无果汁饮料也同样有效，实验证明葡萄糖氧化酶在软饮料中起到保持正常口味、防止饮料氧化褪色、除残后降低饮料中氧化的铁质等作用。

4. 稳定食品乳状液的质量

油水乳化后的食品乳状液如蛋黄酱，尽管在控制金属离子污染上做了很大的努力，并且使用了螯合剂，但由于在加工过程中引入了占总体积 10%~20% 的空气，货架寿命仍然因为受包藏的氧的作用而显著缩短。保藏期间的质量下降主要表现为颜色减褪和哈败，并失去乳化性。在包装蛋黄酱的密闭容器中适量添加葡萄糖氧化酶-过氧化氢酶体系以防止其在贮藏期间的变质，在之后 6 个月的保藏期内，通过感官评定和测定过氧化值来比较经处理的蛋黄酱和对照试样的质量稳定性，可以得出以下的结论：酶处理的效果显著，而且酶催化反应中生成的葡萄糖酸对于蛋黄酱的风味没有不良的影响。

5. 防止马口铁罐壁氧化腐蚀

罐头生产虽然采用抽真空封罐，但罐头顶隙仍有氧气残留，特别是酸性介质，腐蚀罐壁，形成氧化圈，影响罐内食品的风味。尤其对马口铁这样镀锡薄的水果罐头，情况更为严重。在罐头中应用葡萄糖氧化酶，可以减轻和防止氧化圈和罐内的溶锡。在罐装酒的情况下，也能减少马口铁罐壁的氧化腐蚀和铁锡等重金属离子的溶出，保持其原有风味。

三、面粉改良

传统的小麦粉强筋剂以溴酸钾的应用最为普遍，但溴酸钾可诱发癌症的发生，长期食用对人体健康有害。葡萄糖氧化酶可催化 β-D-葡萄糖生成过氧化氢，过氧化氢可氧化面筋蛋白中的巯基（—SH）形成二硫键（—S—S—），而二硫键的形成有助于面团的网络结构的形成。同时面粉中过氧化物酶作用于过氧化氢产生自由基，促进戊聚糖的氧化交联反应，有利于可溶性戊聚糖氧化凝胶形成较大的网状结构，增强了面团的弹性。葡萄糖氧化酶应用在面包焙烤中，能使面团更加稳定，耐机械搅拌性、入炉急胀特性等影响面包品质的关键因素都有所改善，使得面包体积增大，弹性增加，面包的外形和口感在总体上都得到了改善；应用在面条中，提高面条的硬度和弹性，有效地增加面条的咬劲，同时能减小面条的黏附性，改善面条的耐煮性，有利于面条综合品质的提高。因此葡萄糖氧化酶可作为面粉改良剂溴酸钾的替代品，其特点是安全、高效及无害。

四、杀菌

由于葡萄糖氧化酶能去除氧，所以能防止好氧菌的生长繁殖；同时，由于产生过氧化氢，也可起到杀菌的作用，比如葡萄糖氧化酶及其产物 H_2O_2 和 GA 对幼虫芽孢杆菌 ATCC9545 具有体外抗菌活性，已应用于食用抗菌薄膜，通过在食品表面释放足够数量的抗菌物质来提高食品的保质期。在实际的生产应用中，常将过氧化氢酶与葡萄糖氧化酶组成酶系添加于食品中，这样既能利用过氧化氢的杀菌作用，同时由于过氧化氢酶的存在能去除残留在食品中的过氧化氢，不仅延长食品的保质期，对食品的品质也不会造成影响。因此，葡萄糖氧化酶可用于在特殊情况下防止微生物的繁殖。

五、葡萄糖的定量分析

因葡萄糖氧化酶能专一氧化葡萄糖，故可用于定量测定各种食品中的葡萄糖含量。目前利用固定化技术制成的葡萄糖氧化酶分析仪器已广泛应用于发酵行业发酵液中残糖（主要是葡萄糖）的测定，方法简单、快速、准确。用葡萄糖氧化酶测定葡萄糖浓度的方法很多，如量压法、氧电极测定法、比色法、荧光光度法和电化学指示剂反应测定葡萄糖氧化酶反应过程的过氧化物法等。

另外，葡萄糖氧化酶也可用于测定食品中的果糖含量。需要指出的是，当用酶法测定样品的果糖含量时，如果样品中含有大量葡萄糖（葡萄糖含量/果糖含量>5），必须采用葡萄糖氧化酶先将样品中的葡萄糖除去，否则测定的准确性就会降低。

六、生产葡萄糖酸及其衍生盐类

葡萄糖酸钙和酸锌口服液是补锌的首选保健品。过去采用的是金属催化法和发酵法生产。近年来，酶法工艺已在葡萄糖酸盐行业内得到推广。酶法工艺就是利用葡萄糖氧化酶直接将葡萄糖液或淀粉糖浆转化成葡萄糖酸，再经碱的中和作用，将其转化成葡萄糖酸盐系列产品。其最显著的特点是不需要种子，免去了微生物和培养基等原、辅材料对反应体系的干扰，提高了反应产物的纯度和收率，方便提取和精制，明显缩短生产周期。

葡萄糖氧化酶在食品加工中的应用还包括：改变转化糖中葡萄糖和果糖的比例；降低玉米糖浆中葡萄糖的含量；加入牛乳中起凝结作用；保护肉制品及干酪的颜色。然而，应该指出，尽管在这一节中提到了许多关于葡萄糖氧化酶在食品加工中应用的项目，但是其中多数还处于实验室研究阶段，葡萄糖氧化酶在食品工业中的应用还有待于进一步的研究和开发。

思考题

1. 葡萄糖氧化酶的催化反应过程是怎样的？底物和产物分别是什么？
2. 葡萄糖氧化酶活力的关键影响因素有哪些？
3. 如何测定葡萄糖氧化酶的酶活力？
4. 葡萄糖氧化酶如何影响食品的品质，在食品加工中的主要应用场景有哪些？

第十四章
转谷氨酰胺酶

学习目标

1. 掌握转谷氨酰胺酶的概念及催化的化学反应类型，理解结构与功能相适应的生物学的基本观点。

2. 了解转谷氨酰胺酶在食品工业的应用，感受我国食品加工技术的进步为改善人民生活的贡献，提高学习专业知识的热情，用科学技术创造美好生活。

转谷氨酰胺酶可以催化蛋白质分子之间发生交联反应，在各类食品加工中可以改善蛋白质的性质，如：发泡性、乳化性、乳化稳定性、热稳定性、保水性和凝胶能力等效果显著，进而改善食品的风味、口感、质地和外观等。本章主要阐述转谷氨酰胺酶的性质、催化的反应，学习时需要理解结构与功能相适应的生物学的基本观点。在此基础上，了解转谷氨酰胺酶在食品工业中的应用，感受我国食品加工技术的进步为改善人民生活的贡献，从而提高学习专业知识的热情，树立用科学技术创造美好生活的理念。

第一节 引言

转谷氨酰胺酶（transglutaminase，简称 TGase，EC 2.3.2.13），或称转谷氨酰胺酶（glutamine transaminase），是一种酰基转移酶，主要催化蛋白质分子中赖氨酸残基上的 ε-氨基和谷氨酰胺残基上的 γ-羟酰胺基之间发生结合反应，使蛋白质分子内和分子间形成 ε-（γ-谷氨酰）-赖氨酸肽键（G-L 键），通过此交联反应可使较小的蛋白质分子形成较大的蛋白质分子聚合物。

1957 年 Clarke 等首次在豚鼠肝脏中发现该酶，此后陆续在鱼、鸟等动物以及微生物和植物中也发现了该酶。以下是转谷氨酰胺酶的几个来源。

(一) 动物来源

哺乳动物的组织和器官中普遍存在转谷氨酰胺酶，具体包括组织型、膜结合型和血浆转谷氨酰胺酶 3 种类型。该酶在动物组织中催化蛋白质发生分子内和分子间交联反应，形成共价聚合体，参与血液凝固、伤口愈合、表皮角质化、信号转导、细胞分化增殖等过程。动物源的转谷氨酰胺酶的活性依赖 Ca^{2+}。

动物转谷氨酰胺酶中以豚鼠肝脏转谷氨酰胺酶为代表，人们对它的研究最为深入，该酶相对分子质量为 90000，活性中心有半胱氨酸残基，需 Ca^{2+} 激活，底物特异性强；同时该酶热稳定性差，在 50℃ 保温 10min 后，酶活力剩余 40%。其他动物来源的转谷氨酰胺酶也同样需要 Ca^{2+} 激活，酶活性中心也包含半胱氨酸残基。

从 20 世纪 60 年代开始，从豚鼠肝脏中提取的转谷氨酰胺酶实现了商业化生产。但由于原料少，提取工艺复杂，豚鼠肝脏的转谷氨酰胺酶价格一直很高。直至 20 世纪 90 年代，从动物血液中提取的一种转谷氨酰胺酶实现了商业化生产。但血液转谷氨酰胺酶需凝血酶激活，并产生红色素沉积，影响产品外观，因此不适于在食品生产中应用。

(二) 植物来源

自从 1987 年 Ickson 和 Apelbaum 首次在豌豆中发现了转谷氨酰胺酶以来，人们又从菊芋、马铃薯、大豆、玉米等多种植物中发现该酶。植物转谷氨酰胺酶可以催化蛋白质交联，也可以催化蛋白质与多胺结合，参与细胞骨架重组，影响细胞分裂和生长，并能稳定蛋白质结构，影响叶绿体光化学反应性能。

植物转谷氨酰胺酶与动物转谷氨酰胺酶有相同的免疫原性，最适 pH 也相似，为 7.5~8.5，但其活力对钙离子的依赖性不同于动物来源的转谷氨酰胺酶，一般低浓度钙离子对植物转谷氨酰胺酶有激活作用，但高浓度钙离子则有抑制作用。

植物中转谷氨酰胺酶含量不高，且提取工艺复杂，产率低，不适于商业化生产。

(三) 微生物来源

产 TGase 的微生物主要包括链霉菌属 (*Streptomyces* spp.) 和芽孢杆菌属 (*Bacillus* spp.)。1989 年，Ando 等从茂原链轮丝菌 (*Streptomyces mobaraensis*) 中首次发现微生物 TGase (microbial transglutaminase, MTGase)，该酶相对分子质量为 37900，由 331 个氨基酸组成，活性中心含有一个半胱氨酸残基。随后，研究者在 *Streptomyces mobaraensis*、*Streptomyces hygroscopicus*、*Bacillus circulans* 及 *Bacillus subtilis* 等微生物中都发现了 TGase 的存在。

微生物转谷氨酰胺酶与动、植物转谷氨酰胺酶的氨基酸序列差异很大，相似度低，但是活性中心的氨基酸序列却大致相同；并且一般来说，微生物转谷氨酰胺酶的底物专一性也比动、植物的转谷氨酰胺酶的专一性低。

微生物转谷氨酰胺酶活性不依赖 Ca^{2+}，对热、pH 的稳定性高，易于保存；并且微生物转谷氨酰胺酶是一种胞外酶，其提取纯化较从动、植物中提取该酶容易得多；此外，微生物具有易于培养、发酵成本低、生产周期短、过程可控、不受环境因素制约等优点，可利用微生物大规模生产转谷氨酰胺酶，因此微生物转谷氨酰胺酶比动、植物来源的转谷氨酰胺酶更有优势。

微生物转谷氨酰胺酶的相对分子质量在 23000~45000，多为 40000 左右，如茂原链轮丝菌谷氨酰胺酶由 331 个氨基酸组成，相对分子质量为 37900，显著低于动物转谷氨酰胺酶的相对分子质量。微生物转谷氨酰胺酶的活性不依赖钙离子，这一点与动物转谷氨酰胺酶相反。微生物转谷氨酰胺酶的热稳定性比动物转谷氨酰胺酶高，如茂原链轮丝菌的转谷氨酰胺酶在50℃保温10min后，酶活力剩余74%；同时微生物转谷氨酰胺酶的pH稳定性较好，在较宽的pH范围内保持稳定；微生物转谷氨酰胺酶的最适pH在中性左右，最适温度一般为40~60℃。微生物转谷氨酰胺酶的上述特点在食品生产中非常有利，适于在食品工业中应用。1993年，日本已出现商业化的微生物转谷氨酰胺酶制剂，包括用于水产品的"TG-K"，用于肉制品的"TG-S"以及黏着食品用的"TC-B"3种类型产品；我国目前也有转谷氨酰胺酶商品出售。

第二节 转谷氨酰胺酶的结构和性质

一、转谷氨酰胺酶的结构

1989年Ando等筛选得到产MTGase的链霉菌菌株 *Streptoverticillium* S-8112后，1993年，Kanji等对此菌株所产MTGase的一级结构进行研究发现，成熟的MTGase由331个氨基酸残基组成，相对分子质量为37863，与哺乳动物来源的TGase氨基酸序列差异很大，MTGase含有唯一一个与催化活性相关的Cys残基。但是Cys所在的活性位点周围的二级结构与哺乳动物TGase的二级结构相似，所以他们推测MTGase是由动物TGase演化而来的。直到2002年，Kashiwagi等对 *Streptoverticillium mobaraensis* 菌株所产的MTGase的晶体结构进行解析，发现MTGase折叠形成盘状，并且在分子的边缘有一个深的裂缝。MTGase属于$α+β$折叠类蛋白，包括8个$α$-螺旋和11个$β$-折叠。MTGase存在一个类似半胱氨酸蛋白酶的催化三联体，Cys_{64}在裂缝的底部，Asp_{255}在最靠近Cys_{64}的位置并且与His_{274}相邻。Cys_{64}、Asp_{255}以及His_{274}与凝血因子XII的催化三联体"Cys-His-Asp"的顺序一致，具体结构如图14-1所示。

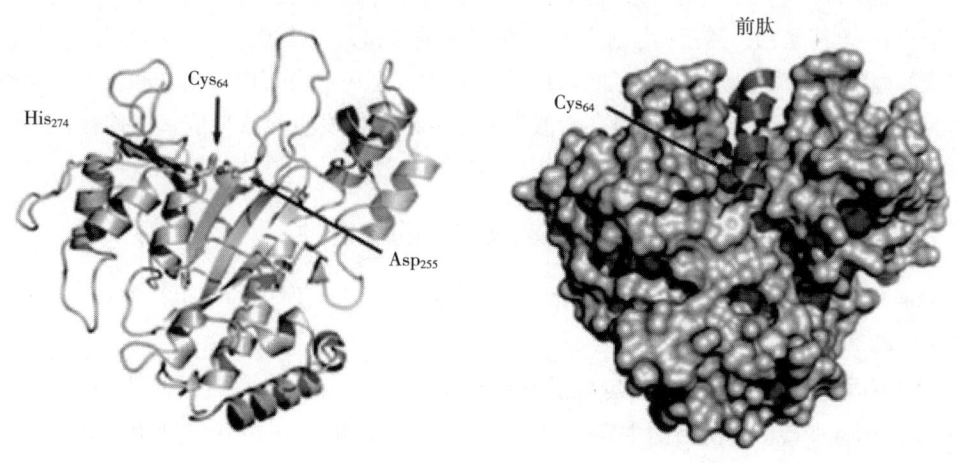

图14-1 MTGase的结构

二、转谷氨酰胺酶的多源性特征

来自动物、植物和微生物的 TGase 差异很大,其氨基酸序列、相对分子质量、酶学性质均明显不同。动物来源的 TGase 需要 Ca^{2+} 激活,酶活性中心包含半胱氨酸残基。动物 TGase 中以豚鼠肝脏 TCase 的研究最为深入,该酶相对分子质量为 90000,活性中心有半胱氨酸残基,需 Ca^{2+} 激活,底物特异性强;同时该酶热稳定性差,在 50℃保温 10min 后,酶活力剩余 40%。

植物 TGase 的活性可受 Ca^{2+} 影响,但无 Ca^{2+} 依赖性;植物 TGase 的相对分子质量与动物 TGase 有明显不同。

微生物 TGase 与动、植物 TCase 的氨基酸序列差异很大,同源度低,但是活性中心的氨基酸序列却大致相同。微生物 TGase 的相对分子质量在 23000~45000,多为 40000 左右,显著低于动物 TGase 的相对分子质量。微生物 TGase 的活力不依赖 Ca^{2+}。微生物 TGase 的热稳定性比动物 TGase 高,如 *S. mobaraensis* 的 TGase 在 50℃保温 10min 后,酶活力剩余 74%;同时微生物 TGase 的 pH 稳定性较好,在较宽的 pH 范围内保持稳定;微生物 TGase 的最适 pH 在中性附近,最适温度一般在 40~60℃。微生物 TGase 的上述特点在食品生产中非常有利,适于在食品工业中应用。研究发现,真菌和细菌来源的 TGase 氨基酸残基数目相差较大,相对分子质量在 29000~45000,例如,MTGase 酶相对分子质量在 37900 左右,需要通过蛋白酶作用去除前肽,相对分子质量约 2000 的蛋白,TGase 才具有活性,剩余成熟 TGase 蛋白相对分子质量在 38000 左右;再例如,枯草芽孢杆菌 AJ1307 的蛋白相对分子质量为 29000,与 MTGase 不同,其作用时不需要用中性蛋白酶去除前肽就能显示活性;链轮丝霉菌来源的 TGase 相对分子质量为 39000;吸水链霉菌 WSH03-13 的为 38000,大多数 TGase 的最适反应环境是在酸性和中性环境条件下,最适反应温度变化范围较大,总体来说偏低,37~50℃较为常见。例如,MTGase 最适 pH 为 6,最适温度为 55℃;吸水链霉菌 WSH03-13 的 TGase 最适 pH 为 6~7,最适温度为 45℃;枯草芽孢杆菌 AJ1307 的 TGase 最适 pH 是 8.2,最适温度为 60℃。

不同生物来源 TGase 的底物专一性差异较大。一般来说,动物 TGase 的底物专一性较高,而微生物 TGase 的底物专一性较低。例如,研究发现在体系中无二硫苏糖醇时,微生物 TGase 可快速催化 α-乳清蛋白、酪蛋白、血红素、肌浆球蛋白和大豆球蛋白发生交联反应;当体系中存在二硫苏糖醇时,微生物 TGase 可催化 β-乳球蛋白、牛血清白蛋白发生交联反应。而猪红细胞的 TGase 在体系中无二硫苏糖醇时,不催化上述 7 种底物发生交联反应;即使存在二硫苏糖醇时,也仅催化 α-乳清蛋白、牛血清白蛋白、酪蛋白、大豆球蛋白发生交联反应。

三、转谷氨酰胺酶的稳定性

MTGase 作为一种酶蛋白,存在易失活、半衰期短等问题。所以如何提高 MTGase 的稳定性是值得关注的问题。

(一) 不同稳定性微生物转谷氨酰胺酶的筛选

MTGase 活性的检测方法目前主要采用氧肟酸比色法。MTGase 的稳定性主要通过检测其活性的变化来反映。此方法只能间接地检测 MTGase 的活性。对于 MTGase 的稳定性的检测具有局限性。虽然也有一些直接的检测方法,如荧光法、放射性标记法等,但操作复杂,成本高。目前还没有一个简单、快速、直接的鉴定 MTGase 稳定性的方法。

（二）转谷氨酰胺酶结构与稳定性的关系

酶蛋白的分子结构基础是由它的一级结构，即氨基酸序列决定的，同时它的一级结构又决定了它的高级结构，进而决定酶蛋白的活性，酶蛋白的稳定性是其抵抗各种因素的影响而保持其生物活性的能力，酶蛋白的空间结构非共价键和二硫键共同维持。但是当酶蛋白所处的环境发生变化时，非共价键和二硫键就会被减弱甚至被破坏，使得酶蛋白的空间构象发生变化，从而失去催化活性。同时，当一种酶蛋白成为其他蛋白酶的底物时，酶蛋白会被分解使其一级结构发生变化，最终影响到酶蛋白的空间构象。所以说，维持酶蛋白的空间结构是保持其活性的必要条件。

MTGase 作为一种酶蛋白，其空间构象同样决定着 MTGase 的催化活性。MTGase 的高级结构是盘状的，存在催化三联体，在成熟过程中需要经过蛋白酶的两次切割才能形成具有催化活性的 MTGase。但是在成熟过程、切割过程、生产过程、后期保存和运输过程、使用过程中，条件的变化，都可能造成 MTGase 的空间结构发生变化，进而影响 MTGase 的活性和稳定性。如 Menéndez 等发现，当高温-高压处理 MTGase 时，MTGase 显示出非凡的稳定性，因为其活性位点在 β-折叠处，β-折叠几乎不可以被压缩，对抗高流体静电压力比 α-螺旋更稳定。所以活性位点的空间结构相对不容易发生改变。Cui 等研究发现，*Streptomyces hygroscopicus* 来源的 MTGase 在成熟过程中除了被蛋白酶切割外，还会被自身成熟的 MTGase 切割，形成两个二级结构不同的 MTGase，不同构象的 MTGase 稳定性之间存在差异。

（三）影响转谷氨酰胺酶稳定性的因素

影响酶蛋白稳定性的因素可以分为三大类，分别为物理因素（如温度和压力等）、化学因素（如 pH、盐离子和金属离子等）和生物因素（酶降解等）。常见的影响因素如下所述。

（1）温度　热失活是最常见的酶蛋白失活现象，随着温度的升高，酶蛋白的反应基团和疏水区域暴露而失去活性。同时超低温条件下，酶蛋白的疏水作用力会减弱，使酶蛋白发生解离。

（2）pH　在不同 pH 条件下，酶蛋白分子内部的静电斥力不同。极端 pH 条件下，酶蛋白分子内部的非电离基团会发生电离，使酶蛋白构象发生改变。

（3）盐离子　不同种类的盐离子对酶蛋白的影响不同。同时高浓度的盐可以增加酶蛋白的稳定性，但当盐浓度超出一定的承受范围，分子内和分子间的二硫键交换更容易发生，寡聚蛋白更容易发生解离。

（4）蛋白酶降解　当酶蛋白成为其他蛋白酶的底物时，会被其他蛋白酶切割一级结构发生改变，进而使其空间构象发生改变，使酶蛋白失活。

同样在以上不同条件的作用下，MTGase 的构象改变也会使其活性发生改变。为了提高 MTGase 的稳定性，解决工业生产中面临的耐受性差、容易失活、不易贮存等问题，研究者们做了如下尝试：Zhu 等发现，在 MTGase 中加入钠盐和钾盐可以增加 MTGase 的热稳定性，如在 50~60℃条件下，在 MTGase 中加入 NaCl 和 KCl 后，MTGase 的残余酶活显著增加，且 NaCl 和 KCl 的浓度越高，酶活性越高；而加入 MgCl 和 CaCl 后，MTGase 的残余酶活显著降低。Lauber 等发现，当温度恒定时，随着压力的升高，MTGase 的失活速率增大，但当温度升高时，MTGase 的压力敏感性降低，在缓冲液中 MTGase 对高压处理显示出极高的稳定性。Li 等发现，某些一元醇和多元醇可以提高 MTGase 的稳定性。如在 MTGase 中加入 10% 的乙醇可以使 MTGase 的稳定性增加 20%，但乙醇的浓度增加到 50% 时，MTGase 的活性将损失 85%；同样加入 10% 的甘油也可以增加 MTGase 的稳定性，延长 MTGase 在高温条件下的半衰期。他们还发现，对 MTGase

进行喷雾干燥时加入麦芽糖糊精、蔗糖、甘露糖、海藻糖及还原型谷胱甘肽，MTGase 的热稳定性显著增加。Rajakari 等将液体 MTGase 中加入 25%~100% 的多元醇，pH 控制在 4.4~5.1，可以延长 MTGase 的保质期。Buettner 等通过饱和诱变和改变 DNA，用基因工程的手段改善 MTGase 的热稳定性。

MTGase 作为微生物发酵产物，生产得到的粗酶粉中会含有很多的杂质，杂质的成分复杂，会对 MTGase 的稳定性有很大影响，所以对 MTGase 进行进一步的分离纯化，得到纯度高的 MTGase 也成为提高 MTGase 稳定性的一个重要手段。

第三节 转谷氨酰胺酶催化的反应

一、转谷氨酰胺酶的酰基转移反应机制

转谷氨酰胺酶可以催化酰基的转移反应，它以肽链上谷氨酰胺残基上的 γ-羧酰胺基为酰基供体，受体可以是伯胺基、赖氨酸残基的 ε-氨基和水等。

以伯胺基为酰基受体时 [图 14-2 (a)]，发生伯胺小分子与蛋白质分子的连接反应，该反应将甲硫氨酸、赖氨酸等限制性氨基酸引入蛋白质分子中，使蛋白质的营养价值得以提高。

以赖氨酸残基的 ε-氨基为酰基受体时 [图 14-2 (b)]，蛋白质分子内和分子间形成 ε-(γ-谷氨酰基) 赖氨酸异肽键（G-L 键），使蛋白质发生交联。该反应能够提高蛋白质的加工适应性（如溶解性、起泡性、乳化性、流变性等），使食品及其他产品的质地得以改善，并能够进一步赋予产品特有的黏合性能和质构特性。并且还有效地防止发生美拉德反应，使食品的营养和色泽均得以提高。

无伯胺基存在时，水则充当酰基受体 [图 14-2 (c)]，此时，谷氨酰胺残基脱酰胺，水解生成谷氨酸和氨，该反应可改变蛋白质分子的等电点和溶解度；并且生成的谷氨酸为鲜味剂，可提高食品的风味。但是 TGase 的脱酰胺活力，仅限于一些含有大量谷氨酰胺并含有极少量赖氨酸的蛋白质，如麸质等。

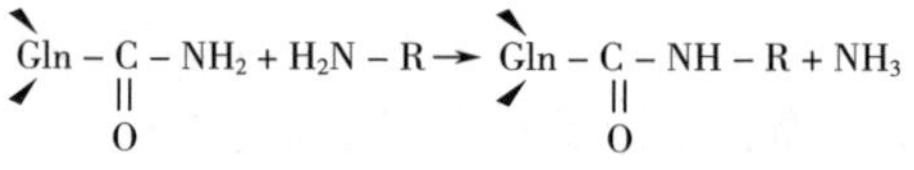

$$Gln-C-NH_2 + H_2N-R \longrightarrow Gln-C-NH-R + NH_3$$
$$\parallel \qquad\qquad\qquad\qquad\quad \parallel$$
$$O \qquad\qquad\qquad\qquad\qquad O$$

(a) 蛋白质或多肽的 Gln 与伯胺之间发生的酰基转移反应

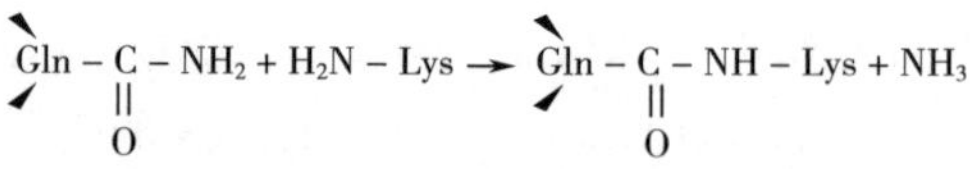

$$Gln-C-NH_2 + H_2N-Lys \longrightarrow Gln-C-NH-Lys + NH_3$$
$$\parallel \qquad\qquad\qquad\qquad\quad \parallel$$
$$O \qquad\qquad\qquad\qquad\qquad O$$

(b) 蛋白质或多肽的 Gln 和 Lys 之间的反应

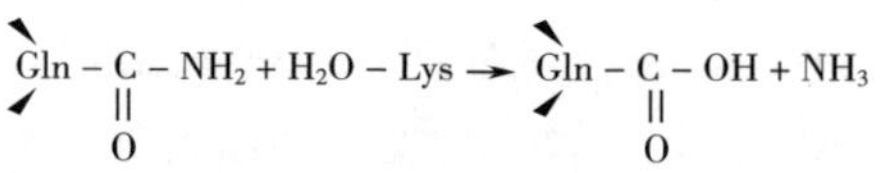

$$Gln-C-NH_2 + H_2O-Lys \longrightarrow Gln-C-OH + NH_3$$
$$\parallel \qquad\qquad\qquad\qquad\quad \parallel$$
$$O \qquad\qquad\qquad\qquad\qquad O$$

(c) 蛋白质或多肽的 Gln 与水发生的水解反应

图 14-2 转谷氨酰胺酶催化的反应

需要指出的是，人体中存在可水解 ε-(γ-谷氨酰基)-赖氨酸的酶，表明转谷氨酰胺酶催化蛋白质交联的产物是可代谢的。

微生物转谷氨酰胺酶的发现是为了寻找对食品工业应用具有成本效益的转谷氨酰胺酶。如今，转谷氨酰胺酶主要用于肉类、鱼类、乳制品和烘焙行业。在肉类和鱼类行业，微生物转谷氨酰胺酶的主要应用是改变肉类的机械性能和作为黏合剂，如图14-3所示。

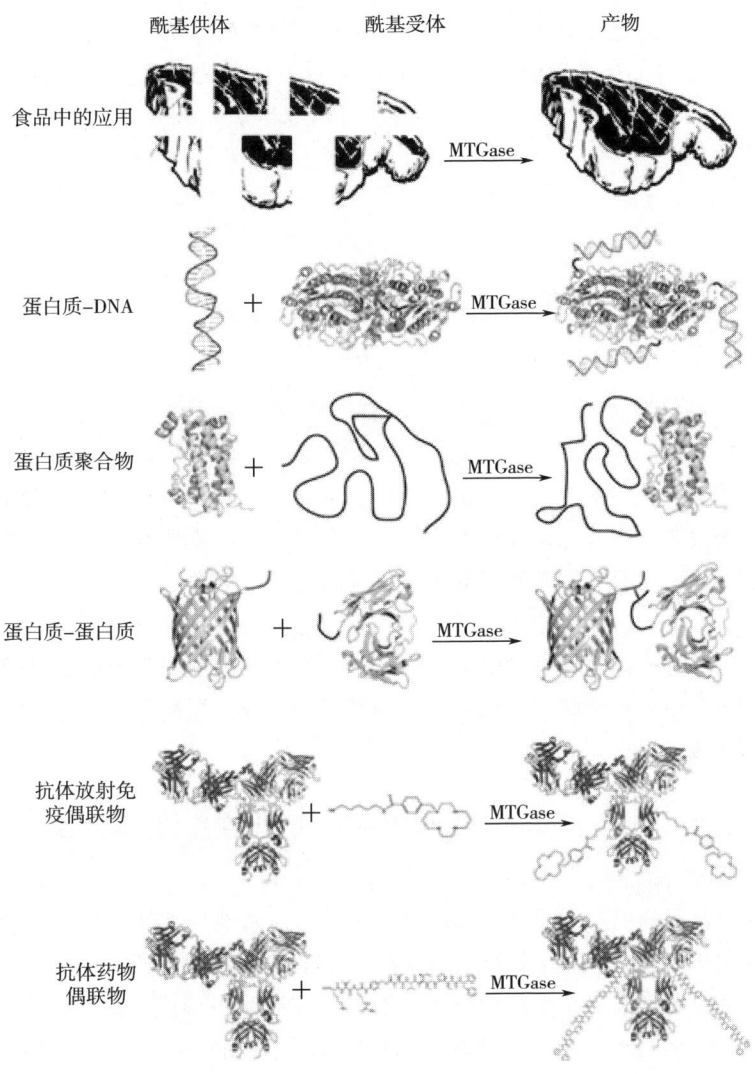

图14-3 微生物转谷氨酰胺酶的应用

二、转谷氨酰胺酶活力的测定方法

测定转谷氨酰胺酶活力的方法有多种，但迄今尚没有统一、标准的方法，根据不同的测定原理，这些方法可以分为通过测定酶促反应前后胺分子的交联、氨基酸的消失、相对分子质量的增加、NH_3 的形成，或者蛋白质相对分子质量、黏度或凝胶强度等功能性质的改变来表征酶的活力。

胺导入分析法是以^{14}C标记的丁二胺（腐胺）作底物，以比色法测定酶促反应交联的速率；氨基消去法是用三苯基磺酸盐测定剩余氨基的数量；氨释放法是用氨选择性电极检测氨的生成量；剩余氨基酸分析是根据转谷氨酰胺酶催化反应前后氨基酸的差别来确定该酶的活力；相对分子质量法是通过SDS-PAGE电泳测定反应前后蛋白质相对分子质量的变化反映酶活力，该法一般只作为定性分析。目前应用最广的是Folk于1957年提出的单氧肟酸法，该法把羟胺作为底物之一，转谷氨酰胺酶催化谷氨酰胺与羟胺生成L-谷氨酸-γ-单羟肟酸，该产物可以与铁离子形成红色物质，然后通过比色法测定吸光度，再计算谷氨酰胺转移酶的活力。

以上各种方法之间没有必然的联系，测定结果受酶的来源、底物类型及具体反应条件的影响。

第四节 转谷氨酰胺酶在食品工业中的应用

转谷氨酰胺酶催化蛋白质分子之间发生交联反应，其交联的程度不仅与转谷氨酰胺酶的来源有关，还与蛋白质的构象有关。Nonaka于1989年发现，当天然蛋白质（牛血清白蛋白、人血清白蛋白、伴清蛋白）中的二硫键被破坏后，更易接近转谷氨酰胺酶；当11S种子蛋白变性后，酶促反应显著改善。因此，在食品工业中，一般先使蛋白质热变性或通过破坏蛋白质中的二硫键使蛋白质变性，然后再用转谷氨酰胺酶使蛋白质发生交联。

该酶在食品工业中的应用可以归纳为以下几个方面：改善蛋白质的功能特性，如溶解性、乳化性、起泡性等；保护赖氨酸不发生美拉德反应；可用于包埋脂类或脂溶性物质；可以在氨基酸组成不同的蛋白质之间交联，改善蛋白质的氨基酸组成，提高营养价值；将肉制品加工过程中的碎肉重新连接，以提高凝胶的强度以及弹性。

一、在肉制品加工中的应用

1. 提高肉制品保水性能

衡量乳化肉制品品质的一项重要指标就是保水性，保水性的高低决定了肉制品的多汁性和嫩度等品质。利用TGase可以催化谷氨酰残基和赖氨酸残基结合形成ε-（γ-谷氨基）赖氨酸异肽键的性质，在凝胶型肉制品生产中加入该酶，可在制品中形成新的G-L键，并且G-L键比二硫键的强度高，从而肉制品的凝胶网络结构得以强化，网络中可以容纳更多的水。这样，在生产中就可以多添加水，提高制品出成率；而且制品的弹性、多汁性、嫩度均得以提高。同时，凝胶网络结构的加强也有助于降低制品在热加工和贮藏中发生脱水收缩，提高制品的稳定性。

Chin等以猪肉、TGase为原料制成香肠，通过对香肠的保水性的测定发现，随着TGase添加量的增加，香肠的保水性呈上升趋势，主要由于TGase中的ε-（γ-谷酰胺）赖氨酸的G，肽键促进了香肠中三维凝胶网络的形成，截留了大量的水分，提升了保水性，降低了蒸煮损失。

2. 重组肉制品

颜色苍白、柔软、汁水渗出的猪肉被认为是一种低质量的肉类，不能作为新鲜的肉类或生产加工肉类产品的原料。制作肉制品的原料在分割过程中会产生许多边角料和碎肉，往往会被丢弃或低价出售，造成了经济损失和资源的浪费。通过使用 TGase 促进共价键和蛋白质分子相结合是一种有效解决肉制品品质的方法。TGase 通过催化谷氨酰胺和赖氨酸残基之间的交联来促进蛋白质的交联，这些交联提高了蛋白凝胶的弹性，改善了产品质地，提升了经济效益，避免了资源的浪费。

3. 开发保健凝胶肉制品

在肉类加工食品中，使用 TGase 可以生产出低盐/磷酸盐、质构优良的食品。在现代食品的加工过程中，特别是肉制品生产中，通常会添加食盐或者磷酸盐用来提高肉制品的保水能力和质构特性。在肉制品加工过程中，使用磷酸盐的量达到最大允许值（0.5%）或者超过时就会影响人的身体健康，大量摄入磷酸盐会导致人体产生腹泻、骨质疏松和佝偻病等。随着市场对健康食品需求量的逐渐增加，TGase 由于其功能特性被广泛应用于食品工业中。使 TGase 替代添加盐和磷酸盐用来生产健康的肉制品，TGase 通过在谷氨酰胺和赖氨酸残基形成异肽键来改善食品系统中蛋白质的功能特性。Zhu 等报道了 TGase 可以延长食品的保质期，降低食物对人体造成过敏的影响。尽管 TGase 可以在某种程度上提高不含磷酸盐的物理特性，但要完全替代肉制品中的磷酸盐还是有困难的。

4. 改善质构特性

TGase 被认为是改善肉制品结构最有用的工具。TGase 通过降低 α-螺旋含量，增加 β-折叠含量，显著改变了肌球蛋白重链的二级结构，从而形成了高相对分子质量聚合物，这些结构导致了具有致密和有序结构特性凝胶网络的形成。TGase 通过在肌动蛋白和肌球蛋白中形成 Glu-Lys 异肽键来改善肉制品的质地和凝胶强度。因此，TGase 可以使蛋白质之间的交联强度增大，使得凝胶内部空间的网络结构更加致密，并且提升了质构特性。

TGase 还可以充分利用肉制品加工中的副产品（如机械脱骨碎肉、明胶、血红蛋白等），通过交联反应将这些副产品进行重组，经重组后的碎肉成为完整的一体，由于该酶的作用，非肉蛋白和糜状肉蛋白共价连接，不但提高了肉制品生产中原料的利用率，而且提高肉制品的口感、风味、组织结构和营养性。

利用 TGase 交联的蛋白质还可以作为脂肪替代物，生产低脂肉制品。Novo 公司使用交联酪蛋白凝胶作为脂肪替代物，应用到萨拉米肠中代替了 50% 的脂肪。

用 TGase 将血红蛋白与肉交联后，也可提高肉制品的颜色。

二、在乳制品加工中的应用

1. 在干酪加工中的应用

添加转谷氨酰胺酶到干酪中，在不改变化学成分的情况下，显著改善了乳酪的水分、产量、质地、流变学和感官特性。

酪蛋白是牛乳中最主要的蛋白质，乳制品及其酪蛋白制品的许多功能性质与其结构密切相关，此外乳中还有乳清蛋白等成分。乳中的 α-酪蛋白、β-酪蛋白、κ-酪蛋白以及乳清蛋白等是 TGase 的良好底物。

在干酪生产中，经过 TGase 处理后，乳清蛋白与酪蛋白交联在一起，干酪的产量得以提高。向乳中添加 TGase 还可以明显提高乳的热稳定性。研究表明，当乳加热温度大于 90℃时，κ-酪蛋白与酪蛋白胶束分离。但如用 TGase 处理脱脂乳则可以阻止 κ-酪蛋白与酪蛋白胶束分离。自然状态的酪蛋白和乳清蛋白不发生交联反应，但经过预热处理后 TGase 可以催化乳清蛋白与酪蛋白发生交联反应，β-乳清蛋白和 κ-酪蛋白交联可以抑制 κ-酪蛋白从酪蛋白胶束上脱离，从而提高了乳的热稳定性。

使用 TGase 还可以增加酸乳的凝胶强度。酪蛋白经 TGase 处理后，其乳化性、起泡性、泡沫稳定性和持水性都有不同程度的增加。

2. 在冰淇淋加工中的应用

MTGase 处理不影响冰淇淋的 pH。与未经处理的冰淇淋相比，MTGase 的应用显著提高了冰淇淋的稠度、脂肪不稳定性、膨胀和感官接受度，同时大大降低了冰淇淋样品的硬度和融化速度。

3. 在乳加工中的应用

O'Sullivan M. M. 等研究了转谷氨酰胺酶对牛乳热稳定性的影响及其可能的机制。从对照和转谷氨酰胺酶处理的脱脂乳中制备脱脂乳粉。复原的转谷氨酰胺酶处理的脱脂乳（9.0%的总固形物）的热稳定性和对照乳相比，在最低的能够保持稳定性的 pH 范围内（6.8~7.1）有显著提高。同时，复原的浓缩转谷氨酰胺酶处理的脱脂乳（22.5%的总固形物）的热稳定性和对照乳相比，作为 pH 的一个函数逐渐改进。

用转谷氨酰胺酶处理牛乳影响它的热稳定性。但是，转谷氨酰胺酶怎样起作用，取决于牛乳在保温处理之前是否被预热以及预热的温度。在未加工的牛乳中，似乎是酪蛋白分子之间的交联形成在稳定性的极限 pH 范围内阻止了 κ-酪蛋白从胶束的分裂。在用酶处理之前就预热的牛乳中乳清蛋白的变性可能允许依靠转谷氨酰胺酶在变性的乳清蛋白和个别酪蛋白之间形成交联，而后者和酪蛋白的交联结合在一起，有助于极大地提高在 pH>6.5 时的稳定性。

4. 在酸乳加工中的应用

微生物转谷氨酰胺酶可以用于改善新型益生菌酸乳和非益生菌酸乳的功能特性和品质特性。MTGase 与乳蛋白的交联反应稳定了酸乳的三维结构。经 MTGase 处理的酸乳在贮藏过程中表现出脱水收缩作用降低，持水力和黏度增加，结构均匀，质地理想，理化性质稳定性提高。MTGase 的使用对酸乳的感官特性没有负面影响。在酸化的酸乳饮料中加入 MTGase 可减少乳清的分离，提高黏弹性。这种多功能酶还能保护酸乳中的活发酵剂和益生菌细胞。Gharibzahedi S M T 等提出，需要进一步的研究，来评估使用 MT-Gase 介导的微胶囊保护的酸乳中益生菌的活性。

5. 转谷氨酰胺酶在其他乳制品加工中的应用

李昕等通过微射流分别制备乳清分离蛋白（whey protein isolate，WPI）和乳铁蛋白（lactoferrin，LF）乳状液，二者混合后，乳状液微滴之间发生异型聚集效应，形成微聚集体；然后，通过转谷氨酰胺酶交联，结合形成具有特定三维空间网络结构的微聚集体。WPI 与 LF 乳状液发生异型聚集，最大程度的聚集和最高物理稳定性体系发生在 50%LF-50%WPI 微滴形成的微聚集体。异型聚集效应改变了乳状液的流变特性，与单一 WPI 和 LF 乳状液相比，50%LF-50%WPI 微聚集体流变学特性黏度分别为单一乳状液的 3.72 倍和 2.2 倍。通过转谷氨酰胺酶交联，乳状液微聚集体的黏度为原来的 11.4 倍。因此，基于异型聚集效应结合酶促交联，可提高食品体系的流变特性，为开发食品脂质替代物提供了一定的理论支持。

Wang W. Q. 等将转谷氨酰胺酶固定在聚醚砜膜表面，考察了所得酶膜反应器（enzymatic membrane reactor，EMR）的过滤效率及其催化蛋白质交联和从乳酪乳清分离的机制。经傅里叶变换红外光谱和 X 射线光电子光谱证实，转谷氨酰胺酶共价固定在聚醚砜膜表面。转谷氨酰胺酶 EMR 的蛋白质回收率达到 85%。蛋白质回收率和相对的膜流量随时间降低，主要是由于连续操作 1365min 后膜表面酶活性降低。EMR 的总的膜阻力比纯聚醚砜膜乳清过滤膜小 50% 左右。阻力下降的主要原因是交联蛋白质与酶膜之间存在排斥力能，这是通过分析基于扩展的 Derjaguine-Landaue-Verweye-Overbeek（XDLVO）理论而确定的。

三、在面制品加工中的应用

小麦粉中的面筋蛋白包括麦醇溶蛋白和麦谷蛋白，它们都是 TGase 的良好底物，TGase 可催化面筋蛋白发生交联，增强面筋网络结构，面团的弹性增强；表面黏性下降；抗延伸阻力增加，面团的延伸性下降；粉力增加 2~3 倍；面团的贮能模量显著增加，持水性增大。添加 TGase 后，面团的质构明显改善，生产的各种面条、蛋糕的口感、外观都得到了提高。目前在日本，TGase 广泛应用于面条和面团的生产。由于面粉中缺乏赖氨酸，还可以利用 TGase 将赖氨酸交联到面筋蛋白上，提高面粉的营养价值。

1. 在冷冻面团、压片面团中的应用

随着对烘焙工艺及产品质量和新鲜度要求的不断提高，新的烘焙技术应运而生，即采取面团深度冷冻或延迟发酵，使之在贮存一段时间（几小时、几天或几星期）后才烘焙，使费时的面团制作与实际的烘焙变得各自独立。冷冻面团尤其适合前店后厂式的面包店，它可为消费者不断提供新鲜的面包。然而，深度冷冻对面团有负面影响，有可能生产出低品质面包。在冷冻面团中使用转谷氨酰胺酶的酶制品，可改善面包的品质。通过其交联作用，保证冰晶中面筋质网络更大地耐冻耐融，交联作用使面筋质的网状结构更稳定，并且不易受冰晶破坏的影响，使面皮制品耐冷冻、不易破碎。转谷氨酰胺酶也赋予延迟发酵的面团同样的作用。

转谷氨酰胺酶也能用于压片面团中，其交联作用有助于改善产品加工质量。压片面团产品中使用转谷氨酰胺酶大大地增加了糕饼的膨胀度，同时对含酵母发酵剂的羊角面包的体积也产生意想不到的效果。这些效果在冷冻贮存多天仍存在，因而这期间对解决糕点和羊角面包面团的变质问题也提供了可能性。

2. 在高速搅拌工艺中的应用

对于三明治类白切片面包，均采用高速搅拌工艺制作，添加转谷氨酰胺酶后，制作的面团具有光滑的表面、更稳定的性能以及较好的吸水性，细密的面包结构均匀一致，并获得最高的感官评价得分。在烘焙实验中，观察到转谷氨酰胺酶改善了面包的瓤心结构。还表明，在高速搅拌机中，按所需工艺输入指令可降低工作强度，并获得最适的面团，实际上也就是改善了面团的吸水性，每个作用都会降低用于商业化烘焙的生产成本。

3. 在蒸制馒头中的应用

在馒头制作中，面团稳定与否是决定最终产品质量必不可少的条件。在制作馒头的面团中使用转谷氨酰胺酶提高了蛋白质的吸水性，结果是在蒸制过程中将更多的水释放于淀粉中。在馒头及用大米、玉米或黑麦粉制作的面包中添加的转谷氨酰胺酶结合大量的水，使面团稍干并易于机械化加工。面团具有可塑性，较少出现露珠，这样的面团不仅适用于烤炉烘焙，并且尤其适用于馒头的加工。

4. 在高纤维素面包和黑麦面包中的应用

像麸皮或黑麦这类纤维素含量高的物质对面团中的淀粉、面筋蛋白质或戊聚糖的平衡比率有干扰作用，会降低烘焙产量。在包括黑麦粉和（或）黑麦与纤维成分的混合面粉体系的烘焙实验中，含转谷氨酰胺酶的酶制品的面团结合其他经筛选的酶活性，可形成混合更加均匀的面团和更好的面团稳定性，尤其适用于使用分割机和成型机的面团加工中。在黑麦面包的制作中，常常将种子面团加入高黑麦粉含量的面团中，以改善烘焙性能和最终产品的风味。由于种子面团的发酵是一个自然过程，所以它易受到面团加工和对最终烘焙产品质量产生不利作用的、不受控制的可变因素的影响。而添加转谷氨酰胺酶的酶制品提高了面团的加工韧性，产生好的手感，面包体积明显增大，同时面团膨松稍干，性能稳定，改善了面包形状，获得了更加均匀一致的面包质量。

5. 作为乳化剂和溴酸盐的替代品

在烘焙食品制作中，用转谷氨酰胺酶制品可取代乳化剂和化学合成氧化剂如溴酸钾。由于具有表面活性剂的特点，用作乳化剂对面团成分的改良作用是肯定的和适合的。含转谷氨酰胺酶的酶制品对面团特性和面包烘焙体积的作用与乳化剂的作用相同。作为乳化剂，转谷氨酰胺酶改善面团的手感、稳定性和烘焙产品的品质，产生更均匀一致的面包瓤结构和增加面包体积。转谷氨酰胺酶也可作为化学氧化剂的替代物，如取代溴酸钾、偶氮甲酰胺和其他化学成分，用以增加面团筋力和用于化学发面。转谷氨酰胺酶与抗坏血酸混合使用效果更佳。许多国家严格控制溴酸钾和偶氮甲酰胺在烘焙食品中的允许限量，还有些国家完全禁止使用。转谷氨酰胺酶作为一种天然成分，应大力开发利用以减少化学添加剂的使用。

总之，在大量的面粉生产中最关心的问题是如何增强面粉的筋力，改善面团的流变学特性和机械加工性能，使生产出的面制品具有较好的质构和口感。目前国际上的研究热点是应用生物技术，采用新型酶制剂和其他安全、天然的配料，开发高效的面粉改良剂。小麦粉中的蛋白质主要是面筋蛋白，含有大量的谷氨酰胺残基，是转谷氨酰胺酶较好的反应底物。由于转谷氨酰胺酶的结构与普通类型的酶和氧化剂不同，其作用也不相同，所以在面包、方便面、面条等面制品加工中，转谷氨酰胺酶具有巨大的潜在应用前景，在饺子专用粉和面条专用粉中应用前景广阔。

四、在植物蛋白加工中的应用

1. 对大豆蛋白及其复合蛋白可食膜性能的影响

大豆蛋白中 $7S$ 及 $11S$ 球蛋白是 TGase 的良好底物。利用 TGase 处理大豆分离蛋白（SPI）可使 SPI 分子间形成空间网络结构，凝胶强度显著增强。

可利用 TGase 处理过的 SPI 制备可食用薄膜。SPI 能在 MTGase 的催化作用下形成以 G-L 键为"桥梁"的空间网状结构，形成的蛋白膜具有良好的抗张性和延伸性，因此用于食品表面的涂层。Tang 等研究了 MTGase 处理对 SPI 膜的机械性能和表面疏水特性的影响，发现酶处理可促进蛋白质空间网状结构的形成，增强膜的抗张强度和断裂延伸率，改善膜的表面疏水性。电镜扫描显示，MTGase 改性蛋白膜较对照膜具有更为粗糙的表面和均匀紧凑的截面。

复合蛋白膜具有良好的阻气性，但蛋白质分子的亲水性使得蛋白膜的阻湿性普遍较差。利用 MTGase 诱导大豆蛋白交联聚合，由此提高蛋白膜的机械性能和表面疏水特性，因此 MTGase 改性的蛋白膜将具有更好的阻湿性能。Mariniello 等研究了 MTGase 对大豆粉和果胶复合可食膜机械性能的影响，发现 MTGase 处理能提高复合膜的抗张强度，降低其柔软性，使其形成更为光滑和致密的结构。这是因为酶处理能使大量 G-L 共价键引入蛋白质的网络结构，从而增加了膜的强度。王翀等研究了 MTGase 处理对 SPI 和谷朊粉复合膜功能特性的影响。结果显示，添加适量 MTGase 可提高复合膜的抗张强度、断裂伸长率、阻湿性和透光率。原因在于 MTGase 能够诱导蛋白质分子内和分子间的共价交联，形成均匀致密的网络结构，从而改善复合蛋白膜的机械性能和透光性。

2. 对豆腐质构的影响

适量的 MTGase 可使蛋白质形成均匀致密的空间网状结构，提高蛋白质的持水力及凝胶强度，但高浓度的 MTGase 则会使蛋白质过度交联聚合而脱水，降低其凝胶强度。张涛等研究显示，当豆浆中蛋白质质量分数为 9%，酶添加量为 0.8U/g 蛋白质，离子强度为 0.3，pH 7.0 时，50℃加热 1.5h 制备的豆腐具有良好的感官品质，其凝胶强度约为葡萄糖酸内酯凝固豆腐的 2 倍。王淼等研究了 MTGase 对石膏和葡萄糖酸内酯复合凝固剂加工豆腐凝胶强度的影响。结果表明，添加适量 MTGase 可明显提高豆腐的凝胶强度，有效改善豆腐的成型性和品质。Tang 研究发现，生豆浆经过适当加热处理（75℃加热 10~30min）能显著提高 MTGase 凝固豆腐的凝胶强度，改善其凝胶结构。

Tang 等研究了反应参数对 MTGase 诱导的冷凝固豆腐的形成和流变学特性的影响。结果显示，酶用量、豆浆 pH 和 NaCl 浓度对豆腐凝胶的硬度、黏性和弹性等均有影响，尤其是硬度。这是因为该酶能使 11S 球蛋白交联成网状结构，从而增加凝胶的硬度。Yasir 等发现，MTGase 处理有利于形成结构更加致密稳定的豆腐，该豆腐较未处理的豆腐具有更大的断裂力。扫描电镜显示，MTGase 处理可使豆腐形成规则且均匀一致的网状结构，但网状结构的紧密度与酶用量相关。Nonaka 等发现 MTGase 能提高内酯豆腐的硬度、保水性和耐煮性。

五、在水产品加工中的应用

在水产品加工领域，TGase 主要用于增强鱼糜制品的弹性和凝胶强度等。鱼糜制品的弹性、持水性等性能与其凝胶结构的优劣密切相关。鱼糜的凝胶结构的形成主要依靠蛋白质分子之间的疏水相互作用和二硫键，同时鱼肉本身含有的少量 TGase 也可促进凝胶结构的形成。如果鱼糜原料的新鲜度较差，则很难形成致密的凝胶结构，此时可以通过添加 TGase 提高鱼糜制品的凝胶强度，减少蒸煮损失，提高产品质量。向鱼糜中添加 TGase 对鱼糜制品凝胶强度的增强效果十分显著，在某些情况下，鱼糜的凝胶强度可提高数倍。

1. 改善鱼糜制品的凝胶特性

大部分鱼种体内的鱼内源性转谷氨酰胺酶（FTGase）含量不高，且具有水溶性，水中漂洗可部分去除，在最终的鱼糜制品中仅有 44% FTGase 保存下来，在加工中，可通过激活或抑制 FTGase 来调节鱼糜的凝胶性能。鱼糜凝胶通常采用的两段式加热，其凝胶化过程主要就是为了使 FTGase 充分交联而提高鱼糜的凝胶性能。而柠檬酸、EDTA、多聚磷酸盐等的添加会螯合钙离子而抑制凝胶的形成，降低鱼糜的凝胶性能。为进一步提高鱼糜的凝胶性能，可适量添加 MTGase，例如，添加 MTGase 后再凝胶化，可显著提高鱼糜的破断强度、凹陷深度、凝胶强度和弹性。MTGase 还可用于碎鱼肉的重组织化，催化肌球蛋白重链交联反应，增加鱼糜的凝胶强度。MTGase 添加量过大时，鱼肉分子表面的作用位点与 MTGase 接触机会多，会很快被交联形成致密的牢固的三维结构，进而阻碍了 MTGase 进入蛋白质内部，导致鱼糜凝胶强度的下降。所以，在使用 MTGase 时，必须注意适量添加。

与此同时，酪蛋白、明胶等含有大量 Lys 残基和 Gln 残基的蛋白质可为鱼肌球蛋白与 TGase

的共价交联提供 Lys-和 Gln-基团。因此，鱼糜制品生产加工中，常加入酪蛋白、明胶等添加剂与鱼糜复合使用，促进 TGase 交联程度。Na^+、K^+、Mg^{2+}、Mn^{2+} 和 Ba^{2+} 等离子适量使用可显著提高鱼糜的凝胶性能，其中，0.3~0.5mol/L 的 NaCl 促进肌原纤维蛋白溶出，提高与 TGase 作用的底物浓度，同样可促进交联。

2. 提高鱼糜制品的营养价值

TGase 通过催化蛋白质分子间或分子内的交联反应将限制性氨基酸（如谷氨酸，赖氨酸）连接到鱼糜蛋白质上，防止美拉德反应对氨基酸的破坏；同时，$\varepsilon-(\gamma-Gln)-Lys$ 异型肽键可被肾脏、小肠刷状缘细胞及血液中的 γ-谷氨环化转移酶分解为赖氨酸和谷氨酸，可在体内正常代谢，从而提高鱼糜及其制品的营养价值。与此同时，酪蛋白与鱼糜的复配使用不仅可以促进 TGase 的交联程度，提高鱼糜的凝胶强度，也可提高鱼糜制品的营养价值。

3. 增强鱼糜制品的持水能力

持水性是评价鱼糜制品品质的重要指标，当 MTGase 添加量为 0~450U/kg 时，鱼糜凝胶持水性随 MTGase 添加量的增加而上升，添加 300U/kg MTGase 可使其持水性从 88%提高到 92%，这是因为 MTGase 可使蛋白质分子间形成异型肽键及致密的交联网络，进而束缚包埋水分子，提高鱼糜凝胶的持水性。继续增加 TGase 的添加量并不会提高鱼糜凝胶的持水性，过量反而造成持水性下降，这是因为底物浓度一定后，酶促反应达到一定程度后趋于平缓；蛋白质与蛋白质之间的相互作用增强，蛋白质与水之间的相互作用减弱。

六、在蛋白质糖基化中的应用

多糖和蛋白质作为生物活性大分子已普遍用作食品体系中的乳化剂，但是随着人们对食品的要求不断提高，蛋白质的应用越来越受到限制；多糖因不具有两亲性也受到较大的限制。故目前许多研究致力于将蛋白质和多糖结合，从而改善其乳化特性。

利用转谷氨酰胺酶催化蛋白质或者肽键中的酰基供体和氨基糖上的伯胺基团发生酰基转移反应，从而实现将具有伯胺基团的糖分子导入到蛋白质分子中，制备糖基化蛋白质。转谷氨酰胺酶途径是蛋白质糖基化修饰中重要的反应类型，在改善蛋白质功能等方面具有良好的前景，此举不仅能很好地改善蛋白质乳化性，在改善蛋白质溶解性、持水性等方面也产生了有利作用。

🔍 思考题

1. 简述转谷氨酰胺酶的概念、来源、结构，不同来源转谷氨酰胺酶的特点。
2. 简述微生物转谷氨酰胺酶的优点。
3. 简述转谷氨酰胺酶活力的测定方法。
4. 简述转谷氨酰胺酶的分子改造方法。
5. 简述转谷氨酰胺酶分离纯化的方法。
6. 简述转谷氨酰胺酶的催化机制。
7. 简述转谷氨酰胺酶结构与稳定性的关系，影响转谷氨酰胺酶稳定性的因素。
8. 简述转谷氨酰胺酶在食品工业中的应用。

第十五章 与风味促进有关的酶

> **学习目标**
>
> 1. 了解与风味促进有关的酶的主要类型、催化机制。
> 2. 了解这些酶在食品工业中的应用及意义,并启发创新思维,将其用于新理论的研究、新食品的设计等,提升解决食品工程问题的能力。

酶对食品风味的影响是多方面的,它可以产生新的风味物质、参与催化反应以及改变食品的颜色等,本章主要介绍几种与风味促进有关的酶及其催化机制、实际应用等。学习时需要与生产实践相结合,提升综合性应用能力,同时培养国际视野和思辨创新能力,能将其用于新理论的研究、新食品的设计等,提高职业感和社会责任感。

第一节 引言

酶在食品风味促进方面有着重要的作用,本章主要介绍糖苷酶、核酸酶、核苷酸酶以及酶在风味物质制备中的应用。

糖苷酶是一类以内切或外切方式水解各种含糖化合物中的糖苷键的酶,几乎存在于所有的生物体中,而涉及风味释放的糖苷外切酶则广泛分布于植物和微生物中。在食品加工过程中,可以起到增香、脱苦、脱色的作用。

核酸酶是能够将聚核苷酸链的磷酸二酯键切断的酶,根据作用的位置不同,可分为核酸外切酶和核酸内切酶,在食物消化、低嘌呤食品的研制与生产以及食品检测中有重要的作用。

核苷酸酶可以水解核苷酸的糖和磷酸间的键而生成无机磷酸和核苷,可分为5′-核苷酸酶和3′-核苷酸酶。在食品加工中,可以增强化学调味料的调味效果、改善人工甜味剂和有机酸的味感、提高腌制效果、提高酒精饮料的质量等。

此外，酵母提取物、水解植物蛋白、水解动物蛋白在风味物质的制备中也有着广泛的应用，它们的主要制备方法有酸法、碱法、酶法等。合理地在食品加工过程中利用酶制剂，有利于改善产品品质和环境卫生，应用前景广阔。

第二节 糖苷酶

糖苷酶即糖苷水解酶（glycoside hydrolases，EC 3.2.1），是一类以内切或外切方式水解各种含糖化合物（包括单糖苷、寡糖、多糖、皂苷和糖蛋白等）中的糖苷键，生成单糖、寡糖或糖复合物的酶。糖苷酶在寡糖合成、烷基糖苷和芳香基糖苷的合成、氨基酸和多肽的糖基化以及抗生素的糖基化方面发挥了重要作用。

一、糖苷酶的简介

（一）分类

糖苷酶（EC 3.2.1）隶属于糖基酶（EC 3.2），是水解酶类（EC 3）中的一大类酶。根据不同的分类标准，可以分成不同的类型。

根据底物的不同，可具体分为 195 种不同类型的酶，每种均有自己的酶学编号（EC 3.2.1.1~EC 3.2.1.195），例如 α-淀粉酶（EC 3.2.1.1）与 α-葡萄糖苷酶（EC 3.2.1.20）。此分类方法中，分类对象只有糖苷酶，每一种编号对应的糖苷酶成员之间的结构可能会有巨大的差异。

根据结构的差异，可将糖苷酶具体分为 135 个家族即 GH1~GH135，每个家族内部的成员，彼此具有很高的结构相似度，根据其催化活性中心结构域的结构，又可将这些家族不完全归纳为 14 个族，即 GH-A~GH-N。

根据催化作用机制的不同分为两类：构型翻转酶和构型保持酶。其中，构型保持酶在催化糖苷键水解的同时，还具有转糖基活性，即糖苷键合成活性，该性质使其成为糖类合成的重要工具。

根据氨基酸序列和三维结构相似性的分类法，能够区分糖苷酶的结构特征，显示酶之间的相互进化关系，同时，通过结构和功能的比较，可以获知糖苷酶的活性中心（或者功能区）和维系其三维空间稳定的区域等，为获取活性较高、稳定性较好、底物特异性较强等特性优良的糖苷酶提供理论基础。

（二）自然界分布

糖苷酶几乎存在于所有的生物体中，而涉及风味释放的糖苷外切酶则广泛分布于植物和微生物中。

1. 植物来源

植物来源的糖苷酶的研究多集中于葡萄，因为是在该果实中首次发现存在多种形式的糖苷风味前体，且主要存在于葡萄皮中。在各种栽培品种的葡萄中可检测到 β-葡萄糖苷酶、α-阿拉伯呋喃糖苷酶、α-阿拉伯吡喃糖苷酶、α-吡喃鼠李糖苷酶和β-木糖苷酶等的活性，其中，β-葡萄糖苷酶、α-阿拉伯呋喃糖苷酶和α-吡喃鼠李糖苷酶的活性随葡萄果实成熟度的增加而增加。除此之外，在其他浆果类水果、杏仁、木瓜以及茶等植物中也发现了多种形式的β-葡萄糖苷酶。

2. 真菌来源

这类来源的糖苷酶会存在于植物中，主要是由于灰葡萄孢菌的生长。其他的真菌，如曲霉和酵母也能够产生糖苷酶。

（1）灰葡萄孢菌　灰葡萄孢是核盘菌科、孢盘菌属生物，可以导致多种植物产生灰霉病。在适合的培养条件下，它能产生β-葡萄糖苷酶、α-阿拉伯呋喃糖苷酶、α-鼠李糖苷酶和α-葡萄糖苷酶等，但其酶活力会受到葡萄糖酸内酯的抑制。另外，这类来源的酶对果汁及果酒的风味可能会产生不利影响，一是因为单萜烯和脂肪酸酯的降解会降低风味，二是因为这些酶的作用会对产品整体的质量造成影响。

（2）酵母　酿酒酵母在发酵过程中能够产生α-葡萄糖苷酶、α-鼠李糖苷酶、β-葡糖苷酶和α-阿拉伯呋喃糖苷酶等糖苷酶，但活性不高，仅在果汁和果实细胞中检测到低水平。

为了弥补酿酒酵母的这一不足，构建了能够表达来自不同菌种来源的β-葡萄糖苷酶的重组酵母菌株，其能在发酵过程中发酵二糖（如纤维二糖和乳糖）。

此外，来自酵母属的其他酵母，如假丝酵母、汉逊酵母、克勒克酵母等，在含有碳源如葡萄糖，纤维二糖、木糖和烷基硫代葡糖苷的培养基上培养时，能够合成β-葡萄糖苷酶。

除假丝酵母属和德巴利酵母属外，酵母很少将β-葡萄糖苷酶分泌到胞外，该酶位于细胞膜和细胞质中。

（3）丝状真菌　丝状真菌，特别是曲霉属，是外切糖苷酶的良好生产者，能够生成β-葡萄糖苷酶、α-阿拉伯呋喃糖苷酶和α-鼠李糖苷酶，前二者通常是最丰富的，其次是α-鼠李糖苷酶。除此之外，它还能生成果胶和半纤维素的酶制剂。

二、糖苷酶的结构

不同水解特性的糖苷酶的活性中心的构造各不相同。

外切型糖苷酶的活性位点为口袋型或洞穴型，这种形状适于识别寡糖的非还原端。大多数单糖酶的活性位点结构具有这种形状。代表酶类有半乳糖苷酶、葡萄糖苷酶、唾液酸酶、神经氨（糖）酸苷酶等。还有一些多糖外切酶的活性位点也具有这种结构特征，如葡萄糖淀粉酶和β-淀粉酶，这些外切多聚糖苷酶底物的特点是具有很多非还原链末端，如天然支链淀粉。另外，具有这种活性中心的酶对于天然纤维素这类不具有非还原末端的底物不起作用。

内切型糖苷酶的活性位点为裂缝或凹槽型，这种"开放"的结构能够结合多聚体底物的几个糖单元，代表酶类有溶菌酶、外切纤维素酶、几丁质酶、α-淀粉酶、木聚糖酶等。

还有一种特殊的形状——隧道型。这种结构是从裂缝型或凹槽型活性位点进化而来的，即酶的裂缝处部分被覆盖而形成了环型通道，保证多聚体糖链能够从此处通过，而且这种环形结构使酶活性中心位于隧道内侧，保证酶在释放产物后仍牢固结合于多糖链上，从而使酶的催化反应得以继续进行。这种酶反应的可持续性是保证纤维素酶能有效降解不可溶的微晶体纤维素的关键因素。

三、糖苷酶催化的反应

糖苷物质的水解主要有两种形式,一种是酸水解,在稀酸的作用下,糖苷能被分解为糖和苷元;另一种是酶水解,主要由糖苷酶进行。

糖苷酶通过催化其碳水化合物底物的糖苷键的水解,导致断裂点处异头配体的保留或倒置。推测水解机制以与酸催化裂解相同的方式进行,通过碳正离子中间体催化糖基键的断裂。

1. 连续水解/两步水解

首先,糖苷外切酶会切断糖间的糖苷键,释放出末端糖和 β-D-葡萄糖苷。何种糖苷酶起作用主要取决于二糖部分的类型(图 15-1)。随后,β-葡萄糖苷酶切断 β-D-葡萄糖苷的糖苷键以释放挥发物。这种涉及糖苷外切酶的水解机制已获得相关专利,也可用于解释水果或植物挥发物的二糖苷的水解。

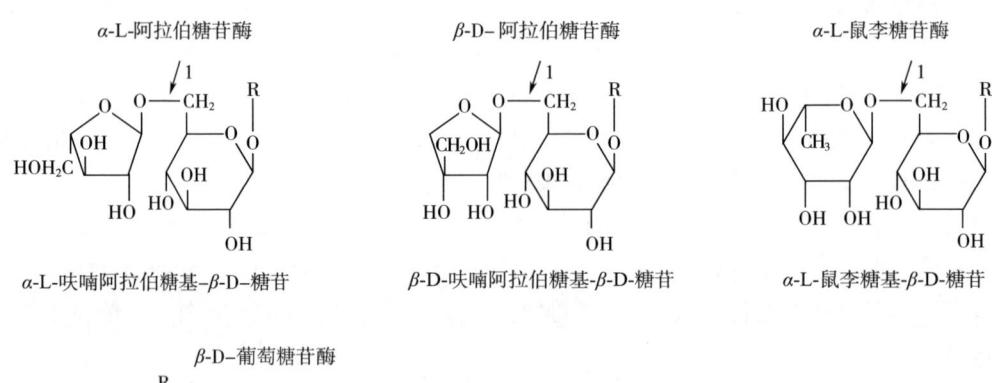

图 15-1 连续水解/两步水解的作用机制

2. 一步水解

这类反应主要由糖苷内切酶进行,酶切断葡萄糖和糖苷配基之间的糖苷键,释放出二糖和糖苷配基(图 15-2)。

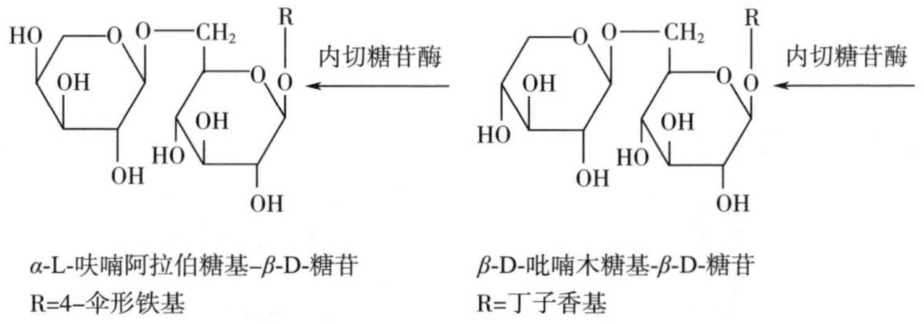

α-L-呋喃阿拉伯糖基-β-D-糖苷
R=4-伞形铁基

β-D-吡喃木糖基-β-D-糖苷
R=丁子香基

图 15-2 一步水解的作用机制

3. 糖苷转化型

糖苷转化酶包括 GH26、GH247、GH265 和 GH267 家族的糖苷酶，糖苷转化型水解酶上的活性中心有两个羧基，分别充当广义酸和广义碱，通过单置换机制导致构型翻转来催化水解反应（图 15-3）。

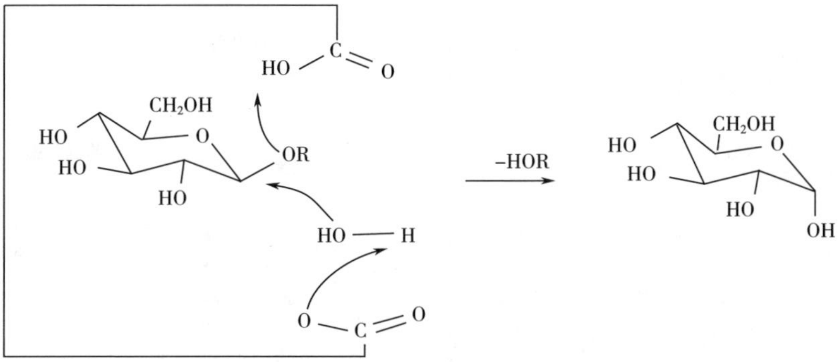

图 15-3 糖苷转化型水解酶的作用机制

4. 糖苷保留型

糖苷保留型糖苷酶包括 GH21、GH22、GH23、GH226 等家族的多种糖苷酶，糖苷保留型水解酶广义酸上的氢被糖苷键上的氧亲核攻击，酶上的亲核氨基酸攻击非还原端糖基上的 C1 位，酶被糖基化，生成少一个单糖的糖链（图 15-4）。

四、影响糖苷酶活力的因素

（一）pH

不同来源的 β-葡萄糖苷酶在最适 pH 范围上差异较大（图 15-5）。对于植物来源的以及存在酵母胞内的酶，其 pH 通常在 5.0~6.0；而源于酵母胞外以及曲霉属的酶，pH 则是 4.0~5.0。大多数 β-葡萄糖苷酶在果汁的 pH 范围（2.8~3.8）中仅表现出其最大酶活力的 5%~15%。表 15-1 总结了一些植物和微生物来源的 β-葡萄糖苷酶的性质。

黑曲霉的 α-阿拉伯呋喃糖苷酶和 α-鼠李糖苷酶具有与来自同一真菌的细胞外 β-葡萄糖苷酶相似的最适 pH，在 2.5~7.0 显著稳定；而黑曲霉的 β-洋芹糖苷酶的最适 pH 较高（5.0~6.0）。α-阿拉伯呋喃糖苷酶和 α-鼠李糖苷酶在果汁的 pH 范围内表现出的最大酶活力超

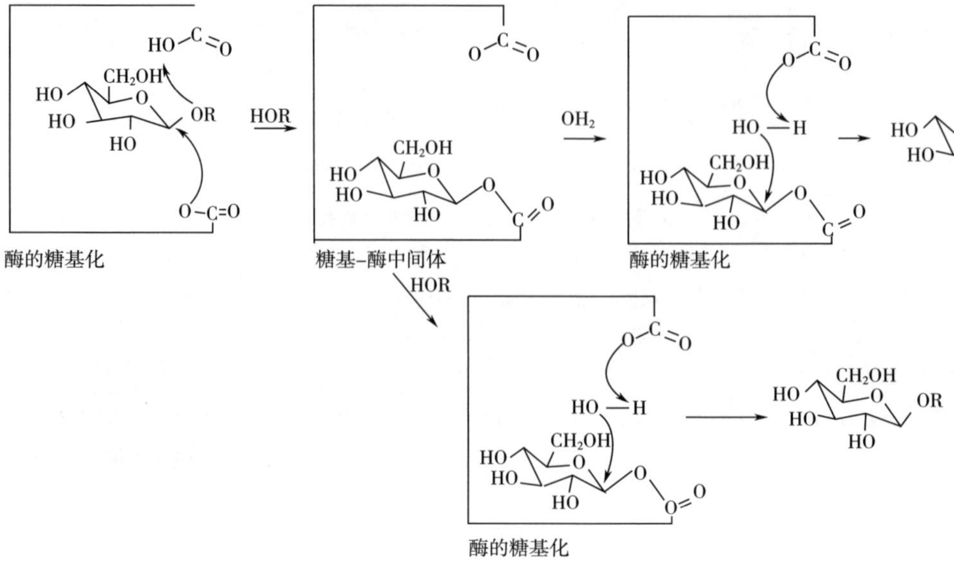

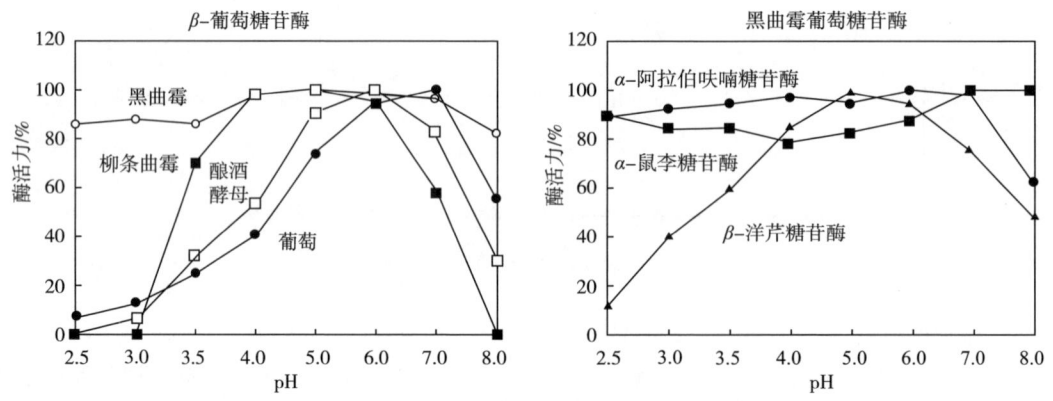

图 15-4 糖苷保留型水解酶的作用机制

图 15-5 pH 对不同来源的糖苷酶的影响

过 50%。

(二) 温度

植物和酵母来源的 β-葡萄糖苷酶的最适温度（45~50℃）活性通常比黑曲霉酶的（50~60℃）更低。例如，在葡萄汁发酵的常温（20℃）下，糖苷酶仅表现出其最大活力的 10%~20%。尽管一些丝状真菌来源的 β-葡萄糖苷酶在高于 65℃ 温度下才会失活，但多数糖苷酶在高于 50℃ 的温度下就会发生快速失活。

(三) 苷元和糖苷酶的糖特异性

1. 酶的类型及来源的影响

通过外切糖苷酶中的 α-阿拉伯呋喃糖苷酶、α-阿拉伯吡喃糖苷酶、α-鼠李糖苷酶和 β-硫代呋喃糖苷酶水解的单萜烯基二糖苷，其结构受糖苷配基部分的影响不显著。

表15-1 一些植物和微生物来源的 β-葡萄糖苷酶的性质

来源		pH 最适	pH 稳定	温度/°C 最适	温度/°C 稳定	葡萄糖抑制 K_i/(mmol/L)	葡萄糖抑制 %	葡萄糖酸内酯抑制 K_i/(mmol/L)	葡萄糖酸内酯抑制 %	糖苷配基醇
植物										
葡萄		5.0	6.0~7.0	45	50	170	66%, 100mmol/L	0.22	88%, 10mmol/L	一级
杏仁		5.5	n.d.	50	65	210	12%, 100mmol/L	0.49	n.d.	一级
木瓜		5.0	n.d.	50	n.d.	n.d.	50%, 100mmol/L	n.d.	n.d.	n.d.
酵母										
酿酒酵母	(i)	6.0~6.8	5.0~7.0	45	45	6.7	13%, 100mmol/L	n.d.	42%, 10mmol/L	一级
德克酵母菌	(i)	5.0	n.d.	55	50	3.0	n.d.	n.d.	n.d.	n.d.
莫式假丝酵母	(e)	4.0~4.5	4.0~5.0	50~60	60	7.0	18%, 100mmol/L	n.d.	65%, 10mmol/L	一级三级
维克汉姆酵母	(e)	4.5	4.0~5.0	50	50	230	n.d.	n.d.	100%, 10mmol/L	一级三级
透明假丝酵母	(i)	6.0	3.5~6.0	50	50	9	n.d.	n.d.	100%, 10mmol/L	n.d.
汉逊德巴利酵母	(e)	5.0	n.d.	45~50	50	1400	10%, 100mmol/L	n.d.	n.d.	一级三级
真菌										
黑曲霉	(e)	4.0~6.0	2.5~7.0	60~65	60~65	3.0~3.8	90%, 100mmol/L	n.d.	100%, 10mmol/L	一级三级
	(e)	3.4	n.d.	65	n.d.	40	81%, 100mmol/L	n.d.	n.d.	n.d.
	(e)	4.0~6.0	4.0~7.0	55	60	543	n.d.	n.d.	n.d.	n.d.
米曲霉	(e)	4.5~6.0	3.0~7.0	n.d.	n.d.	958	10%, 100mmol/L	n.d.	100%, 10mmol/L	一级三级
灰葡萄孢	(i)	6.5~7.0	n.d.	50	n.d.	5.5	n.d.	0.02	n.d.	n.d.
	(e)	3.0	4.0~10.0	60	n.d.	n.d.	n.d.	n.d.	n.d.	n.d.

注：n.d.—未发现；(i)—细胞内；(e)—细胞外。

通过植物（如葡萄和杏仁）、真菌（如酵母和黑曲霉）和细菌（如多黏芽孢杆菌）来源的 β-葡萄糖苷酶水解单萜烯基 β-D-葡萄糖苷时，它很大程度上受糖苷配基结构的影响。植物来源的 β-葡萄糖苷酶会显示出明显的特异性，对伯醇的 β-D-葡萄糖苷（例如香叶醇、橙花醇和香茅醇）起作用，但不作用于叔醇的（例如芳樟醇、α-萜品醇、芳樟醇氧化物），当它水解叔醇时，会引起强烈的挥发。来自酿酒酵母和多黏芽孢杆菌的 β-葡萄糖苷酶的糖苷配基特异性，与植物来源的 β-葡萄糖苷酶类似，优于来自曲霉属、假丝酵母属、德巴利酵母属等微生物来源的 β-葡糖苷酶，但后者能够催化单萜伯和叔醇 β-D-葡萄糖苷的水解。

茶和葡萄内的糖苷内切酶显示出对作用底物中糖苷的相当宽的特异性，如来自葡萄的酶对阿拉伯呋喃糖苷、鼠李糖吡喃糖苷、阿拉伯吡喃糖苷和木糖吡喃糖苷均有活性；来自茶的酶对木糖吡喃糖苷、阿拉伯吡喃糖苷和阿拉伯呋喃糖苷有活性，但前者优于后二者。

2. 单萜构型的影响

由于非对映异构单萜烯基 β-D-葡萄糖苷（芳樟醇、α-萜品醇和香茅醇）和异构单萜烯基 β-D-葡萄糖苷（香叶醇和橙花醇）以不同速率水解，因此单萜的构型对酶水解速率有影响。

各种 β-葡萄糖苷酶对单萜伯醇的 β-D-葡萄糖苷的水解速率高于对叔醇的 β-D-葡萄糖苷的水解速率。

3. 葡萄糖

在果汁加工过程中，葡萄糖对 β-葡萄糖苷酶的抑制会限制风味物质的释放。这种抑制作用通常是竞争性的，且是这些酶的共同特征。相反，β-葡萄糖苷酶的活性不受食品中其他糖的影响，如果糖、半乳糖、阿拉伯糖、甘露糖、乳糖和蔗糖。

来源于酵母细胞内的 β-葡萄糖苷酶通常对葡萄糖抑制非常敏感，抑制常数在 3.0~23mmol/L。但酿酒酵母产生的胞内和胞外 β-葡萄糖苷酶对葡萄糖抑制都不太敏感；此外，假丝酵母属和德巴利酵母属的一些菌株能够产生葡萄糖耐受性胞外 β-葡萄糖苷酶。

通常细菌和丝状真菌 β-葡萄糖苷酶受到葡萄糖的高度抑制，抑制常数在 0.6~10mmol/L。然而，近期有研究表明，黑曲霉和米曲霉可以产生高葡萄糖耐性细胞外 β-葡萄糖苷酶，这涉及适应性酶，可以通过在培养基中添加特殊的碳源诱导产生。

真菌来源的糖苷外切酶的活性在一般的葡萄糖浓度下不受显著影响，如 α-阿拉伯呋喃糖苷酶和 β-硫代呋喃糖苷酶比 α-鼠李糖苷酶对葡萄糖抑制更具抗性。

4. 葡萄糖酸-δ-内酯

葡萄糖酸-δ-内酯是 β-葡萄糖苷酶最强的抑制剂之一，其对植物和微生物的 β-葡萄糖苷酶的抑制作用比葡萄糖更强。该化合物对酶的高亲和力可通过酶法分析 β-葡萄糖苷产物中与中间产物的结构类比来解释，通常是竞争性抑制，其 K_i 值多小于 1mmol/L。

5. 其他

(1) 乙醇　在酒类中，平均 10% 的乙醇对真菌来源的 α-葡萄糖苷酶、α-阿拉伯呋喃糖苷酶、α-阿拉伯吡喃糖苷酶和 β-咖啡酸酶会有抑制作用，但通常发生在 15% 乙醇以上。然而，黑曲霉 α-鼠李糖苷酶对乙醇更敏感，在 10% 乙醇浓度下就会丧失 20%~40% 的活性。

当 pNP-β-葡萄糖苷作为底物时，微生物来源的 β-葡萄糖苷酶活力的增强，但葡萄和杏仁来源的酶活力降低。

(2) 酚类和多酚类物质　酚类和多酚类物质对植物 β-葡萄糖苷酶有抑制作用，如儿茶素、二聚原花青素、槲皮素和槲皮素糖苷等。酚类抑制剂对酶的亲和力随着分子大小的增大而增加。

(3) 金属离子 Ag^+、Hg^+、Cu^{2+}、Mg^{2+}、Ca^{2+}、Fe^{2+}、Fe^{3+}是植物和真菌来源糖苷酶的抑制剂，抑制范围取决于酶的来源，其中 Ag^+、Hg^+、Cu^{2+}具有最强的抑制效果。

五、糖苷酶在食品加工中的应用

1. 增香

在食品中，挥发性香气物质中有很大一部分是以糖苷形式存在，而这些物质不具有挥发性、无风味，因此糖苷酶对糖苷物质的水解作用与香气物质的释放间存在密切关系。

在葡萄酒中，一些萜烯醇类化合物主要包括芳香醇、香叶醇、橙花醇，还有萜类二醇及其他醇类物质，大多数以糖苷形式的前体物质存在，内源糖苷酶能水解部分风味前体物质使感官品质明显提高，而外源 β-葡萄糖苷酶加速形成气味活跃的挥发性物质。在芒果、草莓、苹果和桃子等多种水果汁中，β-葡萄糖苷酶处理后也有相似的效果。

在茶中，也存在糖苷形式的前体物质，苷元部分包括：苯甲醇、苯乙醇、芳香醇、香叶醇、水杨酸甲酯、己烯醇、顺反式呋喃化合物和顺反式吡喃化合物等，糖苷形式主要有 β-葡萄糖苷和樱草苷两种形式。β-糖苷酶类（β-葡萄糖苷酶、β-樱草糖苷酶）参与这类糖苷的水解释放出花果香气，是茶叶香气形成的一条重要途径。

2. 脱苦

β-葡萄糖苷酶也可使果实脱苦，其在不影响柑橘维生素 C 含量的前提下可有效地降低柠檬苦素和柚皮苷等主要苦味物质的含量。

3. 脱色

花青素是最普遍的天然色素之一，对水果的红色、蓝色和紫色有贡献。有些色素由单糖（通常为葡萄糖）、二糖或三糖糖基化的花青素组成，性质不稳定，当从其糖部分释放时容易转化为棕色或无色化合物。研究表明，β-葡萄糖苷酶、α-阿拉伯糖苷酶和来自商业酶制剂的 β-半乳糖苷酶可能具有降解花色素苷的潜能。在花青素上具有高度活性的糖苷酶可能具有特定的应用，如用于某些橙汁或含有低含量花青素苷的葡萄酒的脱色。

第三节 核酸酶

一、核酸酶的简介

核酸酶（EC 3.1）是能够将聚核苷酸链的磷酸二酯键切断的酶。不同来源的核酸酶，其专一性、作用方式都有所不同。有些核酸酶只能作用于 RNA，称为核糖核酸酶（RNase），有些核酸酶只能作用于 DNA，称为脱氧核糖核酸酶（DNase），有些核酸酶专一性较低，既能作用于 RNA 也能作用于 DNA，因此统称为核酸酶（nuclease）。根据核酸酶作用的位置不同，又可将核酸酶分为核酸外切酶（exonuclease）和核酸内切酶（endonuclease）。

二、核酸酶的作用机制

1. 核酸外切酶

有些核酸酶能从 DNA 或 RNA 链的一端逐个水解下单核苷酸,所以称为核酸外切酶。只作用于 DNA 的核酸外切酶称为脱氧核糖核酸外切酶,只作用于 RNA 的核酸外切酶称为核糖核酸外切酶;也有一些核酸外切酶可以作用于 DNA 或 RNA。核酸外切酶从 3′端开始逐个水解核苷酸,称为 3′→5′外切酶,例如,蛇毒磷酸二酯酶即是一种 3′→5′外切酶,水解产物为 5′-核苷酸;核酸外切酶从 5′端开始逐个水解核苷酸,称为 5′→3′外切酶,例如:牛脾磷酸二酯酶即是一种 5′→3′外切酶,水解产物为 3′-核苷酸。

2. 核酸内切酶

核酸内切酶催化水解多核苷酸内部的磷酸二酯键。有些核酸内切酶仅水解 5′-磷酸二酯键,把磷酸基团留在 3′位置上,称为 5′-内切酶;而有些仅水解 3′-磷酸二酯键,把磷酸基团留在 5′位置上,称为 3′-内切酶。有的核酸内切酶只对碱基是专一的,例如,牛胰核糖核酸酶(RNase I)是最早分离纯化并结晶的第一个 RNase,由 124 个氨基酸组成(图 15-6),牛胰核糖核酸酶只水解嘧啶核苷酸 3′C 上磷酸根与相邻核苷酸的 5′C 之间的磷酸酯键,生成嘧啶核苷-3′-磷酸或末端为嘧啶核苷-3′-磷酸的寡核苷酸。

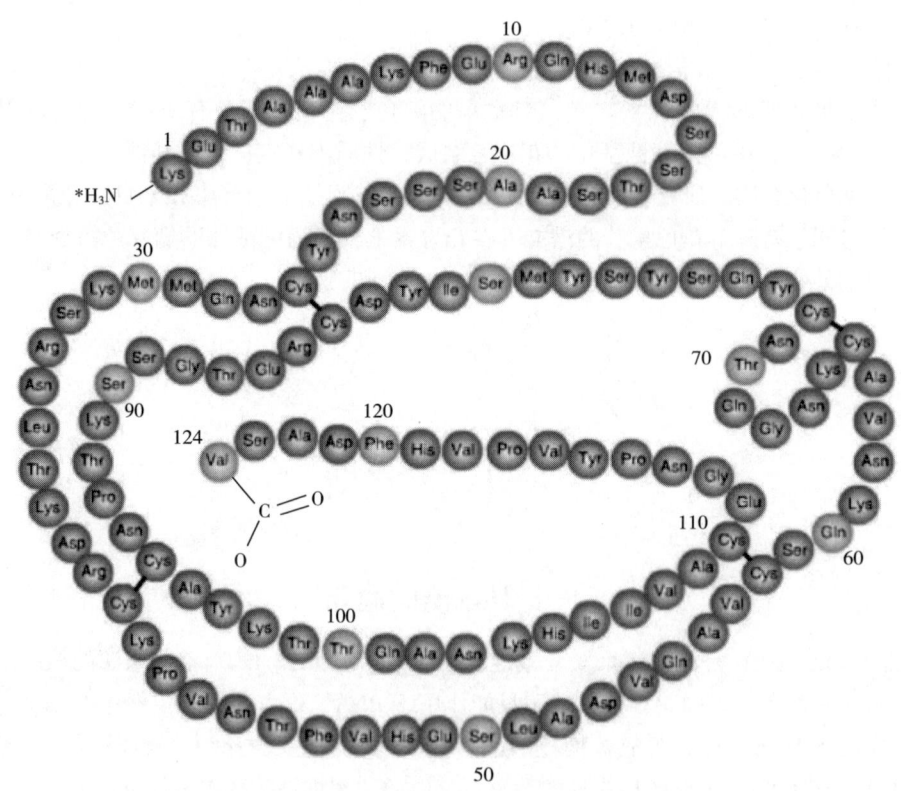

图 15-6　牛胰核糖核酸酶的结构示意图

三、核酸酶在食品加工中的应用

1. 食物消化

食物中核酸多以核蛋白形式存在，在胃中受胃酸或小肠中受蛋白酶作用分解为核酸和蛋白质。核酸被水解为寡核苷酸和单核苷酸。小肠黏膜分泌二酯酶和核苷酸酶，其中，二酯酶将寡核苷酸水解为单核苷酸，然后核苷酸酶进一步将其水解为核苷和磷酸。核苷可通过被动扩散方式吸收，或进一步被分解为嘧啶碱被吸收，嘌呤碱氧化为尿酸排出体外。

2. 食品添加剂

利用 5′-磷酸二酯酶催化核酸分子中 C3 位上的—OH 与磷酸间的磷酸二酯键断裂，产生 5′-核苷酸，其具有强的增鲜作用。

3. 低嘌呤食品的研制与生产

痛风病的一个导致因素是嘌呤代谢障碍，嘌呤氧化为尿酸在体内累积，因此痛风病人要减少嘌呤的摄入。但许多高蛋白食物如海鲜、动物内脏肉类等嘌呤含量高，会影响痛风病人的营养均衡，因此研制高蛋白低嘌呤食品具有重要意义。利用核酸酶（5′-磷酸二酯酶）将高嘌呤食物中的核酸水解为嘌呤碱，再用吸附剂来吸附嘌呤，可以有效降低嘌呤的含量。

4. 食品检测

近年来，核酸适配体在食品检测中的应用引起广泛关注，因核酸适配体类似于抗体，可特异性识别并结合目标物，而又有优于抗体的优势，例如价格较低、活性不易受外界干扰等。核酸酶常常被用于这些检测方法中，用于信号放大。表 15-2 为常用于食品检测中的核酸酶及其特异性剪切位点。

表 15-2　食品检测中常用的核酸酶及其特异性剪切位点

核酸酶	特异性剪切位点
核酸外切酶Ⅰ	对单链 DNA（ssDNA）特异性强，不分解双链 DNA 和 RNA。从 ssDNA 的 3′-OH 末端分解生成 5′-单核苷酸，无特定核酸识别序列
核酸外切酶Ⅲ	水解双链 DNA 的 3′平齐或凹陷末端，对末端突出的双链 DNA 或单链 DNA 没有活性，无特定核酸识别序列
核酸外切酶Ⅶ	可从 5′端或 3′端呈单链状态的 DNA 分子上降解 DNA，产生寡核苷酸短片段
核酸内切酶 Nt BstNBI	可特异性识别 5′-GAGTC-3′序列，并仅切割一条 DNA 链远离 3′端一侧的识别序列

第四节　核苷酸酶

核苷酸酶（nucleotidase）是指水解核苷酸的糖和磷酸间的键而生成无机磷酸和核苷的特异的磷酸酯酶。

一、核苷酸酶的简介

(一) 分类

根据作用位置的不同，核苷酸酶可分为 5'-核苷酸酶（EC 3.1.3.5）和 3'-核苷酸酶（EC 3.1.3.6）。

5'-核苷酸酶（5'-NT）是一种对底物特异性不高的水解酶，可作用于多种核苷酸。它存在于前列腺、精液、脑、网膜、蛇毒、马铃薯、酵母和大肠杆菌中，其中，除大肠杆菌的胞周腔中存在这种酶可作为典型例子以外，在高等动物细胞中，通常也是与膜结构相结合而存在。

3'-核苷酸酶可以水解腺苷-3'-磷酸等，存在于麦芽、马铃薯和枯草杆菌中。但由于目前关于该酶的研究集中在与寄生虫间的关系上，还未见其在食品加工中的应用。

(二) 结构

目前，研究较为透彻的是胞外 5'-核苷酸酶（ecto-5'-nucleotidase，e5NT），也称为 CD73，属于金属磷酸酯酶的超家族，但哺乳动物来源的显示出与细菌来源的酶略微超过 20% 的序列同一性。它们作用于多种底物，如 Ser/Thr 磷蛋白、各种核苷酸、鞘磷脂，以及 RNA 和 DNA。

通过测定多种来源的胞外 5'-核苷酸酶的一级结构，结果表明该成熟酶由 548 个氨基酸组成，计算相对分子质量为 61000。

在其活性位点内，核心折叠由四层组成，中心为 2 个 β-折叠，两侧为 2 个 α-螺旋（$\alpha\beta\beta\alpha$），催化二聚体中心存在两种对催化活性至关重要的金属离子（图 15-7）。研究表明，即使来源不同的酶，两个金属结合位点中至少有一个被 Zn 占据。对具有突变金属配体的酶来说，二聚体中的 M2 对 Zn^{2+} 具有较低的亲和力，它是 Co^{2+} 活化的位点。与 M2 相比，M1 对 Mn^{2+} 的亲和力较低。胞外 5'-核苷酸酶形成的同型二聚体不与半胱氨酸桥连。

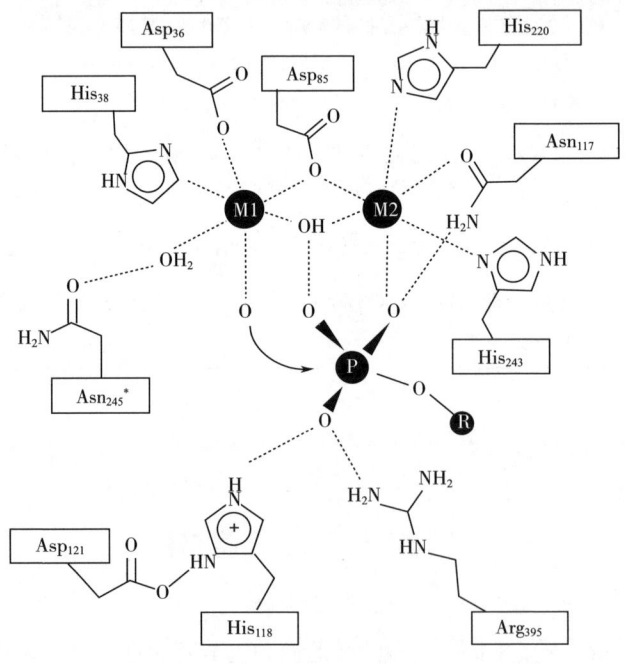

图 15-7 用于 5'-NT 催化的二聚体中心结构

大肠杆菌的 5'-核苷酸酶（$E.coli$-5'-NT）的三级结构如图 15-8 所示，该酶由两个结构域组成：N-端结构域（残基 25~342）结合两个金属离子并含有 Asp-His 二元体，它们对催化活性具有重要作用。C-端结构域（残基 362~550）具有独特的结构，迄今为止尚未在其他蛋白质结构中发现。该结构域与二聚体磷酸酯酶的神经钙蛋白超家族的其他已知酶结构有关，并且它具有上述特征性的四层折叠，同时该结构域提供了底物腺苷部分的结合位点。两个结构域之间由长的 α-螺旋（残基 343~361）相连，酶的活性位点位于其中。

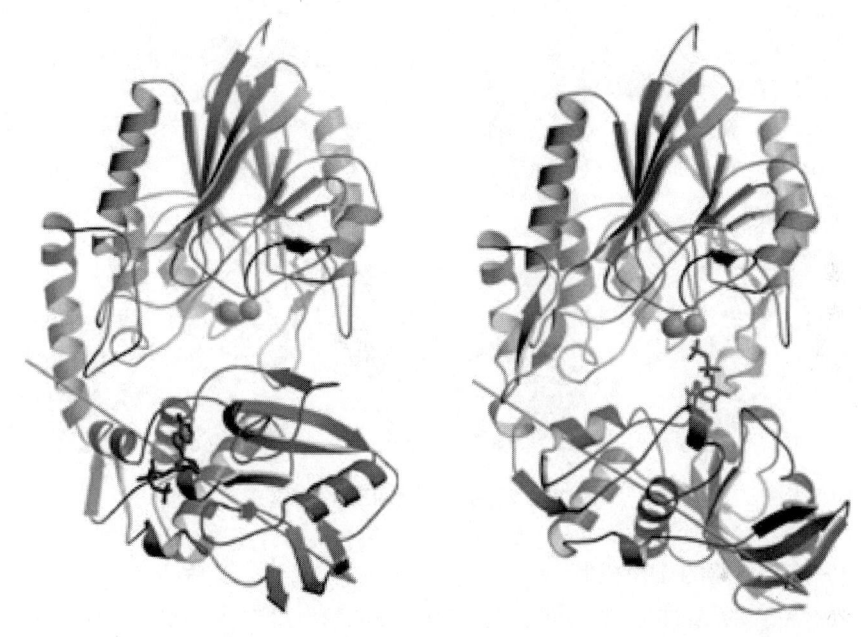

(a) 与ATP复合的开放形式　　(b) 活性位点与抑制剂相结合的封闭形式

图 15-8　$E.coli$-5'-NT 的三级结构

（底物与 C-端结构域一起围绕绿色轴旋转 96°，靠近二聚体中心）

二、核苷酸酶的作用机制

（一）5'-核苷酸酶的作用机制

哺乳动物来源的 5'-NT 对核苷 2'和 3'-单磷酸没有活性，但能水解 5'-AMP，因为该酶有立体构象选择性，L-对映体不能作为其水解底物。作为最佳底物的 5'-AMP 的 K_m 值处于低微摩尔范围内。ADP 和 ATP 是竞争性抑制剂，抑制常数也在低微摩尔范围内，这表明它们与活性位点结合相似但不能水解。大肠杆菌来源的 5'-NT 可以水解 AMP、ADP 和 ATP 以及其他 5'-核糖核苷酸和 5'-脱氧核糖核苷酸。细菌来源的酶能水解人工底物对硝基苯磷酸酯，但它不是胞外 5'-核苷酸酶的底物。另一方面，来自电子射线纯化的 5'-NT 与大肠杆菌的 5'-NT 一样水解 UDP-葡萄糖。与相关的紫色酸性磷酸酶和 Ser/Thr 蛋白磷酸酶相比，细菌以及脊椎动物的酶没有显示磷酸盐的产物抑制，最佳 pH 在 7~8。

作为抑制剂，α, β-亚甲基-ADP 的复杂结构提供了底物结合模式的模型（图 15-9）。末端磷酸基团的一个氧原子与位点 2 金属离子配位，此外，催化组氨酸和精氨酸结合并极化磷酸基团以攻击亲核基。亲核水被认为是与位点 1 金属离子配位的末端水，这种水分子处于对磷原子的在线攻击的完美位置，它位于 3.2Å 的距离，此时水、磷原子和离去基团之间的角度是 155°。然而，金属桥接水配体也可作为亲核基，它是由两种金属离子、精氨酸和催化组氨酸稳定过渡态。没有蛋白质残基定位以使离去基团质子化。因此，水分子可能为离去基团提供质子。

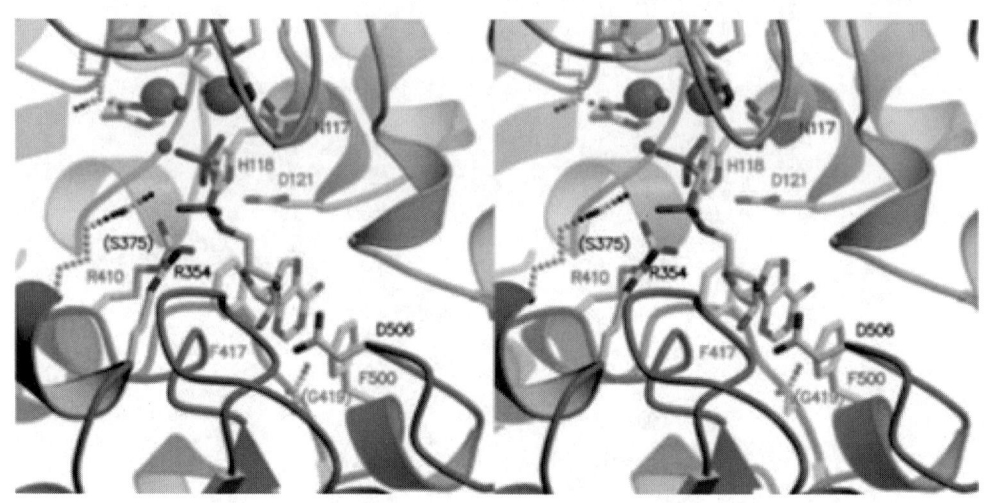

图 15-9　活性位点的立体结构

（二）3′-核苷酸酶的作用机制

3′-核苷酸酶/核酸酶（3′-NT／NU）是一种双功能酶，可作为磷酸二酯酶，切断相邻核苷酸的 3′-羟基和 5′-磷酰基之间的键；或作为磷酸单酯酶，作用于 3′-单磷酸化核苷酸的 3′-末端磷酸基团。

由于类似的酶参数，酶 3′-NT／NU 被归类为 I 类核酸酶家族的成员，具有 5 个高度保守的区域，相对分子质量约 40000。在 I 类核酸酶家族中，3′-NT／NU 是唯一表征为细胞表面膜锚定的蛋白酶，锚定于 C 末端跨膜结构域和 N 末端连接的糖基化位点。

核苷酸和核酸不能通过质膜转运，通过 3′-NT／NU 对 30 个单磷酸化的核苷酸的去磷酸化产生核苷，其可以通过转运蛋白被细胞摄取。此外，该酶还能够水解核酸，产生作为外部 5′-核苷酸酶底物的 50 个核苷酸。

关于 3′-NT/NU 的研究集中在与寄生虫间的关系上。如图 15-10 所示，存在于寄生虫表面的 3′-NT/NU 可通过 3′-AMP 水解直接参与细胞外腺苷的产生，还可以将 5′-AMP 转化为腺苷。细胞外腺苷可以通过腺苷转运蛋白被寄生虫内化，并进入嘌呤补救途径。此外，细胞外腺苷可以被宿主免疫细胞中的嘌呤能 P1 受体识别，促进抗炎细胞因子的产生，抑制促炎细胞因子的生产。

三、核苷酸酶在食品加工中的应用

1. 增强化学调味料的调味效果

对于核酸系的调味料，添加为其 3~5 倍的量，可增强调味效果。

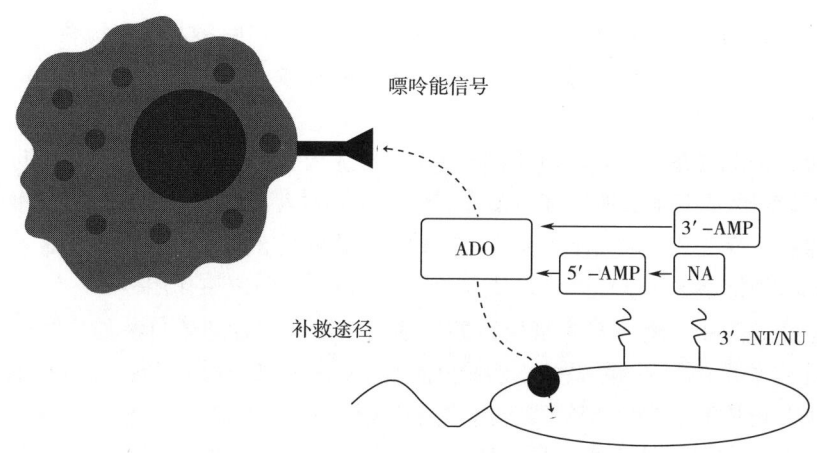

图 15-10　由 3′-NT/NU 产生的细胞外腺苷的作用

2. 改善人工甜味剂的味感

对人工甜味剂添加 1%~10%（一般为 1%）的量，能使甜味柔和，改善后味。

3. 改善有机酸的酸味

按 1%~5% 的量添加于有机酸，可改善冰醋酸、琥珀酸、富马酸、柠檬酸、酒石酸等的酸味。改善醋的风味时用量约为 0.2%。

4. 提高腌制效果

按食盐量的 5%~10% 添加，可缩短腌制时间。

5. 提高酒精饮料的质量

按 0.1%~0.5% 或 0.2%~1.5% 的比例添加于酒精饮料能使酒味醇和，同时可以防止发泡酒老化，减少酵母臭。

第五节　酶在风味物质制备中的应用

一、制备酵母提取物

酵母提取物（yeast extract，YE），又称酵母精，是以各种食用酵母（如面包酵母、啤酒酵母、圆酵母）为原料，通过将酵母细胞内蛋白质降解成氨基酸和多肽，核酸降解成核苷酸，并把它们和其他有效成分，如 B 族维生素、谷胱甘肽、微量元素等一起从酵母细胞中抽提出来，得到的人体可直接吸收利用的可溶性营养及风味物质的浓缩物，含有 18 种以上的氨基酸和多肽，还含有核苷酸、维生素、有机酸和矿物质等多种有效成分。其氨基酸平衡良好，味道鲜美浓郁，具有肉香味，因而酵母抽提物被称为兼具营养、调味和保健三大功能的优良新型食品配料。

1. 制备方法

(1) 自溶法　自溶法是利用酵母本身含有的糖酶系、蛋白酶系及核酸酶系等，将酵母体内的糖类物质、蛋白质和核酸等分解为氨基酸、肽类、核苷酸、还原糖等小分子物质并从酵母细胞内抽提出来的一种方法。

自溶法使用的原料是存在酶活性的新鲜活酵母，主要是面包生产中的面包酵母和啤酒酿造的副产物啤酒酵母，它是通过改变环境条件如温度等或加入某些自溶促进剂，使酵母细胞的生物膜超分子结构发生变化，致使水解酶类与其相应底物间的正常空间位阻消失，水解酶类得以释放的同时活性也被激活，从而对酵母体内的大分子物质进行降解作用。

在酵母自溶过程中，由于其本身酶系的酶活力有限，并且随着自溶的进行酶活力不断降低，因而单纯依靠酵母体内的酶系并不能充分降解细胞内的大分子物质，在酵母抽提物生产过程中通过外加一定量的蛋白酶和核酸酶可有效地加速酵母的自溶。

利用自溶法生产酵母抽提物，蛋白质分解率高，鲜味氨基酸游离率高，风味好，呈味性强，成本比较低，因此，目前欧美及我国所生产的酵母抽提物绝大多数都是采用这种方法。

影响自溶法的因素如下。

①破壁处理：在酵母自溶过程中，细胞壁仅发生结构变化而很少降解，使得部分降解产物及酵母本身的小分子物质仍有较多保留在细胞内。通过破壁处理可使酵母细胞壁破碎，诱导及促进酵母自溶，加强扩散作用，提高得率及产品氨基氮含量。常见的破壁方式有碱处理、高压均质或超声波处理、细胞壁破壁酶处理等。

②温度：自溶法涉及酵母细胞内酶系以及外加酶如细胞壁破壁酶、蛋白酶、5'-磷酸二酯酶及脱氨酶的作用，温度高低以及温度升至自溶温度的快慢对于酵母自溶都有很大的影响。

③自溶促进剂：在利用自溶法生产酵母抽提物的过程中，一般会加入自溶促进剂来加速酵母的自溶，缩短生产所需的时间，同时可提高得率及氨基氮含量。目前所使用的自溶促进剂包括乙醇、甲苯、乙酸乙酯、半胱氨酸、吡哆醇、硫胺素、碳原子数为4~14的脂肪酸及其甘油酯、氨基乙醇等。此外，细胞壁破壁酶、蛋白酶等也可作为自溶促进剂。

④酵母浓度：一般而言，酵母浓度越高，反应越慢，反之则越快。但是，当酵母浓度过低时，离心后上清液的干物质含量太低，浓缩时会增加成本。因此，选择合适的酵母浓度至关重要。

⑤自溶时间：酵母自溶时间的长短对酵母提取物的品质有着深远影响，一般来说，适宜的自溶时间为24~36h，时间太短，糖类、蛋白质、核酸等生物大分子物质降解不完全，产品得率、氨基氮含量不高，影响抽提物的呈味特性；时间过长，会产生一些苦味氨基酸和苦味肽。

(2) 酶分解法　酶分解法不同于自溶法，它使用菌体内酶失活的酵母菌为原料，一般是通过加热和干燥处理得到的。通过控制一定的酵母浓度和温度，干燥的酵母原料在细胞壁分解酶、蛋白酶、肽酶的共同作用下，分解成小分子的糖类、氨基酸、肽类等呈味物质，离心分离后将上清液减压浓缩或喷雾干燥即得酵母抽提物。

(3) 酸分解法　酸分解法同样以干燥酵母为原料，主要是经盐酸或硫酸进行分解。其基本的生产工艺是酵母液在一定的酸浓度、压力、温度条件下水解一定的时间，然后经过滤、脱色、脱臭、碱中和后进行减压浓缩或喷雾干燥得到酵母抽提物。酸分解法分解率相当高，游离氨基酸的量也较大。但缺点是呈味特性差，而且碱中和时使用大量的碱，会生成大量的盐，需要脱盐处理。因此酸分解法的适用性较差。

2. 特性

（1）调味特性　酵母抽提物具有浓郁的肉香味，主要源于氨基酸和还原糖发生的美拉德反应，在欧美各国作为肉类提取物的替代物被广泛应用。它有许多其他天然调味料所不具有的特征，如具有复杂的调味特性，调味时可赋予食品浓重的醇厚味，有明显的增鲜、增咸、缓和酸味、除去苦味的效果，并且对于异味和异臭有屏蔽剂的功能。以上调味特性主要来自酵母抽提物的氨基酸、低分子肽、呈味核苷酸和挥发性芳香化合物等成分。此外，酵母抽提物的鲜味增强作用主要体现在呈味核苷酸 5'-鸟苷酸和 5'-肌苷酸，并且这两种核苷酸与氨基酸按一定比例混合使用时可使氨基酸的鲜味成倍增长。

（2）营养特性　酵母抽提物含有多种氨基酸，尤其是富含谷物中不足的赖氨酸，同时还含有硒、铁、锌、钙等微量元素及维生素 B_1、B_2、B_6、B_{12} 和泛酸等 B 族维生素。此外，酵母抽提物含有丰富的谷胱甘肽以及其降解的副产物鸟苷、肌苷等抗衰老因子、预防和治疗心血管疾病的生理活性物质。而美拉德反应的某些中间产物及其最终反应产物等还具有一定的抗肿瘤作用、抗癌作用、免疫作用和抗氧化作用。在国外，酵母抽提物可用作婴幼儿和老年人食品、营养强化剂和保健品。因此，酵母抽提物不但可以广泛应用于食品工业中的调味料领域，也可以应用于药品和保健食品中。

二、制备水解植物蛋白

水解植物蛋白（hydrolyzed vegetable protein，HVP）是植物性蛋白质经水解后得到的氨基酸和相对分子质量较小的短肽。它是一种营养型食品添加剂，主要用于生产高级调味品和营养强化食品的基料和肉类香精原料，可作为食品配料广泛用于汤料、酱汁、肉汁、调味品、小吃以及各种熟食的生产当中。

（一）制备方法

HVP 的制备通常以大豆蛋白、玉米蛋白、小麦面筋蛋白、花生蛋白和棉籽等为原料，通过酸法、碱法和酶法进行水解。

1. 酸法和碱法

传统上 HVP 的生产主要以酸法为主，用强酸在高温下水解，通过碱中和，再以活性炭过滤。酸水解法生产 HVP 的特点是水解迅速彻底，不产生消旋作用，且成本低、投资小。同时，它也有很多缺点，水解程度不易控制；敏感氨基酸如天冬酰胺、谷氨酰胺等被破坏；糖类物质被大量破坏，使得水解液颜色呈棕黑色；生产过程会生成氯丙醇类物质，有一定的毒性和致癌性。

碱水解会引起精氨酸、胱氨酸及部分赖氨酸被破坏。

2. 酶法

酶法水解温度通常在 45~60℃，水解时间则从 3~48h 不等，水解程度受酶的种类和活力、专一性、pH、底物浓度、水解温度、水解时间等诸多因素的影响。

对于植物性蛋白，目前较为通用的工艺是采用多种外切酶和内切酶复合使用，在相对较低的温度下长时间水解，而经 80~85℃、5~10min 的预处理以破坏蛋白质的三级结构，有助于进一步提高水解度。

与酸法水解相比较，酶法水解具有条件温和、副反应少、不破坏敏感氨基酸、水解程度容易控制的特点。特别是不使用盐酸，不生成致癌物氯丙醇，具有不可比拟的优点。

但酶法水解也存在一些缺点：①酶制剂较为昂贵，生产成本较高；②由于酶具有较强的专一性，蛋白质的三级结构、氨基酸序列均对酶解有较大影响，水解程度相对较低；③由于酶解条件温和、酶解时间长，深度酶解时可能导致微生物滋生，酶解条件需要仔细选择和控制。

（二）酸法和酶法水解植物蛋白的风味差异

1. 滋味物质

酸法水解液和酶法水解液在氨基酸组成、多肽和碳水化合物含量和有机酸等方面的较大差异，是酸法水解液和酶法水解液呈味差别的主要原因。

天然蛋白经过酸彻底水解后产生各种游离氨基酸以及少量疏水性多肽，其中谷氨酸、天冬氨酸和谷氨酰胺具有鲜味，甘氨酸、丙氨酸、丝氨酸、苏氨酸、脯氨酸、羟脯氨酸等具有甜味。其他芳香族氨基酸如 L-苯丙氨酸和 L-酪氨酸在其阈值浓度以下，当体系含有盐和其他氨基酸时也对酸法水解液的鲜味起着重要作用。蛋白原料中碳水化合物对酸水解液风味也有较大的影响，在酸水解过程中脱水成为糠醛类物质、类黑素以及特征的乙酰丙酸。乙酰丙酸（果糖酸）是葡萄糖酸法降解的产物，产生酸法水解液的特征酸味。

酶法水解植物蛋白主要由游离氨基酸和大量不同相对分子质量的肽组成，其风味在很大程度上与所用的蛋白酶、水解度以及蛋白质本身的氨基酸组成有较大的关系。水解度较低时，酶解液无明显风味；水解度进一步提高后，酶解液的风味以特征苦味为主，这是由于酶解过程中蛋白质结构被破坏，疏水性肽暴露；再进一步提高水解度，当大部分蛋白质降解为氨基酸和小分子肽后，酶解液呈典型的鲜味。关于酶解液的脱苦，归纳起来主要有：利用吸附或萃取的方法去除含疏水性氨基酸的肽、掩盖法、进行类蛋白反应和使用外肽酶将尾端疏水性氨基酸切除四种方法。

一般而言，酸法水解植物蛋白相对酶法水解植物蛋白具有更为强烈的肉味。

2. 气味物质

酸法水解物和酶法水解物的特征挥发性成分也有较大的差别，这与反应条件、蛋白质性质有较大的关系。

没有经过精制的酸法水解植物蛋白带有较强的臭味，其挥发性成分主要是呋喃衍生物、糠醛、吡咯衍生物和含硫化合物。产生的原因包括：甲硫氨酸在盐酸水解中生成不稳定的氯化甲基甲硫氨酸硫盐，该物质在中性或碱性条件下分解为有强烈臭味的二甲基硫醚；碱性氨基酸分解产生的胺类化合物的异味；芳香族氨基酸分解产生的吡咯类化合物的异味；含硫氨基酸分解产生的硫化氢、甲硫醇等含硫化合物的异味；strecker 降解反应中生成的低级醛酮。

酶水解液的挥发性成分以醇类、苯酚衍生物以及吡嗪为主。酶法水解过程条件温和，pH 相对于酸法水解而言较高。pH 高于 5.0 有利于吡嗪衍生物生成；反应温度较低不利于含硫氨基酸的降解。醇类物质可能是原料蛋白本身所有以及脂肪降解产生的。

三、制备水解动物蛋白

水解动物蛋白（hydrolyzed animal protein，HAP）是一类来源于明胶、干酪素、鱼粉或动物血等各种动物性蛋白原料，经酸、碱、酶水解而得到的蛋白质、小分子多肽和氨基酸的产品总称。由于水解动物蛋白具有许多独特的优点，目前已广泛应用于食品、医药、日化和化工等行业。

(一) 制备方法

目前,水解动物蛋白的生产方法大体有酸法、碱法和酶法三种工艺。

1. 酸法和碱法

这两种方法一般是通过盐酸或氢氧化钠等对动物蛋白进行水解,再经过滤除杂、脱色、脱臭、脱盐等处理手段,最后经浓缩或干燥得到产品。由于使用强酸强碱,会使得一些必需氨基酸被破坏,如色氨酸、丝氨酸、苏氨酸、赖氨酸、胱氨酸等,同时还会产生不被人体利用的D-氨基酸。

2. 酶法

酶水解动物蛋白是将蛋白质在蛋白酶如胰蛋白酶、木瓜蛋白酶等的作用下,降解成肽和氨基酸。酶水解具有水解效率高、条件温和、易于控制等特点,水解产物最大程度地保留了原料的氨基酸构成,同时又具有特殊的理化性质和生理活性。随着酶法水解蛋白工业技术和设备的进步,目前国内外的HAP生产正日趋采用酶法工艺。

酶水解蛋白的过程中,酶的选择很关键。它不仅影响酶反应的速度、产物的得率,而且还直接影响到产品的风味、理化性质和生理性质等。可根据需要选用不同类型的水解蛋白酶、加酶量及其他工艺参数,生产出优质水解动物蛋白粉。

动物蛋白水解酶是指能水解动物蛋白质肽链的一类酶的总称。按其来源可分为动物蛋白酶(胰蛋白酶)、植物蛋白酶(木瓜蛋白酶)和微生物蛋白酶(枯草杆菌蛋白酶);按其pH不同又可分为酸性蛋白酶、中性蛋白酶和碱性蛋白酶。目前采用的动物蛋白水解酶通常由水解度较高的蛋白酶与水解风味较好的蛋白酶进行复配,一来可以满足工业生产需要的多种酶切位点,二来可以将水解过程中产生的苦味肽降解为氨基酸和小分子多肽,增加风味效果。

(二) 营养组成与产品特性

1. 营养组成

HAP是动物组织中胶原蛋白的水解产物,其蛋白质含量一般达90%以上,主要为低分子多肽,水溶性好,极易被人体吸收利用,是一种优质的蛋白源。同时,含有多种人体所需的必需氨基酸,种类齐全,比例适宜。此外,还含有人体必需的部分金属微量元素,且不含胆固醇或含量少,营养价值高,性能优越,为良好的天然生理活性物质。

2. 产品特性

粉末状HAP的流动性良好,呈白色或淡黄色,黏度低,相对分子质量小于6000,具有动物蛋白固有的天然鲜香味,肉味浓郁鲜美,无其他异臭味。另外,具有良好的耐酸碱性、耐热性、保水性和乳化性,具有缓冲能力,不易产生沉淀,不易褐变和变性,对易变质食物起保持稳定作用,同时能有效改善调整食品的风味和结构品质,且容易被人体吸收并迅速提供能量。HAP还具有一定的生物特性和功能特性,例如抗氧化性、调节免疫功能等。由于具有和阿胶相似的氨基酸组成,能促进生物生长发育和新陈代谢,加速血红蛋白合成,促进伤口愈合、促进细胞生长。

思考题

1. 简述与风味促进有关的酶的种类。
2. 简述糖苷酶的概念、种类、来源、催化作用的原理。
3. 简述糖苷外切酶和糖苷内切酶的催化方式的区别。
4. 简述影响糖苷酶催化反应的因素。
5. 简述糖苷酶在食品加工中的应用。
6. 简述核酸酶的概念、分类、作用原理。
7. 简述核酸酶在食品加工中的应用。
8. 简述核苷酸酶的概念、结构、作用机制。
9. 简述酵母提取物的主要营养成分、制备方法。
10. 简述酵母提取物在食品加工中的应用。
11. 简述水解植物蛋白、水解动物蛋白的制备方法、主要营养成分。
12. 简述水解植物蛋白、水解动物蛋白在食品工业中的应用。

第十六章 内源酶对食品的影响

> **学习目标**
>
> 1. 学习和掌握食品原料中酶的存在与分布规律和内源酶在食品原料生产、贮藏、运输和加工中可能催化的反应及其对食品品质的影响和控制方法。
> 2. 学习和掌握运用系统论和复杂性理论分析问题方法，深化对食品复杂体系的本质、结构和变化规律的认识，提高应用宏观思维方式和综合运用所学知识解决实际问题的能力。

食品原料主要为生物材料，内含数量丰富且种类复杂的酶，称为内源酶。食品中的内源酶在原料处理、贮藏、运输和加工过程中会催化一系列的反应，对食品品种产生有害或有益的影响。本章将介绍果蔬、谷物、豆类、畜禽、水产、乳等食品主要原料中酶的种类、来源、分布规律和它们催化的反应及对产品品种的影响与控制方法。学习时需注重应用前面章节学习的酶学知识分析、解释和解决实际复杂食品体系中问题，巩固所学知识，强化综合分析与创新思维，提高运用酶学知识解决果蔬、豆类、谷物、畜禽、水产、乳等原料的保鲜、减损和加工产品的品质提升与产品创新等问题的能力，促进资源节约和环境友好型经济的发展，满足消费者对高品质食品的需求，助力高质量发展和创新性国家建设。

第一节 引言

食品酶可分成两类：一类是原本存在于食品中（内源性）可能会或不会引起食品品质变化的酶，另一类是添加到食品中（外源性）以引起期望变化的酶。前者被称为内源酶，后者被称为外源酶。

对于任何一个生物体，酶都参与了其生长发育的每一个过程，即食品原料的生长和成熟依赖于酶的作用。生物材料作为食品原料采收后，这些酶不会马上失活，在贮藏、运输和加工过程中还会继续作用，使食品材料的组分发生变化，提高或降低食品的品质。生物材料所含的内源酶的种类和数量与生物体的种类、生长环境、成熟度、部位等有密切的关系，因此不同食品原料中的内源酶的种类和数量不同，对食品品质产生的影响也不同。另外，除了存在于食品原料的内源酶外，因微生物污染而引入的酶也会参与催化食品原料中的反应，影响食品的质量。

第二节　酶在食品材料中的分布

酶在生物体内的分布是不均匀的。一种酶往往仅存在于细胞中的一类细胞器（表 16-1）。细胞核含有的酶主要涉及核酸的生物合成和水解降解；线粒体含有与氧化磷酸化和生成 ATP 相关的氧化还原酶；溶菌体和胰酶原颗粒主要含有水解酶。特定的器官也含有特定种类的酶，如动物的肠胃道主要含有能分别将碳水化合物、脂肪、蛋白质和核酸水解成为葡萄糖、甘油、脂肪酸、氨基酸、嘌呤和嘧啶的酶。植物的不同组织也含有不同的酶，如种子中含有相当数量的能水解淀粉和蛋白质的水解酶类，当种子发芽时为了满足籽苗的营养需要，这些酶的数量显著地增加。

表 16-1　　一些酶在动物细胞中的亚细胞分布

部位	酶
核	DNA 决定 RNA 聚合酶、聚腺嘌呤核苷酸合成酶
线粒体	琥珀酸脱氢酶、细胞色素氧化酶、谷氨酸脱氢酶、苹果酸脱氢酶、α-酮戊二酸脱氢酶、α-甘油磷酸脱氢酶、丙酮酸脱羧酶
溶酶体	组织蛋白酶 A、B、C、D 和 E，胶原酶、酸性核糖核酸酶、酸性磷酸酶、β-半乳糖苷酶、唾液酸酶、溶菌酶、酯酶
过氧化物酶体（微体）	过氧化物酶、脲酸氧化酶、D-氨基酸氧化酶
网状组织、高尔基体等	葡萄糖-6-磷酸酶、核苷酸二磷酸酶、TPNH 连结脂过氧化物酶、核苷酸磷酸酶
细胞质	乳酸脱氢酶、磷酸果糖激酶、葡萄糖-6-磷酸脱氢酶、反式酮酶、反式醛酶
胰酶原颗粒	胰酶原、胰凝乳蛋白酶原、脂肪酶、淀粉酶、核糖核酸酶

在完整的细胞内酶隔离分布在亚细胞膜内，酶与底物分离。然而，成熟、擦伤、昆虫或微生物的感染、去皮、切割、切片、搅拌、冻结和解冻引起的组织的部分解体会使酶和底物接近，导致酶催化反应的发生，使食品在色泽、质构、风味、芳香和营养质量上发生改变。因此，在食品加工中使用热处理、低温保藏和酶抑制剂对于稳定产品的质量往往是必要的。

不同食品材料所含的酶的种类和数量有很大的差别（表 16-2）。聚半乳糖醛酸酶在番茄中的浓度很高,而它在酸果蔓的果实、胡萝卜和葡萄中的浓度为零;脂肪氧合酶在大豆中的浓度很高,而在小麦和花生中仅达到可以检出的水平。过氧化物酶存在于所有的水果中,然而它的含量变化从英国绿豆至利马豆约有 7 倍之多。多酚氧化酶以高浓度存在于一些品种的葡萄、洋李、无花果、枣、茶叶和咖啡豆中,在桃、苹果、香蕉、马铃薯和莴苣中也有相当高的含量。另外,食品材料中所含的酶的数量除了与食品材料的种类有关外,还同它的生长环境、生长阶段或成熟度等许多因素有关。

表 16-2　　　　　　　　几种酶在不同食品原料中的相对数量

酶	食品原料	相对数量
聚半乳糖醛酸酶	番茄	1.00
	牛油果	0.065
	欧楂（Medlar）	0.027
	梨	0.016
	菠萝	0.024
	胡萝卜	0
	葡萄	0
脂肪氧合酶	大豆	1.00
	乌尔特豆（Urd bean）	0.60
	绿豆	0.47
	豌豆	0.35
	小麦	0.02
	花生	0.01
过氧化物酶	青刀豆	1.00
	豆荚	0.72
	菜豆	0.62
	菠菜	0.32
	利马豆（Lima bean）	0.15

食品材料中的内源酶对食品的色泽、风味、质构、营养和安全都有影响,在食品材料的品种选择、成熟度控制、贮运、加工及产品保藏过程中都要认真考虑内源酶的问题,并进行有效控制。从某种程度来说,对内源酶的控制要比外源酶的应用面临更大的挑战。接下来本章将重点介绍食品中的重要内源酶及其对食品的影响,而相关各酶的结构、催化的反应、作用机制等已在前面相关章节系统介绍。

第三节　果蔬中的内源酶及其对果蔬品质的影响

果蔬中含有大量的内源酶，其在果蔬生长、采后贮藏、物流运输和加工过程中催化一系列的反应，并且不断发生变化，影响果蔬的色泽、质构、风味和营养成分的含量。

在果蔬的组织结构完整的时候，对果蔬色泽、风味等品质指标有重要影响的酶，例如多酚氧化酶、过氧化物酶等，与其作用的底物处于隔离分布状态，酶催化反应不会发生。但是，果蔬一旦表皮破损、组织破碎，酶和底物区域化隔离分布的状态就遭到破坏，酶与底物接触，促使伤信号迅速传递生成伤乙烯，并影响氧化还原作用的平衡，发生氧化产物的积累，造成酶促褐变、羰基化合物和乙醇等的积累。

一、果蔬中的重要酶类

果蔬中对果蔬品质有重要影响的酶主要有两大类，一类是氧化还原酶，包括多酚氧化酶、抗坏血酸氧化酶、过氧化氢酶和过氧化物酶等；另一类是水解酶，包括果胶酶、淀粉酶、蛋白酶等。在果蔬加工过程中，酶是引起果蔬品质劣变和营养成分损失的重要因素。

（一）氧化还原酶

1. 多酚氧化酶（PPO）

多酚氧化酶是自然界一种常见的氧化还原酶，其作用会引起果蔬酶促褐变，导致果蔬食品色泽劣变，营养成分降低，甚至使其丧失商品价值。

不同种植物和同一植物体的不同部位、同一部位的多基因家族的不同成员之间，多酚氧化酶的相对分子质量不同。不同种植物之间的多酚氧化酶常常具有比较高的相似性。研究发现苹果的多酚氧化酶的一级结构与番茄、马铃薯、蚕豆、葡萄等有43%~58%的相似性。

多酚氧化酶催化的酶促褐变过程为在氧分子存在的条件下，多酚氧化酶催化单酚酶羟基化和将邻二酚氧化为邻醌，随后醌类化合物被氧化成醌衍生物，形成的邻醌与其他醌、氨基酸、蛋白质非酶聚合形成褐色化合物。目前，主要存在 3 种关于多酚氧化酶酶促褐变机制的假说：酚酶区域分布假说、自由基伤害假说和保护酶系统假说，其中酚酶区域性分布假说更被认可。该假说认为，在组织细胞内存在两种形式的多酚氧化酶，一种是游离态多酚氧化酶（sPPO），存在于细胞质中；一种是膜结合态多酚氧化酶（mPPO），束缚于细胞膜上。正常植物组织中，多酚类物质分布在细胞液泡内，多酚氧化酶分布在各种质体或细胞质内，多酚类物质与多酚氧化酶难以接触，因此有氧存在也不会发生褐变反应。而细胞膜结构一旦被破坏后，mPPO 便游离出来，向 sPPO 转化，sPPO 活性显著提高。果蔬加工及贮藏过程中的切割、破碎等外加条件会导致膜系统的破坏，酶和底物得以接触，从而引起酶促褐变。

2. 抗坏血酸氧化酶

抗坏血酸氧化酶又称抗坏血酸酶，属于多铜氧化酶家族，定位于细胞壁，在植物界广泛存在。抗坏血酸氧化酶与其他氧化还原反应相偶联起到末端氧化酶的作用，能将抗坏血酸氧化为单脱氢抗坏血酸，从而调控植物质体外抗坏血酸库的氧化还原状态，在植物体内的物质代谢中具有重要的作用。在香蕉、胡萝卜和黄苣中广泛分布着这种酶。抗坏血酸氧化酶与果蔬的维生素 C 的消长有很大关系。

3. 过氧化氢酶和过氧化物酶

过氧化氢酶和过氧化物酶广泛存在于水果蔬菜组织中。过氧化氢酶可催化过氧化氢分解成水和氧气，可防止组织中的过氧化氢积累到有毒的程度。

在果蔬成熟时期，这两种过氧化氢酶和过氧化物酶的活性都会显著增高。芒果呼吸作用的增强直接和酶活性有关，过氧化氢酶和相应的氧化酶可能与乙烯生成有关，过氧化物酶也有可能与乙烯的自身催化合成有关，与衰老的细胞活性有关。

（二）果胶酶

果实在成熟过程中，质地变化最为明显，其中果胶酶起着重要作用。果实成熟时硬度降低，与半乳糖醛酸酶和果胶酯酶的活性增加成正相关。梨在成熟过程中，果胶酯酶的活性开始增加，即已达到初熟阶段。苹果中果胶酯酶活性因品种不同而有很大差异，这还可能与苹果耐贮性能相关。香蕉在催熟过程中，果胶酯酶活性显著增加，特别是果皮由绿转黄时更为明显。番茄果肉成熟时变软是果胶酶作用的结果。

（三）纤维素酶

一般认为，果实在成熟时纤维素酶促使纤维素水解引起细胞壁软化。但这一理论还没有被普遍证实。有研究表明番茄在成熟过程中，纤维素酶活性增加，而梨和桃在成熟时，纤维素分子团没有变化，苹果在成熟过程中，纤维素含量也不降低。

（四）淀粉酶和磷酸化酶

许多果实在成熟时淀粉逐渐消失或者减少。未催熟的绿熟期香蕉淀粉含量可达 20%，成熟后下降到 1% 以下。苹果和梨采收前，淀粉含量达到高峰，开始成熟时，大部分下降到 1% 左右。这些变化都是由淀粉酶和磷酸化酶所引起的。研究者发现，巴梨果实在 -0.5℃ 贮藏 3 个月中，淀粉酶活性逐渐增加。但从贮藏库取出后的催熟过程中却不再增加。在芒果成熟过程中，可以观察到淀粉酶的活性增加，淀粉被水解为葡萄糖。

二、果蔬褐变与酶的作用

果蔬褐变主要是酶促褐变引起的。酶促褐变是酚类物质在多酚氧化酶的作用下发生氧化产生醌，醌再多聚化或与其他物质相结合生成黑褐色聚合物。植物受到诸如紫外照射、机械损伤、病原体侵染时，体内会合成大量的酚类物质，例如绿原酸、原儿茶酸、咖啡酸、异咖啡酸等。虽然植物的酚类繁多，含量丰富，分布广泛，但由于多酚氧化酶的专一性，因此只有几种酚类才能被催化氧化。一般来说，果蔬种类不同，其多酚氧化酶最适底物也会有所不同，例如马铃薯多酚氧化酶的最适底物是酪氨酸，莲藕多酚氧化酶的最适底物是焦性没食子酸，苹果多酚氧化酶的最适底物是表儿茶素或者绿原酸，甘薯多酚氧化酶的最适底物是绿原酸，板栗多酚氧化酶的最适底物是单宁酸，香蕉果皮多酚氧化酶的最适底物是多巴胺，荔枝多酚氧化酶的最适底物是变儿茶素和原花色素。表 16-3 所示为果蔬酶促褐变的底物体系表。近年来，鲜切果蔬产业快速发展。鲜切苹果、梨、马铃薯等果品品质发生变化的主要原因是酶促褐变，与其相关的酶类有多酚氧化酶、过氧化物酶和苯丙氨酸解氨酶等。鲜切加工使酚类物质与酶接触，氧化聚合生成黑色素造成褐变。

表 16-3　　果蔬酶促褐变的底物体系表

酚类	一元酚	二元酚	三元酚	多元酚
名称	苯酚、酪氨酸、愈创木酚	儿茶酚、绿原酸、多巴胺	咖啡酸	焦性没食子酸

三、果蔬质构弱化与酶的作用

果蔬质构变化主要与果蔬中果胶、淀粉、纤维素、半纤维素、木质素等高聚物的存在状态有关，这些物质的降解会导致果蔬质构变软。果蔬中含有作用于上述物质的内源酶，例如果胶酶、淀粉酶、纤维素酶等，其中果胶酶对果胶的作用对果蔬原料和产品的质构影响最大。一些水果、蔬菜在后熟和贮运过程中质构变软和鲜切茄子、黄瓜、洋葱等鲜切蔬菜发生的质地软化主要与果胶酶甲基酯酶和聚半乳糖醛酸酶的作用有关。

四、果蔬风味变化与酶的作用

果蔬风味变化更加复杂。一些果蔬在贮运过程中，呼吸速率加快，在一系列内源酶作用下，糖、酸和淀粉消耗增加，质构和风味均发生变化。果蔬鲜切后，表面的汁液也会阻塞气孔，诱发无氧呼吸，造成乙醇和乙醛的大量积累，从而使鲜切果蔬的酸度增加。脂类物质含量较多的果蔬，由于脂肪酶、脂肪氧合酶等的作用，发生氧化反应，产生有风味物质，产生异味。豌豆、四季豆和甜玉米在贮存中，游离脂肪酸等含量会显著增加。

五、果蔬营养变化与酶的作用

内源酶的作用也会引起果蔬营养成分发生变化。鲜切果蔬在切割后会造成水溶性维生素、类黄酮等抗氧化物质的损失，并且在脂肪氧合酶、抗坏血酸氧化酶、过氧化物酶、多酚氧化酶等的催化下，营养成分发生各种降解、氧化反应，导致鲜切果蔬营养品质劣变。研究发现，与未鲜切处理的韭菜相比，鲜切韭菜在10℃下贮藏7d后，干物质、可溶性固形物、抗坏血酸和总酚含量分别下降13.8%、19.1%、38.5%和29.5%。鲜切生菜在10℃、15℃和20℃下贮藏，维生素C、叶绿素和可溶性固形物等营养物质下降速率较快，而在低温（0℃和5℃）条件下贮藏效果更好，其原因是低温条件下内源酶活性较低，鲜切生菜组织的新陈代谢速率下降，从而降低了营养成分的变化速度。

六、果蔬内源酶作用的控制

在果蔬贮藏、运输和加工过程中控制内源酶的作用，减少内源酶作用引起的果蔬品质劣变，从而减少损失是果蔬加工产业的重要工作。通过大量的研究，已经形成一系列有效的控制内源酶作用的措施，例如减少果蔬采收、运输、贮藏过程中碰擦伤，保持果蔬组织完整；低温保藏；气调保藏；保鲜剂处理；漂烫钝酶；充氮破碎、打浆等一系列措施，尽量保证加工前酶与底物不接触，加工时先钝酶再破碎，或边破碎边钝酶。

果蔬内存在多种酶，即使在低温下也不易失活，而且解冻后随温度升高，活性增强，从而使果蔬变质。影响速冻蔬菜质量的酶主要是氧化酶，例如过氧化物酶、过氧化氢酶、抗坏血酸氧化酶、多酚氧化酶等，其中过氧化物酶可使过氧化物分解，产生游离氧，游离氧又可进一步氧化其他物质；过氧化氢酶将过氧化氢分解为水和分子状态的氧；抗坏血酸氧化酶可把抗坏血酸氧化成黄褐色的脱氢抗坏血酸；多酚氧化酶使儿茶酚氧化产生黑色素；而氧化醌即使在 $-73.3℃$ 的低温下仍可能保持活性。

值得注意的是，一方面在果蔬贮藏、加工过程中，为了避免发生褐变，防止混浊果汁的分层和提高番茄酱黏稠度等，要抑制酶的作用；另一方面，在果蔬后熟、果汁榨取、果酒澄清、面粉漂白、咖啡和红茶等加工中，则要利用内源酶的活性，例如果胶酶、脂肪氧合酶、多酚氧化酶等的活性，甚至需要外加酶来加强它们的作用。

第四节　谷物、豆类中的内源酶及其对制品品质的影响

谷物中的酶种类繁多，不同的谷物其含的酶的种类和数量会有所不同。其中与谷物品质关系密切的主要是水解酶类和氧化还原酶类，包括淀粉酶、蛋白酶、脂肪酶、纤维素酶、果胶酶、过氧化物酶等。谷物的贮藏性、营养品质和谷物制品的加工品质与其所含酶类及其作用有着密切的关系。豆类含有丰富的脂肪氧合酶、胰蛋白酶抑制剂等，对豆制品的风味营养有重要的影响。

谷物收获后的呼吸状态与采收前基本相同。采收前在开阔的环境中，氧气供应充足，一般进行有氧呼吸，而在采收后一般放在较为封闭的环境中，容易产生无氧呼吸。无论是有氧还是无氧呼吸，都是发生一系列酶催化反应，导致谷物成分发生变化，从而引起谷物品质发生变化。粮食在贮藏过程中的呼吸强度可以作为粮食陈化与劣变深度的标准。呼吸强度增加，也就是营养物质消耗加快，劣变速度加速。另外，呼吸作用中产生的 CO_2 积累，将导致粮堆无氧呼吸进行，产生酒精等中间代谢产物。

一、谷物、豆类中的重要酶类

（一）淀粉酶

淀粉酶广泛存在于动植物和微生物中，存在于谷物中的淀粉酶经发芽后含量会有大幅度的提高。淀粉酶催化淀粉、糖原和糊精中的糖苷键水解。淀粉酶一般作用于可溶性淀粉、直链淀粉、糖原等 α-1,4-糖苷键，但很难对完整的淀粉粒发生酶解作用。破碎淀粉粒及可溶解淀粉对淀粉酶的作用比较敏感。根据其对淀粉作用方式的不同，可分四类：作用于淀粉分子（包括糖原）内部的 α-1,4-糖苷键的 α-淀粉酶；从淀粉分子链的非还原末端逐次水解麦芽糖单位，作用于 α-1,4-糖苷键的 β-淀粉酶；从淀粉分子链的非还原末端逐次水解葡萄糖单位，作用于 α-1,4-糖苷键以及分支点 α-1,6-糖苷键的葡萄糖淀粉酶；只作用于糖苷以及支链淀粉分支点 β-1,6-糖苷键的异淀粉酶，又称脱支酶。这些酶的具体介绍见第七章碳水化合物酶。

（二）酯酶

酯酶是能够水解酯键的酶类。谷物中影响谷物食用品质的酯酶主要是脂肪酶和植酸酶两种。谷物中的脂肪酶作用于脂肪产生游离脂肪酸，促进了脂肪氧合酶的作用，从而使食品具有

不良的风味。因为脂肪酶作用而产生不良风味的现象常被称为脂肪的水解酸败。在正常情况下，原粮中脂肪酶与它所作用的底物由于细胞的隔离作用，彼此不易发生反应，但制成成品粮以后，给酶和底物创造了接触的条件，所以原粮比成品粮更容易保藏。粮食在贮藏期间，当水分含量较高时，由于脂肪酶作用，脂肪水解产生脂肪酸和甘油等。脂肪酸含量升高会导致粮油变味，品质下降。另外，这对谷物种子的生活力也有较大的影响。

植酸酶（phytase，肌醇六磷酸水解酶）属于磷酸单酯水解酶，是一类特殊的酸性磷酸酶。植酸酶可以将植酸水解为肌醇和磷酸，从而基本上破坏植酸对矿物质的强亲和力。植酸酶主要作用就是抑制谷物中植酸的抗营养作用、提高谷物中磷的利用率、替代饲料中的磷酸氢钙等。在谷物贮藏过程中，若贮粮环境条件适于微生物的活动，由于植酸酶的作用，谷物中的植酸磷（有机磷）的含量会降低，无机磷含量增加。例如，小麦变质初期，由于植酸酶水解的作用，生成无机磷的速度，甚至比脂肪酶增加速度还快。所以，谷物中植酸含量与变化速率可作为粮食品质变化的一个指标。

大豆的植酸含量很高，达到1%~3%，但植酸酶活性很低。大麦的植酸酶活性很高，因此有研究者将发芽大麦与大豆混合加工，这样能有效去除混合体系的植酸（去除率达到96%以上），改善最终产品的钙磷比，同时还能使氨基酸组成更趋合理，从而提高产品的营养价值。

（三）蛋白酶

谷物中，例如小麦、大麦等，含有少量的蛋白酶类。小麦籽粒中蛋白酶主要位于胚及糊粉层内，酶活力很高。胚乳中蛋白酶的活性很低。蛋白酶对面粉的品质有很大的影响。蛋白酶可以改变面粉中的面筋性能和面团特性，使面团弹性降低、面团的延伸性增强。例如，在制作烘烤食品时，一般面粉中的蛋白酶的活性较低，不能对面筋蛋白质进行分解，而新磨制的面粉中半胱氨酸残基含有未被氧化的巯基是蛋白酶的强力活化剂，在面团发酵的过程中，能激活蛋白酶活力，从而水解蛋白质使面团发黏，破坏面团的网络结构，降低面团的持气能力，导致面团发酵体积小、弹性差和易裂，面包体积小，板结僵硬。为了避免上述情况，面粉磨后须熟化一段时间或添加氧化剂使巯基氧化，从而防止蛋白酶的激活，保持面筋蛋白质的正常性能。

（四）脂肪氧合酶

脂肪氧合酶广泛存在于各种动物、植物、真菌以及少数海生生物中，在豆类中活力较高，尤其在大豆中的活力为最高，专门催化具有顺，顺-1,4-戊二烯结构的不饱和脂肪酸及其酯的加氧反应，形成具有共轭双键脂肪酸氢过氧化物。氢过氧化物进一步分解，产生醇、酮、醛类等挥发性物质。脂肪氧化酶作用是豆制品豆腥味形成的重要原因。

脂肪氧合酶在植物中的底物主要是亚油酸和亚麻酸，在动物体内的底物主要是花生四烯酸。在谷物、豆类等的贮藏期间，脂肪氧合酶的作用会影响谷物的很多生物物理性质和生物化学性质，包括引起种子发芽率下降、不同细胞器膜完整性的丧失和遗传性质改变等。脂肪氧合酶不仅不利于谷物贮存，也会因为影响脂质种类及含量而影响其适口性。理论上讲，脂肪氧合酶的缺失可以明显地阻止脂类物质的过氧化作用，减缓粮食贮藏过程中氧化变质的速度，保持粮食的清新气味。因此，有科研人员从提高粮食和豆类贮藏性能的角度考虑，利用分子生物学的方法来敲除脂肪氧合酶，最终得到耐贮藏的品种，也得到了食用适口性改善的品种。

脂肪氧化酶作用产生的氧化性物质具有氧化类胡萝卜素、叶绿素等色素和氧化蛋白质氨基酸残基上的巯基形成二硫键交联的作用，在面粉加工中起到漂白和强筋双重作用。利用脂肪氧合酶进行面粉改良是很好的思路，但由于商品级脂肪氧合酶还没有出现，现在主要是用大豆粉来作为改良小麦面粉的脂肪氧合酶的酶源。但是，大豆粉具有成分复杂、酶纯度差、含有多种同工酶、颜色相对深等问题，直接应用效果不是很理想，还需要做进一步的研究开发工作。

(五) 胰蛋白酶抑制剂

胰蛋白酶抑制剂（trypsin inhibitor，TI）普遍存在于自然界的动物、植物和微生物中，目前，研究较多的胰蛋白酶抑制剂主要来源于人类主要的粮食，如豆科、乔本科，在十字花科中也有报道。而在动物界中，动物的血液、胰脏以及酵母菌、链霉菌属等微生物中亦有胰蛋白酶抑制剂的存在。

蛋白酶抑制剂可分为丝氨酸、半胱氨酸、天冬氨酸、金属蛋白酶抑制剂4大类。而胰蛋白酶抑制剂属于丝氨酸蛋白酶抑制剂家族。胰蛋白酶抑制剂可以与丝氨酸蛋白酶系（如胰蛋白酶、糜蛋白酶等）发生不可逆的反应。胰蛋白酶抑制剂与其靶酶的相互作用，通常与酶和底物之间的相互作用一样，属于互补型作用机制。胰蛋白酶抑制剂与胰蛋白酶（或糜蛋白酶）作用时，抑制剂暴露在外的活性中心（反应位点）与靶酶的活性中心通过氢键相连，形成稳定的复合物，从而导致酶活性中心闭锁，使靶酶的活性丧失。胰蛋白酶与其抑制剂的亲和力很大，两者可以迅速结合成无活性、不可逆的复合物。

胰蛋白酶抑制剂根据其相对分子质量、半胱氨酸含量、反应位点的数量分为库尼兹（Kunitz）型抑制剂、包曼-伯克（Bowman-Birk，BBPI）型抑制剂、PotatoⅠ（PI-Ⅰ）型、PotatoⅡ（PI-Ⅱ）型及 Kazal 型。其中研究最为广泛和深入的是 Kunitz 型抑制剂及 Bowman-Birk 型抑制剂两类。

1947年，Kunitz 首次自大豆中分离和结晶出 Kunitz 胰蛋白酶抑制剂，发现其相对分子质量约20100，分子内含有2个二硫键和1个反应位点。大豆中的 Kunitz 型胰蛋白酶抑制剂，分子内含有181个氨基酸残基，2个二硫键（$Cys_{39} \sim Cys_{86}$、$Cys_{138} \sim Cys_{145}$）。其他来源的 Kunitz 型胰蛋白酶抑制剂也有报道。而来自牛胰腺的胰蛋白酶抑制剂也属于 Kunitz 型，其相对分子质量为6500，含有3个二硫键和1个反应位点。另外，还从刺桐、四棱豆、牧豆树、葵花籽、洋紫荆、凤凰木、猪屎豆、黎豆、海红豆、棕色腰豆等植物的种子及马铃薯等中提取分离到 Kunitz 型胰蛋白酶抑制剂。

1946年，Bowman 从大豆中分离获得 Bowman-Birk 型胰蛋白酶抑制剂（BBTI）。该 Bowman-Birk 型胰蛋白酶抑制剂的相对分子质量大约为8000，富含半胱氨酸，包含2个反应位点及7个二硫键。2个反应位点分别抑制胰蛋白酶和胰凝乳蛋白酶，反应位点的单边结构呈现环状结构。一环状结构为胰蛋白酶结合区域含有4个二硫键，可抑制胰蛋白酶的活性，而另一环状结构为胰凝乳蛋白酶的结合区，存在3个二硫键，可与胰凝乳蛋白酶相结合抑制其活性。由于分子内富含二硫键和亚基间的极性相互作用，其热稳定性和酸碱稳定性较好。目前还从中国竹臭蛙的皮肤分泌物、蚕豆等材料中分离纯化得到 BBTI。

PI-Ⅰ和 PI-Ⅱ家族是一类诱导型的蛋白酶抑制剂。其中 PI-Ⅰ家族包括马铃薯蛋白酶抑制剂Ⅰ和番茄蛋白酶抑制剂Ⅰ，它们的相对分子质量为8100，只有1个活性中心，主要抑制胰蛋白酶，而对胰凝乳蛋白酶抑制作用较弱。PI-Ⅱ家族包括马铃薯蛋白酶抑制剂Ⅱ和番茄蛋白酶抑制剂Ⅱ，由2个重复序列构成，相对分子质量为24000，包含2个活性中心，能抑制胰蛋白酶和凝乳蛋白酶。

胰蛋白酶抑制剂对植物具有保护作用，可防止植物种籽自身发生分解代谢，使种籽处于休眠状态，能调节蛋白质的合成和分解，并具有抗虫害作用。昆虫摄入蛋白酶抑制剂后，其与昆虫肠道的蛋白酶形成稳定的复合物，从而使昆虫的蛋白消化酶活性受到抑制。同时，形成的蛋白酶和蛋白酶抑制剂的复合物还可能作为一个负反馈信号抑制昆虫的进食。这种降低害虫对食物蛋白的有效利用率和减少其对食物摄取的双重效应，最终导致昆虫由于缺乏必需的营养而停止发育并最终死亡。胰蛋白酶抑制剂的生理作用除了抗微生物、抗虫害外，其对生物的生长发育，甚至细胞的凋亡也都有调节作用。近年来还发现胰蛋白酶抑制剂的抗病毒和抗癌作用。

豆类富含胰蛋白酶抑制剂。研究发现，大豆属的胰蛋白酶抑制剂活性最高，其次为菜豆属，再其次为豇豆属。生大豆胰蛋白酶抑制剂的含量约3g/100g。从大豆中分离出的胰蛋白酶抑制剂主要有Kunitz型和Bowman-Birk型蛋白酶抑制剂，二者约占种子贮藏蛋白质的6%。胰蛋白酶抑制剂主要分布在种籽的子叶中，但种胚的比活力均高于子叶。

胰蛋白酶抑制剂是抗营养因子，不仅会影响动物对蛋白质的消化吸收，同时由于其与肠内胰蛋白酶结合后，导致胰蛋白酶随着粪便排出，使肠内胰蛋白酶数量减少，引起胰腺机能亢进，分泌量加大。胰蛋白酶含有丰富的含硫氨基酸，若出现这种补偿性分泌和排泄，必然会造成体内含硫氨基酸的内源性散失，引起体内氨基酸代谢失调或不平衡，使动物出现营养性生长受阻或停滞。因此在豆制品加工中需要将其失活或除去。现在，评价豆浆质量的重要指标之一就是胰蛋白酶抑制剂，只有当豆浆中的胰蛋白酶抑制活性降低90%以上时才被认为可以放心食用。目前胰蛋白酶抑制剂的去除方法有物理法、化学法和生物学法。物理法包括热处理、微波处理、压力处理、超声波处理及高压脉冲电场处理等。加热处理研究和应用最多。加热处理分为干热处理和湿热处理。研究表明，干热条件下，大豆经100℃处理40min后胰蛋白酶抑制剂活性下降至原来的11.7%；湿热处理比干热处理效果更好，大豆粉置于110℃湿热处理5min，活性下降96%。微波处理具有"热效应"和"非热效应"。有研究表明，豆浆经微波处理8min后胰蛋白酶抑制剂活性降低到原来的11.24%，处理15min即可将其完全失活。有关豆制品加工工艺过程对胰蛋白酶抑制剂活性的影响和失活的方法研究报道很多，可以选择参考。

二、谷物陈化与酶的作用

陈化是谷物贮藏中的重大问题。谷物陈化的生理变化主要表现为酶活性、代谢水平的变化。谷物在贮藏过程中，酶活力减弱，呼吸作用降低，原生质胶体结构松弛，食用品质、工艺品质发生劣变。随着陈化的进行，与呼吸作用有关的酶类（如过氧化氢酶）活性降低，呼吸作用也随之减弱；而水解酶类（如植酸酶、蛋白酶和磷脂肪酶）活性却都增加。粮食在贮藏中由于自身代谢产物（如吲哚乙酸、阿魏酸和一些脂类氧化产物）积累也会导致粮粒衰老和陈化。粮食陈化程度可以由一些酶的活性变化来加以反映。稻谷贮藏初期含有活性较高的过氧化氢酶和淀粉酶，随着贮藏时间延长，这些酶的活性大大减弱，稻谷生活力也下降。研究结果表明，稻谷在贮藏三年后过氧化氢酶活性降低80%，淀粉酶活性基本丧失。大米在贮藏中过氧化氢酶活性丧失，呼吸作用也趋于停止。所以，测定粮食代谢水平就采用过氧化氢酶的活性作为指标之一。

谷物中油脂含量不高，但有一定的含量（稻谷中脂类物质含量为2%~3%），而且也内含脂肪酶和脂肪氧合酶等催化酯类物质发生反应的酶，对谷物的贮藏性能有很大的影响。当谷物水分含量较高时，其中的油脂被脂肪酶水解成脂肪酸，不饱和脂肪酸在有酶（脂肪氧合酶）参与和无酶（活性氧、光敏物质存在时）参与的情况下氧化成氢过氧化物质，进一步分解成醛和酸等物质，产生酸败，导致异味。氢过氧化物质具有氧化活性，会氧化谷物中的维生素、类胡萝卜素和游离的及存在于蛋白质分子中的赖氨酸、半胱氨酸、组氨酸等残基，降低谷物的营养物质。氧化作用还会导致大分子和细胞的结构改变，从而不能维持其原有的性质，这些性质的改变不仅会导致谷物营养品质的下降，而且还会影响种子的发芽率。

三、谷物发芽与酶的作用

近年来，发芽全谷物的功能特性和营养品质受到了国内外的广泛关注，推动了发芽全谷物产品的开发。2008 年，美国国际谷物化学家协会（AACCI）提出：只要发芽的芽长不超过籽粒的长度，则营养价值没有降低，含有所有麸皮、胚芽和胚乳的麦芽或发芽谷物应被视为全谷物，这些谷物应该被称为萌芽或发芽的全谷物。

谷物发芽过程中多种酶类活力激增，淀粉、蛋白质、非淀粉多糖等组分都得到良好降解，促进了谷物的可消化性，多酚类物质和维生素 C 含量大幅度增加，提高了谷物的抗氧化性，不溶性纤维和可溶性纤维含量发生改变，一些抗营养因子被降解等。研究发现，谷物发芽会引起类苯丙烷途径的酶被激活和细胞壁多糖水解，导致细胞壁结合酚类物质释放，同时还会提高过氧化物酶和多酚氧化酶等酶的活性。全谷物发芽后，其酚类物质的种类和含量会显著增加，抗氧化性也会随之升高。研究表明，高粱在 25℃ 萌发 3d 时总酚类物质含量和抗氧化活性最高，发芽糙米的总酚类物质比发芽之前提高了 63.2%，结合酚类减少了 4.7%，阿魏酸、丁香酸和咖啡酸等含量均显著升高，抗氧化活性明显提高。小麦中的阿魏酸含量在发芽过程中会大幅度升高。

γ-氨基丁酸（γ-aminobutyric acid，简称 GABA）是一种四碳原子组成的非蛋白质氨基酸，主要由谷氨酸经谷氨酸脱羧酶（GAD）催化转化而来。GABA 是人类神经系统中重要的活性物质，在哺乳动物中枢神经系统中作为抑制性神经递质参与脑循环生理活动，具有降血压、抗心律失常、利尿、镇痛和缓解焦虑等功能。日本厚生劳动省 2001 年正式将 GABA 列入食品级，我国卫生部也于 2009 年 9 月将 GABA 列入新资源食品，批准其用于食品生产和加工。目前，生物化学途径富集谷物 GABA 的方法主要有植物代谢法和微生物发酵法。植物代谢法是对谷物原料进行浸泡、萌芽、厌氧、低温刺激等处理，通过影响其中的 GAD 活性，催化由内源性蛋白水解成的谷氨酸脱羧合成 GABA。植物代谢法主要有生长代谢与应激代谢。生长代谢富集法主要利用植物发芽过程中一系列物质与酶活性的变化积累 GABA；应激代谢则利用低氧、低温、干旱、高 H^+ 浓度等逆境处理方法富集 GABA。大麦中含有丰富的蛋白质和 GAD。将大麦浸泡 5h，断水放置 7h，如此循环处理 4 次，在温、湿度分别为 15℃，95% 的条件下发芽，结果表明浸泡完成时 GAD 酶活性最低，发芽 24h 时 GABA 含量最高，达到原料的 6.5 倍。糙米于水中浸泡并发芽后形成发芽糙米（germinated brown rice，简称 GBR）。发芽糙米比白米更健康，不仅富含维生素、矿物质、膳食纤维和必需氨基酸等基本营养成分，而且含有更多的生物活性成分，如阿魏酸、γ-谷维素和 γ-氨基丁酸等。在植物代谢法富集谷物食品中 GABA 的研究中，所用原材料种类较多，包括米胚芽、薏米、玉米等。不同原料 GABA 的富集效果差异较大，所需条件有所不同。例如，麦类富集倍数为原料的 6 倍左右，而米胚芽则较未发芽前增加 80 倍左右。富集倍数与所需条件与原料本身的特性，包括所含的 GAD 的性质有关。

四、内源酶对面制品品质的影响

小麦面筋蛋白质对于小麦粉面团的流变特性和食用品质起着决定性作用。我国小麦蛋白质的平均含量为15.10%，高于美国普通小麦蛋白质含量的平均值12.92%，也高于澳大利亚（14.90%）和阿根廷（14.80%）的小麦蛋白质含量。然而，许多高蛋白质含量的国产小麦品种呈现粉力弱和发酵耐力差的特征，不能满足高筋力要求的面制品生产需要，而蛋白质含量较低的进口小麦则表现有较好的面团流变特性和良好的发酵耐力。许多研究表明，小麦在发芽过程中不仅淀粉在淀粉酶的作用下发生降解，而且胚乳蛋白质也会受到蛋白水解酶的作用，逐步降解成低分子肽。研究表明，小麦及其面粉在贮藏过程中蛋白水解酶活性的变化及其对面筋蛋白质的水解作用都会对面粉的品质产生重要影响，对面团的流变强度具有显著的弱化作用，但对不同品种小麦面粉面团的作用程度差别较大。这差别可能与不同小麦品种之间的蛋白质和蛋白酶的种类和含量存在差异有关。

阿拉伯木聚糖（AX）是谷物中非淀粉多糖的主要功能性组分。通常，小麦麸皮中AX的含量占小麦籽粒总含量的20%~25%，胚乳或面粉中为1.5%~2.5%。在小麦面粉中的AX包括水溶性木聚糖（WE-AX）和非水溶性木聚糖（WU-AX），尤其是WE-AX对面团的流变学特性和面制品品质产生着不同的影响。AX能够被木聚糖酶水解，微生物来源的木聚糖酶已经作为改良剂应用于面包的生产，用以改进面团的加工特性、提高炉内涨发和面包体积等。研究表明，小麦粉中也存在内源性的AX水解酶，包括木糖苷酶和内切木聚糖酶。进一步研究发现，小麦发芽过程中酶活在第3天和第5天增加，第7天会减少。用小麦粉和10%的不同发芽时间处理的小麦麸皮混合粉制作面包，面包高度和体积逐渐增加后降低，表明木聚糖酶和淀粉酶的活性会显著影响面包特性。

第五节　动物源食品原料中的内源酶及其对制品品质的影响

动物源食品，包括畜禽肉、水产品、蛋类、乳及其制品等，主要为人体提供蛋白质、脂肪、矿物质、维生素A和B族维生素。

动物的肌肉、乳液、血液和脏器中含有大量的酶，其中的一些与动物源食品原料的贮藏、加工和食用品质密切相关，例如蛋白酶、脂肪酶、过氧化物酶等。

一、畜禽肉中的内源酶及其对制品品质的影响

（一）内源酶与宰后肌肉的成熟嫩化

嫩度是决定肉的食用品质最重要的指标之一。畜禽宰后一段时间内，由于尸僵的发生，嫩度会降低，而在随后的低温（0~4℃）成熟过程中，嫩度又逐步得到改善。肉的嫩度的改善主要归因于内源性水解酶作用所引起的肌原纤维蛋白或与之相连的骨架蛋白（伴肌球蛋白、伴肌动蛋白、肌间线蛋白、肌钙蛋白T等）的有限降解，而且是多种内源酶类协同作用的结果。研究认为，主要有三大酶系参与了这个过程，它们分别是钙激活蛋白酶酶系、蛋白酶体及组织蛋

白酶系。

1. 钙激活蛋白酶（calpains）

钙激活蛋白酶是一类需要 Ca^{2+} 激活的半胱氨酸族蛋白酶，能够降解肌钙蛋白的 T 亚基和 I 亚基、原肌球蛋白、C-蛋白、细丝蛋白、结蛋白、肌联蛋白，而对肌球蛋白、肌动蛋白、α-辅肌动蛋白和肌钙蛋白 C 不起作用。钙激活蛋白酶在中性 pH 附近（约为 7.5）具有最大活力，pH 为 6 时活力较低。

钙激活蛋白酶在宰后肌肉成熟嫩化中的作用得到了大多数学者的肯定和支持，但该酶系还不能完全解释宰后骨架蛋白的降解以及嫩度的变化，在钙激活蛋白酶抑制剂和 Ca^{2+} 络合剂存在的情况下，仍然可以观察到肌原纤维蛋白的降解。另外在宰后肌肉的成熟嫩化过程中也发现了不是钙激活酶引起的蛋白降解，这些现象都表明了还有其他内源性蛋白酶参与了宰后肌肉的成熟嫩化。

2. 蛋白酶体（proteasome）

蛋白酶体又被称为多酶催化复合物（multicatalytic protease complex），因为沉降系数为 26，所以又将其称为 26S 蛋白酶体。它是由 19S 的调节亚基和 20S 的催化亚基构成的。研究发现，蛋白酶体的活性在肌肉成熟过程中呈缓慢下降趋势，但在成熟 7d 后仍然大量存在，说明蛋白酶体在肌肉成熟过程中存在潜在的作用。蛋白酶体能够降解肌球蛋白、肌动蛋白、伴肌动蛋白、原纤维蛋白，其引起的肌原纤维蛋白结构的变化与自然成熟条件下的变化相似。

3. 组织蛋白酶（cathepsins）

组织蛋白酶按照其活性中心氨基酸残基的不同可分为 3 类，即丝氨酸蛋白酶、半胱氨酸蛋白酶和天冬氨酸蛋白酶。已经从溶酶体中发现 13 种组织蛋白酶，其中 8 种是从骨骼肌中分离得到的，它们是 A、B1、B2（溶酶体羧肽酶）、C、D、E、H 和 L。从牛肉中分离纯化得到组织蛋白酶 B，在兔肉中分离纯化得到组织蛋白酶 D，在鲤鱼肝胰脏中分离纯化得到组织蛋白酶 S。组织蛋白酶 A 到 Z 均已有报道，但目前研究较多的是组织蛋白酶 B、D、H 和 L，因为它们是对宰后肌肉降解起主要作用的酶类。

组织蛋白酶 B、L 和 H 都是半胱氨酸蛋白酶，是肌肉中重要的内肽酶，对肌肉蛋白质的降解起着重要的作用。组织蛋白酶 B 能够水解肌球蛋白、肌钙蛋白、原肌球蛋白和肌动蛋白，得到大量的水溶性多肽。组织蛋白酶 L 对肌原纤维蛋白的水解能力最强，包括肌钙蛋白的 T 亚基、I 亚基和 C 亚基。组织蛋白酶 B、L 和 H 的活力受多种因素的影响，也都有其最适的温度和 pH。肉类食品本身还天然存在半胱氨酸蛋白酶抑制剂，可导致组织蛋白酶的酶活降低。研究表明，在干腌肉制品中，NaCl 的浓度与组织蛋白酶 B、L 和 H 的活性呈负相关，蛋白酶的活力随盐浓度的增加而减小。另外，肉类食品的水分活度对组织蛋白酶的活力也有一定的影响。在加工过程中，组织蛋白酶的活力随着水分活度的降低而下降。

组织蛋白酶 D 是一种天冬氨酸蛋白酶，能够水解肌球蛋白重链、原肌球蛋白以及肌钙蛋白的 T 亚基和 I 亚基。组织蛋白酶 D 属于酸性蛋白酶，其最适 pH 在 3.0~4.5。温度对组织蛋白酶 D 的活力影响较大，在低温环境下易失活。组织蛋白酶 D 的活力较组织蛋白酶 B、L 和 H 的活力更不稳定，容易在肉类食品的加工和运输过程中失活。研究表明，在合适的条件下组织蛋白酶 D 可以多位点水解肌动蛋白而生成 7~13 个氨基酸残基组成的小肽。

组织蛋白酶在体内主要以酶原形式存在，通过蛋白水解酶切除部分肽链后被激活。溶酶体组织蛋白酶是第一个被认为可能参与肌肉宰后成熟过程的内源性水解酶类，但目前许多学者对其是否对肉的成熟过程有贡献存在质疑，主要表现在以下几个方面：第一，加入外源性组织蛋白酶抑制剂对肌肉宰后成熟过程中的蛋白降解和剪切力变化没有显著影响；第二，组织蛋白酶在体外对肌原纤维蛋白的降解不能模拟自然成熟条件下肌原纤维蛋白的降解，例如在体外模拟试验中组织蛋白酶可明显降解肌球蛋白和肌动蛋白，但在成熟过程中这两种蛋白都没有发生明显变化，组织蛋白酶在宰后成熟过程中的活性变化与剪切力的变化几乎没有相关性；第三，组织蛋白酶存在于细胞内的溶酶体中，除非溶酶体膜在宰后的贮存过程中被破坏使组织蛋白酶得到释放，否则，其就不能够接触到肌原纤维蛋白。最近的研究结果表明，溶酶体膜在肉的成熟过程中被破坏从而使组织蛋白酶得到释放，这可能与宰后胴体的高温和 pH 的下降有关。同时胴体进入僵直期后，由于能量逐渐耗尽，离子泵失活也可能促使溶酶体膜的破坏。然而，即使溶酶体中的组织蛋白酶在宰后的成熟过程中能够得到释放，该酶也很难参与肌肉的宰后嫩化。近年来的研究结果表明，高压处理能促使组织蛋白酶从溶酶体中释放出来，但这对肉宰后嫩化的速率和最后的嫩度没有明显影响。然而，也有一些学者认为溶酶体组织蛋白酶在肌肉宰后成熟的后期发挥作用，认为肉在宰后贮存过程中蛋白质是分步降解的，首先是钙激活蛋白酶对肌肉中的蛋白质进行初步降解，然后由溶酶体组织蛋白酶再进行进一步的降解。宰后肌肉的成熟嫩化是这两种酶共同作用的结果。在体外试验中发现，钙激活酶首先破坏肉中的肌间线蛋白的多肽结构，然后溶酶体组织蛋白酶再将其进一步降解为更小的肽类物质。

表 16-4 总结了钙激活蛋白酶、组织蛋白酶的作用及宰后成熟对肌原纤维蛋白的影响。

表 16-4　钙激活蛋白酶、组织蛋白酶的作用及宰后成熟对肌原纤维蛋白的影响

作用	钙激活蛋白酶	组织蛋白酶	宰后成熟
Z 线降解	+	—	+
肌联蛋白降解	+	+	+
雾状蛋白降解	+	+	+
肌球蛋白降解	—	+	—
α-肌动蛋白素降解	—	+	—
肌间线蛋白降解	+	—	+
肌动蛋白降解	—	+	+
肌钙蛋白降解	+	+	+
出现相对分子质量 30000 的肽	+	+	+

注：+表示有，—表示无。

4. 细胞凋亡酶

细胞死亡并非与机体死亡同步。细胞死亡的方式主要包括凋亡和坏死两种。细胞凋亡表示细胞像秋天的树叶一样凋落的死亡方式，是由多基因协调控制的细胞自主的、有序的死亡。

细胞凋亡酶属于半胱氨酸蛋白酶，在细胞凋亡过程中起关键性作用。目前已发现 14 种细胞凋亡酶，其中只有 7 种参与了细胞凋亡。细胞凋亡酶首先以酶原的形式被合成，只有细胞接收到凋亡信号并被激活后凋亡酶才能发挥作用。根据细胞凋亡酶家族成员之间大小亚单位的同源性，可把它们分为 3 组：细胞凋亡酶 2、8、9、10 只参与细胞凋亡的启动，被称为启动因子或细胞凋亡启动酶；细胞凋亡酶 3、6、7 参与对细胞蛋白的降解并促使细胞凋亡，被称为效应因子或细胞凋亡效应酶；细胞凋亡酶 1、4、5、13 参与细胞的炎症反应，被称为炎症组。现在，有越来越多研究结果支持凋亡酶参与了肉的成熟过程。有研究发现，凋亡酶 3、7 和 9 的活性在猪肉宰后成熟的早期稳定，32h 后迅速下降，凋亡酶在宰后 0h 和 32h 的比率与肉的嫩度存在显著相关性。细胞凋亡酶和钙激活蛋白酶是参与细胞死亡的两种主要酶类，前者参与细胞的凋亡过程，激活时不需要 Ca^{2+} 的参与；后者主要参与细胞的坏死过程。在肌肉宰后成熟过程中钙激活蛋白酶和细胞凋亡效应酶可能通过相互作用共同作用于蛋白底物来改善肉的嫩度。

肉通过蛋白酶的适度降解可以变得柔嫩多汁，口感更好，但如果内源酶过度降解肌纤维蛋白，肉质会非常柔软，失去固有弹性，从而降低食用品质。在保鲜肉加工中应认真调控内源蛋白酶的活性，使保鲜肉保持良好的品质。如果发现内源蛋白酶的活性过高，肌原纤维蛋白有过度水解的风险，可以采用低温、茶多酚、有机酸、高压或超高压等处理来降低内源酶的活性。

（二）内源酶对肉的风味的影响

风味是肉类食品整体可接受性的最重要食用品质之一。肉类食品的风味体系比较复杂，主要由滋味物质和香味活性物质组成。滋味主要来源于肉中的呈滋味物，如无机盐、游离氨基酸和小肽等。香味主要来源于肌肉在加热过程中产生的挥发性风味物质，例如不饱和醛酮、含硫化合物及一些杂环芳香化合物，其中含硫化合物能体现基本肉香。

1. 内源蛋白酶类的作用

在肉类食品的贮存和加工过程中，内源蛋白酶对风味的形成发挥了重要作用。蛋白质在组织蛋白酶和钙激活蛋白酶等内肽酶的作用下分解为多肽，多肽在肽酶的作用下分解为小肽，小肽在氨肽酶的作用下分解为游离氨基酸。小肽与氨基酸既可作为肉类食品的特征滋味物质，也可作为挥发性风味物质的前体物，参与美拉德反应和 Strecker 降解，产生肉香前体物质而形成肉的特征香气。

有研究表明，组织蛋白酶 B 和 L 是在牛肉后熟阶段促进肽香味前体生成的重要内源蛋白酶，烹调后仍能保留较强活性。干腌火腿、盐水鸭和干腌香肠中具有呈味特性的氨基酸与小肽的形成也归因于组织蛋白酶作用。西班牙塞拉诺（serrano）火腿特征香味物质的形成过程为：在组织蛋白酶（特别是组织蛋白酶 B 与 L）与氨肽酶的作用下蛋白质降解产生缬氨酸和亮氨酸，缬氨酸和亮氨酸通过 Strecker 降解生成具有乳酪味和青草味的 2-甲基丙醛和 2-甲基丁醛。在南京板鸭风味形成过程中研究者鉴定出 90 种挥发性风味化合物，发现它们的含量和比例都在不断改变，其中部分支链酸、支链醇、支链酮、含硫化合物和含氮化合物的形成都与内源蛋白酶的作用有关。

在肉类食品风味物质的形成过程中，钙激活蛋白酶的作用远远低于组织蛋白酶的作用。

外肽酶在肉类食品风味物质的形成过程中同样起着重要的作用。二肽酶（dipeptidase，DPP）作用于多肽和蛋白质的氨基末端，水解产生二肽产物。根据底物特异性、最适 pH、亚细胞器定位、相对分子质量和催化特性，二肽酶又分为 DPP I、DPP II、DPP III 和 DPP IV 四种。由二肽酶作用生成的二肽是肉类食品中重要的风味物质。例如，在火腿风味形成过程中二肽酶起着重要作用，由二肽酶水解多肽产生的二肽类物质、游离氨基酸和非挥发性物质共同构成了火腿的主要风味物质。氨肽酶从蛋白质或者肽链的氨基端选择性切下氨基酸残基。氨肽酶是一种金属蛋白酶，种类繁多，根据其对各种氨基酸残基切割特异性分为亮氨酰氨肽酶（LAP）、丙氨酰氨肽酶（AAP）、精氨酰氨肽酶（RAP）、酪氨酰氨肽酶（TAP）和赖氨酰氨肽酶（LysAP）等，其中对风味的形成贡献较大的是 LAP、RAP 和 AAP。不同来源的氨肽酶最适温度不同，最低为 35℃，最高为 65℃；不同来源的氨肽酶的最适 pH 在 7.0~8.8，属于中性蛋白酶或碱性蛋白酶。氨肽酶主要在蛋白质降解的后期起作用，在各种内肽酶将蛋白质降解为多肽后，氨肽酶再将多肽进一步降解为小肽和氨基酸。在干腌火腿加工过程中，氨肽酶水解产生的小肽和游离氨基酸是火腿特征风味的重要来源。例如，在干腌火腿加工过程中，肌肉中的游离氨基酸浓度不断升高，特别是谷氨酸、精氨酸、丙氨酸、天冬氨酸、亮氨酸、缬氨酸和赖氨酸，只有谷氨酰胺的含量有所下降。研究证实，这些对火腿风味起着至关重要作用的游离氨基酸的变化速度与猪骨骼肌中的氨肽酶活性有关。除此之外，氨肽酶还有从 N 端切除疏水性氨基酸残基而脱苦的作用。

蛋白质的水解程度对肉类食品的风味有很大的影响。蛋白质的水解度过低会使得肉类食品缺乏应有的香气和滋味，而蛋白质的水解程度过高则会导致肉类食品软化，并产生不良风味使得消费者难以接受。在肉制品加工过程中，应对内源酶引起的蛋白质的水解程度加以精准控制，以获得食用品质最佳的产品。

2. 内源脂肪酶类的作用

肉类食品的气味由各类挥发性成分提供，主要有烃类、醛类、醇类、酮类、酯类和杂环类等。不同类挥发性成分具有不同的特征味，如对二甲苯呈现水果香味、辛醛和壬醛呈现鲜草的清香气味。

气味化合物大多来源于脂肪的氧化分解，只有部分来源于氨基酸的降解。内源性脂肪酶类对肉类风味的形成作用极为突出，在分解脂肪的同时，还会促进一些挥发性风味物质的形成。脂肪酶类主要包括脂肪酶和磷脂酶。脂肪酶和磷脂酶将催化甘油酯，包括磷脂（磷脂酶），水解产生游离脂肪酸。游离脂肪酸比脂肪更容易氧化。游离脂肪酸氧化可分为有酶和非酶两种氧化途径。有酶氧化主要依靠脂肪氧合酶作用于多不饱和脂肪酸，在顺，顺戊二烯结构内部进行加氧形成共轭双键，进一步转化为氢过氧化物。脂肪氧合酶的催化作用机制和氢过氧化物的进一步变化分解为酮、醛等感觉阈较低的羰基化合物的过程见第十二章脂肪氧合酶相关内容和食品化学类书籍。脂质水解、脂质氧化是两个密切相关、相辅相成的变化过程。脂肪酸受热水解、环化形成类似肉香气的内酯物质。

猪肉中的脂肪酶大致分为 3 类，第一类是酸性脂肪酶，即酸性溶酶体脂肪酶，其最适的 pH 为 4.0~5.5；第二类是中性脂肪酶，即激素敏感脂肪酶，其最适 pH 为 7~7.5；第三类是碱性脂肪酶，即脂蛋白脂肪酶，其最适 pH 为 8~9。在肉类制品生产工艺过程中，产品的 pH 通常都处在偏中性的位置。因此，理论上来说弱酸性脂肪酶和中性脂肪酶是生产加工中起主要作用的脂肪酶。

大量研究表明，内源性脂肪酶催化脂质水解产生游离脂肪酸的过程在火腿、香肠等发酵肉制品、熏肉、腊肉、烤肉、腌肉等肉制品特征风味的形成中贡献突出。研究发现，在腊肠加工后期，腊肠的过氧化值和羰基价呈显著增加的趋势，此时脂肪水解及氧化加剧、蛋白质水解严重，游离氨基酸和游离脂肪酸不断分解，大量风味前体物和挥发性风味物质生成，进而构成了腊肠独特的风味。

二、水产品中的内源酶及其对制品品质的影响

(一) 内源酶与水产动物自溶

水产动物水分含量大、自身酶系非常丰富，极易发生自身水解而自溶，给水产品贮藏、运输和加工带来很大的不便。国内外学者对水产动物，尤其是海参、鱼、虾和贝类等及其加工副产物的自溶进行了广泛而深入的研究。研究结果表明，水产动物的自溶主要是由于其体内的碳水化合物、脂肪和蛋白质被自身的磷酸酶、脂肪酶、组织蛋白酶和肠酶等水解，其中起主要作用的是内源性蛋白酶类。有研究表明，组织蛋白酶 B、H 和 L 在降解内源性蛋白质和外源性蛋白质中起到至关重要的作用。据此，可以设计采用外源添加内源酶抑制因子的手段来抑制水产品的自溶。不过，不同种类水产动物自溶过程中起主要作用的内源性酶类有所不同，因此对其自溶过程能起到抑制作用的因子也不尽相同，见表 16-5。通常所选用的外源蛋白酶抑制因子为 TLCK（抑制胰蛋白酶）、TPCK（抑制胰凝乳蛋白酶）、E-64（抑制半胱氨酸蛋白酶）、Antipain（抑制木瓜蛋白酶和胰酶）和胰蛋白酶抑制剂及胃蛋白酶抑制剂等。酶在水产动物自溶过程中的作用并不是相互独立的，而是以协同作用的方式进行，而且也会受到外部环境的影响，如在鱼死后的僵直阶段，渗透压和离子强度的增高会导致肌原纤维强度的减弱，从而导致其更易发生降解。

表 16-5　　与水产动物自溶相关的部分酶类及其抑制因子

原料来源	酶类	抑制因子
蓝圆鲹	钙激活内源蛋白酶和胰蛋白酶	Ca^{2+} 和 Zn^{2+} 等
鲢鱼	组织蛋白酶 B、H 和 L	E-64
大马哈鱼鱼肉	组织蛋白酶 L	E-64
绯鲵鲣鱼	半胱氨酸蛋白酶和丝氨酸蛋白酶	E-64 和 SBTI
黄笛鲷	热激活蛋白酶（尤其是胶原酶）	SBTI
马鲛鱼白肌	组织蛋白酶 L	E-64
蛳鱼鱼糜	丝氨酸蛋白酶	PMSF 和 TPCK
日本沙鲮	类胰蛋白酶和丝氨酸蛋白酶	PMSF、Pepstatin 和 TPCK
日本比目鱼	金属蛋白酶	EDTA 和 1,10-菲洛啉
南美白对虾	天冬氨酸蛋白酶和丝氨酸蛋白酶	Pepstatin 和 SBTI

(二) 内源酶与水产品的腐败

水产品贮藏过程中，引起其腐败变质的主要因素是酶类的水解作用。研究发现，贮藏前期阶段，内源性蛋白酶类通过水解肌原纤维蛋白，水产品组织结构发生劣化。贮藏后期阶段，随

着微生物种类和数量的增加,微生物产生的胞外酶逐渐替代内源酶,在水产品腐败过程中占据主导地位。

水产品中鱼类品质的变化过程分为僵直、解僵与自溶、腐败变质等阶段。在僵直阶段,鱼体内肌纤维网状结构被破坏,释放 Ca^{2+} 进入血浆中,激活肌原纤维粗丝中的 ATP 酶。ATP 经过一系列降解(ATP → ADP → AMP → IMP → HxR → Hx),促使 Mg-ATP 复合物解离,肌原纤维中的粗丝和细丝发生滑动,肌肉失去延伸能力,导致肌肉僵硬。当鱼体进入解僵与自溶期时,在鱼体内源蛋白酶作用下,肌体组织蛋白被水解,肌原纤维发生自溶,肌肉组织逐渐软化。起关键作用的酶主要为两大类,分别为钙蛋白酶和溶酶体组织蛋白酶。其中钙蛋白酶降解高相对分子质量的肌原纤维蛋白,组织蛋白酶降解低相对分子质量的肌原纤维蛋白。

可以通过控制冰点与改良气调包装结合、腌制与低温贮藏结合、冰温干燥等方法来抑制酶的水解作用和微生物的生长,从而减缓水产品的腐败。

(三) 内源酶对水产品色泽的影响

色泽同样影响水产品的食用品质。内源脂肪酶、磷脂肪酶、脂肪氧合酶等引起的水产品中的脂肪水解、脂质氧化及其产物对水产品的色泽具有重要影响。研究发现,沙丁鱼的黄度与脂质氧化产物(氢过氧化物和醛)的积累具有相关性;虾在贮存过程中的泛红和黄度下降与虾青素降解、脂质氧化和美拉德反应有关;鲲鱼片在冷风干燥过程中,由于脂肪的氧化和肉层中离子的反应造成不透明度升高,导致亮度降低与黄度升高;海鲈鱼在冻藏中黄度升高也主要是由脂肪氧化所造成的。

虾等甲壳类水产品在贮运过程中容易发生黑变。黑变起始于虾的头胸部和腹部外骨骼,而后持续扩散到虾的尾部区域。虾黑变的反应过程如图 16-1 所示,即在有氧条件下多酚氧化酶催化虾体内的酪氨酸氧化成 L-3,4-二羟基苯丙氨酸(L-DOPA),然后 L-DOPA 转变成醌类物质,并进一步氧化成深棕色的黑色素或者参与蛋白质官能团的聚合反应,形成交联聚合物,最终呈现为深色的黑色素。这个过程是在酶促褐变和自发的非酶促反应共同作用下进行的,其中参与酶促反应的多酚氧化酶是形成黑色素的限速酶。抑制虾等甲壳类水产品褐变的方法就是抑制或钝化多酚氧化酶的活性。

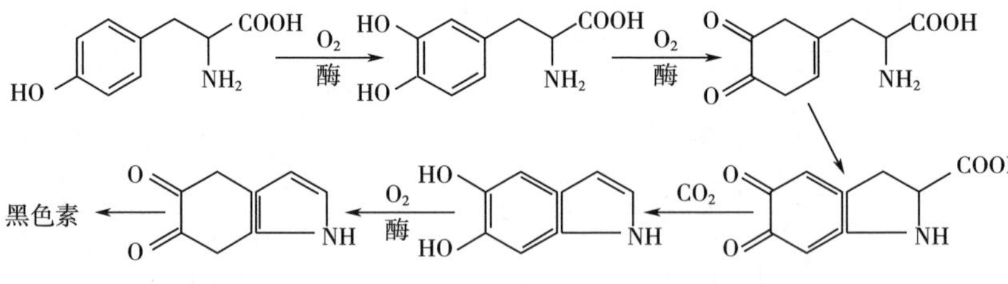

图 16-1 虾形成黑色素的反应过程

(四) 内源酶对水产品风味的影响

新鲜水产品通常具有柔和、浅淡、令人愉快的风味,但鱼肉在贮藏过程中逐渐发生腐败变质,气味也会发生相应的变化,其主要原因也是蛋白质和脂质在酶的作用下产生一些有味的挥发性小分子。鱼类等水产品死后在内源蛋白酶、酯酶(脂肪酶、磷脂肪酶)、脂肪氧合酶和污染的微生物代谢产生的分解酶作用下,将水产品体内的肌肉蛋白质及自溶作用的中间产物转变成氨及胺类、醛、醇、酸和酯、硫醇、H_2S 以及吲哚等挥发性产物，使鱼体产生令人不愉快的气味和腥臭味；将脂质降解和氧化产生醛、酮、酸、内酯、脂肪烃等多种小分子化合物，形成不同的风味。有些鱼体内还含有尿素，腐败过程中在细菌产生的尿素酶作用下生成二氧化碳和氨，会产生明显的氨臭味。由脂肪氧合酶作用产生的 C_6、C_8 和 C_9 的挥发性羰基类和醇类物质起初可以提供新鲜鱼令人愉快的芳香和风味特征，但贮藏过程中因脂肪过度氧化则会产生不良风味。有研究表明，脂肪氧合酶催化鱼肉中脂肪酸氧化速度最快，并伴有强烈的鱼腥味。

金枪鱼死后呼吸停止，体内的三磷酸腺苷在内源酶的作用下降解为二磷酸腺苷和一磷酸腺苷。同时还在腺苷脱氨酶和酸性磷酸酶作用下进一步分解为肌苷和次黄嘌呤，产生腐败异味。金枪鱼在低温贮藏过程中的品质劣变现象与其体内 ATP 的降解、内源酶活性变化息息相关。

水产品脂质氧化除影响产品的风味之外，氧化所产生的初级、次级产物还会引起其他组分的变化，如氧化反应所产生的自由基会破坏生物体细胞以及蛋白质、DNA 等大分子，进而可能引发各种食用健康问题。

三、乳中的内源酶及其对制品品质的影响

乳中的酶主要源于血液、分泌上皮细胞、乳腺本身合成和外来细菌产生。已经从乳中鉴定出数十种酶。虽然乳中酶的含量很低，但对乳的品质影响却很大，不容忽视。

（一）蛋白酶

乳中内源蛋白酶有纤维蛋白溶酶、组织蛋白酶 D 和半胱氨酸蛋白酶，这些酶是通过血液及免疫系统的渗透作用进入乳中的。

1. 纤维蛋白溶酶

纤维蛋白溶酶（plasmin，PL，EC 3.4.21.7）也称胞浆素，是一种丝氨酸蛋白酶，与胰蛋白酶性能相似，是乳中主要的天然蛋白酶。PL 和其无活性的前体纤维蛋白溶酶原（plasminogen，PG）在乳中共同存在。PG 在纤维蛋白溶酶原激活剂（plasminogen activator，PA）作用下转化成 PL。PL 及其酶原主要存在于血液中，但也通过体液循环进入到乳中，即乳中的 PL、PG 有两个来源：一是乳本身存在；二是由血液进入。当牛患乳房炎时，由于血液向乳中渗透，升高了乳中的 PL 含量。研究证实，高体细胞数牛乳中的 PG 活性和 PA 活性都比常乳高，因此会有更多的 PG 转化为 PL，使得 PL 活性升高，加速蛋白质的水解，使乳蛋白被水解的程度增大，从而导致牛乳的品质、乳制品加工和贮藏性能下降。

PL 具有很强的蛋白水解活性，能水解 α_{s1}-酪蛋白、α_{s2}-酪蛋白的某些键，并且能迅速将 β-酪蛋白转化为 γ-酪蛋白或游离氨基氮，从而引起一系列的变化，使酪蛋白变性，改变与凝乳相关的功能性。变性后的酪蛋白无法形成凝块，以细小颗粒的形式随着乳清和冲洗水排出。另外，PL 通过降解 α_s-酪蛋白和 β-酪蛋白，改变凝乳过程中的酪蛋白复合体，使酪蛋白脱水收缩能力下降，成品干酪的水分增加。有些学者认为高体细胞数乳干酪成熟中脂肪、蛋白质的不良水解也跟此种干酪的高水分含量有关。

因为 PL 耐热性高，能存活于巴氏杀菌乳和 UHT 灭菌乳中。UHT 乳中残存的酶会对制品的品质产生影响，其中主要是产生凝胶现象。

2. 组织蛋白酶 D

乳中组织蛋白酶 D 来源于体细胞中的溶酶体。牛乳中含有 4 种组织蛋白酶 D 的酶原，其中

最主要的是前-组织蛋白酶D,它通过酸性条件下蛋白质的分解产生具有活性的酶。前-组织蛋白酶D通常存在于乳清中,在干酪生产的排乳清阶段,相当数量的酶原会损失掉。升高温度会加大前-组织蛋白酶D与酪蛋白胶束的结合。组织蛋白酶D主要作用于α_{s1}-酪蛋白、α_{s2}-酪蛋白、β-酪蛋白和κ-酪蛋白,产生与凝乳酶相似的水解产物。研究发现,组织蛋白酶能水解α_{s1}-酪蛋白的35位点、β-酪蛋白的32位点,生成的肽还能进一步降解。在瑞士干酪加工中,经过72℃、15s的巴氏杀菌后,组织蛋白酶D的残留酶活性为8%。

3. 半胱氨酸蛋白酶

牛乳中还存在着一定数量的半胱氨酸蛋白酶。有研究者从酸性乳清中分离出5种半胱氨酸蛋白酶,其中活性较高的2种都能水解α_{s1}-酪蛋白和β-酪蛋白。

(二) N-乙酰-β-D-葡萄糖苷酶

N-乙酰-β-D-葡萄糖苷酶 (nitrophenyl N-acetyl-β-D-glucosaminide, NAG酶) 是一种溶菌酶。在牛患乳房炎期间,乳中NAG酶活性会增加,因此通过检测牛乳中NAG酶活力可以判断牛是否患乳房炎。

(三) 过氧化物酶

乳过氧化物酶(LPO)属乳中原有酶,是牛乳中含量第二丰富的酶。乳过氧化物酶和硫氰酸盐(SCN^-)、过氧化氢(H_2O_2)共同存在时,就构成了乳过氧化物酶体系。该体系是一种效果非常好的天然抗菌体系。乳过氧化物酶能促使过氧化氢分解产生活泼的新生态氧,从而使乳中的多元酚、芳香胺及某些化合物氧化,使乳中的某些芳香成分被破坏,影响牛乳特有的风味。它还能催化不饱和脂肪酸过氧化物裂解,产生具有不良气味的羰基化合物,使乳制品感官质量变差。

过氧化物酶是主要来自白细胞的细胞成分,因此当乳房产生炎症时,肌体将大量白细胞分泌进入乳房以清除感染,从而导致这种过氧化物酶活性升高。

乳过氧化物酶的热稳定性高,可作为判断巴氏杀菌乳是否存在"过度杀菌"现象的指标。

(四) 过氧化氢酶

牛乳中的过氧化氢酶(catalase)是主要来自白细胞的细胞成分,其活性与体细胞数成正比,在初乳和乳房炎乳中含量较高。可以通过测定乳中过氧化氢酶的活力来判定牛乳是否为乳房炎乳或其他异常乳。由于过氧化氢酶的强氧化性,它会导致产品的品质不稳定,并可能降低制品的食用安全性。

(五) 酯酶

乳中含有的酯酶包括脂肪酶和磷酸酶。乳脂肪分解酶类有两个来源,一是乳中自有的,在牛乳合成和分泌的过程中产生的;二是在存放、加工过程中污染微生物后产生的。乳中自身的酯酶含量很低,研究报道较少。污染的微生物产生的乳脂肪酶类主要为脂肪酶。

1. 脂肪酶

原料乳中天然存在的脂肪酶有两种:一种存在于乳浆与酪蛋白结合,称为乳浆脂肪酶,在牛乳的均质过程中会被吸附在脂肪球上;另一种吸附于脂肪球膜界面间,称为膜脂肪酶,在乳房炎乳中含量很高。研究发现,高体细胞数乳加工的巴氏杀菌乳比低体细胞数乳加工的巴氏杀菌乳在冷藏(5℃)期间游离脂肪酸增加速度快很多,在冷藏后期高体细胞数乳加工的巴氏杀菌乳出现明显的脂肪酸败味。

脂肪酶是乳制品酸败的主要原因。由于乳脂肪中含短链脂肪酸比较多，即使稍微水解也会产生刺激性的酸败味。特别是奶油被霉菌污染后，霉菌产生的脂肪酶会使乳脂肪快速水解，使奶油带有酸败的味道并变苦。在保鲜乳生产过程中，苦味物质的生成原因之一也是脂肪酶造成乳脂肪水解。目前所采用的巴氏杀菌和超高温瞬时灭菌的热处理条件都无法保证所有的脂肪酶失活。研究显示，原料乳经过72℃、15s的巴氏杀菌后，脂肪酶的残留活性为原活性的3%。用羊乳制作伊迪阿扎巴尔（Idiazabal）乳酪过程中，巴氏杀菌后脂肪酶残留活性为原料的5%~27%。未失活的脂肪酶在产品贮藏过程中会缓慢地分解脂肪，使产品产生苦味。

脂肪酶解是造成乳粉品质变劣的主要原因之一。在乳粉水分含量小于3%时，脂肪酶催化的水解反应仍然能够发生。全脂乳粉在37℃贮存2周，短链游离脂肪酸的含量会超过感官阈值。脂肪酶的活性在低水分活度的粉末状条件下比在水溶液中的稳定性高。脱脂乳粉在20℃贮存两个月后其脂肪酶活力没有降低。

此外，过度的脂肪水解也会使干酪制品产生不愉快的风味。在酸乳制品中，酶解产生的游离脂肪酸会抑制一些发酵剂的生长。

2. 碱性磷酸酶

碱性磷酸酶（ALP）广泛存在于自然界中。碱性磷酸酶存在于生物体内各个组织和器官中，也存在于各种腺体及其分泌的体液中，比如血液、唾液等。牛乳中也含有大量的碱性磷酸酶，主要缔合在脂肪球膜上。碱性磷酸酶的等电点为5.4~6.0，在37℃、pH 9.7~10.1条件下有最大活性。碱性磷酸酶在生物体内主要参与一些脱磷酸反应，其活性是生物体内一个重要的生理评价指标。

碱性磷酸酶和乳过氧化物酶，因为其特殊的热敏感性，已经成为乳品加工中巴氏杀菌过程的重要指标。其中，碱性磷酸酶活性检测结果"阴性"意味着巴氏杀菌成功，而乳过氧化物酶活性检测结果"阳性"意味着加工过程中不存在过度热加工、热处理等现象。表16-6是不同国家、地区或组织对巴氏杀菌乳中碱性磷酸酶限量的规定。

表16-6 不同国家、地区或组织对巴氏杀菌乳中碱性磷酸酶限量的规定

来源文件	国家、地区或组织	年份	标准内容
PMO	美国 NCIMS	2013	≤350mU/L 为阴性
No 1664/2006	欧盟	2006	≤350mU/L 为阴性
CAC/RCP-57	WHO	2004	≤10μg 对硝基苯酚/mL 为阴性
IS 8479-1	印度	2003	≤10μg 对硝基苯酚/mL 为阴性
AOAC 935.40	美国	1935	≤0.047mg 苯酚/0.5mL 样品为阴性
AOAC 946.01	美国	1946	≤2μg 苯酚/0.5mL 样品为阴性
CNS 3447	中国台湾	1996	≤1μg 苯酚/mL 为阴性

思考题

1. 简述食品材料中酶的来源。
2. 简述酶在食品原料中的分布规律。
3. 简述果蔬中的内源酶的种类、对食品品质的影响和控制方法。
4. 简述谷物中的内源酶的种类、对食品品质的影响和控制方法。
5. 简述豆类中的内源酶的种类、对食品品质的影响和控制方法。
6. 简述畜禽肉中的内源酶的种类、对食品品质的影响和控制方法。
7. 简述水产品中的内源酶的种类、对食品品质的影响和控制方法。
8. 简述乳中的内源酶的种类、对食品品质的影响和控制方法。
9. 影响食品色泽的酶有哪些？说明其作用机制和调控方法。
10. 影响食品质构的酶有哪些？说明其作用机制和调控方法。
11. 影响食品风味的酶有哪些？说明其作用机制和调控方法。
12. 影响食品营养质量的酶有哪些？说明其作用机制和调控方法。
13. 引起果蔬品质劣变的酶有哪些？说明其作用机制和调控方法。
14. 引起水产品品质劣变的酶有哪些？说明其作用机制和调控方法。
15. 简述谷物的陈化与酶的作用。
16. 简述豆香味、豆腥味的形成机制。
17. 简述冷却肉、冷鲜肉、排酸肉的概念及加工过程中酶的作用。
18. 简述乳酪加工中酶的作用。

参考文献

[1] 王璋. 食品酶学 [M]. 北京：中国轻工业出版社，1990.

[2] 陈石根，周润琦. 酶学 [M]. 上海：复旦大学出版社，2001.

[3] 徐凤彩. 酶工程 [M]. 北京：中国农业出版社，2001.

[4] 郑穗平，郭勇，潘力. 酶学 [M]. 2版. 北京：科学出版社，2009.

[5] 张今，施维，李桂英，等. 合成生物学与合成酶学 [M]. 北京：科学出版社，2012.

[6] 袁勤生. 酶与酶工程 [M]. 2版. 上海：华东理工大学出版社，2012.

[7] 陈清西. 酶学及其研究技术 [M]. 2版. 厦门：厦门大学出版社，2015.

[8] 罗贵民. 酶工程 [M]. 3版. 北京：化学工业出版社，2016.

[9] 朱圣庚，徐长法. 生物化学 [M]. 4版. 北京：高等教育出版社，2017.

[10] 王永华，宋丽军. 食品酶工程 [M]. 北京：中国轻工业出版社，2018.

[11] 李兆丰. 微生物来源淀粉分支酶的制备与应用 [M]. 北京：中国轻工业出版社，2023.

[12] WALSH C. Enzyme Reaction Mechanism [M]. San Francisco：W. H. Freeman and Company，1979.

[13] SAIER M H. Enzyme in Metabolic Pathways：A Comparative Study of Mechanism, Structure, Evolution and Control [M]. New York：Harper & Row，1987.

[14] NAGODAWITHANA T，REED G. Enzymes in Food Processing [M]. 3rd ed. New York：Academic Press，1993：480.

[15] WHITAKER J R. Principles of Enzymology for the Food Sciences [M]. 2nd ed. New York：Marcel Dekker，1994.

[16] GODFREY T，WEST S. Industrial Enzymology [M]. 2nd ed. New York：Stockton Press，1996.

[17] SINNOTT M. Comprehensive biological catalysis：a mechanistic reference [M]. Vol. 1. San Diego：Academic Press，1998.

[18] Gilbert H J. Recent Advances in Carbohydrate Bioengineering [M]. London：Royal Society of Chemistry，1999.

[19] COPELAND R A. Enzyme：A Practical Introduction to Structure, Function, Mechanism, and Data Analysis [M]. 2nd ed. New York：John Wiley & Sons，2000.

[20] WHITAKER J R，VORAGEN A G J，WONG D W S. Handbook of food enzymology [M]. Boca Raton：CRC Press，2002.

[21] WHITEHURST R J，LAW B A. Enzymes in Food Technology [M]. 2nd ed. Boca Raton：CRC Press，2002.

[22] DAMODARAN S，PARKIN K L. Fennema's food chemistry [M]. 5th ed. Boca Raton：CRC Press，2017.

[23] JUKANTI A. Distribution, localization, and structure of plant polyphenol oxidases (PPOs) [M]//JUKANTI A. Polyphenol oxidases (PPOs) in plants. Singapore：Springer，2017.

[24] DEETH H C. Lipases from milk and other sources [M]//KELLY A L，LARSEN L B. Agents of change. Cham：Springer，2021.

[25] JIANG Y, DUAN X, QU H, et al. Browning: enzymatic browning [M] //CABALLERO B, FINGLAS P M, TOLDRÁ F. Encyclopedia of food and health. New York: Academic Press, 2016.

[26] NELSON D L, COX M. Lehninger principles of biochemistry: International edition [M]. New York: W. H. Freeman, 2021.

[27] 白卫东, 蔡鹏昌, 钱敏. 酵母抽提物的生产及应用 [J]. 中国调味品, 2009, 34 (10): 62-65.

[28] 陈金玲, 杨杰, 魏真. 微生物来源的 α-L-阿拉伯呋喃糖苷酶的研究进展 [J]. 食品工业科技, 2024, 45 (6): 343-351.

[29] 成坚, 陈海光, 曾庆孝, 等. 影响水解蛋白风味的因素 [J]. 中国调味品, 2003 (4): 20-24.

[30] 崔艳华, 张兰威. 谷氨酰胺转氨酶研究进展 [J]. 生物技术通报, 2009 (1): 31-36.

[31] 董家武, 杨子忠. 酵母抽提物的功能及在食品中的应用 [J]. 食品科技, 2003 (6): 25-27.

[32] 杜薇滢, 李发弟, 张养东, 等. 乳过氧化物酶研究进展 [J]. 食品工业, 2018, 39 (9): 236-240.

[33] 高雨婷, 钱建瑛, 史劲松, 等. 大豆脂肪氧合酶的粗提取及其强化乳香风味的研究 [J]. 食品与发酵工业, 2022, 48 (21): 90-96.

[34] 顾莉莉, 周楠迪, 田亚平. 球毛壳菌 α-葡聚糖酶的异源表达、纯化及特性表征 [J]. 食品与生物技术学报, 2021, 40 (11): 30-38.

[35] 郭卢云, 罗彤. 葡萄糖氧化酶的催化机理及其在食品中的应用现状 [J]. 现代食品, 2018 (24): 15-16, 22.

[36] 郭蓉, 剧柠, 卞永霞, 等. 乳及乳制品中的酶及对其关键品质的影响 [J]. 中国乳品工业, 2023, 51 (11): 40-46.

[37] 韩涛, 李丽萍. 果实和蔬菜中的过氧化物酶 [J]. 食品与发酵工业, 2000, 26 (1): 69-73.

[38] 何义进, 华润璐, 匡群, 等. 核酸水解酶及酶解法生产核苷酸研究进展 [J]. 辽宁大学学报 (自然科学版), 2012, 39 (2): 110-117.

[39] 胡莹, 杨凌, 杨胜利. 糖苷酶序列分类法和作用机理的研究进展 [J]. 药物生物技术, 2006, 13 (1): 66-70.

[40] 黄红卫, 刘艳丽, 李春. 糖苷酶的研究及其改造策略 [J]. 生物技术通报, 2010 (5): 55-60.

[41] 江均平, 严自正, 张树政. 海枣曲霉木聚糖酶降解寡聚木糖的特性 [J]. 生物化学与生物物理学报, 1995, 27 (3): 287-293.

[42] 孔月, 孙立娜, 李妍慧, 等. 热处理方式对大豆脂肪氧合酶活力和构象的影响 [J]. 中国食品学报, 2024, 24 (7): 111-118.

[43] 兰立新, 肖怀秋. 微生物脂肪酶应用研究进展 [J]. 安徽农业科学, 2010, 38 (14): 7547-7548, 7561.

[44] 雷前仁, 宋涛, 陈秋长. 水解动物蛋白及其在食品工业中的应用 [J]. 食品工业, 2000 (3): 6-7.

[45] 李庚, 申晓林, 孙新晓, 等. 过氧化物酶的重组表达和应用研究进展 [J]. 合成生物学, 2024, 5 (6): 1498-1517.

[46] 李同庆, 张金闯, 陈琼玲, 等. 酶法改性技术及其在植物基肉制品中的应用研究进展 [J]. 食品科学, 2023, 44 (5): 9-17.

[47] 李轶, 范大明, 黄建联, 等. 微生物谷氨酰胺转氨酶的优势结构及构效特征研究进展 [J]. 中国食品学报, 2015, 15 (7): 180-185.

[48] 李银辉, 王晔茹, 孟媛媛, 等. 即食发酵肉制品熟化机制研究进展 [J]. 食品科学, 2022, 43 (9): 337-345.

[49] 李志军, 张明, 吕宁华. 水解蛋白的研究与应用 [J]. 食品研究与开发, 2003 (4): 42-44.

[50] 梁炫强, 潘瑞炽, 周桂元. 花生种子胰蛋白酶抑制剂与抗黄曲霉侵染的关系 [J]. 作物学报, 2003, 29 (2): 295-299.

[51] 林婷, 杨胜平, 谢晶, 等. 虾黑变形成机制及其抑制方法研究进展 [J]. 江苏农业学报, 2020, 36 (6): 1605-1611.

[52] 刘晶, 程璐, 张瑞杰, 等. 小米脂氧合酶活性与储藏稳定性关系 [J]. 食品科学技术学报, 2018, 39 (10): 1969-1976.

[53] 刘润芝. 抗衰保健的核酸食品的开发利用 [J]. 生物工程进展, 2001 (1): 79-81.

[54] 刘松, 陆信曜, 周景文, 等. 脂肪氧合酶结构、分子改造与发酵研究进展 [J]. 生物技术通报, 2015 (12): 34-41.

[55] 刘谢缘, 马莹, 曾琪, 等. 过氧化氢酶、多酚氧化酶及其组合对白芽奇兰速溶茶粉香气品质的影响 [J]. 食品科学, 2024, 45 (22): 146-153.

[56] 刘喆, 李家霖, 白利平. 微生物酯酶研究进展 [J]. 微生物学报, 2023, 63 (2): 451-464.

[57] 马胜男, 王宁. 多酚氧化酶的性质及其应用研究 [J]. 农业科技与装备, 2020 (5): 66-67.

[58] 毛相朝, 李娇, 陈昭慧. 非热加工技术对食品内源酶的控制研究进展 [J]. 中国食品学报, 2021, 21 (12): 1-13.

[59] 蒙健宗, 梁莲华, 周礼芹, 等. 渗透压诱导表达重组 Clostridium thermosulfurogenes β-淀粉酶基因 [J]. 食品与发酵工业, 2011, 37 (6): 6-10.

[60] 曲戈, 朱彤, 蒋迎迎, 等. 蛋白质工程: 从定向进化到计算设计 [J]. 生物工程学报, 2019, 35 (10): 1843-1856.

[61] 邵志芳, 孙金兰, 王红霞, 等. 脂肪氧合酶与啤酒风味稳定性的研究进展 [J]. 中外酒业, 2019 (17): 1-10.

[62] 唐婧苗, 刘章武, 吴绍武, 等. 水解动物蛋白 (HAP) 的制备及其在食品中的应用 [J]. 武汉工业学院学报, 2009, 28 (2): 26-28.

[63] 汪秋安. 蛋白水解物的生产与应用 [J]. 食品工业科技, 1999 (4): 68-69.

[64] 汪晓鸣, 陆兆新. 脂肪氧合酶在农产食品中应用的研究进展 [J]. 核农学报, 2013, 27 (10): 1-9.

[65] 王昌禄, 李沛. 酵母抽提物及其在食品调味品行业中的应用 [J]. 中国调味品, 2005 (7): 48-49.

[66] 王蕾, 王雅馨, 石亚伟. 植物多肽类胰蛋白酶抑制剂降糖功效研究进展 [J]. 食品工业科技, 2021, 42 (22): 406-412.

[67] 王艳君, 刘同军, 曹涛, 等. α-L-鼠李糖苷酶的研究进展 [J]. 中国酿造, 2010 (10): 11-15.

[68] 王永吉, 刘宏迪, 孙彤, 等. 泡盛曲霉葡萄糖淀粉酶基因克隆及在酒精酵母中的表达与分

泌 [J]. 科学通报, 1997, 42 (10): 1099-1103.

[69] 王璋, 江波. 黑曲霉 AS0023 果糖转移酶的转化酶催化特性的研究 [J]. 食品与发酵工业, 2000, 26 (2): 16-19.

[70] 王志新, 于宏伟, 韩军, 等. 黑曲霉 A9 葡萄糖氧化酶的酶学性质研究 [J]. 河北农业大学学报, 2006, 29 (4): 69-72, 83.

[71] 吴莉莉, 陈俊香. 双酶法降解核酸生产核苷酸食品增鲜剂——工程技术进行工业化生产 [J]. 甘蔗糖业, 2000 (3): 32-36.

[72] 吴怡, 马鸿飞, 曹永佳, 等. 真菌漆酶的性质、生产、纯化及固定化研究进展 [J]. 生物技术通报, 2019, 35 (9): 1-10.

[73] 徐嘉悦, 王永涛, 饶雷, 等. 促进植物内源性果胶甲酯酶催化作用的因素与机制及其在果蔬加工中的应用 [J]. 食品科学, 2022, 43 (9): 258-267.

[74] 许乔艳, 韩瑞枝, 李江华, 等. 亚位点+1 处突变提高软化类芽胞杆菌环糊精糖基转移酶底物麦芽糊精特异性 [J]. 生物工程学报, 2014, 30 (1): 98-108.

[75] 烟小霞, 康宁波, 鲁玲, 等. 果蔬采后冷害及调控技术的研究进展 [J]. 食品与发酵工业, 2023, 49 (8): 325-334.

[76] 杨久仙, 曹靖. 葡萄糖氧化酶的应用进展 [J]. 山西农业大学学报 (自然科学版), 2013, 33 (1): 88-92.

[77] 殷程程, 杨述祯, 岳慧娟, 等. 地衣多糖酶的研究进展 [J]. 中国酿造, 2019, 38 (7): 5-9.

[78] 于维军. 绿色饲料添加剂应用现状及前景 [J]. 中国禽业导刊, 2002: 14-17.

[79] 余诚玮, 邓施璐, 温志刚, 等. 米糠及其脂肪酶的研究进展 [J]. 食品安全质量检测学报, 2019, 10 (2): 297-305.

[80] 喻晨, 赵劼, 张亚雄, 等. 桔青霉发酵制备核酸酶 P1 研究进展 [J]. 食品工业科技, 2010, 31 (11): 416-419.

[81] 袁普伟, 黄建新, 王璋. 环麦芽糊精葡聚糖转移酶高活性的土壤微生物菌种筛选 [J]. 食品与发酵工业, 2008, 34 (10): 67-69.

[82] 袁永俊, 高健. 水解鱼肉蛋白的酶法制备 [J]. 食品与机械, 2002 (3): 13-16.

[83] 臧学丽, 王迪, 范福祥. 转谷氨酰胺酶聚合大豆蛋白的研究进展 [J]. 吉林农业, 2016 (17): 76.

[84] 曾宇成, 张树政. 海枣曲霉地衣多糖酶和木聚糖酶的底物特异性 [J]. 微生物学报, 1987 (4): 350-356.

[85] 张海均, 贾冬英, 姚开. 转谷氨酰胺酶在大豆蛋白及制品中的应用 [J]. 粮食与饲料工业, 2012 (9): 19-21.

[86] 张虹, 张宏, 毕丽君. 酵母提取物的研究 [J]. 中国调味品, 2000 (2): 20-23.

[87] 张梦玲, 张晋, 熊善柏, 等. 转谷氨酰胺酶及其在鱼糜制品加工中的应用 [J]. 食品研究与开发, 2016, 37 (24): 190-195.

[88] 赵建钢, 杨同书. 牛心细胞色素 C 氧化酶的纯化 [J]. 白求恩医科大学学报, 1993 (5): 505-506.

[89] 赵胜年, 翟俊杰. 水解动物蛋白 (HAP) 的成分与特性研究 [J]. 中国调味品, 1996 (6): 17-18.

[90] 甄杰, 胡政, 李树芳, 等. 一个新型耐热普鲁兰酶的结构与功能 [J]. 生物工程学报,

2014, 30 (1): 119-128.

[91] 朱玉玲, 彭晶, 唐诗哲, 等. 宏基因组技术在极端环境酯酶挖掘中的应用 [J]. 生命科学研究, 2021, 25 (2): 169-175.

[92] 朱运平, 伍少明, 李秀婷, 等. 微生物葡萄糖氧化酶的生产及其在食品工业中应用的研究进展 [J]. 中国食品添加剂, 2013 (5): 165-172.

[93] 蔡琨. 大豆脂肪氧合酶好氧催化合成亚油酸氢过氧化物 [D]. 无锡: 江南大学, 2004.

[94] 陈园园. 不动杆菌 YT-02 环己胺氧化酶的晶体结构解析及活性位点研究 [D]. 武汉: 武汉轻工大学, 2020.

[95] 单孟颖. 谷氨酰胺转氨酶的定向进化及突变体结构与功能关系的研究 [D]. 天津: 天津科技大学, 2020.

[96] 丁沈利. 羧肽酶 M32 基因的表达优化及应用研究 [D]. 无锡: 江南大学, 2022.

[97] 方梦雪. 转谷氨酰胺酶诱导的不同交联程度鱼糜凝胶消化吸收特性研究 [D]. 武汉: 华中农业大学, 2022.

[98] 江波. 固定化黑曲霉生产低聚果糖的研究 [D]. 无锡: 无锡轻工业学院, 1992.

[99] 蒋誉坤. 鲈鱼胰蛋白酶、胰凝乳蛋白酶的分离纯化及性质分析 [D]. 厦门: 集美大学, 2010.

[100] 解西柱. 阿拉伯呋喃糖苷酶的克隆表达及其在麦汁制造中的应用研究 [D]. 无锡: 江南大学, 2018.

[101] 孔令辉. 谷氨酰胺转氨酶对低脂低钠猪肉糜品质的影响 [D]. 新乡: 河南科技学院, 2023.

[102] 李洪波. 黏玉米谷氨酰胺转氨酶微生物异源表达及其酶学性质研究 [D]. 哈尔滨: 哈尔滨工业大学, 2014.

[103] 李子涛. 微生物转谷氨酰胺酶的重组表达、纯化及应用研究 [D]. 济南: 山东大学, 2021.

[104] 廖敏. α-淀粉酶的热适应性分子进化规律研究 [D]. 北京: 中国农业科学院, 2023.

[105] 罗梦. 菠萝蛋白酶的制备及其在牛肉嫩化中的应用研究 [D]. 广州: 华南理工大学, 2017.

[106] 秦臻. β-1,3-葡聚糖酶和 β-1,3-糖基转移酶的结构与功能研究 [D]. 北京: 中国农业大学, 2016.

[107] 沈莲莲. 低温乳糖酶产生菌株的选育、产酶条件优化及其粗酶性质研究 [D]. 无锡: 江南大学, 2013.

[108] 舒会. 深海铜绿假单胞菌的产酶特性及弹性蛋白酶应用研究 [D]. 广州: 华南理工大学, 2016.

[109] 田一雄. 来源于 *Saccharolobus solfataricus* STB09 的糊精脱支酶热激活特性及底物特异性的分子机制研究 [D]. 无锡: 江南大学, 2023.

[110] 王国栋. 耐热耐碱 β-葡聚糖酶的分子改造与表达 [D]. 济南: 齐鲁工业大学, 2023.

[111] 王剑锋. 新型耐热普鲁兰酶的筛选、分子改良及固定化研究 [D]. 无锡: 江南大学, 2018.

[112] 王乐怡. 食品级 α-葡聚糖酶的表达平台构建及其酶学性质解析 [D]. 南宁: 广西大学, 2019.

[113] 王志珍. 微生物谷氨酰胺转胺酶性质的研究 [D]. 上海: 华东师范大学, 2017.

[114] 杨方. 鱼肉内源酶对发酵鱼糜凝胶和抗氧化特性影响的研究 [D]. 无锡：江南大学, 2016.

[115] 杨江丽. 四氢嘧啶羟化酶的表达纯化及结构解析 [D]. 天津：天津科技大学, 2015.

[116] 杨瑞金. 酶法生产低聚木糖的研究 [D]. 无锡：无锡轻工业学院, 1998.

[117] 张革新. α-淀粉酶性能与结构关系的生物信息学研究 [D]. 无锡：江南大学, 2005.

[118] 张晴晴. 谷氨酰胺转氨酶对乳清蛋白的结构及功能特性影响研究 [D]. 呼和浩特：内蒙古工业大学, 2021.

[119] 张润. 胰蛋白酶分子改造及其在肝素钠提取中的应用 [D]. 宜昌：三峡大学, 2022.

[120] 张霞. 基因工程技术生产乳糖酶的研究 [D]. 北京：北京化工大学, 2015.

[121] 訾楠. 生麦芽糖 α-淀粉酶基因的克隆与鉴定 [D]. 无锡：江南大学, 2008.

[122] 周哲敏，周丽，谢婷，等. 一种超嗜热Ⅱ型普鲁兰酶及应用：202111483679.0 [P]. 2021-12-07.

[123] 周哲敏，周丽，谢婷，等. 一种嗜热Ⅱ型普鲁兰酶的分子改造及其在淀粉制糖中的应用：202311326116.X [P]. 2023-10-13.

[124] ADAMS J B. The inactivation and regeneration of peroxidase in relation to the high temperature-short time processing of vegetables [J]. International Journal of Food Science & Technology, 1978, 13 (4): 281-297.

[125] ADEMARK P, LARSSON M, TJERNELD F, et al. Multiple α-galactosidases from *Aspergillus niger*: purification, characterization and substrate specificities [J]. Enzyme and Microbial Technology, 2001, 29 (6-7): 441-448.

[126] ADETUNJI A T, LEWU F B, MULIDZI R, et al. The biological activities of β-glucosidase, phosphatase and urease as soil quality indicators: a review [J]. Journal of Soil Science and Plant Nutrition, 2017, 17 (3): 794-807.

[127] AHMADI S, BARRIOS HERRERA L, CHEHELAMIRANI M, et al. Multiscale modeling of enzymes: QM-cluster, QM/MM, and QM/MM/MD: A tutorial review [J]. International Journal of Quantum Chemistry, 2018, 118 (9): e25558.

[128] ALIAS N I, MAHADI N M, MURAD A M A. An intelligent state evaluation and maintenance arrangement system for wind turbines based on digital twin [J]. Academia Engineering, 2011, 10 (35): 6700-6710.

[129] ALMA'ABADI A D, GOJOBORI T, MINETA K. Marine metagenome as a resource for novel enzymes [J]. Genomics, Proteomics & Bioinformatics, 2015, 13 (5): 290-295.

[130] BANKAR S B, BULE M V, SINGHAL R S, et al. Glucose oxidase - An overview [J]. Biotechnology Advances, 2009, 27 (4): 489-501.

[131] BIÉ J, SEPODES B, FERNANDES P C B, RIBEIRO M H L. Enzyme immobilization and co-immobilization: main framework, advances and some applications [J]. Processes, 2022, 10 (3): 494.

[132] CAO S L, XU P, MA Y Z, et al. Recent advances in immobilized enzymes on nanocarriers [J]. Chinese Journal of Catalysis, 2016, 37 (11): 1814-1823.

[133] CARDENAS F, DE CASTRO M S, SANCHEZ-MONTERO J M, et al. Novel microbial lipases: catalytic activity in reactions in organic media [J]. Enzyme and Microbial Technology, 2001, 28 (2-3): 145-154.

[134] CARTER P, WELLS J. Dissecting the catalytic triad of a serine protease [J]. Nature, 1988, 332: 564-568.

[135] CARTER P, WELLS J. Functional interaction among catalytic residues in subtilisin BPN' [J]. Proteins: Structure, Function, and Bioinformatics, 1990, 7 (4): 335-342.

[136] CHEN S, WANG Y F. Recent progress on peroxidase modification and application [J]. Applied Biochemistry and Biotechnology, 2024, 196 (9): 5740-5764.

[137] CHEN Z, SPILIMBERGO S, MOUSAVI KHANEGHAH A, et al. The effect of supercritical carbon dioxide on the physiochemistry, endogenous enzymes, and nutritional composition of fruit and vegetables and its prospects for industrial application: a overview [J]. Critical Reviews in Food Science and Nutrition, 2024, 64 (17): 5685-5699.

[138] CHIANG W D, SHIH C J, CHU Y H. Functional properties of soy protein hydrolysate produced from a continuous membrane reactor system [J]. Food Chemistry, 1999, 65 (2): 189-194.

[139] CHIPMAN D M, SHARON N. Mechanism of lysozyme action: Lysozyme is the first enzyme for which the relation between structure and function has become clear [J]. Science, 1969, 165 (3892): 454-465.

[140] CRAMERI A, RAILLARD S A, BERMUDEZ E, et al. DNA shuffling of a family of genes from diverse species accelerates directed evolution [J]. Nature, 1998, 391: 288-291.

[141] CREAGH A L, PRAUSNITZ J M, BLANCH H W. Structural and catalytic properties of enzymes in reverse micelles [J]. Enzyme and Microbial Technology, 1993, 15 (5): 383-392.

[142] DAVIS B G, BOYER V. Biocatalysis and enzymes in organic synthesis [J]. Natural Product Reports, 2001, 18 (6): 618-640.

[143] DAI Y W, CHEN Y X, LIN X P, et al. Recent applications and prospects of enzymes in quality and safety control of fermented foods [J]. Foods, 2024, 13 (23): 3804.

[144] DEROSE V J. Metal ion binding to catalytic RNA molecules [J]. Current Opinion in Structural Biology, 2003, 13 (3): 317-324.

[145] FENG Y, HUA X, SHEN Q, et al. Insight into the potential factors influencing the catalytic direction incellobiose 2-epimerase by crystallization and mutagenesis [J]. Acta Crystallographica Section D: Structural Biology, 2020, 76 (11): 1104-1113.

[146] FENG Y, TONG S S, ZHANG J M, et al. Effects of soybean endogenous enzyme hydrolysis on the quality of soymilk after blanching [J]. Food Bioscience, 2024, 57: 103469.

[147] FREITAS-MESQUITA A L, MEYER-FERNANDES J R. 3'nucleotidase/nuclease in protozoan parasites: molecular and biochemical properties and physiological roles [J]. Experimental Parasitology, 2017, 179: 1-6.

[148] GARCIA-VILOCA M, ALHAMBRA C, TRUHLAR D G, et al. Quantum dynamics of hydride transfer catalyzed by bimetallic electrophilic catalysis: Synchronous motion of Mg^{2+} and H^- in xylose isomerase [J]. Journal of the American Chemical Society, 2002, 124 (25): 7268-7269.

[149] GONZALEZ-PEREZ D, MOLINA-ESPEJA P, GARCIA-RUIZ E, et al. Mutagenic organized recombination process by homologous in vivo grouping (morphing) for directed enzyme evolution [J]. PLoS ONE, 2014, 9 (3): e90919.

[150] HALL N P, TOLBERT N E. A rapid procedure for the isolation of ribulose bisphosphate carboxylase/oxygenase from spinach leaves [J]. FEBS Letters, 1978, 96 (1): 167-169.

[151] HAYWARD S, CILLIERS T, SWART P. Lipoxygenases: From isolation to application [J]. Comprehensive Reviews in Food Science and Food Safety, 2017, 16 (1): 199-211.

[152] HECHT H J, KALISZ H M, HENDLE J, et al. Crystal structure of glucose oxidase from *Aspergillus niger* refined at 2.3 Å resolution [J]. Journal of Molecular Biology, 1993, 229 (1): 153-172.

[153] HELDON R A, VAN PELT S. Enzyme immobilisation in biocatalysis: why, what and how [J]. Chemical Society Reviews, 2013, 42 (15): 6223-6235.

[154] JUERS D H, MATTHEWS B W, HUBER R E. LacZ β-galactosidase: structure and function of an enzyme of historical and molecular biological importance [J]. Protein Science, 2012, 21 (12): 1792-1807.

[155] KASHIWAGI T, YOKOYAMA K I, ISHIKAWA K, et al. Crystal structure of microbial transglutaminase from *Streptoverticillium mobaraense* [J]. Journal of Biological Chemistry, 2002, 277 (46): 44252-44260.

[156] KIM J Y, PARK S C, HWANG I, et al. Protease inhibitors from plants with antimicrobial activity [J]. International Journal of Molecular Sciences, 2009, 10 (6): 2860-2872.

[157] KONG Q L, LIN S Y, WANG R X, et al. Changes in quality, endogenous enzyme activities, and their relationships during post-harvest storage of *Phlebopus portentosus* - an edible fungus [J]. Food Chemistry, 2025, 474: 143240.

[158] LIU D M, CHEN J, SHI Y P. Advances on methods and easy separated support materials for enzymes immobilization [J]. TrAC Trends in Analytical Chemistry, 2018, 102: 332-342.

[159] LIU H, ZENG Q, ZHU C, et al. High-throughput screening and directed evolution of β-1,3-N-acetylglucosaminyltransferase for enhanced LNnT production in engineered *Saccharomyces cerevisiae* [J]. Journal of Agricultural and Food Chemistry, 2025, 73 (13): 7966-7974.

[160] LOU T, LI A, XU H, et al. Structural insights into three sesquiterpene synthases for the biosynthesis of tricyclic sesquiterpenes and chemical space expansion by structure-based mutagenesis [J]. Journal of the American Chemical Society, 2023, 145 (15): 8474-8485.

[161] MAGHRABY Y R, EL-SHABASY R M, IBRAHIM A H, et al. Enzyme immobilization technologies and industrial applications [J]. ACS Omega, 2023, 8 (6): 5184-5196.

[162] MATIAS L L R, COSTA R O A, PASSOS T S, et al. Tamarind trypsin inhibitor in chitosan-whey protein nanoparticles reduces fasting blood glucose levels without compromising insulinemia: A preclinical study [J]. Nutrients, 2019, 11 (11): 2770.

[163] MEAGHER M M, REILLY P J. Kinetics of the hydrolysis of di- and trisaccharides with *Aspergillus niger* glucoamylases I and II [J]. Biotechnology and Bioengineering, 1989, 34 (5): 689-693.

[164] MÜLLEGGER J, JAHN M, CHEN H M, et al. Engineering of a thioglycoligase: randomized mutagenesis of the acid-base residue leads to the identification of improved catalysts [J]. Protein Engineering Design & Selection, 2005, 18 (1): 33-40.

[165] NADAR S S, PAWAR R G, RATHOD V K. Recent advances in enzyme extraction strategies: A comprehensive review [J]. International Journal of Biological Macromolecules, 2017, 101: 931-957.

[166] Nature Methods Editorial. AlphaFold and beyond [J]. Nature Methods, 2023, 20: 163.

[167] NITTA Y, MIZUSHIMA M, HIROMI K, et al. Influence of molecular structures of substrates and analogues on Taka-amylase A catalyzed hydrolyses I: Effect of chain length of linear substrates [J]. Journal of Biochemistry, 1971, 69 (3): 567-576.

[168] NONAKA T, FUJIHASHI M, KITA A, et al. Crystal structure of calcium-free α-amylase from *Bacillus* sp. strain KSM-K38 (AmyK38) and its sodium ion binding sites [J]. Journal of Biological Chemistry, 2003, 278 (27): 24818.

[169] OVCHINNIKOV S, PARK H, KIM D E, et al. Protein structure determination using metagenome sequence data [J]. Science, 2017, 355 (6322): 294-298.

[170] PAKHOMOVA S, BOEGLIN W E, NEAU D B, et al. An ensemble of lipoxygenase structures reveals novel conformations of the Fe coordination sphere [J]. ProteinScience, 2019, 28 (5): 920-927.

[171] QU G, LONSDALE R, YAO P, et al. Methodology development in directed evolution: exploring options when applying triple-code saturation mutagenesis [J]. Chembiochem, 2018, 19: 239-246.

[172] RABITI D, ORFILA C, HOLMES M, et al. In vitro oral processing of raw tomato: Novel insights into the role of endogenous fruit enzymes [J]. Journal of Texture Studies, 2018, 49 (4): 351-358.

[173] REETZ M T, CARBALLEIRA J D. Iterative saturation mutagenesis (ISM) for rapid directed evolution offunctional enzymes [J]. Nature Protocols, 2007, 2 (4): 891-903.

[174] RODRÍGUEZ Á P, LEIRO R F, TRILLO M C, et al. Secretion and properties of a hybrid *Kluyveromyces lactis-Aspergillus niger* β-galactosidase [J]. Microbial Cell Factories, 2006, 5: 41.

[175] ROMERO C M, BAIGORI M D, PERA L M. Catalytic properties of mycelium-bound lipases from *Aspergillus niger* MYA 135 [J]. Applied Microbiology and Biotechnology, 2007, 76 (4): 861-866.

[176] SERQUIZ A C, MACHADO R J A, SERQUIZ R P, et al. Supplementation with a new trypsin inhibitor from peanut is associated with reduced fasting glucose, weight control, and increased plasma CCK secretion in an animal model [J]. Journal of Enzyme Inhibition and Medicinal Chemistry, 2016, 31 (6): 1261-1269.

[177] STEINER K, SCHWAB H. Recent advances in rational approaches for enzyme engineering [J]. Computational and Structural Biotechnology Journal, 2012, 2 (3): e201209010.

[178] STRÄTER N. Ecto-5'-nucleotidase: Structure function relationships [J]. Purinergic Signalling, 2006, 2 (2): 343-350.

[179] STUCKI A, VALLAPURACKAL J, WARD T R, et al. Droplet microfluidics and directed evolution of enzymes: An intertwined journey [J]. Angewandte Chemie International Edition, 2021, 60 (46): 24368-24387.

[180] TARANTO F, PASQUALONE A, MANGINI G, et al. Polyphenol oxidases in crops: biochemical, physiological and genetic aspects [J]. International Journal of Molecular Sciences, 2017, 18 (2): 377.

[181] VÁMOS-VIGYÁZÓ L. Polyphenol oxidase and peroxidase in fruits and vegetables [J]. Critical Reviews in Food Science and Nutrition, 1981, 15 (1): 49-127.

[182] WANG L, GU J, FENG Y, et al. Enhancement of the isomerization activity and thermostability of cellobiose 2-epimerase from *Caldicellulosiruptor saccharolyticus* by exchange of a flexible loop [J]. Journal of Agricultural and Food Chemistry, 2021, 69 (6): 1907-1915.

[183] YAMAMOTO H Y, STEINBERG M P, NELSON A I. Kinetic studies on the heat inactivation of peroxidase in sweet corn [J]. Journal of Food Science, 1962, 27 (2): 113-119.

[184] YAMAMOTO K, UENO Y, OTSUBO K, et al. Production of S- (+) -ibuprofen from a nitrile compound by *Acinetobacter* sp. strain AK226 [J]. Applied and Environmental Microbiology, 1990, 56 (10): 3125-3129.

[185] YANG R, XU S, WANG Z, et al. Aqueous extraction of corncob xylan and production of xylooligosaccharides [J]. LWT - Food Science and Technology, 2005, 38 (6): 677-682.

[186] YANG W. Nucleases: diversity of structure, function and mechanism [J]. Quarterly Reviews of Biophysics, 2011, 44 (1): 1-93.

[187] YOSHIMURA T, JHEE K H, SODA K. Stereospecificity for the hydrogen transfer and molecular evolution of pyridoxal enzymes [J]. Bioscience, Biotechnology, and Biochemistry, 1996, 60 (2): 181-187.

[188] ZAKS A, KLIBANOV A M. Enzymatic catalysis in organicmedia at 100℃ [J]. Science, 1984, 224 (4654): 1249-1251.

[189] ZAKS A, KLIBANOV A M. The effect of water on enzyme action in organic media [J]. Journal of Biological Chemistry, 1988, 263 (17): 8017-8021.

[190] ZHANG B, WANG D F, WU H, et al. Inhibition of endogenous α-amylase and protease of Aspergillus flavus by trypsin inhibitor from cultivated and wild-type soybean [J]. Annals of Microbiology, 2010, 60: 405-414.

[191] ZHANG L, ZHANG L, YI H, et al. Enzymatic characterization of transglutaminase from *Streptomyces mobaraensis* DSM 40587 in high salt and effect of enzymatic cross-linking of yak milk proteins on functional properties of stirred yogurt [J]. Journal of Dairy Science, 2012, 95 (7): 3559-3568.

[192] ZHANG X, CHEN L, AI N, et al. Lipase-catalyzed enhancement of milk flavor components in the application of modified skim milk products [J]. Food Measurement and Characterization, 2021, 15: 4256-4266.

[193] ZHOU J H, HUANG M L. Navigating the landscape of enzyme design: from molecular simulations to machine learning [J]. Chemical Society Reviews, 2024, 53 (16): 8202-8239.

[194] ZHU C L, HAN R J, GU B X, et al. Multiple regulatory mechanisms synergistically control the soluble expression of CsCE for enhanced enzymatic productivity of lactulose in E. coli [J]. Journal of Agricultural and Food Chemistry, 2024, 72 (41): 22692-22701.

[195] ZHU C L, HE J, GU J L, et al. Synthesis of lactulose via semi-rational design aided evolution of glucose isomerase [J]. Food Bioscience, 2025, 65: 106094.